Großkommentare der Praxis

BRUCK/MÖLLER

Versicherungsvertragsgesetz

Großkommentar

9., völlig neu bearbeitete Auflage

herausgegeben von

Horst Baumann, Roland Michael Beckmann,
Katharina Johannsen, Ralf Johannsen (†), Robert Koch

Achter Band

Teil 2

Berufsunfähigkeitsversicherung

§§ 172–177 VVG
§§ 1–21 AVB BU
§§ 1–9 AVB BUZ

Bearbeiter:

Frank Baumann

De Gruyter

Stand der Bearbeitung: Juli 2019

Zitiervorschlag: Bruck/Möller/*F. Baumann* Bd. 8/2 § 172 VVG Rn. 6

Sachregister: Christian Klie

MIX
Papier aus verantwortungsvollen Quellen
FSC® C016439

ISBN 978-3-11-030801-3
e-ISBN (PDF) 978-3-11-030820-4
e-ISBN (EPUB) 978-3-11-038822-0

Library of Congress Control Number: 2019933226

Bibliografische Information der Deutschen Nationalbibliothek
Die Deutsche Nationalbibliothek verzeichnet diese Publikation in der Deutschen Nationalbibliografie; detaillierte bibliografische Daten sind im Internet über http://dnb.dnb.de abrufbar.

Satz/Datenkonvertierung: Dörlemann Satz, Lemförde
Druck und Bindung: Hubert & Co. GmbH und Co. KG, Göttingen
www.degruyter.com

Verzeichnis der Bearbeiter der 9. Auflage

Erwin Abele, Rechtsanwalt in München
Dr. **Frank Baumann,** LL.M. Rechtsanwalt und Fachanwalt für Versicherungsrecht in Hamm
Dr. **Horst Baumann,** emeritierter Professor an der Technischen Universität Berlin
Dr. **Roland Michael Beckmann,** Professor an der Universität des Saarlandes
Dr. **Oliver Brand,** LL.M. (Cambridge), Professor an der Universität Mannheim
Dr. **Alexander Bruns,** LL.M. (Duke Univ.), Professor an der Albert-Ludwigs-Universität Freiburg
Dr. **Christoph Brömmelmeyer,** Professor an der Europa-Universität Viadrina, Frankfurt (Oder)
Dr. **Heinrich Dörner,** Professor an der Westfälischen Wilhelms-Universität Münster
Dr. **Jan Dreyer,** Rechtsanwalt und Fachanwalt für Versicherungsrecht in Hamburg
Charlotte Echarti, Rechtsanwältin in Rellingen
Dr. **Jan Eichhorn,** Rechtsanwalt in Hamburg
Dr. **Thomas Gädtke,** Rechtsanwalt in München und Lehrbeauftragter an der Ludwig-Maximilians Universität München
Dr. **Sven Gerhard,** Euler Hermes AG, Hamburg
Dr. **Maximilian Guth,** LL.M. (Southampton), Rechtsanwalt in Hamburg, Solicitor of England & Wales
Dr. **Olaf Hartenstein,** D.E.A. (Sorbonne), LL.M. (Assas), Rechtsanwalt in Hamburg
Dr. **Helmut Heiss,** LL.M. (Chicago), Professor an der Universität Zürich
Dr. **Jörg Henzler,** Rechtsanwalt in Stuttgart
Dr. **Harald Herrmann,** emeritierter Professor an der Friedrich-Alexander-Universität Erlangen-Nürnberg
Dr. **Knut Höra,** Notar, Rechtsanwalt und Fachanwalt für Versicherungsrecht in Frankfurt am Main
Dr. **Detlef A. Huber,** Rechtsanwalt in Freiburg i.Br.
Jens Jaeger, Rechtsanwalt in Hamburg, Lehrbeauftragter an der Universität Hamburg
Dr. **Katharina Johannsen,** Vorsitzende Richterin am Hanseatischen OLG a.D., Hamburg
Dr. **Ralf Johannsen** (†)
Dr. **Rocco Jula,** Rechtsanwalt und Fachanwalt für Versicherungsrecht in Berlin
Dr. **Kai-Oliver Knops,** Professor an der Universität Hamburg
Dr. **Robert Koch,** LL.M. (McGill), Professor an der Universität Hamburg
Dr. **Hubertus W. Labes,** Vorstandsvorsitzender der Hamburger Internationale Rückversicherung AG, Lehrbeauftragter an der Universität Hamburg
Dr. **Kent Leverenz,** Richter am LG Hamburg
Dr. **Annemarie Matusche-Beckmann,** Professorin an der Universität des Saarlandes, Saarbrücken, Stellvertretende Richterin am Verfassungsgerichtshof des Saarlandes
Dr. **Helmut Müller,** Präsident des Bundesaufsichtsamts für das Versicherungswesen a.D., Berlin
Dr. **Ernst Niederleithinger,** Ministerialdirektor beim Bundesministerium der Justiz a.D., Honorarprofessor der Ruhr-Universität Bochum, Berlin
Dr. **Peter Präve,** Syndikus beim GDV, Berlin, Lehrbeauftragter an der Freien Universität zu Berlin
Jürgen Raab, Rechtsanwalt in Hamburg
Dr. **Reinhard Renger,** Ministerialrat beim Bundesministerium der Justiz a.D., Bonn
Dr. **Jens-Berghe Riemer,** Rechtsanwalt und Fachanwalt für Versicherungsrecht sowie Transport- und Speditionsrecht in Nürnberg
Dr. **Claus von Rintelen,** Rechtsanwalt und Fachanwalt für Versicherungsrecht in Hamburg

https://doi.org/10.1515/9783110308204-201

Verzeichnis der Bearbeiter der 9. Auflage

Dr. **Christian Rolfs,** Professor an der Universität zu Köln
Dr. **Christian Schneider,** Rechtsanwalt in Köln
Dr. **Winfried Schnepp,** Rechtsanwalt und Fachanwalt für Versicherungsrecht in Köln
Arno Schubach, Rechtsanwalt und Fachanwalt für Versicherungsrecht in Frankfurt am Main
Dr. **Dieter Schwampe,** Honorarprofessor an der Universität Hamburg, Rechtsanwalt in Hamburg
Dr. **Hans-Peter Schwintowski,** Professor an der Humboldt-Universität zu Berlin
Dr. **Ansgar Staudinger,** Professor an der Universität Bielefeld
Dr. **Wolfgang Voit,** Professor an der Philipps-Universität Marburg
Dr. **Eckhardt Wilkens,** Vorstand der R+V Versicherung AG und Vorsitzender des Vorstandes der Vereinigten Tierversicherung Gesellschaft auf Gegenseitigkeit a.D., Burgwedel
Dr. **Gerrit Winter,** emeritierter Professor an der Universität Hamburg

Vorwort

Der Band Berufsunfähigkeitsversicherung enthält die Kommentierung der speziell für die Berufsunfähigkeitsversicherung geltenden gesetzlichen Regelungen (§§ 172–177 VVG) sowie der Musterbedingungen des Gesamtverbands der Deutschen Versicherungswirtschaft e.V. (GDV). Im Zentrum steht die Kommentierung der Allgemeinen Bedingungen für die Berufsunfähigkeitsversicherung und der Allgemeinen Bedingungen für die Berufsunfähigkeits-Zusatzversicherung (Stand 25.10.2017). Ältere Klauseltexte werden nur insoweit berücksichtigt, als sie von diesen Bedingungen abweichen und darüber hinaus noch Praxisrelevanz haben.

Berlin, Saarbrücken und Hamburg im Juli 2019

Horst Baumann   Roland Michael Beckmann   Katharina Johannsen   Robert Koch

https://doi.org/10.1515/9783110308204-202

Inhaltsübersicht

Allgemeine Bedingungen für die Berufsunfähigkeits-Zusatzversicherung

Verzeichnis der Abkürzungen und der abgekürzt zitierten Literatur

4PL	Fourth-Party-Logistics-Provider
a.A.	anderer Ansicht
a.a.O.	am angegebenen Ort
ABBV	Allgemeine Bedingungen für die Baubestandsversicherung
ABE	Allgemeine Bedingungen für die Elektronikversicherung
ABG	Allgemeine Bedingungen für die Kaskoversicherung von Baugeräten
ABGB	Allgemeines Bürgerliches Gesetzbuch (Österreich)
abgedr.	abgedruckt
ABGF	Allgemeine Bedingungen für die dynamische Sachversicherung des Gewerbes und der Freien Berufe
Abk.	Abkommen
abl.	ablehnend
ABl.	Amtsblatt
ABMG	Allgemeine Bedingungen für die Maschinen- und Kasko-Versicherung von fahrbaren und transportablen Geräten
ABN	Allgemeine Bedingungen für die Bauleistungsversicherung von Gebäudeneubauten durch Auftraggeber
ABRK	Allgemeine Bedingungen für die Reparaturkosten von Kraftwagen
ABRV	Allgemeine Bedingungen für die Reise-Rücktrittskosten-Versicherung
ABS	Allgemeine Bedingungen für die Sachversicherung (Österreich)
Abs.	Absatz
Abschlussbericht	*siehe KomE*
Abschn.	Abschnitt
ABU	Allgemeine Bedingungen für die Bauleistungsversicherung von Unternehmerleistungen
ABVerm	Allgemeine Bedingungen für die Vermögenshaftpflichtversicherung
abw.	abweichend
AcP	Archiv für civilistische Praxis (zit. nach Band, Jahr u. Seite)
a.E.	am Ende
AEB	Allgemeine Einbruchdiebstahlversicherungsbedingungen
ÄndG	Änderungsgesetz
ÄndVO	Änderungsverordnung
AERB	Allgemeine Bedingungen für die Einbruchdiebstahl- und Raubversicherung
AEUV	Vertrag über die Arbeitsweise der Europäischen Union
AFB	Allgemeine Bedingungen für die Feuerversicherung
a.F.	alte Fassung
AG	Amtsgericht; Aktiengesellschaft
AGG	Allgemeines Gleichbehandlungsgesetz
AGBG	Gesetz zur Regelung des Rechts der Allgemeinen Geschäftsbedingungen (AGB-Gesetz)
AGlB	Allgemeine Bedingungen für die Glasversicherung
AHagB	Allgemeine Hagelversicherungs-Bedingungen
AHB	Allgemeine Versicherungsbedingungen für die Haftpflichtversicherung
AKB	Allgemeine Bedingungen für die Kfz-Versicherung

https://doi.org/10.1515/9783110308204-203

AktG	Gesetz über Aktiengesellschaften und Kommanditgesellschaften auf Aktien
ALB	Allgemeine Bedingungen für die kapitalbildende Lebensversicherung
allg.	allgemein
allg.M.	allgemeine Meinung
Alt.	Alternative
AltZertG	Gesetz über die Zertifizierung von Altersvorsorgeverträgen
a.M.	anderer Meinung
AMB	Allgemeine Maschinen-Versicherungsbedingungen; ab 2008: Allgemeine Bedingungen für die Maschinenversicherung von stationären Maschinen
AMBUB	Allgemeine Maschinen-Betriebsunterbrechungs-Versicherungsbedingungen
AMG	Arzneimittelgesetz
AMoB	Allgemeine Montageversicherungsbedingungen
amtl. Begr.	amtliche Begründung
Anh.	Anhang
Anl.	Anlage
Anm.	Anmerkung
AnwBl.	Anwaltsblatt
AnwKom	*siehe NK-BGB*
ao	außerordentlich
AO	Abgabenordnung
ARB	Allgemeine Bedingungen für die Rechtsschutz-Versicherung
Art.	Artikel
AStB	Allgemeine Bedingungen für die Sturmversicherung
AT	Allgemeiner Teil
AtomG	Gesetz über die friedliche Verwendung der Kernenergie und den Schutz gegen ihre Gefahren (Atomgesetz)
AUB	Allgemeine Unfallversicherungsbedingungen
Auff.	Auffassung
Aufl.	Auflage
AuR	Arbeit und Recht
ausdrückl.	ausdrücklich
ausführl.	ausführlich
AusfVO	Ausführungsverordnung
ausl.	ausländisch
AuslG	Ausländergesetz
AuslKfzPflVV	Verordnung über die Kraftfahrzeug-Haftpflichtversicherung ausländischer Kraftfahrzeuge und Kraftfahrzeuganhänger
AuslPflVG	Gesetz über die Haftpflichtversicherung für ausländische Kraftfahrzeuge und Kraftfahrzeuganhänger
Auslunf	Unfälle mit Auslandsbezug
AusnVO	Ausnahmeverordnung
ausschl.	ausschließlich
Ausschussbericht	Beschlussempfehlung und Bericht des Rechtsausschusses zum Regierungsentwurf eines Gesetzes zur Reform des Versicherungsvertragsrechts (BTDrucks. 16/5862)
AV	Allgemeine Verfügung
AVB	Allgemeine Versicherungsbedingungen
AVB-AVG	Allgemeine Versicherungsbedingungen für die Vermögensschaden-Haftpflichtversicherung von Aufsichtsräten, Vorständen und Geschäftsführern
AVB BU	Allgemeine Bedingungen für die Berufsunfähigkeitsversicherung
AVB BUZ	Allgemeine Bedingungen für die Berufsunfähigkeits-Zusatzversicherung

AVB MaV	Allgemeine Bedingungen für die Versicherung von Maschinen, maschinellen Einrichtungen und Apparaten
AVBR	Allgemeine Bedingungen für die Versicherung von Reisegepäck
AVBSP	Allgemeine Bedingungen für die Versicherung von Juwelen, Schmuck- und Pelzsachen im Privatbesitz
AVB Vermögen	Allgemeine Versicherungsbedingungen zur Haftpflichtversicherung für Vermögensschäden
AVBW	Allgemeine Bedingungen für die Kasko-Versicherung von Wassersportfahrzeugen
AVFE	Allgemeine Versicherungsbedingungen für Fernmelde- und sonstige elektronische Anlagen
AVFEBU	Allgemeine Betriebsunterbrechungs-Bedingungen bei Fernmelde- und sonstigen elektrotechnischen Anlagen
AVFEM	Allgemeine Bedingungen für die Mehrkostenversicherung bei Fernmeldeanlagen und sonstigen elektrotechnischen Anlagen
AVG	Angestelltenversicherungsgesetz
AVP	Allgemeine Bedingungen für die Versicherung von Pferden und anderen Einhufern
AVR	Allgemeine Bedingungen für die Versicherung von Rindern
AVSZ	Allgemeine Bedingungen für die Versicherung von Schweinen, Schafen und Ziegen
AVTHK	Allgemeine Bedingungen für die Tierkrankenversicherung von Hunden und Katzen
AWaB	Allgemeine Versicherungs-Bedingungen für die Waldbrandversicherung
AWB	Allgemeine Bedingungen für die Leitungswasserversicherung
AWG	Außenwirtschaftsgesetz
Az.	Aktenzeichen
Bach/Moser	Private Krankenversicherung, MB/KK- und MB/KT-Kommentar, 5. Aufl. (2015)
BaFin	Bundesanstalt für Finanzdienstleistungsaufsicht
BAG	1. Bundesarbeitsgericht 2. Bundesamt für Güterverkehr
Bamberger/Roth/*Bearbeiter*	Kommentar zum Bürgerlichen Gesetzbuch in drei Bänden, 3. Aufl. (2012)
BAnz.	Bundesanzeiger
Basedow/Fock	Europäisches Versicherungsvertragsrecht, Bd. I–III (2002/03)
Bauer	Die Kraftfahrtversicherung, 6. Aufl. (2010)
BauGB	Baugesetzbuch
BAV (BAA)	Bundesaufsichtsamt für das Versicherungs- (bis 1973) und Bausparwesen (bis 2001)
BayGaStellv	Bayerische Garagen- und Stellplatzverordnung
BayObLG	Bayerisches Oberstes Landesgericht
BB	Der Betriebs-Berater
BBG	Bundesbeamtengesetz
BBR	Besondere Bedingungen und Risikobeschreibungen
BBR ITD	Besondere Bedingungen und Risikobeschreibungen für die Haftpflichtversicherung von IT-Dienstleistern
Bd.	Band
BDSG	Bundesdatenschutzgesetz
Bearb.	Bearbeitung
Beckmann/Matusche-Beckmann/*Bearbeiter*	Versicherungsrechts-Handbuch, 3. Aufl. (2015)
BeckOK-BGB	Beck'scher Online-Kommentar BGB, hrsg. von Bamberger/Roth (Stand: 1.2.2017)

BeckOK-ZPO	Beck'scher Online-Kommentar ZPO, hrsg. von Vorwerk/Wolf (Stand: 1.3.2017)
BeckOK-VVG	Beck'scher Online-Kommentar VVG, hrsg. von Marlow/Spuhl (Stand: 1.1.2017)
BeckRS	Elektronische Entscheidungsdatenbank in beck-online (zitiert mit Jahrgang und lfd. Nummer)
begl.	beglaubigt
Begr.	Begründung zum VVG: RTDrucks Nr. 364, 12. Legislaturperiode, 1. Session 1907; zum PflVersG v. 7.11.1939: DJ 39, 1771; zur VO v. 19.12.1939: Amtl. Sonderveröffentl. d. DJ Nr. 20, Beilage zur DJ Nr. 3/1940; zum G v. 28.12.1942: DJ 43, 41ff.; zur VO v. 6.4.1943: DJ 43, 269; zum G v. 5.4.1965 (PflVersG n.F.): BRDrucks. IV/2252 S 11ff. zum RegE VVGReformG v. 20.12.2006 BTDrucks. 16/3945
Bek.	Bekanntmachung
Bekl.	Beklagter
Bem.	Bemerkung
Benkel/Hirschberg	Lebens- und Berufsunfähigkeitsversicherung, ALB- und BUZ-Kommentar, 2. Aufl. (2011)
ber.	berichtigt
Berliner Kommentar/*Bearbeiter*	Berliner Kommentar zum Versicherungsvertragsgesetz: Kommentar zum deutschen und österreichischen VVG, hrsg. von H. Honsell (2012)
Berz/Burmann/*Bearbeiter*	Handbuch des Straßenverkehrsrechts, hrsg. von Berz/Burmann, 38. Aufl. (2017)
bes.	besonders
BesBed Priv	Besondere Bedingungen und Risikobeschreibungen für die Privathaftpflichtversicherung
Beschl.	Beschluss
Beschw.	Beschwerde
Bespr.	Besprechung
Best.	Bestimmung
bestr.	bestritten
betr.	betreffend
BeurkG	Beurkundungsgesetz
BFH	Bundesfinanzhof
BGB	Bürgerliches Gesetzbuch
BGBl.	Bundesgesetzblatt
BGH	Bundesgerichtshof
BGHGrS	Bundesgerichtshof, Großer Senat
BGHR	BGH-Rechtsprechung Zivilsachen
BGHSt	Entscheidungen des Bundesgerichtshofes in Strafsachen (zit. nach Band u. Seite)
BGHZ	Entscheidungen des Bundesgerichtshofes in Zivilsachen (zit. nach Band u. Seite)
BHHJJ/*Bearbeiter*	Burmann/Heß/Hühnermann/Jahnke/Janker, Straßenverkehrsrecht, 24. Auflage (2016)
BMI	Bundesminister(ium) des Inneren
BMJ	Bundesminister(ium) der Justiz
Böhme/Biela/Tomson	Kraftverkehrs-Haftpflicht-Schäden. Handbuch für die Praxis, 26. Aufl. (2018) (bis zur 22. Aufl. *Becker/Böhme)*
BR	Bundesrat
BRAK	Bundesrechtsanwaltskammer

BRAO	Bundesrechtsanwaltsordnung
BRDrucks.	Bundesrats-Drucksache
BReg.	Bundesregierung
BRProt.	Protokolle des Bundesrates
BRRG	Beamtenrechtsrahmengesetz
Bruck Versicherungsvertrag	Kommentar zum Reichsgesetz über den Versicherungsvertrag, 7. Aufl. (1932)
Bruck/Möller/*Bearbeiter*[8]	Kommentar zum Versicherungsvertragsgesetz und zu den Allgemeinen Versicherungsbedingungen unter Einschluss des Versicherungsvermittlerrechtes, 8. Aufl. (1961–2002)
Bruck/Möller/*Bearbeiter*	Großkommentar zum Versicherungsvertragsgesetz und zu den Allgemeinen Versicherungsbedingungen, herausgegeben von Horst Baumann/Roland Michael Beckmann/Katharina Johannsen/Ralf Johannsen/Robert Koch, 9. Aufl. (2008 ff.)
BSG	Bundessozialgericht
BSHG	Bundessozialhilfegesetz
Bsp.	Beispiel
BStBl.	Bundessteuerblatt
BT	Besonderer Teil, Bundestag
BTDrucks.	Bundestagsdrucksache
BU	Betriebsunterbrechung
Buchst.	Buchstabe
BuVAB	AVB Berufsunfähigkeitsversicherung
van Bühren/*Bearbeiter* Hdb	Handbuch Versicherungsrecht, 7. Aufl. (2017)
van Bühren	Das versicherungsrechtliche Mandat, 5. Aufl. (2015)
van Bühren/Plote/*Bearbeiter*	Allg. Bedingungen für die Rechtsschutzversicherung: ARB, 3. Aufl. (2013)
Buschbell/Hering/*Bearbeiter*	Handbuch Rechtsschutzversicherung, 6. Aufl. (2015)
BVerfG	Bundesverfassungsgericht
BVerfGE	Entscheidungen des Bundesverfassungsgerichts (zit. nach Band u. Seite)
BVerfGG	Gesetz über das Bundesverfassungsgericht
BVerwG	Bundesverwaltungsgericht
BVerwGE	Entscheidungen des Bundesverwaltungsgerichts (zit. nach Band u. Seite)
bzgl.	bezüglich
bzw.	beziehungsweise
ca.	circa
CR	Computer und Recht
dagg.	dagegen
DAR	Deutsches Autorecht
DAV	Deutscher Anwaltsverein; Deutsche Aktuarvereinigung
DB	Der Betrieb
DBKG	Deutsches Büro Grüne Karte e.V.
ders.	derselbe
dgl.	dergleichen
d.h.	das heißt
dies.	dieselbe(n)
Diff., diff.	Differenzierung, differenzierend
Dig.	Digesta
DIN	Deutsche Industrie Norm
Diss.	Dissertation
DJ	Deutsche Justiz
DJT	Deutscher Juristentag

DöV	Deutsche öffentlich-rechtliche Versicherung
D&O	Directors and Officers (Liability Insurance)
DR	Deutsches Recht, Wochenausgabe (vereinigt mit Juristische Wochenschrift) (1931–1945)
DRechtsw.	Deutsche Rechtswissenschaft (1936–1943)
DRiB	Deutscher Richterbund
DRiG	Deutsches Richtergesetz
DRiZ	Deutsche Richterzeitung
Drucks.	Drucksache
DS	Der Sachverständige
DSB	Datenschutzberater
DStrR	Deutsches Steuerrecht
dt.	deutsch
DTV-VHV	DTV-Verkehrshaftungsversicherung
DVBl.	Deutsches Verwaltungsblatt
DVO	Durchführungsverordnung
DZWIR	Deutsche Zeitschrift für Wirtschaftsrecht
E	Entwurf bzw. Entscheidung
ebd.	ebenda
ebso.	ebenso
ECB	Bedingungen für die Versicherung zusätzlicher Gefahren zur Feuerversicherung für Industrie- und Handelsbetriebe
ECBUB	Bedingungen für die Versicherung zusätzlicher Gefahren zur Feuer-Betriebsunterbrechungs-Versicherung für Industrie- und Handelsbetriebe
ED	Einbruchdiebstahl
ed(s)	editor(s)
EG	Einführungsgesetz bzw. Europäische Gemeinschaft(en) bzw. Erinnerungsgabe
EGBGB	Einführungsgesetz zum Bürgerlichen Gesetzbuch
EGGVG	Einführungsgesetz zum Gerichtsverfassungsgesetz v. 27.1.1877
EGV	Vertrag zur Gründung der Europäischen Gemeinschaft
EGVVG	Einführungsgesetz zum VVG
ehem.	ehemalig
Einf.	Einführung
eingeh.	eingehend
einschl.	einschließlich
einschr.	einschränkend
Einl.	Einleitung
entgg.	entgegen
Entsch.	Entscheidung
entspr.	entsprechend
Entw.	Entwurf
ErfK/*Bearbeiter*	Erfurter Kommentar zum Arbeitsrecht, hrsg. von Dieterich/Hanau/Schaub, 19. Aufl. (2019)
Erg.	Ergebnis bzw. Ergänzung
ErgBd.	Ergänzungsband
Erl.	Erläuterung
Erman/*Bearbeiter*	Handkommentar zum Bürgerlichen Gesetzbuch, hrsg. von Grunewald, 15. Aufl. (2017)
Erw.	Erwiderung
EStG	Einkommensteuergesetz
etc.	et cetera
EU	Europäische Union
EuGH	Gerichtshof der Europäischen Gemeinschaft

EuGHE	Entscheidungen des Gerichtshofs der Europäischen Gemeinschaften – Amtliche Sammlung
EuGVVO	Verordnung des Rates über die gerichtliche Zuständigkeit und die Anerkennung und Vollstreckung von Entscheidungen in Zivil- und Handelssachen (EG-Verordnung Nr. 44/2001)
EuR	Europarecht
europ.	europäisch
EUV	Vertrag über die Europäische Union (Lissabon-Vertrag)
EuZW	Europäische Zeitschrift für Wirtschaftsrecht
evtl.	eventuell
EWG	Europäische Wirtschaftsgemeinschaft
EWGV	Vertrag zur Gründung der Europäischen Wirtschaftsgemeinschaft
EWiR	Entscheidungen zum Wirtschaftsrecht
EWR	Europäischer Wirtschaftsraum
f., ff.	folgende
FAG	Gesetz über Fernmeldeanlagen
Fahr/Kaulbach/Bähr/ Pohlmann	Versicherungsaufsichtsgesetz, 6. Aufl. (2019) (bis zur 4. Aufl. *Fahr/ Kaulbach/Bähr*)
FamRZ	Ehe und Familie im privaten und öffentlichen Recht. Zeitschrift für das gesamte Familienrecht
FAO	Fachanwaltsordnung
Farny	Versicherungsbetriebslehre, 5. Aufl. (2011)
FBUB	Allgemeine Feuer-Betriebsunterbrechungs-Versicherungsbedingungen
Fenyves/Schauer/*Bearbeiter*	VersVG – Versicherungsvertragsgesetz, hrsg. von Fenyves/Schauer, Loseblattwerk mit 3. Aktualisierung 2016
FeV	Fahrerlaubnis-Verordnung
FG	Finanzgericht
FGG	Gesetz über die Angelegenheiten der freiwilligen Gerichtsbarkeit
FGO	Finanzgerichtsordnung
FHB	Feuerhaftungs-Versicherungsbedingung
FinDAG	Finanzdienstleistungsaufsichtsgesetz
Feyock/Jacobsen/Lemor/ Bearbeiter	Kraftfahrtversicherung, 4. Aufl. (2018)
Fn.	Fußnote
fragl.	fraglich
FS	Festschrift
FZV	Fahrzeug-Zulassungsverordnung
G	Gesetz
GB BAV	Geschäftsbericht des Bundesaufsichtsamtes für das Versicherungswesen
GB GDV	Geschäftsbericht des Gesamtverbandes der Deutschen Versicherungswirtschaft e.V.
GBl.	Gesetzblatt
GbR	Gesellschaft bürgerlichen Rechts
GDV	Gesamtverband der Deutschen Versicherungswirtschaft e.V.
GE	Geschäftsplanmäßige Erklärung
Geigel/*Bearbeiter*	Haftpflichtprozess, hrsg. von Geigel, 27. Auflage (2015)
gem.	gemäß
GenG	Gesetz betreffend die Erwerbs- und Wirtschaftsgenossenschaften
GeschO	Geschäftsordnung
gesetzl.	gesetzlich
GewArch	Gewerbearchiv, Zeitschrift für Gewerbe- u. Wirtschaftsverwaltungsrecht

GewO	Gewerbeordnung
gg.	gegen
GG	Grundgesetz für die Bundesrepublik Deutschland
ggf.	gegebenenfalls
GKG	Gerichtskostengesetz
GKV	Gesetzliche Krankenversicherung
gl.	gleich
GmbHG	Gesetz betr. die Gesellschaften mit beschränkter Haftung
GmbHR	GmbH-Rundschau (vorher: Rundschau für GmbH)
grdl.	grundlegend
grds.	grundsätzlich
Grimm	Unfallversicherung: AUB, 5. Aufl. (2013)
GrS	Großer Senat
GrSZ	Großer Senat in Zivilsachen
GRUR	Gewerblicher Rechtsschutz und Urheberrecht
GS	Gedächtnisschrift
GüKG	Güterkraftverkehrsgesetz
GVBl.	Gesetz- und Verordnungsblatt
GVG	Gerichtsverfassungsgesetz
GWB	Gesetz gegen Wettbewerbsbeschränkungen
Halbs.	Halbsatz
Halm/Engelbrecht/Krahe	Handbuch des Fachanwalts Versicherungsrecht, 6. Aufl. (2018)
Halm/Kreuter/Schwab/ *Bearbeiter*	Allgemeine Kraftfahrtbedingungen (AKB), hrsg. von Halm/Kreuter/ Schwab, 2. Aufl. (2015)
Hansen Beweislast	Beweislast und Beweiswürdigung im Versicherungsrecht (1990)
HansRGZ	Hanseatische Rechts- und Gerichtszeitschrift
HansRZ	Hanseatische Rechtszeitschrift
Harbauer	Rechtsschutzversicherung. Kommentar zu den Allgemeinen Bedingungen für die Rechtsschutzversicherung (ARB), 9. Aufl. (2018)
HbgGarVO	Hamburger Verordnung über den Bau und Betrieb von Garagen und offenen Stellplätzen
Hdb.	Handbuch
HdV	Handwörterbuch der Versicherung, hrsg. von Farny/Helten/Koch/ Schmidt (1988)
Hentschel/König/Dauer/ *Bearbeiter*	Straßenverkehrsrecht, hrsg. von Hentschel/König/Dauer, 45. Aufl. (2019)
HGB	Handelsgesetzbuch
hins.	hinsichtlich
Hinw.	Hinweis
HK BGB/*Bearbeiter*	Bürgerliches Gesetzbuch Handkommentar, hrsg. von Schulze/Dörner/Ebert et. al., 10. Aufl. (2019)
HK ZPO/*Bearbeiter*	Zivilprozessordnung Handkommentar, hrsg. von Saenger, 8. Aufl. (2019)
HK BU/*Bearbeiter*	Berufsunfähigkeitsversicherung, hrsg. von Ernst/Rogler, 2018
h.A.	herrschende Ansicht, herrschende Auffassung
h.L.	herrschende Lehre
h.M.	herrschende Meinung
Hofmann	Schutzbriefversicherung (1996)
Hrsg./hrsg.	Herausgeber/herausgegeben
h.Rspr.	herrschende Rechtsprechung

i.Allg.	im Allgemeinen
i.d.F.	in der Fassung
i.d.R.	in der Regel
i.d.S.	in diesem Sinne
i.E.	im Ergebnis
i.e.S.	im engeren Sinne
IFG	Informationsfreiheitsgesetz
i.gl.S.	im gleichen Sinne
i.Grds.	im Grundsatz
IHK	Industrie- und Handelskammer
i.H.v.	in Höhe von
InfoV	*siehe VVG-InfoV*
inl.	inländisch
insbes.	insbesondere
insges.	insgesamt
InsO	Insolvenzordnung
inzw.	inzwischen
i.R.d.	im Rahmen der/des
i.R.v.	im Rahmen von
i.S.	im Sinne
i.S.d.	im Sinne der/des
i.S.e.	im Sinne einer(s)
i.S.v.	im Sinne von
i.techn.S.	im technischen Sinne
i.U.	im Unterschied
i.üb.	im Übrigen
i.V.m.	in Verbindung mit
i.w.	im Wesentlichen
i.w.S.	im weiteren Sinne
i.Z.m.	im Zusammenhang mit
JA	Juristische Arbeitsblätter für Ausbildung und Examen
jew.	jeweils
Jura	Juristische Ausbildung
JurBüro	Das Juristische Büro
jurisPK/*Bearbeiter*	juris Praxiskommentar BGB, hrsg. von Herberger/Martinek/Rüßmann/Weth, 8. Aufl. (2017)
jurisPR	juris PraxisReport
JuS	Juristische Schulung. Zeitschrift für Studium und Ausbildung
JW	Juristische Wochenschrift
JZ	Juristenzeitung
KalV	Verordnung über die versicherungsmathematischen Methoden zur prämienkalkulation und zur Berechnung der Alterungsrückstellung in der privaten Krankenversicherung (Kalkulationsverordnung – KalV)
Kap.	Kapitel
Kfz	Kraftfahrzeug
KfzEFondsV	Verordnung über den Entschädigungsfonds für Schäden aus Kraftfahrzeugunfällen
KfzPflVV	Kraftfahrzeugpflichtversicherungsverordnung
KfzSBHH	Sonderbedingungen zur Kfz-Haftpflicht- und Kaskoversicherung für Kfz-Handel und -Handwerk
KG	Kammergericht, Kommanditgesellschaft
KH	Kraftfahrzeug-Haftpflicht
KK-OWiG/*Bearbeiter*	Karlsruher Kommentar zum Gesetz über Ordnungswidrigkeiten, 5. Aufl. (2018)

Kl.	1. Klausel 2. Kläger/in
KomE	Kommissionsentwurf zur Reform des Versicherungsvertragsrechts; zitiert nach: Abschlussbericht der Kommission zur Reform des Versicherungsvertragsrechts vom 19. April (2004), hrsg. von Egon Lorenz (2004)
K&R	Kommunikation und Recht
krit.	kritisch
KritVj	Kritische Vierteljahresschrift für Gesetzgebung und Rechtsprechung
KStG	Körperschaftsteuergesetz
Lackner/Kühl	StGB, 29. Aufl. (2018)
Langheid/ Rixecker (vormals Römer/ Langheid)	Versicherungsvertragsgesetz, 6. Aufl. (2019)
Langheid/Wandt/*Bearbeiter*	Münchener Kommentar Versicherungsvertragsgesetz: VVG; Band 1: §§ 1–99 VVG und VVG-InfoV, 2. Auflage (2016); Band 2: §§ 100–216 VVG, 2. Auflage (2017); Band 3: Nebengesetze, Systematische Darstellungen, 2. Auflage (2017)
LG	Landgericht
lit.	littera (Buchstabe)
Lit.	Literatur
LM	Nachschlagewerk des Bundesgerichtshofs, hrsg. von Lindenmaier/ Möhring u.a. (zit. nach Paragraph u. Nummer)
LMK	Kommentierte BGH-Rechtsprechung Lindenmaier-Möhring
Looschelders/Pohlmann/ *Bearbeiter*	VVG Versicherungsvertragsgesetz, Kommentar, 3. Aufl. (2017)
LPK-SGB VI	Sozialgesetzbuch VI: SGB VI. Gesetzliche Rentenversicherung. Lehr- und Praxiskommentar, hrsg. von Reinhardt/Silber, 4. Aufl. (2018)
LS	Leitsatz
lt.	Laut
LugÜ	Übereinkommen über die gerichtliche Zuständigkeit und die Anerkennung und Vollstreckung von Entscheidungen in Zivil- und Handelssachen (Lugano-Übereinkommen)
m.	mit
Martin SVR	Sachversicherungsrecht, Kommentar, 3. Aufl. (1992)
MAH Versicherungsrecht/ *Bearbeiter*	Münchener Anwaltshandbuch Versicherungsrecht, hrsg. von Höra, 4. Auflage (2017)
Maunz/Dürig/*Bearbeiter*	Grundgesetz, Loseblatt-Kommentar, 84. Ergänzungslieferung (8/2018), begr. von Maunz/Dürig
m.a.W.	mit anderen Worten
m.Bespr.	mit Besprechung
MBKK	Musterbedingungen für die Krankheitskosten- und Krankenhaustagegeldversicherung
MBKT	Musterbedingungen für die Krankentagegeldversicherung
MBPPV	Musterbedingungen für die private Pflegeversicherung
MBUB	Allgemeine Maschinen-Betriebsunterbrechungs-Versicherungsbedingungen
MdB	Mitglied des Bundestags
MDR	Monatsschrift für Deutsches Recht
missverst.	missverständlich
m.krit.Anm.	mit kritischer Anmerkung (von)
MMR	MultiMedia und Recht
MMW	Münchner Medizinische Wochenschrift

MontÜG	Montrealer-Übereinkommen-Durchführungsgesetz vom 6.4.2004
Motive	Motive zum VVG, Nachdruck (1963)
MÜ	Montrealer Übereinkommen (Übereinkommen zur Vereinheitlichung bestimmter Vorschriften über die Beförderung im internationalen Luftverkehr vom 28.5.1999)
MünchKo-AktG/*Bearbeiter*	Münchener Kommentar zum Aktiengesetz, hrsg. von Goette/Habersack/Kalss, 4. Aufl. (2014 ff.)
MünchKo-BGB/*Bearbeiter*	Münchener Kommentar zum Bürgerlichen Gesetzbuch, hrsg. von Rebmann/Säcker/Rixecker, 8. Aufl. (2018 ff.)
MünchKo-ZPO/*Bearbeiter*	Münchener Kommentar zur Zivilprozessordnung mit Gerichtsverfassungsgesetz und Nebengesetzen, hrsg. von Rauscher/Wax/Wenzel, 5. Aufl. (2016 f.)
MünchKo-StGB/*Bearbeiter*	Münchener Kommentar zum Strafgesetzbuch, hrsg. von Joecks/Miebach, 3. Aufl. (2016 f.)
MünchKomm-StVR/*Bearbeiter*	Münchener Kommentar zum Straßenverkehrsrecht, hrsg. von König, Bd. 1 (2016)
Musielak/*Bearbeiter*	Kommentar zur Zivilprozessordnung, 15. Aufl. (2018)
m.w.N.	mit weiteren Nachweisen
m.W.v.	mit Wirkung vom
m.zust.Anm.	mit zustimmender Anmerkung
N.	Nachweise
Nachtr.	Nachtrag
Neuhaus	Berufsunfähigkeitsversicherung, 3. Aufl. (2014)
n.F.	neue Fassung
NJ	Neue Justiz
NJOZ	Neue Juristische Online Zeitung
NJW	Neue Juristische Wochenschrift
NJWE-VHR	NJW-Entscheidungsdienst Versicherungs-/Haftungsrecht
NJW-RR	NJW-Rechtsprechungs-Report Zivilrecht
NK-BGB/*Bearbeiter*	NomosKommentar BGB, hrsg. von Dauner-Lieb/Heidel/Ring, 6 Bände (2014 ff.) (ehemaliger AnwaltKommentar BGB)
Nr.	Nummer
NStZ	Neue Zeitschrift für Strafrecht
NTS-ZA	Nato-Truppenstatut-Zusatzabkommen
NVersZ	Neue Zeitschrift für Versicherung und Recht
NVwZ	Neue Zeitschrift für Verwaltungsrecht
NZA	Neue Zeitschrift für Arbeits- und Sozialrecht
NZG	Neue Zeitschrift für Gesellschaftsrecht
NZI	Neue Zeitschrift für Insolvenzrecht
NZS	Neue Zeitschrift für Sozialrecht
NZV	Neue Zeitschrift für Verkehrsrecht
o.	oben
o.ä.	oder ähnlich
ob.dict.	obiter dictum
Oetker/*Bearbeiter*	Handelsgesetzbuch, 6. Aufl. (2019)
ÖBGBl	österreichisches Bundesgesetzblatt
öffentl.	öffentlich
o.g.	oben genannt
ÖOGH	Österreichischer Oberster Gerichtshof
OHG	Offene Handelsgesellschaft
OLG	Oberlandesgericht
OLGZ	Entscheidungen der Oberlandesgerichte in Zivilsachen, einschließlich der freiwilligen Gerichtsbarkeit

OVG	Oberverwaltungsgericht
OWiG	Gesetz über Ordnungswidrigkeiten
Palandt/*Bearbeiter*	Bürgerliches Gesetzbuch, 78. Aufl. (2019)
PartGG	Partnerschaftsgesellschaftsgesetz
PflVG	Pflichtversicherungsgesetz
PfP-Truppenstatut	Übereinkommen zwischen den Vertragsstaaten des Nordatlantikvertrags und den anderen an der Partnerschaft für den Frieden teilnehmenden Staaten über die Rechtsstellung ihrer Truppen (PfP-Truppenstatut)
PHi	Haftpflicht international (vormals Produkthaftpflicht international)
PKV	Private Krankenversicherung
polit.	politisch
ProdHM	Besondere Bedingungen und Risikobeschreibungen für die Produkthaftpflicht-versicherung von Industrie- und Handelsbetrieben
Prölss/Martin/*Bearbeiter*	Versicherungsvertragsgesetz, 30. Aufl. (2018)
Prölss/Dreher/*Bearbeiter*	Versicherungsaufsichtsgesetz, hrsg. von Dreher, 13. Aufl. (2018)
PStG	Personenstandsgesetz
psych.	Psychisch
PsyErkr.	Begutachtung bei psychischen und psychosomatischen Erkrankungen, hrsg. von Schneider/Henningen/Dohrenbusch/Freyberger/Irle/Köllner/Widder (2012)
RAA	Reichsaufsichtsamt für Privatversicherung
RBerG	Rechtsberatungsgesetz (bis 1962: Gesetz zur Verhütung von Mißbräuchen auf dem Gebiete der Rechtsberatung)
RdA	Recht der Arbeit
RdErl.	Runderlaß/Runderlass
RDG	Rechtsdienstleistungsgesetz
RdK	Das Recht des Kraftfahrers, Unabhängige Monatsschrift des Kraftverkehrsrechts (1926–43, 1949–55)
RDV	Recht der Datenverarbeitung
RdW	Recht der Wirtschaft (Österreich)
rechtspol.	rechtspolitisch
rechtsvergl.	rechtsvergleichend
RefE	Referentenentwurf des Bundesministeriums der Justiz zur Reform des Versicherungsvertragsrechts mit Begründung (nicht veröffentlicht; zitiert nach der vom BMJ online zur Verfügung gestellten PDF-Datei; u.a. noch abrufbar unter: http://www.brak.de/seiten/pdf/aktuelles/versicherungsvertragsrecht.pdf)
ReformG	Gesetz zur Reform des Versicherungsvertragsrechts vom 23.11.2007 (BGBl. I S. 2631) (siehe auch VVG-Reform 2008)
Reg.	Regierung
RegE	Regierungsentwurf eines Gesetzes zur Reform des Versicherungsvertragsrechts (BTDrucks. 16/3945); siehe auch *Ausschussbericht*
RegBl.	Regierungsblatt
rel.	relativ
RG	Reichsgericht
RGBl.	Reichsgesetzblatt
RGRK/*Bearbeiter*	Reichsgerichtsrätekommentar – Das Bürgerliche Gesetzbuch. Kommentar, hrsg. von den Mitgliedern des Bundesgerichtshofs, 12. Aufl. (1975 ff.)
RGZ	Entscheidungen des Reichsgerichts in Zivilsachen (zit. nach Band u. Seite)
RHG	Reichshaftpflichtgesetz
RL	Richtlinie

Rn.	Randnummer(n)
Rom I–VO	Rom I-Verordnung (Verordnung (EG) Nr. 593/2008 des Europäischen Parlaments und des Rates über das auf vertragliche Schuldverhältnisse anzuwendende Recht)
Rom II-Verordnung	Rom II-Verordnung (Verordnung (EG) Nr. 864/2007 des Europäischen Parlaments und des Rates über das auf außervertragliche Schuldverhältnisse anzuwendende Recht)
Römer/Langheid	*siehe Langheid/ Rixecker*
Rpfleger	Der Deutsche Rechtspfleger
RpflG	Rechtspflegergesetz
Rspr.	Rechtsprechung
RStBl.	Reichssteuerblatt
RT	Reichstag
RTDrucks.	Drucksachen des Reichstags
RuS	Recht und Schaden
Rüffer/Halbach/ Schimikowski/*Bearbeiter*	Versicherungsvertragsgesetz Handkommentar, hrsg. von Rüffer/Halbach/Schimikowski, 3. Aufl. (2015)
RVerkBl.	Reichsverkehrsblatt
RVG	Rechtsanwaltsvergütungsgesetz
RVO	Reichsversicherungsordnung
s.	siehe
S.	Satz, Seite
s.a.	siehe auch
Sachs/*Bearbeiter*	Grundgesetz, Kommentar, hrsg. von Sachs, 8. Aufl. (2018)
SB	Selbstbeteiligung
ScheckG	Scheckgesetz
SchiedsVZ	Zeitschrift für Schiedsverfahren – German Arbitration Journal
Schönke/Schröder	Strafgesetzbuch, Kommentar, 30. Aufl. (2019)
Schwintowski/Brömmelmeyer/*Bearbeiter*	Praxiskommentar zum Versicherungsvertragsrecht, 3. Aufl. (2017)
Sen.	Senat
Seuff. Arch.	Seuffert 's Archiv für die Entscheidungen der obersten Gerichte in den deutschen Staaten, (8.1855)
SF	Schadensfreiheit
SGB I, IV, V, VIII, X, XI	I: Sozialgesetzbuch, Allg. Teil IV: Sozialgesetzbuch, Gemeinsame Vorschriften für die Sozialversicherung V: Sozialgesetzbuch, Gesetzliche Krankenversicherung VIII: Sozialgesetzbuch, Kinder- und Jugendhilfe X: Sozialgesetzbuch, Verwaltungsverfahren, Zusammenarbeit der Leistungsträger und ihre Beziehung zu Dritten XI: Soziale Pflegeversicherung
SGb.	Sozialgerichtsbarkeit / Die Sozialgerichtsbarkeit (Zeitschrift)
SGG	Sozialgerichtsgesetz
SGlN	Sonderbedingungen für die gleitende Neuwertversicherung von Wohn-, Geschäfts- und landwirtschaftlichen Gebäuden
SkAufG	Streitkräfteaufenthaltsgesetz
s.o.	siehe oben
Soergel/*Bearbeiter*	Bürgerliches Gesetzbuch, 13. Aufl. (2000ff.)
sog.	sogenannt(e)
SP	Schaden-Praxis
spez.	speziell
SpV	Spektrum für Versicherungsrecht
Stadler/Gail	Die Kfz-Versicherung (2015)

Staudinger/*Bearbeiter*	Kommentar zum Bürgerlichen Gesetzbuch mit Einführungsgesetz und Nebengesetzen, 13. Bearbeitung (1993ff.)
Staudinger/Halm/Wendt/*Bearbeiter*	Versicherungsrechtskommentar, 2. Aufl. (2017)
Stein/Jonas/*Bearbeiter*	Kommentar zur Zivilprozessordnung, 23. Aufl. (2013ff.)
StGB	Strafgesetzbuch
Stiefel/Maier	Kraftfahrtversicherung. Kommentar zu den Allgemeinen Bedingungen für die Kraftfahrtversicherung – AKB sowie zu weiteren Gesetzes- und Regelwerken in der Kraftfahrtversicherung, 19. Aufl. (2017)
StPO	Strafprozessordnung
str.	strittig, streitig
st.Rspr.	ständige Rechtsprechung
StuR	Staat und Recht
StVG	Straßenverkehrsgesetz
StVj	Steuerliche Vierteljahresschrift
StVO	Straßenverkehrsordnung
SLVS	Speditions-, Logistik- und Lagerversicherungsschein
SVS	Speditions-Versicherungsschein
SVS/RVS	Speditions- und Rollfuhr-Versicherungsschein
StVZO	Straßenverkehrs-Zulassungs-Ordnung
s.u.	siehe unten
SV	Sachverhalt
SZ	Entscheidungen des Österreichischen Obersten Gerichtshofes in Zivil- und Justizverwaltungssachen
t	Tonne
TarifVO	Verordnung über die Tarife in der Kfz-Haftpflichtversicherung
TB	Tarifbestimmung
TDG	Gesetz über die Nutzung von Telediensten
Tit.	Titel
TKG	Telekommunikationsgesetz
TranspR	Transportrecht
TumSchG	Gesetz über die durch innere Unruhen verursachten Schäden vom 12.5.1920
TV	Truppenvertrag
Tz.	Textzahl
u.	unten
u.a.	unter anderem
u.ä.	und ähnlich
u.a.m.	und anderes mehr
Üb.	Überblick, Übersicht
ÜbergangsAO	Übergangsanordnung
Übk.	Übereinkommen
ü.M.	überwiegende Meinung
Ulmer/Brandner/Hensen	AGB-Recht, 12. Aufl. (2016)
umstr.	umstritten
UmweltHM	Besondere Bedingungen und Risikobeschreibungen für die Versicherung der Haftpflicht wegen Schäden durch Umwelteinwirkung
UN/UNO	United Nations Organization (Vereinte Nationen)
unv.	unveröffentlicht
u.ö.	und öfter
UrhG	Gesetz über Urheberrecht und verwandte Schutzrechte (Urheberrechtsgesetz)
UStG	Umsatzsteuergesetz

USV	Allgemeine Versicherungsbedingungen für die Umweltschadensversicherung
usw.	und so weiter
u. U.	unter Umständen
UWG	Gesetz gegen den unlauteren Wettbewerb
VA	Veröffentlichungen des Reichsaufsichtsamtes für Privatversicherung, ab 1947: … des Zonenamtes des Reichsaufsichtsamtes für das Versicherungswesen (Hamburg)
VAG	Gesetz über die Beaufsichtigung der Versicherungsunternehmungen
v.A.w.	von Amts wegen
VD	Verkehrsdient
VE	Vorentwurf
Veith/Gräfe/*Bearbeiter*	Versicherungsprozess, 3. Aufl. (2016)
VerBAV/VerBaFin	Veröffentlichungen des Bundesaufsichtsamtes für das Versicherungs- und Bausparwesen, ab 1973: … des Bundesaufsichtsamtes für das Versicherungswesen, ab Mai 2002: VerBAFin = Veröffentlichungen der Bundesanstalt für Finanzdienstleistungsaufsicht (Versicherungsbereich)
VerfGH	Verfassungsgerichtshof
VerglO	Vergleichsordnung
Verh.	Verhandlungen des Deutschen Bundestages (BT), des Deutschen Juristentages (DJT) usw.
VerkMitt	Verkehrsrechtliche Mitteilungen
vermitt.	vermittelnd
VersG	Gesetz über Versammlungen und Aufzüge (Versammlungsgesetz)
VersAG	Versicherungsaktiengesellschaft
VersArch	Versicherungsarchiv
VersM	Versicherungsmedizin
VersPrax, VP	Die Versicherungspraxis
VersR	Versicherungsrecht. Zeitschrift für Versicherungsrecht, Haftungs- und Schadensrecht
VersRAI	Versicherungsrecht. Beilage Ausland
VersRdsch.	Versicherungsrundschau (Österreich)
VersVermV	Verordnung über die Versicherungsvermittlung und -beratung
VersVG	österreichisches Versicherungsvertragsgesetz
VersWissArch	Versicherungswissenschaftliches Archiv
VersWiss. Stud.	Versicherungswissenschaftliche Studien, hrsg. von Brömmelmeyer et. al.
VerwArch.	Verwaltungsarchiv
VG	Verwaltungsgericht
VGB	Allgemeine Bedingungen für die Neuwertversicherung von Wohngebäuden gegen Feuer-, Leitungswasser- und Sturmschäden
VGB 2008, 2010	Allgemeine Wohngebäude-Versicherungsbedingungen
VGH	Verwaltungsgerichtshof
vgl.	vergleiche
VGS	Vereinigter Großer Senat
VHB	Allgemeine Bedingungen für die Neuwertversicherung des Hausrats gegen Feuer-, Einbruchdiebstahl-, Beraubungs-, Leitungswasser-, Sturm- und Glasbruchschäden/Allgemeine Hausratversicherungsbedingungen
VHB 2008	Allgemeine Hausrat-Versicherungsbedingungen
VHV	Verkehrshaftungsversicherung
VN	Versicherungsnehmer/in
VO	Verordnung
VOBl.	Verordnungsblatt

VomVO	Verfahrensordnung des Versicherungsombudsmanns
vorangeh.	vorangehend
Voraufl.	Vorauflage
Vorbem.	Vorbemerkung
vorgen.	vorgenannt
VRR	Verkehrsrechtliche Rundschau
VR	Versicherer
VRS	Verkehrsrechts-Sammlung, Entscheidungen aus allen Gebieten des Verkehrsrechts (zit. nach Band u. Seite)
VU	Versicherungsunternehmen
VuR	Verbraucher und Recht
VVaG	Versicherungsverein auf Gegenseitigkeit
VVG	Gesetz über den Versicherungsvertrag (Versicherungsvertragsgesetz)
VVG-InfoV	Verordnung über Informationspflichten bei Versicherungsverträgen
VVGE	Entscheidungssammlung zum Versicherungsvertragsrecht (VVGE): Entscheidungen zum Versicherungsvertragsgesetz (VVG) und zu den Allgemeinen Versicherungsbedingungen (AVB), hrsg. von Dietrich Müller
VVG-Kommission	Kommission zur Reform des Versicherungsvertragsrechts
VVGRefG *bzw.* VVG-Reform 2008	Gesetz zur Reform des Versicherungsvertragsrechts vom 23.11.2007 (BGBl. I S. 2631) (siehe auch ReformG)
VVV	Versicherungswissenschaft, Versicherungspraxis, insbesondere Versicherungsmedizin (später DVZ)
VW	Versicherungswirtschaft
VwGO	Verwaltungsgerichtsordnung
VwV	Verwaltungsvorschrift
VwVfG	Verwaltungsverfahrensgesetz
VwVG	Verwaltungsvollstreckungsgesetz
VwZG	Verwaltungszustellungsgesetz
WaffG	Waffengesetz
Wandt	Versicherungsrecht, 6. Aufl. (2016)
weitergeh.	weitergehend
WM	Wertpapier-Mitteilungen
Wolf/Lindacher/Pfeiffer	AGB-Recht, Kommentar, 6. Aufl. (2013)
WRP	Wettbewerb in Recht und Praxis
WuM	Wohnungswirtschaft und Mietrecht
Wussow	Unfallhaftpflichtrecht, 16. Aufl. (2014)
(Z)	Entscheidung in Zivilsachen
z.B.	zum Beispiel
ZEuP	Zeitschrift für Europäisches Privatrecht
ZfRV	Zeitschrift für Rechtsvergleichung, Internationales Privatrecht u. Europarecht
ZfS/zfs	Zeitschrift für Schadensrecht
ZfV	Zeitschrift für Versicherungswesen
ZGR	Zeitschrift für Unternehmens- und Gesellschaftsrecht
Ziff.	Ziffer
ZIP	Zeitschrift für Wirtschaftsrecht
zit.	zitiert
ZMR	Zeitschrift für Miet- und Raumrecht
Zöller/*Bearbeiter*	Zivilprozessordnung mit Gerichtsverfassungsgesetz und Nebengesetzen; Kommentar 32. Aufl. (2018)
ZollG	Zollgesetz
ZPO	Zivilprozessordnung
ZRP	Zeitschrift für Rechtspolitik

ZSW	Zeitschrift für das gesamte Sachverständigenwesen
z. T.	zum Teil
ZusBedIT	Zusatzbedingungen zur Betriebshaftpflichtversicherung für die Nutzer von Internet-Technologien
zusf.	zusammenfassend
zust.	zustimmend
ZustG	Zustimmungsgesetz
zutr.	zutreffend
z.V.b.	zur Veröffentlichung bestimmt
ZVersWiss	Zeitschrift für die gesamte Versicherungswissenschaft (zitiert nach Jahr und Seite)
ZVG	Gesetz über die Zwangsversteigerung und die Zwangsverwaltung (Zwangsversteigerungsgesetz)
zw.	zweifelhaft
zz.	zurzeit
ZZP	Zeitschrift für Zivilprozess
ZZPInt	Zeitschrift für Zivilprozess International

VERSICHERUNGSVERTRAGSGESETZ

vom 23. November 2007 (BGBl. I S. 2631), das zuletzt durch Artikel 15 des Gesetzes vom 17. August 2017 (BGBl. I S. 3214) geändert worden ist

Teil 2
EINZELNE VERSICHERUNGSZWEIGE

Kapitel 6
Berufsunfähigkeitsversicherung

Vorbemerkung zu §§ 172–177

Schrifttum:

Carus Die Berufsunfähigkeits-Zusatzversicherung, VW **1964** 475, 518; *Courant* Die Verweisungsklausel in der Berufsunfähigkeitsversicherung, VW **1980** 1209; *Eichenhofer/Wenner* Kommentar zum Sozialgesetzbuch SGB VI, (2014); *Herde* Der Geschäftsplan in der Berufsunfähigkeits-Zusatzversicherung, VerBAV **1990** 453; Infinma: Die Bedingungen der Berufsunfähigkeitszusatzversicherung in Österreich; Infinma Marktstandards Stand 04/2016; *Kaldenbach* Das Problem der Informationsgewinnung für die vorvertragliche Risikoprüfung auf Seiten des privaten Berufsunfähigkeitsversicherers, (2011); *Kirsch* Berufsunfähigkeit im Wandel, in: Verantwortlichkeit im Wirtschaftsrecht, Beiträge zum Versicherungs- und Wirtschaftsrecht der Schüler von Ulrich Hübner, (2002); *Knickrehm/Kreikebohm/Waltermann* Kommentar zum Sozialrecht, 5. Aufl. (2017); *Kreikebohm* Sozialgesetzbuch, Gesetzliche Rentenversicherung – SGB VI, 5. Aufl. (2017); *Lehmann* Die Rechtsprechung des IV. Zivilsenats des Bundesgerichtshofs zur Arbeitsunfähigkeits-, Berufsunfähigkeits- und Unfallversicherung, RuS **2014** 429; *Manes* Versicherungswesen, Personenversicherung, 3. Band (1932); *Meixner/Steinbeck* Allgemeines Versicherungsvertragsrecht, 2. Aufl. (2011); *Neuhaus* Aktuelle Probleme in der Personenversicherung unter besonderer Berücksichtigung der Berufsunfähigkeitsversicherung, r+s **2009**, 309; *Reinhardt/Solber* Sozialgesetzbuch VI, Gesetzliche Rentenversicherung, 4. Aufl. (2017); *Richter* Private Berufsunfähigkeitsversicherung (2017); *Rüffer/Halbach/Schimikowski* Versicherungsvertragsgesetz, 3. Aufl. (2015); *Schneider* Neues Recht für alte Verträge, VersR **2008** 859; *Römer* Rechtspolitische Optionen zur Schließung der BU – Lücken – Jeder sollte seinem Bedarf entsprechend eine Berufsunfähigkeitsversicherung abschließen können, VuR **2010** 366; *Stalinsky* Die Musterbedingungen für die Berufsunfähigkeits-Zusatzversicherung und für die Berufsunfähigkeitsversicherung, VerBAV **1990** 548; VerAfP **1936** 59 (Musterbedingungen für die Invaliditäts – Zusatzversicherung); VerBAV **1970** 208, 210 (Musterbedingungen für die BUZ); VerBAV **1975** 2, 102 (Musterbedingungen für die BUZ); VerBAV **1984** 2 (Musterbedingungen für die BUZ); VerBAV **1993** 139 (Mustergeschäftspläne für die Pflegerenten- und Berufsunfähigkeits – (Zusatz-) Versicherung); Verbraucherzentrale: Berufsunfähigkeit gezielt absichern; *Voit* Berufsunfähigkeitsversicherung, (1994).

https://doi.org/10.1515/9783110308204-001

Übersicht

A. Entwicklung der Berufsunfähigkeitsversicherung

1 Das Recht der Berufsunfähigkeitsversicherung war bis zum Inkrafttreten des VVG-Reformgesetzes nicht kodifiziert.[1] Im Wesentlichen wurde der Inhalt der Versicherungsverträge durch die jeweils zugrundeliegenden AVB bestimmt, welche durch die Rechtsprechung ausgeprägt wurden.[2]

I. Invaliditätszusatzversicherung als Vorläufer

2 Als Vorläufer der Berufsunfähigkeitsversicherung hatte sich die sog. **Invaliditätszusatzversicherung** bereits seit 1880 stark entwickelt.[3] Die früher gewählte Definition des Versicherungsfalls spricht dafür, dafür, dass die Berufsunfähigkeitsversicherung vormals sowohl den **Charakter einer Summen- als auch einer Schadenversicherung** hatte. Eine ältere Definition des Versicherungsfalls lautete z.B.:

„Der Invaliditätsfall gilt als eingetreten, wenn die Berufsfähigkeit infolge Krankheit, Körperverletzung und Kräfteverfall voraussichtlich dauernd, vermutlich aber mindestens für die Dauer eines Jahres, wenigstens um 10% herabgesetzt (Teil-Invalidität) oder voll eingebüßt ist (Voll-Invalidität). Das gilt als nachgewiesen, wenn das Berufsarbeitseinkommen infolge Krankheit, Körperverletzung oder Kräfteverfall mindestens um 10% herabgemindert (Teil-Invalidität) oder voll eingebüßt ist (Voll-Invalidität)[4]*."*

---

[1] Allgemein Oster S. 107ff., 121ff.

[2] Langheid/Wandt/*Dörner* Vorbemerkung zu §§ 172–177 Rn. 1; Looschelders/Pohlmann/*Klenk* Vorbemerkung zu §§ 172ff. Rn. 6; Prölss/Martin/*Lücke* vor §§ 172–177 Rn. 3.

[3] *Manes* S. 137, 138; *Neuhaus* A I Rn. 8; VerAfP **1936** 59.

[4] Vgl. *Benkel/Hirschberg* Vorbem. BUZ 2008 Rn. 1; *Manes* S. 137, 138.

II. Entwicklung der Versicherungsbedingungen

1. Musterbedingungen 1936. Die schon frühzeitig vorhandenen mannigfaltigen Versicherungsbedingungen wurden durch das Reichsaufsichtsamt für das Versicherungswesen 1936 vereinheitlicht[5]. Der Versicherungsfall wurde wie folgt definiert: 3

„Erwerbsunfähigkeit (Invalidität) liegt vor, wenn der Versicherte durch ärztlich nachweisbare Krankheit, Körperverletzung oder Kräfteverfall außerstande ist, seinen Beruf oder eine andere Tätigkeit, die ähnliche Ausbildung und gleichwertige Kenntnisse und Fähigkeiten voraussetzt, auszuüben. Beitragsfreiheit und Rente werden gewährt, wenn der Versicherte im Sinne von Abs. 1 voraussichtlich dauernd oder mindestens 1 Jahr ganz oder teilweise erwerbsunfähig ist."

Bemerkenswert ist, dass der Versicherungsfall nicht als **Berufsunfähigkeit** sondern als **Erwerbsunfähigkeit** bezeichnet wurde, obwohl keine inhaltliche Übereinstimmung mit diesem auch in der Sozialversicherung verwendeten Begriff bestand. Insbesondere fehlte der Bezug zur konkreten Berufstätigkeit, die der VN in gesunden Tagen ausübte. Die oben genannte Definition stellt keinen Mittelweg zwischen einer Berufsunfähigkeitsversicherung und einer Erwerbsversicherung dar[6]. Vielmehr ähnelt die früher verwendete Definition des Versicherungsfalls der heute üblicherweise verwendeten Erwerbsunfähigkeitsklausel. Der Begriff der Invalidität wurde in der Folgezeit durch den Begriff der Berufsunfähigkeit ersetzt.[7] Im Wesentlichen änderte sich jedoch nichts daran, dass das Außerstandesein zur Ausübung des Berufs durch Gewährung versicherter Leistungen abgefedert werden sollte. 4

2. Musterbedingungen 1975. Das Gesetz zur Verbesserung der betrieblichen Altersversorgung führte im Jahre 1975 zu einer weiteren Neufassung der Musterbedingungen. Wichtigste Änderung war, dass bei einer Beitragsfreistellung der Hauptversicherung infolge vorzeitiger Einstellung der Beitragszahlung auch eine mitversicherte Berufsunfähigkeitsrente beitragsfrei weitergeführt werden sollte.[8] Darüber hinaus erfolgten redaktionelle Änderungen z.B. bezüglich der Definition des Begriffs der Berufsunfähigkeit. 5

3. Musterbedingungen 1984. 1984 wurden die Musterbedingungen erneut neu gefasst. Eine der wichtigsten Änderungen betraf das Nachprüfungsverfahren, nach § 7 Nr. 1 Satz 2 waren und sind bei Nachprüfung des Fortbestehens und des Grades der Berufsunfähigkeit auch neu erworbene berufliche Fähigkeiten zu berücksichtigen.[9] 6

4. Musterbedingungen 1990. 1990 wurden die Musterbedingungen erneut unter Berücksichtigung der Belange des Verbraucherschutzes überarbeitet und u.a. dabei auf die Staffelregelung, welche ohnehin nur eine geringe Bedeutung in der Praxis hat, verzichtet.[10] Gleiches gilt für die Bestimmungen über den Ärzteausschuss. Im Gegenzug wurde den VR die Möglichkeit eingeräumt, ein befristetes Anerkenntnis unter einstweiliger Zurückstellung der Frage auszusprechen, ob die versicherte Person eine den Bedingungen entsprechende andere Tätigkeit ausüben kann.[11] Darüber hinaus wurden die Regelungen der Pflegebedürftigkeit neu gefasst.[12] 7

---

[5] Vgl. VerAfP **1936** 59.
[6] So aber *Benkel/Hirschberg* Vorbem. BUZ 2008 Rn. 4.
[7] *Carus* VW **1964** 34.
[8] *Neuhaus* A I, Rn. 9–11; *Benkel/Hirschberg* Vorbem. BUZ 2008 Rn. 8; VerBAV **1970** 210.
[9] *Neuhaus* A I Rn. 12; *Benkel/Hirschberg* Vorbem. BUZ 2008 Rn. 9; VerBAV **1984** 2.
[10] *Stalinsky* VerBAV **1990** 548, 549.
[11] *Neuhaus* A I Rn. 13; *Benkel/Hirschberg* Vorbem. BUZ 2008 Rn. 10; VerBAV **1975** 2, 102.
[12] Vgl. *Herde* VerBAV **1990** 453, 454; *Stalinsky* VerBAV **1990** 548, 549; siehe auch BAV VerBAV zur Änderung der Punktetabellen zur Einstufung eines Pflegebedürftigen.

III. VVG – Reform

8 Nach der Deregulation im Jahre 1994 sind die Versicherungsbedingungen der einzelnen Unternehmen nicht mehr einheitlich. Sie basieren zwar im Wesentlichen auf den Musterbedingungen des GDV[13], sind jedoch häufig im Detail unterschiedlich, was auch dem harten Bedingungswettbewerb geschuldet ist.

9 Auch wenn im Zuge der sog. Deregulierung die Vorabgenehmigungspflicht der Versicherungsbedingungen entfiel und Versicherungsbedingungen nunmehr verstärkt der AGB-rechtlichen Kontrolle durch Gerichte unterlagen, fehlte es gleichwohl an einem umfassenden Verbraucherschutz, wie er durch die Kodifizierung der Berufsunfähigkeitsversicherung im VVG erreicht werden konnte.[14] Auch angesichts des Umstandes, dass die Berufsunfähigkeitsversicherung vor dem Hintergrund des weitgehenden Entfallens einer gesetzlichen Berufsunfähigkeitsversicherung an Bedeutung gewann, war es daher nur folgerichtig, im Rahmen der VVG-Reform auch das Recht der Berufsunfähigkeitsversicherung im VVG zu regeln. Zu Recht hatte bereits die VVG-Reformkommission die Auffassung vertreten, dass die Bedeutung der Berufsunfähigkeitsversicherung es zwingend erforderlich macht, diese auch gesetzlich zu regeln.[15]

10 Wörtlich heißt es in dem **Abschlussbericht** wie folgt:

Wenn rechtliche Regelungen an den Begriff der Lebensversicherung anknüpfen, dann gelten sie danach auch für die Berufsunfähigkeitsversicherung, soweit die Regeln des betreffenden Rechtsgebiets das zulassen und die Besonderheiten der Berufsunfähigkeitsversicherung dem nicht entgegenstehen. Es findet also keine schematische Übertragung statt (BGH VersR 1991, 289). Im Übrigen wird die Berufsunfähigkeitsversicherung heute nur durch AVB geregelt. Dies wird weder der Bedeutung noch den praktischen Problemen dieser Versicherungssparte gerecht. Lange Zeit standen Zusatzversicherungen im Vordergrund, die im Zusammenhang mit einer Lebensversicherung bestimmte zusätzliche Versicherungsleistungen, oft auch nur auch eine Prämienreduzierung oder Prämienfreiheit für den Fall der Berufsunfähigkeit vorsehen. Inzwischen haben sich aber selbständige Berufsunfähigkeitsversicherungen zu einem Versicherungszweig entwickelt, der insbesondere seit der Kürzung entsprechender Leistungen der gesetzlichen Rentenversicherung zunehmende Bedeutung erlangt hat und in Zukunft dann größere Bedeutung erlangen wird. Für den Versicherungsnehmer geht es bei der Berufsunfähigkeitsversicherung um die Absicherung seines Einkommens bei Verlust der Berufsfähigkeit und damit um die wirtschaftliche Existenzgrundlage für ihn und seine Familienangehörigen. Unter diesen Umständen soll die Berufsunfähigkeitsversicherung zwar nicht aus dem Zusammenhang der Lebensversicherung herausgelöst werden. Dies wäre schon deswegen nicht sachgerecht, weil bei den im vertraglichen Zusammenhang mit einer Lebensversicherung abgeschlossenen Berufsunfähigkeitsversicherung für die meisten Fragen eine übereinstimmende Regelung sachnotwendig ist. Außerdem hat die oben erwähnte Rechtsprechung in der Regel auch bei selbständigen Berufsunfähigkeitsversicherungen zu angemessenen Ergebnissen ge-

13 Abrufbar unter www.gdv.de.

14 Die meisten vor dem BGH geführten Verfahren richten sich allerdings nicht gegen die Wirksamkeit einzelner Klauseln, sondern gegen die Beweiswürdigung der Instanzgerichte, *Lehmann* r+s **2014** 429, 430.

15 Vgl. Abschlussbericht der VVG-Reformkommission, S. 130, auch *Richter* S. 554ff.; Prölss/Martin/*Lücke* Vorbem. §§ 172–177 Rn. 3.

führt. Deswegen sollen gemäß § 168 E die für Lebensversicherung geltenden Regelungen der §§ 159–177 E hinsichtlich beider Fallgruppen ausdrücklich für entsprechend anwendbar erklärt werden. Erforderlich sind aber Regelungen für einige Fragen, die sich nur in der Berufsunfähigkeitsversicherung stellen.

Diese Anregungen hat die Bundesregierung in ihrem **Gesetzesentwurf vom 20.12. 2006**[16] übernommen und zu den Erwägungen, weshalb die Regelungen der Berufsunfähigkeitsversicherung neu in das Gesetz aufgenommen worden sind, Folgendes ausgeführt: **11**

Eine ausdrückliche gesetzliche Regelung für Versicherungsverträge, die das Risiko einer Beeinträchtigung der Fähigkeit, einen bestimmten Beruf auszuüben, abdecken sollen, besteht bisher nicht. Nach der Rechtsprechung des Bundesgerichtshofes (BGH VersR 1988, 1233 und VersR 1991, 289), der auch die Literatur folgt (vgl. z.B. Prölss/Martin/Voit, Teil III, J III, Rn. 3), ist die Berufsunfähigkeitsversicherung sowohl in Form der Berufsunfähigkeitszusatzversicherung, die zusammen mit einer Lebensversicherung abgeschlossen wird und ohne diese nicht fortgesetzt werden kann, als auch in Form der selbständigen Berufsunfähigkeitsversicherung der Lebensversicherung zuzurechnen. Wenn rechtliche Regelungen an den Begriff der Lebensversicherung anknüpfen, gelten sie auch für die Berufsunfähigkeitsversicherung, soweit die Regeln des betreffenden Rechtsgebiets das zulassen und die Besonderheiten der Berufsunfähigkeitsversicherung dem nicht entgegenstehen. Es findet also keine schematische Übertragung statt (BGH VersR 1991,89). Im Übrigen wird die Berufsunfähigkeitsversicherung heute nur durch die AVB geregelt. Dies wird weder der Bedeutung noch dem praktischen Problem dieser Versicherungssparte gerecht. Der Entwurf schlägt deswegen in den §§ 172–177 VVG-E Regelungen zur Berufsunfähigkeitsversicherung und ähnlichen Versicherungen vor. Unter anderem wird der Begriff „Berufsunfähigkeit" definiert; entsprechend der bisherigen Vertragspraxis und Rechtsprechung wird vorausgesetzt, dass der Beruf voraussichtlich auf Dauer nicht mehr ausgeübt werden kann[17].

Die Berufsunfähigkeitsversicherung ist heute primär in den §§ 172 bis 177 geregelt. Im Übrigen ist es dabei geblieben, dass das Recht der Lebensversicherung im Wesentlichen ergänzend Anwendung findet.[18] Daneben gelten die für alle Versicherungszweige zu beachtenden §§ 1 bis 73. Insbesondere die Regelungen über die Verletzung der vorvertraglichen Anzeigepflicht und das Vermittlerrecht haben in der Berufsunfähigkeitsversicherung eine besondere Bedeutung. Gem. Art. 4 Abs. 3 EGVVG sind die §§ 172, 174–177 nicht auf Altverträge, also auf Versicherungsverträge, die bis zum 1.1.2008 zustande gekommen sind, anzuwenden. Unbenommen bleibt die Möglichkeit, die Anwendung der neuen Vorschriften mit dem VN individuell zu vereinbaren.[19] Nach allgemeinen Beweislastregeln hat derjenige, der aus bestimmten Tatsachen günstige Rechtsfolgen herleiten will, diese zu beweisen. Demzufolge hat der VN, für den die Geltung des neuen Rechts günstiger ist, das Vorliegen der Tatsachen zu beweisen, die eine Anwendung des neuen Rechts ermöglichen.[20] **12**

[16] Vgl. BT-Drucks. 16/3945.

[17] Vgl. BT-Drucks. 16/3945 S. 54.

[18] Vgl. BGH 5.10.1988 VersR **1988** 1233; BGH 5.12.1990 VersR **1991** 289.

[19] Zum Übergangsrecht allgemein vgl. *Schneider* VersR **2008** 859, auch die Begründung des Regierungsentwurfs in BT-Drucks. 16/3945 S. 119.

[20] Looschelders/Pohlmann/*Klenk* Vorbem. § 172 Rn. 7; **a.A.** *Neuhaus* r+s **2009** 309, 312.

13 In § 172 hat der Gesetzgeber nicht nur die Leistungspflicht des VR und den Begriff der Berufsunfähigkeit beschrieben, sondern auch betont, dass die Leistungsvoraussetzungen nicht abschließend festgelegt sind. Auf diese Art und Weise wollte der Gesetzgeber gewährleistet wissen, dass ausreichend regulatorischer Raum für Innovationen besteht.[21] Diesen Spielraum haben die Produktgeber genutzt und mittlerweile eine Vielzahl von neuen Versicherungsprodukten entwickelt wie zum Beispiel die Grundfähigkeitsversicherung. Gemäß § 175 sind die Vorschriften der §§ 173 und 174 als halbzwingende Vorschriften ausgestaltet. Ergänzend regelt § 176 die entsprechende Anwendung der Vorschriften für die Lebensversicherung, sofern die Besonderheiten der Berufsunfähigkeitsversicherung einer Anwendbarkeit der Vorschrift nicht entgegenstehen. § 177 Abs. 1 stellt klar, dass die §§ 173 bis 176 entsprechende Anwendung auf Verträge finden, in denen eine dauerhafte Beeinträchtigung der Erwerbsunfähigkeit geregelt wird.

14 Die heute in den meisten Versicherungsbedingungen zur Berufsunfähigkeitsversicherung verwendete „50 %-Regelung“, die einen vollen Leistungsanspruch dann vorsieht, wenn die Berufsunfähigkeit den Schwellwert von 50 % erreicht, wurde erstmalig in den Musterbedingungen 1990 eingeführt.[22] Berufsunfähigkeit könnte bedingungsgemäß nun auch durch Vorliegen einer näher definierten Pflegebedürftigkeit eintreten. Erstmals eingeführt wurde ferner die Möglichkeit, auch ein befristetes Anerkenntnis unter Zurückstellung der Prüfung, ob eine Verweisbarkeit des VN in Betracht kommt, abzugeben.[23]

B. Einordnung der Berufsunfähigkeitsversicherung

15 Die Berufsunfähigkeitsversicherung ist zwar **Personenversicherung**, aber keine Lebensversicherung, § 176 VVG erklärt lediglich die Vorschriften der §§ 150–170 VVG für entsprechend anwendbar, soweit sie den Besonderheiten der Berufsunfähigkeitsversicherung nicht entgegenstehen. Dass § 171 VVG nicht erwähnt wird, ist kein Redaktionsversehen, sondern eine bewusste Entscheidung des Gesetzgebers, der den Schutz des VN in der Berufsunfähigkeitsversicherung durch § 307 BGB als ausreichend sichergestellt ansieht.[24]

16 Bei der Berufsunfähigkeitsversicherung handelt es sich um eine **Summenversicherung**. Gleichwohl müssen die Versicherungsbedingungen so gewählt werden, dass die Deckung ihrem Charakter nach Schadenversicherung bleibt.[25] Der VR ersetzt im Leistungsfall demzufolge nicht etwa einen Verdienstausfallschaden oder einen Erwerbsschaden, sondern er erbringt die vertraglich vereinbarten Leistungen. Seine Eintrittspflicht ist nicht von dem Bestehen eines Schadens abhängig.[26] Das versicherungsrechtliche **Bereicherungsverbot** gilt in der Berufsunfähigkeitsversicherung demzufolge nicht.[27] Auch wenn die Berufsunfähigkeitsversicherung das Risiko eines Verlustes des Arbeitsplatzes oder einer Einkommensverringerung aufgrund bestimmter versicherungsvertragsdefinierter Gründe abdeckt, bedeutet dies nicht, dass es sich bei der Berufsunfähigkeitsversicherung um eine Arbeitsplatz-

---

21 Vgl. BT-Drucks. 16/3945 S. 105.

22 Vgl. *Stalinski* VerBAV **1990** 548, 549.

23 Vgl. *Stalinski* VerBAV **1990** 548.

24 Vgl. Prölss/Martin/*Lücke* § 176 Rn. 1; Looschelders/Pohlmann/*Klenk* § 176 Rn. 2; Staudinger/Halm/Wendt/*Gramse* § 176 Rn. 2; Langheid/Wandt/*Dörner* § 176 Rn. 1.

25 Vgl. *Courant* VW **1980** 1209 zur Berufsunfähigkeitsversicherung als Summenversicherung auch MAH Versicherungsrecht/*Höra* § 26 Rn. 1.

26 *Neuhaus* A III Rn. 55; Looschelders/Pohlmann/*Klenk* Vorbem. §§ 172 ff. Rn. 4; Staudinger/Halm/Wendt/*Gramse* Vorbem. §§ 172–177 Rn. 6; OLG Karlsruhe 17.5.2011 VersR **2011** 1165, 1166.

27 *Neuhaus* A III Rn. 55; Rüffer/Halbach/Schimikowski/*Mertens* § 172 Rn. 6.

oder Arbeitslosenversicherung handelt.[28] Gleichwohl ist sie eine Risikoversicherung, die regelmäßig sehr hohe Kapitalwerte absichert.[29]

Dies spielt insbesondere dann eine Rolle, wenn der VN auf eine bestimmte Tätigkeit **verwiesen** werden soll. Bei der Beantwortung der Frage, ob eine abstrakte Verweisung in Betracht kommt, muss die Lage auf dem Arbeitsplatz grundsätzlich unberücksichtigt bleiben.[30] Dies gilt allerdings nicht, wenn überhaupt kein Arbeitsplatz existiert, weil die dem Versicherten angesonnene Tätigkeit auf dem Arbeitsplatz nicht oder nur in unbedeutenden Umfang vorhanden ist.[31] Verweisungen auf Tätigkeiten, die nur in Einzelfällen nach den besonderen Anforderungen eines bestimmten Betriebs geschafft oder auf spezielle Bedürfnisse eines bestimmten Mitarbeiters zugeschnitten worden sind, bleiben daher ebenso außer Betracht, wie Verweisung auf Tätigkeiten, die auf dem Arbeitsmarkt in nur so geringer Zahl bereit stehen, dass von einem Arbeitsmarkt praktisch nicht gesprochen werden kann.[32] Dabei kann auch die Frage zu berücksichtigen sein, ob dem VN im zumutbaren Maße ein Pendeln zu einer neuen Berufsstelle zugemutet werden kann. Versichert ist nach allem der Status der versicherten Person.[33]

Zu unterscheiden ist in der Regel zwischen einer **Berufsunfähigkeitszusatzversicherung** **17**
und einer **selbstständigen Berufsunfähigkeitsversicherung**. Eine Berufsunfähigkeitszusatzversicherung wird üblicherweise zusammen mit einer Hauptversicherung abgeschlossen und kann ohne diese nicht fortgesetzt werden.[34]

Welche Leistungen im Versicherungsfall erbracht werden, hängt primär von den vertraglich getroffenen Vereinbarungen ab. Üblicherweise sind die Zahlung einer **Berufsunfähigkeitsrente** und die **volle Befreiung von der Beitragspflicht** bei Erreichen eines bestimmten Grades der Berufsunfähigkeit versichert. Denkbar ist aber auch, dass zum Beispiel nur eine Befreiung von der Verpflichtung, Beiträge zu zahlen, vereinbart ist.

C. Funktion der Berufsunfähigkeitsversicherung

Die Berufsunfähigkeitsversicherung dient der **Sicherung der wirtschaftlichen Existenz-** **18**
grundlage.[35] Auch wenn sie nicht als eine Spielart der Sozialversicherung verstanden werden darf, so geht es dem VN bei dem Abschluss einer Berufsunfähigkeitsversicherung doch primär darum, seine Existenzgrundlage abzusichern.[36]

---

[28] Beckmann/Matusche-Beckmann/*Rixecker* § 46 Rn. 1; BGH 5.4.1989 NJW-RR **1989** 854. 855; Langheidt/Rixecker/*Rixecker* § 172 Rn. 58; Prölss/Martin/*Lücke* § 2 BuVAB Rn. 72; BGH 17.9.1986 VersR **1986** 1113, 1115.

[29] Vgl. *Kirsch* S. 95, 100.

[30] BGH 5.4.1989 NJW-RR **1989** 854, 855; *Neuhaus* H II Rn. 12; Langheid/Rixecker/*Rixecker* § 172 Rn. 45.

[31] OLG Nürnberg 26.2.2015 NJW-RR **2015** 869; Langheid/Wandt/*Dörner* § 172 Rn. 150; *Neuhaus* H II Rn. 13.

[32] BGH 23.6.1999 NJW-RR **1999** 1471, 1472; Langheid/Wandt/*Dörner* § 172 Rn. 150; BGH 23.1.2008 NJW-RR **2008** 767, 769; Langheidt/Rixecker/*Rixecker* § 172 Rn. 61; Prölss/Martin/*Lücke* § 2 Rn. 78.

[33] Vgl. *Voit* Rn. 250.

[34] Prölss/Martin/*Lücke* Vorbem. §§ 172–177 Rn. 1; Looschelders/Pohlmann/*Klenk* Vorbem. §§ 172ff. Rn. 5; Staudinger/Halm/Wendt/*Gramse* Vorbem. §§ 172–177 Rn. 1; Langheid/Wandt/*Dörner* Vorbem. zu §§ 172–177 Rn. 5; *Herde* VerBAV **1990** 453, 456.

[35] Abschlussbereicht der VVG-Reformkommission S. 130; Bruck/Möller/*Winter*[8] Anm. G16; MAH Versicherungsrecht/*Höra* § 23 Rn. 1; Rüffer/Halbach/Schimikowski/*Mertens* § 172 Rn. 5; Looschelders/Pohlmann/*Klenk* Vorbem. §§ 172ff. Rn. 2.

[36] BGH 8.2.2012 r+s **2012** 193, 194; BGH 17.9.1986 VersR **1986** 1113, 115; BGH 19.11.1985 VersR **1986** 278, 280.

19 Sinn und Zweck der Berufsunfähigkeitsversicherung – und zwar insbesondere der selbstständigen Berufsunfähigkeitsversicherung, aber auch der Berufsunfähigkeitszusatzversicherung – ist es daher, einen sozialen Abstieg des Versicherten im Arbeitsleben und in der Gesellschaft, im sozialen Umfeld zu verhindern.[37] Die Berufsunfähigkeitsversicherung will in erster Linie einen Ausgleich für Einkommenseinbußen leisten, wie sie ein erheblicher Rückgang der beruflichen Leistungsfähigkeit regelmäßig und typischerweise zur Folge hat.[38] So wird der VN beispielsweise bei Eintritt der Berufsunfähigkeit häufig nicht mehr in der Lage sein, größere Beiträge für die von ihm abgeschlossene Lebensversicherung zu zahlen. Hier hilft die Berufsunfähigkeitszusatzversicherung, die bei Eintritt des Versicherungsfalls zu einer Beitragsbefreiung des Versicherten im Hinblick auf den Lebensversicherungsvertrag in Form des Hauptvertrags führt.

20 Die Berufsunfähigkeitsversicherung hat eine besondere Bedeutung dadurch erlangt, dass die **gesetzliche Berufsunfähigkeitsrente** 2001 für Neurentner abgeschafft wurde. Berufsunfähigkeitsrente und Erwerbsunfähigkeitsrente wurden durch die Erwerbsminderungsrente ersetzt. Anspruch auf eine Vollerwerbsminderungsrente hat nur, wer nicht mehr in der Lage ist, 3 Stunden täglich zu arbeiten. Eine hälftige Erwerbsminderungsrente erhält, wer noch zwischen 3 und 6 Stunden täglich arbeiten kann. Keine Rente erhält, wer noch mindestens 6 Stunden täglich arbeiten kann. Dabei ist entscheidend nicht der bisherige Beruf in seiner konkreten Ausgestaltung, sondern jede denkbare Tätigkeit.

21 In der Literatur sind die **Annahmerichtlinien der Berufsunfähigkeitsversicherer** vor diesem Hintergrund zum Teil kritisch hinterfragt worden.[39] So weist *Römer* kritisch darauf hin, dass es den Angehörigen bestimmter Berufsgruppen praktisch unmöglich ist, eine Berufsunfähigkeitsversicherung zu erhalten, nur weil sie einer Berufsgruppe angehören, die nach der Kalkulation des VR mit einem hohen Risiko einer Berufsunfähigkeitsversicherung belastet ist.

22 Grundsätzlich ist es nicht zu beanstanden, dass ein Versicherungsunternehmen der Meinung ist, bei bestimmten Risiken könne der für diese Risiken erforderliche Beitrag am Markt nicht erzielt werden oder ein bestimmtes Risiko sei im Wesentlichen nicht kalkulierbar und damit auch nicht versicherbar. Dies steht in Übereinstimmung mit dem Grundsatz der Vertragsfreiheit. VR können in Ermangelung eines Kontrahierungszwangs nicht gezwungen werden, Versicherungsverträge anzubieten, deren Übernahme des Risikos notwendig zu einem Zuschussgeschäft führt und die Versichertengemeinschaft belastet. Auch von einem VR, der Berufsunfähigkeitsversicherungen anbietet, kann nicht verlangt werden, mehr anzubieten, als er zu leisten in der Lage ist.[40]

23 In der Berufsunfähigkeitsversicherung ist ferner zu beachten, dass die präsumtiven VN zu bestimmten **Risikogruppen** zusammengefasst werden, um Prämien überhaupt kalkulieren zu können. Dabei geht es nicht ausschließlich um mathematische Kriterien, sondern es fließen auch Wertungen ein. Ein VR kann allerdings nicht gezwungen werden, aktuariell in die einzelnen Risikogruppen auch diejenigen aufzunehmen, deren Versicherungsanträge

---

[37] BGH 19.11.1985 VersR **1986** 278, 280; OLG Koblenz 25.5.1984 VersR **1985** 873; OLG München 25.10.1984 VersR **1986** 669, 670; LG Ulm 5.6.1979 VersR **1979** 930; LG Hannover 20.11.1980 VersR **1982** 235; LG Wuppertal 17.12.1981, AZ: 7 O 219/81 n.V.; LG Braunschweig 23.9.1982, AZ: 10 O 200/82 n.V.; LG Lübeck 12.11.1982, AZ: 4 O 156/92 n.V.; LG Düsseldorf 7.5.1982 VersR **1983** 1071, 1072.

[38] LG Ulm 5.9.1979 VersR **1979** 930; LG Hannover 20.11.1980 VersR 1982 235; LG Itzehoe 30.1.1981, AZ: 6 O 109/79 n.V.; OLG Frankfurt 30.6.1982, AZ: 7 U 129/82 n.V.

[39] Vgl. *Römer* VuR **2010** 366, 367.

[40] Vgl. *Römer* VuR **2010** 366, 368.

wegen Zugehörigkeit zu einer Personengruppe, für die statistisch eine höhere Gefährdung gilt, abgelehnt würden.[41]

Eine Grenze zieht das AGG, wobei § 20 Abs. 2 Satz 3 AGG eine unterschiedliche Behandlung wegen einer Behinderung dann zulässt, wenn sie auf anerkannten Prinzipien risikoadäquater Kalkulation beruht, insbesondere auf einer versicherungsmathematisch ermittelten Risikobewertung unter Heranziehung statistischer Erhebungen. Es verstößt daher nicht gegen das AGG, Personen, die Mitglieder einer Risikogruppe sind, für die statistisch gesehen ein höheres Berufsunfähigkeitsrisiko besteht, Versicherungsschutz in der Berufsunfähigkeitsversicherung zu verwehren. **24**

Auf der anderen Seite darf nicht übersehen werden, dass sich der Staat aus der Daseinsvorsorge im Wesentlichen zurückgezogen hat und für die nach 1960 Geborenen praktisch kein gesetzlicher Berufsunfähigkeitsschutz mehr besteht. Dies könnte die Frage aufwerfen, ob der Staat verpflichtet ist, jedenfalls die rechtlichen Rahmenbedingungen zu schaffen, damit diejenigen Bürger eine zivilrechtliche Versicherung gegen den Ausfall wegen Berufsunfähigkeit abschließen können, die aus eigener Initiative, in eigener Verantwortung handelnd und mit eigenen Mitteln eine solche Versicherung abschließen wollen.[42] Diskutiert wird daher die Einführung einer Berufsunfähigkeitsversicherung als Pflichtversicherung mit Kontrahierungszwang, wie sie in der Krankenversicherung durchaus schon existiert. Denkbar wäre auch eine freiwillige Versicherung, die mit einem Kontrahierungszwang für die VR verbunden ist. Ungelöst ist allerdings die Frage, wie bei einem solchen Kontrahierungszwang die Prämie risikoadäquat kalkuliert werden soll. Auch wird die Frage diskutiert, ob als Minus eine Verpflichtung bestehen sollte, Leistungen im Rahmen einer Pflichtversicherung anzubieten, die unterhalb der Leistungen einer Berufsunfähigkeitsversicherung liegen. Es wird vorgeschlagen, einen Invaliditätsschutz zu gewähren, um dem VN für eine Übergangszeit Möglichkeiten zu bieten, wieder berufstätig zu sein.[43] **25**

All dies ist jedoch abzulehnen. Die Entscheidung, sich gegen die Risiken einer Beeinträchtigung der Arbeitskraft versichern zu wollen, muss jedem einzelnen überlassen werden. Grundsätzlich ist der einzelne VN dafür verantwortlich, selbst Vorsorge zu treffen. Wer den mündigen VN schützen will darf ihn nicht wie einen Unmündigen behandeln, zumal die persönlichen Entscheidungen eines einzelnen, sich gegen die Beeinträchtigung der Arbeitskraft absichern zu wollen, sehr unterschiedlich ausfallen kann. **26**

D. Private Berufsunfähigkeitsversicherung und Erwerbsminderungsrente

Der Gesetzgeber hat in § 2 Abs. 4 S. 2 VVG – InfoV vorgegeben, dass der VR den VN im Rahmen seiner gem. § 7 bestehenden Informationspflichten darauf hinzuweisen hat, dass der in den AVB verwandte Begriff der Berufsunfähigkeit nicht mit dem Begriff der Berufsunfähigkeit oder Erwerbsminderung im sozialrechtlichen Sinne oder dem Begriff der Berufsunfähigkeit im Sinne der AVB in der Krankentagegeldversicherung übereinstimmt. Für die gesetzliche Rente wegen Erwerbsminderung spielt es grundsätzlich keine Rolle, ob der Versicherte berufsunfähig ist.[44] Ob Berufsunfähigkeit vorliegt, hat abgesehen von den Bestandsfällen (§ 302b I SGB VI) nur noch Bedeutung bei § 240 SGB IV, der nur für diejenigen gilt, die vor dem 2. Januar 1961 geboren sind.[45] Für die gesetzliche Erwerbsmin- **27/28**

41 Vgl. *Römer* VuR **2010** 366, 368.
42 Bejahend: *Römer* VuR **2010** 366, 369.
43 Vgl. *Römer* VuR **2010** 366, 370.
44 Vgl. *Kaldenbach* S. 6.
45 Kreikebohm/*von Koch* § 43 SGB VI Rn. 2.

derungsrente ist es entscheidend, wie viele Stunden täglich der Versicherte auf dem **allgemeinen Arbeitsmarkt** arbeiten kann. Je nach Leistungsfähigkeit kommt eine volle oder eine teilweise Erwerbsminderungsrente in Betracht, die nur bis zum Erreichen der Regelaltersgrenze geleistet wird. Beide Arten der Erwerbsminderungsrente setzen neben dem Nichterreichen der Regelaltersgrenze und neben einer Erwerbsminderung grundsätzlich voraus, dass eine gewisse Zeit vor dem Eintritt der Erwerbsminderung Pflichtbeiträge erbracht wurden und eine allgemeine Wartezeit erfüllt ist.

I. Nichterreichen der Regelaltersgrenze

29 In § 43 I S. 1, II S. 1 SGB VI ist geregelt, dass die Rente wegen Erwerbsminderung nur bis zum Erreichen der Regelaltersgrenze geleistet wird. Daraus ergibt sich als negative Anspruchsvoraussetzung, dass der Versicherte die Regelaltersgrenze noch nicht erreicht haben darf.[46] Im Anschluss an eine Erwerbsminderungsrente erhält der Versicherte gem. § 115 III SGB VI grundsätzlich eine Regelaltersrente.

II. Erwerbsminderung

30 Eine Rente wegen Erwerbsminderung setzt voraus, dass der Versicherte erwerbsgemindert ist. Ursache für die Erwerbsminderung muss entweder eine Krankheit oder eine Behinderung sein. Es muss daher ein **regelwidriger körperlicher, geistiger oder seelischer Zustand** vorliegen. Bei einer Behinderung liegt dieser Zustand in Abgrenzung zu einer Krankheit mit hoher Wahrscheinlichkeit nicht nur vorübergehend vor.[47] Aufgrund dieser Gesundheitsbeeinträchtigung muss der Versicherte auf nicht absehbare Zeit außerstande sein, unter den üblichen Bedingungen des allgemeinen Arbeitsmarktes mindestens sechs Stunden täglich erwerbstätig zu sein. Aus § 43 III SGB VI ergibt sich, dass eine Gesundheitsbeeinträchtigung, die die Erwerbsfähigkeit auf mindestens sechs Stunden täglich begrenzt selbst dann außer Betracht zu bleiben hat, wenn der Versicherte aufgrund der Arbeitsmarklage keine Anstellung findet.

31 Die Leistungseinschränkung des Versicherten muss **„auf nicht absehbare Zeit“** vorliegen. Eine Definition hierzu fehlt im Gesetz. § 101 I SGB VI regelt, dass befristete Renten wegen verminderter Erwerbsminderung grundsätzlich nicht vor Beginn des siebten Kalendermonats nach dem Eintritt der Erwerbsminderung geleistet werden. Aus dieser Regelung kann die Wertung entnommen werden, dass das Merkmal „auf nicht absehbare Zeit“ jedenfalls dann nicht erfüllt ist, wenn eine Krankheit voraussichtlich nur sechs Monate andauern wird.[48]

32 Maßgeblich für eine Erwerbsminderung ist nicht alleine der Gesundheitszustand, sondern auch der **allgemeine Arbeitsmarkt**. Unter den allgemeinen Arbeitsmarkt fallen keine Schonarbeitsplätze, die nur leistungsgeminderten Betriebsangehörigen vorbehalten sind.[49] Zu den „Bedingungen“ des Arbeitsmarktes gehören alle Faktoren, die wesentliche Grundlage des Arbeitsverhältnisses sind, wie z.B. Dauer und Verteilung der Arbeitszeit, Pausen- und Urlaubsregelungen, Arbeitsschutzvorschriften sowie weitere gesetzliche Bestimmun-

---

[46] LPK-SGB VI/*Reinhardt* § 43 Rn. 4.

[47] Knickrehm/Kreikebohm/Waltermann/*Kreikebohm* § 43 SGB VI Rn. 4; Kreikebohm/*von Koch* § 43 SGB VI Rn. 22.

[48] Knickrehm/Kreikebohm/Waltermann/*Kreikebohm* § 43 SGB VI Rn. 5.

[49] Kreikebohm/*von Koch* § 43 SGB VI Rn. 32.

gen und tarifvertragliche Vereinbarungen. Unter den Begriff der üblichen Bedingungen werden auch tatsächliche Umstände, die die kognitiven Grundfähigkeiten betreffen, wie z. B. ein Mindestmaß an Konzentrationsfähigkeit, geistige Beweglichkeit, Stressverträglichkeit und Frustrationstoleranz, gefasst.[50] Die Bedingungen sind üblich, wenn sie in nennenswerten Umfang und in beachtlicher Zahl vorkommen.[51]

Wenn der Versicherte seine Erwerbsminderung absichtlich herbeigeführt hat, um einen Rentenanspruch zu erlangen, ist eine Rentenleistung ausgeschlossen (§ 103 SGB VI).

1. Volle Erwerbsminderung. Voll erwerbsgemindert sind gem. § 43 II S. 2 SGB VI Versicherte, die wegen Krankheit oder Behinderung auf **nicht absehbare Zeit** außerstande sind, unter den üblichen Bedingungen des allgemeinen Arbeitsmarktes mindestens drei Stunden täglich erwerbstätig zu sein. **33**

Versicherte, denen es generell möglich wäre mehr als drei Stunden täglich zu arbeiten, **34** sind insbesondere dann im Regelfall außerstande „unter den üblichen Bedingungen des allgemeinen Arbeitsmarktes mindestens drei Stunden täglich zu arbeiten", wenn sie besondere Leitungseinschränkungen haben. Die Rechtsprechung hat hierzu Fallgruppen entwickelt, die sich wiederum in zwei Unterfallgruppen aufteilen lassen. Die Unterfallgruppen unterscheiden sich hinsichtlich der Anforderungen an den Versicherungsträger, die er erfüllen muss, um die Vermutung zu widerlegen, dass der Versicherte voll erwerbsgemindert ist.

Wenn ein sog. **Katalogfall**[52] vorliegt, gelten Arbeitsplätze, die unter den üblichen Be- **35** dingungen des allgemeinen Arbeitsmarktes zu der Leistungseinschränkung des Versicherten passen, als generell nicht vorhanden. Der Versicherte gilt in diesen Katalogfällen ausnahmsweise nur dann nicht als voll erwerbsgemindert, wenn der Versicherte tatsächlich einen leistungsgerechten Arbeitsplatz hat oder angeboten bekommt. Ein Katalogfall liegt z. B. vor, wenn der Versicherte an sich noch eine Vollzeittätigkeit ausüben könnte, er aber einen entsprechenden Arbeitsplatz aus gesundheitlichen Gründen nicht aufsuchen könnte (fehlende Wegefähigkeit).[53]

In den Fallgruppen einer sog. **schweren spezifischen Leistungseinschränkung** oder einer **36** Summierung ungewöhnlicher Leistungseinschränkungen, gilt der Versicherte als voll erwerbsgemindert, es sei denn der Versicherungsträger benennt eine konkrete Verweisungstätigkeit mit ihren typischen, das Anforderungsprofil bestimmenden Merkmalen (kein konkreter Arbeitsplatz). Diese Verweisungstätigkeit muss es auf dem allgemeinen Arbeitsmarkt geben, was eine gewisse Häufigkeit dieser Arbeitsplätze voraussetzt.[54]

Außerdem sind Versicherte, die mehr als drei Stunden aber weniger als sechs Stunden **37** täglich arbeiten können, voll erwerbsgemindert, wenn es für sie keinen passenden Teilzeitarbeitsplatz auf dem konkreten Arbeitsmarkt gibt (sog. konkrete Betrachtungsweise).[55] Dies ergibt sich aus einem Umkehrschluss zu § 43 III SGB VI, wonach bei Versicherten mit einem Restleistungsvermögen von mindestens sechs Stunden die jeweilige Arbeitsmarktsi-

---

[50] BSG 9.5.2012, Az. B 5 R 68/11 R; BSG 19.10.2011, Az. B 13 R 78/09 R; Eichenhofer/Wenner/*Pohl* § 43SGB VI Rn. 8.

[51] BSG 19.10.2011, Az. B 13 R 78/09 R; Eichenhofer/Wenner/*Pohl* § 43 SGB VI Rn. 8.

[52] Die Katalogfälle sind aufgezählt in: BSG 19.12.1996, Az. GS 1/95 und Eichenhofer/Wenner/*Pohl* § 43SGB VI Rn. 9.

[53] BSG 21.02.1989, Az. 5 RJ 61/88; Eichenhofer/Wenner/*Pohl* § 43 SGB VI Rn. 9.

[54] Eichenhofer/Wenner/*Pohl* § 43 SGB VI Rn. 10.

[55] Kreikebohm/*von Koch* § 43 SGB VI Rn. 27; Knickrehm/Kreikebohm/Waltermann/*Kreikebohm* § 43 SGB VI Rn. 20; LPK-SGB VI/*Reinhardt* § 43 Rn. 11.

tuation nicht zu berücksichtigen ist.[56] Kann dem Versicherten kein leistungsgerechter, freier und täglich von der Wohnung aus erreichbarer Teilzeitarbeitsplatz innerhalb eines Jahres vermittelt werden, gilt der Teilzeitarbeitsmarkt als verschlossen. Erfüllt der Versicherte die weiteren Voraussetzungen erhält er eine Rente wegen voller Erwerbsminderung.[57]

38 Gem. § 43 II S. 3 Nr. 1 SGB VI sind auch Versicherte voll erwerbsgemindert, die eine Behinderung haben und in einer der in § 1 I Nr. 2 SGB VI genannten Einrichtung tätig sind und wegen Art oder Schwere der Behinderung nicht auf dem allgemeinen Arbeitsmarkt tätig sein können.

39 Außerdem sind gem. § 43 II S. 3 Nr. 2 SGB VI Versicherte voll erwerbsgemindert, die bereits vor Erfüllung der allgemeinen Wartezeit voll erwerbsgemindert waren, in der Zeit einer nicht erfolgreichen Eingliederung in den allgemeinen Arbeitsmarkt. Diese Regelung schützt die betroffenen Versicherten vor einem Verlust einer Anwartschaft auf eine Rente wegen voller Erwerbsminderung nach § 43 VI SGB VI[58], die u.a. voraussetzt, dass die Versicherten ununterbrochen voll erwerbsgemindert sind.

40 **2. Teilweise Erwerbsminderung.** Teilweise erwerbsgemindert sind gem. § 43 I S. 2 SGB VI Versicherte, die wegen Krankheit oder Behinderung auf nicht absehbare Zeit außerstande sind, unter den üblichen Bedingungen des allgemeinen Arbeitsmarktes mindestens sechs Stunden täglich erwerbstätig zu sein. In Abgrenzung zu den voll erwerbsgeminderten Versicherten können teilweise erwerbsgeminderte Versicherte mindestens drei Stunden aber weniger als sechs Stunden unter den üblichen Bedingungen des allgemeinen Arbeitsmarktes arbeiten.

III. Drei-Fünftel-Belegung

41 Neben der Erwerbsminderung müssen Versicherte für einen Anspruch auf Rente wegen Erwerbsminderung grundsätzlich nachweisen, dass sie in den letzten fünf Jahren vor Eintritt der Erwerbsminderung drei Jahre Pflichtbeiträge für eine versicherte Beschäftigung oder Tätigkeit haben (§ 43 I S. 1 Nr. 2, II S. 1 Nr. 2 SGB VI), sog. Drei-Fünftel-Belegung.[59] In § 55 II SGB IV sind Beiträge aufgeführt, die den Pflichtbeiträgen gleichgestellt sind.

In § 43 IV SGB VI sind sog. Aufschubzeiten[60] genannt, die den Fünfjahreszeitraum entsprechend verlängern. Der Fünfjahreszeitraum verlängert sich gem. § 241 I SGB VI auch um Ersatzzeiten (§ 250 SGB VI) entsprechend.

Die Drei-Fünftel-Belegung ist gem. § 43 V SGB VI keine Voraussetzung für die Rente wegen Erwerbsminderung, wenn die Erwerbsminderung aufgrund eines Tatbestandes eingetreten ist, durch den die allgemeine Wartezeit gem. §§ 53, 245 SGB VI vorzeitig erfüllt ist.

Auf die Drei-Fünftel-Belegung kommt es auch nicht an, wenn ein Fall des § 43 VI SGB VI oder ein Fall des § 241 II SGB VI vorliegt.

---

[56] LPK-SGB VI/*Reinhardt* § 43 Rn. 11.

[57] Kreikebohm/*von Koch* § 43 SGB VI Rn. 27; Eichenhofer/Wenner/*Pohl* § 43 SGB VI Rn. 12.

[58] Knickrehm/Kreikebohm/Waltermann/*Kreikebohm* § 43 SGB VI Rn. 19.

[59] Knickrehm/Kreikebohm/Waltermann/*Kreikebohm* § 43 SGB VI Rn. 2; Eichenhofer/Wenner/*Pohl* § 43 SGB VI Rn. 25.

[60] Kreikebohm/*von Koch* § 43 SGB VI Rn. 10; LPK-SGB VI/*Reinhardt* § 43 Rn. 17.

IV. Wartezeit

Weitere Voraussetzung für eine Erwerbsminderungsrente ist die Erfüllung der allgemeinen Wartezeit vor Eintritt der Erwerbsminderung (§ 43 I S. 1 Nr. 3, II S. 1 Nr. 3 SGB VI). Der Begriff „Wartezeit" meint gem. § 34 I SGB VI die Mindestversicherungszeit. Die allgemeine Wartezeit beträgt gem. § 50 I SGB VI fünf Jahre. **42**

Eine Sonderregel für voll erwerbsgeminderte Versicherte findet sich in § 43 VI SGB VI. Danach haben Versicherte, die bereits vor Erfüllung der allgemeinen Wartezeit voll erwerbsgemindert waren und seitdem ununterbrochen voll erwerbsgemindert sind, Anspruch auf Rente wegen voller Erwerbsminderung, wenn sie die Wartezeit von 20 Jahren erfüllt haben. Auf die Erfüllung der der Drei-Fünftel-Belegung kommt es in diesem Fall nicht an.[61] **43**

E. Vermittlung von Berufsunfähigkeitsversicherungen

Auch Berufsunfähigkeitsversicherungen werden regelmäßig durch Versicherungsvermittler vermittelt. Gem. § 59 Abs. 1 sind Versicherungsvermittler im Sinne des VVG **Versicherungsvertreter und Versicherungsmakler.** **44**

I. Versicherungsvermittler

Der Begriff des Versicherungsagenten ist somit nach Umsetzung der Versicherungsvermittlerrichtlinie in deutsches Recht durch den Begriff des Versicherungsvertreters abgelöst worden, nachdem im HGB bereits 1953 durch das Handelsvertretergesetz der Begriff des Agenten durch den des Vertreters ersetzt wurde.[62] **45**

Bislang erfasst der Begriff des Vermittelns nur die **eigentlich auf den konkreten Abschluss eines Versicherungsvertrages abzielende Tätigkeit,** nicht dagegen vorbereitende Aktivitäten und auch nicht Tätigkeiten im Rahmen der Erfüllung der sich aus einem Versicherungsvertrag ergebenden Ansprüche.[63] Dies hat sich durch die Neufassung des § 1a VVG geändert, der nun auch die Vorbereitung von Versicherungsverträgen einschließlich Vertragsvorschlägen und das Mitwirken bei Verwaltung und Erfüllung von Versicherungsverträgen, insbesondere im Schadenfall erfasst. Diese Vorschrift ist gem. § 59 Abs. 1 S. 2 auf den Versicherungsvermittler entsprechend anwendbar, so dass nun auch der deutsche Gesetzgeber von einem weiten Vermittlungsbegriff ausgeht. Dies wird auch für die Vermittlung von Berufsunfähigkeitsversicherungen Folgen haben. Ob vor dem Hintergrund des nun weitgefassten Vermittlungsbegriffs die sich aus § 7 VersVermV ergebende Fortbildungspflicht auch für diejenigen gilt, die Leistungsfälle aus der Berufsunfähigkeitsversicherung bearbeiten, ist nicht geklärt. Eine Fortbildungspflicht wird aber sicherlich dann bestehen, wenn diese Mitarbeiter auch die Anweisung haben, bei Vorliegen eines Kundenkontakts Versicherungsvermittlung im engeren Sinne zu betreiben, also zum Beispiel nachzufragen, ob der VN Interesse an dem Abschluss eines weiteren Versicherungsprodukts hat. **46**

---

[61] Kreikebohm/*von Koch* § 43 SGB VI Rn. 60; LPK-SGB VI/*Reinhardt* § 43 Rn. 21; Knickrehm/Kreikebohm/Waltermann/*Kreikebohm* § 43 SGB VI Rn. 25.

[62] Vgl. MAH Versicherungsrecht/*F. Baumann* § 4 Rn. 3; Langheid/Wandt/*Reiff* § 59 Rn. 2.

[63] Vgl. Prölss/Martin/*Dörner* § 59 Rn. 1; Langheid/Wandt/*Reiff* § 59 Rn. 5; Staudinger/Halm/Wendt/*F. Baumann* § 59 Rn. 2; Looschelders/Pohlmann/*F. Baumann* § 59 Rn. 2.

47 Das Gesetz unterscheidet gem. § 59 Abs. 1 VVG nur zwischen Versicherungsvertretern und Versicherungsmaklern. Damit gilt der **Grundsatz der Polarisation.** Versicherungsvermittler müssen sich entscheiden, ob sie entweder als Versicherungsvertreter oder als Versicherungsmakler Versicherungsverträge vermitteln wollen. Versicherungsberater sind keine Versicherungsvermittler im engeren Sinne, auch wenn ihnen nunmehr gem. § 34d Abs. 2 Nr. 3 GewO auch die Vermittlung von Versicherungsverträgen erlaubt ist.

48 Diese Unterscheidung ist für VN von großer Bedeutung, denn während der Versicherungsvertreter von einem VR oder einem anderen Versicherungsvertreter mit der gewerbsmäßigen Vermittlung oder dem Abschluss von Versicherungsverträgen betraut worden ist (§ 59 Abs. 2), handelt es sich bei dem Versicherungsmakler um den **treuhänderähnlichen Sachwalter des VN**, dessen Interessen er wahrzunehmen hat.[64] Für den VN ist es daher wichtig zu wissen, ob er sich einem Versicherungsvermittler gegenüber sieht, der seine Interessen wahrnimmt oder dieser Vertriebsorgan seines zukünftigen Vertragspartners, des VR ist.

49 Damit über den Status des Versicherungsvermittlers bei den VN keine Zweifel aufkommen, hat dieser gegenüber dem VN umfangreiche **Informationspflichten** zu erfüllen, die sich aus **§ 15 VersVermV** ergeben. Kommt er dieser Verpflichtung nach, so kann der VN den Status seines Gesprächspartners unschwer erkennen. Selbstverständlich ist es auch möglich, Versicherungsverträge direkt mit dem VR abzuschließen.

II. Beratungspflichten bei Abschluss einer Berufsunfähigkeitsversicherung

50 Angesichts des Umstandes, dass nicht nur Versicherungsvermittler gem. § 61 Abs. 1 Satz 1 umfangreiche Beratungspflichten gegenüber dem VN zu erfüllen haben, sondern dies auch für VR gem. § 6 Abs. 1 Satz 1 gilt, ist jedenfalls nach der Intention des Gesetzgebers gewährleistet, dass der VN immer dann, wenn er einen Versicherungsvertrag abschließen will, auch eine Beratung erhält.

51 **1. Beratungsgrundlage.** Ein wesentlicher Unterschied bezüglich des Umfangs der Beratungspflichten der einzelnen Versicherungsvermittler ergibt sich insbesondere aus der unterschiedlichen Beratungsgrundlage.

52 Gem. § 60 Abs. 1 VVG ist der Versicherungsmakler verpflichtet, seinem Rat eine **hinreichende Zahl von auf dem Markt angebotenen Versicherungsverträgen und von VR** zugrunde zu legen, so dass er nach fachlichen Kriterien eine Empfehlung dahin abgeben kann, welcher Versicherungsvertrag geeignet ist, die Bedürfnisse des VN zu erfüllen. Demgegenüber ist die Beratungsgrundlage des Versicherungsvertreters nicht so umfassend.

53 Der Versicherungsvertreter muss den VN gem. § 60 Abs. 2 Satz 2 VVG darüber informieren, ob er für den von ihm vertretenen VR ausschließlich tätig ist. Ist dies nicht der Fall, so hat er gem. § 60 Abs. 2 Satz 1 VVG die **Namen der seinem Rat zugrunde gelegten VR** anzugeben und auch ferner mitzuteilen, auf welcher Markt- und Informationsgrundlage er seine Leistung erbringt. Wenn ein Versicherungsvertreter mit sehr vielen Versicherungsgesellschaften zusammenarbeitet, kann in der Praxis der Unterschied zwischen der Tätigkeit eines Versicherungsvertreters und der eines Versicherungsmaklers unter Umständen nur gering sein. Wenn der Versicherungsvermittler auf mehrere VR zugreifen kann, so muss ge-

[64] Vgl. allgemein Prölss/Martin/*Dörner* § 59 Rn. 2; BGH 22.5.1985 BGHZ **94** 356, 359; OLG Hamm 30.4.2012 NJW-RR **2013** 38, 39; OLG Düsseldorf 10.11.1945 VersR **1996** 1104; OLG München 24.3.2000 VersR **2001** 459; Staudinger/Halm/Wendt/*F. Baumann* § 59 Rn. 25.

genüber dem VN gem. § 60 Abs. 2 VVG Transparenz über eine Beschränkung der Beratungsgrundlagen hergestellt werden. Demzufolge muss der Versicherungsvermittler den VN informieren, wenn er eine **Vergleichssoftware** einsetzt, die zwar viele VR, aber nicht alle am Markt vertretenen VR im Rahmen des Auswahlprozesses berücksichtigt.

Keine eingeschränkte Beratungsgrundlage liegt hingegen vor, wenn der Versicherungsvermittler z.B. zu Beginn eines Jahres aus dem gesamten Rahmen eine Vorauswahl trifft und auf der Basis dieser Vorauswahl dann eine Vermittlung der einzelnen Versicherungsverträge für bestimmte Kundengruppen vornimmt (sog. **Pre-Broking**). **54**

2. Vertragsbezogene Beratungspflichten. Die Beratungspflichten der Versicherungsvermittler sind sehr weitgehend. Gem. § 61 Abs. 1 Satz 1 VVG hat der Versicherungsvermittler den VN, soweit nach der Schwierigkeit, die angebotene Versicherung zu beurteilen, oder der Person des VN und dessen Situation hierfür **Anlass** besteht, nach seinen Wünschen und Bedürfnissen zu **befragen** und, auch unter Berücksichtigung eines angemessenen Verhältnisses zwischen Beratungsaufwand und der vom VN zu zahlenden Prämien, zu **beraten** sowie die **Gründe** für jeden zu einer bestimmten Versicherung erteilten Rat **anzugeben**. Dies ist gem. § 61 Abs. 1 Satz 2 VVG unter Berücksichtigung der Komplexität des angebotenen Versicherungsvertrags nach § 62 VVG zu dokumentieren. Eine vergleichbare Vorschrift findet sich in § 6 Abs. 1 VVG für die Beratungspflicht des VR. Unter besonderen Voraussetzungen kann der VN auf Beratung und/oder Dokumentation verzichten, § 6 Abs. 2, § 61 Abs. 2 VVG. **55**

a) **Beratungsanlass.** Geht es um den Abschluss einer Berufsunfähigkeitsversicherung, kann der Bratungsanlass sehr unterschiedlich sein. So ist denkbar, dass der VN durch den Versicherungsvermittler die Erstellung eines Gesamtversicherungskonzepts wünscht, zu dem dann auch der Abschluss einer Berufsunfähigkeitsversicherung gehört. Denkbar ist selbstverständlich auch, dass der VN von sich aus den Abschluss einer Berufsunfähigkeitsversicherung wünscht. Das zu versichernde Risiko ist durch den Versicherungsvermittler von sich aus zu ermitteln. Für den Versicherungsmakler entspricht dies der ständigen Rechtsprechung.[65] Nichts anderes gilt aber auch für einen Versicherungsvertreter und einen VR, an den der VN direkt herantritt. **56**

b) **Risikoanalyse.** Am Ende dieses Ermittlungsprozesses steht dann eine Risikoanalyse, die zu einem im Hinblick auf Risikopotential und Versicherungsleistung adäquaten Deckungskonzept führen soll.[66] **57**

Für den Abschluss einer Berufsunfähigkeitsversicherung bedeutet dies, dass der Berater zunächst einmal zu klären hat, ob der VN Versicherungsschutz zur Absicherung des Risikos „Berufsunfähigkeit“ wünscht und tatsächlich auch benötigt. **58**

Grundsätzlich darf der Berater auf einen **konkreten Wunsch des VN vertrauen**, der Versicherungsmakler muss einen solchen Wunsch als Weisung sogar beachten, doch müssen offensichtliche Fehlvorstellungen des VN über seinen eigenen Versicherungsbedarf richtiggestellt werden.[67] So ist z.B. denkbar, dass der VN eine Absicherung seines Invaliditätsrisikos durch Abschluss einer Unfallversicherung wünscht, irrtümlich dem Versiche- **59**

---

[65] Vgl. auch BGH 22.5.1985 BGHZ **94** 356, 359; OLG Karlsruhe 15.9.2011 VersR **2012** 856, 857; Langheid/Rixecker/*Rixecker* § 61 Rn. 11.

[66] Vgl. OLG Hamm 30.4.2012 NJW-RR **2013** 38, 40; Prölss/Martin/*Dörner* § 61 Rn. 8.

[67] Vgl. OLG Hamm 14.6.1991 VersR **1992** 49; OLG Köln 12.9.1995 RuS **1995** 267, 268; Langheid/Rixecker/*Rixecker* § 61 Rn. 10; Looschelders/Pohlmann/*F. Baumann* § 61 Rn. 6; Prölss/Martin/*Dörner* § 61 Rn. 13.

rungsvermittler aber mitteilt, er wolle eine Berufsunfähigkeitsversicherung abschließen. In diesem Fall ist dem VN der Unterschied zwischen einer Unfallversicherung und einer Berufsunfähigkeitsversicherung zu erläutern, damit geklärt werden kann, ob der Abschluss einer Berufsunfähigkeitsversicherung tatsächlich dem Wunsch des VN entspricht.

60 Im Rahmen der Ermittlung des Versicherungsbedarfs ist der VN vor allen Dingen darüber aufzuklären, wie hoch seine **Versorgungslücke** im Falle des Eintritts des Versicherungsfalls „Berufsunfähigkeit" ist. Es ist daher unerlässlich, sich nicht nur mit dem konkreten Beruf des VN, sondern auch mit dem aus dieser Berufstätigkeit generierten Einkommen auseinander zu setzen und zu klären, welche Leistungen der VN bei Eintritt einer Erwerbsminderung oder einer Berufsunfähigkeit zu erwarten hat. Die so ermittelte Versorgungslücke entspricht dann dem zu füllenden Versicherungsbedarf.

61 Im Rahmen der **Bedarfsermittlung** hat sich der Berater demzufolge mit den **persönlichen Verhältnissen** des präsumtiven VN intensiv auseinander zu setzen. Hierzu gehört es nicht nur, den konkreten Beruf des VN zu erfragen, sondern auch dessen Einkommen sowie dessen familiäre Verhältnisse. So ist es für die Bedarfsermittlung von großer Bedeutung, zu wissen, ob der VN Alleinverdiener ist, Kinder zu versorgen hat, ob **Verbindlichkeiten** bestehen, die bedient werden müssen, etc. Auch Hausmänner und Hausfrauen sind bezüglich des Abschlusses einer Berufsunfähigkeitsversicherung zu beraten. Fällt die Arbeitskraft der Hausfrau/des Hausmanns weg und sind beispielsweise Kinder zu versorgen, muss unter Umständen eine professionelle Fachkraft engagiert werden, die in der Regel relativ teuer ist.

62 Da der Abschluss einer Berufsunfähigkeitsversicherung in der Regel langfristig angelegt ist, hat der Berater im Rahmen der Bedarfsermittlung auch zu klären, ob **berufliche Veränderungen** in absehbarer Zeit zu erwarten sind.

63 So ist z.B. denkbar, dass der VN zum Zeitpunkt der Beratung zwar einen Bedarf hat, eine Berufsunfähigkeitsversicherung abzuschließen, seine liquiden Mittel allerdings nicht ausreichen, um den Bedarf komplett zu decken. Ebenso ist denkbar, dass der VN nach seiner Einschätzung die Möglichkeit hat, in absehbarer Zukunft über ein deutlich höheres Einkommen zu verfügen, so dass sich dann die Frage stellt, ob der vermittelte Versicherungsschutz noch bedarfsgerecht ist. In derartigen Fällen muss der Versicherungsvermittler überprüfen, ob die Möglichkeit besteht, eine Nachversicherungsmöglichkeit ohne erneute Gesundheitsprüfung zu vereinbaren, so dass der VN allein durch Ausübung der Nachversicherungsoption seinen Versicherungsschutz bei Bedarf erhöhen kann.

64 **Betreut** der Versicherungsvermittler den VN auch nach Abschluss des Versicherungsvertrages, so wird man ihn ferner verpflichtet halten müssen, auf die Ausübung eines solchen Nachversicherungsrechts gesondert aufmerksam zu machen, denn es kann nicht angenommen werden, dass der VN sich nach vielen Jahren nach Abschluss der Berufsunfähigkeitsversicherung noch an das Bestehen dieses Nachversicherungsrechts erinnert. Versicherungsmakler sind schon aufgrund des mit dem Kunden abgeschlossenen Versicherungsmaklervertrags zu einer Betreuung des Kunden verpflichtet. Für Versicherungsvertreter gilt dies auch vor dem Hintergrund des erweiterten Vermittlungsbegriffs nicht uneingeschränkt, denn Absicht des Gesetzgebers war es nicht, die nachvertraglichen Betreuungspflichten des VR und der Versicherungsvertreter auszuweiten, wie dem Umstand zu entnehmen ist, dass § 6 Abs. 4 VVG im Zuge der Umsetzung der IDD nicht geändert wurde. Ein Versicherungsvertreter ist daher nach wie vor nicht verpflichtet, den VN im Leistungsfall zu betreuen.

65 Hat der Berater den Versicherungsbedarf auf diese Art und Weise korrekt ermittelt, gilt es, den Versicherungsbedarf durch Abschluss eines adäquaten Versicherungsvertrages zu

erfüllen. Dabei ist vor allen Dingen darauf zu achten, dass bedarfsgerechter Versicherungsschutz vermittelt wird.

3. Vermittlung im engeren Sinne

a) **Allgemeines.** Es kommt daher vor allen Dingen auf den Inhalt des abgeschlossenen Versicherungsvertrags und erst in zweiter Linie auf die hierfür zu zahlenden Versicherungsprämien an. Aufgabe des Beraters ist es, einen möglichst weitgehenden Versicherungsschutz zu vermitteln, soweit keine andere Weisung seitens des VN erteilt wird. Denkbar ist z.B., dass dem VN nur eine bestimmte Summe für die Abdeckung seiner Versorgungslücke zur Verfügung steht. Es ist Aufgabe des Versicherungsvermittlers, auf der Basis dieses ihm zur Verfügung stehenden Budgets einen möglichst weitreichenden Versicherungsschutz zu vermitteln. Dass der VN dem Rat des Versicherungsvermittlers/ -beraters, die Bedarfslücke vollständig zu schließen, nicht folgt, sollte auf jeden Fall dokumentiert werden. 66

Wie sich der anschließend daraus ergebende Beratungsprozess gestaltet, hängt vor allen Dingen von dem **Status des Versicherungsvermittlers** ab. Der Einfirmenvertreter, der nur eine Versicherungsgesellschaft vertritt, hat nur zu überprüfen, ob sein VR ein Versicherungsprodukt anbieten kann, mit dem der Bedarf des Kunden im Idealfall komplett befriedigt werden kann.[68] Ist dies nicht der Fall, so muss der Einfirmenvertreter zwar nicht über Produkte eines mit seinem VR konkurrierenden VR beraten, er darf dem VN aber auch nicht dazu raten, überflüssigen Versicherungsschutz abzuschließen. 67

Es stellt nicht unbedingt einen **Beratungsfehler** dar, wenn der Versicherungsvertreter dem VN den Abschluss eines Versicherungsvertrages empfiehlt, mit dem die Beratungslücke zum Teil geschlossen werden kann, und den VN über diesen Umstand informiert und ihm empfiehlt, den übrigen Teil der Bedarfslücke bei einem Konkurrenzunternehmen zu versichern, denn es kann zwar im Leistungsfall von Vorteil sein, wenn alle Versicherungsverträge bei einem VR abgeschlossen werden, es ist aber auch genauso gut denkbar, dass ein Aufsplitten der Versicherungsverträge schon deshalb sinnvoll ist, weil im Leistungsfall die Leistungsentscheidung eines VR an den anderen VR nicht bindet. 68

b) **Auswahlkriterien bezüglich des VR.** Im Rahmen der Auswahl des geeigneten und bedarfsgerechten VR sind verschiedene Kriterien zu berücksichtigen. So spielt die **Solvabilität des VR** für den VN zunächst eine große Rolle, denn für den VN ist natürlich wichtig, im Leistungsfall auch die versprochene Leistung zu erhalten. 69

Regelmäßig wird der VR nicht verpflichtet sein, **ausländische** VR im Rahmen des Auswahlprozesses mit zu berücksichtigen, wenn der VN dies nicht ausdrücklich wünscht. 70

Welches **Rating** ein VR in der Vergangenheit erhalten hat, ist für das Ergebnis des Auswahlprozesses zunächst einmal von erheblicher Bedeutung, allerdings ist durch den Versicherungsvermittler stets zu überprüfen, welche Rating-Kriterien dem Rating zugrunde gelegen haben. 71

Da für den VN **Qualität und Geschwindigkeit der Leistungsbearbeitung** im Leistungsfall sehr wichtig sind, kommt es auch darauf an, welche Erfahrungen der Versicherungsvermittler mit dem von ihm ausgewählten VR in der Phase der Leistungsbearbeitung gemacht hat. Für die Auswahl eines VR mit einem großen Bestand an Versicherungsverträgen kann sprechen, dass dieser in der Regel auch über entsprechend erfahrene Leistungsbearbeiter verfügt, andererseits besteht bei einem VR mit einem großen Bestand an Versicherungsverträgen auch die Gefahr, dass Leistungsanträge wegen Personalmangels nicht schnell genug bearbeitet werden können. 72

---

[68] OLG Saarbücken 6.4.2017 RuS **2018** 110.

73 Da eine Berufsunfähigkeitsversicherung den VN im Idealfall bis zum Rentenalter begleitet, ist für die Auswahl des VR von erheblicher Bedeutung, inwiefern der Versicherungsschutz bei sich ändernden Umständen **angepasst** werden kann. Hier spielen z.B. Nachversicherungsgarantien ohne erneute Gesundheitsprüfung eine erhebliche Rolle.

74 c) **Allgemeine Auswahlkriterien bezüglich des Versicherungsvertrags.** Angesichts des Umstandes, dass der Abschluss einer Berufsunfähigkeitsversicherung mit steigendem Lebensalter auch höhere Kosten verursacht, ist der Versicherungsvermittler gehalten, möglichst früh den Kunden bezüglich des Abschlusses einer Berufsunfähigkeitsversicherung zu beraten. Dabei spielt es keine Rolle, ob der VN einer Berufsgruppe zuzurechnen ist, die als besonders risikoträchtig gilt. Gerade bei einer solchen Berufsgruppe ist es angebracht, möglichst früh zu versuchen, einen Versicherungsvertrag abzuschließen, um erhebliche Prämienzuschläge zu vermeiden.

75 Für **körperlich Tätige** ist es in der Regel günstiger, eine Versicherung zu wählen, die keine oder nur eine grobe **Berufsgruppeneinteilung** vornimmt, weil diese dann mit weniger riskanten Berufen zusammengefasst werden und vermutlich einen geringeren Versicherungsbeitrag zahlen als bei einer differenzierteren Gruppeneinteilung. Anderes gilt für Akademiker, beispielsweise Rechtsanwälte. Für diese ist es regelmäßig günstiger, eine Gesellschaft zu wählen, die stark nach Berufsgruppen differenziert und daher für gute Risiken auch besonders günstige Preise anbietet.

76 Der **Gesundheitszustand des VN** entscheidet in der Regel noch mehr als der Beruf darüber, ob und zu welchem Preis ein Versicherungsvertrag vermittelt werden an. Erkrankungen wie Alkoholabhängigkeit, Alzheimer, Angststörung, Angina Pectoris, Depressionen, Diabetes mellitus, Drogenabhängigkeit, Herzinfarkt, HIV-Infektion, Krebs, Multiple Sklerose, Parkinson und Rheuma führen in der Regel zu Ablehnungen eines Antrags auf Abschluss eines Versicherungsvertrags. Erkrankungen wie Allergien, Asthma, Bandscheibenvorfall, Rückenschmerzen, Grüner Star, Neurodermitis, Tinnitus führen regelmäßig zu entsprechenden Ausschlüssen, für Bluthochdruck, Bronchitis, Fettstoffwechselstörung, Nierensteine, leichtes Asthma, mittelschwere Krampfadern, starkes Übergewicht sind in der Regel Risikozuschläge fällig.[69] Auch riskante Hobbies wie Freiklettern, Gleitschirmfliegen oder Fallschirmspringen können zu einer Verteuerung des Versicherungsschutzes führen. Als gefährliche Hobbies gelten insbesondere Eishockey, Gewichtheben, Kitesurfen, Rafting, Springreiten mit Wettkämpfen, Gokartrennen mit Wettbewerben, Mountainbiking (Downhill), Paragliding, Freeclimbing, Rodeoreiten, Skeleton, Skysurfen, Motocross-, Auto-, Motorrad- und Bootsrennen.[70]

77 Soweit möglich, sollte die **Berufsunfähigkeitsrente bis zum Erreichen der Altersrente** abgeschlossen werden. Gerade für körperlich Tätige ist dies aber häufig nicht möglich. Der Versicherungsvermittler sollte gleichwohl versuchen, sowohl Versicherungs- als auch Leistungszeit vertraglich möglichst nah an den Eintritt der Altersrente heranzuschieben, derzeit also bis zum 67. Lebensjahr. Erfolgt während der Laufzeit des Versicherungsvertrages eine Erhöhung des Renteneintrittsalters, wird der Versicherungsvermittler, sofern er den Versicherungsvertrag betreut, auf eine Erhöhung der Versicherungs- und Leistungsdauer hinwirken müssen, sofern dies möglich ist. In der Regel ist bei einer Berufsunfähigkeitsversicherung der VR eintrittspflichtig, wenn der Kunde in dem zuletzt ausgeübten Beruf mindestens zu 50 % berufsunfähig ist. Für manche VN kann sich aber auch eine Staffelregelung anbieten, da diese schneller zu einer materiellen Absicherung führt. Dies kann z.B.

[69] Vgl. Verbraucherzentrale: Berufsunfähigkeit gezielt absichern[4] S. 48 m.w.N.

[70] Vgl. Verbraucherzentrale: Berufsunfähigkeit gezielt absichern[4] S. 49.

für Selbständige gelten, die trotz eines gesundheitlichen Handikaps ihr Geschäft weiterführen wollen, aber nicht mehr voll belastbar sind.

Manche Versicherungsverträge enthalten **Karenzzeiten**, welche prämienreduzierend wirken. Über diese Möglichkeit ist der VN zu belehren, wenn er die zunächst durch den Versicherungsvermittler ermittelte und versicherbare Rentenhöhe nicht bezahlen kann. Allerdings ist stets zu überprüfen, ob tatsächlich eine solche Prämienreduzierung in Betracht kommt, dass eine Karenzzeit überhaupt ernsthaft empfohlen werden kann. **78**

Berufsunfähigkeitsversicherungsverträge basieren auf einer Kalkulation, die auch das fortschreitende Alter des VN und das damit einhergehende erhöhte Risiko berücksichtigt. Ein junger VN zahlt demzufolge an sich einen zu hohen Versicherungsbeitrag, während derselbe VN bei höherem Alter einen an sich zu niedrigen Versicherungsbeitrag zahlt. Kommt es dem VN auf eine strikt altersgerechte Prämienkalkulation an, so muss der Versicherungsvermittler eine technisch einjährige Versicherung in Betracht ziehen. Hier zahlt der Kunde jedes Jahr einen anderen, nämlich risikogerechten, Beitrag. In jungen Jahren ist dieser niedrig und in der Regel sogar niedriger als in den sogenannten Einsteigertarifen und ermöglicht deshalb zu Beginn des Berufslebens einen sehr komfortablen Berufsunfähigkeitsschutz für wenig Geld. Dafür steigt der Beitrag gegen Ende des Berufslebens sehr deutlich. Eine **technisch einjährige Versicherung** muss zwar auf lange Sicht gesehen nicht preiswerter sein, sie wird aber mit ihrem Prämienverlauf der Einkommenssituation eines Normalkunden über Jahrzehnte hinweg möglicherweise besser gerecht als übliche Tarife.[71] **79**

Ein Berufsunfähigkeitsschutz lässt sich auch in **staatlich geförderte Altersvorsorgekonzepte** integrieren wie z.B. Riester- und Rürup-Verträge und sonstige betriebliche Altersvorsorge. Dies hat der Versicherungsvermittler zu überprüfen. Gerade in der betrieblichen Altersvorsorge haben gesundheitlich angeschlagene Arbeitnehmer möglicherweise die einzige Chance, überhaupt einen Versicherungsschutz zu erhalten ohne gravierende Risikozuschläge zahlen zu müssen. Die Gesundheitsfragen sind teilweise sehr stark vereinfacht und reduziert. **80**

Im Übrigen ist darauf zu achten, dass der Versicherungsschutz für den VN möglichst **günstig** im Sinne eines bedarfsgerechten Versicherungsschutzes gestaltet werden kann. So ist es für den VN günstig, wenn der Prognosezeitraum möglichst kurz ist, der Versicherungsvertrag nach Möglichkeit keine Verweisungsmöglichkeit im ersten Prüfungsverfahren oder zumindest einen Verzicht auf die abstrakte Verweisung enthält, es bei der Überprüfung des Leistungsfalls nur auf die zuletzt vor dem Eintritt der Berufsunfähigkeit ausgeübten Beruf ankommt und nicht etwa auf Tätigkeiten, die ein oder zwei Jahre zuvor ausgeübt worden sind, ob eine Möglichkeit besteht, während der Leistungsprüfung eine Stundung der Versicherungsbeiträge zu bewirken, ob bei Wegfall der Berufsunfähigkeit zusätzliche Leistungen wie z.B. eine Wiedereingliederungshilfe gewährt werden. Gerade in Zeiten einer alternden Gesellschaft wird der Versicherungsvermittler auch überprüfen müssen, ob die Versicherung von Pflegeelementen im Rahmen der Berufsunfähigkeitsversicherung möglich ist. **81**

d) Einzelne Auswahlkriterien und Marktstandards. Für Versicherungsvermittler haben Dienstleister Marktstandards auf Basis statistischer Auswertungen der in Deutschland im Wesentlichen vertriebenen Bedingungswerke entwickelt.[72] 2004 bestanden am Versicherungsmarkt rd. 112 Bedingungswerke für die Berufsunfähigkeits-/Berufsunfähigkeitszusatzversicherung. Die Beachtung derartiger Marktstandards ist auch für einen Versicherungsvermittler von großer Bedeutung, will er sich nicht dem Vorwurf eines Beratungsfehlers aussetzen. **82**

---

71 Vgl. Verbraucherzentrale: Berufsunfähigkeit gezielt absichern[4] S. 74.

72 Infinma: Die Bedingungen der Berufsunfähigkeitszusatzversicherung in Österreich.

83 Im Wesentlichen wurden als vom Versicherungsvermittler zu beachtende **Marktstandards** betrachtet:
Prognosezeitraum
Rückwirkende Leistungen
Abstrakte Verweisungen
Verzicht auf Umorganisation
Kostenbegrenzung bei Umorganisation
Berufswechsel prüfen
Leistungsbeginn
Meldefrist
Untersuchungen im Ausland
Erhöhungsoption ohne Anlass
Beitragsstundung
Befristete Anerkenntnisse
Meldepflicht Minderung BU
Meldepflicht Aufnahmetätigkeit
Nachprüfung
Infektionsklausel
Leistung bei Arbeitsunfähigkeit
Lebenslange Pflegerente[73]

84 Als **verbraucherfreundlich** gelten nach Auffassung von Verbraucherschutzorganisationen Versicherungsverträge, die vor allem die folgenden Elemente enthalten:

- Verzicht auf abstrakte Verweisung,
- 6-Monats-Prognose,
- Rente ab Eintritt der Berufsunfähigkeit auch rückwirkend bei verspäteter Meldung,
- zinslose Stundung der Beiträge bis zur Leistungsentscheidung,
- Nachversicherungsgarantie,
- Verzicht auf Kündigung oder Vertragsänderung gem. § 19 Abs. 3 und 4 VVG,
- weltweiter Versicherungsschutz,
- erleichterter Nachweis der Berufsunfähigkeit durch Abstellen auf den Bezug einer Erwerbsminderung der gesetzlichen Rentenversicherung oder Erfüllen eines Pflegepunktes in der gesetzlichen Pflegeversicherung,
- Verbindung zwischen Arbeitsunfähigkeit und Zahlung der Berufsunfähigkeitsrente dergestalt, dass eine sechsmonatige dauerhafte Arbeitsunfähigkeit, die der VN ärztlich nachweisen muss, automatisch zur Zahlung einer Berufsunfähigkeitsrente führt,
- Begrenzung der Gesundheitsfragen auf die letzten fünf bzw. zehn Jahre,
- Verzicht auf § 163 VVG,
- Dynamik der Berufsunfähigkeitsrente auch im Leistungsfall,
- beitragsfreie Dynamik für die Hauptversicherung im Leistungsfall,
- keine Arztanordnungsklauseln,
- Wiedereingliederungshilfe bei Reaktivierung,
- keine Meldepflicht bei Verbesserung des Gesundheitszustandes.[74]

85 Soweit im Rahmen der Vermittlung von Berufsunfähigkeitsversicherungen von Bedeutung, gilt bezüglich der genannten Auswahlkriterien folgendes:

---

73 Infinma Marktstandards Stand 4/2016.

74 Vgl. Verbraucherzentrale: Berufsunfähigkeit gezielt absichern[4] S. 86ff.

Voraussetzung für die Gewährung von Leistungen aus einer Berufsunfähigkeitsversicherung ist eine **ärztliche Prognose**, in der der versicherten Person attestiert wird, dass sie über einen bestimmten Zeitraum hinweg voraussichtlich nicht in der Lage sein wird, ihren Beruf auszuüben. Je kürzer der Zeitraum ist, umso günstiger ist dies für den VN. **86**

Ist keine Prognose über den erforderlichen Zeitraum möglich, so hilft es dem VN, wenn dieser eine **rückwirkende Leistung** erhält, soweit er einen bestimmten Zeitraum ununterbrochen außerstande war, seinen Beruf auszuüben. Streitig ist in derartigen Fällen häufig, wann der VR zur Leistung verpflichtet ist (nach Ablauf des Zeitraums oder vom Beginn des Außerstandeseins an). Da die Berufsunfähigkeitsversicherung eine existenzsichernde Funktion hat, ist ein rückwirkender Leistungsbeginn ab Eintritt der Berufsunfähigkeit zu begrüßen. **87**

Da es bei einer abstrakten Verweisung lediglich darauf ankommt, ob ein Verweisungsberuf existiert und das Arbeitsmarktrisiko demzufolge fast vollständig beim Versicherten liegt, ist ein **vollständiger oder uneingeschränkter Verzicht auf die abstrakte Verweisung** in der Erstprüfung ein qualitätsbildendes Merkmal in der Berufsunfähigkeitsversicherung. **88**

Der **Verzicht auf die Prüfung, ob eine Umorganisation in Betracht kommt,** stellt bei Selbstständigen und Personen mit ähnlichem Status ein gewichtiges Qualitätskriterium dar, weil gerade bei Selbstständigen eine große Unsicherheit herrscht, ob sie im vermeintlichen Leistungsfall auf eine Tätigkeit im eigenen Betrieb „verwiesen“ werden können. Zum Teil wird bei manchen VR bei Kleinstbetrieben eine Umorganisationsmöglichkeit nicht geprüft. Umorganisationen sind regelmäßig mit Kosten verbunden, die die Grenze der Zumutbarkeit nicht überschreiten dürfen. Wenn dem VN nur geringe Kosten zugemutet werden, so ist dies ein Qualitätsmerkmal, welches ein Versicherungsvermittler berücksichtigen muss. **89**

Einige VR dehnen die Prüfung der Berufsunfähigkeit im Leistungsfall auf einen zweiten Beruf aus, wenn die versicherte Person innerhalb eines bestimmten Zeitraums z.B. 6, 12, 18 oder 24 Monate, den Beruf gewechselt hat. Verhindert werden soll, dass die versicherte Person deshalb den Beruf wechselt, weil sie glaubt, im neuen Beruf eher BU-Leistungen beanspruchen zu können. An **Berufswechselklauseln** knüpft sich eine Fülle von Fragestellungen, die den VN vor erhebliche Probleme stellen können, insbesondere ist der Eintritt des Versicherungsfalls regelmäßig schwerer zu beweisen, wenn auf mehrere Berufsbilder abgestellt werden muss. **90**

Regelmäßig erhält der VN Leistungen ab dem ersten des auf den Eintritt der Berufsunfähigkeit folgenden Monats. Es gibt aber auch Versicherungsbedingungen, die eine **taggenaue Abrechnung** beinhalten. Dies ist für den VN ebenso vorteilhaft wie eine Regelung, wonach er selbst dann bei Eintritt der Berufsunfähigkeit Leistungen vom ersten Tag an erhält, wenn die Berufsunfähigkeit erst später gemeldet wird. **91**

Gerade in Zeiten einer gesteigerten Mobilität ist es für den Versicherten von großer Bedeutung, dass der Versicherungsschutz **weltweit** gilt. Wenn ein weltweiter Versicherungsschutz besteht, ärztliche Untersuchungen aber nur in Deutschland durchgeführt werden dürfen, so ist dies für den VN nachteilig. **92**

Erhöhungen des Versicherungsschutzes ermöglichen es dem Versicherten, ohne erneute Gesundheitsprüfung den Versicherungsschutz zu vergrößern. Eine solche Erhöhungsoption ist für den VN sehr wichtig, weil eine Berufsunfähigkeitsversicherung zweckmäßigerweise bereits frühzeitig abgeschlossen wird. Wichtig ist, dass die **Erhöhungsoption** nicht auf einen nur kurzen Zeitraum grenzt und an bestimmte Anlässe geknüpft ist. **93**

Im Leistungsfall fehlt es dem VN häufig an der Liquidität, um die Berufsunfähigkeitszusatzversicherung weiter zu bedienen. Aus diesem Grunde ist es für den VN wichtig, dass **94** ein Versicherungsvertrag eine Regelung beinhaltet, wonach Beiträge bis zur Leistungsentscheidung zinslos **gestundet** werden.

95 Die Möglichkeit, ein **befristetes Anerkenntnis** abzugeben, ist für den VN nicht per se von Nachteil, denn gerade angesichts der umfassenden Bindungswirkung eines Anerkenntnisses tut sich ein VR möglicherweise schwer, frühzeitig ein unbefristetes Anerkenntnis auszusprechen. Aus diesem Grunde ist die Möglichkeit, ein befristetes Anerkenntnis auszusprechen, wichtig und für den VN auch durchaus nützlich.

96 In den meisten Versicherungsbedingungen finden sich **Mitwirkungspflichten in Form von Obliegenheiten**, die der VN im Leistungsfall zu erfüllen hat. Insbesondere nach Abgabe eines Anerkenntnisses oder Feststellen der Leistungspflicht des VR ist es für den VR von Bedeutung, ob der VR nach Umständen, die er für entscheidungsrelevant hält, in regelmäßigen Abständen nachfragen muss oder der VN diese von sich aus erfüllen muss. Gleiches gilt, wenn fraglich ist, ob die Aufnahme oder Änderung einer Tätigkeit mitgeteilt werden muss.

97 Im Rahmen des Nachprüfungsverfahrens ist es für den VN von Bedeutung, inwieweit **neue berufliche Kenntnisse und Fähigkeiten** zu berücksichtigen sind. Geschieht dies nur, wenn er bereits wieder einen Beruf ausgeübt hat, der seiner Ausbildung, Erfahrung und Lebensstellung entspricht und den er aufgrund seiner gesundheitlichen Verhältnisse auch tatsächlich uneingeschränkt ausüben kann, ist dies wesentlich günstiger, als wenn eine umfassende Nachprüfung ohne erkennbare Voraussetzungen möglich ist.

98 Einige Berufsunfähigkeitsversicherungen haben **Infektionsklauseln** in ihre Versicherungsbedingungen integriert. Gemäß § 31 des Bundesinfektionsschutzgesetzes (IfSG) kann die zuständige Behörde ein berufliches Tätigkeitsverbot unter bestimmten Voraussetzungen aussprechen. Ist diese Klausel ausschließlich für Ärzte und Mediziner anwendbar und erfasst sie nicht alle medizinischen und pflegerischen Berufe oder geht sogar darüber hinaus, so ist dies grundsätzlich für den VN ungünstig.

99 Berufsunfähigkeit und Arbeitsunfähigkeit sind unterschiedliche rechtliche Begriffe. Es gibt aber auch Berufsunfähigkeitsversicherungen, die bei **nachgewiesener Arbeitsunfähigkeit Leistungen gewähren**, wenn ein Berufsunfähigkeitsmindestgrad noch nicht erreicht ist. Diese Leistungen sind häufig zeitlich begrenzt. Z.B. wird bei Arbeitsunfähigkeit eine Berufsunfähigkeitsrente für 18 bzw. 24 Monate gezahlt. Wenn generell eine Leistung bei noch nicht nachgewiesener Berufsunfähigkeit erbracht wird, ist dies für VN ein Qualitätsmerkmal.

100 Die **Pflegeabsicherung** ist zunehmend ein an Bedeutung gewinnendes Thema, weil auch hier staatliche Leistungen nicht mehr ausreichend sind. VR bieten zunehmend Kombi-Lösungen an, bei denen die Absicherung von Berufsunfähigkeit mit der Absicherung einer Pflegeleistung gekoppelt wird. Zum Teil sind leistungsauslösende Faktoren die Fähigkeiten des täglichen Lebens (ADL), die nach einem Punktesystem bewertet werden. Ergänzend sind aber auch die Auslöser Demenz und Formulierungen geregelt, die an das Sozialgesetzbuch angelehnt sind. Für einen Versicherten ist es von Vorteil, wenn alle drei Leistungsauslöser angeboten werden.

3. Sonstige Pflichten des Versicherungsvermittlers

101 **a) Vermittlung reduzierten Versicherungsschutzes.** Gelingt es dem Versicherungsvermittler nicht, einen „vollwertigen“ Versicherungsschutz zu vermitteln, so ist die Situation mit dem VN zu besprechen und zu überprüfen, ob der Abschluss eines Versicherungsvertrags mit **reduziertem Versicherungsschutz** in Betracht kommt. Hierzu kann z.B. der Abschluss einer Erwerbsunfähigkeitsversicherung oder auch eine Grundfähigkeitsversiche-

rung gehören. Auch ist mit dem VR zu besprechen, ob zeitlich begrenzt individuelle Risikoausschlüsse in den Versicherungsvertrag aufgenommen werden können.

Gelingt es nicht, dem VN einen bedarfsgerechten Versicherungsschutz zu vermitteln, so ist mit dem VN zu klären, wie in der Zukunft verfahren werden soll. Entspricht es dem Wunsch des VN, keine Berufsunfähigkeitsversicherung abzuschließen, so ist dies unbedingt zu **dokumentieren.** Gleiches gilt für den Fall, dass der VN erwartet, dass sich der Versicherungsvermittler zu einem späteren Zeitpunkt erneut um die Vermittlung einer bedarfsgerechten Berufsunfähigkeitsversicherung bemüht. **102**

b) **Dokumentation.** Das Ergebnis des Beratungsprozesses ist umfassend zu **dokumentieren.** Nach § 61 Abs. 1 S. 2 i.V.m. § 62 VVG hat der Versicherungsvermittler „dies" zu dokumentieren. Mit Hilfe der Dokumentation soll der VN darüber informiert werden, weshalb ein bestimmter Versicherungsvertrag abgeschlossen wurde. Damit hat die Dokumentation auch den Zweck, die Beweissituation des VN zu verbessern. **103**

Gegenstand der Dokumentation sind die in § 61 Abs. 1 S. 1 VVG genannten Pflichten des Versicherungsvermittlers. Der wesentliche Inhalt vor allen Dingen des Beratungsgesprächs soll deshalb für den VN auch nach längerer Zeit rekapitulierbar sein. Für die Erfüllung der Dokumentationspflicht reicht es nicht aus, nur festzuhalten, dass der Kunde befragt, beraten und die Vermittlung mit einer bestimmten Versicherung begründet worden ist. Es ist vielmehr der wesentliche Gang des Beratungsgesprächs in der Dokumentation festzuhalten, ohne dass hieraus eine Verpflichtung resultiert, ein Wortprotokoll zu erstellen.[75] Besteht keine Beratungspflicht, so entfällt auch eine Dokumentationspflicht.[76] **104**

Der **Umfang der Dokumentationspflicht** richtet sich nach der Komplexität des angebotenen Versicherungsvertrags. Nähere inhaltliche Anforderungen an die Dokumentation gibt es nicht. Sie muss klar und verständlich formuliert sein. Dies bedeutet, dass sie im Wesentlichen in deutscher Sprache oder einer sonstigen von den Parteien vereinbarten Sprache abgefasst sein muss. Anders als der Gesetzeswortlaut verwendet die Gesetzesbegründung nicht den Begriff der Dokumentation, sondern eines Beratungsprotokolls. Daraus darf zunächst nicht der Schluss gezogen werden, dass der Versicherungsvermittler verpflichtet ist, ein umfangreiches Protokoll nach Art eines Wortprotokolls zu erstellen. Auf nähere Vorgaben an den Inhalt der Dokumentation hat der Gesetzgeber vielmehr bewusst verzichtet, um der Praxis Ausgestaltungsmöglichkeiten zu geben.[77] **105**

Die Verwendung vorformulierter Beratungsprotokolle ist nach herrschender Auffassung zulässig.[78] Bereits die Begründung der ersten EU-Versicherungsvermittlerrichtlinie weist darauf hin, dass meistens eine Standardformulierung für die Dokumentation ausreichen wird, weshalb die Kosten der Dokumentation vom Richtliniengeber als gering eingestuft wurden.[79] **106**

---

75 Looschelders/Pohlmann/*F. Baumann* § 61 Rn. 19; Langheid/Wandt/*Reiff* § 61 Rn. 26; OLG München 22.6.2012, Az. 25 U 3343/11.

76 OLG Hamm 4.12.2009 RuS **2011** 88.

77 BT-Drucks. 16/1935 S. 25.

78 Langheid/Wandt/*Reiff* § 61 Rn. 27; Prölss/Martin/*Dörner* § 61 Rn. 30; Looschelders/Pohlmann/*F. Baumann* § 61 Rn. 21; **a.A.** Schwintowski/Brömmelmeyer/*Michaelis* § 61 Rn. 15 ohne nähere Begründung.

79 Vgl. Staudinger/Halm/Wendt/*F. Baumann* § 61 Rn. 23 unter Hinweis auf: Langheid/Wandt/*Reiff* § 61 Rn. 27 unter Hinweis auf die Begründung zu Art. 10 und 11 des Vorschlags für Richtlinie des Europäischen Parlaments und des Rates über Versicherungsvermittlung v. 20.9.2000, abgedruckt in BR-Drucks. 652/00 S. 1423.

107 Die Praxis hat mittlerweile umfangreiche Musterprotokolle entwickelt.[80] VR stellen den für sie tätigen Versicherungsvertretern meist Musterprotokolle in elektronischer Form zur Verfügung. Auch EDV-Dienstleister, die Vergleichssoftware anbieten, haben Musterprotokolle entwickelt. Die Verwendung derartiger Vorgaben ist uneingeschränkt zu begrüßen, weil sie dem Versicherungsvermittler den Beratungsprozess erleichtern und damit letztendlich auch den VN vor dem Entstehen von Deckungslücken schützen. Allerdings dürfen diese Musterprotokolle immer nur als Hilfsmittel betrachtet werden. In jedem Einzelfall ist zu überprüfen, ob ein Abweichen von den Vorgaben des Musterprotokolls erforderlich ist, das naturgemäß nicht alle Facetten des Einzelfalls erfassen kann. Musterprotokolle stellen demnach nur reine Arbeitshilfen dar.[81]

108 In der Praxis verwendete Dokumentationen enthalten vor allen Dingen die folgenden **grundsätzlichen Elemente**, unterscheiden sich aber i.Ü. je nach Sparte und Versicherungsprodukt sehr stark:

- Name und Anschrift desjenigen Versicherungsvermittlers, der die Dokumentation erstellt hat,
- Ort und Datum der Beratung,
- Personen, die bei Antragsunterzeichnung und Beratung anwesend waren,
- vollständige Erstinformation gem. § 15 VersVermV,
- Anlass des Beratungsgesprächs,
- Wünsche und Bedürfnisse des Kunden,
- Risikoanalyse/Risikobewertung,
- Rat/Empfehlung,
- Entscheidung und Motivation des Kunden, insb. nachvollziehbare Begründung, warum sich der VN für den Abschluss eines bestimmten Versicherungsvertrags entschlossen oder, einer Empfehlung des Versicherungsvermittlers nicht gefolgt ist,
- Unterschrift des Kunden und des Versicherungsvermittlers[82]

109 Nach Sinn und Zweck der Dokumentationspflicht muss der **Weg der Entscheidungsfindung** zu einem späteren Zeitpunkt für einen Dritten – häufig den erkennenden Richter – **nachvollziehbar** sein. Der Ausdruck eines „Entscheidungsbaumes“ reicht demzufolge nicht aus, da mithilfe einer solchen Dokumentation später nicht nachvollziehbar ist, warum der VN an einer bestimmten Stelle eine bestimmte Entscheidung getroffen hat.[83] Auch ist nicht ausreichend, schematisch nach bestimmten Themenbereichen anzukreuzen. Dies gilt vor allen Dingen dann, wenn nicht alle Themenbereiche einen Bezug zum Beratungsgegenstand haben. Eine Dokumentation, der noch nicht einmal die Eckdaten des vermittelten Produkts entnommen werden können, ist unzureichend. Gleiches gilt, wenn die Dokumentation keine Angaben zu der Motivation des VN enthält, einen bestimmten Versicherungsvertrag abzuschließen. Das gilt insbesondere im Fall der Umdeckung bestehender Versicherungsverträge.[84]

---

[80] Vgl. z.B. www.vermittlerprotokoll.de.

[81] Prölss/Martin/*Dörner* § 61 Rn. 30; Looschelders/Pohlmann/*F. Baumann* § 61 Rn. 21; MAH Versicherungsrecht/*F. Baumann* § 4 Rn. 68, 69; Staudinger/Halm/Wendt/*H. Baumann* § 61 Rn. 24.

[82] *Neuhaus/Kloth* S. 41, vertreten die Auffassung, eine Dokumentation ohne Unterschrift habe keinen Beweiswert. Dem ist in dieser Allgemeinheit nicht zu folgen. Gleichwohl ist der Beweiswert einer Dokumentation selbstverständlich höher, wenn diese von dem VN unterzeichnet worden ist.

[83] OLG München 22.6.2012, Az. 25 U 3343/11.

[84] BGH 13.11.2014 VuR **2015** 118; OLG Frankfurt 30.1.2014, Az.: 12 U 146/12; OLG Karlsruhe 15.9.2011, Az.: 12 U 56/11; OLG München 22.6.2012, Az. 25 U 3343/11.

Entsprechend der Regelung des § 257 HGB ist die Dokumentation analog den für Handelsbriefen geltenden Regeln 6 Jahre lang aufzubewahren. Allerdings ist zu berücksichtigen, dass die Dokumentation auch der **Bewältigung von Beweisproblemen** dient.[85] Dies spricht dafür, dass eine Dokumentation zumindest während der Dauer des vermittelten Versicherungsvertrags nicht vernichtet werden soll. Unter Umständen ergeben sich Vorgaben für die Dauer der Aufbewahrung auch aus dem Berufshaftpflichtversicherungsvertrag, den der Versicherungsvermittler mit seinem Berufshaftpflichtversicherer geschlossen hat. **110**

Eine besondere Form der Aufbewahrung schreibt der Gesetzgeber nicht vor. Die Dokumentation kann deshalb auch in **elektronischer Form** archiviert werden. Allerdings ist zu berücksichtigen, dass mit einem PDF-Dokument kein Urkundsbeweis geführt werden kann. **111**

4. Verzicht des VN auf Beratung und/oder Dokumentation. Der VN kann sowohl auf die Beratung als auch auf die Dokumentation oder auf beides durch eine gesonderte grundsätzlich schriftliche Erklärung gem. § 61 Abs. 2 VVG **verzichten.** Die Verzichtserklärung muss den zusätzlichen in der Vorschrift genannten Warnhinweis enthalten.

Nach dem Wortlaut des § 61 Abs. 2 VVG soll der VN nur auf die Beratung und/oder die Dokumentation in einer gesonderten Erklärung verzichten können, die Befragungs- und Begründungspflicht wird demzufolge von dem Wortlaut des § 61 Abs. 2 VVG nicht erfasst.[86] Daraus ist aber nicht der Schluss zu ziehen, dass der VN auf die Befragung und die Begründung nicht verzichten können soll. Der Gesetzgeber ist vielmehr von einem einheitlichen Beratungsprozess ausgegangen. Wenn der VN demzufolge auf die Beratung verzichtet, besteht auch keine Befragungs- und keine Begründungspflicht. **112**

§ 61 Abs. 2 VVG ist richtlinienkonform.[87] Die dies verneinende Gegenauffassung überzeugt nicht, denn die EU-Versicherungsvermittlerrichtlinie sieht in ihrem Art. 12 Abs. 3 S. 1 nur vor, dass der Versicherungsvermittler vor Abschluss eines Versicherungsvertrags die von ihm ermittelten Wünsche und Bedürfnisse sowie die Gründe für den zu einem bestimmten Versicherungsprodukt erteilten Rat anzugeben hat. Eine solche Mitteilungs- oder Informationspflicht setzt nicht zwingend voraus, dass zuvor eine Bedarfsermittlung und Beratung stattgefunden hat, denn es ist ebenso gut denkbar, dass der Versicherungsvermittler von dem VN eine konkrete Weisung erhält, ein bestimmtes Versicherungsprodukt abzuschließen. Festzuhalten bleibt allerdings, dass die EU-Versicherungsvermittlerrichtlinie Beratungspflichten des Versicherungsvermittlers nicht ausdrücklich statuiert. **113**

Der Beratungsverzicht hat durch eine **gesonderte schriftliche Erklärung** zu erfolgen, sofern es sich bei dem Versicherungsvertrag nicht um einen Fernabsatzvertrag handelt, §§ 61 Abs. 2 2 VVG, 312c BGB. In diesem Ausnahmefall reicht die Textform. Daraus folgt zum einen, dass regelmäßig die Schriftform des § 126 BGB einzuhalten ist, der VN muss die Verzichtserklärung eigenhändig unterschreiben.[88] Eine Verzichtserklärung kann demzu- **114**

---

[85] Langheid/Wandt/*Reiff* § 61 Rn. 28; Staudinger/Halm/Wendt/*F. Baumann* § 61 Rn. 27; Looschelders/Pohlmann/*F. Baumann* § 61 Rn. 24.

[86] Langheid/Wandt//*Reiff* § 61 Rn. 29; Schwintowski/Brömmelmeyer/*Michaelis* § 61 Rn. 25; Looschelders/Pohlmann/*F. Baumann* § 61 Rn. 30.

[87] Langheid/Wandt/*Reiff* § 61 Rn. 33; Looschelders/Pohlmann/*F. Baumann* § 61 Rn. 25; **a.A.** Bruck/Möller/*Schwintowski* § 61 Rn. 35; *Dörner/Staudinger* WM 2006 1711.

[88] Schwintowski/Brömmelmeyer/*Michaelis* § 61 Rn. 28; Prölss/Martin/*Dörner* § 61 Rn. 32; Langheid/Wandt/*Reiff* § 61 Rn. 30; *Blankenburg* VersR 2008 1446, 1450; *Funck* VersR 2008 163, 166; *Gaul* VersR 2007 21, 23; BT-Drucks. 16/1935 S. 24.

folge nicht per E-Mail oder durch Anklicken eines Buttons abgegeben werden. In diesen Fällen kann allerdings eine reduzierte Beratungspflicht bestehen.

115 Die Verzichtserklärung muss darüber hinaus in einer gesonderten schriftlichen Erklärung enthalten sein, was ausschließt, dass sie unselbstständiger Teil sonstiger Allgemeiner Geschäftsbedingungen ist. Die Erklärung muss vielmehr auf einem Extrablatt abgegeben werden.[89]

116 Die Verzichtserklärung muss ferner gem. § 61 Abs. 2 S. 1 VVG den dort geregelten gesonderten **Warnhinweis** enthalten. Erforderlich ist demzufolge eine Rechtsbelehrung durch den Versicherungsvermittler. Inhaltlich reicht es aus, wenn sich der Versicherungsvermittler an dem Gesetzeswortlaut orientiert und diesen wiederholt.[90] Die Folgen eines Verzichts auf die Beratung und/oder die Dokumentation dürfen nicht durch „kundenfreundliche“ Formulierungen relativiert werden. In diesem Fall wäre der Verzicht unwirksam.

117 Der Versicherungsvermittler darf für die Verzichtserklärung vorformulierte Erklärungen verwenden, die formell und inhaltlich den Anforderungen des § 61 Abs. 2 VVG entsprechen. § 61 Abs. 2 VVG verlangt nicht, dass der VN im Einzelfall auf die Beratung oder die Dokumentation verzichtet. Vorformulierte Erklärungen i.S.d. § 305 Abs. 1 BGB liegen allerdings bereits dann vor, wenn sie nur „im Kopf des Verwenders“ gespeichert sind.[91] Ein Versicherungsvermittler kann seine Kunden aber nach der gesetzgeberischen Wertung, die grds. von einer Beratungspflicht und dem Verzicht als Ausnahmefall ausgeht, nicht systematisch zur Abgabe von „individuellen“ Verzichtserklärungen veranlassen.[92]

118 **5. Folgen einer Pflichtverletzung.** Ein Verstoß des Versicherungsvermittlers gegen die sich aus § 61 Abs. 1 S. 2 VVG ergebenden Befragungs-, Beratungs- und Begründungspflichten kann zu einer **Schadenersatzpflicht des Versicherungsvermittlers** nach § 63 VVG führen. Soweit einem Versicherungsmakler darüber hinaus ein Verstoß gegen den Versicherungsmaklervertrag vorgeworfen wird, kann sich unter Umständen zusätzlich ein Anspruch auf Schadenersatz aus § 280 Abs. 1 BGB ergeben.

119 Der Gesetzgeber gewährt dem VN eine **Beweiserleichterung**, wenn der Versicherungsvermittler gegen die Dokumentationspflicht verstößt.[93] Welche Art der Beweiserleichterung der Gesetzgeber meint, ergibt sich aus der Gesetzesbegründung allerdings nicht.[94]

120 Die neuere Rechtsprechung geht von einer Beweislastumkehr aus, wenn der Versicherungsvermittler gar keine oder eine unzulängliche – gemeint ist eine unbrauchbare – Dokumentation vorlegt.[95] Nach anderer Auffassung besteht bei Fehlen einer Dokumentation

[89] Looschelders/Pohlmann/*F. Baumann* § 61 Rn. 26; Prölss/Martin/*Dörner* § 61 Rn. 31; Langheid/Wandt/*Reiff* § 61 Rn. 30; HK – VVG/*Münkel* § 61 Rn. 30; *Blankenburg* VersR **2008** 1446, 1447; siehe auch die Ausführungen Staudinger/Halm/Wendt/*C. Schneider* § 61 Rdn. 58; **a.A.** Langheid/Rixecker/*Rixecker* § 61 Rn. 13.

[90] Langheid/Wandt/*Reiff* § 61 Rn. 31; Staudinger/Halm/Wendt/*F. Baumann* § 61 Rn. 34.

[91] Prölss/Martin/*Dörner* § 61 Rn. 39 unter Hinweis auf BGH 30.9.1987 NJW **1988** 410; Looschelders/Pohlmann/*F. Baumann* § 61 Rn 29; Staudinger/Halm/Wendt/*F. Baumann* § 61 Rn. 35; HK VVG/*Münkel* § 61 Rn. 32.

[92] Prölss/Martin/*Dörner* § 61 Rn. 39; Looschelders/Pohlmann/*F. Baumann* § 61 Rn. 30; Staudinger/Halm/Wendt/*H. Baumann* § 61 Rn. 35.

[93] BT-Drucks. 16/1935 S. 26.

[94] Vgl. allgemein zur Beweiserleichterungen: Zöller/*Greger* Vorbem. § 284 ZPO Rn. 24ff.

[95] BGH 13.11.2014 VuR **2015** 118; OLG Frankfurt 30.1.2014, Az.: 12 U 146/12 n.v.; OLG Karlsruhe 15.9.2011, Az.: 12 U 56/11; OLG Naumburg 5.12.2013, Az.: 4 U 27/13; OLG Saarbrücken 27.1.2010 VuR **2010** 197; OLG Saarbrücken 14.0.2011, Az. 5 U 502/10–76; OLG München 22.6.2012, Az. 25 U 3343/11.

eine Vermutung dafür, dass die Beratung nicht erfolgt ist.[96] Dem ist nicht zu folgen. Es ist schon unklar, wann eine Dokumentation unzulänglich sein soll, wenn der Gesetzgeber keine Anforderungen an den Inhalt einer Dokumentation macht. Bei fehlender Dokumentation hat der Versicherungsvermittler allerdings substantiiert darzulegen, dass er die obliegenden Befragungs-, Beratungs- und Begründungspflichten erfüllt hat. Der VN muss dann wiederum beweisen, dass der Versicherungsvermittler nicht korrekt befragt und beraten hat.

Liegt ein wirksamer Verzicht auf eine Dokumentation vor, dann erlischt der Anspruch **121**
des VN auf die Dokumentation gem. § 397 Abs. 1 BGB. Er kann sich dann im Nachhinein nicht auf Beweisschwierigkeiten berufen, sondern hat den Vollbeweis (§ 286 ZPO) für das Vorliegen einer Pflichtverletzung zu erbringen.

Der VN muss den Verstoß des Versicherungsvermittlers gegen die sich aus § 61 Abs. 1 **122**
VVG ergebenden Pflichten darlegen und beweisen.[97] Das Vorliegen der Pflichtverletzung hat der VN im Wege des Vollbeweises gem. § 286 ZPO zu führen.

Jedenfalls bei Vorliegen einer Dokumentation besteht keine Veranlassung, dem VN die **123**
Vorzüge der sekundären Darlegungslast zukommen zu lassen. Verstöße gegen die Dokumentationspflicht, aus denen Beweiserleichterungen resultieren können, hat der VN allerdings darzulegen und zu beweisen. Das Vorliegen eines wirksamen Verzichts auf Beratung und/oder Dokumentation ist von dem Versicherungsvermittler substantiiert darzulegen und zu beweisen. Wirksamkeitseinwände gegen einen von ihm unterschriebenen Verzicht hat wiederum der VN darzulegen und zu beweisen.

§ 172
Leistung des Versicherers

(1) Bei der Berufsunfähigkeitsversicherung ist der Versicherer verpflichtet, für eine nach Beginn der Versicherung eingetretene Berufsunfähigkeit die vereinbarten Leistungen zu erbringen.

(2) Berufsunfähig ist, wer seinen zuletzt ausgeübten Beruf, so wie er ohne gesundheitliche Beeinträchtigung ausgestaltet war, infolge Krankheit, Körperverletzung oder mehr als altersentsprechenden Kräfteverfalls ganz oder teilweise voraussichtlich auf Dauer nicht mehr ausüben kann.

(3) Als weitere Voraussetzung einer Leistungspflicht des Versicherers kann vereinbart werden, dass die versicherte Person auch keine andere Tätigkeit ausübt oder ausüben kann, die zu übernehmen sie aufgrund ihrer Ausbildung und Fähigkeiten in der Lage ist und die ihrer bisherigen Lebensstellung entspricht.

---

[96] OLG Karlsruhe 15.9.2011, Az. 12 U 56/11; *Meixner/Steinbeck* § 63, Rn. 12; Beckmann/Matusche-Beckmann/*Rixecker* § 18a Rn. 58; Prölss/Martin/*Dörner* § 63 Rn. 12.

[97] Looschelders/Pohlmann/*F. Baumann* § 61 Rn. 34; Schwintowski/Brömmelmeyer/*Michaelis* § 61 Rn. 32; Staudinger/Halm/Wendt/*F. Baumann* § 61 Rn. 40.

Schrifttum

Armbrüster AGB – Kontrolle der Leistungsbeschreibung in Versicherungsverträgen – neues vom EuGH, NJW **2015** 1788; *Brahms* Mobbing am Arbeitsplatz; Ein Fall für die Krankentagegeldversicherung? VersR **2009** 744; *Dahmen* Variationen über das Thema Erwerbsunfähigkeits – Zusatzversicherung, VW **1998** 1266; *Falkai/Wittchen* Diagnostisches und Statistisches Manual Psychischer Störungen DSM 5, **2015**; *Faustmann* Anforderungen an psychiatrische Sachverständigengutachten im Gerichtsverfahren am Beispiel der Berufsunfähigkeitsversicherung, RuS **2018** 281; *Höra* Materielle und prozessuale Klippen in der Berufsunfähigkeits- und Krankenversicherung, RuS **2008** 89; *Karczewski* Die Rechtsprechung des Bundesgerichtshofs zur Kranken-, Krankentagegeld-, und Berufsunfähigkeitsversicherung, RuS **2012** 270; *Langheid* Rechtsprechungsübersicht zum Versicherungsvertragsrecht NJW **1991** 268; *Langheid/Müller-Frank* Rechtsprechungsübersicht zum Versicherungsvertragsrecht 1993/1994, NJW **1994** 2652; *Leggewie* Berücksichtigung des Familieneinkommens im Rahmen der zumutbaren Einkommenseinbuße bei Verweisungstätigkeiten, NVersZ **1998** 110; *Marlow/Spuhl* Das neue VVG kompakt, 4. Aufl. (2010); *Matthy* Streitigkeiten aus personenbezogenen Versicherungsverträgen eines selbständig Berufstätigen im Focus der Rechtsschutzversicherung, RuS **2003** 397; *Mennemeyer/Hugemann* Rechtsprechung des BGH zum Recht der Personenversicherung und zu Besonderheiten der Prozessführung im 2. Halbjahr 2016, SpV **2017** 6; *Nedopil/Müller* Begutachtung und Behandlung zwischen Psychiatrie und Recht, 4. Aufl. (2012); *Neuhaus* Die Berufsunfähigkeitsversicherung – Neues VVG, Perspektiven, Prognosen, RuS **2008** 449; *ders.* Aktuelle Probleme in der Personenversicherung – unter besonderer Berücksichtigung der Berufsunfähigkeitsversicherung, RuS **2009** 309; *ders.* Arbeitsunfähigkeitsklauseln in der Berufsunfähigkeitsversicherung, VersR **2018** 587–591; *Nasterlak* Deutsches Ärzteblatt 2002, A2474; *Oster* Entwicklungen und Trends in der privaten Berufsunfähigkeits-Zusatzversicherung in Deutschland, Österreich und der Schweiz, (1999); *Präve* Lebensversicherung (2016); *Rogler* Anmerkung zum Urteil BGH vom 7.12.2016, RuS **2017** 87; *Richter* Berufsunfähigkeitsversicherung – Eine vergleichende Darstellung der privaten Berufsunfähigkeitsversicherung und der Berufs – und Erwerbsunfähigkeitsversicherung in der gesetzlichen Rentenversicherung (1987); *Richter* Private Berufsunfähigkeitsversicherung, (2017 *Römer* Gerichtliche Kontrolle Allgemeiner Versicherungsbedingungen nach den §§ 8,9 AGBG, NVersZ **1999** 97; *Schneider/Henningen/Dohrenbusch/Freyberger/Irle/Köllner/Widder* Begutachtung bei psychischen und psychosomatischen Erkrankungen (2012); *Stoffels* Schranken der Inhaltskontrolle, LSK 200230431 = JZ **2001** 843; *Venzlaff/Foerster/Dreßing/Habermeyer* Psychiatrische Begutachtung (2015); *Voit* Berufsunfähigkeitsversicherung, (1994). Wermeckes/Seggewiße, Darf sich der Berufsunfähigkeitsversicherer im Prozess zum Berufsbild des Versicherten mit Nichtwissen erklären?, VersR 2019, 271–274

Übersicht

A. Allgemeines

I. Leitbildcharakter des § 172

1 Die Vorschriften des VVG über die Berufsunfähigkeitsversicherung stellen **ein gesetzliches Leitbild** und die Mindeststandards der Berufsunfähigkeitsversicherung dar.[1] Sie beinhalten ein gesetzgeberisches Konzept und sind auch Maßstab der Inhaltskontrolle[2]

2 Die AVB unterliegen auch in der Berufsunfähigkeitsversicherung der AGB-rechtlichen Kontrolle. Lediglich der Kernbereich der Risikobeschreibung bleibt kontrollfrei, Klauseln, die das Hauptleistungsversprechen einschränken, verändern, ausgestalten und modifizieren, stehen einer Inhaltskontrolle offen.[3] Dabei hat insbesondere das Transparenzgebot

[1] Langheidt/Rixecker/*Rixecker* § 172 Rn. 1; HK – VVG /*Mertens* § 172 Rn. 1. Aus diesem Grunde kritisch zu vereinbarten Arbeitsunfähigkeitsklauseln und Arbeitsunfähigkeitsversicherungen: *Neuhaus* VersR **2018** 587.

[2] Langheidt/Rixecker/*Rixecker* § 172 Rn. 1; Looschelders/Pohlmann/*Klenk* § 172 Rn. 1. Vgl. auch *Höra* RuS **2008** 89, 93.

[3] BGH 24.3.1999 VersR **1999** 710, 711; Langheid/Wandt/*Dörner* Vorbem. §§ 172–177 Rn. 3; *Präve* Rn. 82; *Langheid/Müller-Frank*

eine besondere Bedeutung.[4] Der VR muss daher Sorge tragen, dass die AVB die Rechte und Pflichten des VN klar und durchschaubar und die mit der Versicherung verbundenen wirtschaftlichen Nachteile und Belastungen soweit wie nach den Umständen erforderlich erkennen lassen.[5]

3 Das kann dann schwierig sein, wenn der VR versucht, der besonderen Risikosituation des VN durch Vereinbarung einer Sonderklausel Rechnung zu tragen, mit der den Besonderheiten des ausgeübten Berufs Rechnung getragen werden soll. So hat der BGH die Klausel „Als versicherter Beruf im Sinne der Bedingungen gilt die vor Eintritt des Versicherungsfalls zuletzt konkret ausgeübte Tätigkeit mit der Maßgabe, dass sie zu mindestens 90 % als Schreibtischtätigkeit im Büro, Praxis oder Kanzlei ausgeübt wird. Im Falle einer BU-Leistungsprüfung erfolgt die Bemessung der Berufsunfähigkeit ausschließlich auf dieser Basis." für intransparent erklärt, weil bei dieser Klausel von vornherein auf einen **fingierten Beruf** abgestellt wird. Nach Auffassung des BGH erschließt sich diese Abweichung vom allgemeinen Verständnis des versicherten Berufs einem durchschnittlichen Versicherungsinteressenten bei der Entscheidung für einen bestimmten Versicherungsvertrag nicht. Insbesondere ergebe sich aus dieser Klausel nicht mit der erforderlichen Klarheit die Gefahr einer Versicherungslücke, die entsteht, wenn der VN eine nicht sitzende oder zu weniger als 90 % sitzende Tätigkeit nicht mehr, eine zu mindestens 90 % sitzende Tätigkeit indessen weiter ausüben könnte.[6]

4 Der BGH hat in der Entscheidung im Übrigen erneut klargestellt, dass es für das Vorliegen einer ausgehandelten Vertragsregelung nicht ausreicht, wenn der BerufsunfähigkeitsVR dem VN die Auswahl zwischen mehreren Klauseln überlässt. Der BerufsunfähigkeitsVR müsse vielmehr den Kerngehalt seiner Allgemeinen Geschäftsbedingungen, mithin der zur Auswahl gestellten Klauseln inhaltlich, ernsthaft zur Disposition stellen und dem anderen Teil Gestaltungsfreiheit zur Wahrung eigener Interessen einräumen.[7] Der BGH hat darüber hinaus ausgeführt, eine solche Klausel löse sich von der klassischen Berufsunfähigkeitsversicherung und sichere vielmehr lediglich das **Risiko einer modifizierten Erwerbsunfähigkeit** ab, was nicht Sinn und Zweck einer Berufsunfähigkeitsversicherung sei, die gerade der Absicherung der konkreten beruflich geprägten Lebensstellung diene. Dem Urteil des BGH kann daher entnommen werden, dass es gegen das Leitbild des § 172 Abs. 2 VVG verstößt, wenn in der Berufsunfähigkeitsversicherung nicht auf den tatsächlich ausgeübten Beruf, sondern auf einen fingierten Beruf abgestellt wird, der mit der tatsächlichen Berufstätigkeit des VN nichts zu tun haben muss.

5 Gleichwohl hat der BGH in anderen Fällen vergleichbare Klauseln nicht grundsätzlich für unzulässig gehalten, sondern vielmehr betont, dass der BerufsunfähigkeitsVR, der auf einen rein fingierten Beruf abstellen will, dies in seinen Versicherungsbedingungen deutlich herausstellen und insbesondere klarstellen muss, dass durch diese Klausel von der allgemeinen Regelung in den Versicherungsbedingungen oder des § 172 Abs. 1 VVG abgewichen wird. Es ist aber nicht möglich, nicht nur einen konkret ausgeübten Beruf zu versichern, sondern auch eine abstrakte, fiktive Tätigkeit, die mit der beruflichen Tätigkeit der versicherten Person nichts zu tun hat.

NJW **1994** 2652 auch *Römer* NVersZ **1998** 97, 99; *Stoffels* LSK **2002** 130431.

4 HK – VVG/*Mertens* § 172 Rn. 9–10 (Transparenzgebot nicht ausdrücklich genannt); Langheid/Wandt/*Dörner* Vorbem. §§ 172–177 Rn. 3.

5 Vgl. BGH 24.3.1999 VersR **1999** 710, 711; Langheid/Wandt/*Dörner* Vorbem. § 172 Rn. 3; *Armbrüster* NJW **2015** 1788.

6 Vgl. BGH 15.2.2017 BeckRS **2017** 103125.

7 So auch BGH 20.10.2011 VersR **2011** 1173.

Das entspricht im Ergebnis der Rechtsprechung zur Wirksamkeit von Erwerbsunfähigkeitsklauseln. Solche Klauseln sind nach allgemeiner Auffassung zulässig.[8] Allerdings gehen mit der Verwendung derartiger Klauseln höhere Aufklärungspflichten des VR oder der Versicherungsvermittler einher. Dies gilt insbesondere dann, wenn auch der Abschluss einer Berufsunfähigkeitsversicherung in Betracht kommt und der Vertragsschluss nicht etwa schon wegen des Berufs und/oder der gesundheitlichen Situation des VN abgelehnt worden ist.[9] 6

II. Entstehungsgeschichte

Die Vorschrift ist neu und durch das Gesetz zur Reform des Versicherungsvertragsrechts eingeführt worden.

In Abs. 1 umschreibt die Vorschrift die für die Berufsunfähigkeitsversicherung **typische Leistungspflicht des VR**. Abs. 2 enthält eine Definition der Berufsunfähigkeit. Die allgemeinen Kriterien, die für die Beurteilung der jeweiligen Berufstätigkeit gelten, sollen gesetzlich nicht weiter präzisiert werden, sondern der Ausgestaltung durch die Verwender der AVB oder durch die Rechtsprechung überlassen bleiben. 7

Abs. 2 übernimmt die **Fiktion des § 2 Abs. 3 AVB BUZ 90** nicht als zwingende gesetzliche Regelung, da sie in der Regulierungspraxis bei positiver Wiederherstellungsprognose auch Nachteile für das zeitlich begrenzte Anerkenntnis haben kann. Auch auf eine entsprechende Vermutungsregelung hat der Gesetzgeber verzichtet, da sie nach seiner Auffassung für den VN keinen wesentlichen Vorteil hätte. Der Zeitpunkt, ab dem der VR seine Leistungen-rückwirkend ab Eintritt der Berufsunfähigkeit, nach Anzeige der Berufsunfähigkeit oder erst nach einer bestimmten Mindestdauer der Beeinträchtigung-zu erbringen hat, soll durch den Versicherungsvertrag geregelt werden. 8

Abs. 3 trägt der Praxis Rechnung, dass die Leistungspflicht des VR im Regelfall an weitere Voraussetzungen geknüpft ist. Mit der Regelung des Abs. 3 ist keine abschließende Regelung der Frage verbunden, ob die versicherte Person, in der Regel also der VN, auf eine andere mögliche oder ausgeübte Tätigkeit verwiesen werden darf. Die in den Versicherungsverträgen vorgesehenen Möglichkeiten einer Verweisung führen in der Praxis zwar häufig zu gerichtlichen Auseinandersetzungen, die Rechtsprechung hat aber zur Lösung von Problemfällen handhabbare und sachgerechte Grundsätze entwickelt. Der Gesetzgeber hat betont, dass eine Erhaltung der Produktvielfalt wünschenswert ist, um dem unterschiedlichen Bedarf der VN gerecht zu werden. Dabei soll nach der Einschätzung des Gesetzgebers auch berücksichtigt werden, dass Versicherungen mit Verweisungsmöglichkeiten zu niedrigeren Prämien angeboten werden können. Obwohl dies keine Frage der Verweisung ist, weist der Gesetzgeber in der Begründung des Regierungsentwurfs darauf hin, dass die Vereinbarung einer Umschulung-oder Rehabilitationsobliegenheit bestimmt genug und für den VN zumutbar sein muss. Eine diesbezügliche gesetzliche Regelung hat der Gesetzgeber nicht für erforderlich gehalten.[10] 9

---

[8] Vgl. Prölss/Martin/*Lücke* § 172 Rn. 126; OLG Celle 26.2.2009 RuS **2009** 343; Langheid/Wandt/*Dörner* § 177 Rn. 7 und § 172 Rn. 56; BeckOK-VVG/*Mangen* § 177 Rn. 4.

[9] Vgl. OLG Saarbrücken 21.6.2006 VersR **2007** 235; *Neuhaus* RuS **2009** 309, 310; Prölss/Martin/*Lücke* § 172 Rn. 126; Langheid/Wandt/*Dörner* § 177 Rn. 8.

[10] Vgl. BT-Drucks. 16/3945 S. 105.

III. Vertragsschluss

10 **1. Grundsätzliches.** Der Abschluss der Berufsunfähigkeitsversicherung richtet sich generell nach dem allgemeinen Recht, insbesondere den Vorschriften des Allgemeinen Teils und des Allgemeinen Schuldrechts des BGB. Grundsätzlich gelten daher für den Abschluss einer Berufsunfähigkeitsversicherung keine Besonderheiten. Dennoch gibt es auch in der Berufsunfähigkeitsversicherung einige Besonderheiten, auf die nachfolgenden eingegangen wird.

11 **2. Vertragslösungsrechte, insbesondere Kündigung aus wichtigem Grund.** Der VR hat nicht die Möglichkeit, den Versicherungsvertrag ordentlich oder außerordentlich z.B. durch Wegfall der Geschäftsgrundlage zu kündigen, weil der VN einen Beruf ergriffen hat, der deutlich risikoträchtiger als der Beruf ist, den er bei Abschluss der Versicherung ergriffen hatte. Demgegenüber besteht die Möglichkeit einer außerordentlichen Kündigung nach § 314 BGB, wenn dem VR unter Berücksichtigung der Umstände des Einzelfalls und unter Ablenkung der beiderseitigen Interessen die Fortsetzung des Vertrags nicht mehr zugemutet werden kann, weil der VN z.B. gegenüber dem VR und den begutachtenden Ärzten falsche Tatsachen vorgetäuscht hat.[11]

12 Allerdings sind die Besonderheiten der Berufsunfähigkeitsversicherung zu berücksichtigen. In der Kranken- oder Krankentagegeldversicherung ist der VR im besonderen Maße auf die **Vertragstreue** des VN angewiesen. Dieser hat während der Dauer der geltend gemachten Arbeitsunfähigkeit eine berufliche Tätigkeit zu unterlassen. In vielen Fällen wird sich der VR auf die Angabe des VN, er sei krankheitsbedingt an der tatsächlichen Ausübung seines Berufs gehindert, verlassen müssen, da es an ausreichenden Anhaltspunkten, die das Gegenteil belegen, fehlt. Der KrankentagegeldVR ist daher in einem besonderen Maße auf wahrheitsgemäße Angaben des VN angewiesen.

13 In der Berufsunfähigkeitsversicherung befindet sich der VR in einer deutlich günstigeren Beweissituation. Zwar muss auch in der Krankentagegeldversicherung der VN darlegen und beweisen, dass der Versicherungsfall **Arbeitsunfähigkeit** eingetreten ist, in der Berufsunfähigkeitsversicherung erstreckt sich die Darlegungs- und Beweislast des VN sowohl auf die **konkrete Ausgestaltung der zuletzt ausgeübten beruflichen Tätigkeit** als auch auf die medizinischen Gründe, die zu der behaupteten Berufsunfähigkeit geführt haben.[12]

14 Berufsunfähigkeit tritt in der Berufsunfähigkeitsversicherung davon abgesehen schon bei Erreichen wesentlich geringerer Schwellwerte als bei der Arbeitsunfähigkeit ein. Regelmäßig geht es demzufolge nicht darum, ob es dem VN nicht mehr möglich ist, dem vormals ausgeübten Beruf zu 100 % nachzugehen. Ein Restleistungsvermögen unterhalb des Schwellwertes ist im Rahmen der Leistungsprüfung auch unschädlich.

15 Die Leistungsprüfung in der Berufsunfähigkeitsversicherung dauert daher in aller Regel wesentlich länger, zumal sich der VR auf ein Bestreiten der anspruchsbegründenden Tatsachen zurückziehen kann.[13] Allerdings ist hieraus nicht zu schließen, dass dem BerufsunfähigkeitsVR überhaupt kein außerordentliches Kündigungsrecht zusteht.[14] Auch der Vertrag über eine Berufsunfähigkeitsversicherung schafft seinem Wesen nach ein auf ge-

---

[11] Vgl. allgemein BGH 3.10.1984 VersR **1985** 54; OLG Saarbrücken 23.11.2005 VersR **2006** 644, 645; OLG Hamm 24.2.2006 VersR **2007** 236, 237; *Neuhaus* Q II Rn. 34.

[12] Vgl. OLG Saarbrücken 16.7.2008 RuS **2011** 399.

[13] Vgl. OLG Saarbrücken 16.7.2008 RuS **2011** 399.

[14] Vgl. *Voit* Rn. 142; Langheid/Wandt/*Dörner* § 172 Rn. 22.

wisse Dauer angelegtes Interesse.[15] Ein Dauerschuldverhältnis ist daher grundsätzlich einer außerordentlichen Kündigung zugänglich.

Als Kündigungsgrund reicht eine unzutreffende Beschreibung der konkreten Ausgestaltung der beruflichen Tätigkeit regelmäßig allerdings noch nicht aus. Etwas anderes mag dann gelten, wenn der VN im Rahmen der Leistungsprüfung eine Tätigkeitsbeschreibung wählt, die sich ausschließlich an seinen Beschwerden orientiert, er demzufolge bei dem VR den Eindruck erweckt, er sei ausschließlich körperlich tätig geworden, weil er sich z. B. auf Berufsunfähigkeit wegen eingetretener orthopädischer Beschwerden beruft. **16**

Eine außerordentliche Kündigung kann auch durch das Verschweigen von Umständen aus der Zeit vor Vertragsschluss resultieren, wenn diese Umstände dem kündigenden VR zunächst unbekannt geblieben waren.[16] Ein Prämienverzug reicht allerdings nicht aus.[17] **17**

Die fristlose Kündigung tritt neben die Möglichkeit eines Rücktritts oder einer Anfechtung.[18] Zum Teil wird in der Rechtsprechung die Rechtsauffassung vertreten, der VR sei durch die Möglichkeit des Rücktritts und der Anfechtung des Versicherungsvertrags hinreichend in seinen Interessen geschützt, ein Bedürfnis für ein Kündigungsrecht bestehe soweit nicht.[19] Dem ist nicht zu folgen. Der Gesetzeswortlaut gibt für eine Einschränkung des Vertragslösungsrechtes des VR in diesem Sinne nichts her. Auch sind Rücktritt und Anfechtung nur während eines begrenzten Zeitraums möglich. Ein Bedürfnis für ein Vertragslösungsrecht des VR kann aber auch dann bestehen, wenn die Frist für das Aussprechen der Vertragslösungsrechte abgelaufen ist. Das Recht auf fristlose Kündigung muss während einer angemessenen Frist von dem Zeitpunkt an ausgeübt werden, in welchem er von der Anzeigepflichtverletzung Kenntnis erlangt hatte, § 314 Abs. 3 BGB. **18**

B. Einzelheiten

I. Beruf

1. Grundsätzliches. Gegenstand der Berufsunfähigkeitsversicherung ist die Berufsfähigkeit des Versicherten, also seine Fähigkeit, seinen Beruf oder eine andere Tätigkeit auszuüben, die er aufgrund seiner Ausbildung und seiner Erfahrung ausüben kann und die seiner Lebensstellung entspricht.[20] **19**

a) **Konkrete Ausgestaltung.** Dabei kommt es regelmäßig auf die **konkrete Ausprägung** der von dem Versicherten an seinem Arbeitsplatz ausgeübten Tätigkeit an.[21] Aus dieser Tätigkeit ergibt sich die berufliche Leistungsfähigkeit des Versicherten. Ob der Versicherungsfall eingetreten ist, kann nur an den **konkreten Anforderungen** gemessen werden, die dieser Beruf an den Versicherten stellt. Auf die Ermittlung einer Vergleichs- oder Berufsgruppe kommt es demzufolge nicht an. Der Beruf im Sinne der Berufsunfähigkeitsversicherungsbedingungen ist nicht mit einer typisierenden bloßen Amts-, Dienst- und Funktions- **20**

---

[15] Vgl.; OLG Saarbrücken 16.7.2008 RuS **2011** 399, 400; Langheid/Wandt/*Dörner* § 172 Rn. 22.

[16] Vgl. Langheid/Wandt/*Dörner* § 172 Rn. 22; Palandt/*Grüneberg* § 314 Rn. 7.

[17] Vgl. Langheid/Wandt/*Dörner* § 172 Rn. 22, unter Hinweis auf BGH 7.12.2011 VersR **2012** 219, 220.

[18] Vgl. Langheid/Wandt/*Dörner* § 172 Rn. 22.

[19] Vgl. OLG Saarbrücken 16.7.2008 VersR **2009** 344.

[20] Vgl. OLG Karlsruhe 19.5.1982 VersR **1983** 281, 282; *Benkel/Hirschberg* § 2 BUZ 2008 Rn. 14; *Neuhaus* A II Rn. 50; Bruck/Möller/*Winter*[8] G20 und G23.

[21] *Karczewski* RuS **2012** 270, 273.

bezeichnung gleichzusetzen. Eine solche Bezeichnung kann keine ausreichende Auskunft darüber geben, welche Tätigkeiten der Versicherte im konkreten Fall ausübt. So erfasst beispielsweise die Berufsbezeichnung Verkäufer oder Vertreter ganz unterschiedliche Tätigkeitsbilder, die für die Erfordernisse der Feststellung einer Berufsunfähigkeit nicht ausreichend sind. Gleichfalls nicht ausreichend für die Ermittlung des konkreten Tätigkeitsbildes ist eine tarifvertragliche Tätigkeitsbeschreibung. Sie kann jedoch als Hilfsmittel zur Ermittlung eines Tätigkeitsbildes dienen.

21 Eine Einordnung der Tätigkeit in die durch Tarifvertrag oder auf andere Weise vorgegebenen typischen Berufsbilder der Arbeitswelt allein ist nicht entscheidend. Weicht die konkrete Tätigkeit von der typischen Ausgestaltung des Berufs ab, so ist die konkrete Ausgestaltung entscheidend.

22 Die individuelle Tätigkeit des Versicherten ist jedoch dann nicht Ausdruck der Leistungsfähigkeit, wenn der Versicherte sie z.B. wegen bereits bei Aufnahme der Tätigkeit bestehender Leiden nicht vollwertig ausüben konnte. Sie ist es ferner nicht, wenn die Ausübung der Tätigkeit nur unter den Voraussetzungen der sog. **Raubbauarbeit** möglich war. Mutet sich der Versicherte bei der Ausübung seines Berufs zu viel zu und entstehen deswegen gesundheitliche Beeinträchtigungen, so ist eine solche nur für eine kurze Zeit durchzuhaltende Höchstleistung für die Ausprägung seiner Tätigkeit jedenfalls nicht entscheidend.

22a Anders verhält es sich jedoch, wenn solche Höchstleistungen über eine längere Zeit erbracht werden und sich deswegen ein **übermäßiger beruflicher Verschleiß** ergibt. Bei einem durchschnittlichen Beruf sind die konkreten Abweichungen von der typischen Berufsausgestaltung in aller Regel selten. Anders verhält es sich, wenn es sich um eine qualifizierte Tätigkeit handelt, die auch mit einer beruflich herausgehobenen Position verbunden ist.

23 **b) Fahrten zwischen Wohnung und Arbeitsplatz.** In der Literatur wird in diesem Zusammenhang diskutiert, ob auch die An- und Abfahrt zu der beruflichen Tätigkeit zum Ausüben des Berufs gehört. Zum Teil wird hier von der „Wegefähigkeit" gesprochen.[22] Für die Berücksichtigung des Arbeitsweges könnte in der Tat sprechen, dass die berufliche Tätigkeit des VN nicht nur durch seine Tätigkeit direkt am Arbeitsplatz, sondern auch durch den Weg zur Arbeit geprägt wird. Darüber hinaus hat auch das OLG Nürnberg durch Urteil vom 26.2.2015[23] betont, dass bei der Prüfung der Ausübbarkeit einer aufgezeigten Verweisungstätigkeit durch den VN die Lage auf dem Arbeitsmarkt zwar grundsätzlich unberücksichtigt bleiben soll, aber durchaus zu berücksichtigen ist, welche tägliche Pendelstrecke ein verständiger VN unter Berücksichtigung des bisherigen Wegs zum Arbeitsplatz und der bei einem Wechsel entstehenden zusätzlichen Fahrtkosten auf sich nimmt. Keine Rolle dürfte zunächst einmal spielen, dass auch der Gesetzgeber den An- und Abfahrtsweg als beruflich bedingt ansieht und Wegeunfälle im Rahmen der gesetzlichen Unfallversicherung unfallversichert sind. Es ist nicht überzeugend, aus der Vorschrift des § 8 Abs. 2 Nr. 1 SGB VII den Schluss abzuleiten, weil es sich nach der vorgenannten Vorschrift um eine Sondervorschrift handele, müsse der Weg nach und von dem Ort der Tätigkeit unberücksichtigt bleiben. Auch das Zurücklegen des mit der versicherten Tätigkeit zusammenhängenden unmittelbaren Weges nach und von dem Ort der Tätigkeit ist nach § 8 Abs. 2 SGB VII ausdrücklich als versicherte Tätigkeit definiert. Von einem Regel-/Ausnahmeverhältnis ist daher nicht auszugehen. Letztendlich ist aber zu berücksichtigen, dass der Begriff des Berufs in der Berufsunfähigkeitsversicherung grundsätzlich einheitlich bestimmt werden muss. Wenn im Rahmen der Prüfung, ob dem VN eine Verweisungstätig-

---

[22] *Neuhaus* F IV Rn. 72.

[23] OLG Nürnberg 26.2.2015 BeckRS **2015**, 03652.

keit zugemutet werden kann, auch zu überprüfen ist, ob eine solche Tätigkeit noch in einem zumutbaren „Pendelradius" ausgeübt werden kann, dann spricht einiges dafür, dass auch der Weg von und zur Arbeit zum „Beruf" im Sinne der Berufsunfähigkeitsversicherung gehört. Das OLG Nürnberg weist in der zitierten Entscheidung zu Recht darauf hin, dass die allgemeine Überlegung, heutzutage sei berufliche Mobilität gefragt und weitestgehend üblich, für sich gesehen kein taugliches Entscheidungskriterium sei, zumal diese allgemeine Überlegung auch sehr stark durch den Zeitgeist geprägt ist und dieser eben einem Wandel unterliegt.

Das OLG Nürnberg scheint die Frage, ob dem VN im Rahmen der Überprüfung, ob eine Verweisungstätigkeit zumutbar ist, auch ein umfangreicheres Pendeln vom Wohnort zum Arbeitsplatz zugemutet werden kann, unter dem Gesichtspunkt zu überprüfen, ob eine solche Tätigkeit noch der bisherigen Lebensstellung des VN entspricht. Diesem Ansatz ist zu Folgen. **24**

Die Ausübung der konkreten beruflichen Tätigkeit hängt nicht davon ab, **auf welche Art und Weise der VN zur Arbeitsstelle gelangt**, denn dies kann auch bei gleichbleibender beruflicher Tätigkeit sehr unterschiedlich sein. So ist es durchaus denkbar, dass ein VN bei schlechten Witterungsbedingungen mit öffentlichen Verkehrsmitteln zur Arbeit fährt, im Übrigen aber mit dem Pkw. Ebenso ist denkbar, dass der VN in bestimmten Situationen von zu Hause aus zu einem auswärtigen Termin hinfährt. Auch ist es so, dass die Fahrt zur Arbeit Bestandteil der allgemeinen Lebensstellung des VN ist, die keineswegs durch eine besondere berufliche Tätigkeit geprägt wird. All dies spricht dafür, den Weg zur Arbeit und von der Arbeit nicht als berufliche Tätigkeit zu qualifizieren, aber ebenso wie das OLG Nürnberg im Rahmen der Überprüfung, ob eine Verweisung in Betracht kommt, auch zu überprüfen, ob durch Veränderung des mit dem Pendelns zwischen Wohnort und Arbeit verbundenen Aufwands die bisherige Lebensstellung des Versicherten gewahrt bleibt. **25**

Demgegenüber ist der Hinweis, dass der Weg zur Arbeit „Privatsache" sei und nicht berücksichtigt werden könne, weil der Versicherte ansonsten durch Wahl eines weiter entfernten Wohnsitzes den Eintritt des Versicherungsfalls manipulieren könne, nicht überzeugend. In der Regel sucht sich der verständige VN keinen Arbeitsplatz aus, zu dem er eine größere Strecke zurücklegen muss, um seine Arbeitsstelle zu erreichen. Auch ist es einigermaßen unwahrscheinlich, dass ein VN einen weiter entfernt liegenden Arbeitsplatz aufsucht, um auf leichtere Art und Weise in den Genuss von Berufsunfähigkeitsleistungen zu kommen, zumal dann ja auch immer noch zu überprüfen wäre, ob es dem VN nicht möglich ist, den mit der Anfahrt zu seinem Arbeitsplatz verbundenen Aufwand für ihn erträglicher zu gestalten, z.B. durch Wahl öffentlicher Verkehrsmittel. **26**

Entscheidender ist viel eher, dass die Fahrt zur Arbeit **nicht typischerweise** die berufliche Tätigkeit des VN **prägt**. Wer zur Arbeit fährt, beschäftigt sich regelmäßig noch nicht mit seiner beruflichen Tätigkeit. Viele Pendler, die öffentliche Verkehrsmittel nutzen, lesen während der Fahrt zur Arbeit Zeitung oder ein Buch etc., viele Pendler, die mit dem Pkw zur Arbeit fahren, unterhalten sich möglicherweise mit einem Arbeitskollegen, mit dem eine Fahrgemeinschaft gebildet wird, folgen aufmerksam dem Straßenverkehr oder hören Radio, während sie fahren. All dies hat mit den spezifischen Anforderungen, die von einer beruflichen Tätigkeit ausgehen, nichts zu tun und lässt sich mit allgemeinen Belastungen, die vom täglichen Leben ausgehen, nicht mehr unterscheiden. **27**

Im Ergebnis ist daher der Weg von und zur Arbeitsstelle grundsätzlich nicht als berufliche Tätigkeit anzusehen. Etwas anderes mag dann gelten, wenn der VN von seinem Wohnort direkt zu bestimmten Einsatzorten fährt. Hier ist z.B. an einen Ingenieur zu denken, der nicht etwa jeden Morgen zunächst in sein Büro und von dort aus auf die jeweiligen Baustellen, die er zu betreuen hat, fährt, sondern direkt von zu Hause aus zur Baustelle. Zu **28** denken ist auch an einen Rechtsanwalt, der nicht von zu Hause aus erst in die Kanzlei und von dort aus dann zum Gerichtsort hinfährt, sondern aus Vereinfachungsgründen direkt zum Gerichtsort. Bei einer solchen Konstellation gehört der Weg zur konkreten Arbeitsstelle zum Beruf, denn es kann bei der rechtlichen Betrachtung keinen Unterschied machen, ob der VN zunächst zu seinem Stammsitz und von dort zum konkreten Einsatzort oder direkt von seinem Wohnort zum konkreten Einsatzort fährt. Hier ist demzufolge eine differenzierte Betrachtung geboten.

29 c) **Keine Arbeitsplatzversicherung.** So sehr auf die konkrete Ausgestaltung des von dem Versicherten ausgeübten Berufs abzustellen ist, so wenig handelt es sich hierbei jedoch um eine Versicherung des Arbeitsplatzes. Die konkrete Ausgestaltung des ausgeübten Berufs hat auch einen Einfluss darauf, auf welche Tätigkeiten der Versicherte verwiesen werden kann, wenn es ihm nicht möglich ist, in dem bisher ausgeübten Beruf weiter tätig zu sein. Auch bei der Verweisung sind erhebliche Abweichungen vom normalen Berufsbild zu berücksichtigen.

30 Ausgenommen vom Versicherungsschutz sind **gesetzeswidrige Tätigkeiten**, z.B. die Tätigkeit als Hehler, sowie die Tätigkeiten, die als reines Hobby ausgeübt werden.

31 2. **Einzelheiten.** Was der Gesetzgeber unter Berufsunfähigkeit verstanden hat, ergibt sich aus § 172 Abs. 2 VVG. Hiernach ist berufsunfähig derjenige, der seinen zuletzt ausgeübten Beruf, so wie er ohne gesundheitliche Beeinträchtigung ausgestaltet war, infolge Krankheit, Körperverletzung oder mehr als altersentsprechenden Kräfteverfalls ganz oder teilweise voraussichtlich auf Dauer nicht mehr ausüben kann.

32 a) **Eigenständigkeit des Begriffs der Berufsunfähigkeit.** Den Begriff der Berufsunfähigkeit im Sinne der privaten Berufsunfähigkeitsversicherung ist eigenständig. Beruf im Sinne der Berufsunfähigkeitsversicherung ist diejenige Tätigkeit, die die versicherte Person zuletzt in gesunden Tagen ausgeübt hat. Das gilt auch bei länger andauernder fortschreitender Erkrankung.[24] Für den Begriff des Berufs in der privaten Berufsunfähigkeitsversicherung kommt es nicht auf das allgemeine Verständnis von bestimmten Berufen an. So übt ein selbständiger Bäckermeister z.B. einen anderen Beruf aus als ein angestellter Bäckermeister in einer Brotfabrik. Nicht entscheidend sind auch allgemeine Beschreibungen eines Berufes z.B. auf den Webseiten der Bundesagentur für Arbeit oder in Gebührenordnungen oder sonstigen allgemeinen Beschreibungen.[25] Reine Freizeitbeschäftigungen stellen hingegen keinen Beruf im Sinne der Berufsunfähigkeitsversicherung dar. Gleiches gilt wohl für Tätigkeiten, die nur zur Überbrückung eines finanziellen Engpasses aufgenommen werden.[26]

33 b) **Kreis der versicherten Tätigkeiten.** Der Kreis der von der Berufsunfähigkeitsversicherung umfassten Tätigkeiten ist weit gezogen und umfasst nicht nur die klassischen Berufsgruppen wie Arbeitnehmer, Unternehmer und Beamten, sondern bei entsprechender Vereinbarung auch nicht bezahlte, aber berufsähnliche Tätigkeiten wie die einer Hausfrau oder eines Hausmanns.[27]

---

[24] BGH 3.4.1996 NJW-RR **1996** 795 796; Prölss/Martin/*Lücke* § 172 Rn. 53.

[25] Vgl. HK – VVG/*Mertens* § 172 Rn. 27; Prölss/Martin/*Lücke* § 172 Rn. 55.

[26] So auch wohl *Neuhaus* F II Rn. 23; HK – VVG/*Mertens* § 172 Rn. 23.

[27] Langheidt/Wandt/*Dörner* § 172 Rn. 62; Staudinger/Halm/Wendt/*Gramse* § 172 Rn. 39; Prölss/Martin/*Lücke* § 172 Rn. 54; HK – VVG/*Mertens* § 172 Rn. 25; *Richter* S. 138.

aa) Teilschichtige Tätigkeiten und Tätigkeiten mit geringem Einkommen. Eine auf Erwerb gerichtete Beschäftigung liegt auch dann vor, wenn sie nur in Teilzeit, hin und wieder, in zeitlichen Abständen oder sogar nur in geringem Umfang täglich ausgeübt wird. So hatte das OLG Köln durch Beschluss vom 19.11.2007[28] klargestellt, dass eine Tätigkeit als selbstständige Friseurmeisterin in einem Umfang von täglich einer Stunde an fünf Tagen in der Woche einen Beruf im Sinne der Versicherungsbedingungen darstellt. In dem durch das OLG Köln entschiedenen Fall hatte die VNin nach Trennung von ihrem Ehemann beabsichtigt, in ihrem ursprünglich erlernten Beruf als Friseurmeisterin eine eigene Existenz aufzubauen. Dieser – so die VNin, habe sich bei Eintritt der Berufsunfähigkeit seit zwei Jahren im Aufbau befunden. Die VNin gab an, sie habe ihre Tätigkeit in einem separaten Raum in ihrem Haus ausgeübt. Sie sei an fünf Tagen in der Woche täglich eine Stunde tätig gewesen und habe Jahreseinkünfte im Jahre 2000 von 1.701,00 DM und im Jahre 2001 von 1.030,00 DM gehabt. Diesem Beruf hat das OLG Köln als ausreichend erachtet. **34**

Es kommt für die Frage, ob ein Beruf vorliegt, nicht darauf an, ob ein **Einkommen in einer bestimmten Höhe** erzielt wird. Allerdings kann die Höhe des Einkommens ein Indiz dafür sein, ob die Tätigkeit, aus der dieses geringe Einkommen generiert wird, so unbedeutend ist, dass bei der Prüfung, welchen Beruf der VN in gesunden Tagen ausgeübt hat, nur auf diejenige Tätigkeit abgestellt wird, aus der die Haupteinkünfte erzielt werden. Prägende Tätigkeiten können daher für die Beurteilung der Berufsunfähigkeit maßgeblich sein.[29] Ob eine Tätigkeit derart **prägend** ist, dass sich an ihr die Definition des Berufs ausrichtet, ist im Einzelfall zu bestimmen. **Weder die Arbeitszeit noch die Einkünfte** können allein eine Tätigkeit als prägend determinieren. Hier ist vielmehr eine Einzelbetrachtung vorzunehmen. **35**

bb) Neue Tätigkeiten. Es ist sogar denkbar, dass die Versicherte einen neuen Beruf kreiert.[30] Dies kommt vor allen Dingen dann in Betracht, wenn es sich um Tätigkeitskonglomerate handelt, die je für sich einen Namen tragen, jedoch in ihrer Gesamtheit den Beruf erst ausmachen. Es ist fraglich, ob eine Trennung zwischen Haupt- und Nebentätigkeiten in diesen Fällen vorzunehmen ist. Wenn der Beruf aus einem Tätigkeitskonglomerat gebildet wird, so muss überprüft werden, ob der Versicherte in jedem Tätigkeitskonglomerat berufsunfähig ist, es sei denn es steht fest, dass es sich bei bestimmten Elementen des Tätigkeitskonglomerates tatsächlich um eine völlig untergeordnete Nebentätigkeit handelt. Ob der VN in diesem Sinne mehrere Berufe ausübt, ist nach der Rechtsprechung danach zu beurteilen, was er bis zum Zeitpunkt des Eintritts der Berufsunfähigkeit tatsächlich beruflich getan hat. Unzutreffend ist es allerdings, nur dann von der Ausübung mehrerer Berufe auszugehen, wenn der VN zum Beispiel aus einer handwerklichen Unternehmertätigkeit annähert hohe Einnahmen wie aus einer gewerblichen Vermögensverwaltung erzielt hat.[31] **36**

cc) Fiktive Tätigkeiten. Eine fiktive Tätigkeit ist allerdings weder auf Dauer angelegt noch dient sie dem Erwerb des Lebensunterhalts noch hat sie die Lebensstellung des Versicherten bereits geprägt. Eine Tätigkeit, die nicht ausgeübt wird, kann die Lebensstellung des VN nicht prägen. Aus diesem Grunde ist die Vereinbarung von Berufsklauseln zwar grundsätzlich möglich, sie muss sich allerdings auf Tätigkeiten beziehen, die der VN tatsächlich ausgeübt hat. Ist das Berufsbild, welches der VN mitteilt, unklar, so kann der VR **37**

---

28 OLG Köln 18.12.2007 VersR **2008** 950, 951.
29 So auch *Neuhaus* F III Rn. 52.
30 Vgl. Beckmann/Matusche-Beckmann/*Rixecker* § 46 Rn. 14; Langheid/Wandt/*Dörner* § 172 Rn. 63.
31 So aber OLG Dresden 29.5.2013 RuS **2013** 564.

dieser Unsicherheit durch einen Risikozuschlag Rechnung tragen, wenn er befürchtet, der VN könne im Rahmen seiner Tätigkeit auch einem erhöhten Risiko ausgesetzt sein.

38 dd) **Individuelle Regelungen.** Denkbar ist allerdings, dass der VR im Rahmen einer **Berufsklausel** den Begriff der tatsächlich ausgeübten Tätigkeit näher festlegt. So ist es denkbar, dass der VR im Rahmen der Versicherungsbedingungen festlegt, dass die Tätigkeit für einen längeren Zeitraum ausgeübt worden sein muss, um als Beruf qualifiziert werden zu können. Eine solche Regelung kann vor allen Dingen von Bedeutung sein, wenn der Versicherte seine berufliche Tätigkeit innerhalb eines sehr kurzen Zeitraums mehrere Male wechselt und bestimmte Tätigkeiten z.B. nur wenige Tage oder wenige Wochen ausgeübt hat.

39 Auch ist denkbar, dass der VR in den Versicherungsbedingungen regelt, wonach sich die Berufsunfähigkeit bestimmt, wenn mehrere Berufe durch den VN ausgeübt werden, die Tätigkeiten aber nicht etwa gleichwertig nebeneinander stehen, sondern von einem **Hauptberuf und einem Nebenberuf** auszugehen ist.

40 Auch kann im Rahmen der Definition des Berufs geregelt werden, wie die Situation zu erfassen ist, wenn der VN keinem „ordentlichen Beruf" nachgeht, aber sein Vermögen verwaltet. Wenn sein Vermögen im Wesentlichen aus Einkünften aus Vermietung und Verpachtung besteht, so ist es naheliegend, dass die Verwaltung der Immobilien auch eine berufliche Tätigkeit darstellt. Jedenfalls dann, wenn die Verwaltung des eigenen Vermögens einen derartigen Umfang einnimmt, dass sie einer „üblichen beruflichen Tätigkeit" vergleichbar ist, ist auch eine solche **Vermögensverwaltung als eigenständiger Beruf** anzusehen.

41 c) **Hoffnungen, Erwartungen und Chancen.** Hoffnungen und Erwartungen auf einen künftigen Beruf, der noch nicht ausgeübt wird, sind nicht zu berücksichtigen, auch wenn sie sich schon **konkretisiert** haben.[32] Hiervon abzugrenzen sind **gesicherte Aufstiegschancen**, die mit dem ausgeübten Beruf verbunden sind. Diese gehören zum Berufsbild und sind jedenfalls bei einer Verweisung unter dem Gesichtspunkt der Lebensstellung zu berücksichtigen.[33] Tritt der Versicherungsfall während einer Umschulungsphase ein, so ist die Frage der Berufsunfähigkeit an dem zuletzt ausgeübten Beruf zu entscheiden.[34] Plant der Versicherte einen Berufswechsel, der aufgrund eines schon abgeschlossenen Arbeitsvertrages unmittelbar bevorsteht, ist er aber noch in seinem bisherigen Beruf tätig, so ist auch nur dieser maßgebend. Selbst wenn der Versicherte nach einem Berufswechsel seine berufliche Tätigkeit nur kurze Zeit ausgeübt hat, kann es nicht sachgerecht sein, auf diesen neuen Beruf abzustellen, wenn er seine Lebensstellung noch nicht geprägt hat.

42 d) **Existenzgründung und Aufbau.** Befindet sich ein VN beruflich in der **Aufbauphase**, was insbesondere beim **Aufbau einer selbstständigen Tätigkeit** in Betracht kommt, so kommt es nicht darauf an, welchen Umfang die Tätigkeit in Zukunft haben könnte, denn die Berufsunfähigkeitsversicherung ist eine Statusversicherung. Die Frage der Berufsunfähigkeit ist nach dem zurzeit des Eintritts des Versicherungsfalls konkret ausgeübten Berufs zu beantworten.[35]

---

32 OLG Hamm 30.3.1990 RuS **1990** 355, 356; OLG Köln 19.11.2007 VersR **2008** 950; OLG Saarbrücken 30.9.2008 VersR **2009** 917, 918; Langheid/Wandt/*Dörner* § 172 Rn. 64; *Neuhaus* F III Rn. 51.

33 Prölss/Martin/*Lücke* § 2 BuVAB Rn. 22; BGH 21.4.2010 RuS **2010** 294, 295.

34 BGH 30.5.1987 RuS **1987** 267, 268; Langheid/Rixecker/*Rixecker* § 172 Rn. 17; HK – VVG/*Mertens* § 172 Rn. 26 will die Rspr, zur Ausbildung übertragen.

35 OLG Köln 18.12.2007 BeckRS **2008** 16244 unter Hinweis auf OLG Frankfurt 21.11.1985 VersR **1987** 349, 350 und OLG Hamm 30.3.1990 RuS **1990** 355, 356.

e) **Nur kurze Zeit ausgeübte Tätigkeiten.** Es kommt grundsätzlich nicht darauf an, wie lange der Versicherte seine letzte Tätigkeit ausgeübt hat. War die zuletzt ausgeübte Tätigkeit höherwertig, musste sie der Versicherte auch bereits bald aus gesundheitlichen Gründen aufgeben, so ist sie gleichwohl für die Frage der Berufsunfähigkeit maßgebend.[36] Der zuletzt ausgeübte Beruf ist im Übrigen auch dann ausschlaggebend, wenn er nicht die Endstufe einer kontinuierlichen Berufsermittlung darstellt. Wenn demzufolge ein Bankangestellter wegen seines fußballerischen Talents einen hochdotierten mehrjährigen Lizenzspielervertrag erhält, seinen Beruf als Bankangestellter aufgibt und kurz darauf so schwer verunglückt, dass er den Beruf eines Fußballspielers nicht mehr außen kann, so ist maßgeblich die Tätigkeit als Fußballspieler.[37] **43**

f) **Besonderheiten bei einzelnen Berufsgruppen.** Zu einzelnen Berufsgruppen haben Rechtsprechung und Literatur im wesentlichen die nachfolgenden Grundsätze herausgearbeitet: **44**

aa) **Arbeitslose.** Wer arbeitslos ist, übt allerdings keinen Beruf aus. Bei einem Arbeitslosen ist im Einzelfall zu überprüfen, ob auf die vor Eintritt der Arbeitslosigkeit ausgeübte Tätigkeit abgestellt werden kann. Unzutreffend ist es, anzunehmen, der Versicherte sei freiwillig aus dem Berufsleben ausgeschieden, denn Arbeitslosigkeit tritt in aller Regel unfreiwillig ein.[38] **45**

bb) **Auszubildende, Schüler und Studenten.** Der Berufsbegriff im Sinne der Berufsunfähigkeitsversicherung kann auf solche Tätigkeiten ausgedehnt werden, die schon ihrer Art nach **nicht auf Erwerbserzielung angelegt** sind, sofern für ihre Einbeziehung ein entsprechendes Bedürfnis und die Bereitschaft der VR zur Risikoübernahme besteht. Dies gilt z.B. für die Berufsunfähigkeitsversicherung für Auszubildende oder Studenten. Lehre wie Studium schaffen lediglich die Voraussetzung für die Aufnahme einer auf Erwerb gerichteten Tätigkeit, eine künftige Erwerbstätigkeit ist aber für die Beurteilung der Berufsunfähigkeit an sich uninteressant. Gleichwohl besteht die Möglichkeit, den Berufsbegriff insoweit einverständlich zu erweitern. Gelegentlich werden Schulunfähigkeitsklauseln vereinbart: **46**

„*Vollständige Schulunfähigkeit liegt vor, wenn die versicherte Person infolge Krankheit, Körperverletzung oder Kräfteverfalls, die ärztlich nachzuweisen sind, voraussichtlich mindestens sechs Monate ununterbrochen außerstande ist, weiterhin als Schüler oder Student an einem regulären Schulunterricht oder an einem regulärem Studium teilzunehmen.*“

Im Rahmen einer Berufsunfähigkeitsversicherung können auch Schüler/Auszubildende und Studierende versichert werden, auch wenn deren Tätigkeit noch nicht der Erschaffung und Erhaltung einer Lebensgrundlage dient, sondern eher perspektivisch auf die Erlangung eines Berufs im üblichen Sinne gerichtet ist. **47**

Schüler, Auszubildende und Studierende werden zum Teil nur im Rahmen einer **Erwerbsunfähigkeitsversicherung** versichert. Wenn die versicherte Person hingegen bei Abschluss des Versicherungsvertrages angibt, als Schüler, Auszubildender und Studierender tätig zu sein und der VR den Antrag auf Abschluss des Versicherungsvertrags annimmt, so ist die Tätigkeit als Schüler, Auszubildender oder Studierender der versicherte Beruf. Be- **48**

---

36 Bruck/Möller/*Winter*⁸ G22.

37 Bruck/Möller/*Winter*⁸ G22; *Richter* S. 104, 105.

38 BGH 30.11.2011 RuS **2012** 142, 143; BGH 13.5.1987 RuS **1987** 267, 268; *Neuhaus* F IIRn. 25; Prölss/Martin/*Lücke* § 172 Rn. 59; HK – VVG/*Mertens* § 172 Rn. 25; *Richter* S. 137.

rufsunfähigkeit liegt dann vor, wenn der Versicherte seine Ausbildung nicht mehr fortsetzen kann.[39] Der Versicherungsschutz beschränkt sich dabei nicht nur auf die Ausbildungsphase.

49 Wird der Auszubildende **während der Phase der Ausbildung** berufsunfähig und ist er später aufgrund seiner gesundheitlichen Schwierigkeiten auch nicht mehr in der Lage, den erlernten Beruf in einem Umfang auszuüben, dass bedingungsgemäße Berufsunfähigkeit ausscheidet, so liegt Berufsunfähigkeit vor.[40] Verliert demzufolge die versicherte Person gesundheitsbedingt in einem bedingungsgemäßen Umfang die Fähigkeit, das gewünschte Berufsziel zu erreichen, ist sie berufsunfähig.[41]

50 Der VR hat allerdings regelmäßig die Möglichkeit, die versicherte Person auf eine andere Ausbildung zu verweisen, die eine Lebensstellung verspricht, welche auch mit dem vormals durch die Ausbildungswahl ins Auge gefassten Beruf hätte erreicht werden können.[42] Der VR kann demzufolge die versicherte Person nicht einfach auf eine andere Ausbildung **verweisen,** die aufgrund des Schulabschlusses der versicherten Person offensteht. Es ist vielmehr die Frage zu beantworten, ob der Beruf, der mit dem erfolgreichen Abschluss der Ausbildung erreicht werden kann, einen zulässigen Verweisungsberuf darstellt. In der Literatur wird zu Recht darauf hingewiesen, dass die Vergleichsbetrachtung hier schwierig ist.[43] Vorgeschlagen wird, die Wertungen zu übernehmen, die die Rechtsprechung zum Haftpflichtrecht bei Personenschäden Minderjähriger entwickelt hat.[44]

51 Dies ist aber abzulehnen. Die Wertungen, die die Rechtsprechung zum Haftpflichtrecht bei Personenschäden Minderjähriger entwickelt hat, berücksichtigt u.a. auch die schulische Entwicklung der Geschwister und der Eltern des Geschädigten. Derartige Wertungen können auf das Vertragsverhältnis zwischen dem VR und dem VN nicht übertragen werden. Sie kommen allenfalls dann in Betracht, wenn die versicherte Person in einem so frühen Stadium der schulischen Ausbildung berufsunfähig wird, dass eine **klare berufliche Ausrichtung noch nicht erkennbar ist.** Wird hingegen ein Student oder ein Auszubildender berufsunfähig, so ist die berufliche Entwicklung in aller Regel schon durch die Wahl eines bestimmten Studiengangs oder einer bestimmten Ausbildung konkretisiert worden. Es kann daher in diesem Fall auf die allgemeinen Grundsätze zu der Verweisbarkeit eines VN zurückgegriffen werden.

52 cc) **Beamte.** Handelt es sich bei der versicherten Person um einen Beamten, so ist grundsätzlich auch für die Beurteilung der Berufsunfähigkeit auf die zuletzt konkret ausgeübte Tätigkeit abzustellen.[45]

53 Manche Versicherungsverträge sehen vor, dass bei Beamten von Berufsunfähigkeit auszugehen ist, wenn sie wegen einer Erkrankung entlassen oder in den Ruhestand versetzt

---

39 OLG Dresden 19.12.2018 Az.: 4 W 1091/18 – juris, OLG München 27.1.2005 VersR **2005**, 966; Langheid/Wandt/*Dörner* § 172 Rn. 107; Prölss/Martin/*Lücke* § 172 Rn. 58; HK – VVG/*Mertens* § 172 Rn. 26.

40 BGH 24.2.2010 VersR **2010** 619, 620; BGH 30.3.2011 VersR **2011** 655, 656; Langheid/Wandt/*Dörner* § 172 Rn. 108; Langheid/Rixecker/*Rixecker* § 172 Rn. 16.

41 BGH 24.2.2010 VersR **2010** 619, 620; OLG Hamm 31.1.2018 VersR 2018, 1177; Langheid/Rixecker/*Rixecker* § 172 Rn. 15; Looschelders/Pohlmann/*Klenk* § 172 Rn. 32; Staudinger/Halm/Wendt/*Gramse* § 172 Rn. 68.

42 BGH 30.3.2011 NJW **2011** 1736, 1737; Langheid/Rixecker/*Rixecker* § 172 Rn. 15; Staudinger/Halm/Wendt/*Grams* § 172 Rn. 67; Langheid/Wandt/*Dörner* § 172 Rn. 109.

43 Langheid/Rixecker/*Rixecker* § 172 Rn. 16.

44 Langheid/Rixecker/*Rixecker* § 172 Rn. 16.

45 OLG Hamburg 31.10.2001 RuS **2003** 119, 120; *Neuhaus* F VI Rn. 173; Looschelders/Pohlmann/*Klenk* § 172 Rn. 30; Prölss/Martin/*Lücke* § 172 Rn. 61.

werden. In diesem Fall hat der bestandskräftige Verwaltungsakt Tatbestandswirkung und verbietet dem VR, die Berufsunfähigkeit zu bestreiten.[46] Typischerweise wird allgemein zwischen allgemeinen und qualifizierten Beamtenklauseln unterschieden:

„*Als vollständige Berufsunfähigkeit gilt auch, wenn ein versicherten Beamter vor Erreichen der gesetzlichen Altersgrenze infolge seines Gesundheitszustands wegen Dienstunfähigkeit aus dem öffentlichen Dienst entlassen oder in den Ruhestand versetzt wird“ (allgemeine Klausel)*

„*Vollständige Berufsunfähigkeit liegt auch vor, wenn die versicherte Person als Beamter infolge eines körperlichen Gebrechens oder wegen Schwäche ihrer körperlichen oder geistigen Kräfte zur Er füllung ihrer Dienstpflichten dauernd unfähig (dienstunfähig) ist und wegen Dienstunfähigkeit in den Ruhestand versetzt oder entlassen wird. (qualifizierte Beamtenklausel)*[47]

Ist eine solche sogenannte Beamtenklausel **nicht** vereinbart, so folgt die Überprüfung, ob bedingungsgemäße Berufsunfähigkeit vorliegt, nach allgemeinen Regeln.[48] Es kommt nicht darauf an, ob dem Beamten ein statuswahrendes anderes Amt übertragen werden kann. Dies ist vielmehr eine Frage der Verweisung.[49] **54**

Zum Teil wird demgegenüber die Auffassung vertreten, bedingungsgemäße Berufsunfähigkeit eines Beamten liege nur dann vor, wenn der Beamte **allgemein dienstunfähig** für alle vergleichbaren und zumutbaren Ämter sei.[50] **55**

Für diese Auffassung könnte sprechen, dass die berufliche Tätigkeit des Beamten eben auch durch seine beamtenrechtliche Treuepflicht geprägt ist und diese seinen Einsatz auch in anderer Funktion grundsätzlich ermöglicht. Diese Auffassung ist aber im Ergebnis abzulehnen, denn der durchschnittliche VN, der als Beamter eine Berufsunfähigkeitsversicherung ohne Beamtenklausel abschließt, wird nicht davon ausgehen, dass es für die Frage der Berufsunfähigkeit darauf ankommt, ob es ihm möglich ist, z.B. eine Innendiensttätigkeit auszuüben. Wenn keine Sonderregel zwischen dem VN und dem VR vereinbart worden ist, kommt es daher nur auf die **konkret ausgeübte Tätigkeit der versicherten Person** an. Auch bei vielen privatwirtschaftlichen Arbeitnehmern besteht unter Umständen die Möglichkeit, an einem anderen Arbeitsplatz eingesetzt zu werden. Auch ist eine Versetzung in den vorzeitigen Ruhestand rechtswidrig, wenn nicht ausreichend geprüft wird, ob eine Verwendung im Innendienst möglich ist.[51] **56**

Die durch das OLG Koblenz vertretene Rechtsauffassung führt zu dem Ergebnis, dass selbst in Versicherungsverträgen, die keine Möglichkeit einer abstrakten Verweisung vorsehen, über den durch das OLG Koblenz aufgezeigten Umweg die Möglichkeit einer abstrakten Verweisung gewährt wird. Gerade der VN, dessen Vertrag keine Möglichkeit einer abstrakten Verweisung vorsieht, wird im Leistungsfall nicht damit rechnen, dass der VR die Möglichkeit hat, eine abstrakte Verweisung einzuwenden, wenn sich dies nicht direkt aus dem Versicherungsvertrag ergibt. **57**

---

46 Langheid/Rixecker/*Rixecker* § 172 Rn. 14; Langheid/Wandt/*Dörner* § 172 Rn. 91; HK VVG/*Mertens* § 172 Rn. 37.

47 Vgl. Staudinger/Halm/Wendt/*Gramse* § 2 BUV 2008 Rn. 75 und 89.

48 OLG Frankfurt 2.5.2005 RuS **2006** 385; OLG Düsseldorf 19.9.2000 VersR **2001** 972; OLG Koblenz 30.7.1999 NVersZ **2000** 223, 224; Langheid/Rixecker/*Rixecker* § 172 Rn. 14; *Neuhaus* F VI Rn. 178; Langheid/Wandt/*Dörner* § 17 Rn. 89.

49 Langheid/Rixecker/*Rixecker* § 172 Rn. 14; *Neuhaus* F VI Rn. 186; **a.A.** OLG Koblenz 30.7.1990 VersR **1999** 1399, 1401.

50 OLG Koblenz 30.7.1990 VersR **1999** 1399, 1401.

51 Zutreffend *Neuhaus* F VI Rn. 188; *ders.* RuS **2008** 449, 451.

58 Enthält der Versicherungsvertrag eine Beamtenklausel, so ist zu überprüfen, ob diese eine **unwiderlegliche Vermutung vollständiger Berufsunfähigkeit** enthält, bei der der VR auf eine eigene Überprüfung der Berufsunfähigkeit verzichtet und stattdessen an die statusrechtliche Beurteilung durch den Dienstherrn anknüpft oder ob weitere Voraussetzungen erfüllt sein müssen, um Berufsunfähigkeit bejahen zu können. So ist z.B. denkbar, dass die Beamtenklausel eine zusätzliche Regelung enthält, wonach die gesundheitliche Beeinträchtigung alleiniger Grund der vorzeitigen Entlassung des Versicherten sein muss.[52] Ebenso ist denkbar, dass der Versicherte nicht nur das Außerstandesein zur Erfüllung der Dienstpflichten aufgrund gesundheitlicher Beeinträchtigungen, sondern auch die darauf beruhende Versetzung in den Ruhestand oder die Entlassung in die Dienstunfähigkeit bejahen muss. In diesem Fall sind beide Tatbestandsvoraussetzungen durch den VN zu beweisen. Allein die Versetzung in den Ruhestand durch den Dienstherrn begründet lediglich eine widerlegbare Vermutung für die Dienstunfähigkeit.[53] Knüpft die Beamtenklausel allerdings nur an den Inhalt der Entlassungsverfügung an, so hat der VN das tatsächliche Vorliegen einer Dienstunfähigkeit nicht zu beweisen, die Darlegungs- und Beweislast liegt in diesem Fall voll beim VR.[54] Knüpft die Beamtenklausel an die Zurruhesetzung wegen allgemeiner Dienstunfähigkeit an, so reicht es nicht aus, dass nur eine Polizeidienstunfähigkeit festgestellt worden ist.[55] Der VR hat stets die Möglichkeit, einzuwenden, die Versetzung in den Ruhestand sei nur vorgeschoben oder erfolge aus Gründen, die außerhalb der Person des Beamten liegen. Dies ist durch den VR allerdings zu beweisen. Bloße Zweifel reichen nicht aus.

59 Enthält der Versicherungsvertrag eine **Beamtenklausel**, wonach Berufsunfähigkeit vorliegt, wenn der Beamte wegen Dienstunfähigkeit ausschließlich **infolge** des Gesundheitszustandes entlassen oder in den Ruhestand versetzt wird, so ist der Versicherungsfall erst eingetreten, wenn die Ruhestandsverfügung bestandskräftig geworden ist. Es kommt demzufolge nicht darauf an, wann der Ruhestand tatsächlich begonnen hat. Der durchschnittliche VN erwartet nicht, dass er bei der Verwendung einer Beamtenklausel Leistungen vom BerufsunfähigkeitsVR bereits während des laufenden Beamtenverhältnisses erhält.

60 dd) **Hausfrauen/Hausmänner.** Nach teilweise vertretener Auffassung muss ein Beruf im Sinne der Berufsunfähigkeitsversicherung **stets** eine auf Dauer angelegte der Schaffung oder der Erhaltung der Lebensgrundlage dienende Tätigkeit sein.[56] Dem kann in dieser Allgemeinheit nicht gefolgt werden. Einen Beruf üben nämlich auch die Hausfrau/der Hausmann aus. Eine Tätigkeit als Hausfrau/Hausmann kann aber allein nicht der **Schaffung oder Erhaltung der Lebensgrundlage** dienen. Richtiger ist es deshalb, unter dem Begriff des Berufs im Sinne der privaten Berufsunfähigkeitsversicherung **alle erdenklichen Tätigkeiten** zu subsumieren, sofern denn der VR bereit ist, das Risiko zu übernehmen, diesen Beruf nicht mehr ausüben zu können. Es kommt demzufolge auch nicht darauf an, ob die Tätigkeit auf Erwerb und damit auf Einkommen ausgerichtet ist. Auch dies ist bei der Tätigkeit einer Hausfrau z.B. nicht der Fall.[57]

---

[52] Vgl. BGH 22.10.1997 VersR **1997** 1520; Beispiel einer Formulierung: *Neuhaus* F VI Rn. 195; HK VVG/*Mertens*, § 172 Rn. 39.

[53] OLG Nürnberg 20.2.2003 VersR **2003** 1028, 1030.

[54] *Neuhaus* F VI Rn. 202; HK VVG/*Mertens* § 172 Rn. 39; Langheid/Wandt/*Dörner* § 172 Rn. 91; OLG Koblenz 5.2.2009 VersR **2009** 1062, 1063.

[55] BGH 7.7.1993 VersR **1993** 1220, 1221.

[56] Looschelders/Pohlmann/*Looschelders* § 172 Rn. 6; Staudinger/Halm/Wendt/*Gramse* § 172 Rn. 38; HK VVG/*Mertens* § 172 Rn. 23; anders Prölss/Martin/*Lücke* § 172 Rn. 54 verzichtet auf das Erfordernis der Erzielung von Einkünften.

[57] Anders: HK VVG/*Mertens* § 172 Rn. 23; Staudinger/Halm/Wendt/*Gramse* § 172 Rn. 39.

Auch die Tätigkeit als **Hausfrau/Hausmann** kann daher durch eine Berufsunfähigkeitsversicherung abgesichert werden.[58] Fehlt es an einer entsprechenden Vereinbarung der Parteien, war dem VR aber zum Zeitpunkt des Abschlusses des Berufsunfähigkeitsversicherungsvertrages **bekannt**, dass die versicherte Person als Hausfrau/Hausmann tätig war, so ist diese Tätigkeit versichert, auch wenn sie keine auf Erwerb gerichtete Tätigkeit darstellt.[59] Auf die Tätigkeit einer Hausfrau oder eines Hausmanns ist auch dann abzustellen, wenn diese keine Unterbrechung des bisherigen Berufslebens z.B. aus familiären Gründen darstellt, sondern eine bewusst gewählte Organisation einer Ehe, Lebensgemeinschaft oder Partnerschaft bildet.[60] 61

Zum Teil wird in Zweifel gezogen, dass der Umstand, dass VR auch Hausfrauen/Hausmänner gegen Berufsunfähigkeit versichern, für sich gesehen geeignet sei, die Tätigkeit als Beruf im Sinne der Berufsunfähigkeitsversicherung zu qualifizieren. Der VR, der die Berufsangabe Hausfrau/Hausmann in den Versicherungsantrag aufnehme, bringe lediglich zum Ausdruck, **dass er im Einzelfall diese Tätigkeit als Beruf akzeptieren** wolle. Hieraus ergäbe sich allerdings nicht, dass die Tätigkeit **tatsächlich als Beruf zu qualifizieren** sei. Auch müsse einer **uferlosen Ausdehnung des Berufsbegriffs** auf den Bereich privat oder ehrenamtlich ausgeübter Tätigkeit vermieden werden.[61] Der natürliche Sprachgebrauch gehe nicht soweit, dass auch die Tätigkeit als Hausfrau oder Hausmann als Beruf angesehen werde. 62

Dem ist nicht zu folgen. Es dürfte zunächst einmal fraglich sein, ob der natürliche Sprachgebrauch die Tätigkeit als Hausfrau oder Hausmann nicht als berufliche Tätigkeit qualifiziert. Letztendlich kann dies allerdings auch dahinstehen, denn für den Anspruch des VN aus einer Berufsunfähigkeitsversicherung kann es nur darauf ankommen, von welchem Verständnis die Parteien des Versicherungsvertrages bzgl. des Begriffs „Beruf" ausgehen. Wenn ein übereinstimmendes Verständnis vorliegt, dass auch der Beruf einer Hausfrau oder eines Hausmannes mitversichert ist, dann ist dies eben auch ein Beruf im Sinne der privaten Berufsunfähigkeitsversicherung. 63

ee) **Nebenbeschäftigungen/Zweitberufe.** Die genaue Definition des zuletzt in gesunden Tagen konkret ausgeübten Berufs kann Schwierigkeiten bereiten, wenn der VN **mehrere Berufe** ausgeübt hat oder eine teilschichtige Tätigkeit durch weitere Tätigkeiten aufgestockt hat. Zum Teil wird in derartigen Fällen vertreten, der durchschnittliche VN gehe davon aus, dass ein Beruf aus mehreren Teilzeittätigkeiten bestehen könne, die addiert seinen Beruf ausmachten.[62] Dem ist in dieser Allgemeinheit nicht zu folgen. Zunächst einmal muss bzgl. jeder Teiltätigkeit überprüft werden, ob diese für sich allein betrachtet einen Beruf darstellt, insbesondere auf Dauer und nicht nur zur vorübergehenden Überbrückung eines finanziellen Engpasses ausgeübt werden soll. Allein der Umstand, dass eine teilschichtige Tätigkeit möglicherweise nur in einem geringen Umfang ausgeübt wird, spricht nicht gegen das Vorliegen eines Berufes.[63] Auch die Höhe des Verdienstes ist nicht entscheidend, sofern die Tätigkeit der Erzielung von Einkommen dient und nicht etwa nur dem Ersatz von Aufwendungen. Haben alle Tätigkeiten Berufsqualität, dann sind allerdings auch alle Tätigkeiten im Rahmen der Überprüfung, ob bedingungsgemäße Berufsunfähigkeit vorliegt, zu berücksichtigen. 64

---

[58] OLG Hamm 1.12.2006 VersR **2008** 106, 107; Langheid/Wandt/*Dörner* § 172 Rn. 99; Rüffer/Halbach/Schimikowski/*Mertens* § 172 Rn. 25; Langheid/Rixecker/*Rixecker* § 172 Rn. 18.

[59] Langheid/Rixecker/*Rixecker* § 172 Rn. 18; HK VVG/*Mertens* § 172 Rn. 25.

[60] Langheid/Rixecker/*Rixecker* § 172 Rn. 18.

[61] So auch *Neuhaus* F II Rn. 29; Abgrenzungsmerkmale: HK VVG/*Mertens* § 172 Rn. 23.

[62] *Neuhaus* F II Rn. 13.

[63] OLG Köln 19.11.2007 VersR **2008** 950, 951.

65 ff) **Rentner.** Rentner üben keinen Beruf mehr aus. Grundsätzlich kann auch hier auf die vor Eintritt des Ruhestands noch ausgeübte Tätigkeit abgestellt werden, es sei denn, der Versicherungsvertrag enthält eine sog. Ausscheidensregelung.

Scheidet die versicherte Person aber aus dem Berufsleben aus, so ist Berufsunfähigkeit häufig regelmäßig auf Basis der folgenden Klausel zu überprüfen:

„Scheidet die versicherte Person aus dem Berufsleben aus oder werden später Leistungen wegen Berufsunfähigkeit beantragt, kommt es bei der Anwendung der Absätze 1 bis 3 darauf an, dass die versicherte Person außerstande ist, eine Tätigkeit auszuüben, zu der sie aufgrund ihrer Ausbildung und Fähigkeiten in der Lage ist und die ihrer bisherigen Lebensstellung entspricht.

Denkbar ist auch die Vereinbarkeit einer **Rentenklausel**, die dann typischerweise den folgenden Wortlaut hat.

Zum Nachweis der Berufsunfähigkeit genügt die Vorlage des Rentenbescheids, wenn

- *Ihnen ausschließlich wegen Ihres Gesundheitszustands nach den Bestimmungen der gesetzlichen Rentenversicherung der Bundesrepublik Deutschland eine Rente wegen (voller) Erwerbsminderung zuerkannt wurde und*
- *Sie bei Eintritt der Berufsunfähigkeit eine Vollzeitbeschäftigung ausüben.*[64]

66 Ein Ausscheiden in diesem Sinne liegt nur dann vor, wenn der Versicherte **keinen Beruf** mehr ausübt. Das ist generell der Fall, wenn ein Anknüpfen an seine frühere Tätigkeit **mehr als nur unerheblichen Aufwand** erfordern würde und er nicht mehr problemlos auf seine früheren Kenntnisse und Fähigkeiten zurückgreifen kann. Ob unter diesen Umständen ein Ausscheiden aus dem Beruf bereits dann vorliegt, wenn eine Wiedereinarbeitung eine längere Zeit in Anspruch nehmen würde, muss bezweifelt werden. Es ist zum einen schon unklar, wann ein längerer Zeitraum der Wiedereinarbeitung problembehaftet ist. Auch hier kommt es demzufolge wieder auf die individuellen Umstände des Einzelfalles an. Erfordert eine Wiedereinarbeitung aufgrund einer längeren Abwesenheit des VN einen Zeitraum von mehr als einer durchschnittlichen Umschulung, ist aber von einem Ausscheiden aus dem Beruf auszugehen.

67 Das Ausscheiden muss allerdings **bewusst und freiwillig** und darf nicht gesundheitsbedingt geschehen sein, denn für die Verwirklichung dieses Risikos hat sich der VN gerade versichert. Ein bewusstes Ausscheiden liegt auch dann nicht vor, wenn der Versicherte Erziehungsurlaub in Anspruch nimmt. Ein Arbeitssuchender dokumentiert schon durch die Tatsache, dass er Arbeit sucht, dass er noch am Berufsleben teilnehmen will. Allerdings kann der Versicherte nach den Grundsätzen der sekundären Darlegungslast gehalten sein, seine Bewerbungsbemühungen substantiiert darzulegen. Liegen lediglich Scheinbewerbungen oder Bewerbungen vor, denen ein Erfolg offenkundig versagt bleiben muss, so ist von einer mangelnden Ernstlichkeit der Arbeitssuche auszugehen mit der Folge, dass der Versicherte als freiwillig aus dem Arbeitsleben ausgeschieden gilt. Ein Ausscheiden aus dem Berufsleben liegt auch dann vor, wenn der Versicherte seine Einkünfte nunmehr aus krimineller Tätigkeit erhält. Eine solche Tätigkeit stellt keinen Beruf dar.

68 Auch eine **Verrentung** muss nicht zwingend freiwillig erfolgen.[65] Auch der Bezug von Drittleistungen führt nicht zu einem freiwilligen Ausscheiden aus dem Berufsleben, es sei denn, der Versicherte beabsichtigt bewusst, nicht wieder in den Arbeitsprozess zurückzukehren. Kriminelle, illegale oder auch sittenwidrige Tätigkeiten stellen keinen Beruf dar. Dies

[64] Vgl. Staudinger/Halm/Wendt/*Gramse* § 2 BUV 2008 Rn. 91.

[65] **A.A.** *Neuhaus* F II Rn. 30.

gilt vor allen Dingen auch für eine dauerhaft auf Schwarzarbeit angelegte Tätigkeit.[66] Ist eine Rentenklausel vereinbart, kann sie nicht in eine Beamtenklausel umgedeutet werden.[67]

gg) **Selbständige.** Der Beruf des Selbständigen wird durch das ihm zustehende **Weisungs- und Direktionsrecht** gegenüber seinen Mitarbeitern geprägt.[68] Sein Beruf ist daher die Leitung des Betriebs unter seiner Mitarbeit an einer von ihm bestimmten Stelle.[69] Da dem VR regelmäßig aus eigener Kenntnis gar nicht bekannt ist, inwieweit in dem Unternehmen der versicherten Person Umorganisationsmöglichkeiten bestehen, hat dieser vorzutragen und zu beweisen, dass die Tätigkeitsfelder, in denen er mit seiner gesundheitlichen Beeinträchtigung noch arbeiten kann, ihm **keine Betätigungsmöglichkeiten belassen, die bedingungsgemäße Berufsunfähigkeit ausschließen.**[70] Allerdings darf es sich bei den sich durch eine Umorganisationsmöglichkeit eröffnenden Tätigkeitsfelder nicht um reine **Verlegenheitsbeschäftigungen** handeln.[71] **69**

Das gilt auch für den zeitlichen Umfang einer Tätigkeit. Zusammenfassend kommt es vor allen Dingen darauf an, ob der Selbständige noch ein **sinnvolles Arbeitsergebnis** abliefern kann. Er muss sich nicht selbst wegrationalisieren und auch nicht mehr nach Art eines „Frühstücksdirektors" tätig sein. Eine Verlagerung von körperlicher Tätigkeit auf administrative, kaufmännische Tätigkeit kommt allerdings durchaus in Betracht. Gleiches gilt für eine Verlagerung einer Außendiensttätigkeit auf den Innendienst.[72] **70**

Ob auch **Entlassungen oder Neueinstellungen** im Rahmen der zu berücksichtigenden Umorganisationsmöglichkeiten in Betracht kommen, ist eine Frage des Einzelfalles.[73] Grundsätzlich kommt die Einstellung von Aushilfen in Voll- oder Teilzeit durchaus in Betracht.[74] So gilt dies vor allen Dingen dann, wenn mit Hilfe der Einstellung von Aushilfen bestimmte körperliche Beeinträchtigungen kompensiert werden können. So wird man dem Betreiber einer Tankstelle, der wie heutzutage üblich auch einen Shop betreibt, zumuten können, eine Aushilfe zu beschäftigen, die zum Beispiel Getränkekisten verräumt etc. Im Rahmen von möglichen Entlassungen wird man von dem Inhaber eines Unternehmens die Entlassung eines Familienmitglieds nicht verlangen können, wohl aber die Entlassung langjährig beschäftigter Mitarbeiter, denn deren Absicherung dient die Berufsunfähigkeitsversicherung auch nicht mittelbar. Allerdings muss auch unter Berücksichtigung der erfolgten Einstellungen dem VN eine der bisherigen Arbeit adäquate, zumutbare und sinnvolle Tätigkeit verbleiben.[75] **71**

---

66 Vgl. LG Bonn 6.2.1995 VersR **1997** 439; Rüffer/Halbach/Schimikowski/*Mertens* § 172 Rn. 23.

67 Vgl. BGH 7.3.2007 BeckRS **2007** 5784.

68 BGH 12.6.1996 VersR **1996** 1090, 1092; *Voit* Rn. 328; Langheid/Rixecker/*Rixecker* § 172 Rn. 10; zur Abgrenzung zur Krankentagegeldversicherung vgl. *Mennemeyer/Hugemann* SpV **2017** 6/18.

69 BGH 12.6.1996 VersR **1996** 1090, 1092.

70 BGH 25.9.1991 VersR **1991** 1358; *Neuhaus* RuS **2009** 309, 317. BGH 12.6.1996 VersR **1996** 1090,1092; Langheid/Rixecker/*Rixecker* § 172 Rn. 11; Langheid/Wandt/*Dörner* § 172 Rn. 79; Looschelders/Pohlmann/*Klenk* § 172 Rn. 29; HK VVG/*Mertens* § 172 Rn. 32.

71 KG 7.6.2002 VersR **2003** 491, 492; OLG Karlsruhe 20.9.1990 VersR **1992** 1075, 1076; Prölss/Martin/*Lücke* § 172 Rn. 71; Langheid/Wandt/*Dörner* § 172 Rn. 82.

72 BGH 27.2.1991 VersR **1991** 450, 451; OLG Hamm 3.7.2002 RuS **2003** 377; Langheid/Wandt/*Dörner* § 172 Rn. 86; HK VVG/*Mertens* § 172 Rn. 32.

73 BGH 26.2.2003 VersR **2003** 631, 633; Prölss/Martin/*Lücke* § 172 Rn. 71; Langheid/Rixecker/ *Rixecker* § 172 Rn. 13; vgl. auch allgemein *Langheid* NJW **1991** 268, 279; *Matthy* RuS **2003** 397, 402.

74 HK VVG/*Mertens* § 172 Rn. 32; Looschelders/Pohlmann/*Klenk* § 172 Rn. 29.

75 Vgl. OLG Frankfurt 21.11.2017 NJW – RR **2018** 353, 358.

72 Im Rahmen der Überprüfung, ob der versicherten Person eine Umorganisation zumutbar ist, sind auch die **wirtschaftlichen Verhältnisse** des Versicherten zu berücksichtigen. Er hat aus diesem Grunde aussagekräftige betriebswirtschaftliche Unterlagen vorzulegen, wobei aufgrund der typischen Einkommensschwankungen eines Selbständigen in der Regel ein längerer Zeitraum (**mindestens drei Jahre**) zu betrachten ist.[76] **Aussagekräftige betriebswirtschaftliche Unterlagen** sind Bilanzen nebst den dazugehörigen Gewinn- und Verlustrechnungen sowie den Kontennachweisen. Vergleichbares gilt für Einnahme – Überschussrechnungen. Vorzulegen sind darüber hinaus Steuererklärungen nebst Anlagen sowie die Steuerbescheide für den oben genannten Zeitraum.

73 Darüber hinaus hat der Selbständige zur **Struktur/Organisation seines Betriebs, Anzahl der Mitarbeiter, deren Ausbildung und Aufgaben** vorzutragen.[77] Eine völlige Kostenneutralität ist nicht erforderlich, um die Zumutbarkeit einer Umorganisation zu bejahen. Der Selbständige darf nicht besser gestellt sein als ein abhängig Beschäftigter. Bei diesem wird nämlich im Rahmen der Überprüfung der Frage, ob er auf eine Tätigkeit verwiesen werden kann, auch überprüft, inwieweit diese Verweisung zu einer Einkommensreduzierung führt, dabei ist nicht jede Einkommensreduzierung auch unzumutbar. Auch bei Einkommensreduzierungen von bis zu 25 % kann demzufolge **eine zumutbare Umorganisation** vorliegen. Allerdings sind hier stets die konkreten Verhältnisse des Einzelfalles zu berücksichtigen. Größere Unternehmen mit hohen Umsatz- und Ertragszahlen sind eher in der Lage, Ergebnisverschlechterungen von bis zu 25 % zu kompensieren, als Kleinunternehmen. Auch ist zu überprüfen, in welchem Bereich Ersatzkräfte eingesetzt werden, denn manchen ist es durch aus möglich, die mit ihrer Einstellung einhergehenden Kosten durch Eigenumsatz zu kompensieren. Derartiges wird vor allen Dingen für im Vertrieb tätige Mitarbeiter gelten.

74 Umorganisationsmöglichkeiten sind allerdings nur dann zu berücksichtigen, wenn der Versicherte tatsächlich über die Umorganisationsmöglichkeiten verfügt. Wenn für die Ausübung eines Direktionsrechts auf eine bestimmte Art und Weise das Einverständnis eines Mitgesellschafters erforderlich ist und dieses verweigert wird, so besteht eben keine Umorganisationsmöglichkeit, die berücksichtigt werden könnte. Der Versicherte ist nicht verpflichtet, eine nicht erteilte Zustimmung eines anderen oder gar mehrerer Mitgesellschafter im Klagewege durchzusetzen. Dies wäre unzumutbar, denn es ist zunächst einmal davon auszugehen, dass sich die Gesellschafter aus bestimmten Gründen – z.B. aufgrund der bestehenden Fachkenntnisse der einzelnen Mitgesellschafter – auf eine bestimmte Aufgabenverteilung geeinigt haben. Eine Grenze besteht allerdings dort, wo ein wirtschaftlich und vernünftig denkender Kaufmann in der Situation des Mitgesellschafters vernünftigerweise seine Zustimmung zu einer Umorganisation erteilt hätte und er seine Zustimmung offenkundig nur verweigert, um seine Mitgesellschafter in den Genuss der versicherten Leistungen zu bringen. Aus diesem Grunde hat der Versicherte auch substantiiert vorzutragen, aus welchem Grund eine Umorganisation aufgrund fehlender Mitwirkung eines Mitgesellschafters nicht in Betracht kommt.[78]

75 In der Praxis kommt es häufig vor, dass Selbständige zur Aufrechterhaltung des Unternehmens **erhebliche Investitionen unter Einsatz von Eigenmitteln** tätigen. Dies kann z.B. auch in einer Reduzierung der Privatentnahmen oder des Geschäftsführergehalts bestehen. Dieser Einsatz von Eigenmitteln kann dazu führen, dass sich eine gesundheitliche Beeinträchtigung des Versicherten in dem betriebswirtschaftlichen Ergebnis des Selbständigen nicht sofort niederschlägt. Es ist daher in derartigen Fällen stets zu überprüfen, ob der

---

76 BGH 27.10.1992 VersR **1998** 42, 43.

77 OLG Köln 14.6.2007 VersR **2008** 107, 108.

78 *Neuhaus* F V Rn. 137, 138.

durch den Selbständigen betriebene Aufwand überobligationsmäßig war. Überobligationsmäßige Aufwendungen des Versicherten entlasten den VR nicht. Ohne substantiierten Sachvortrag des Versicherten lässt sich Derartiges allerdings nicht feststellen.

Eine Umorganisation vor allen Dingen eines kleinen Unternehmens scheidet häufig bei Unternehmen aus, die allein auf die Person des Versicherten als Unternehmensinhabers **zugeschnitten** sind. Für solche Unternehmen ist typisch, dass die Kunden durch den Betriebsinhaber betreut werden. Allerdings kann dies auch an einer fehlenden Bereitschaft des Unternehmensinhabers liegen, Tätigkeiten zu delegieren und Kunden an vorhandene qualifizierte Mitarbeiter abzugeben. Allein der pauschale Hinweis, das Unternehmen sei auf die Person des Inhabers zugeschnitten, reicht daher für die substantiierte Darlegung fehlender Umorganisationsmöglichkeiten nicht aus. Dies gilt vor allen Dingen dann, wenn sich herausstellt, dass der Versicherte durchaus ausreichend qualifizierte Mitarbeiter beschäftigt, die in der Lage wären, bestimmte Tätigkeiten des Unternehmensinhabers einschließlich der Betreuung der Kunden zu übernehmen. Allerdings muss der Unternehmensinhaber nicht etwa eine neue Person mit vergleichbarer Qualifikation und Berufserfahrung einstellen, weil eine vergleichbare Person in seinem Unternehmen nicht beschäftigt wird. Ist eine solche Person allerdings vorhanden, so ist es durchaus zumutbar, wenn der Unternehmensinhaber diese Person eine gewisse Zeit begleitet, um sie bei vorhandenen Kunden einzuführen. Die passive Begleitung eines neu einzustellenden Mitarbeiters auf Dauer ist jedoch unzumutbar.[79] 76

Der Unternehmensinhaber muss sich auch nicht mit reinen Verlegenheitsbeschäftigungen begnügen wie z. B. einer Pförtnertätigkeit oder der Erledigung von reinen Hilfstätigkeiten. Einem Unternehmensinhaber kann auch nicht zugemutet werden, nach Neueinstellung eines neuen Mitarbeiters unter dessen Führung für sein Unternehmen tätig zu werden. Der Unternehmensinhaber ist nicht verpflichtet, das ihm zustehende **Direktionsrecht** durch das Direktionsrecht eines anderen zu ersetzen. Berufsunfähigkeit eines versicherten Mitgesellschafters liegt auch dann vor, wenn die anderen Mitgesellschafter die verringerte Leistungsfähigkeit hinnehmen, den Versicherten „pro forma" in seiner Mitgeschäftsführer-/Mitgesellschafterstellung belassen und ihm weiterhin auf Kosten der Gesellschaft Entnahmen in bisheriger Höhe gestatten. Hierzu sind sie nämlich regelmäßig nicht gegenüber dem Gesellschafter verpflichtet. Selbst wenn der Gesellschaftervertrag ein derart weitgehendes Entgegenkommen der Mitgesellschafter vorsehen würde, führte dies nicht zu einer Entlastung des VR, weil es sich bei der Berufsunfähigkeit nicht um eine Schadenversicherung, sondern um eine Summenversicherung handelt. 77

Ein Verkauf, eine Verpachtung des Unternehmens oder die Änderung des Betriebscharakters stellen keine Umorganisation dar.[80] 78

Die Umorganisation eines Unternehmens setzt immer voraus, dass jedenfalls der **Kern des Unternehmens** erhalten bleibt. Dies ist nicht mehr der Fall, wenn der Unternehmenszweck geändert wird. Der Unternehmenszweck bliebe zwar möglicherweise erhalten, wenn das Unternehmen veräußert wird, doch prägt das Direktionsrecht des Selbständigen dessen Beruf nur insoweit, als dieser in dem bisherigen Unternehmen auch tatsächlich ausgeübt wird. Der Selbständige ist demzufolge nicht gehalten, sein Unternehmen zu veräußern, nur weil er hierzu aufgrund des ihm zustehenden Direktionsrechts in der Lage wäre. Dies gilt selbst dann, wenn eine **Veräußerung des Unternehmens** wirtschaftlich durchaus 79

[79] *Neuhaus* F V Rn. 150 m.w.N. unter Verweis auf OLG Köln 10.2.2012, Az.: 20 U 94/11.

[80] OLG Hamm 2.9.1992 VersR **1993** 954, 955; Langheid/Rixecker/*Rixecker* § 172 Rn. 13; HK VVG/*Mertens* § 172 Rn. 32.

sinnvoll wäre, weil es möglicherweise ohnehin nicht zukunftsträchtig ist. Bei dem Beruf im Sinne der Berufsunfähigkeitsversicherung muss es sich nämlich nicht um eine ökonomisch sinnvolle Tätigkeit handeln.

80 g) **Berufe mit besonderen Altersgrenzen.** Eine Reihe von Berufen kann nicht bis zur allgemeinen Altersgrenze hin ausgeübt werden. Dies gilt z.B. für Berufssoldaten, Fluglotsen, Berufssportler etc. Der frühzeitige Ruhestand ist dabei teilweise auch gesetzlich oder tarifvertraglich vorgesehen. Der Grund für das frühzeitige Ausscheiden aus dem Beruf ist die tatsächliche oder unterstellte Minderung der erforderlichen beruflichen Leistungsfähigkeit bereits zu einem vergleichsweise frühen Zeitpunkt. Das Ausscheiden ist auf den natürlichen Alterungsprozess zurückzuführen und erfolgt nicht aufgrund einer Berufsunfähigkeit im Sinne der Berufsunfähigkeitsversicherung. Ist ein VR wegen Eintritts des Versicherungsfalls Berufsunfähigkeit zur Leistung aus der Berufsunfähigkeitsversicherung verpflichtet, so ist sie bis zum Eintritt der berufsspezifischen Altersgrenze zeitlich zu begrenzen.

81 Sinn und Zweck der Berufsunfähigkeitsversicherung entspricht es, die Leistung nur bis zu dem Zeitpunkt zu gewähren, zu dem der Versicherte den Beruf ohnehin altersbedingt aufgegeben hätte. Die etwaige Ermächtigung des Arbeitgebers, die Beendigung des Arbeitsverhältnisses hinauszuschieben, hat dabei unberücksichtigt zu bleiben. Ist die **berufsspezifische Altersgrenze** nicht gesetzlich oder vertraglich geregelt, so muss das durchschnittliche Höchstalter ermittelt werden, mithin die fragliche berufliche Laufbahn unter Berücksichtigung medizinischer und berufskundlicher Erfahrungswerte erfahrungsgemäß beendet wird. Vom Höchstalter ist deswegen auszugehen, weil nicht zu Ungunsten des Versicherten unterstellt werden kann, dass er den Beruf zu einem früheren Zeitpunkt aufgegeben hätte. Ist der Versicherte bei Eintritt des Versicherungsfalls altersmäßig noch deutlich von der durchschnittlichen Höchstgrenze entfernt, so ist sie allein für ihn maßgebend. Je geringer der Abstand zwischen der berufsspezifischen durchschnittlichen Höchstgrenze und dem von dem Versicherten bereits erreichten Alter ist, desto stärker treten die individuellen Verhältnisse des Versicherten in den Vordergrund. Denn aus ihnen kann sich ergeben dass der Versicherte über die durchschnittliche Höchstgrenze hinaus im Beruf tätig geblieben wäre, so dass der VR entsprechend länger zu leisten hat.

82 Bedeutsam ist in solchen Fällen auch die vereinbarte Laufzeit des Arbeits- oder Dienstvertrages. Wenn sie über das durchschnittliche Höchstalter hinausreicht, ist davon auszugehen, dass der Versicherte über die Höchstgrenze hinaus in seinem Beruf tätig gewesen wäre, so dass sich die zeitliche Begrenzung der Versicherungsleistung an diesem Vertragsende ausrichtet.

83 Im Einzelfall können hier schwierige Abgrenzungsfragen auftreten. So ist z.B. bei einem Lizenzfußballspieler konkret danach zu fragen, welche konkrete Position er in seinem Fußballverein gespielt hat. Torhüter sind regelmäßig noch in einem höheren Alter als Leistungssportler aktiv als z.B. es bei Stürmern der Fall ist. Beginn der Versicherte nach altersbedingtem Ausscheiden aus seinem Beruf mit einer Tätigkeit, die wesentliche Elemente des vorherigen Berufs enthält, wie z.B. der Fußballprofi, der nach Beendigung seiner aktiven Laufbahn als Fußballtrainer tätig ist, so besteht für den neuen Beruf grundsätzlich Versicherungsschutz. Erst eine Anschlusstätigkeit unterliegt nicht der spezifischen Altersgrenze des zuvor ausgeübten Berufs. Der Versicherte genießt dabei jedoch keinen Versicherungsschutz hinsichtlich der Arbeitsverrichtungen, die auch wesentliche Elemente des alten Berufs darstellen. Scheidet demzufolge der Fußballspieler nicht völlig aus dem aktiven Spielbetrieb aus, sondern ist er jedenfalls zu einem überwiegenden Teil als Spielertrainer tätig, so gilt für die berufsspezifische Altersgrenze das oben Gesagte. Ist er hingegen nicht mehr als Spieler, sondern nur noch als Trainer tätig, so gilt die Altersgrenze, welche für einen Lizenzspieler üblicherweise angenommen werden muss, nicht.

h) Berufswechsel. Viele VN üben während des Zeitraums zwischen Beantragung und Zustandekommen des Versicherungsschutzes und Eintritt des Leistungsfalls verschiedene Berufe aus. Dies ist für das Fortbestehen des Versicherungsschutzes zunächst einmal völlig unproblematisch, denn die Berufsunfähigkeitsversicherung sieht regelmäßig keine Obliegenheit des VN vor, dem VR einen Berufswechsel anzuzeigen.[81] Liegt ein Berufswechsel vor, ist es im Leistungsfall gleichwohl möglicherweise schwierig, festzustellen, auf welche konkrete Tätigkeit abgestellt werden muss. **84**

aa) Nicht leidensbedinger Wechsel. Stellt man nur auf die zuletzt in gesunden Tagen konkret ausgeübte Tätigkeit ab, so könnte sich im Extremfall die Situation ergeben, dass die versicherte Person nur einen Tag in ihrem neuen Beruf tätig ist, bevor Berufsunfähigkeit eintritt.[82] Bei einer derart kurzen Tätigkeit stellt sich die Frage, ob gleichwohl an dem obigen Grundsatz festzuhalten ist, wonach es nur auf die zuletzt ausgeübte Tätigkeit ankommen soll. Solange die Versicherungsbedingungen keine anderslautende Regelung enthalten, ist es sachgerecht, zu überprüfen, ob eine kurzfristig ausgeübte Tätigkeit die Lebensstellung der versicherten Person bereits geprägt hat. Dies kann möglicherweise dann der Fall sein, wenn die versicherte Person nach einem kurzen Intermezzo in ihren alten Beruf zurückkehrt. Wechselt sie allerdings den Beruf und hat die neue Tätigkeit ihre berufliche Lebensstellung noch nicht geprägt, so ist auf die zuvor ausgeübte Tätigkeit abzustellen. In der Literatur wird zum Teil vorgeschlagen, nach sechs Monaten Ausübung einer beruflichen Tätigkeit könne diese berufliche Tätigkeit als zuletzt ausgeübter Beruf gelten.[83] Dem ist grundsätzlich zuzustimmen, denn das dauerhafte Außerstandesein, dem zuletzt in gesunden Tagen konkret ausgeübten Beruf nachzugehen, liegt nach vielen Versicherungsbedingungen vor, wenn der Versicherte mindestens sechs Monate nicht in der Lage ist, dem zuletzt in gesunden Tagen konkret ausgeübten Beruf nachzugehen. Ob auch schon bei kürzeren Tätigkeiten als sechs Monaten eine Prägung im o. g. Sinne angenommen werden kann, ist im Übrigen eine Frage des Einzelfalls. Hier wird u.a. eine Rolle spielen, wie stark sich die zuletzt ausgeübte Tätigkeit von der zuvor ausgeübten Tätigkeit unterscheidet. **85**

Im Haftpflichtrecht ist es oft schwierig, den Erwerbs- oder Fortkommensschaden einer Person zu bestimmen, die noch **vor der Aufnahme einer Tätigkeit** so geschädigt wird, dass sie nicht in der Lage ist, diese Tätigkeit auszuüben. Oft wird in diesen Fällen auch nach der Ausbildung und dem Fortkommen des familiären Umfelds gefragt und es werden hieraus Schlüsse für das Vorliegen eines Erwerbsschadens gezogen. Für die Berufsunfähigkeitsversicherung gilt dies nicht. Hier kommt es auf den **konkreten Status des VN zum Zeitpunkt des Eintritts des Versicherungsfalls** an.[84] **86**

Wechselt ein VN häufig seine Stellen, ohne dass dies gesundheitliche Gründe hätte, so ist, ausgehend von den obigen Grundsätzen stets auf die zuletzt in gesunden Tagen konkret ausgeübte Tätigkeit abzustellen. Manche Versicherungsbedingungen sehen allerdings vor, dass in derartigen Fällen nicht nur der zuletzt in gesunden Tagen konkret ausgeübte Beruf für die Prüfung maßgeblich ist, ob Berufsunfähigkeit vorliegt, sondern auch die beruflichen Tätigkeiten während eines **davorliegenden** in den Versicherungsbedingungen definierten Zeitraums zu überprüfen sind. Dieser Zeitraum kann z.B. 12 aber auch 24 Monate umfassen. Liegt demzufolge während der letzten zwei Jahre vor Eintritt des Versicherungsfalls ein mehrfacher Berufswechsel vor, so ist möglicherweise zu überprüfen, ob der VN in all diesen ausgeübten Berufen bedingungsgemäß berufsunfähig war bzw. ist. Wirksamkeitsbe- **87**

---

81 *Neuhaus* F III Rn. 41.

82 Vgl. hierzu *Neuhaus* F III. Rn. 43; Langheid/Wandt/*Dörner* § 172 Rn. 67.

83 *Neuhaus* F III Rn. 46.

84 OLG Hamm 30.3.1990 RuS **1990** 355, 356; *Neuhaus* F III Rn. 47.

denken gegen derartige Regelungen bestehen nicht, wenn sie ausreichend transparent sind. An der Transparenz kann es fehlen, wenn der VR in den Versicherungsbedingungen den Eindruck hervorruft, es komme ausschließlich auf die zuletzt in gesunden Tagen konkret ausgeübte Tätigkeit an.

88 **bb) Leidensbedingter Wechsel.** Da es im Rahmen der Leistungsprüfung auf den zuletzt in gesunden Tagen konkret ausgeübten Beruf ankommt, spielt es grundsätzlich keine Rolle, wenn der VN seinen Beruf leidensbedingt wechselt. Übt der VN nun eine Tätigkeit aus, die er trotz seiner gesundheitlichen Beeinträchtigungen in einem Umfang ausüben kann, dass bedingungsgemäße Berufsunfähigkeit ausscheidet, so ist in einem ersten Schritt zu überprüfen, ob der VN in dem „verlassenen" Beruf bedingungsgemäß berufsunfähig war. Ist dies der Fall, so stehen dem VN Leistungsansprüche gegen den VR dann zu, wenn er auf die sodann konkret ausgeübte Tätigkeit nicht mehr verwiesen werden kann, weil sie z.B. aufgrund des damit verbundenen hohen Einkommensverlustes seine Lebensstellung nicht wahrt. War der VN in seinem alten Beruf zwar krankheitsbedingt beeinträchtigt, aber noch nicht berufsunfähig, so ist zunächst zu überprüfen, ob es sich bei der „alten" Tätigkeit auch um den Beruf handelt, die er zuletzt in gesunden Tagen ausgeübt hat. Ist dies nicht der Fall, so ist auf einen in der Erwerbsbiographie früheren Zeitpunkt zurückzugreifen.

89 Ob das Vorgenannte auch dann gilt, wenn der Berufswechsel sehr lange zurückliegt, muss bezweifelt werden. Zwar wird man nicht ohne Weiteres annehmen können, dass sich der Versicherte mit einer bestimmten beruflichen Tätigkeit „arrangiert" hat, wenn er diese über einen längeren Zeitraum ausübt[85], denn häufig zwingen gerade wirtschaftliche Notwendigkeiten den VN dazu, eine bestimmte Tätigkeit auszuüben, die er ohne diese wirtschaftlichen Zwänge nicht ausüben würde. Richtig ist allerdings, dass eine länger zurückliegende berufliche Tätigkeit nach einem gewissen Zeitablauf ihre prägende Wirkung verliert.[86] Es ist allerdings unzutreffend, in Anlehnung an nicht mehr existierende Verjährungsvorschriften von festen Zeiträumen auszugehen. Sachgerechter ist es vielmehr, eine Einzelfallprüfung vorzunehmen.[87] Dies kann zu dem Ergebnis führen, dass auch eine kürzere Frist als fünf Jahre in Betracht kommt. Ob ein Verlust der Bande zur alten Tätigkeit dann ausscheidet, wenn seit dem Verlassen der alten Tätigkeit ein Zeitraum von drei Jahren noch nicht vergangen ist, wird in der Literatur zum Teil verneint.[88] Auch hier scheint wieder eine gewisse Parallelität zu den Vorschriften des Verjährungsrechts (§ 195 BGB) gesucht zu werden. Es ist allerdings nicht plausibel, wieso die Bande zu einer vormals ausgeübten Tätigkeit nicht schon vor Ablauf von drei Jahren abgeschnitten sein können, wenn der Versicherte entsprechende Dispositionen bewusst getroffen hat und sich mit dem Berufswechsel tatsächlich arrangiert. Dies kann z.B. in dem Abschluss einer Umschulungsmaßnahme, dem Wechsel eines Wohnortes und dem völligen Abschneiden jeglicher Beziehung zum alten Arbeitgeber zum Ausdruck kommen. Möglicherweise hat der VN in seinem Beruf in der Zwischenzeit sogar schon einen beruflichen Aufstieg erfahren, so dass ein Abschneiden der beruflichen Bande zur vormals ausgeübten Tätigkeit nach Abwägung aller Umstände auch schon unterhalb eines Zeitraums von drei Jahren vorliegen kann.

---

85 So aber *Neuhaus* F IV Rn. 79.

86 So auch LG München 13.8.2003 VersR **2004** 990; Langheid/Wandt/*Dörner* § 172 Rn. 69; Looschelders/Pohlmann/*Klenk* § 172 Rn. 9.

87 So auch Beckmann/Matusche-Beckmann/*Rixecker* § 46 B I Rn. 19; Looschelders/Pohlmann/*Klenk* § 172 Rn. 9; anders: LG München 13.8.2003 VersR **2004** 990; *Richter* S. 143.

88 Beckmann/Matusche-Beckmann/*Rixecker* § 46 B I Rn. 20.

90 cc) **Bedeutung früherer Tätigkeiten bei BU im ausgeübten Beruf.** Wenn der VN seinen Beruf nicht leidensbedingt wechselt oder ihn zwar leidensbedingt wechselt, auf den verlassenen Beruf aber aus den vorgenannten Gründen nicht mehr abgestellt werden kann, so kommt es für die Frage, ob der VN berufsunfähig ist, nur noch darauf an, ob er in der sodann ausgeübten Tätigkeit so beeinträchtigt ist, dass er berufsunfähig geworden ist. Ob er in der Lage wäre, seine vormals ausgeübte Tätigkeit auszuüben, spielt dann für die Frage, ob bedingungsgemäße Berufsunfähigkeit vorliegt, keine Rolle mehr. Das gilt selbst dann, wenn ein Beruf ergriffen wird, um Arbeitslosigkeit zu überbrücken.[89]

Gleiches gilt, wenn der VN aufgrund des Eintretens ganz neuer Leiden, die während des Ausübens der neuen Tätigkeit aufgetreten sind, Berufsunfähigkeit geltend macht. Auch dann ist für die Frage der Berufsunfähigkeit nur auf den neuen Beruf abzustellen.[90]

91 i) **Besondere Berufsklauseln.** Der Grundsatz, wonach es in der Berufsunfähigkeitsversicherung auf den zuletzt in gesunden Tagen konkret ausgeübten Beruf ankommt, kann bei bestimmten Berufsgruppen zu unangemessenen Ergebnissen führen, weshalb VR und VN die Vereinbarung bestimmter Berufsklauseln vereinbaren.

92 aa) **Allgemeines.** Ist eine derartige Berufsklausel vereinbart, so kommt es nur noch darauf an, ob der VN in der Lage ist, in dem im Rahmen der Berufsklausel vereinbarten Beruf zu arbeiten. Solche Berufsklauseln unterliegen wie alle Versicherungsbedingungen einer AGB-rechtlichen Überprüfung. Im Rahmen dieser AGB-rechtlichen Überprüfung kommt es nicht nur darauf an, ob der Inhalt der Berufsklausel selbst einer AGB-rechtlichen Überprüfung standhält. Es muss darüber hinaus auch stets überprüft werden, ob die Gesamtschau der Regelungen des Versicherungsvertrags unter Berücksichtigung des Wortlauts der Berufsklausel einer Überprüfung nach Maßgabe der §§ 305ff. BGB standhält.

93 bb) **Ärzteklausel.** Bei Ärzten besteht die Besonderheit, dass sie dann, wenn sie ihren Beruf nicht mehr ausüben können, in der Regel auch nicht auf einen anderen Beruf verwiesen werden können, da es wenig Berufe gibt, die ihrer Ausbildung und Erfahrung entsprechen, dieselbe Wertschätzung genießen und die Beibehaltung der bisherigen Lebensstellung des Arztes gewährleisten.[91] Aus diesem Grunde vereinbaren Ärzte häufig die Geltung einer sog. Ärzteklausel, wonach bedingungsgemäße Berufsunfähigkeit vorliegen soll, wenn der Versicherte infolge Krankheit, Körperverletzung oder Kräfteverfalls, die ärztlich nachzuweisen sind, voraussichtlich dauernd außerstande ist, eine Tätigkeit als Arzt, Zahnarzt, Tierarzt oder Apotheker auszuüben.[92]

94 Es kommt demzufolge im Rahmen der Leistungsprüfung nicht darauf an, ob der Versicherte die zuletzt von ihm konkret ausgeübte Tätigkeit noch erledigen kann, sondern entscheidend ist, ob er überhaupt einer **Tätigkeit als Arzt** nachgehen kann. War demzufolge die versicherte Person zuletzt in gesunden Tagen als Orthopäde tätig und kann er diese Tätigkeit aufgrund eines Rückenleidens nicht mehr ausüben, so wäre bei Vereinbarung einer Ärzteklausel mit dem oben beispielsweise erwähnten Inhalt zu überprüfen, ob die versicherte Person z.B. als Radiologe oder im Rahmen einer sonstigen ärztlichen Tätigkeit noch arbeiten kann. Ebenso wäre zu überprüfen, ob die versicherte Person noch als Gutachter tätig werden kann.

---

[89] Vgl. OLG Saarbrücken 16.1.2013, Az: 5 U 236/12.

[90] Vgl. Beckmann/Matusche-Beckmann/*Rixecker* § 46 B I Rn. 21; Langheid/Rixecker/*Rixecker* § 172 Rn. 9.

[91] *Neuhaus* F VII Rn. 249.

[92] Looschelders/Pohlmann/*Klenk* § 172 Rn. 38; HK VVG/*Mertens* § 172 Rn. 36; Prölss/Martin/*Lücke* § 172 Rn. 125 BuVAB § 2, Rn. 119; *Richter* S. 27.

95 Derartige Klauseln sind wirksam. Dem Leitbild des § 172 VVG widersprechen sie nicht, denn § 175 VVG kann entnommen werden, dass § 172 Abs. 2 VVG disponibel ist. Die Vereinbarung einer Ärzteklausel führt nicht in jedem Fall zu einer Verschlechterung der vertraglichen Situation des VN. Wird entsprechend § 172 Abs. 2 VVG auf die zuletzt in gesunden Tagen konkret ausgeübte Tätigkeit abgestellt und ist der Arzt z.B. nach jahrelanger Tätigkeit als praktizierender Chirurg nun als Gutachter für einen medizinischen Dienst der Krankenkassen tätig, so ist es z.B. denkbar, dass er diese Tätigkeit aufgrund eines Rückenleidens durchaus noch ausüben kann, die Tätigkeit als Chirurg aber nicht. Entscheidend ist aber, dass schon nach der Gesetzesbegründung § 172 Abs. 2 VVG bewusst vom Gesetzgeber disponibel ausgestattet worden ist, um den vertragsschließenden Parteien eine möglichst große Vertragsfreiheit und Flexibilität zu ermöglichen. Abweichungen von dem Grundsatz des § 172 Abs. 2 VVG, wonach auf den zuletzt in gesunden Tagen konkret ausgeübten Beruf abzustellen ist, sind daher zulässig.

96 cc) **Fluguntauglichkeitsklausel.** Bei der Vereinbarung einer Fluguntauglichkeitsklausel liegt Berufsunfähigkeit üblicherweise dann vor, wenn für ein Gutachten der Deutschen Forschungs- und Versuchsanstalt für Luft- und Raumfahrt oder der sonst für die amtliche pflegeärztliche Untersuchung der Bundesrepublik Deutschland zuständigen Stelle festgestellt wird, dass der Versicherte aus gesundheitlichen Gründen nicht mehr flugtauglich ist und ihm deshalb vor Vollendung seines 55. Lebensjahres die behördliche Erlaubnis als Luftfahrer entzogen und die Erlaubnis nicht mehr verlängert wird.[93] Der typische Wortlaut ist folgender:

Berufsunfähigkeit des Versicherten im Sinne des § 2 Abs. 1 der Bedingungen für die Berufsunfähigkeitsversicherung liegt auch dann vor, wenn durch ein Gutachten der Deutschen Forschungs- und Versuchsanstalt für Luft- und Raumfahrt, Köln-Porz, oder der sonst für die amtliche fliegerärztliche Untersuchung in der Bundesrepublik Deutschland zuständigen Stelle festgestellt wird, dass der Versicherte aus gesundheitlichen Gründen nicht mehr flugtauglich ist und ihm deshalb vor Vollendung seines 55. Lebensjahrs die behördliche Erlaubnis als Luftfahrer entzogen oder die Erlaubnis nicht verlängert wird.[94]

97 Diese besondere Klausel trägt dem Umstand Rechnung, dass die Ausübung der beruflichen Tätigkeit des fliegenden Personals von dem Bestehen der Flugtauglichkeit, welche in regelmäßigen Abständen überprüft wird, abhängt. Die Voraussetzungen für das Eingreifen einer Berufsunfähigkeit auf Basis der Fluguntauglichkeitsklausel können unterschiedlich sein. Bei dem oben genannten Beispiel kommt es darauf an, ob zum einen ein Gutachten über eine amtliche pflegeärztliche Untersuchung mit negativem Ergebnis vorliegt und der versicherten Person deshalb vor Vollendung des 55. Lebensjahres die behördliche Erlaubnis als Luftfahrer entzogen oder eine bestehende Erlaubnis nicht verlängert wird.

98 Allein die **Vorlage eines Gutachtens** reicht zum Nachweis der bedingungsgemäßen Berufsunfähigkeit demzufolge bei diesem Beispiel nicht aus. Dem VR steht bei dem Beispiel der Gegenbeweis frei, dass der Versicherte aus anderen als behördlichen Gründen nicht mehr fliegen soll, weil er sich z.B. aufgrund persönlicher Umstände und nicht aus gesundheitlichen Gründen als ungeeignet zum Führen eines Flugzeugs gezeigt hat.

---

[93] Einzelheiten bei *Neuhaus* F VII Rn. 256ff.; Looschelders/Pohlmann/*Klenk* § 172 Rn. 39; Prölss/Martin/*Lücke* § 172 Rn. 125 BuVAB § 2 Rn. 120.

[94] Vgl. Staudinger/Halm/Wendt/*Gramse* § 2 BUV 2008 Rn. 93.

Entsteht bei einer **Luftfahrtlizenzverlustversicherung** ein Leistungsanspruch bei Vorliegen eines bestandskräftigen Abschlusses eines Verfahrens über den Widerruf der Erlaubnis, so soll nach teilweiser Auffassung der Versicherungsfall mit festgestellter Fluguntauglichkeit und Lizenzverlust nach dem bestandskräftigen Entzug der Verkehrsflugzeugführungserlaubnis auf den Zeitpunkt von deren Widerruf zurück zu beziehen sein.[95] Begründet wird dies damit, dass es der VR ansonsten in der Hand hätte, durch Einlegung von Rechtsmitteln gegen den Widerspruchsbescheid den Eintritt des Versicherungsfalls hinauszuschieben mit der Folge, dass sich der bedingungsgemäße Leistungsumfang reduziere. **99**

Dies überzeugt nicht. Der VR ist regelmäßig weder Adressat des Verwaltungsaktes bzw. des Widerspruchsbescheides. Er dürfte regelmäßig auch nicht klagebefugt sein, eine verwaltungsrechtliche Klage gegen den Widerspruchsbescheid zu erheben. Ein Entzug der Verkehrsflugzeugführererlaubnis durch Verwaltungsakt erfolgt nur im Verhältnis zum VN, nur ihm gegenüber wird der Verwaltungsakt auch bestandskräftig. Regelmäßig hat es der VR daher nicht in der Hand, durch Einlegung von Rechtsmitteln gegen den Widerspruchsbescheid den Eintritt des Versicherungsfalls hinauszuschieben. Auf der anderen Seite hat auch der VR ein Interesse daran, dass bestandskräftig geklärt wird, ob die Verkehrsflugzeugführererlaubnis endgültig entzogen wird oder nicht. Ist der Versicherte selbst nicht von der Rechtmäßigkeit des Verwaltungsaktes überzeugt und wehrt er sich demzufolge gegen den Entzug der Verkehrsflugzeugführererlaubnis, weil er z.B. der Auffassung ist, er sei nicht fluguntauglich, so ist nicht einzusehen, wieso der VR bereits zu diesem Zeitpunkt eintrittspflichtig sein sollte. **100**

dd) **Seeuntauglichkeitsklausel.** Die Seeuntauglichkeitsklausel soll den Versicherungsschutz regelmäßig erweitern und Versicherungsleistungen bereits dann gewähren, wenn der Versicherte Kapitän oder Schiffsoffizier ist und wegen Seeuntauglichkeit von seinem Patent keinen Gebrauch machen kann.[96] Der typische Wortlaut ist folgender: **101**

Die Berufsunfähigkeitsrente wird auch dann gewährt und der VN von der Beitragsleistung befreit, wenn und solange der Versicherte wegen nachgewiesener Seedienstuntauglichkeit von seinem Befähigungszeugnis (Patent) als Kapitän, nautischer oder technischer Schiffsoffizier (Seesteuermann oder Seemaschinist) keinen Gebrauch machen kann.[97]

Sofern im Rahmen einer Seeuntauglichkeitsklausel dem VN nach Eintritt des Versicherungsfalls der Nachweis des Fortbestehens des Versicherungsfalls auferlegt wird, verstößt eine derartige Regelung gegen das gesetzliche Leitbild der §§ 173 und 174 VVG, von denen gemäß § 175 VVG nicht zum Nachteil des VN abgewichen werden kann. Aus dem Zusammenspiel der §§ 173 und 174 VVG ergibt sich nämlich, dass der VR festzustellen hat, dass Voraussetzungen vorliegen, unter denen seine Leistungspflicht entfällt und er dem VN diese Voraussetzungen mitzuteilen hat, wenn er leistungsfrei werden will. Es ist demzufolge nicht Sache des VN, den Fortbestand der Berufsunfähigkeit nachzuweisen. **102**

ee) **Sonstige Klauseln.** Auch außerhalb der vorgenannten Beispiele kann die Feststellung der Berufsunfähigkeit bei bestimmten Berufsbildern Schwierigkeiten bereiten, weshalb die Parteien in derartigen Fällen, insbesondere wenn der VN einen Beruf ausübt, für den es kein typisches Berufsbild gibt, eine Tätigkeitsklausel vereinbaren. Berufsunfähigkeit **103**

---

95 Vgl. OLG Köln 2.12.2011 NJOZ **2012** 746, 751; *Neuhaus* F VII Rn. 260.

96 *Neuhaus* F VII 4 Rn. 264; Looschelders/Pohlmann/*Klenk* § 172 Rn. 40; Prölss/Martin/*Lücke* § 172 Rn. 125 BuVAB § 2 Rn. 121.

97 Vgl. Staudinger/Halm/*Wendt* § 2 BUV 2008 Rn. 100.

liegt dann vor, wenn man die in der Tätigkeitsklausel definierte Berufstätigkeit nicht mehr ausüben kann.[98] Typsicher Wortlaut:

Berufsunfähig ist, wer voraussichtlich auf nicht absehbare Zeit außerstande ist, als ... tätig zu sein und auch nicht in der Lage ist, eine andere zumutbare Tätigkeit auszuüben, mit der nicht nur geringfügige Einkünfte erzielt werden können.[99]

104 Derartige Klauseln unterliegen in besonderem Maße einer AGB-rechtlichen Kontrolle, denn auch für den durchschnittlichen VN muss eindeutig geregelt sein, wann genau er einen Leistungsanspruch gegen den VR hat. So ist eine Klausel, wonach Berufsunfähigkeit vorliegen soll, wenn der Versicherte außerstande ist, als Transportunternehmer tätig zu sein oder eine andere zumutbare Tätigkeit auszuüben, soweit mit dieser nicht nur geringfügige Einkünfte erzielt werden können, intransparent, weil für den durchschnittlichen VN nicht die Kriterien erkennbar sind, nach denen ihm eine andere Tätigkeit zumutbar ist.[100] Was in dem vorgenannten Beispiel nämlich unter „nur geringfügigen Einkünften" zu verstehen ist, ist unklar und einer Konkretisierung durch Auslegung nicht zugänglich.

105 Streitig ist, ob eine solche Klausel darüber hinaus gegen § 172 Abs. 2 VVG verstößt, weil es eben nicht mehr darauf ankommt, ob die versicherte Person in der Lage ist, ihrer zuletzt in gesunden Tagen konkret ausgeübten Tätigkeit nachzugehen und ein finanzieller Abstieg des Versicherten möglicherweise hingenommen wird. Dass dies tatsächlich eine unangemessene Benachteiligung des VN darstellt, muss allerdings nicht zwingend sein, denn es ist ebenso denkbar, dass die Vereinbarung einer Tätigkeitsklausel Bestandteil der Risikokalkulation ist und dem VN mit Hilfe der Vereinbarung einer Tätigkeitsklausel überhaupt Versicherungsschutz angeboten werden kann.

106 j) **Erwerbsunfähigkeitsklausel.** Bei der Vereinbarung einer Erwerbsunfähigkeitsklausel tritt der Versicherungsfall regelmäßig ein, wenn die versicherte Person gesundheitsbedingt voraussichtlich dauernd außerstande sein wird oder mindestens sechs Monate lang außerstande gewesen ist, eine Erwerbstätigkeit mit einer gewissen Regelmäßigkeit auszuüben oder mehr als nur geringfügige Einkünfte durch Erwerbstätigkeit zu erzielen.[101] Erwerbsunfähigkeitsklauseln finden sich in eingeschränkter und uneingeschränkter Form mit folgendem typischem Wortlaut:

„Erwerbsunfähig ist der Versicherte, wenn er infolge von Krankheit oder anderen Gebrechen oder von Schwäche seiner körperlichen oder geistigen Kräfte auf nicht absehbare Zeit einen Beruf, der seiner Ausbildung als ... entspricht, in gewisser Regelmäßigkeit nicht mehr ausüben kann oder in einem Beruf, den er aufgrund seiner Ausbildung als ... ausüben kann, nicht mehr als geringfügige Einkünfte erzielen kann" (eingeschränkt)

Erwerbsunfähig ist der Versicherte, der infolge Krankheit, Körperverletzung oder Kräfteverfalls, die ärztlich nachtzuweisen sind, voraussichtlich dauernd eine Erwerbstätigkeit in gewisser Regelmäßigkeit nicht mehr ausüben oder nicht mehr als nur geringfügige Einkünfte durch Erwerbstätigkeit erzielen kann. Erwerbsunfähigkeit liegt ferner vor, wenn der Versicherte mindestens sechs Monate ununterbrochen infolge Krankheit, Körperverletzung oder Kräfteverfalls, die ärztlich nachzuweisen sind, außerstande gewesen ist, eine Erwerbstätigkeit in gewisser Regelmäßigkeit auszuüben

---

98 Beispiel bei *Neuhaus* F VII Nr. 269.

99 Vgl. Staudinger/Halm/Wendt/*Gramse* § 2 BUV 2008 Rn. 106.

100 OLG Saarbrücken 14.1.2004 RuS **2004** 385.

101 Vgl. Beckmann/Matusche-Beckmann/*Rixecker* § 46 Rn. 6162; Prölss/Martin/*Lücke* § 172 Rn. 126; Looschelders/Pohlmann/*Klenk* § 172 Rn. 36; OLG Celle 26.2.2009 VersR **2009** 914.

oder mehr als nur geringfügige Einkünfte durch Erwerbstätigkeit zu erzielen und dieser Zustand im Zeitpunkt der Feststellung fortbesteht.[102]

Erwerbsunfähigkeitsklauseln werden typischerweise in Fällen angeboten, bei denen VN der Abschluss einer Berufsunfähigkeitsversicherung nicht angeboten werden kann. Sie sind wirksam, weil sich der VN regelmäßig in seiner **besonders gefahrenträchtigen beruflichen Situation** befindet.[103] Bei einer Erwerbsunfähigkeitsklausel hat der VN darzulegen und nachzuweisen, dass er nicht in der Lage ist, eine **Erwerbstätigkeit mit einer gewissen Regelmäßigkeit** auszuüben oder mehr als nur geringfügige Einkünfte durch die Erwerbstätigkeit zu erzielen. Es ist nicht Sache des VR, nach den Grundsätzen der sekundären Darlegungslast Berufe aufzuzeigen, die die versicherte Person tatsächlich noch bewältigen kann. Wer eine Erwerbsunfähigkeitsversicherung abschließt, muss es hinnehmen, dass der Maßstab der Zumutbarkeit einer Erwerbstätigkeit gerade nicht der bisherige Beruf, die Ausbildung und Erfahrung oder die Lebensstellung des Versicherten sind, sondern **eine beliebige, mehr als nur geringfügige Einkünfte** versprechende Arbeit. Es gibt daher keine Veranlassung, Darlegungs- und Beweislast zu verschieben. Allerdings darf der VR die versicherte Person auch bei Vereinbarung einer Erwerbsunfähigkeitsklausel nicht auf sie überfordernde oder unzumutbare Tätigkeiten verweisen. Ein solche Tätigkeit wird die versicherte Person in der Regel ohnehin nicht regelmäßig ausüben können. **107**

Auch wenn gegen die Vereinbarung einer Erwerbsunfähigkeitsklausel keine grundsätzlichen Bedenken bestehen, so kann sich eine Intransparenz der Klausel aber aus den übrigen Regelungen des Versicherungsvertrags ergeben. Auch bei Vereinbarung einer Erwerbsunfähigkeitsklausel ist bei der Formulierung darauf zu achten, dass der Versicherungsvertrag im Übrigen noch ausreichend transparent ist. Ein allgemeiner Hinweis, dass der Begriff der **Berufsunfähigkeit durch den Begriff der Erwerbsunfähigkeit ersetzt** wird, reicht möglicherweise nicht aus. Dies gilt vor allen Dingen z.B. dann, wenn der Versicherungsvertrag trotz Vereinbarung einer Erwerbsunfähigkeitsklausel immer noch als Berufsunfähigkeitsversicherung bezeichnet wird und dem Versicherungsschein wichtige Informationen beigefügt werden, die der Erläuterung des gewährten Versicherungsschutzes dienen.[104] **108**

3. Darlegung des Berufsbildes. Da es nach allem auf die konkrete berufliche Situation der versicherten Person ankommt, verlangen Rechtsprechung und Literatur deshalb zu Recht von dem Anspruchsteller die Abgabe einer ganz konkreten Arbeitsbeschreibung, mit der die anfallenden Tätigkeiten ihrer Art, ihrem Umfang wie ihrer Häufigkeit nach für einen Außenstehenden nachvollziehbar werden.[105] **109**

a) **Arbeitnehmer.** Dies hat in Gestalt einer **konkreten Beschreibung** der von ihm jeweils ausgeübten Einzeltätigkeiten gezielt in Bezug auf die mit der behaupteten Behinderung in Verbindung stehenden körperlichen Beanspruchung sowie unter Angabe der jeweiligen zeitlichen Anteile an der Gesamtarbeitszeit des Klägers **nach Art eines Stundenplans** zu geschehen. Der VN muss schlüssig darlegen und unter Beweis stellen, woran er leidet und wie sich dieses Leiden auf die in seinem Beruf konkret erforderlichen Arbeitsschritte auswirkt. Dies darf nicht mit allgemeinen Phrasen erfolgen, sonst ist die Klage nicht schlüssig.[106] **110**

---

102 Vgl. Staudinger/Halm/Wendt/*Gramse* § 2 BUV 2008 Rn. 101, 105.

103 Langheid/Wandt/*Dörner* § 172 Rn. 7.

104 Vgl. auch HK VVG/*Mertens* § 172 Rn. 10; *Neuhaus* U IV Rn. 36; Langheid/Wandt/*Dörner* § 172 Rn. 8; Prölss/Martin/*Lücke* § 2 BuVAB Rn. 108.

105 BGH 22.9.2004 VersR **2005** 676, 677; BGH 26.2.2003 VersR **2003** 631, 632; OLG Koblenz 11.3.2004 VersR **2004** 989; OLG Koblenz 16.11.2007 VersR **2008** 669, 670; Prölss/Martin/*Lücke* § 172 Rn. 55; HK VVG/*Mertens* § 172 Rn. 27 mit einer stundenplanmäßigen Darstellung; Looschelders/Pohlmann/*Klenk* § 172 Rn. 84; Staudinger/Halm/Wendt/*Gramse* § 172 Rn. 61.

106 OLG München 22.5.2007, Az.: 25 U 1723/07 n.V.

111 Die von der Rechtsprechung geforderte tabellarische Darstellung könnte z.B. wie folgt erfolgen:

Uhrzeit (von – bis)	Konkrete Tätigkeit	Belastungen im Rahmen der Erledigung der Tätigkeit	Beschwerden bei dieser Tätigkeit	Verbleibende Restleistungs-fähigkeit bezüglich dieser Tätigkeit

112 Außergerichtlich geschieht die Darstellung des Berufsbildes in der Regel durch Ausfüllen des Versichertenfragebogens, den der VR an die versicherte Person im Rahmen der Leistungsprüfung übersendet. Die Fragebögen sind mehr oder weniger konkret gefasst. Manche Fragebögen lassen der versicherten Person im Rahmen der Darstellung viele Freiheiten und fragen nur bestimmte Teiltätigkeiten und deren Dauer in Minuten/Stunden ab. Auf dieser Basis kann dann in der Regel auch nur eine grobe Überprüfung erfolgen. Andere Fragebögen enthalten sehr detaillierte Fragen zu den einzelnen Tätigkeitsmerkmalen. Eine möglichst detaillierte Erfassung des konkreten Tätigkeitsbildes ist auch im Sinne der versicherten Person, da so Fehlentscheidungen vermieden werden, weil z.B. der medizinische Gutachter von dem falschen Berufsbild ausgeht. Zum Teil wird in der Literatur die Rechtsauffassung vertreten, zwischen den Parteien des Versicherungsvertrags werde stillschweigend eine prozessvertragliche Nebenabrede getroffen, die den Versicherer verpflichtet, sich die im Rahmen seiner außergerichtlichen Ermittlungen zur Feststellung seiner Leistungspflicht erhaltenen Auskünfte seines VN grundsätzlich ebenso zurechnen zu lassen, wie das Wissen einer Person, die unter seiner Verantwortung, Aufsicht oder Anleitung tätig geworden ist.[107] Dem ist nicht zu folgen, denn einen entsprechenden Willen haben weder der Versicherer noch der Versicherungsnehmer. Der Versicherer möchte nur Informationen erhalten, die er aus Sicht des VN seiner Leistungsprüfung zugrunde legen kann, er gesteht aber nicht deren Richtigkeit zu, weil er schon nicht weiß, ob der VN die Frage nach seiner beruflichen Tätigkeit richtig verstanden hat und von dem richtigen Berufsbild ausgeht. Auch der Versicherungsnehmer wird sich nicht binden wollen, wenn sich im Laufe der Leistungsprüfung oder im PRozess herausstellt, dass er selbst von einem in rechtlicher Hinsicht irrelevanten Beruf ausgegangen ist.

113 Rechtsfehlerhaft ist es, dieses Tätigkeitsbild zunächst nicht festzustellen, sondern sogleich einen medizinischen Sachverständigen zu beauftragen und dabei von dem Sachvortrag des Klägers auszugehen, der üblicherweise seitens des beklagten VR bestritten wird.[108] Dem medizinischen Sachverständigen ist nämlich ein **unverrückbarer außermedizinischer Sachverhalt** für seine medizinische Überprüfung vorzugeben, damit er konkret im Rahmen seines Gutachtens darlegen kann, welche Tätigkeiten der versicherten Person noch möglich sind und welche nicht[109] Diese Vorgabe ist aber nur möglich, wenn das Berufsbild vorab geklärt wird. Ein bestrittener Sachvortrag des Klägers zum Berufsbild steht eben nicht fest im Sinne dieser Rechtsprechung und ist auch nicht **unverrückbar**, da er nicht unter Berücksichtigung der Beweisregeln der ZPO festgestellt worden ist.

---

107 Wermeckes/Seggewiße, VersR 2019, 271, 273.

108 BGH 30.11.1994 RuS **1995** 115.

109 BGH 23.1.2008 VersR **2008** 479; BGH 29.11.1995 NJW-RR **1996** 345; BGH 22.9.2004 VersR **2005** 676, 677;

Der verklagte VR ist keineswegs gehindert, im Prozess den Sachvortrag des VN zu der angeblich zuletzt ausgeübten Tätigkeit zu bestreiten, obwohl er unter Zugrundelegung des vorprozessualen Sachvortrags des VN die Leistungsprüfung durchgeführt und zum Beispiel ein Sachverständigengutachten in Auftrag gegeben hat. Ein derartiges vorprozessuales Verhalten bindet den VR nicht und stellt auch weder ein materiellrechtliches noch ein zivilprozessuales Anerkenntnis dar, sondern dient vielmehr im Interesse des VN einer zügigen Leistungsprüfung. Der Umstand, dass der medizinischen Prüfung im Interesse des VN unter Umständen außergerichtlich nur eine summarische Beschreibung zugrunde liegt, darf dem VR im Leistungsprozess nicht zum Nachteil gereichen 114

Wenn der Sachvortrag des Klägers zu der zuletzt in gesunden Tagen konkret ausgeübten Tätigkeit den Anforderungen der Rechtsprechung nicht genügt, so hat das Gericht dem Kläger einen **Hinweis** gemäß § 139 ZPO zu erteilen, wenn es seinen Vortrag für unzulänglich hält.[110] Wenn ein solcher Hinweis allerdings bereits erfolgt ist und der verklagte VR die mangelhafte Substanz des klägerischen Sachvortrags nach wie vor rügt, ist kein weiterer Hinweis gem. § 139 ZPO zu erteilen, sondern die Klage als unschlüssig abzuweisen, eine medizinische Überprüfung im Rahmen einer Beweisaufnahme hat zu unterbleiben. Die Pflicht zum Hinweis auf entscheidungserhebliche Gesichtspunkte dient vor allen Dingen der Vermeidung von Überraschungsentscheidungen und konkretisiert damit den Anspruch auf rechtliches Gehör.[111] 115

Nur in **Ausnahmefällen** bedarf es keiner detaillierten Darlegung der zuletzt ausgeübten Tätigkeit des VN. Ein solcher Ausnahmefall kann vorliegen, wenn sich aus der **speziellen Beeinträchtigung des VN** zweifellos ergibt, dass er der von ihm zuletzt ausgeübten Tätigkeit nicht mehr nachgehen kann.[112] 116

Ferner soll eine **Grenze der Substantiierungspflicht** dann erreicht sein, wenn die Tätigkeit von Tag zu Tag so unterschiedlich ist, dass eine konkretere Auflistung nicht möglich erscheint.[113] Dem ist zu widersprechen. Es mag sein, dass sich Tagesabläufe ändern, bestimmte Kernelemente kehren aber wieder, weil der Versicherte ansonsten in seiner Tätigkeit auch keinerlei Routine entwickeln könnte. Diese Kernelemente sind daher darstellbar. Auch ist es zumutbar, bei sich ändernder Tätigkeit z.B. eine typische Arbeitswoche, typische Projekte, einen typischen Bürotag, einen typischen Außendiensttag etc darzustellen. 117

b) Selbständige und mitarbeitende Betriebsinhaber. Gesteigerte Anforderungen gelten für den Selbständigen. Der Selbständige ist „Chef", dem ein Weisungs- und Direktionsrecht gegenüber seinen Mitarbeitern zukommt.[114] 118

Dieses Direktionsrecht, das auch die Möglichkeit einer Umverteilung der Arbeit einschließt, gibt seiner Stellung im Betrieb das **Gepräge.** Sein „Beruf" ist daher die Leitung des Betriebs unter seiner Mitarbeit an einer von ihm bestimmten Stelle.[115]

Deswegen trifft den Selbständigen auch die Darlegungs- und Beweislast zur **Struktur, Organisation seines Betriebes,** zu Anzahl der Mitarbeiter, welche Aufgaben die Mitarbeiter wahrnehmen und zur finanziellen Situation seines Betriebes.[116] Nur wenn dazu vom VN 119

Prölss/Martin/*Lücke* § 172 Rn. 57; Looschelders/Pohlmann/*Klenk* § 172 Rn. 84.

110 BGH 13.1.1999 NJW-RR **1999** 605, 606; BGH 29.11.1995 RuS **1996** 116; Langheid/Wandt/*Dörner* § 172 Rn. 263.

111 BVerfG 17.1.1994 NJW **1994** 1274.

112 OLG Düsseldorf 10.6.2003 VersR **2004**, 988; Langheid/Wandt/*Dörner* § 172 Rn. 263.

113 OLG Hamm 5.12.2014, Az. 26 U 126/13 n.V.

114 Vgl. BGH 12.6.1996 VersR **1996** 1090, 1092; *Voit* Rn. 328; Langheid/Rixecker/*Rixecker* § 172 Rn. 10.

115 Vgl. BGH 12.6.1996 VersR **1996** 1090, 1092.

116 Vgl. OLG Köln 14.6.2007 VersR **2008** 107, 108; OLG Köln 15.8.2007, Az.: 5 U 28/07;

vorgetragen ist, sind Anknüpfungstatsachen zur Umorganisationsmöglichkeit gegeben. Deren Fehlen und Unzumutbarkeit hat der VN darzulegen und zu beweisen, wobei es um den Grund des Anspruchs geht, so dass § 287 ZPO keine Anwendung findet.[117] Liegt ein in diesem Sinne substantiierter Vortrag des VN vor, so soll sich der VR nicht auf ein pauschales Bestreiten beschränken dürfen, sondern die vorgetragene Organisation substantiiert angreifen müssen.[118] Dem ist in dieser Allgemeinheit nicht zu folgen, denn der VR kann den diesbezüglichen Vortrag des VN mit Nichtwissen gem. § 138 Abs. 4 ZPO bestreiten, weil der Vortrag des VN zu seiner betrieblichen Organisation in der Regel Tatsachen betrifft, die nicht Gegenstand der Wahrnehmung eines Mitarbeiters des VR waren.

120 Umorganisationsmöglichkeit bedeutet dabei, dass vom VN vorzutragen und zu beweisen ist, dass Tätigkeitsfelder, in denen er mit seiner gesundheitlichen Beeinträchtigung in seinem Betrieb noch arbeiten kann, ihm keine Betätigungsmöglichkeiten belassen, die bedingungsgemäße Berufsunfähigkeit ausschließen.[119]

Erst mit Vortrag und Feststellung bisheriger Organisation des Betriebes zeigt sich die Grundlage der weiteren Prüfung: Eröffnung anderer Tätigkeitsfelder, die Berufsunfähigkeit ausschließen und Zumutbarkeit derartiger Umorganisationen und Aufgabenumverteilung.[120]

121 c) **Beweismittel.** Der Nachweis des behaupteten Berufsbildes wird in der Regel mit Zeugen erbracht. Ausnahmsweise soll aber auch eine Anhörung des Versicherten reichen.[121] Zur Begründung führt das BVerfG aus:

> *„Das LG hat der Bf. die Möglichkeit genommen, auf die berufungsgerichtliche Beweiserhebung Einfluss zu nehmen. Das Gericht hat es unterlassen, Angaben der Bf. zum streitigen Ablauf des Vertragsabschlusses entweder unmittelbar aus der Parteianhörung vor dem AG oder durch erneute Anhörung gem. § 141 ZPO in seine Würdigung einzubeziehen. Es hat auch die Frage verneint, ob nach § 448 ZPO Anlass zur Vernehmung der Bf. bestand. In der hier gegebenen Konstellation des Vier-Augen-Gesprächs konnte die Bf. den Gegenbeweis auch nur im Wege der Parteianhörung bzw. -vernehmung durch Bekundungen führen, die geeignet waren, die Aussage des Zeugen der Bekl. des Ausgangsverfahrens zu erschüttern. Die Verfahrensweise des LG begünstigte daher einseitig die Bekl., die mit ihrem Angestellten über einen Zeugen verfügte. Um dies zu vermeiden hätte das LG, nachdem es den Angestellten der bekl. GmbH zum umstrittenen Inhalt des Vier-Augen-Gesprächs erneut als Zeugen vernommen hatte, auch der Bf. die Möglichkeit einräumen müssen, den Gegenbeweis zu führen. Insbesondere hätte ihr die Gelegenheit gegeben werden müssen, auf die Aussagen des Zeugen in dessen neuerlicher Vernehmung (§ 398 I ZPO) reagieren zu können, da das LG von der Beweiswürdigung der Vorinstanz abweichen wollte, die sich auf die protokollierte Anhörung der Bf. stützte.*
>
> *Die Bedenken gegen den Beweiswert von Parteianhörung bzw. -vernehmung, die das LG bei seiner Verfahrensweise geleitet haben mögen, können allenfalls in die Beweiswürdigung einfließen. Sie können jedoch nicht die Beweiserhebung in der hier gegebenen Konstellation eines Vier-Augen-Gesprächs von vornherein ausschließen. Das LG*

OLG Dresden 30.4.2009, Az.: 4 W 406/09 n.V.; OLG Brandenburg 11.3.2010, Az.: 12 U 139/09.

117 Vgl. BGH 5.4.1989 VersR **1989** 579.

118 Vgl. OLG Frankfurt 21.11.2017 NJW – RR **2018** 353, 358.

119 Vgl. BGH 5.4.1989 VersR **1989** 579; Looschelders/Pohlmann/*Klenk* § 172 Rn. 86; HK VVG/*Mertens* § 172 Rn. 32; Prölss/Martin/*Lücke* § 172 Rn. 70.

120 Vgl. BGH 16.3.1994 VersR **1994** 587; HK VVG/*Mertens* § 172 Rn. 32.

121 Vgl. OLG Stuttgart 4.2.2013, Az: 7 U 154/12 n.V.; BVerfG 21.2.2001 NJW **2001** 2531,2532.

hätte daher die Bf. zumindest als Partei gem. § 141 ZPO informatorisch anhören müssen, um ihr im Rahmen des Gegenbeweises die Erschütterung der Aussage des Zeugen der beweisbelasteten Bekl. zu ermöglichen. Hätten sich bei dieser Anhörung Zweifel an den Aussagen des Zeugen der Bekl. ergeben, so hätte das Gericht weiteren Beweis durch Parteivernehmung der Bf. erheben oder die gegebene Beweislage unter Berücksichtigung der Parteianhörung würdigen können. Es durfte aber nicht mit dem Argument, die Parteivernehmung der Bf. komme nicht in Betracht, weil nach der Zeugenvernehmung keine überwiegende Wahrscheinlichkeit für deren Vorbringen spreche, auf Parteianhörung bzw. -vernehmung verzichten. Diese Argumentation des LG belegt, dass es seine Verfahrensweise in allen entsprechenden Konstellationen, auch denen der Beweisnot, für die sachangemessene hält und deutet damit auf eine ständige verfassungswidrige Praxis, eine generelle Vernachlässigung von Grundrechten hin.

Auch aus anderen Gründen bestand für das LG Veranlassung, die Besonderheiten der hier gegebenen Konstellation eines Vier-Augen-Gesprächs in Rechnung zu stellen:

Denn angeregt unter anderem durch eine Entscheidung des EGMR (NJW 1993, 1413) haben sich Rechtsprechung und Literatur intensiv mit den verfassungsrechtlichen Anforderungen an das zivilprozessuale Beweisrecht im Hinblick auf Vier-Augen-Gespräche beschäftigt. Der BGH entschied, eine Konstellation, in der der einen Partei ein Mitarbeiter als Zeuge zur Seite steht, während die Gegenseite, die selbst die Verhandlung geführt hat, sich auf keinen Zeugen stützen kann, stelle in einem späteren Gerichtsverfahren eine Benachteiligung dar, die im Rahmen der Ermessensentscheidung nach § 448 ZPO berücksichtigt werden könne. Dabei könne offen bleiben, ob diese Konstellation dazu nötige, einer Anregung zur Parteivernehmung nachzukommen. Denn dem Grundsatz der Waffengleichheit könne auch dadurch genügt werden, dass die durch ihre prozessuale Stellung bei der Aufklärung des Vier-Augen-Gesprächs benachteiligte Partei nach § 141 ZPO persönlich angehört werde. Das Gericht sei nicht gehindert, einer solchen Parteierklärung den Vorzug vor den Bekundungen eines Zeugen zu geben (vgl. BGH, NJW 1999, 363 [364] = LM H. 5/1999 § 286 [B] ZPO Nr. 114).

Diese Linie des BGH (vgl. auch BGH, NJW 1998, 306f.), die die Anforderungen an die Zulässigkeit der Parteivernehmung absenkt, ohne auf die Notwendigkeit der Anfangswahrscheinlichkeit ausdrücklich zu verzichten, und die den Anwendungsbereich und Beweiswert einer Parteianhörung erweitert, hat Gefolgschaft gefunden (OLG Saarbrücken, OLG-Report 2000, 296; zuvor bereits auf der Linie des BGH: OLG Zweibrücken, NJW 1998, 167 [168]). Auch in der Literatur lässt sich die Tendenz feststellen, § 448 ZPO in der Praxis stärkere Beachtung zu schenken (so bei Leipold, in: Stein/Jonas, ZPO, 21. Aufl., Bd. 4, Teilbd. 2, § 448 Rdnrn. 3f., 16ff.; Huber, in: Musielak, ZPO, 1. Aufl., § 448 Rdnr. 7; Thomas, in: Thomas/Putzo, ZPO, 22. Aufl., § 448 Rdnrn. 2, 4; anders: Greger, in: Zöller, 21. Aufl., § 448 Rdnr. 2a; Hartmann, in: Baumbach/Lauterbach/Albers/Hartmann, ZPO, 58. Aufl., § 448 Rdnr. 1).

Diese Entwicklungen in Rechtsprechung und Literatur haben unter Beachtung des verfassungsrechtlichen Anspruchs auf rechtliches Gehör die Möglichkeit der Parteianhörung bzw. -vernehmung für die Fallgruppe der Gespräche unter vier Augen im Rahmen des geltenden Zivilprozeßrechts erweitert. Mit alledem setzt sich das LG Düsseldorf in dem angegriffenen Berufungsurteil nicht auseinander. Es hat damit die Bedeutung und Tragweite der Rechte der Bf. aus Art. 103 I GG und Art. 2 I i.V. mit Art. 20 III GG verkannt.[122]

[122] Vgl. BVerfG 17.1.1994 NJW **1994** 1274, 1275.

Dem ist jedenfalls dann zu widersprechen, wenn dem Versicherten Zeugen zur Verfügung stehen, die benannt werden könnten. Es gibt keinen Grund, weshalb der Versicherte in einem größeren Umfang Beweiserleichterungen in Anspruch nehmen können soll als in den Fällen der Fahrzeugentwendung. In diesen Fällen hat die Rechtsprechung eine interessengerechte Abstufung entwickelt.[123]

II. Außerstande sein aufgrund Krankheit, Körperverletzung oder mehr als altersentsprechenden Kräfteverfalls

122 Berufsunfähigkeit setzt gemäß § 172 Abs. 2 VVG voraus, dass die versicherte Person ihren zuletzt ausgeübten Beruf, so wie er ohne gesundheitliche Beeinträchtigung ausgestaltet war, infolge Krankheit, Körperverletzung oder mehr als altersentsprechenden Kräfteverfalls ganz oder teilweise voraussichtlich auf Dauer nicht mehr ausüben kann. Erfüllt sein muss demzufolge eine medizinische Komponente.[124] Nicht die gesundheitliche Beeinträchtigung selbst, sondern die auf ihr beruhende Beeinträchtigung bei der Ausübung des Berufs ist demzufolge leistungsauslösend.[125]

1. Krankheit

123 a) **Allgemeines.** Unter Krankheit ist ein **regelwidriger psychischer oder physischer Zustand** zu verstehen, der eine Einschränkung oder Störung der normalen Funktion des Organismus zur Folge hat. Auf die Behandlungsbedürftigkeit kommt es nicht an. Ebenso irrelevant ist die diagnostische Einordnung der Erkrankung.[126] Regelwidrig ist der Zustand dann, wenn er von dem normalen Gesundheitszustand eines durchschnittlich Gesunden abweicht.[127] Diese Abweichung kann auch dauerhaft sein. Nicht erforderlich ist, dass die Abweichung auch mit Schmerzen einhergeht. Eine Krankheit kann wie z.B. bei einer Beeinträchtigung des Sehvermögens auch schmerzfrei ablaufen. An dem Vorliegen eines regelwidrigen psychischen oder physischen Zustandes ändert dies allerdings nichts.[128]

124 Eine **schlummernde Erkrankung**, die noch nicht zu relevanten physischen oder psychischen Beeinträchtigungen geführt hat, stellt noch keine zur Berufsunfähigkeit führende Krankheit dar.

125 Soweit Versicherungsbedingungen vorsehen, dass der Begriff der Krankheit voraussetzt, dass es sich um eine **allgemein anerkannte Krankheit** handelt[129], ist eine solche Klausel schon mangels Transparenz unwirksam. Wann eine Krankheit allgemein anerkannt ist, weiß der durchschnittliche VN nicht. Davon abgesehen unterliegt mit Zunahme des medizinischen Fortschritts auch das Verständnis, was eine Krankheit ist und was sie ausmacht, einem Wandel.

---

[123] Vgl. allg. Langheidt/Wandt/*Looschelders* § 81 Rn. 174.

[124] HK VVG/*Mertens* § 172 Rn. 42; Langheid/Rixecker/*Rixecker* § 172 Rn. 22.

[125] OLG Saarbrücken 19.5.2010 VersR **2011** 249, 250; Prölss/Martin/*Lücke* § 172 Rn. 43; *Neuhaus* G I Rn. 4.

[126] OLG Saarbrücken 15.9.2010 VersR **2011** 249, 250; Bruck/Möller/*Winter* G26; *Neuhaus* G III Rn. 20; Looschelders/Pohlmann/*Klenk* § 172 Rn. 12; Langheid/Rixecker/*Rixecker* § 172 Rn. 22; Langheid/Wandt/*Dörner* § 172 Rn. 134.

[127] *Neuhaus* G III Rn. 26.

[128] Abweichend: *Neuhaus* G III Rn. 23.

[129] Vgl. hierzu *Neuhaus* G III Rn. 27ff.

b) Psychische Krankheiten

aa) Allgemeines. Eine besondere Bedeutung haben mittlerweile psychische Erkrankungen in der Berufsunfähigkeitsversicherung erlangt. Auch psychische Krankheiten stellen zunächst einmal Krankheiten im Sinne des § 172 Abs. 2 VVG dar, allerdings ist dem VN häufig der Nachweis des Vorliegens einer solchen Krankheit erschwert. **126**

Bei psychischen Erkrankungen fehlt es nicht schon an einer Krankheit, weil die Beeinträchtigungen nur episodenhaft auftreten. In diesem Fall stellt sich vielmehr die Frage, ob die Krankheit auch zu einer Berufsunfähigkeit geführt hat. **127**

Zweifelhaft ist, ob eine Krankheit dann vorliegt, wenn die Beschwerden durch Willensanstrengung überwunden werden können. Nach teilweiser Auffassung soll auch in diesen Fällen eine Krankheit vorliegen, es aber an der Kausalität zwischen Krankheit und Unfähigkeit, den Beruf auszuüben, fehlen.[130] **128**

Fraglich ist allerdings, ob es nicht bereits an dem Vorliegen einer Krankheit fehlt, wenn die **Leistungsbeeinträchtigung von dem Willen der versicherten Person abhängig** ist, denn typisch für eine Krankheit ist, dass sie zu einer gerade **nicht** willensbeeinflussten Beeinträchtigung führt. Ein Alkoholiker, der nicht in der Lage ist, seinem Drang, Alkohol zu sich zu nehmen, zu widerstehen, ist gleichwohl alkoholkrank. Ist er allerdings in der Lage, seinen Alkoholkonsum ohne weiteres zu reduzieren, so dürfte es bereits an einer Krankheit fehlen. Kann eine Person, die sich auf eine psychische Erkrankung beruft, die daraus resultierenden Auswirkungen schon durch eine schlichte Umorganisation ihres Alltags vermeiden, so fehlt es ebenfalls an einer Krankheit.

In der Rechtsprechung werden daher zum Teil Überlegungen angestellt, psychische Störungen seien schon nicht als Krankheit anzuerkennen, wenn der Versicherte sie durch Anstrengung seines Willens und seines Verstandes tatsächlich beherrschen kann.[131] Zur Begründung wird ausgeführt, nach dem Konzept der Versicherungsbedingungen müsse es sich bei der Krankheit um solche Abweichungen vom Normalen handeln, die einerseits das Gewicht besitzen, die berufliche Leistungsfähigkeit des Versicherten nennenswert herabzusetzen, denen andererseits ein Moment der Dauerhaftigkeit zu eigen ist und der Versicherte sie schließlich, verfügte er nicht über eine Berufsunfähigkeitsversicherung mit ihm zumutbaren alltäglichen und als selbstverständlich betrachteten Mitteln, beherrschen und bewältigen würde. **129**

Zur Recht weist Rixecker allerdings darauf hin, dass die Frage, ob der Versicherte sein empfundenes Leiden willentlich beherrschen kann, auch in die Irre oder die Tiefen der Ratlosigkeit davor führen kann, was wen oder wer zu beherrschen vermag.[132] Richtig dürfte es sein, die Frage, ob eine Erkrankung vorliegt, von der Frage zu trennen, ob die behauptete Berufsunfähigkeit auf dieser Erkrankung beruht. Beides ist durch den Versicherten zu beweisen. **130**

Gerade bei psychischen Erkrankungen sind der richterlichen Überzeugungsbildung allerdings Grenzen gesetzt, denn anders als physische Leiden können psychische Leiden regelmäßig nicht bildgebend dargestellt werden.[133] Allein auf die Angaben des Versicherten **131**

---

130 HK VVG/*Mertens* § 172 Rn. 45; Prölss/Martin/*Lücke* § 2 BuVAB Rn. 5.

131 OLG Köln 5.6.2002 VersR **2002** 1365, 1367; OLG Koblenz 1.11.2002 RuS **2003** 337, 338; OLG Saarbrücken 2.11.2006 VersR **2007** 974 wohl auch Beckmann/Matusche-Beckmann/*Rixecker* § 46 Rn. 71; Langheid/Wandt/*Dörner* § 172 Rn. 135; Staudinger/Halm/Wendt/*Gramse* § 172 Rn. 91.

132 Beckmann/Matusche-Beckmann/*Rixecker* § 46 Rn. 71.

133 So auch Langheid/Rixecker/*Rixecker* § 172 Rn. 25.

abzustellen, reicht für die Herbeiführung der richterlichen Überzeugungsbildung allerdings auch nicht aus, weil ansonsten Befindlichkeit und Befund gleichgesetzt werden. Im Rahmen der Beweisaufnahme ist zunächst einmal darauf zu achten, dass ein leitliniengerechtes Gutachten erstellt wird. Dies setzt üblicherweise die **Durchführung von Beschwerde-/Symptomvalidierungstests** voraus.[134] Gegen die Verwendung testpsychologischer Untersuchungen wird zum Teil die Kritik erhoben, sie seien nicht aussagekräftig genug, da das persönliche Gespräch bzw. die persönliche Untersuchung nicht oder nicht ausreichend im Vordergrund stehe.[135] Dieser Kritik ist grundsätzlich zuzustimmen, allerdings wird übersehen, dass standardisierte und psychometrische Untersuchungsverfahren nicht als einziger Baustein einer Begutachtung durchgeführt und verwendet werden dürfen. Standardisierte und psychometrische Untersuchungsverfahren sind vielmehr eine ergänzende Hilfe, zumal standardisierte und psychometrische Untersuchungsverfahren in einem nicht geringen Umfang Selbstbeurteilungsfragebögen enthalten.[136] Zu standardisierten und psychometrischen Untersuchungsverfahren zählen allerdings auch Beschwerdevalidierungsverfahren, mit deren Hilfe überprüft werden kann, ob die Selbstbeurteilungsinstrumente, wie z.B. das Beck'sche Depressionsinventar, wahrheitsgemäß beantwortet worden sind. Zu Recht weist Rixecker zwar darauf hin, dass Symptomvalidierungstests keine Art Algorithmus liefern, der zum Beweis einer psychischen Erkrankung führt, gleichwohl aber eine Grundlage darstellt, Angaben des Versicherten auf seine Plausibilität zu überprüfen.[137]

132 Gerade bei psychischen Erkrankungen ist es daher wichtig, zunächst einen ausführlichen psychischen Befund zu erheben. Der psychische Befund ist das Kernstück des psychiatrischen Gutachtens.[138] Vor allen Dingen wenn fachpsychiatrische Gutachten erstellt werden, ist immer wieder zu beobachten, dass der **Befund** mit **Beschwerdeschilderungen** des Probanden vermischt wird.[139]Zum Teil wird der Befund unvollständig oder in sich widersprüchlich erhoben. Fehlerhaft ist auch ein Befund, der oberflächlich, schematisch und allgemein, möglicherweise mit Textbausteinen formuliert wird, so dass der konkrete Mensch durch eine solche Beschreibung überhaupt nicht erkennbar werden kann.

133 Mängel bei der Befunderhebung können auch bei der **körperlichen Untersuchung** und den Zusatzuntersuchungen auftreten. Wird ein Proband vom psychiatrischen Sachverständigen erstmals überhaupt ärztlich untersucht, ist eine körperliche Untersuchung obligatorisch.[140] Ebenso sind Alkohol- und Drogenabhängige körperlich zu untersuchen. Gleiches gilt bei **Verdacht auf Simulation, Aggravation und funktionale Körperbeschwerden**. In diesen Fällen kann die Art der körperlichen Beschwerdepräsentation bei der Untersuchung wichtige Informationen liefern, die durch das Gespräch allein nicht gewonnen werden können.

134 Fehlt in einem Gutachten die psychiatrische Diagnose, so ist dies ein eklatanter Fehler, es sei denn, es wird diskutiert, warum eine psychopathologisch begründbare Diagnose nicht formuliert werden kann.[141] Die Diagnose ist gemäß den international operationalisierten diagnostischen Klassifikationssystemen ICD-10 bzw. DSM-5[142] zu stellen. Fehler-

---

[134] SK 2 – Leitlinie zur Begutachtung psychischer und psychosomatischer Erkrankungen AWMF-Register-Nr. 051/029; Langheid/Rixecker/*Rixecker* § 172 Rn. 25, wohl auch OLG Saarbrücken 19.5.2010 RuS **2011** 77, 79 und OLG Frankfurt 18.1.2008 BeckRS **2008** 07205; Prölss/Martin/*Lücke* § 172 Rn. 29; Staudinger/Halm/Wendt/*Gramse* § 172 Rn. 88.

[135] *Neuhaus* G VIII Rn. 172.

[136] Vgl. z.B. *Neuhaus* G VIII Rn. 175 zum BDI-Fragebogen.

[137] Langheid/Rixecker/*Rixecker* § 172 Rn. 25.

[138] Vgl. *Nedopil/Müller* S. 410; PsyErkr. S. 149; *Venzlaff/Foerster/Dreßing/Habermeyer* S. 73.

[139] So auch *Faustmann* RuS **2018** 281, 282.

[140] *Venzlaff/Foerster/Dreßing/Habermeyer* S. 74.

[141] *Venzlaff/Foerster/Dreßing/Habermeyer* S. 74.

[142] Zum DSM – 5 vgl. *Falkai* S. 35ff.

haft sind **Pseudodiagnosen** wie z.B. „Verhaltungsstörung“ oder „krimineller Psychopath“ oder eine Privatnomenklatur des Gutachters.[143]

Es ist zwar unerlässlich, dass der fachpsychiatrische Sachverständige auch die Aktenlage sorgfältig überprüft und insbesondere in der Vergangenheit erhobene Befunde sowie Häufigkeit von Behandlungen, Leidensdruck und Freizeitverhalten des VN überprüft.[144] Immer wieder zu beobachten ist allerdings, dass Diagnosen, die in Arztberichten enthalten sind, welche in der Vergangenheit erstellt wurden, durch den Sachverständigen unkritisch übernommen werden. Dies stellt einen schweren Fehler dar, denn die Plausibilität gestellter Diagnosen ist zumindest auf Basis der mitgeteilten Befunde zu überprüfen. **135**

Auch bei der Bewertung der in der Vergangenheit erstellten Arztberichte und Gutachten ist daher kritisch zu überprüfen, ob die dort erwähnten Befunde die gestellten Diagnosen tragen. Wird die Richtigkeit der Diagnosen **ohne Überprüfung** derselben unterstellt, so ist das Gutachten fehlerhaft. Dies gilt vor allen Dingen dann, wenn der erhobene Befund den Eindruck erweckt, dass **Befund und Befindlichkeit** miteinander verwechselt worden sind. Unerlässlich dürfte es daher sein, die Krankenunterlagen desjenigen Arztes beizuziehen, der den jeweils betroffenen Arztbericht erstellt hat. In diesem sind nämlich häufig wertvolle Angaben enthalten, die einen Schluss darauf zulassen, ob die Angaben des VN plausibel sind oder nicht. **136**

Zum Teil wird die Rechtsauffassung vertreten, es könne allein auf die Beschwerdeschilderung des VN im Rahmen der Überzeugungsbildung abgestellt werden.[145] Dem ist nicht zu folgen. Die Beschwerdeschilderung kann lediglich ein Baustein im Rahmen der Beweiswürdigung darstellen.[146] Die Beschwerdeschilderung kann durch den VR zulässigerweise mit Nichtwissen bestritten werden und ist dann streitiger Sachvortrag. Es reicht im Rahmen der Überzeugungsbildung nicht aus, den Beschwerdeschilderungen des Klägers zu glauben, wenn es an einem plausiblen morphologischen Korrelat für die geklagten Beschwerden fehlt.[147] **137**

Bestehen Zweifel oder gibt es Anhaltspunkte für eine **Aggravation**, also eine zur Übertreibung neigende Darstellung vorhandene Beschwerden oder eine **Simulation**, so gehen verbleibende Zweifel zu Lasten des VN.[148] Im Rahmen der Überzeugungsbildung ist aber gerade bei psychischen Erkrankungen zu berücksichtigen, dass es keine vergleichbare Gewissheit wie bei Krankheiten auf anderen medizinischen Fachrichtungen wie z.B. der Orthopädie gibt. Dem muss auch im Rahmen der Beweisführung Rechnung getragen werden, weil ansonsten der Versicherungsschutz entwertet würde. Ist im Rahmen der Herbeiführung der richterlichen Überzeugung nach § 286 ZPO in einem bestimmten medizinischen Fachbereich wie der Psychiatrie daher nur ein begrenztes Maß an Sicherheit zu erreichen und hat das Gericht auf Basis der Angaben des Sachverständigen die Überzeugung gewonnen, dieses Maß an Sicherheit sei erreicht, dann ist dem Versicherten der Nachweis bedingungsgemäßer Berufsunfähigkeit gelungen.[149] Dies bedeutet aber nicht, dass in den Fällen, **138**

---

143 Vgl. *Falkai* S. 35.

144 KG 2.12.2014 VersR **2016** 714, 715; Langheid/Rixecker/*Rixecker* § 172 Rn. 25.

145 OLG Bremen 25.6.2010 VersR **2010** 1481, 1482.

146 So auch KG 2.12.2014 VersR **2016** 714, 715; Rüffer/Halbach/Schimikowski/*Mertens* § 172 Rn. 50; Prölss/Martin/*Lücke* § 172 Rn. 50

147 Vgl. OLG Dresden 26.3.2003, Az.: 6 U 2303/02 n.V.

148 So auch OLG Stuttgart 14.1.2010, Az.: 7 U 120/09 n.v.; *Neuhaus* G VIII, Rn. 76; Staudinger/Halm/Wendt/*Gramse* § 172 Rn. 87.

149 Vgl. OLG Hamm 21.6.1996 BeckRS **1996** 04715: 80–90 % reichen, wenn ein höheres Maß an Sicherheit in der Psychiatrie nicht erreicht werden kann; Staudinger/Halm/

bei denen sich der VN auf Berufsunfähigkeit wegen einer psychischen Erkrankung beruft, generell ein geringerer Grad ausreicht, um die richterlicher Überzeugung herbeizuführen.[150] Gerade weil aber in der Psychiatrie möglicherweise nur ein geringeres Maß an Gewissheit für die Herbeiführung der richterlichen Überzeugungsbildung erreicht werden kann, ist es unerlässlich, dass dieses geringere Maß dann aber unter Ausnutzung aller zur Verfügung stehenden Erkenntnisquellen auch erreicht wird.

139 **bb) Mobbing. Mobbing** stellt für sich gesehen keine Krankheit im Sinne der Berufsunfähigkeitsversicherung dar, allerdings kann Mobbing zu Gesundheitsbeeinträchtigungen führen, insbesondere zu psychischen und psychosomatischen Erkrankungen.[151] Zu beachten ist dabei allerdings, dass die Berufsunfähigkeitsversicherung keine Arbeitsplatzversicherung ist. Es ist daher das Augenmerk darauf zu richten, ob der VN nur in dem Arbeitsumfeld, in dem er sich bewegt, angesichts seiner gesundheitlichen Situation nicht eingesetzt werden kann oder ob er generell daran gehindert ist, seinen Beruf als solchen auszuüben. Eine Arbeitsplatzunverträglichkeit als solche ist nicht Gegenstand des Versicherungsschutzes der Berufsunfähigkeitsversicherung. Krankheit und Arbeitsumfeld sind nämlich zwei verschiedene Gesichtspunkte, nur die Krankheit ist ein leistungsrelevantes Kriterium.[152]

140 Nach teilweise vertretener Auffassung soll selbst eine durch ein Mobbing ausgelöste Krankheit nicht leistungsauslösend sein.[153] Entscheidend sei, dass dieser Zustand bedingt sei durch eine nicht als Krankheit zu definierende Situation im Umfeld der versicherten Person. Der VN sei demzufolge nicht „durch" Krankheit berufsunfähig geworden, sondern lediglich wegen seines subjektiv empfundenen arbeitsplatzbedingten Unvermögens. Der gemobbte Arbeitnehmer könne seine berufliche Tätigkeit aus seiner subjektiven Sicht zwar nicht ausüben, weil er am Arbeitsplatz Situationen ausgesetzt sei, mit denen er nicht umgehen kann. Mobbing selbst stelle keine Krankheit, sondern eine Art Konfliktmodell dar, welches sich in der Regel nur durch Auflösung des Arbeitsverhältnisses und Umsetzung des Arbeitsnehmers lösen lasse. Es sei aber eben keine Krankheit. Zeige sich daher aufgrund des eigenen Sachvortrags des VN oder den Erkenntnissen des VR, dass dem Unvermögen des VN, seiner beruflichen Tätigkeit nachzugehen, eine Mobbingsituation zugrunde liege, so sei der Rechtsstreit im Sinne einer Klageabweisung entscheidungsreif, der Einholung eines Sachverständigengutachtens bedürfe es nicht mehr.[154] Es stehe nämlich fest, dass die Erkrankung nicht auf einen arbeits- und/oder unfallbedingten Umstand zurückzuführen sei. Es sei nicht Sache des BerufsunfähigkeitsVR, ungelöste Arbeitsplatzkonflikte durch Leistungen der Versichertengemeinschaft zu finanzieren.[155]

141 Der BGH[156] vertritt demgegenüber für die Krankenversicherung die Auffassung, dass eine Arbeitsunfähigkeit im Sinne von § 1 Abs. 3 MB/KT 94 auch dann vorliege, wenn sich der Versicherte an seinem Arbeitsplatz einer tatsächlichen oder von ihm als solchen empfundenen Mobbingsituation ausgesetzt sehe, hierdurch psychisch oder physisch erkrankt sei und deshalb seiner bisher ausgeübten Tätigkeit nicht nachgehen könne.

142 Dem BGH ist insoweit zuzustimmen, als eine leistungsauslösende Krankheit auch auf eine Mobbing – Situation zurückzuführen sein kann. Grundsätzlich spielt es für den Eintritt

---

Wendt/*Gramse* § 172 Rn. 90; Prölss/Martin/*Lücke* § 172 Rn. 39; *Neuhaus* G IV Rn. 74.

150 Klarstellend OLG Hamm 24.11.2017 VersR **2018** 285.

151 BGH 9.3.2011 NJOZ **2011** 962; *Brahms* VersR **2009** 744, 746; *Karczewski* RuS **2012** 270, 273; HK VVG/*Mertens* § 172 Rn. 43.

152 *Brahms* VersR **2009** 744, 749.

153 *Brahms* VersR **2009** 744, 749; **a.A.** HK VVG/*Mertens* § 172 Rn. 43.

154 *Brahms* VersR **2009** 744, 751

155 Vgl. auch OLG Oldenburg 15.5.2006 BeckRS **2011**, 11145 zur Krankentagegeldversicherung.

156 BGH 9.3.2011 VersR **2011** 518.

des Versicherungsfalls „Berufsunfähigkeit" keine Rolle, worauf eine Krankheit zurückzuführen ist. Es stellt sich aber die Frage, ob nicht zwischen der Fähigkeit, einen Beruf in seiner konkreten Ausgestaltung auszuüben und der Fähigkeit, diesen Beruf unter einem bestimmten Vorgesetzten oder mit einem bestimmten Kollegen auszuüben, getrennt werden muss.

Darüber hinaus stellt sich die weitere Frage, ob es dem Versicherten nicht zuzumuten ist, sich gegen die Mobbingsituation so zu wehren, wie er es täte, wenn keine Berufsunfähigkeitsversicherung vorläge. Dann würde er arbeitsrechtliche Maßnahmen ergreifen. Allein der Hinweis, dass es aus Sicht eines durchschnittlichen, verständigen VN nicht auf die Ursache der Erkrankung, die zur Arbeitsunfähigkeit führt, ankomme, reicht daher nicht, denn dann käme es auch nicht auf die Frage an, ob sich der VN durch zumutbare Abwehrmaßnahmen gegen die Erkrankung wehren kann. Es mag auch sein, dass der durchschnittliche VN unter dem Begriff der beruflichen Tätigkeit seine spezifische Tätigkeit versteht, dass er allerdings diesen mit seiner spezifischen Tätigkeit bei einem bestimmten Arbeitgeber gleichsetzt, versteht sich nicht von selbst. Das gilt vor allen Dingen für Tätigkeiten mit stark wechselndem Kollegenkreis und/oder Vorgesetzten. Es mag sein, dass sich die berufliche Tätigkeit als solche nicht nach dem allgemeinen Berufsbild bestimmt, gleichwohl kann es eine Rolle spielen, ob dem VN die berufliche Tätigkeit, die er konkret ausgeübt hat, grundsätzlich möglich wäre, wenn er denn z.B. unter einem anderen Vorgesetzten arbeiten würde. **143**

cc) Sog. „Burn Out" – Erkrankungen. Eine besondere Bedeutung unter den psychischen Beschwerden nimmt in der Berufsunfähigkeitsversicherung das sog. „Burn out-Syndrom" ein. Burn out wird in der internationalen Klassifikation der Erkrankungen (ICD-10) als „Ausgebrannt sein" und „Zustand der totalen Erschöpfung" mit der Diagnose Schlüssel Z73.0 erfasst. Diese Erkrankung ist keineswegs auf helfende Berufe oder Führungspositionen (Manager) beschränkt, sondern kann ebenso Rentner und Arbeitslose und Hausfrauen/Hausmänner treffen. Nicht nur beruflicher Stress, sondern auch privater Konfliktstoff kann eine Rolle spielen. In der Regel liegt ein Zustand tiefer emotionaler körperlicher und geistiger Erschöpfung vor. Er wird meist mit Überforderung und Stress im Beruf in Zusammenhang gebracht, kann aber auch durch kritische Situationen außerhalb des Arbeitslebens entstehen, z.B. wenn eine Person seine Angehörigen pflegt oder aufgrund von Arbeitslosigkeit emotional unter Druck steht. **144**

Typisch für Burn out-Erkrankungen sind Hyperaktivität, freiwillige, unbezahlte Mehrarbeit, das Gefühl, unentbehrlich zu sein, das Gefühl, nie genügend Zeit zu haben, die Verleugnung eigner Bedürfnisse, die Verdrängung von Misserfolgen und Enttäuschungen, die Beschränkung sozialer Konflikte auf Kunden, Patienten, Klienten, etc. Erste Anzeichen einer burn out-Erkrankung sind Rastlosigkeit, Energiemangel, Schlafmangel, erhöhte Unfallgefahr und erhöhte Anfälligkeit für Infektionen. In der ICD-10 ist das Burn out nicht als spezifische Krankheit, sondern als Zusatzdiagnose unter dem Diagnoseschlüssel Z73 (Probleme mit Bezug auf Schwierigkeiten bei der Lebensbewältigung) geschlüsselt. Es wird neben den Problemen „Akzentuierung von Persönlichkeitszügen, Einschränkung von Aktivitäten durch Behinderung, körperliche oder psychische Belastung ohne nähere Angaben., Mangel an Entspannung oder Freizeit, sozialer Rollenkonflikt, andernorts nicht klassifiziert, Stress, andernorts nicht klassifiziert, unzulängliche soziale Fähigkeiten, andernorts nicht klassifiziert und Zustand der totalen Erschöpfung" erwähnt. **145**

Angesichts des Umstandes, dass ein Burn out nicht als eigene Krankheit im Sinne des ICD-Codes definiert ist, könnten Zweifel aufkommen, dass es sich bei einem Burn out überhaupt um eine Krankheit im Sinne der Berufsunfähigkeitsversicherung handelt. Begreift man eine Krankheit als regelwidrigen psychischen oder physischen Zustand im Sinne einer Störung der Lebensvorgänge in Organen oder im Organismus mit der Folge objektiv **146** feststellbarer physischer oder psychischer oder subjektiv empfundener – funktionellen – Veränderungen,[157] so wird allerdings deutlich, dass es für das Vorliegen einer Krankheit im Sinne der Berufsunfähigkeitsversicherung nicht auf das Vorliegen einer konkreten klassifizierten Diagnose ankommt.[158] Um den Leistungsfall „Berufsunfähigkeit“ auslösen zu können, muss es sich demzufolge bei einer Krankheit im Sinne der Berufsunfähigkeitsversicherung nicht um eine im Sinne des ICD-10-Codes klassifizierte Krankheit handeln. Mittlerweile wird das „Ausgebranntsein“ in der Klassifikation nach ICD – 10 zwar nicht als eigene Erkrankung erfasst, aber unter Z 73 (Probleme mit Bezug auf Schwierigkeiten bei der Lebensbewältigung) subsumiert.

147 **Allgemeiner Stress** im Sinne einer zeitweisen Überforderung am Arbeitsplatz, der zwar ebenfalls im ICD-10 Z73 erwähnt wird, aber eher dem allgemeinen Lebensrisiko zuzurechnen ist, reicht für das Vorliegen einer Erkrankung im Sinne der Berufsunfähigkeitsversicherung nicht aus. Es ist demzufolge dann, wenn sich der VN auf ein „Burn out“ beruft, sehr genau zu überprüfen, ob tatsächlich regelwidrige physische oder psychische Zustände in dem oben genannte Sinne vorliegen. Insbesondere ist angesichts des Umstands, dass Informationen über das Krankheitsbild eines „Burn – out“ leicht zu erhalten sind, kritisch zu hinterfragen, ob den behaupteten Symptomen beweisbare Tatsachen, und seien es nur Indiztatsachen, gegenüber stehen, die den Sachvortrag des Anspruchstellers plausibel machen.

148 Häufig können neben dem nicht klassifizierten Burn out weitere Erkrankungen vorliegen, die in ihrer Summe oder für sich allein die Annahme bedingungsgemäßer Berufsunfähigkeit rechtfertigen. Ob das aber so ist, ist am Maßstab des § 286 ZPO zu überprüfen. Es reicht auch hier nicht aus, den Angaben des VN zu glauben, noch dazu, wenn diese bestritten sind. Es reicht daher auch nicht aus, wenn der VN pauschal behauptet, er sei aufgrund eines „burn out“ berufsunfähig,[159] sondern der VN muss konkret vortragen, wie sich das Burn out konkret bei ihm auswirkt und auf welche Art und Weise er in der Erledigung seiner beruflichen Tätigkeiten beeinträchtigt ist.

149 **dd) chronisches Erschöpfungssyndrom.** Von einem „Burnout“ ist ein **chronisches Erschöpfungssyndrom**, welches nach ICD-10 G93.3 klassifiziert ist, zu unterscheiden. In Zeiten eines hohen Leistungsdrucks spielt auch das chronische Erschöpfungssyndrom in der Berufsunfähigkeitsversicherung eine große Rolle. Bei einem chronischen Erschöpfungssyndrom liegt häufig eine erhebliche Beeinträchtigung der Fähigkeiten, sich in beruflichen, schulischen, sozialen und persönlichen Bereichen so zu betätigen wie vor der Erkrankung vor. Diese Beeinträchtigung muss länger als 6 Monate anhalten und von einer Erschöpfung begleitet werden, die oft schwerwiegend, neu ist oder einen konkreten Beginn hatte, demzufolge nicht lebenslang bestehen. Die Erschöpfung darf nicht nur die Folge starker Anstrengungen sein und sich durch Schonung nicht wesentlich verbessern. Regelmäßig tritt nach Belastung eine Zustandsverschlechterung ein. Der Schlaf ist nicht erholsam und zusätzlich muss mindestens eines der beiden Folgesymptome vorliegen: kognitive Beeinträchtigung und/oder orthostatische Intoleranz.[160] Die Erschöpfung muss daher auch hier einen

---

157 OLG Saarbrücken 19.5.2010 VersR **2011** 249, 250; *Neuhaus* G III Rn. 20; Looschelders/Pohlmann/*Klenk* § 172 Rn. 12.

158 So auch *Neuhaus* G IV Rn. 80; HK VVG/*Mertens* § 172 Rn. 43; Langheid/Rixecker/*Rixecker* § 172 Rn. 22.

159 Vgl. *Neuhaus* G IV Rn. 80.

160 Committee on the Diagnostic Criteria for Myalgic Encephalomyelitis/Chronic Fatigue Syndrome; Board on the Health of Select Populations; Institute of Medicin: Beyond Myalgic Encephalomyelitis/Chronic Fatigue Syndrome: https://www.ncbi.nlm.nih.gov/books/NBK274235/ (zuletzt abgerufen am: 22.8.2017).

Krankheitswert erreichen, der über eine übliche Erschöpfung hinausgeht. Bezüglich der Beweisführung gilt das oben Gesagte.

In den medizinischen Unterlagen, die durch den VN im Rahmen der **Leistungsprüfung** beim VR eingereicht werden, finden sich häufig sehr unterschiedliche Diagnosen. Soweit demzufolge durch medizinische Sachverständige bereits vorliegende ärztliche Unterlagen ausgewertet werden, ist genau zu überprüfen, ob gestellte Diagnosen wie Burnout und/ oder Erschöpfungssyndrom auch den diagnostischen Anforderungen gerecht werden. Es ist genau zu überprüfen, ob geklagte Beschwerden Krankheitswert haben. **150**

Häufig ist zu beobachten, dass nicht sorgfältig zwischen beiden Diagnosen differenziert wird. Dies macht zwar die auszuwertenden Arztberichte nicht zwingend unverwertbar, da es wie bereits ausgeführt, nicht auf das Stellen einer bestimmten Diagnose, sondern auf das Feststellen bestimmter körperlicher oder psychischer Defizite ankommt. Angesichts des Umstandes, dass es heute ein leichtes ist, sich über bestimmte Erkrankungsbilder im Internet zu informieren, ist aber ganz besonders zu überprüfen, ob die von dem VN mitgeteilten Symptome/Beschwerden tatsächlich auch zu einem **bestimmten Erkrankungsbild** passen. Wer z.B. gegenüber dem Sachverständigen ungefragt über ein dramatisches Unfallereignis, an dem er beteiligt war, berichten kann, sich andererseits aber auf sog. Flashbacks beruft, die eben typisch für ein **posttraumatisches Belastungssyndroms** sind, der hat den Nachweis einer posttraumatischen Belastungsreaktion dann nicht erbracht, wenn seine persönlichen Angaben nicht zu seinem übrigen Verhalten passen. **151**

c) **Fibromyalgie – Syndrom (FMS).** Ähnliche Probleme treten bei der sog. Fibromyalgie auf. Die Fibromyalgie ist nach ICD-10 unter M79.7 klassifiziert. Es handelt sich um eine **chronisch und sehr häufig therapieresistente Erkrankung**, die durch weitverbreitete Schmerzen in der Muskulatur, den Gelenken oder im Bereich des Rückens geprägt wird. Typisch ist ein Ganzkörperschmerz. **152**

Kernsymptome des FMS sind neben chronischen Schmerzen in mehreren Körperregionen, Schlafstörungen bzw. nicht-erholsamer Schlaf und Müdigkeit bzw. Erschöpfungsneigung (körperlich und/oder geistig). Das FMS ist nicht pauschal mit einer anhaltenden **somatoformen Schmerzstörung** (ICD-10 F45.40) bzw. einer **chronischen Schmerzstörung** mit psychischen und somatischen Faktoren (ICD-10 F45.41 bzw. einer somatischen Belastungsstörung (somatic symptom disorder; DSM 5 300.82) gleichzusetzen. Das FMS kann mit depressiven Störungen assoziiert sein. Das FMS ist aber nicht als depressive Störung zu klassifizieren. Anhand klinischer Charakteristika können unterschiedlich schwere Verlaufsformen unterschieden werden. Eine allgemein anerkannte Schweregradeinteilung existiert jedoch nicht. **153**

Die klinische Diagnose des FMS kann nach den ACR-1990 Klassifikationskriterien oder den vorläufigen modifizierten ACR 2010 Kriterien gestellt werden. Die klinische Diagnose beruht auf der **Anamnese eines typischen Symptomkomplexes**, klinischer Untersuchung und dem Ausschluss körperlicher Erkrankungen, welche diesen Symptomkomplex ausreichend erklären können. **154**

Im Falle der Erstevaluation eines möglichen chronischen Schmerzes in mehreren Körperregionen werden folgende Maßnahmen empfohlen: **155**
- Ausfüllen einer Schmerzskizze oder der regionalen Schmerzskala durch den Patienten – Gezielte Exploration weiterer Kernsymptome (Müdigkeit, Schlafstörungen)
- Vollständige medizinische Anamnese inkl. Medikamentenanamnese
- Vollständige körperliche Untersuchung (inkl. Haut, neurologischer und orthopädischer Befund) – Basislabor o Blutsenkungsgeschwindigkeit, C-reaktives Protein, kleines Blutbild (z.B. Polymyalgia rheumatica, rheumatoide Arthritis) oder

Kreatininkinase (z.B. Muskelerkrankungen) oder Kalzium (z.B. Hyperkalziämie) oder Thyreoidea-stimulierendes Hormon basal (z.B. Hypothyreose) o 25 (OH)- Vitamin D (z.B. Vitamin D – Mangel)

– Bei Hinweisen auf somatische (Mit-)Ursachen der Symptomatik: Weitere Diagnostik in Abhängigkeit von den Verdachtsdiagnosen.

156 Bei typischem Beschwerdekomplex und fehlendem klinischen Hinweis auf internistische, orthopädische oder neurologische Erkrankungen (Anamnese und klinische Untersuchung ohne Hinweis auf andere Erkrankungen als Ursachen von Schmerzen und Müdigkeit, unauffälliges Basislabor) wird empfohlen, eine weitere **technische** Diagnostik (weiterführendes Labor, Neurophysiologie, Bildgebung) durchzuführen.

157 Im Falle der **Erstevaluation eines chronischen Schmerzes** in mehreren Körperregionen wird ein Screening auf vermehrte seelische Symptombelastung (Angst und Depression) empfohlen.

158 Eine fachpsychotherapeutische Untersuchung (Facharzt für Psychiatrie und Psychotherapie, Facharzt für Psychosomatische Medizin und Psychotherapie, ärztlicher oder psychologischer Psychotherapeut) wird bei folgenden Konstellationen empfohlen

a. Hinweisen für vermehrte seelische Symptombelastung (Angst, Depression)
b. Anamnestische Angaben von aktuellen schwerwiegenden psychosozialen Stressoren
c. Anamnestische Angaben von aktuellen oder früheren psychiatrischen Behandlungen
d. Anamnestische Angaben von schwerwiegenden biographischen Belastungsfaktoren
e. Maladaptive Krankheitsverarbeitung
f. Subjektive psychische Krankheitsattributionen.[161]

159 Bei der Fibromyalgie handelt es sich um eine **Ausschlussdiagnose,** es ist daher darauf zu achten, dass zunächst einmal andere in Betracht kommende Erkrankungen ausgeschlossen werden können. Falsch ist es demzufolge, die Diagnose einer Fibromyalgie zu stellen, wenn z.B. auch in Betracht kommende Diagnosen wie eine rheumatoide Arthritis nicht überprüft worden sind. Auch für die Fibromyalgie gilt, dass es nicht ausreicht, sich pauschal auf das Vorliegen einer Fibromyalgie zu berufen, sondern es sind hieraus resultierende konkrete Beschwerden zu beschreiben, die sich mit dem Erkrankungsbild einer Fibromyalgie in Übereinstimmung bringen lassen.

160 d) **Multiple chemical sensitivity (MCS).** Neben den oben genannten Erkrankungen bereiten auch weitere Erkrankungen wie z.B. das MCS in der Rechtsprechung Probleme, weil deren Nachweis außerordentlich schwierig ist.

161 Als Multiple Chemical Sensitivity (MCS) wird eine **erhöhte Empfindlichkeit** gegen verschiedene, chemisch meist nicht verwandte Substanzen bezeichnet, die Symptome in mehreren Organsystemen auslösen. Die beschwerdeauslösenden Konzentrationen liegen weit unterhalb der sonst jeweils bekannten Wirkschwellen.

162 Zur **Ätiologie und Pathogenese** der Störung liegen zahlreiche Hypothesen, aber keine gesicherten Erkenntnisse vor. Bislang existieren keine allgemein akzeptierten diagnostischen Tests hinsichtlich physiologischer oder biochemischer Parameter, die mit den angegebenen Symptomen korrelieren. Die Bezeichnung eines Beschwerdebildes als MCS hat daher rein deskriptiven Charakter. Die Zuweisung einer Diagnose MCS im naturwissen-

---

[161] S3-Leitlinie 145/004: Fibromyalgiesyndrom, aktueller Stand: 03/2017, www.awmf.org.

schaftlichen Sinne ist nicht möglich. Wissenschaftlich begründete somatische Therapiekonzepte stehen für MCS bislang nicht zur Verfügung. Um so wichtiger ist es aus der Sicht der klinischen Umweltmedizin, die Patienten mit ihrem Beschwerdebild nicht allein zu lassen. Als Hilfsangebot kann eine kognitive Verhaltenstherapie zur Vermittlung geeigneter Bewältigungsstrategien wissenschaftlich begründet werden. Eine Anerkennung von MCS als Berufskrankheit ist angesichts des wissenschaftlichen Erkenntnisstandes unter Beachtung der gesetzlichen Vorgaben nicht möglich. Dessen ungeachtet kann das Vorliegen einer MCS-Symptomatik in den übrigen Sozialversicherungsbereichen berücksichtigt werden.[162]

Auch für MCS gilt im Ergebnis, dass es in allen Fällen nicht ausreicht, sich pauschal auf das Vorliegen einer Erkrankung zu berufen, sondern bestimmte Beschwerden müssen substantiiert durch den VN dargelegt werden, sonst ist die Klage schon nicht schlüssig. Es reicht nicht für das substantiierte Darlegen bedingungsgemäßer Berufsunfähigkeit aus, „Lesefrüchte" ohne Bezug zum konkreten Beschwerdebild vorzutragen. Der Sachvortrag des VN ist kritisch zu hinterfragen, wenn er sich nicht mit der vorprozessualen Beschwerdeschilderung deckt. **163**

Es ist im Rahmen der Beweisaufnahme genau darauf zu achten, ob vor allen Dingen dem Beschwerdevortrag des VN Glauben geschenkt werden kann, ob die Darlegungen des VN plausibel sind. Ob diese dann eine konkrete Diagnose rechtfertigen, ist für die Beantwortung der Frage bedingungsgemäßer Berufsunfähigkeit, sekundär, denn selbst dann, wenn der VN aufgrund nicht näher definierbarer Beschwerden seiner beruflichen Tätigkeit in einem Berufsunfähigkeit auslösenden Umfang nicht nachgehen könnte, wäre er berufsunfähig, ohne dass es darauf ankäme, ob man das Gesamtbild aller Beschwerden einer konkreten im ICD-10 geschlüsselten Erkrankung zuschreiben kann. **164**

2. Körperverletzung. Eine Körperverletzung ist der **physische Eingriff** in die **körperliche Unversehrtheit** oder eine **psychisch vermittelte Störung der inneren Lebensvorgänge.**[163] Auch psychische Störungen können demzufolge eine Körperverletzung zur Folge haben. Im Unterschied zur Krankheit ist bei der Körperverletzung typisch, dass der Auslöser der aus der Körperverletzung resultierenden Krankheiten von außen kommt. **165**

3. Kräfteverfall. Unter einem Kräfteverfall ist ein **Nachlassen der körperlichen oder geistigen Kräfte** zu verstehen.[164] Ist der Kräfteverfall altersentsprechend, so liegen keine über das für die Altersgruppe des Versicherten typische Maß hinausgehenden Beeinträchtigungen vor, die allerdings der VN darlegen und beweisen muss. **166**

Degenerative Veränderungen an Gelenken, die z.B. auf eine übermäßige Belastung der Extremitäten der versicherten Person beruhen und zu Beschwerden geführt haben, sind demzufolge über das altersentsprechende Maß hinausgehend. Der normale altersbedingte Verschleiß ist nach der Wertung des Gesetzgebers regelmäßig nicht versichert, sofern sich aus dem Versicherungsvertrag nicht etwas anderes ergibt.[165] Es ist daher im Einzelfall konkret zu überprüfen, ob sich der Versicherungsschutz nur auf den über das alterentsprechende Maß hinausgehenden Kräfteverfall bezieht oder ob jeder Kräfteverfall, der zur Berufsunfähigkeit führt, versichert ist. **167**

---

162 *Nasterlak u.a.* Dtsch Arztebl **2002** A 2474.

163 Bruck/Möller/*Winter* G 27; HK VVG/*Mertens* § 172 Rn. 44; *Neuhaus* G III Rn. 30; Langheid/Wandt/*Dörner* § 172 Rn. 36.

164 Bruck/Möller/*Winter* G 28; *Richter* S. 114.

165 BT-Drucks. 16/3945 S. 105; Prölss/Martin/*Lücke* § 172 Rn. 40; *Neuhaus* G III Rn. 37ff.; Langheid/Wandt/*Dörner* § 172 Rn. 137.

168 **4. Ärztlicher Nachweis.** Die gesundheitliche Beeinträchtigung bedarf eines **ärztlichen** Nachweises. Dieser Nachweis muss nicht zwangsläufig aus Befunden der apparativen Medizin, insbesondere bildtechnischen Befunden oder der sonstigen zusätzlichen Diagnostik bestehen, aber durch einen Arzt erbracht werden.[166]

169 **Privatgutachten** eines Arztes können als **qualifizierter Parteivortrag** verwertet werden. Es ist sogar denkbar, dass sie eine eigene Beweisaufnahme durch das Gericht entbehrlich machen, wenn die Beweisfrage allein schon mit Hilfe der Parteigutachten und des substantiierten Parteivortrags zuverlässig beantwortet werden kann, was allerdings voraussetzt, dass der VR Parteigutachten und Parteivortrag des VN nicht substantiiert entgegentritt bzw. ihn nicht zulässigerweise mit Nichtwissen bestreitet.[167]

170 Bei durch den VN vorgelegten **Fremdnachweisen** wie Arztberichten o.ä. ist immer zu überprüfen, in welchem Zusammenhang diese erstellt worden sind und ob es sich überhaupt um aussagekräftige ärztliche Nachweise handelt. Daran fehlt es zum Beispiel, wenn der VN nur **Zahlungsbescheide/Rechnungen** vorlegt, die allgemein auf Diagnosen hinweisen. Es reicht für den Nachweis bedingungsgemäßer Berufsunfähigkeit nicht aus, dass ein Rentenversicherungsträger dem Versicherten eine Rente wegen Erwerbsunfähigkeit oder Berufsunfähigkeit gewährt, es sei denn, nach den Versicherungsbedingungen tritt unter diesen Umständen der Versicherungsfall ein.[168] Das kann dann der Fall sein, wenn der Eintritt des Versicherungsfalls „Berufsunfähigkeit“ fingiert wird, wenn ein Sozialleistungsträger zu einem bestimmten Zeitpunkt eine zeitlich unbegrenzte Rente im vollen Umfang wegen Erwerbsminderung gewährt.

171 Allein die Angaben des Anspruchstellers zu den ärztlichen Feststellungen, die dem Leistungsbescheid zugrunde liegen, reichen auch hier nicht aus. Sie müssen zumindest durch aussagekräftige ärztliche Befunde gestützt werden, stellen aber auch dann nur qualifizierten Parteivortrag dar.[169]

172 Die Entscheidung des Sozialversicherungsträgers hat zwar grundsätzlich keine Indizwirkung für die durch den BerufsunfähigkeitsVR zu treffende Entscheidung, doch können selbstverständlich die im Rahmen eines sozialmedizinischen Gutachtens erhobenen Befunde und gestellten Diagnosen bei der Klärung der Frage mitverwertet werden, ob bedingungsgemäße Berufsunfähigkeit vorliegt.

173 Eine unveränderte Ausübung des Berufs trotz behaupteter Berufsunfähigkeit indiziert regelmäßig, dass beim Versicherten keine Berufsunfähigkeit vorliegt.[170] Dagegen indiziert der **Bezug von Arbeitslosengeld** nicht das Fehlen bedingungsgemäßer Berufsunfähigkeit. Zwar muss, um Arbeitslosengeld zu beziehen, der Arbeitnehmer arbeitsfähig sein, der Eintritt des Versicherungsfalls „Berufsunfähigkeit“ hängt aber nicht davon ab, ob der Versicherte überhaupt nicht in der Lage ist, zu arbeiten.[171]

174 Der Nachweis bedingungsgemäßer Berufsunfähigkeit ist im Wege des Vollbeweises zu führen.[172] Es ist daher ein für das praktische Leben brauchbarer Grad an Gewissheit herbeizuführen, der Zweifeln Schweigen gebietet, ohne sie völlig auszuschließen. Von dem

---

166 BGH 14.4.1999 NJW-RR **1999** 1113, 1114; *Benkel/Hirschberg* § 2 BUZ 2008 Rn. 77; Staudinger/Halm/Wendt/*Gramse* § 172 Rn. 84.

167 BGH 11.5.1993 NJW **1993** 2382, 2383; Staudinger/Halm/Wendt/*Gramse* § 172 Rn. 93.

168 OLG Koblenz 18.1.2001 VersR **2002** 1091, 1092; HK VVG/*Mertens* § 172 Rn. 48.

169 LG Trier 19.9.1988, Az.: 11 O 347/85 n.V.; *Benkel/Hirschberg* § 2 BUZ 2008 Rn. 79.

170 OLG Nürnberg 27.2.1992 NJW-RR **1992** 673; OLG Köln 18.12.1986 RuS **1987** 296; *Benkel/Hirschberg* § 2 BUZ 2008 Rn. 81.

171 OLG Karlsruhe 19.1.1989 VersR **1990** 961, 962; *Benkel/Hirschberg* § 2 BUZ 2008 Rn. 81.

172 BGH 14.6.1989 VersR **1989** 903, 904.

VN als medizinischem Laien ist dabei kein wissenschaftlich einwandfreier Sachvortrag zur medizinischen Seite zu verlangen. Die Schilderung der Beschwerden und deren Folgen für die Ausübung der Arbeit des zuletzt in gesunden Tagen ausgeübten Berufs reichen aus.

Zu beweisen ist auch die Kausalität zwischen Beeinträchtigung und eingetretener Berufsunfähigkeit. Ein VN ist zwar dann nicht berufsunfähig, wenn er durch einfache Schutzmaßnahmen seine Berufsfähigkeit vermeiden kann.[173] Dies führt allerdings nicht dazu, dass der VN einen Anspruch auf leidensgerechten Arbeitsplatz gegenüber seinem Arbeitgeber durchsetzen muss, nur um eine Eintrittspflicht des BerufsunfähigkeitsVR zu verhindern.[174] Allerdings stellt sich die Frage, ob es zu prämieren ist, wenn sich der VN anders verhält, als er sich verhielte, wenn er keine Berufsunfähigkeitsversicherung unterhalten würde. Es geht demzufolge weniger darum, ob der VN Maßnahmen unternehmen muss, die den VR entlasten, sondern darum, ob er einfache Schutzmaßnahmen unterlässt, die einer Berufsunfähigkeit entgegenwirken. **175**

Eine klageweise Durchsetzung eines Anspruchs ist keine einfache Schutzmaßnahme in diesem Sinne angesichts des Umstands, dass im Rahmen des Klageverfahrens erhebliche finanzielle Mittel investiert werden müssen und eine arbeitsgerichtliche Auseinandersetzung in der Regel zu einer erheblichen Belastung des Arbeitsverhältnisses führt, an der im übrigen auch dem VR nicht gelegen sein kann, wenn die Möglichkeit besteht, dass der VN wieder berufsfähig wird. **176**

Man wird allerdings von dem VN verlangen können, dass er seinen Anspruch auf einen leidensgerechten Arbeitsplatz bei seinem Arbeitgeber zumindest vorträgt, denn das außergerichtliche Geltendmachen eines Anspruchs ist eine einfache Schutzmaßnahme im oben genannten Sinne. **177**

III. Dauerhafte Beeinträchtigung

1. Dauerhaftes Außerstandesein. Ein **dauerndes** Außerstandesein meint in aller Regel, nicht, dass der Wiedereintritt der Berufsfähigkeit überhaupt nicht prognostiziert werden kann, sondern einen Dreijahreszeitraum, denn in der Regel wird kein Arzt die Feststellung treffen, dass die versicherte Person ihrer Tätigkeit in Zukunft nie wieder in einem solchen Maße nachgehen können wird, dass bedingungsgemäße Berufsunfähigkeit wegfällt[175] Eine „dauerndes Außerstandesein" zu verlangen, würde den Versicherungsschutz daher entwerten. Üblicherweise ist der Prognosezeitraum in den Versicherungsbedingungen allerdings kürzer gefasst. **178**

2. Kürzere Zeiträume als „dauernd". Meist reicht es aus, wenn die versicherte Person mindestens 6 Monate außer Stande ist, ihrer zuletzt in gesunden Tagen ausgeübten Tätigkeit nachzugehen. Allerdings ist auch hier die konkrete Formulierung in den Versicherungsbedingungen zu überprüfen. **179**

Wenn in den AVB vereinbart ist, dass Berufsunfähigkeit voraussetzt, dass der Versicherte mindestens sechs Monate lang ununterbrochen gesundheitsbedingt vollständig oder **180**

---

[173] Vgl. OLG Saarbrücken 20.1.2016 NJW-RR **2016** 1315; Prölss/Martin/*Lücke* § 172 Rn. 65; Langheid/Wandt/*Dörner* § 172 Rn. 75.

[174] Im Ergebnis auch OLG Hamm 10.5.2006 VersR **2006** 1481.

[175] OLG Hamm 23.10.1987 RuS **1988** 90; OLG Hamm 25.1.1995 RuS **1995** 239; OLG Celle 4.5.2005 VersR **2006** 1201, 1202; OLG Hamm 11.2.1994 VersR **1995** 84; OLG Hamm 11.2.1994 RuS **1994** 392, 393; Prölss/Martin/*Lücke* § 172 Rn. 46.

teilweise außerstande gewesen sein muss, seinen Beruf auszuüben, so wird dem VN lediglich der **Nachweis fehlender Besserung** abgenommen.[176] Die Versicherungsbedingungen enthalten zum Teil sehr unterschiedliche Regelungen, vor allen Dingen auch, was die Rückwirkung angeht.[177] Im Einzelfall ist daher zu prüfen, ob bei Erfüllen des sechsmonatigen Zeitraums der Versicherungsfall erst nach 6 Monaten eintritt,[178] oder bereits mit dem ersten Tag des Außerstandeseins. Dem VR ist es nicht verwehrt, das Fortbestehen zu bestreiten.[179]

181 Eine fehlende Besserung ist im übrigen anzunehmen, wenn der VN die Fortdauer des maßgebenden Gesundheitszustands über sechs Monate hinaus beweisen kann.[180] Dieser Nachweis ist allerdings noch nicht mit Hilfe eines ärztlichen Attestes erbracht, aus dem sich eine sechsmonatige Arbeitsunfähigkeit ergibt, wenn der VR das Vorliegen bedingungsgemäßer Berufsunfähigkeit und behaupteter Arbeitsunfähigkeit bestreitet. Dies muss allerdings substantiiert geschehen. Allein der abstrakte Hinweis, dass Arbeitsunfähjgkeit und Berufsunfähigkeit unterschiedliche Begriffe sind, reicht nicht aus. Grundsätzlich ist davon auszugehen, dass der behandelnde Arzt eine Arbeitsunfähigkeit nur aufgrund bestimmter Befunde und mitgeteilter Beschwerden feststellt. Will der VR diese Feststellung angreifen, muss das substantiiert geschehen und konkrete Einwände vorgebracht werden, weshalb es an einem „Außerstandesein“ gefehlt haben soll. .

IV. Verweisung auf eine andere Tätigkeit

182 Gemäß § 172 Abs. 3 VVGkann als weitere Voraussetzung der Leistungspflicht vereinbart werden, dass die versicherte Person auch keine andere Tätigkeit ausübt oder ausüben kann, die zu übernehmen sie aufgrund ihrer Ausbildung und Fähigkeiten in der Lage ist und die ihrer bisherigen Lebensstellung entspricht. Mit dieser Regelung ist die Möglichkeit des VR angesprochen, den VN auf eine andere Tätigkeit verweisen zu können.

183 **1. Allgemeines.** Da § 172 Abs. 3 VVG den Parteien des Versicherungsvertrags nur die Möglichkeit einräumt, eine Verweisung zu vereinbaren, kommt eine Verweisung des VN auf eine vergleichbare andere Tätigkeit nur in Betracht, wenn diese auch wirksam im Rahmen des Versicherungsvertrags **vereinbart** ist. Ist dies nicht der Fall, kann sie nicht allein aus § 172 Abs. 3 VVG hergeleitet werden.

184 Zu unterscheiden ist zwischen der **abstrakten und der konkreten Verweisung.** Bei der abstrakten Verweisung übt der VN die Tätigkeit, auf die er verwiesen werden soll, nicht aus. Bei der konkreten Verweisung übt der VN die Tätigkeit konkret aus, auf die er verwiesen wird.

185 Die praktische Bedeutung dieser Unterscheidung ist groß, denn übt der VN eine Tätigkeit konkret aus, auf die er verwiesen wird, so muss er von Anfang an vortragen und erforderlichenfalls beweisen, dass und warum er dieser Tätigkeit aufgrund seiner bei ihrer Aufnahme vorhandenen Kenntnisse und Fähigkeiten nicht gewachsen war oder aus wel-

---

176 Vgl. BGH 20.6.2007 RuS **2008** 30; Looschelders/Pohlmann/*Klenk* § 172 Rn. 28.

177 Vgl. allgemein Prölss/Martin/*Lücke* § 2 BuVAB Rn. 98, 99; Looschelders/Pohlmann/*Klenk* § 172 Rn. 28; *Neuhaus* G X Rn. 235.

178 So bei OLG Celle 4.5.2005 VersR **2006** 1201; Staudinger/Halm/Wendt/*Gramse* § 2 BUV 2008 Rn. 58; *Neuhaus* G X Rn. 237.

179 BGH 27.9.1989 NJW – RR **1990** 31; Prölss/Martin/*Lücke* § 2 BuVAB Rn. 99.

180 BGH 22.2.1984 VersR **1984** 630, 632; BGH 14.6.1989 VersR **1989** 903, 904; Langheid/Rixecker/*Rixecker* § 172 Rn. 43.

chen Gründen sie sonst mit seinem zuletzt ausgeübten Beruf nicht vergleichbar ist.[181] Hintergrund ist, dass der VN, der eine Tätigkeit konkret ausübt, diese in all ihren Eigenschaften am besten kennt. Hier einen abstrakten Sachvortrag des VR zu verlangen, den der Versicherte dann konkret bestreiten muss, wäre eine bloße Förmelei.

Der zuletzt durch den Versicherten konkret ausgeübte Beruf ist der Maßstab dafür, welche vergleichbaren Berufe dem Versicherten zugemutet werden können. Grundsätzlich erfolgt die Beurteilung, ob ein Vergleichsberuf vorliegt, völlig losgelöst vom Gesundheitszustand des Versicherten. Allerdings scheidet ein Vergleichsberuf aus, wenn dem Versicherten aufgrund seiner gesundheitlichen Beeinträchtigungen ein bestimmter Beruf von vornherein verschlossen ist. Dies ändert allerdings nichts an dem Grundsatz, dass die Lage auf dem Arbeitsmarkt bei der Frage, ob ein angemessener Vergleichsberuf ausgeübt werden kann, grundsätzlich **unberücksichtigt** bleibt, weil es sich bei der Berufsunfähigkeitsversicherung nicht um eine Arbeitsplatzversicherung handelt.[182] **186**

Eine erfolgreiche Verweisung setzt voraus, dass nachgewiesen ist, dass der Verweisungsberuf in seiner konkreten Ausprägung für Versicherte mit gesundheitlichen Beeinträchtigungen auf dem allgemeinen Arbeitsmarkt zur Verfügung steht und mit dem Beruf des Versicherten, wie er in gesunden Tagen zuletzt ausgeübt worden ist, vergleichbar ist. Der Vergleichsberuf darf den Versicherten daher weder über- noch unterfordern Sein sozialer Status muss vor allen Dingen in finanzieller Hinsicht und auch unter Berücksichtigung der Wertschätzung, die der vorherigen und aktuellen Tätigkeit entgegengebracht wird, gewahrt bleiben.[183] **187**

Eine Verweisung auf **Nischen- oder Schonarbeitsplätze**, für die ein freier Arbeitsmarkt nicht existiert, kommt von vornherein nicht in Betracht. Üblicherweise werden die wenigen Stellen, die hier zur Verfügung stehen, im Rahmen interner Ausschreibungen an Mitarbeiter des Arbeitgebers vergeben und stehen externen Bewerbern nicht zur Verfügung. Wenn allerdings bei dem konkreten Arbeitgeber des Versicherten schon Arbeitsplätze zur Verfügung stehen, so ist durchaus zu überprüfen, ob eine Verweisung auf einen solchen Arbeitsplatz in Betracht kommt. Beweispflichtig für diese Umstände ist der VR.[184] **188**

Vergleichbares gilt allerdings nicht, wenn der Versicherte für eine ihm an sich mögliche Vergleichstätigkeit aufgrund seines Alters keinen Arbeitsplatz finden kann. Ob ein Arbeitnehmer für einen konkreten Arbeitsplatz zu alt ist, unterliegt einem Wandel und ist daher im Einzelfall zu entscheiden. Eine Vergleichbarkeit zu Arbeitsplätzen, die aus sonstigen gesundheitlichen Gründen dem VN verschlossen bleiben, liegt daher nicht vor. **189**

2. Einzelfragen zur Verweisungstätigkeit

a) **Ausbildung und Erfahrungen.** Eine Verweisung auf den Vergleichsberuf kommt nur in Betracht, wenn der Versicherte die beruflichen Kenntnisse und Erfahrungen, die er einmal erworben hat, tatsächlich noch besitzt und durch den Vergleichsberuf weder unter- noch überfordert wird. Er kann demzufolge mit Erfolg nur auf solche Tätigkeiten verwie- **190**

---

[181] BGH 30.11.1994 VersR **1995** 159, 162; BGH 23.6.1999 NJW-RR **1999** 1471, 1472; BGH 12.1.2000 VersR **2000** 349, 350; BGH 22.9.2004 NJW-RR **2004** 1679, 1680.

[182] OLG Köln 20.7.1998 NJW-RR **1999** 1479, 1481; Prölss/Martin/*Lücke* § 2 BuVAB, Rn. 72; Looschelders/Pohlmann/*Klenk* § 172 Rn. 48; Langheid/Wandt/*Dörner* § 172 Rn. 154; Langheid/Rixecker/*Rixecker* § 172 Rn. 60.

[183] Prölss/Martin/*Lücke* § 172 Rn. 72; Looschelders/Pohlmann/*Klenk* § 172 Rn. 44; HK VVG/*Mertens* § 172 Rn. 67; Langheid/Wandt/*Dörner* § 172 Rn. 160.

[184] Prölss/Martin/*Lücke* § 2 BuVAB Rn. 74; Looschelders/Pohlmann/*Klenk* § 172 Rn. 48; *Neuhaus* H II Rn. 20.

sen werden, die er aufgrund seiner Ausbildung und Erfahrung ausüben kann.[185] Der Versicherte kann nicht auf eine Tätigkeit verwiesen werden, für deren Ausübung es ihm an der erforderlichen förmlichen **Qualifikation** fehlt. Gleiches gilt, wenn die Tätigkeit nur mit einer abgeschlossenen Berufsausbildung ausgeübt werden kann und er über diese Ausbildung nicht verfügt.[186]

191 Der Versicherte ist nicht verpflichtet, sich einer **Umschulung oder Weiterbildung** zu unterziehen, um eine Eintrittspflicht des VR zu vermeiden. Wenn der Versicherte über eine angemessene Ausbildung verfügt, um die Verweisungstätigkeit auszuüben, so kann sie ihm gleichwohl verschlossen sein, weil es ihm an den Fähigkeiten fehlt, diesen Beruf auszuüben. Dies kann zum Beispiel dann der Fall sein, wenn die Ausbildung sehr lange zurück liegt und der Versicherte lange Zeit nicht mehr in seinem Ausbildungsberuf gearbeitet hat. Auch dann scheidet eine Verweisung aus.[187]

192 **b) Wahrung der Lebensstellung.** Der bisherigen Lebensstellung entspricht die Tätigkeit, wenn sie weder hinsichtlich ihrer Vergütung, noch in ihrer Wertschätzung spürbar unter das Niveau des bislang ausgeübten Berufs hinabsinkt.[188]

193 **aa) Vergütung.** Die bisherige Lebensstellung des Versicherten wird vor allen Dingen durch seine zuletzt ausgeübte berufliche Tätigkeit geprägt. Der wirtschaftliche Status ist im Wesentlichen durch das bislang erzielte Einkommen geprägt,[189] Denn welche Wertschätzung der Ausübung eines Berufs entgegengebracht wird, hängt unter anderem auch maßgeblich davon ab, welche Einkünfte aus der Ausübung dieser Tätigkeit generiert werden.

194 Ob die versicherte Person im Verweisungsberuf eine spürbare und damit nicht hinnehmbare Einkommenseinbuße erleidet, ist durch einen Vergleich beider Einkommen zu ermitteln.[190]

195 Einigkeit besteht darüber, dass grundsätzlich das Einkommen, welches der Versicherte in seinem bisherigen Beruf ohne gesundheitliche Beeinträchtigung erzielen konnte, mit dem Einkommen zu vergleichen ist, welches er in dem Verweisungsberuf ebenfalls ohne gesundheitliche Beeinträchtigung erzielen könnte.[191]

196 **(1) Brutto- oder Nettoeinkommen.** Streitig ist, ob der Einkommensvergleich auf **Brutto- oder Nettobasis** vorzunehmen ist. Der BGH hat beide Möglichkeiten zugelassen.[192] Zum Teil wird in der Literatur die Auffassung vertreten, ein Vergleich auf Bruttobasis sei vorzugswürdig, weil nur das Bruttogehalt einen wirtschaftlichen Vergleich des Marktwerts einer Tätigkeit erlaube, während das Nettoeinkommen vom Familienstand

---

185 Benkel/Hirschberg § 2 BUZ 2008 Rn. 92; HK VVG/*Mertens* § 172 Rn. 64; Prölss/Martin/*Lücke* § 172 Rn. 75 f.; Langheid/Wandt/*Dörner* § 172 Rn. 156.

186 Prölss/Martin/*Lücke* § 2 BuVAB Rn. 83; BGH 19.5.1993 VersR **1993** 953, 954; OLG Hamm 26.6.1991 VersR **1992** 1120, 1121; OLG Hamm 18.10.1991 VersR **1992** 1249, 1250; HK VVG/*Mertens* § 172 Rn. 65; Langheid/Wandt/*Dörner* § 172 Rn. 156.

187 BGH 27.2.1991 VersR **1991** 450, 451; OLG Karlsruhe 17.5.2011 VersR **2011** 1165, 1166; OLG Koblenz 1.6.2012 VersR **2013** 1296, 1298.

188 Vgl. BGH 17.9.1986 VersR **1986** 1113, 1115.

189 Vgl. BeckOK-VVG/*Mangen* § 172 Rn. 70; Langheid/Rixecker/*Rixecker* § 172 Rn. 55.

190 Vgl. BeckOK-VVG/*Mangen* § 172 Rn. 71; BGH 8.2.2012 NJW-RR **2012** 811; Langheid/Wandt/*Dörner* § 172 Rn. 162; Prölss/Martin/*Lücke* § 172 Rn. 85.

191 Vgl. OLG Saarbrücken 29.10.2008 VersR **2009** 971, 973; Langheid/Wandt/*Dörner* § 172 Rn. 162; Prölss/Martin/*Lücke* § 172 Rn. 85; *Neuhaus* H IV Rn. 54.

192 Vgl. BGH 22.10.1997 VersR **1998** 42; BGH 08.2.2012 VersR **2012** 427, 428.

und verschiedenen, sich in steuerlichen Abzugsmöglichkeiten niederschlagenden externen Faktoren abhänge.[193]

Für eine Betrachtung auf Basis des Nettoeinkommens wird hingegen angeführt, die tatsächliche **Lebensstellung** werde durch den Nettovergleich besser widergespiegelt.[194] Ein Vergleich auf Basis des Bruttogehalts ist vorzugswürdig. Richtig ist zwar, dass die tatsächliche Lebensstellung des Versicherten regelmäßig durch das Nettogehalt geprägt wird, denn das Nettogehalt entscheidet darüber, wieviel Einkommen dem Versicherten und seiner Familie zur Verfügung steht, um z.B. Anschaffungen zu tätigen, mit denen die Allgemeinheit ein besonderes Ansehen verbindet. **197**

Geht es allerdings um die Beantwortung der Frage, in welchem Umfang sich die Lebensstellung durch eine bestimmte Tätigkeit, die der Versicherte ausübt, ableitet, so ist es sachgerechter auf das Bruttoeinkommen abzustellen, denn das Bruttoeinkommen spiegelt den Marktwert und damit auch die Wertschätzung wieder, den der Markt mit der Ausübung einer bestimmten Tätigkeit zu einem bestimmten Zeitpunkt verbindet. Das Nettogehalt berücksichtigt hingegen in erheblichem Umfang persönliche Umstände, die nicht zwingend einen konkreten Bezug zu der beruflichen Tätigkeit des Versicherten haben müssen, sondern auf bestimmten Präferenzen des VN beruhen, die sich aber im Laufe einer Zeit ändern können. **198**

So ist es z.B. denkbar, dass der VN zu einem bestimmten Zeitpunkt der Auffassung ist, steuerlich wirksame **Altersvorsorgeaufwendungen** in einem größeren oder einem geringeren Umfang machen zu müssen. Auch sind der **Familienstand** sowie das **Vorhandensein von Kindern** für die steuerliche Belastung des VN entscheidend. Selbst die Wahl der Krankenkasse kann eine Bedeutung für die Höhe des Nettogehaltes haben. Da all diese Faktoren jedoch nichts mit der spezifischen Wertschätzung zu tun haben, die der beruflichen Tätigkeit entgegengebracht wird, ist es regelmäßig sachgerechter, auf das Bruttogehalt abzustellen. **199**

Auch hier kann es allerdings Ausnahmen geben. War z.B. der Beruf, den der Versicherte in gesunden Tagen ausübte, durch ein **besonderes Maß an steuerlich wirksamen Leistungen** seines Arbeitgebers geprägt, so ist dies bei einer Vergleichsbetrachtung zu berücksichtigen, weil dieses besondere Engagement des Arbeitgebers des Versicherten zu einem höheren Nettoeinkommen des VN geführt hat, was dann nicht nur seine persönliche Lebensstellung, sondern auch die berufliche Tätigkeit des Versicherten geprägt hat. Gleiches gilt, wenn Bestandteil des Arbeitseinkommens ein besonders hoher Anteil an Nettolohnbestandteilen war. Auszugehen ist im Ergebnis bei der Vergleichsbetrachtung von den Bruttoeinkünften.[195] **200**

(2) **Zulagen. Regelmäßige Zulagen** sind zu addieren, sofern es sich nicht um einen reinen Aufwendungsersatz gehandelt hat, dem ein entsprechender Aufwand gegenüber stand.[196] Regelmäßige Zulagen wie **Urlaubsgeld und Weihnachtsgeld** sind zu berücksichtigen, da sie zu versteuernde Einkommensbestandteile sind.[197] Bei sonstigen Zulagen ist zu prüfen, ob es sich um regelmäßige Zulagen handelt, die in vergleichbarer Höhe anfallen. Einmalige oder nur selten gezahlte Zulagen wie z.B. Boni aufgrund eines besonders guten **201**

---

193 Vgl. Langheid/Wandt/*Dörner* § 172 Rn. 163; Prölss/Martin/*Lücke* § 172 Rn. 87; Looschelders/Pohlmann/*Klenk* § 172 Rn. 54 hält beide Methoden für gleichwertig.

194 Vgl. BeckOK-VVG/*Mangen* § 172 Rn. 71; Langheid/Rixecker/*Rixecker* § 172 Rn. 55.

195 OLG München 8.5.1991 VersR **1992** 1339, 1342.

196 OLG Hamm 5.6.1992 NJW-RR **1993** 34; Langheid/Rixecker/*Rixecker* § 172 Rn. 56; Looschelders/Pohlmann/*Klenk* § 172 Rn. 55.

197 OLG München 8.5.1991 VersR **1992** 1339.

Unternehmensergebnisses bleiben unberücksichtigt. Unberücksichtigt bleiben auch Kinderzulagen und soziale Sicherungen.[198]

202 (3) **Geldwerte Vorteile.** Auch **geldwerte Vorteile** wie die Gewährung eines Dienstwagens, die Gewährung eines kostenlosen Versicherungsschutzes (z. B. Berufshaftpflichtversicherung), die kostenlose Nutzbarkeit einer Kita etc. sind zu berücksichtigen, wenn sie dem Versicherten gewährt wurden.

203 (4) **Spürbare Einkommenseinbuße.** Eine **spürbare Einkommenseinbuße** kann dem Versicherten nicht zugemutet werden.[199] Wann die Einkommenseinbuße aber dermaßen spürbar ist, dass eine Verweisung ausscheidet, ist eine **Frage des Einzelfalls.** Bei einem niedrigen Einkommen kann schon eine geringere Einkommenseinbuße spürbar und damit unzumutbar sein.[200] Für denjenigen, der nur über ein Bruttoeinkommen von € 1.500 verfügt, stellt selbst eine Einbuße von 150,00 € unter Umständen eine existenzbedrohende Einbuße dar. Dies gilt vor allen Dingen dann, wenn es sich bei den Versicherten um den Alleinverdiener einer mehrköpfigen Familie handelt. Umgekehrt kann bei einem Spitzenverdiener, der möglicherweise sogar monatliche Einkünfte im 7-stelligen Bereich erwirtschaftet, eine Einbuße von 30 % hinnehmbar sei. Soweit in der Literatur zum Teil die Auffassung vertreten wird, der Familienstand sei hierbei nicht zu berücksichtigen,[201] ist dies abzulehnen, denn die Lebensstellung des Versicherten wird auch durch seinen Familienstand geprägt.[202]

204 Dies zeigt auch die folgende Kontrollüberlegung: Wenn ein Versicherungsvermittler dem Familienvater eine bedarfsgerechte Berufsunfähigkeitsversicherung vermittelt, müsste er im Rahmen der Bedarfsanalyse auch den Familienstand des Versicherten berücksichtigen, wenn es sich bei dem Versicherten um den Alleinverdiener und -Ernährer handelt. Dann aber ist es auch konsequent, diesen Aspekt bei der Frage der Verweisbarkeit mit zu berücksichtigen. Eine Übersicht über Beispielsfälle aus der Rechtsprechung, bei denen eine zumutbare Minderung des Einkommens bejaht oder verneint worden ist, findet sich bei Neuhaus.[203] Eine Einkommensminderung von 7,5 % ist bei einem Einkommen von € 20.000 bis € 25.000 als noch hinnehmbar angesehen worden.[204] Dem kann zugestimmt werden, und zwar sowohl für den oberen als auch den unteren Einkommensbereich.

205 Das OLG Nürnberg hat eine Einkommensminderung von 18 % bei einem Jahres-Nettoverdienst von € 34.800 als akzeptabel angesehen.[205] Das OLG Nürnberg ist allerdings nicht davon ausgegangen, dass es sich bei diesem Einkommen um das Familieneinkommen handelte, weil der VN Derartiges nicht vorgetragen hatte.

206 Das OLG München hat eine Einkommenseinbuße von 21,53 % bei einem Jahres-Nettoeinkommen von € 30.586,32 als nicht mehr hinnehmbar angesehen. Dabei hat das OLG in München ausgeführt, bei diesem Einkommen handele es sich um ein Nettoeinkommen, welches weder nach oben noch nach unten deutlich aus dem Rahmen falle. Unklar ist, ob der Kläger vorgetragen hatte, bei diesem Einkommen handele es sich um das Familieneinkommen.

---

198 *Benkel/Hirschberg* § 2 BUZ 2008 Rn. 105.
199 BGH 8.2.2012 VersR **2012** 427, 42.
200 Vgl. OLG Karlsruhe 15.3.2007 VersR **2007** 1212, 1213; Langheid/Wandt/Dörner § 172 Rn. 168; Prölss/Martin/*Lücke* § 172 Rn. 86.
201 *Leggewie* NVersZ **1998** 110, 111; HK VVG/*Mertens* § 172 Rn. 71.
202 So auch Prölss/Martin/*Lücke* § 2 BuVAB Rn. 53; Prölss/Martin/*Lücke* § 172 Rn. 88; Staudinger/Halm/Wendt/*Gramse* § 2 BUV 2008 Rn. 30; Looschelders/Pohlmann/*Klenk* § 172 Rn. 53 zur Berücksichtigung von Unterhaltspflichten.
203 Vgl. *Neuhaus* H IV 2 Rn. 88.
204 Vgl. OLG Saarbrücken 29.10.2008 RuS **2010** 162, 163.
205 Vgl. OLG Nürnberg 30.4.1998 RuS **1998** 345, 346; auch OLG Karlsruhe 17.12.1993 RuS **1994** 436, 437: 20 %.

Eine Einkommenseinbuße von 25 % hat das Landgericht Berlin bei einer Stewardess als akzeptabel angesehen, gleichwohl aus anderen Gründen eine Verweisbarkeit verneint. Dem kann nicht zugestimmt werden. Wer ein Viertel seines Einkommens verliert, muss regelmäßig bei einem mittleren Einkommen auch erhebliche Einschnitte vornehmen.[206] **207**

Im Rahmen einer Verweisung darf allerdings nicht schematisch auf betriebswirtschaftliche Abschlüsse wie Bilanzen, Gewinn- und Verlustrechnungen oder eine Einnahmen-/Überschussrechnung abgestellt werden, da diese nur den steuerlichen/betriebswirtschaftlichen Gewinn des Unternehmens ausweisen. Abschreibungen sind nicht zu berücksichtigten, weil sie nicht mit einem konkreten Liquiditätsabfluss einhergehen. Von großer Bedeutung für die Frage der Vergleichbarkeit ist, in welcher Höhe der Versicherte Entnahmen aus seinem Unternehmen getätigt hat. Diese sind neben den sonstigen Einkünften aus Gewerbebetrieb zu berücksichtigen. **208**

Im Allgemeinen sind Einkommenseinbußen in Größenordnungen von 10 % bis 25 % im Einzelfall auch bei niedrigeren Einkommen von der Rechtsprechung als akzeptabel angesehen worden.[207] Einkommenseinbußen in Höhe von 48 oder 50 % sind hingegen als nicht hinnehmbar angenommen worden.[208] Jedenfalls im Regelfall ist eine Einkommensreduzierung von mehr als 25 % nicht akzeptabel und eine solche von weniger als 20 % zumutbar. Zwischen 20 % und 25 % ist der Einzelfall zu bewerten, jedenfalls bei geringeren Einkommen wird eine Einkommensreduzierung von mehr als 20 % häufig nicht zumutbar sein. **209**

(5) **Berufssportler.** Eine besondere Situation liegt vor, wenn der Versicherte von vornherein für einen sehr **eng begrenzten Zeitraum** ein sehr hohes Einkommen erwirtschaftet hat, wie es z.B. bei Profisportlern der Fall ist. Jedenfalls dann, wenn der Profisportler seine berufsspezifische Altersgrenze bei Eintritt des Versicherungsfalls noch nicht erreicht hat, wird man ihn nicht mit Erfolg auf eine Vergleichstätigkeit verweisen können, aus der ein deutlich geringeres Einkommen erwirtschaftet wird. **210**

Zum Teil wird versucht, dem Umstand, dass auch ein Profisportler die teilweise exorbitant hohen Einkommen nur bis zum Erreichen einer bestimmten Altersgrenze erzielt, dadurch Rechnung zu tragen, dass für den angemessenen Vergleichsberuf auf eine Tätigkeit abgestellt wird, die einkommensmäßig zwischen dem Beruf liegt, den der Versicherte vor Beginn seiner sportlichen Laufbahn ausgeübt hat und dem eines Berufssportlers.[209] **211**

Dem ist nicht zu folgen. Wenn der VR einen Profisportler versichert und keine berufsspezifische Altersgrenze vereinbart, so muss er grundsätzlich auch die Besonderheiten des von dem Profisportler ausgeübten Berufs akzeptieren. Allerdings gilt dies dann nicht für die gesamte Vertragslaufzeit. Wenn demzufolge ein Profifußballer mit 30 Jahren aufgrund eines Sportunfalls berufsunfähig wird, so ist es nicht gerechtfertigt, nach dem Stichtags- **212**

---

[206] So auch OLG Hamm 5.6.1992 VersR **1992** 1338, 1339 für 26,5 % bei einem Monatseinkommen von 3.500,00 DM brutto; OLG München 22.10.2010, Az.: 25 U 5827/07 bei einem Monatseinkommen von € 2.744,21 netto; OLG Hamm 16.1.2008 RuS **2008** 521 für 28 % bei einem monatlichen Gehalt von € 2.500,00 brutto; BGH 17.6.1998 VersR **1998** 1537, 1538; OLG Saarbrücken 10.1. 2001 VersR **2003** 50–52 bei rund 30 %; OLG Köln 16.1.1997 VersR **1993** 955, 956 und OLG Nürnberg 1.12.1988 RuS **1989** 165; OLG Saarbrücken 20.10.1993 VersR **1994** 969, 971 für mehr als 30 %.

[207] Vgl. Übersicht bei *Benkel/Hirschberg* § 2 BUZ 2008 Rn. 102; *Neuhaus* H IV Rn. 86; HK VVG/*Mertens* § 172 Rn. 71.

[208] Vgl. Übersicht bei *Benkel/Hirschberg* § 2 BUZ 2008 Rn. 102.

[209] Vgl. Prölss/Martin/*Lücke* § 2 BuVAB Rn. 60; **anders** *Neuhaus* H IV Rn. 69.

prinzip für den Rest des Versicherungsvertrags immer noch auf das bei Eintritt des Versicherungsfalls erzielte Einkommen abzustellen.

213 Richtig ist vielmehr, zu unterstellen, dass der Versicherte unter Berücksichtigung des normalen Laufs der Dinge nur noch eine bestimmte Zeit auf höchstem Niveau Fußball gespielt hätte (möglicherweise 5 Jahre). Nach Erreichen dieses durchschnittlichen Höchstalters ist nicht mehr auf das Einkommen des Profifußballers im Rahmen der Vergleichsbetrachtung abzustellen, sondern es muss im Einzelfall die Frage beantwortet werden, welche Tätigkeit der Profifußballer aufgrund seiner Ausbildung, seines beruflichen Erfolgs und sonstiger zu berücksichtigenden Umstände nach Beendigung der Profifußballkarriere ausgeübt und welche Einkünfte er aus dieser Tätigkeit erwirtschaftet hätte. Hier ist ein Durchschnittsbetrag zu schätzen. Dieser Durchschnittsbetrag ist dann im Rahmen der Überprüfung, ob eine vergleichbare Tätigkeit ergriffen wird, zu berücksichtigen. Die voranstehenden Überlegungen zeigen, dass Standarddeckungskonzepte für manche Berufsgruppen, insbesondere Profisportler möglichweise nicht immer bedarfsgerecht sind, insbesondere dann nicht, wenn der Übergang von der Profi–Sportler–Karriere zum „normalen" Beruf nicht erfasst wird.

214 (6) **Einkommensminderung als Ausdruck des allgemeinen Lebensrisikos.** Dass ein geringes Absinken eines Einkommens zu dem allgemeinen Lebensrisiko gehört, spielt hingegen aufgrund des Stichtagsprinzips keine Rolle. Davon abgesehen gehört es auch nicht zum allgemeinen Lebensrisiko, eine Einkommensminderung von mehr als 20 % hinnehmen zu müssen.[210]

215 Letztendlich ist aber eine pauschalierende Betrachtung abzulehnen, sondern in jedem Fall eine Einzelfallüberprüfung vorzunehmen. Dies hat auch der BGH in seiner jüngeren Rechtsprechung betont und ausgeführt, dass sich eine generelle Quote der hinzunehmenden Einkommenseinbuße angesichts der Bandbreite individueller Einkommen nicht festlegen lässt, sondern vielmehr eine einzelfallbezogene Betrachtung unerlässlich und geboten ist.[211]

Die Literatur ist dem gefolgt.[212] Zutreffend wird darauf hingewiesen, dass bei geringeren Einkommen sich prozentuale Abschläge gravierender auswirken können, als bei überdurchschnittlich hohen Einkommen.[213] Ist dies allerdings zutreffend, dann gibt es auch keine Faustregel, wonach bei einer Einkommensminderung oberhalb eines bestimmten Prozentsatzes eine Verweisung in aller Regel ausgeschlossen und bei einer Einkommensreduzierung in Höhe eines bestimmten Prozentsatzes eine Verweisung in aller Regel nicht ausgeschlossen ist.[214]

216 (7) **Formularmäßige Festlegung der zumutbaren Einkommensminderung.** Ob vor diesem Hintergrund Versicherungsbedingungen zulässig sind, die eine konkrete Grenze für eine zumutbare Einkommensdifferenz, festschreiben, ist zweifelhaft. Die Rechtsprechung hat zwar zum Teil keine Bedenken gegen Bedingungen gehabt, die eine Einkommensreduzierung in Höhe von 20 % als durch den VN hinzunehmen definiert, unabhängig von einer

---

210 **A.A.** *Neuhaus* H IV 2 Rn. 89.

211 BGH 7.12.2016 BeckRS **2016** 21187.

212 Vgl. BeckOK-VVG/*Mangen* § 172 Rn. 73; Prölss/Martin/*Lücke* § 172 Rn. 86; Langheid/Wandt/*Dörner* § 172 Rn. 168.

213 Vgl. Prölss/Martin/*Lücke* § 172 Rn. 86; Langheid/Wandt/*Dörner* § 172 Rn. 166.

214 Vgl. BeckOK-VVG/*Mangen* § 172 Rn. 73; *Neuhaus* H III Rn. 86 die beide für eine Obergrenze von über 30 % plädieren, bei denen eine Verweisung in der Regel ausgeschlossen sein soll, während bei einer Einkommensreduzierung um weniger als 20 % eine Verweisung in der Regel nicht ausgeschlossen sein soll.

bestimmten Einkommenshöhe.[215] Gegen das Fixieren einer prozentualen Kappungsgrenze in Versicherungsbedingungen wird aber zu Recht Kritik erhoben.[216] Wenn nach der höchstrichterlichen Rechtsprechung gerade keine fixe prozentuale Kappungsgrenze bejaht werden soll, weil dies den Umständen des Einzelfalls nicht gerecht wird, so verbietet es sich erst Recht, derartige fixe Kappungsgrenzen zum Bestandteil von Versicherungsbedingungen zu machen, die naturgemäß den Umständen des Einzelfalles nicht Rechnung tragen können. Dem gesetzlichen Leitbild des § 172 Abs. III kann nämlich entnommen werden, dass auch bei einer Verweisung die Lebensstellung des VN gewahrt werden muss, was stets eine Berücksichtigung aller Umstände des Einzelfalls voraussetzt. Wie die obigen Ausführungen zeigen, kann dies bei Erreichen einer Einkommensminderung in einer bestimmten Größe der Fall sein, muss es aber nicht. AVB, die diese nun auch vom Gesetzgeber geforderte Einzelfallabwägung nicht erfordern, verstoßen gegen das gesetzliche Leitbild des § 172 Abs. III und beachteiligen den VN unangemessen.[217]

Ausnahmsweise kann eine an sich erhebliche Einkommenseinbuße durch sonstige Umstände, die eine finanzielle Auswirkung für den Versicherten hat, ausgeglichen werden. Eine solche Ausnahme kann z.B. vorliegen, wenn ein scheinselbstständig Versicherter fortan als Angestellter tätig wird und deutlich geringere Sozialabgaben hat sowie den Schutz eines Angestellten genießt.[218] Die Möglichkeit, seine Arbeitszeit frei zu gestalten, bleibt hingegen bei der Abwägung unberücksichtigt.[219] **217**

(8) **Freizeit und Arbeitserleicherungen.** In der Rechtsprechung war ferner umstritten, ob im Rahmen der Überprüfung, ob eine aufgenommene berufliche Tätigkeit eine solche Tätigkeit ist, auf die der VN verwiesen werden kann, eine **Verrechnung von Freizeit und Arbeitserleichterungen** mit einer Einkommensdifferenz zulässig ist. Das OLG Nürnberg hat diese Frage bejaht.[220] Das OLG Nürnberg hatte u.a. über die Frage zu entscheiden, ob bei einem Minderverdienst von 30 % eine Verweisung auf eine sonst vergleichbare Tätigkeit mangels sozialen Abstiegs zulässig sei. Das OLG Nürnberg hat zum einen ausgeführt, eine Einkommensminderung von weniger als 30 % indiziere keinen sozialen Abstieg. Auch müsse berücksichtigt werden, dass der VN mehr Freizeit, besser geregelte Arbeitszeit durch seine neue Stelle erhalte und Erschwernisse, die mit dem vormaligen Beruf als Polizeibeamter verbunden waren, wegfielen. **218**

Demgegenüber haben das OLG Karlsruhe und das OLG München eine hiervon abweichende Rechtsauffassung vertreten.[221] Das OLG Karlsruhe hat betont, dass der Einkom- **219**

---

215 Vgl. KG 12.7.2011 NJW-RR **2012** 235.

216 Vgl. *Rogler* Anmerkung zu BGH 7.12.2016 RuS **2017** 87, 90 der nicht nur für eine Unwirksamkeit derartiger Klauseln plädiert, sondern darüber hinaus den VR für nicht berechtigt hält, dem VN das Nichterreichen der Kappungsgrenze entgegenzuhalten, wenn man die Regelung als unwirksam betrachtet. Dem VR sei es gem. § 242 BGB nicht möglich, dem VN entgegenzuhalten, sein Einkommen habe sich nicht in einem solchen Umfang durch Aufnahme einer neuen Tätigkeit vermindert, dass bedingungsgemäße Berufsunfähigkeit noch gegeben sei.

217 Vgl. *Rogler* Anmerkung zu BGH 7.12.2016 RuS **2017** 87, 90.

218 Vgl. OLG Hamm 8.3.2000 VersR **2001** 1411, 1413; Staudinger/Halm/Wendt/*Gramse* § 2 BUV 2008 Rn. 32; Prölss/Martin/*Lücke* § 172 Rn. 89.

219 Staudinger/Halm/Wendt/*Gramse* § 2 BUV 2008 Rn. 33 unter Bezugnahme auf: BGH 7.12.2016 VersR **2017** 147, 150; Langheid/Wandt/*Dörner* § 172 Rn. 171; Prölss/Martin/*Lücke* § 172 Rn. 89; **anders** OLG Saarbrücken 10.4.2002 NJW-RR **2003** 528, 529.

220 OLG Nürnberg 9.1.1992 RuS **1992** 177.

221 OLG Karlsruhe 30.12.2011 RuS **2014** 140, 142; OLG München 23.5 2000 RuS **2003** 166, 167.

mensvergleich nach den allgemeinen von der Rechtsprechung zur Berufsunfähigkeitsversicherung entwickelten Grundsätzen vorzunehmen sei. Der möglicherweise bestehende Vorteil größerer Freizeit sei nicht zu berücksichtigen, weil die Berufsunfähigkeitsversicherung dem Unterhalt des Versicherten und seiner Familie diene, von zusätzlich gewonnener Freizeit könne der Unterhalt nicht bestritten werden. Ähnlich hat das OLG München in seinem Urteil vom 23.5.2000 argumentiert und sogar betont, es sei absurd, Einkommenseinbußen durch Zeitgewinn kompensieren zu wollen, weil dies letzten Endes bedeute, dass der gänzliche Verlust des Einkommens durch den völligen Wegfall beruflicher Tätigkeit aufgehoben würde.

220 Die Literatur hat sich zum Teil der Rechtsauffassung des OLG Nürnberg angeschlossen,[222] zum Teil aber auch darauf abgestellt, ob die Einkommenseinbuße durch eine anderweitige, finanziell messbare Verbesserung der Lebensstellung ausgeglichen wird, wie z.B. die höhere Sicherheit des Arbeitsplatzes im öffentlichen Dienst, die bessere soziale Absicherung eines als Arbeitnehmer tätigen VN.[223] Die Literatur hat sich ferner dagegen ausgesprochen, die Möglichkeit, über Arbeit und Freizeit frei disponieren zu können, als zu berücksichtigenden Vorteil anzusehen, weil dieser Umstand jedenfalls bei niedrigen und mittleren Einkommen keinen Wert an sich habe.[224] Zum Teil wird vermittelnd vorgeschlagen, auf „rechenbare“ Vorteile abzustellen.

221 Der BGH hat in seinem Urteil vom 7.12.2016[225] nunmehr klargestellt, dass es sich bei einer Einkommensdifferenz von **brutto 22,77 % um eine spürbare Einkommensdifferenz** handele und diese nicht durch mehr Freizeit und das Entfallen besonderer Belastungen wie Nachtarbeit ausgeglichen werde. Der BGH weist zu Recht darauf hin, dass eine Verrechnung von Freizeit und Arbeitserleichterung mit einer Einkommensdifferenz mit dem Zweck der Berufsunfähigkeitsversicherung **nicht** vereinbar ist. In der Tat wird der soziale Abstieg, der durch die Berufsunfähigkeitsversicherung verhindert werden soll, nicht durch mehr Freizeit und das Fehlen von Erschwernissen vermieden, sondern dadurch, dass dem Versicherten weiterhin die finanziellen Mittel zur Verfügung stehen, die die Aufrechterhaltung des in gesunden Tagen durch den vorherigen Beruf erreichten Lebensstandards ermöglichen. Der BGH hat in seinem Urteil den Hinweis des OLG Karlsruhe aufgegriffen, wonach von zusätzlich gewonnener Freizeit der Unterhalt nicht bestritten werden kann. Dies ist in der Sache auch überzeugend, allerdings kann sich im Einzelfall unter Umständen die Frage stellen, ob es dem Versicherten zumutbar ist, Zusatzeinkünfte zu erwirtschaften.

222 (9) **Unbeachtlichkeit der Größe des Personenhaushalts.** Keine Rolle dürfte im Rahmen der Vergleichbarkeit spielen, ob sich in der Zwischenzeit die Größe des Haushalts verändert hat. Dies ergibt sich aus dem Stichtagsprinzip. War der Versicherte bei Eintritt des Versicherungsfalls alleinstehend und ist er in der Zwischenzeit verheiratet und Familienvater, so läge selbst bei einem vergleichbaren Einkommen faktisch ein Einkommensverlust vor, weil das Erwerbseinkommen eben nunmehr nicht nur für eine Person, sondern für den Unterhalt von mehreren Personen reichen muss. Diesen Aspekt nun im Rahmen der Vergleichsbetrachtung zu berücksichtigen, ist nicht angemessen, weil er auch bei der Kalkulation der versicherten Berufsunfähigkeitsrente nicht berücksichtigt worden ist. Auch diese

---

222 *Neuhaus* H IV Rn. 118; **a.A.** Landheid/Wandt/*Dörner* § 172 Rn. 171.

223 Prölss/Martin/*Lücke* § 172 Rn. 189; OLG Hamm 8.3.2000 VersR **2001** 1411, 1412; Staudinger/Halm/Wendt/*Gramse* § 2 BUV 2008 Rn. 32.

224 Prölss/Martin/*Dörner* § 172 Rn. 189; **a. A.** OLG Saarbrücken 10.4.2002 NJW-RR **2003** 528, 529 welches betont, dass die Lebensstellung eines Berufstätigen zunehmend nicht nur durch den Verdienst bestimmt werde.

225 BGH 7.12.2016 BeckRS **2016** 21187.

stellt nämlich zunächst einmal auf die Verhältnisse bei Beantragung des Versicherungsschutzes ab. Ist ein Familienvater berufsunfähig geworden und hat er sich während der Leistungszeit von seiner Familie getrennt und ist er jedenfalls gegenüber seinem Ehepartner nicht unterhaltspflichtig, so wirkt sich selbst ein Einkommensverlust von 25 % faktisch bei ihm nicht so drastisch aus, wie bei dem VN, dessen familiäre Verhältnisse sich während der Leistungszeit nicht verändert haben. Da aber der Vergleich auf Basis des Stichtagsprinzips zu erfolgen hat, ist die Veränderung der persönlichen Verhältnisse unberücksichtigt zu lassen.

(10) **Stichtagsprinzip.** Nicht eindeutig entschieden hat der BGH bisher die Frage, ob im Rahmen des Einkommensvergleichs das vorher erzielte Einkommen auf den Zeitpunkt der Verweisung **fortzuschreiben** ist.[226] Gegen eine Fortschreibung des Einkommens könnte sprechen, dass bei der Ermittlung des bisherigen Einkommens grundsätzlich auf den Zeitpunkt abzustellen ist, in dem der Versicherte unfähig geworden ist, seinen bisherigen Beruf weiter auszuüben.[227] **223**

Einigkeit besteht darüber, dass **ungesicherte Chancen** auf eine berufliche Karriere im alten Beruf außer Betracht zu bleiben haben.[228] Grundsätzlich ist der Einkommensvergleich aber ein auf den **Zeitpunkt des Versicherungsfalls bezogener Vergleich.** Es gilt daher das sogenannte Stichtagsprinzip.[229] Stellt man nur auf das Stichtagsprinzip ab, so blieben zukünftige Entwicklungen, die der Versicherte in seinem vormals ausgeübten Beruf mit einer gewissen Wahrscheinlichkeit genommen hätte, unberücksichtigt. Dies kann sich zugunsten und zu Ungunsten des VN auswirken. So könnte der VR z.B. bei einer Tätigkeit in bestimmten Branchen einwenden, dass der VN in dieser Branche aufgrund der wirtschaftlichen Entwicklungen z.B. im Bergbau gar nicht mehr tätig wäre. Das Fortschreiben einer Entwicklung könnte dazu führen, dass der Versicherte in seiner neuen Tätigkeit zwar gegenüber der vormals ausgeübten Tätigkeit keinen Einkommensverlust zu beklagen hat, ein solcher nennenswerter Einkommensverlust bei fortgeschriebener Tätigkeit aber durchaus vorläge. **224**

Noch schwieriger wird der Vergleich, wenn es den bei Eintritt des Versicherungsfalls ausgeübten **Beruf nicht mehr gibt** oder der nunmehr ausgeübte **Beruf damals noch gar nicht vorhanden** war. Diese Unsicherheiten sprechen dafür, ausgehend von dem **Stichtagsprinzip** den Einkommensvergleich auf den Zeitpunkt zu beziehen, als der Versicherungsfall „Berufsunfähigkeit" eintrat. Dies gilt dann unabhängig davon, wann der Versicherte Leistungen aus der Berufsunfähigkeitsversicherung begehrt hat, weil er es nicht in der Hand haben soll, eine bestimmte Einkommenslage durch verspätete Stellung des Leistungsantrags konstruieren zu können. **225**

Im Rahmen eines Vergleichs das frühere Einkommen fiktiv um die **Preissteigerungsrate** zu erhöhen, dürfte die Position des VN außerdem zu einseitig belasten, denn zu seinen Gunsten wäre auch die Frage zu beantworten, welche **realistischen Aufstiegsmöglichkeiten** in die wertende Vergleichsbetrachtung einbezogen werden müssen.[230] Auch besteht Einig- **226**

---

[226] So Prölss/Martin/*Lücke* § 172 Rn. 91; *Neuhaus* H IV Rn. 59 unter Hinweis auf LG Mannheim 11.10.2012 RuS **2013** 243; Langheid/Wandt/*Dörner* § 172 Rn. 162 nicht eindeutig: BGH 30.11.1994, NJW-RR 1995, 277, 279.

[227] Prölss/Martin/*Lücke* § 172 Rn. 91; Langheid/Rixecker/*Rixecker* § 172 Rn. 56; Langheid/Wandt/*Dörner* § 172 Rn. 162.

[228] Vgl. BeckOK-VVG/*Mangen* § 172 Rn. 74; Langheid/Rixecker/*Rixecker* § 172 Rn. 57.

[229] Vgl. Langheid/Rixecker/*Rixecker* § 172 Rn. 57; Prölss/Martin/*Lücke* § 172 Rn. 91; Langheid/Wandt/*Dörner* § 172 Rn. 162, 49.

[230] BGH 21.4.2010 VersR **2010** 1023, 1024; OLG Düsseldorf 9.11.2010 RuS **2011** 524, 526.

keit darüber, dass ein **Rechtsanspruch** auf eine tarifliche Verbesserung nach einer Einarbeitungszeit zu berücksichtigen ist.[231] Es spricht daher einiges dafür, im Rahmen der Vergleichsbetrachtung **jedenfalls realistische Einkommenssteigerungen im bisherigen Beruf** zu berücksichtigen.

227 **bb) Sonstige Aspekte.** Das Einkommen ist allerdings nur ein Element, das im Rahmen der Vergleichsbetrachtung berücksichtigt wird. Eine wesentliche Bedeutung hat auch die Wertschätzung der Tätigkeit.

228 **(1) Gesellschaftliches Ansehen im Allgemeinen.** So ist die Frage zu beantworten, ob die Tätigkeit, die der Versicherte in gesunden Tagen ausgeübt hat, mit einem **besonderen Ansehen** verbunden war, wie es z.B. regelmäßig bei Arbeitgebern der Fall ist.

229 Ein **Selbstständiger** kann daher zwar grundsätzlich auch unter dem Gesichtspunkt der **Wertschätzung** auf die Tätigkeit eines Angestellten verwiesen werden. Ein Angestellter kann dann grundsätzlich auch auf eine selbstständige Tätigkeit verwiesen werden. Doch ist zum Beispiel zu berücksichtigen, dass die Tätigkeit eines selbstständigen Handwerksmeisters in der Regel mit einem gesteigerten Ansehen verbunden ist und eine Verweisbarkeit auf eine Tätigkeit als Angestellter deshalb unter Umständen selbst dann ausscheiden kann, wenn es nicht zu einer Einkommenseinbuße gekommen ist. Auch hier sind pauschale Aussagen zu vermeiden, denn welches Ansehen eine bestimmte Berufsgruppe in der Gesellschaft genießt, kann regional sehr unterschiedlich sein. Auch ist genau zu klären, worauf die entgegengebrachte Wertschätzung beruht, denn auch die einem Beruf entgegengebrachte Wertschätzung unterliegt einem Wandel.[232]

230 Manche Berufe wie Ärzte und Feuerwehrleute haben nach wie vor ein hohes Ansehen, andere wie Lokführer und Piloten haben an Ansehen zeitweise verloren.[233]

231 Auch die **Besonderheiten im Fall der versicherten Person** sind zu berücksichtigen. Wenn Kundschaft und Bevölkerung dem durch die versicherte Person ausgeübten Beruf eine besondere Achtung entgegengebracht haben, die auch an den konkret ausgeübten Beruf anknüpfte, so ist das im Rahmen der Überprüfung, ob eine Verweisbarkeit vorliegt, zu berücksichtigen.

232 Kommt es demzufolge auf die Wertschätzung bzgl. des durch den Versicherten zuletzt konkret ausgeübten Berufs in der Bevölkerung an, so ist die Frage der Vergleichbarkeit im Zweifel durch einen Sachverständigen zu klären, weil diesbezüglich durchaus **regionale Unterschiede** bestehen können.

233 Eine Verweisung des VN scheitert nicht bereits daran, dass es sich bei dem Beruf, auf den der VR den Versicherten verweisen will, um keinen Ausbildungsberuf handelt.[234] Es bedarf auch in dem Fall, dass der VR den VN auf eine Tätigkeit verweisen will, die keine Ausbildung erfordert, einer konkreten Gegenüberstellung der Berufe. Diese Rechtsauffassung ist in der Rechtsprechung durchaus kritisch gesehen worden. So hat das OLG Braunschweig durch Urteil vom 14.6.1999[235] die Verweisung eines „Gelernten" auf eine Tätigkeit, die keine Ausbildung erfordert, mit der Begründung abgelehnt, die Verweisung auf

---

231 OLG Saarbrücken 30.5.2006 BeckRS **2006** 09220; Langheid/Rixecker/*Rixecker* § 172 Rn. 57.

232 Vgl. http://www.faz.net/aktuell/wirtschaft/wirtschaftspolitik/wie-sich-das-ansehen-verschiedener-berufe-aendert-13785696.html, abgerufen am 25.7.2017.

233 Vgl. Fn. 230.

234 Vgl. BGH 21.4.2010 BeckRS **2010** 11483; Looschelders/Pohlmann/*Klenk* § 172 Rn. 51; Prölss/Martin/*Lücke* § 172 Rn. 99; Langheid/Rixecker/*Rixecker* § 172 Rn. 51.

235 Vgl. OLG Braunschweig 14.6.1999 RuS **2001** 215.

einen Beruf, der keine Ausbildung erfordere, komme nicht Betracht, weil damit ein Abstieg in der sozialen Wertschätzung des VN verbunden sei. Dabei bezieht sich das OLG Braunschweig u. a. auf ältere Urteile des BGH.[236] Durch Urteil vom 22.9.1993 hatte der BGH die Zulässigkeit der Verweisung eines Versicherten, der zwar die Gesellenprüfung nicht abgelegt hatte, jedoch jahrelang tatsächlich als Kfz-Mechaniker tätig war und dabei wie ein Geselle entlohnt wurde, auf Tätigkeiten, die nur ein Anlernen oder nicht einmal dieses erfordern, für unzulässig gehalten. Durch Urteil vom 27.5.1992[237] hatte der BGH noch ausgeführt, dass derjenige, der in einem Anlernberuf Berufserfahrung gewonnen habe, die ihm eine über reine Handlangerdienste hinausgehende qualifizierte oder selbständige Arbeit erlaube, nicht auf einen Beruf als Hilfsarbeiter verwiesen werden könne.

Das Kammergericht hat durch Urteil vom 13.6.1995[238] gemeint, ein erfahrener, gelern- **234**
ter Kfz-Lackierer könne unter Umständen auf die Tätigkeit als Lagerverwalter/Lagerarbeiter verwiesen werden. Gleiches gelte für einen Fachverkäufer in einem Fachmarkt oder in einem Bau- oder Heimwerkermarkt.

In der Literatur wird zu Recht auf das Erfordernis einer Gesamtbetrachtung hingewie- **235**
sen. Ein sozialer Abstieg müsse vermieden werden.[239] Soweit allerdings zum Teil vertreten wird, es komme nicht auf die individuelle Wertschätzung an, die sich der Betroffene konkret erworben habe, sondern auf das Ansehen, das der Beruf jedem verleiht, der ihn ausübt[240], ist dem in dieser Allgemeinheit nicht zuzustimmen.

Wenn, wie der BGH fordert, eine konkrete Betrachtung der individuellen Verhältnisse zu erfolgen hat, so bezieht sich diese konkrete Betrachtung auch auf die individuelle Wertschätzung, die sich der Betroffene konkret erworben hat. Dies gilt nicht nur für den zuletzt durch den Versicherten konkret ausgeübten Beruf, sondern auch für den Fall einer konkreten Verweisung, bei dem der Versicherte eine bestimmte Tätigkeit konkret ausübt. Anders mag es allenfalls bei der Beantwortung der Frage sein, ob eine vom VN nicht konkret ausgeübte Tätigkeit im Rahmen einer sogenannten abstrakten Verweisung als Verweisungsberuf in Betracht kommt.

(2) **Wertschätzung im Einzelfall.** Einigkeit besteht in der Literatur darüber, dass im **236**
Rahmen der Vergleichsbetrachtung zu überprüfen ist, welche Kenntnisse und Fähigkeiten ein Beruf erfordert, welche Ausbildung für eine bestimmte Tätigkeit erforderlich ist, welches Ansehen eine bestimmte Tätigkeit genießt, mit welcher Verantwortlichkeit der Beruf verbunden war und in welchem Rahmen auch selbständige Entscheidungskompetenzen auf Seiten des Versicherten bestanden.[241] Die soziale Wertschätzung des Versicherten darf sich durch eine Tätigkeit in einem Verweisungsberuf nicht spürbar verschlechtern.[242] Dies spricht dafür, dass sich ein Versicherter, der zuletzt in einem Lehrberuf tätig war, sich grundsätzlich nicht auf eine Berufstätigkeit verweisen lassen muss, für die keine Ausbildung erforderlich ist.[243] Eine Ausbildung belegt, zu welchen Tätigkeiten der Versicherte aufgrund

---

236 Z.B. BGH 22.9.1993 RuS **1993** 478.

237 BGH 27.5.1992 RuS **1992** 353, 354.

238 KG 13.6.1995 RuS **1996** 241, 242.

239 Vgl. OLG Hamm 8.3.2000 VersR **2001** 1411, 1412; *Neuhaus* H IV 3 Rn. 97; Looschelders/Pohlmann/*Klenk* § 172 Rn. 50; Langheid/Wandt/*Dörner* § 172 Rn. 160.

240 Vgl. *Neuhaus* H IV 3 Rn. 91; Langheid/Wandt/*Dörner* § 172 Rn. 172; Looschelders/Pohlmann/*Klenk* § 172 Rn. 57.

241 Vgl. Beck OK-VVG/*Marlow/Spuhl* § 172 Rn. 64ff.; Looschelders/Pohlmann/*Klenk* § 172 Rn. 57 und Rn. 76; Langheid/Wandt/*Dörner* § 172 Rn. 156; *Neuhaus* H IV 3 Rn. 97.

242 Vgl. Langheid/Wandt/*Dörner* § 172 Rn. 172; Prölss/Martin/*Lücke* § 172 Rn. 98; HK VVG/*Mertens* § 172 Rn. 72.

243 So auch Langheid/Wandt/*Dörner* § 172 Rn. 173; Langheid/Rixecker/*Rixecker* § 172 Rn. 52.

abgelegter Prüfungen befähigt ist. Mit dem erfolgreichen Absolvieren einer Ausbildung ist demzufolge in der Regel ein gesteigertes Sozialprestige verknüpft. Ungelernte Tätigkeiten sind demgegenüber regelmäßig nicht mit einem besonderen Prestige verknüpft, zumal die Tätigkeit in bestimmten Berufen häufig das Absolvieren einer bestimmten Ausbildung voraussetzt, demzufolge Personen, die eine solche Ausbildung nicht aufweisen, verschlossen ist. Aus diesem Grunde scheidet grundsätzlich die Verweisung eines VN, der in einem Beruf tätig war, der die erfolgreiche Absolvierung einer bestimmten Ausbildung voraussetzt und eine solche Ausbildung tatsächlich absolviert hat, auf eine ungelernte Tätigkeit aus.[244]

237 Selbst ein „Ungelernter" kann möglicherweise nicht auf eine andere ungelernte Tätigkeit verwiesen werden, wenn sich der Ungelernte in seinem Beruf durch qualifizierte und zuverlässige Arbeit ein Ansehen „erarbeitet hat", welches üblicherweise einer Person entgegengebracht wird, die in einem Ausbildungsberuf arbeitet. Dies darzulegen ist Sache des VN, da der VR über die individuelle Situation des VN an seinem vormaligen Arbeitsplatz regelmäßig nicht informiert ist.

238 (3) **Wertschätzung und Vergütung.** Diese gegenüber einem sonstigen „Ungelernten" herausgehobene Position muss sich nicht zwangsläufig auch in der **Vergütung des VN** niedergeschlagen haben. Zwar wird sich ein gesteigertes Ansehen eines Arbeitnehmers regelmäßig auch in einer höheren Vergütung als üblich niederschlagen, doch muss eine auch so erhöhte Vergütung nicht zwingend dieselbe Höhe haben wie bei einem „ausgebildeten" Mitarbeiter. Häufig ist einem Arbeitgeber ein derartiges Anheben der Vergütung aufgrund des in dem Unternehmen bestehenden Gehaltsgefüges nicht möglich, ohne dass damit aber ein geringeres Ansehen des VN verbunden ist.

239 Im Rahmen einer **konkreten Verweisung** ist es allerdings durchaus möglich, einen Versicherten, der vormals in einem Ausbildungsberuf gearbeitet hat, auf eine ungelernte Tätigkeit zu verweisen. Dies kommt dann in Betracht, wenn der Versicherte „ausbildungsfremd" durch seinen Arbeitgeber eingesetzt wird, er aber diese konkrete Tätigkeit nur aufgrund seines Ansehens, welches er sich im Rahmen seiner vormaligen Tätigkeit erarbeitet hat, ausüben kann. Auch hier ist demzufolge eine Betrachtung des konkreten Einzelfalles erforderlich.

V. Kasuistik

240 **1. Verweisung durch die Rechtsprechung bejaht.**

Die Rechtsprechung hat zulässige Verweisungen in folgenden Fällen bejaht:

Beim **Bäcker und Konditormeister** kann auf die konkret ausgeübte Tätigkeit eines städtischen Vollziehungsbeamten verwiesen werden.[245] Ein Bäckermeister mit zehn Angestellten und einem Jahresumsatz von 1 Mio. DM, der im Unternehmen aktiv mitgearbeitet hat, kann auf die kaufmännische Leitung seines Betriebs verwiesen werden.[246] Anders ist es bei einem selbständigen Bäcker mit einem kleineren Betrieb und Laufkundschaft.[247]

Ein **Bauunternehmer**, der aktiv im Unternehmen körperlich mitgearbeitet hat, kann auf die Unternehmensleitung nebst Übernahme der Aufsicht und kaufmännischer Tätigkeiten

---

244 So auch Langheid/Rixecker/*Rixecker* § 172 Rn. 52; Langheid/Wandt/*Dörner* § 172 Rn. 173.

245 Vgl. OLG Köln 20.6.1991 VersR **1991** 1362, 1363.

246 LG Koblenz 5.3.1987 VersR **1988** 1283.

247 Vgl. OLG Hamm 20.9.1992 NJW-RR **1993** 540; OLG Frankfurt 20.10.1998 RuS **2000** 434, 435.

verwiesen werden.[248] Ein Fenster- und Türenmonteur, der als Subunternehmer nach Art eines Scheinselbständigen tätig gewesen ist, kann auf die konkret ausgeübte Tätigkeit als Mitarbeiter in einer Druckerei verwiesen werden.[249] Ein Bauzeichner kann auf die Tätigkeit als angestellter Bauleiter verwiesen werden.[250]

Die Inhaberin eines **Kosmetiksalons** kann auf die Tätigkeit als Fachberaterin in einem Kosmetikgeschäft wie z. B. ein Drogeriemarkt verwiesen werden.[251]

Ein **Kfz-Meister** mit einer Ein-Mann-Reparaturwerkstatt kann auf die Tätigkeit als Kfz-Meister in einer größeren Kfz-Werkstatt oder beim TÜV verwiesen werden.[252]

Ein **Landwirt** kann auf die Tätigkeit eines Verwalters eines landwirtschaftlichen Betriebes, Warenkontrolleurs oder Fachberaters oder eines Siloverwalters verwiesen werden.[253] Ein Landwirt kann auf die Tätigkeit als Pförtner oder Registrator verwiesen werden.[254] Diese Entscheidung ist allerdings zweifelhaft, da es sich üblicherweise bei den Tätigkeiten eines Pförtners oder eines Registrators um Schonarbeitsplätze handelt.

Ein **Pumpenbauer/ Pumpenmonteur** kann auf die konkret ausgeübte Tätigkeit als Hausmeister verwiesen werden.[255] Ein **Stuckateurmeister** kann auf die Tätigkeit als technischer Angestellter für Stuckarbeiten verwiesen werden.[256] Ein Taxiunternehmer kann auf die Tätigkeit eines Inhabers einer Videothek verwiesen werden.[257]

Ein **Versicherungsvermittler** im Außendienst kann auf die Tätigkeit im Innendienst verwiesen werden.[258]

Ein **Zimmermannsmeister**, der überwiegend handwerklich und körperlich tätig war, kann nach der Rechtsprechung als Geschäftsführer oder Leiter eines Zimmereibetriebs, als Verkaufs- oder Abteilungsleiter einer Holzhandlung bzw. einer entsprechenden Abteilung eines Baumarktes oder einer Fertighausfirma arbeiten.[259] Die Entscheidung ist jedenfalls soweit die Verweisbarkeit auf eine Tätigkeit als Abteilungsleiter in einem Baumarkt bejaht worden ist, zweifelhaft, da den Mitarbeitern eines Baumarkts, der üblicherweise durch Selbstbedienung geprägt wird, in der Regel nicht dieselbe Wertschätzung entgegengebracht wird, wie einem selbständigen Zimmermannsmeister.

Ein angestellter **Schreiner** kann auch den Beruf eines selbständigen Immobilienkaufmanns verwiesen werden.[260] Ein Lkw-Fahrer kann auf den Beruf eines Verwaltungsfachangestellten verwiesen werden.[261] Ein Rettungsassistent kann auf die Tätigkeit eines Restaurantmeisters verwiesen werden.[262]

---

248 Vgl. OLG Köln 15.11.1990 VersR **1992** 1079, 1080; auch OLG Köln 3.6.1993 VersR **1994** 1096, 1097 und BGH 3.11.1993 NJW-RR **1994** 153; OLG Dresden 11.5.1999 VersR **2000** 1222, 1223.

249 Vgl. OLG Hamm 8.3.2000 VersR **2001** 1411, 1412.

250 Vgl. OLG Köln 2.3.1988 RuS **1988** 212.

251 Vgl. OLG Karlsruhe 6.10.1993, Az.: 13 O 52/92 n.V.

252 Vgl. OLG Köln 15.9.1988 RuS **1989** 234.

253 Vgl. LG Paderborn 31.5.1990 VersR **1992** 1080.

254 Vgl. LG Paderborn 28.7.1994, Az.: 3 O 182/94 n.V.

255 Vgl. OLG Köln 11.3.1993 RuS **1993** 357, 358.

256 Vgl. LG Nürnberg 8.4.1997, Az.: 5 O 5418/94 n.V.

257 Vgl. OLG Düsseldorf 4.4.2000 VersR **2001** 1411.

258 Vgl. OLG Saarbrücken 8.1.2003 VersR **2004** 54; LG Nürnberg 9.12.1993, Az.: 4 O 7781/92 n.V.; OLG Saarbrücken 28.6.6, Az.: 5 U 52/06.

259 Vgl. OLG Koblenz 1.7.1988, Az.: 12 U 729/88 n.V.

260 Vgl. OLG Koblenz 4.3.2011 VersR **2012** 85, 87.

261 Vgl. OLG Saarbrücken 29.10.2008 RuS **2010** 162.

262 Vgl. LG Aurich 31.5.2011, Az.: 3 O 724/10.

Eine **Kriminalkommissaranwärterin** kann auf den Beruf einer Mitarbeiterin des gehobenen Dienstes im Angestelltenverhältnis verwiesen werden.[263] Ein Programmierer kann nicht auf Umorganisation eines Ein-Mann-Betriebes durch Einstellung weiterer Mitarbeiter verwiesen werden, wenn dieses Unternehmen auf seine Person zugeschnitten ist.[264]

241 **2. Verweisung durch die Rechtsprechung verneint.**

Die Rechtsprechung hat in folgenden Fällen eine Verweisbarkeit verneint:

Ein **Bäckermeister** kann nicht auf eine aufsichtsführende oder Tätigkeit wie z.B. Leiter einer Backstube oder Backmeister in der Backindustrie verwiesen werden.[265] Eine Bäckermeisterin kann nicht auf die Tätigkeit einer Bäckereifachverkäuferin verwiesen werden.[266] Ein Bäckermeister kann nicht auf die Tätigkeit als Hilfsarbeiter in einem Stahlwerk verwiesen werden.[267] Der Inhaber eines Unternehmens, das sich mit mechanischer Bearbeitung (Dreher) beschäftigt, kann nicht auf eine Tätigkeit als Werkstattleiter, Verkäufer oder Außendienstmitarbeiter verwiesen werden.[268]

Eine **Friseurmeisterin** kann nicht auf eine Tätigkeit als Fachbearbeiterin für Friseurbedarf, Kosmetik und Körperpflege verwiesen werden.[269]

Der Inhaber eines Betriebs für **Garten- und Landschaftsplanung** sowie Gartenbautechnik kann nicht auf die Tätigkeit als angestellter Gartenbauingenieur verwiesen werden.[270]

Ein selbständiger **Gas- und Wasserinstallateurmeister** kann selbst dann nicht auf die Tätigkeit als Hausmeister verwiesen werden, wenn es sich um einen Ein-Mann-Betrieb handelte und er als Hausmeister eine große Wohnanlage zu betreuen hat.[271]

Ein **Getränkegroßhändler und gelernter Gerber** kann nicht auf eine Tätigkeit als Lager-, Magazinverwalter oder Kraftfahrer verwiesen werden.[272]

Ein **Gipsermeister,** der als Geschäftsführer einer GmbH fungierte, tatsächlich aber nur als Gipsermeister arbeitete, kann nicht auf die Tätigkeit als Geschäftsführer einer Bauträgergesellschaft verwiesen werden.[273]

Ein **selbständiger Kurierfahrer** kann nicht auf eine Tätigkeit als Disponent oder Versandsachbearbeiter verwiesen werden.[274] Der Inhaber einer Wasserpraxis mit einer angestellten Krankengymnastik kann nicht auf den Beruf eines Physiotherapeuten, Sachbearbeiters in der Abrechnung bei einer Krankenkasse verwiesen werden.[275]

---

263 Vgl. LG Halle 24.1.2011, Az.: 5 O 1279/09.

264 Vgl. OLG Koblenz 27.3.2009, Az.: 10 U 1307/07; vgl. aber OLG Celle 21.8.1991 VersR **1998** 441, 442 zur Umorganisation eines Restaurants durch Beschäftigung weiterer Hilfskräfte und OLG Koblenz 29.11. 2003 NJW-RR **2003** 682 zur Umorganisation eines Architektenbüros, das von dem besonderen Fachwissen des Architekten lebt.

265 Vgl. OLG Düsseldorf 20.8.1997 VersR **1998** 1408.

266 Vgl. OLG Frankfurt 14.1.1998 VersR **1999** 352.

267 Vgl. LG Hamburg 16.4.1974, Az.: 1 O 211/73 n.V.

268 Vgl. OLG Düsseldorf 11.2.1992, Az.: 4 O 57/91 n.V.

269 Vgl. OLG Düsseldorf 9.8.1995 NJW-RR **1996** 218; OLG Oldenburg 3.5.2017, Az.: 5 U 67/14 n.V.: Verweisbarkeit einer angestellten Friseurmeisterin auf eine Tätigkeit als Verkäuferin in einem Fachgeschäft für Friseurartikel verneint. Vgl. aber auch OLG Karlsruhe 3.4.2008 RuS **2009** 120 zur Verweisbarkeit einer Friseurmeisterin, die in einem Kleinbetrieb gearbeitet hat und halbschichtig als Rezeptionistin tätig ist.

270 Vgl. OLG Düsseldorf 29.9.1998 RuS **1999** 521, 522.

271 Vgl. OLG Celle 19.1.2005 RuS **2006** 513, 514.

272 Vgl. OLG Karlsruhe 15.1.1992 VersR **1993** 873, 874.

273 Vgl. OLG Karlsruhe 7.10.1993 RuS **1995** 235, 236.

274 Vgl. OLG Frankfurt 30.10.1996, Az.: 7 O 197/95 n.V.

275 Vgl. KG 07.06.2002 VersR **2003** 491, 493.

Der **Inhaber einer Pizzeria** kann nicht auf die Tätigkeit eines Geschäftsführers in einem größeren Gaststättenbetrieb verwiesen werden.[276]

Ein **Ausbeiner** kann nicht auf die Tätigkeit eines Fleischers oder Metzgers in einem mittleren Fleischbetrieb, eines Qualitäts- oder Warenkontrolleurs in einem Schlachthof verwiesen werden.[277]

Ein **Busfahrer** kann nicht auf die Tätigkeit eines Lagerarbeiters in einem Verkehrsbetrieb verwiesen werden.[278]

Ein **Fliesenleger** kann nicht auf den Beruf eines Baustoffberaters verwiesen werden.[279] Ein Gas- und Wasserinstallateurgeselle kann nicht auf die Tätigkeit eines technischen Auftragssachbearbeiters im Gas- und Wasserinstallationshandwerk verwiesen werden.[280] Ein Isolierhelfer kann nicht auf die Tätigkeit als Mitarbeiter in einem Callcenter verwiesen werden.[281]

Ein **Kfz-Meister** kann nicht auf die Tätigkeit eines Kfz-Meisters für Kundendienstbetreuung oder Lagermeisters verwiesen werden.[282]

Ein **Koch** kann nicht auf die Tätigkeit als Ernährungsberater oder Leiter einer größeren Kantine verwiesen werden.[283] Diese Entscheidung ist zweifelhaft. Ein Koch aus ländlicher Gegend kann nicht auf die Tätigkeit als Diätkoch oder Koch in einem vegetarischen Restaurant verwiesen werden.[284] Diese Entscheidung ist zweifelhaft angesichts des Umstandes, dass auch ein gewisses Maß an Umorganisation dem Berufsausübenden zugemutet werden kann.

Ein **Kraftfahrer** kann nicht auf die Tätigkeit eines Pförtners mit Telefondienst verwiesen werden.[285]

Ein **Kreditkundenbetreuer** kann mangels Kenntnis und Erfahrung nicht auf die Tätigkeit eines Kreditsachbearbeiters verwiesen werden.[286] Ein Restaurantfachmann kann nicht auf die Tätigkeit als Kassierer in einem Selbstbedienungsrestaurant verwiesen werden.[287]

Ein **Schreiner** kann nicht auf den Beruf eines Gehäusebauers verwiesen werden.[288] Ein Zimmermanngeselle kann nicht auf die Tätigkeit eines Berufskraftfahrers oder Lageristen verwiesen werden.[289]

Die Entscheidungen zeigen, dass stets eine Überprüfung der den **Einzelfall** prägenden Umstände stattzufinden hat. Dazu gehören nicht nur das persönliche Umfeld der versicherten Person, sondern auch die regionalen Besonderheiten. **242**

Ob eine Verweisung auf eine Tätigkeit in Betracht kommt, die der Versicherte nur ausüben kann, wenn der **Arbeitsplatz behindertengerecht** ausgestattet wird, ist umstritten. Nach teilweiser Auffassung scheidet dies nach Treu und Glauben aus.[290] Unberücksichtigt **243**

---

276 Vgl. OLG Frankfurt 28.8.2002 VersR **2003** 230, 231.

277 Vgl. OLG Saarbrücken 20.10.1993 VersR **1994** 969, 970.

278 Vgl. LG Bremen 28.6.1990 RuS **1991** 34, 35.

279 Vgl. AG Montabaur 5.6.1984, Az.: 15 C 98/84 n.V.

280 Vgl. OLG Hamm 19.1.1996 RuS **1996** 505.

281 Vgl. OLG Hamm 16.1.2008 VersR **2008** 949.

282 Vgl. OLG Koblenz 12.12.1997 RuS **1999** 346.

283 Vgl. OLG Karlsruhe 18.3.1999 VersR **2000** 1488.

284 Vgl. OLG Düsseldorf vom 22.12.1999, Az.: 4 U 203/98.

285 Vgl. OLG Karlsruhe 15.12.1994 VersR **1995** 1341, 1342

286 Vgl. LG Frankfurt 10.12.1985 Az.: 2/26 O 253/85 n.V.

287 Vgl. LG Rottweil 30.7.1990 VersR **1991** 169, 170.

288 Vgl. OLG Koblenz 29.9.2000 VersR **2002** 557.

289 Vgl. OLG Braunschweig 14.6.1999 VersR **2000** 620.

290 OLG Koblenz 29.9.2000 VersR **2002** 557, 558; Prölss/Martin/*Lücke* § 2 BuVAB Rn. 79.

bleibt hierbei allerdings, dass der Versicherte gegen seinen Arbeitgeber grundsätzlich einen Anspruch auf einen leidensgerechten Arbeitsplatz hat. Diesen geltend zu machen, kann von dem Versicherten verlangt werden. Wenn der Arbeitsplatz nicht behindertengerecht ausgestattet werden kann, was durch den Versicherten darzulegen und zu beweisen ist, scheidet eine Verweisbarkeit aus.

244 Ob und wenn ja in welchem Umfang dem VN ein Pendeln oder generell eine Tätigkeit in einer größeren **Entfernung vom Wohnort** zugemutet werden kann, ist eine Frage des Einzelfalls. Hierbei kann die Art des Berufs eine Rolle spielen.[291]

245 Einen allgemeinen Grundsatz, dass der Versicherte nicht auf eine Vergleichstätigkeit verwiesen werden kann, die er nur im Ausland ausüben könnte, gibt es nicht.[292] Auch dies ist eine Frage des Einzelfalls. Ist die Ausübung einer Tätigkeit im Ausland vor allen Dingen in der EU problemlos möglich, weil z. B. der Versicherte in Grenzgebiet wohnt, so scheidet eine Verweisbarkeit auf eine Tätigkeit im Ausland nicht automatisch aus. Sind hingegen größere und kostenträchtige Anfahrtswege zu bewältigen oder muss der Versicherte gar im Ausland seinen Wohnsitz nehmen, scheidet eine Zumutbarkeit regelmäßig aus.

Im Übrigen wird man bei der Frage, welche Pendelzeiten zumutbar sind, auch den mit dem Pendeln verbundenen finanziellen Aufwand berücksichtigen müssen. Bei geringen Einkommen werden Tätigkeiten ausscheiden, die so hohe Kosten verursachen, dass der Versicherte nur noch für die Erwirtschaftung der Fahrtkosten arbeitet.

VII. Darlegungs- und Beweislast

246 Da der VN darlegungs- und beweisbelastet für den Eintritt des Versicherungsfalls ist, hat er zumindest summarisch vorzutragen, dass er auch keine andere Tätigkeit im Sinne von § 172 Abs. 3 VVG ausüben kann.[293]

247 Etwas anderes gilt bei einer **konkreten Verweisung**. Da der Versicherte hier die Tätigkeit bereits ausübt, muss er, wenn sich der VR auf das Vorliegen einer konkreten Verweisung beruft, substantiiert vortragen und beweisen, dass er und warum er diese Tätigkeit nicht ausüben kann oder warum sie sonst dem bedingungsgemäßen Anforderungen einer Vergleichstätigkeit nicht genügt.[294] Auf diese Besonderheit muss ihn das Gericht gem. § 139 ZPO hinweisen.[295] Hintergrund ist, dass im Fall der konkreten Verweisung der Versicherte selbst am besten weiß, wie die berufliche Tätigkeit, auf die er verwiesen werden soll, beschaffen ist und mit welchen Anforderungen sie verbunden ist.

248 Im Falle einer **abstrakten Verweisung** trifft den VR hingegen nach summarischem Sachvortrag des VN die **Aufzeigelast.**[296] Nach Art eines Berufsberaters hat der VR den Verwei-

---

291 OLG Saarbrücken 10.1.2001 RuS **2002** 301; Looschelders/Pohlmann/*Klenk* § 172 Rn. 49; Langheid/Rixecker/*Rixecker* § 172 Rn. 59; *Neuhaus* H VII Rn. 186.

292 Vgl. andere Auffassung: Prölss/Martin/*Lücke* § 2 BuVAB Rn. 70.

293 Vgl. BGH 11.11.1987 VersR **1988** 234, 236; BGH 30.5.1990 VersR **1990** 885, 886; BGH 28.9.1994 RuS **1995** 78; Looschelders/Pohlmann/*Klenk* § 172 Rn. 88; Prölss/Martin/*Lücke* § 172 Rn. 116.

294 BGH 12.1.2000 VersR **2000** 349, 350; BGH 30.11.1994 VersR **1995** 159, 160; BGH 23.6.1999 RuS **1999** 477; OLG Bremen 18.5.2009 VersR **2009** 1605, 1606; OLG Düsseldorf 4.4.2000 NVersZ **2001** 359; OLG Frankfurt 17.3.1999 NVersZ **2000** 270; OLG Koblenz 14.6.1996 VersR **1997** 688; HK VVG/*Mertens* § 172 Rn. 81.

295 BGH 12.1.2000 VersR **2000** 349, 350; Looschelders/Pohlmann/*Klenk* § 172 Rn. 89.

296 BGH 11.11.1987 VersR **1988** 234, 236; BGH 30.5.1990 VersR **1990** 885, 886; BGH 30.9.1992 VersR **1992** 1386, 1387; BGH 19.5.1993 VersR **1993** 953, 954; OLG Köln 28.2.1991 RuS **1991** 323.

sungsberuf einschließlich der dafür erforderlichen Voraussetzungen und speziellen Fähigkeiten bzgl. der ihm prägenden Merkmale substantiiert darzulegen.[297]

Insbesondere muss vorgetragen werden, welche **Zugangsvoraussetzungen** wie z.B. Vorbildung, Berufserfahrung, erfüllt werden müssen, welche Arbeitsbedingungen herrschen, wie z.B. Arbeitszeiten, Entlüftung, Einsatz technischer Hilfsmittel, Einsatzarten wie Wechseltätigkeit oder Tätigkeit an einem Standort. **249**

Wenn der VR seiner Aufzeigelast genügt hat, dann muss der Versicherte den Negativbeweis führen, dass dieser Beruf nicht von ihm ausgeübt werden kann und dass der Vergleichsberuf nicht seiner bisherigen Lebensstellung entspricht. Da die Anforderungen der Rechtsprechung an die substantiierte Darlegung eines Vergleichsberufs im Fall der abstrakten Verweisung sehr hoch sind, war die praktische Bedeutung der abstrakten Verweisung in der Vergangenheit gering. Darüber hinaus verzichten die meisten VR in den jüngeren Versicherungsbedingungen ohnehin auf eine abstrakte Verweisung jedenfalls im Rahmen der Erstprüfung des Versicherungsfalls. Ihre praktische Bedeutung ist daher insgesamt gering geworden. **250**

VIII. Abdingbarkeit

§ 172 ist abdingbar, § 175. Der Gesetzgeber hat bewusst den Begriff der Berufsunfähigkeit nicht festgeschrieben, um die Bedingungsvielfalt zu erhalten. Dabei muss aber der Leitgedanke der Vorschrift beachtet werden. **251**

§ 173
Anerkenntnis

(1) Der Versicherer hat nach einem Leistungsantrag bei Fälligkeit in Textform zu erklären, ob er seine Leistungspflicht anerkennt.

(2) Das Anerkenntnis darf nur einmal zeitlich begrenzt werden. Es ist bis zum Ablauf der Frist bindend.

Schrifttum

Höra Materielle und prozessuale Klippen in der Berufsunfähigkeits- und Krankenversicherung, RuS **2008** 89; *Karcewski* Die Rechtsprechung des Bundesgerichtshofes zur Kranken-, Krankentagegeld- und Berufsunfähigkeitsversicherung, RuS **2012** 270; *Kessal – Wulf* Die aktuelle Rechtsprechung des BGH zur Unfall-, Berufsunfähigkeits- und Krankentagegeldversicherung, RuS **2011** 497; *Langheid* Auf dem Weg zu einem neuen Versicherungsvertragsrecht, NJW **2006** 3317; *ders.* Die Reform des Versicherungsvertragsgesetzes – 2. Teil: Die einzelnen Versicherungssparten, NJW **2007** 3745; *Langheid/Müller-Frank* Rechtsprechungsübersicht zum Versicherungsvertragsrecht im ersten Halbjahr 2017, NJW **2017** 2318; *Mennemeyer/Hugemann* Rechtsprechung des BGH zum Recht der Personenversicherung und zu Besonderheiten der Prozessführung im 2. Halbjahr 2016, SpV **2017**; *Neuhaus* Zwischen den Jahrhunderten, – Die Übergangsregelungen des neuen VVG, RuS **2007** 441; *ders.* Die Berufsunfähigkeitsversicherung – Neues VVG, Perspektiven, Prognosen, RuS **2008** 449; *Rixecker* An-

[297] Looschelders/Pohlmann/*Klenk* § 172 Rn. 88 mit Verweis auf BGH 12.1.2000 VersR **2000** 349, 350; Prölss/Martin/*Lücke* § 172 Rn. 119.

merkung zu BGH vom 14.12.2016 – AZ: IV ZR 527/15, NJW **2017** 1620; *Stegemann/Lind* Der Lebensversicherungsvertrag in der Insolvenz, NVersZ **2002** 193; *Wachholz* Anwendungsbereiche und Rechtswirkungen befristeter Anerkenntnisformen in der Berufsunfähigkeitszusatzversicherung, VersR **2003** 161.

Übersicht

A. Allgemeines

I. Entstehungsgeschichte

1 Die Vorschrift ist neu und durch das Gesetz zur Reform des Versicherungsvertragsrechts in das VVG eingeführt worden. In der Gesetzesbegründung zu Abs. 1 weist der Gesetzgeber darauf hin, dass die Abgabe eines Anerkenntnisses für den VN eine besondere Bedeutung hat.[1] Bejaht wird ein schützenswertes Interesse des VN, dass sich der VR möglichst bald und für längere Zeit bindend erklärt, damit der VN die nach dem Versicherungsvertrag geschuldeten wiederkehrenden Leistungen in seine Zukunftsplanung einbeziehen kann. Der Gesetzgeber hat daher bewusst eine Verpflichtung des VR aufgenommen, zu erklären, ob er seine Leistungspflicht anerkennt. Hinsichtlich des Zeitpunktes, indem sich der VR erklären muss, hat der Gesetzgeber keine Regelung für erforderlich gehalten, sondern auf § 14 verwiesen. In der Gesetzesbegründung betont der Gesetzgeber, dass der VR nicht berechtigt ist, die Abgabe eines Anerkenntnisses mit dem Vorbehalt der Verweisung auf eine andere mögliche Tätigkeit zu erklären.[2] Da die Möglichkeit der Befristung eingeräumt worden ist, verneint der Gesetzgeber insoweit ein schutzwürdiges Interesse des VR. Der Gesetzesbegründung zu Abs. 2 lässt sich entnehmen, dass der VR nicht berechtigt ist, sich einem dauernden Anerkenntnis durch mehrere aufeinanderfolgende zeitlich begrenzte Leistungszusagen zu entziehen.[3] Von dieser Regelung darf auch einzelvertraglich nicht abgewichen werden.

---

1 Vgl. BT-Drucks. 16/3945, S. 106

2 Vgl. BT-Drucks 16/3945. S. 106.

3 Vgl. BT-Drucks. 16/3945, S. 106.

II. Sinn und Zweck

Der VN hat ein großes Bedürfnis, recht bald Klarheit darüber zu bekommen, ob der VR seine Ansprüche anerkennt oder nicht, denn in aller Regel ist er auf die Leistungen des VR angewiesen, weil er über keine anderen liquiden Mittel mehr verfügt: Einkünfte aus einer Berufstätigkeit erhält er mangels Tätigkeit nicht mehr, der KrankentagegeldVR beruft sich häufig auf das Ende der Versicherungsfähigkeit wegen eingetretener Berufsunfähigkeit. Nach der Wertung des Gesetzes soll der VR daher möglichst schnell und lang seine **Leistungspflicht anerkennen.**[4] Der VR muss sich zu seiner Bereitschaft, zu regulieren auf eine bestimmte Art und Weise und auch innerhalb eines angemessenen Zeitraums (§ 14 VVG) erklären. Diese Erklärung hat für den Versicherer Bindungswirkung.[5] **2**

§ 173 hat in der Praxis eine große Bedeutung, weil diese Vorschrift gemäß Artikel 4 Abs. 3 EGVVG die einzige Vorschrift ist, die auch auf Altverträge anzuwenden ist. Damit ist § 173 VVG auch ein **gesetzliches Leitbild für Altverträge** zu entnehmen.[6]Der Gesetzgeber hat der besonderen Bedeutung des Anerkenntnisses in der Berufsunfähigkeitsversicherung Rechnung getragen. Hierfür bestand ein dringendes Bedürfnis, nachdem in der Rechtsprechung Zweifeln an befristeten Leistungszusagen geäußert wurden.[7] **3**

In den **AVB** wurden bisher sehr unterschiedliche Regelungen zum Anerkenntnis verwendet, wie die nachfolgenden Beispiele zeigen: **4**

„Nach Prüfung der uns eingereichten Unterlagen sowie der von uns beigezogenen Unterlagen erklären wir in Textform, ob und für welchen Zeitraum wir eine Leitungspflicht anerkennen."[8]

„Nach Prüfung der … Unterlagen erklärt (der VR), ob, in welchem Umfang und von welchem Zeitpunkt ab (er) eine Leistung anerkennt."[9]

„Nach Prüfung der … Unterlagen erklärt (der VR), ob und für welchen Zeitraum (er) eine Leistungspflicht anerkennt"[10]

Soweit die Versicherungsbedingungen für den VN **günstiger** sind als § 173 VVG waren VR nicht berechtigt, ihre AVB an die Vorschrift des § 173 VVG anzupassen angesichts des Umstandes, dass der Gesetzgeber keine Verschlechterung der Situation der VN herbeiführen wollte.[11] Sie gelten daher zugunsten des VN weiter. Sehen die Versicherungsbedingungen des VR zum Beispiel vor, dass ein befristetes **Anerkenntnis unter Zurückstellung der Prüfung der Verweisbarkeit** ausgesprochen werden darf, so ist eine solche Regelung, weil für den VN günstiger als die gesetzliche Regelung, wirksam.[12] **5**

---

4 BeckOK-VVG/*Mangen* § 173 Rn. 1; Looschelders/Pohlmann/*Klenk* § 172 Rn. 1 jeweils unter Hinweis auf BT-Drucks. 16/3945 S 106; zur Bedeutung des Anerkenntnisses auch *Mennemeyer/Hugemann* SpV **2017** 6, 10; *Kessal-Wulf* RuS **2010** 497, 499; zur Bindungswirkung des Anerkenntnisses in der Insolvenz vgl. *Stegemann/Lind* NVersZ **2001** 193, 196.

5 Langheid/Rixecker/*Rixecker* § 173 Rn. 1; Prölss/Martin/*Lücke* § 172 Rn. 2f., m.w.N.; Langheid/Wandt/*Dörner* § 173 Rn. 1.

6 Vgl. allgemein auch *Langheid* NJW **2006** 3317; *Langheid* NJW **2007** 3745, 3748; *Neuhaus* RuS **2007** 441, 443ff.

7 Langheid/Wandt/*Dörner* § 173 Rn. 3; Looschelders/Pohlmann/*Stangl/Brand* Art. 4 EGVVG Rn. 9 unter Hinweis auf BGH 7.2.2007 VersR **2007** 633, 634 und 777; auch *Karczewski* RuS **2012** 270, 275; *Langheid/Müller-Frank* NJW **2017** 2318, 2322; *Neuhaus* RuS **2008** 449, 453.

8 BuVAB 2007

9 BB-BUZ 1975.

10 BUZ-BB 1990.

11 Vgl. *Höra* RuS **2008** 89, 96.

12 LG Dortmund 4.12.2014, Az.:2 O 124/14, auch Langheid/Wandt/*Dörner* § 173 Rn. 3; Langheid/Rixecker/*Rixecker* § 173 Rn. 3 m.w.N.

Individuell kann die Geltung des neuen Rechts und damit auch der sonstigen Vorschriften der §§ 172ff. VVG auch auf Altverträge mit dem VN vereinbart werden.

B. Einzelheiten

I. Rechtsnatur des Anerkenntnisses

6 Bei dem Anerkenntnis im Sinne des § 173 Abs. 1 handelt es sich nach überwiegender Auffassung um ein **Anerkenntnis eigener Art**, welches besondere Rechtsfolgen auslöst.[13] Nach anderer Auffassung soll es sich nur um eine Willenserklärung handeln, auf deren Abgabe der VN allerdings einen Anspruch hat.[14]

7 Erklärt der VR **ein Anerkenntnis** im Sinne des § 173 Abs. 1, so handelt es sich nicht um das Angebot zum Abschluss eines konstitutiven Schuldanerkenntnisvertrages, denn ein vom Versicherungsvertrag unabhängiges Angebot auf Abschluss eines Anerkenntnisvertrags will der VR in der Regel nicht abgeben. Er will sich regelmäßig nicht über den Inhalt des Versicherungsvertrags hinaus binden.

8 Bei einem vertraglich bestätigenden **deklaratorischen Schuldanerkenntnis** sollen nach dem Willen der Parteien dem anerkennenden Schuldner Einwendungen gegen seine Schuld in einem jeweils näher zu regelnden Umfang abgeschnitten werden. Die Parteien verfolgen mit einem solchen Vertrag den Zweck, das Schuldverhältnis insgesamt oder zumindest in bestimmten Beziehungen dem Streit oder der Ungewissheit zu entziehen und es insoweit eindeutig festzulegen.[15] In dieser Festlegung besteht der rechtsgeschäftliche Gehalt des Schuldbestätigungsvertrags. Der Vertrag wirkt insoweit regelnd auf die Rechtsbeziehungen der Parteien ein, als er die Verwirklichung einer Forderung von möglicherweise bestehenden Einwänden oder Einreden befreit oder sogar ein möglicherweise noch nicht bestehendes Schuldverhältnis begründet, indem er nämlich ein nur möglicherweise bestehendes Schuldverhältnis bestätigte.[16] In diesem Maße hat der Schuldbestätigungsvertrag eine potentiell konstitutive Wirkung.[17] Die Festlegung des Schuldverhältnisses reicht nur soweit, wie es dem erklärten Willen der Beteiligten entspricht. Bei Zweifeln ist die Tragweite des Anerkenntnisses zu ermitteln.

9 Neben dem **abstrakten Schuldanerkenntnis** und dem im BGB nicht geregelten **bestätigenden vertraglichen Schuldanerkenntnis** gibt es das Anerkenntnis, das keinen besonderen rechtsgeschäftlichen Verpflichtungswillen des Schuldners verkörpert. Der Schuldner gibt es vielmehr zu dem Zweck ab, dem Gläubiger seine **Erfüllungsbereitschaft** mitzuteilen und ihn dadurch etwa von sofortigen Maßnahmen abzuhalten oder dem Gläubiger den Beweis zu erleichtern. Solche Bestätigungserklärungen enthalten keine materiell-rechtlichen Regelungen für das Schuldverhältnis, sondern bewirken als Zeugnis des Anerkennenden gegen sich selbst im Prozess allenfalls eine Umkehr der Beweislast und stellen ein Indiz dar, das der Richter bei seiner Beweiswürdigung verwerten kann, das aber jedenfalls durch den Beweis der Unrichtigkeit des Anerkannten entkräftet wird.[18] Welche Wirkungen von einem

---

[13] Vgl. Prölss/Martin/*Lücke* § 173 Rn. 2; Langheid/Wandt/*Dörner* § 173 Rn. 8; Looschelders/Pohlmann/*Klenk* § 174 Rn. 2; MAH Versicherungsrecht/*Höra* § 26 Rn. 175.

[14] Langheid/Rixecker/*Rixecker* § 173 Rn. 1 auch MAH Versicherungsrecht/*Höra*, § 26 Rn. 267; Matusche/Matusche-Beckmann/*Rixecker* § 46 Rn. 157.

[15] BGH 24.3.1976 NJW **1976** 1259, 1260; BGH 16.4.1962 WM **1962** 742.

[16] BGH 19.9.1963 NJW **1963** 2316, 2317.

[17] BGH 24.3.1976 NJW **1976** 1259, 1260, auch Langheid/Wandt/*Dörner* § 173 Rn 8.

[18] BGH 13.3.1974 Betrieb **1974** 1013.

solchen nicht abstrakten Anerkenntnis des Schuldners ausgehen, kann nur durch Auslegung des zum Ausdruck gebrachten Parteiwillens ermittelt werden. Dabei sind im Rahmen der jeweils auf das Schuldverhältnis anwendbaren Rechtsvorschriften und Vertragsbestimmungen vor allem der erkennbar mit dem Anerkenntnis verfolgte Zweck, die beiderseitigen Interessenlagen im konkreten Fall und die allgemeine Verkehrsauffassung für die Bedeutung eines solchen Anerkenntnisses bedeutsam.[19]

Eine Vermutung dafür, dass die Parteien einen bestätigenden Schuldanerkenntnisvertrag abschließen wollen, gibt es nicht.[20] Die Annahme des Schuldbestätigungsvertrages ist nur dann berechtigt, wenn die Parteien einen **besonderen Anlass** zu seinem Abschluss hatten. Da der vertragstypische Zweck eines Schuldanerkenntnisvertrags darin liegt, das Schuldverhältnis – ganz oder teilweise – dem Streit oder der Ungewissheit der Parteien zu entziehen, setzt der bestätigende Schuldanerkenntnisvertrag auch notwendig einen vorherigen Streit oder zumindest eine subjektive Ungewissheit der Parteien über das Bestehen der Schuld oder über einzelne rechtlich erhebliche Punkte voraus. Zu Recht wird daher die vergleichsähnliche Rechtsnatur des Schuldbestätigungsvertrages betont.[21] **10**

Nach allem spricht einiges dafür, dass von einer **Spielart eines deklaratorischen Anerkenntnisses** auszugehen ist, von dessen Wirkungen sich der VR nur im Rahmen eines bestimmten, vertraglich geregelten Nachprüfungsverfahrens lösen kann.[22] Durch die Abgabe des Anerkenntnisses soll nach dem Willen beider Vertragsparteien **die Ungewissheit beseitigt werden, ob der VR leistungspflichtig ist.**[23] **11**

II. Abgabe der Anerkenntniserklärung

1. **Textform.** Die Erklärung hat in **Textform** (§ 126b BGB) zu erfolgen. Es reicht daher nicht, ein mündliches Anerkenntnis abzugeben oder einfach zu leisten. Wenn ein VR allerdings vorbehaltlos leistet, so muss er sich so behandeln lassen, als hätte er ein unbefristetes Leistungsanerkenntnis abgeben.[24] **12**

2. **Inhaltliche Anforderungen.** Inhaltlich muss sich der VR zum **Beginn der Leistungspflicht** erklären, nicht aber zum Ende, sofern er sein Anerkenntnis nicht befristen will. Er muss keinen Grad der Berufsunfähigkeit angeben, sofern nicht die Höhe des Anspruchs von dem Grad der Berufsunfähigkeit abhängig ist, was dann der Fall sein kann, wenn die Vertragsparteien keinen Schwellwert von 50 %, sondern variable Leistungen ab einem Schwellwert von 25 % vereinbart haben.[25] **13**

Will der VR kein Anerkenntnis abgeben, sondern dem VN eine Kulanzleistung gewähren, muss er dies gegenüber dem VN eindeutig zum Ausdruck bringen. Teilt der VR mit, er erbringe seine Leistung ohne Anerkennung einer Rechtspflicht aus Kulanz, so liegt eine eindeutige Erklärung in diesem Sinne vor.[26] Die Frage nach der Zulässigkeit einer Vereinbarung über die Leistungspflicht stellt sich daher in diesem Fall nicht. **14**

---

[19] BGH 15.5.1973 NJW **1973** 2019, 2020.
[20] BGH 24.3.1976 NJW **1976** 1259, 1260.
[21] BGH 9.9.1963 NJW **1963** 2316, 2317.
[22] Landheidt/Wandt/Dörner, § 173 Rn. 8; **a.A.** Langheid/Rixecker/*Rixecker* § 173 Rn. 1.
[23] Langheidt/Wandt/*Dörner* § 173 Rn. 1.
[24] OLG Karlsruhe 18.12.2015, Az.: 9 U 104/14 = NJW RR **2016**, 1241.
[25] Anders Langheid/Wandt/*Dörner* § 173 Rn. 13.
[26] **A.A.** OLG Karlsruhe 21.7.2011 RuS **2013** 34, 35; Prölss/Martin/*Lücke* § 173 Rn. 12 m.w.N.; Langheid/Dörner/*Wandt* § 173 Rn. 10.

15 Auf die Abgabe eines Anerkenntnisses hat der VN einen Anspruch.[27] Fällig wird dieser Anspruch allerdings erst, wenn der VR die zur Feststellung des Versicherungsfalls und des Umfangs der Leistungen des VR notwendigen Erhebungen getroffen hat, § 14 VVG. Notwendige Erhebungen im Sinne dieser Vorschrift sind Maßnahmen, die ein durchschnittlich sorgfältiger VR des entsprechenden Versicherungszweiges anstellen muss, um den Versicherungsfall, seine bestehende Leistungspflicht und den Umfang der von ihm zu erbringenden Leistung zu prüfen und anschließend festzustellen.[28]

16 Die Leistungsprüfung durch den VR kann sich unter Umständen über einen längeren Zeitraum hinziehen. Dies gilt vor allen Dingen dann, wenn der VN ein diffuses Beschwerdebild geltend macht, welches sich keinem klassischen Bereich der Schulmedizin eindeutig zuordnen lässt und schon aus diesem Grunde die Überprüfung einer behaupteten Berufsunfähigkeit Schwierigkeiten bereitet.

17 Eine allgemein gültige Richtschnur, wann bei einem Leistungsantrag in der Berufsunfähigkeitsversicherung die notwendigen Erhebungen üblicherweise abgeschlossen sein müssen, gibt es daher nicht. Erleidet ein Artist aufgrund eines Unfalls eine Querschnittslähmung, so wird die Feststellung einer bedingungsgemäßen Berufsunfähigkeit meist keine großen Schwierigkeiten bereiten. Bei einem mitarbeitenden Betriebsinhaber, der multiple körperliche und psychische Beschwerden geltend macht und ein Unternehmen mit 20 Mitarbeitern führt, wird die Feststellung bedingungsgemäßer Berufsunfähigkeit einen längeren Zeitraum in Anspruch nehmen. In der Praxis sind Prüfungszeiträume auch von mehreren Monaten daher nicht ungewöhnlich und sprechen auch nicht für ein zögerliches Regulierungsverhalten des VR.

18 **3. Rechtsfolgen, wenn ein gebotenes Anerkenntnis nicht abgegeben wird.** Gibt der VR allerdings ein **nach Sach- und Rechtslage gebotenes Anerkenntnis** nicht ab, so muss er sich so behandeln lassen, als habe er ein Anerkenntnis abgegeben mit der Folge, dass er sich von diesem nur nach den Regeln des Nachprüfungsverfahrens lösen kann.[29]

19 In der Literatur gibt es unterschiedliche Ansatzpunkte für die dogmatische Herleitung eines gebotenen Anerkenntnisses. Zum Teil wird die Rechtsauffassung vertreten, der VR verletze seine Verpflichtung aus § 173 Abs. 1 VVG aus dem Versicherungsvertrag, wenn er ein objektiv gebotenes Anerkenntnis nicht abgebe. Handele er schuldhaft, habe er den VN nach § 280 Abs. 1 VVG so zu stellen, als habe er ein Anerkenntnis abgegeben. Maßgeblicher Prüfungszeitpunkt sei derjenige, zu dem bei unterstellter vollständiger bzw. richtiger Prüfung erstmals das Anerkenntnis hätte abgegeben werden müssen.[30] Von einem schuldlosen Verhalten könne ausgegangen werden, wenn der VR die vom VN vorgelegten Unterlagen durch unparteilich würdigende Sachverständige geprüft habe, wobei deren Verschulden ihm gemäß § 278 BGB zuzurechnen sei. Ein schuldloses Verhalten sei anzunehmen, wenn ein durchschnittlicher VR bei verständiger Würdigung und aufmerksamer Prüfung der vom VN vorgelegten Unterlagen nicht zu einem Anerkenntnis gelangt wäre. Für das fehlende Verschulden sei der VR nach allgemeinen Regeln darlegungs- und beweisbelastet.[31]

---

27 *Neuhaus* L I Rn. 4 unter Hinweis auf BGH 19.11.1997 VersR **1998** 173; Langheid,/Wandt/*Dörner* § 173 Rn. 4.

28 Prölss/Martin/*Armbrüster* § 14 Rn. 8; HK – VVG/*Muschner* § 14 Rn.11 m.w.N.

29 BGH 27.9.1989 VersR **1989** 1182, 1183; BGH 11.12.1996 VersR **1997** 436, 437; OLG Oldenburg 10.11.1999 VersR **2000** 574; OLG Saarbrücken 10.1.2001 VersR **2002** 877, 878.

30 Vgl. *Neuhaus* L Rn. 14; MAH Versicherungsrecht/*Höra* § 26 Rn. 311; Langheid/Rixecker/*Rixecker* § 174 Rn. 8; Beckmann/Matusche-Beckmann/*Rixecker* § 46 Rn. 164.

31 Vgl. Langheid/Rixecker/*Rixecker* § 174 Rn. 3.

Nach anderer Auffassung kommt ein gebotenes oder fingiertes Anerkenntnis in Betracht, wenn sich die Leistungsablehnung des VR im Nachhinein als unvertretbar erweise. Dieses sei der Fall bei einer fernliegenden Verweisungsmöglichkeit oder wenn der VR die fingierte Berufsunfähigkeit nach § 2 Abs. 3 der Musterbedingungen übersehe.[32] Nach anderer Auffassung ist von einem gebotenen Anerkenntnis auszugehen, wenn sich aus dem Gesamtverhalten des VR ergebe, dass er von seiner vertraglichen Leistungspflicht ausgehe.[33] **20**

Nach einer weiteren Auffassung soll ein fingiertes Anerkenntnis nur dann in Betracht kommen, wenn der VR dem VN ein gebotenes Anerkenntnis schuldhaft verwehrt. Ein solches schuldhaftes Verhalten sei nicht bei jeder Leistungsablehnung anzunehmen, die sich nach der Begutachtung durch einen Sachverständigen im Zivilprozess als falsch herausstelle. Der VR, der aufgrund eigener Gutachteneinholung zu einem anderen Ergebnis komme, handele nicht schuldhaft.[34] **21**

Nach einer weiteren Auffassung komme ein gebotenes und damit fingiertes Anerkenntnis nur in Betracht, wenn sich eine Leistungspflicht des VR geradezu aufdrängt.[35] **22**

Auch der Rechtsprechung kann entnommen werden, dass im Rahmen der Beurteilung der Frage, ob ein gebotenes und damit fingiertes Anerkenntnis anzunehmen ist, Schuldelemente zu überprüfen sind, wobei nicht ganz eindeutig ist, ob sich der VR entsprechend der gesetzlichen Regelung des § 280 Abs. 1 Satz 2 BGB zu exkulpieren hat oder der VN auch ein schuldhaftes Verhalten des VR darzulegen und zu beweisen hat, um ein „Gebotensein" annehmen zu können.[36] **23**

Wenn man davon ausgeht, dass der VN einen Anspruch auf Abgabe eines Anerkenntnisses hat, so kommt ein Schadensersatzanspruch des VN gegen den VR gemäß § 280 Abs. 1 BGB in Betracht, wenn dieses Anerkenntnis nicht abgegeben wird. Zu den Pflichten eines VR im Rahmen der Leistungsprüfung gehört es von vornherein, die ihm durch den VN oder die von diesem benannten Ärzte hereingereichten Unterlagen objektiv zu überprüfen. Diese Verpflichtung zur Objektivität ergibt sich schon aus dem Grundsatz von Treu und Glauben. Wenn VN und VR sich darüber einig sind, dass der VR zu überprüfen hat, ob der Versicherungsfall „Berufsunfähigkeit" eingetreten ist, so hat diese Überprüfung objektiv zu erfolgen, wobei dies nicht bedeutet, dass es dem VR verwehrt wäre, im Rahmen der Leistungsprüfung der Frage nachzugehen, ob der VN z.B. seine vorvertragliche Anzeigepflicht verletzt hat. Es ist dem VR allerdings nicht erlaubt, sein überlegenes Fachwissen dahingehend auszunutzen, dass er trotz eindeutiger Arztberichte das Bestehen seiner Eintrittspflicht in Abrede stellt oder bei Fehlen eindeutiger Arztberichte sich der Hilfe eines Gutachters bedient, der dem VR ein ihm günstiges Gutachten in der Hoffnung ausstellt, dass der VN dies akzeptieren werde. **24**

Stellt sich demzufolge im Rahmen einer späteren gerichtlichen Beweisaufnahme heraus, dass der VR seine Eintrittspflicht zu Unrecht in Abrede gestellt hat, so ist nur dann von einem gebotenen Anerkenntnis auszugehen, wenn der VR seine Pflicht zur objektiven Leistungsprüfung verletzt hat, was der Fall sein kann, wenn ein auf seine Veranlassung hin erstelltes Gutachten objektiv unvertretbar war. Es ist nicht ausreichend für die Bejahung eines fingierten Anerkenntnisses, dass der gerichtlich bestellte Sachverständige nun zu einem **25**

---

32 Vgl. Staudinger/Halm/Wendt/*Gramse* § 12 BUV 2008 Rn. 20.

33 Vgl. Prölss/Martin/*Lücke* § 173 Rn. 13.

34 Vgl. *Müller-Frank* BUaktuell 2/**2013** 17, 19, Rn. 12.

35 Vgl. HK – VVG/*Mertens* § 173 Rn. 6

36 Vgl. OLG Hamm 1.12.1998 NVersZ **1999** 217; OLG Düsseldorf 18.12.2001 NVersZ **2002** 357, 358; OLG Hamm 10.4.2002 NVersZ **2002** 398, 399.

anderen Ergebnis kommt als der durch den VR beauftragte Sachverständige, wenn das durch den VR veranlasste Gutachten leitliniengerecht erstellt worden ist und auch im Übrigen keine „handwerklichen" Fehler bei der Gutachtenerstellung festgestellt werden können. Wurde nach allem ein gebotenes Anerkenntnis pflichtwidrig nicht abgegeben, so ist es Sache des VR entsprechend § 280 Abs. 1 Satz 2 BGB, sich zu exkulpieren. Dies wird ihm im Regelfall nur selten gelingen.

26 Von einem gebotenen Anerkenntnis kann allerdings nur dann die Rede sein, wenn die Leistungspflicht des VR sozusagen **auf der Hand** lag. Hierfür reicht es nicht aus, dass der VR im Rahmen der Leistungsprüfung ein nachvollziehbar begründetes Gutachten einholt, welches leitliniengerecht erstellt wurde, er auf Basis des Gutachtens eine Leistungspflicht vertretbar ablehnt und in einem späteren Leistungsprozess der gerichtlich bestellte Sachverständige zu dem Ergebnis kommt, dass bedingungsgemäße Berufsunfähigkeit vorliegt.

27 **4. Ablehnung eines Leistungsantrags.** Will der VR nicht leisten, muss er seine Leistungspflicht ablehnen, auch auf die Abgabe einer solchen Erklärung hat der VN einen Anspruch. Die Ablehnung muss allerdings nicht begründet werden.[37] Die Begründung einer ablehnenden Entscheidung sieht das Gesetz nicht vor. Die Rechtsprechung hat schon vor Inkrafttreten des § 173 lediglich für die Nachprüfungsentscheidung des VR eine nachvollziehbare Begründung verlangt und in diesem Zusammenhang auf die ungewöhnliche Mitwirkungsobliegenheit des VN bei der Beweisführung des VR hingewiesen, die darauf abziele, von einer anerkannten Leistungspflicht loszukommen.[38] Eine derartige Schutzbedürftigkeit des VN besteht allerdings bei dem Abschluss des Erstprüfungsverfahrens nicht. Hier ist nicht erkennbar, warum der VR gehalten sein sollte, seine ablehnende Entscheidung zu begründen. Der VN ist ausreichend dadurch geschützt, dass er die Entscheidung des VR in Textform (§ 126 b) BGB) erhält. Er kann sich dann rechtlich beraten lassen und das prozessuale Risiko abschätzen.

28 In der Praxis enthalten die vor allem ablehnenden Leistungsentscheidungen des VR allerdings meistens eine Begründung. Häufig bezieht sich der VR entweder auf ein Gutachten, welches er seiner Leistungsentscheidung beifügt oder auf ihm vorliegende Arztberichte. Wenn der VN den VR allerdings auffordert, seine ablehnende Entscheidung zu begründen, muss der VR hierzu im Rahmen einer vertraglichen Nebenpflicht Stellung nehmen, weil er erkennen kann, dass sein Vertragspartner nicht in der Lage ist, sein Prozessrisiko einzuschätzen. Unterlässt er dies, macht er sich gegebenenfalls schadenersatzpflichtig gem. § 280 BGB.

29 **5. Ablehnung eines Leistungsantrags und Verzug.** Fraglich ist, ob der VR auch dann in Verzug geraten kann, wenn er auf Basis eines medizinischen Sachverständigengutachtens den Leistungsantrag des VN ablehnt, sich aber in einem späteren gerichtlichen Verfahren herausstellt, dass der VN doch berufsunfähig ist, also widersprechende Gutachten vorliegen. Verzug setzt auch ein schuldhaftes Verhalten des VR voraus. Wenn sich der VR zur Ablehnung des Leistungsantrags ein Gefälligkeitsgutachten erstellen lässt, dann wird ein solches Verschulden zu bejahen sein. Handelt es sich aber um ein vertretbares Gutachten, so liegt keinerlei Verschulden des VR vor, der keine hellseherischen Fähigkeiten haben muss. Es ist sachlich nicht gerechtfertigt, den VR zu bestrafen, der sich bei seiner Leistungsentscheidung der Hilfe eines versierten Sachverständigen bedient, wenn sich in einer spä-

---

[37] OLG Hamm 10.11.2010 VersR **2011** 384, 386, anders Langheid/Wandt/*Dörner* § 173 Rn. 29; Looschelders/Pohlmann/*Klenk* § 173 Rn. 10.

[38] BGH 17.2.1993 RuS **1993** 434, 435.

teren gerichtlichen Beweisaufnahme herausstellt, dass ein gerichtlicher Sachverständiger zu dem Vorliegen bedingungsgemäßer Berufsunfähigkeit kommt.

Soweit in der Rechtsprechung in der Vergangenheit zum Teil die Rechtsauffassung vertreten wurde, der VR komme immer in Verzug, wenn er mit der Beweismöglichkeit nicht einigermaßen sicher rechnen konnte, so ist dem nicht zu folgen[39] Es ist schon unklar, wann der VR aufgrund der vorliegenden Unterlagen damit rechnen muss, dass dem VN der von diesem zu erbringende Nachweis für die Begründetheit seiner Ansprüche gelingen könnte. Dies ist nach der Erfahrung eigentlich immer der Fall, wenn ein medizinisches Sachverständigengutachten vorliegt, weil fast immer die Möglichkeit besteht, dass ein anderer Sachverständiger auch zu einem anderen Ergebnis kommt. Nur in seltenen Fällen ist der medizinische Sachverhalt so eindeutig, dass nur eine einzige Entscheidung in Betracht kommt. Da das Verschulden aber die subjektive Komponente des Verzugs darstellt, kann es nur darauf ankommen, ob auch aus Sicht des Sachbearbeiters des VR die ablehnende Entscheidung auf Basis des vorgelegten Gutachtens vertretbar war. Das ist jedenfalls dann der Fall, wenn es sorgfältig begründet ist, keine Widersprüche aufweist und es sich bei dem Gutachten auch nicht um ein Gefälligkeitsgutachten handelt. Im Übrigen gibt es keinen Erfahrungssatz des Inhalts, dass ein im Rahmen einer gerichtlichen Beweisaufnahme eingeholtes Sachverständigengutachten stets einen höheren Überzeugungswert hat als ein vorprozessual eingeholtes Gutachten. Entgegen der Auffassung des OLG Koblenz geht es nicht um die Frage, ob es dem VR gestattet ist, das Risiko einer zweifelhaften Sach- und Rechtslage dem VN zuzuschieben. Das Risiko einer zweifelhaften Sach- und Rechtslage trägt der VN schon aufgrund des Umstands, dass er das Vorliegen bedingungsgemäßer Berufsunfähigkeit beweisen muss. Das Verhalten des VR ist im Sinne eines Verschuldens aber dann vorwerfbar, wenn er dem VN aufgrund eines Gefälligkeitsgutachtens oder eines für ihn erkennbar oberflächlich erstellten Gutachtens vorgaukelt, die Leistungsentscheidung beruhe auf einer überzeugenden ärztlichen Stellungnahme mit der Folge, dass es auch keinen Sinn mache, deren Richtigkeit im Rahmen eines gerichtlichen Verfahrens zu überprüfen. 30

III. Anfechtbarkeit des Anerkenntnisses

Gibt der VR ein Anerkenntnis im Sinne des § 173 Abs. 1 ab, so bindet ihn dies bis zum vertragsgemäßen Erlöschen der Leistungspflicht. Hat sich der VR aber demgegenüber über die Voraussetzungen für die Abgabe des Anerkenntnisses geirrt, weil tatsächlich eine Leistungspflicht des VR nicht besteht, so ändert dies an der Leistungsverpflichtung des VR nichts. 31

Der VR hat die Möglichkeit, das Anerkenntnis nach §§ 142 Abs. 1, 123 BGB anzufechten, wenn es durch arglistige Täuschung herbeigeführt wurde, weil der VN etwa falsche Angaben zu seinem Gesundheitszustand gemacht hat, was der VR allerdings beweisen muss. Nicht ausreichend ist daher, dass er im Rahmen einer späteren prozessualen Auseinandersetzung bessere Erkenntnisse erhält. 32

Denkbar aber weniger praxisrelevant ist auch eine Irrtumsanfechtung gem. § 119 Abs. 1 oder 2 BGB. Nicht möglich ist aber eine Anfechtung mit der Begründung, tatsäch- 33

---

[39] Vgl. OLG Koblenz 16.11.2007 BeckRS 2008 11652 unter Hinweis auf Berliner Kommentar/*Gruber* § 11 Rn. 35ff.; Langheid/Rixecker/*Römer*[2] § 11 Rn. 26f.

lich habe gar keine Berufsunfähigkeit vorgelegen, wie sich im Nachhinein herausgestellt habe, denn gerade diese Unsicherheit soll durch das Anerkenntnis beseitigt werden.[40]

34 Es kann daher für den VR die missliche Situation auftreten, dass er zur Leistung verpflichtet bleibt, obwohl tatsächlich gar keine Berufsunfähigkeit des VN vorliegt. Hat der VR aber sein Anerkenntnis wirksam angefochten, so lebt der zunächst erfüllte Anspruch des VN auf Abgabe einer Erklärung zur Leistungspflicht wieder auf.[41]

IV. Vereinbarungen über die Leistungspflicht

35 Der Umstand, dass sich aus einem wirksam abgegebenen Anerkenntnis eine besondere Bindungswirkung zugunsten des VR ergibt, führt zu der Folge, dass der VR – wozu er auch im Interesse der Versichertengemeinschaft verpflichtet ist – sorgfältig prüft, ob die Voraussetzungen für die Abgabe eines Leistungsanerkenntnisses vorliegen. Die Leistungsprüfung kann deshalb schon aufgrund der Komplexibilität des Sachverhalts, den der VR prüfen und beurteilen muss, einen längeren Zeitraum in Anspruch nehmen. Dieser Umstand kann auf Seiten des VN vor allen Dingen dann zu einem erheblichen Liquiditätsbedarf führen, wenn sein KrankentagegeldVR der Auffassung ist, es liege bedingungsgemäße Berufsunfähigkeit vor, weshalb er nicht mehr verpflichtet sei, Krankentagegeld zu leisten.

36 In diesen Fällen kann auch der VN ein Interesse an einer vorzeitigen Entscheidung des VR haben, weshalb die Parteien in diesen Fällen häufig eine Vereinbarung über eine durch den VR zu erbringende Leistung abschließen.

37 Der Abschluss einer **Regulierungsvereinbarung** kann daher im Interesse beider Vertragsparteien sein. Auf der anderen Seite darf eine Regulierungsvereinbarung aber nicht genutzt werden, um sich den Bindungswirkungen eines Anerkenntnisses zu entziehen, obwohl an sich ein Anerkenntnis abgegeben werden müsste.

38 Individuelle Vereinbarungen zwischen den Parteien eines Berufsunfähigkeitsversicherungsvertrages über die sachliche oder zeitliche Ausgestaltung der Leistungspflicht des VR sind auch nach neuem Recht grundsätzlich zulässig.[42] Dies gilt trotz der Regelung des § 175, wonach von der Regelung des § 173 nicht zum Nachteil des VN abgewichen werden darf.[43] Allerdings ist der VR wegen der besonderen Bedeutung der Berufsunfähigkeitsversicherung in besonderer Weise gehalten, seine **überlegene Rechts- und Sachkenntnis** nicht zum Nachteil des VN auszunutzen.[44] Der BGH weist zu Recht darauf hin, dass die Berufsunfähigkeitsrente für den VN häufig **existentielle Bedeutung** hat. Dies gilt insbesondere vor dem Hintergrund, dass der KrankentagegeldVR bei eingetretener Berufsunfähigkeit keine Leistungen mehr erbringen muss.

39 Vereinbarungen dürfen vor allen Dingen nicht gegen den Grundsatz von **Treu und Glauben** verstoßen.[45] Ein starkes Indiz für einen Verstoß gegen Treu und Glauben ist es,

---

40 Langheidt/Wandt/*Dörner* § 173 Rn. 22; Prölss/Martin/*Lücke* § 174 Rn. 8; Looschelders/Pohlmann/*Klenk* § 173 Rn. 22.

41 Prölss/Martin/*Lücke* § 174 Rn. 6; Langheid/Wandt/*Dörner* § 173 Rn. 22; *Neuhaus* L VIII Rn. 69.

42 Vgl. HK – VVG/*Mertens* § 173, Rn. 11 unter Hinweis auf BT-Drucks. 16/3945 S. 106; Langheid/Rixecker/*Rixecker* § 173 Rn. 11; Looschelders/Pohlmann/*Klenk* § 173 Rn. 18; Langheit/Wandt/*Dörner* § 173 Rn. 33; Prölss/Martin/*Lücke* § 173 Rn. 16; *Neuhaus* J VII Rn. 51.

43 Vgl. BGH 15.2.2017 BeckRS **2017** 106653 unter Hinweis auf BT-Drucks. 16/3945 S. 106, 107.

44 BGH 15.2.2017 BeckRS **2017** 106653; Looschelders/Pohlmann/*Klenk* § 173 Rn. 17 m.w.N.

45 Vgl. Langheid/Rixecker/*Rixecker* § 173 Rn. 13; *Neuhaus* J VII Rn. 53 a.E.; Prölss/Martin/*Lücke* § 173 Rn. 17.

wenn die nach dem Vertrag bestehende Rechtslage durch die Vereinbarung zum Nachteil des VN geändert und seine Rechtsposition dadurch ins Gewicht fallen und verschlechtert wird.

Objektiv treuwidrig handelt der VR, der bei naheliegender Berufsunfähigkeit die ernsthafte Prüfung seiner Leistung durch das Angebot einer befristeten Kulanzleistung hinausschiebt und so das nach Sachlage gebotene Anerkenntnis unterläuft. Vereinbarungen, die, von der objektiven Rechtslage abweichenden Nachteile für den VN zur Folge haben, sind danach, will sich der VR nicht den Vorwurf rechtsmissbräuchlichen Verhaltens aussetzen, nur in engen Grenzen möglich. **40**

Da der VN einen Anspruch auf Abgabe eines Anerkenntnisses hat, setzt die Zulässigkeit einer Vereinbarung aus Sicht des verständigen Versicherungsnehmers eine noch **unklare Sach- und Rechtslage** voraus.[46] Eine solche Unklarheit kann bestehen, wenn sich **widersprechende Gutachten** vorliegen oder die eingereichten Arztberichte nicht eindeutig sind. Allein das Vorliegen von Arbeitsunfähigkeitsbescheinigungen und/oder Rentenbescheiden führt nicht zu einer klaren Sachlage, die den Abschluss einer Vereinbarung verbietet, wenn keine eindeutigen medizinischen Befunde vorliegen. **41**

Demzufolge hat der VR vor Abschluss der Vereinbarung zu prüfen, ob er auf Basis der bislang ermittelten Tatsachen ein Anerkenntnis abgeben müsste. Dies kommt z.B. dann in Betracht, wenn der Begriff der Berufsunfähigkeit nach den Versicherungsbedingungen voraussetzt, dass der VN für einen bestimmten Zeitraum nicht in der Lage ist, seine zuletzt in gesunden Tagen ausgeübte Tätigkeit zu erledigen und der VN diesen Zeitraum bereits erfüllt hat. In diesem Fall wird die Sach- und Rechtslage häufig klar sein und allenfalls die Frage bestehen, ob der VN immer noch berufsunfähig ist, sich also der VR von seiner Leistungspflicht im Rahmen eines bedingungsgemäßen Nachprüfungsverfahrens lösen könnte. Hier kann in der Tat über die Dauer der Leistungsverpflichtung eine Unklarheit bestehen, der VN ist aber in diesem besonderen Fall darauf hinzuweisen, dass er Anspruch auf Abgabe eines bedingungsgemäßen Anerkenntnisses hätte, von dessen Wirkungen sich der VR nur im Rahmen des bedingungsgemäßen Nachprüfungsverfahrens wieder lösen kann. **42**

Wenn in dem Versicherungsvertrag geregelt ist, dass der VR Leistungen aus der Berufsunfähigkeitsversicherung schuldet, wenn die versicherte Person tatsächlich oder voraussichtlich sechs Monate ununterbrochen zu mindestens 50 % berufsunfähig ist, und es nahe liegt, dass der VN diesen Nachweis erbracht hat, weil dem BerufsunfähigkeitsVR z.B. ein Gutachten vorliegt, auch wenn dies auf einem anderen Rechtsgebiet – nämlich dem Rechtsgebiet der Sozialversicherung – erstellt worden ist und wenn der VN über sechs Monate krankgeschrieben war, dann kann eine über den Sechsmonatszeitraum hinausgehende befristete Kulanzleistung als treuwidrig bewertet werden. **43**

Die Rechtsprechung verlangt ferner von dem VR, dass dieser den VN vor Abschluss klar, unmissverständlich und konkret darauf hinweist, wie sich die vertragliche Rechtsposition des VN darstellt und in welcher Weise dieser durch den Abschluss der Vereinbarung verändert oder eingeschränkt wird.[47] **44**

Erforderlich sind **klare, unmissverständliche und konkrete Hinweise des VR** darauf, wie sich die vertragliche Rechtsposition des VN darstellt und in welcher Weise diese durch den Abschluss der Vereinbarung verändert oder eingeschränkt wird.[48] Zumindest ist es er- **45**

[46] BGH 28.2.2007 BeckRS **2007** 06019.

[47] BGH 2.7.2007 BeckRS **2007** 04758.

[48] Vgl. BGH 15.2.2007 BeckRS **2017** 106653; auch LG München 20.4.2017 BeckRS **2017** 108554.

forderlich, dass der VR die nach den Versicherungsbedingungen zu erfüllenden Voraussetzungen für den Eintritt des Versicherungsfalls im Einzelnen erläutert und die mögliche Einschränkung der vertraglichen Rechtsposition durch den Abschluss der Vereinbarung – z. B. die Verschiebung des Zeitpunkts der Erstprüfung mit ihren beweisrechtlichen Konsequenzen sowie den damit möglicherweise eintretenden Verlust des dreimonatigen Nachleistungsanspruchs – darstellt. Unterlässt der VR diese Erklärung, so ist er so zu behandeln, als habe er den Anspruch umfassend anerkannt und kann sich demzufolge von dem zu unterstellenden bedingungsgemäßen Anerkenntnis nur im Wege des Nachprüfungsverfahrens lösen.[49] Allerdings ist der VR nicht verpflichtet, den VN zu belehren.[50].

46 Die stringente Rechtsprechung des BGH engt den Anwendungsbereich von Regulierungsvereinbarungen stark ein. Dies dürfte selbst dann gelten, wenn bei Abschluss der Vereinbarung der VN zwar bedingungsgemäße Berufsunfähigkeit für einen sechs Monate überschreitenden Zeitraum behauptet, dies aber seitens des VR substantiiert bestritten worden ist und sich erst im Rahmen einer gerichtlichen Beweisaufnahme klärt, dass der VN während des Sechsmonatszeitraums tatsächlich berufsunfähig war.

47 Will der VR daher den Vorwurf eines treuwidrigen Verhaltens vermeiden, so sollte er unabhängig von der Frage, ob er die Arztberichte, aus denen sich eine sechs Monate überdauernde Arbeitsunfähigkeit des VN ergibt, für überzeugend hält, den VN nach Maßgabe der Vorgaben des BGH belehren. Erfolgt eine solche Belehrung, so kann sich der VR aber auf die Vereinbarung selbst dann berufen, wenn sich im Zuge der späteren Beweisaufnahme herausstellt, dass der VN tatsächlich während des Sechsmonatszeitraums nicht in der Lage war, seinem zuletzt in gesunden Tagen ausgeübten Beruf nachzugehen.

48 Im Prozess steht dem VR allerdings der Beweis offen, dass und ab wann die Voraussetzungen für eine Herabsetzung oder Einstellung der Leistung eingetreten sind.[51] Wenn der VR ein bedingungsgemäßes Nachprüfungsverfahren durchgeführt hat und seine Leistungspflicht endete, weil der VN eine Vergleichstätigkeit aufnahm, auf die ihn der VR verweisen konnte, so lebt die frühere Leistungspflicht des VR mit der Beendigung der Vergleichstätigkeit nicht wieder auf, der Versicherte muss vielmehr, will er wiederum Leistungen erhalten, einen neuen Leistungsantrag stellen.[52]

49 Der Versicherte kann angesichts jederzeitigen bedingungsgemäßen Nachprüfungsrechts des VR im Falle einer konkreten Verweisung nicht seinerseits **Nachprüfung** verlangen, ob er immer noch eine andere Tätigkeit ausübt, die seiner bisherigen Lebensstellung entspricht. Ein solches Nachprüfungsrecht des Versicherten findet im Gesetzeswortlaut und regelmäßig auch im Wortlaut der Bedingungen keine Stütze. Es ist unter Symmetriegesichtspunkten weder mit Blick auf das bei Vertragsschluss abgegebene Leistungsversprechen des VR noch dem Zweck der Berufsunfähigkeitsversicherung geboten.[53] Ein **eigenes Nachprüfungsrecht des Versicherten** ist auch nicht erforderlich, denn er kann jederzeit erneut Leistungen beantragen, während sich der VR von seinem Leistungsanerkenntnis nur unter den erschwerten Voraussetzungen des Nachprüfungsverfahrens lösen kann. Für die

---

[49] Vgl. OLG Düsseldorf 11.9.2001, AZ: 4 U 206/09 n.V.; LG München 24.4.2017, AZ: 23 O 12413/15.

[50] Vgl. BGH 15.2.2017 BeckRS **2017** 106653.

[51] Vgl. BGH 23.11.2016 NJW-RR **2017** 225, 226; BGH 20.1.2010 RuS **2010** 251, 252; BGH 19.11.1997 NJW **1998** 760; BGH 11.12.1996 NJW-RR **1997** 529, 531.

[52] Vgl. BGH 14.12.2016 NJW **2017** 1620, 1621 unter Hinweis auf *Neuhaus* H VI Rn. 169.

[53] Vgl. BGH 14.12.2016 NJW **2017** 1620, 1621.

Leistungsprüfung ist in einem solchen Fall, wenn der Versicherte seine Vergleichstätigkeit nicht mehr ausübt, wieder auf die letzte konkrete Berufsausübung abzustellen, so wie sie in gesunden Tagen ausgestaltet war, d.h. solange die Leistungsfähigkeit des Versicherten noch nicht eingeschränkt war.[54] Das gilt jedenfalls dann, wenn ein Berufswechsel ausschließlich leidensbedingt war.[55] Eine leidensbedingte Einschränkung der letzten konkreten Tätigkeit des VN beseitigt deren Maßgeblichkeit für den Versicherungsfall demzufolge nicht.[56] Auch eine gesundheitlich bedingte qualitative berufliche Neuorientierung, die eine konkrete Verweisung erlaubt, macht diese nicht zu einem neuen versicherten Beruf, die Absicherung des alten Berufs bleibt also aufrechterhalten, der Versicherungsfall „Berufsunfähigkeit" ist nur unterbrochen. Der VN muss beweisen, dass die frühere, zur Verweisung führende berufliche Veränderung ihre Ursache in der Gesundheit des VN hatte und nicht allein wirtschaftlich motiviert war. Die neue Tätigkeit hinweggedacht darf der VN also nicht mehr in der Lage gewesen sein, seinen früheren Beruf uneingeschränkt fortzuführen. Nur dann nämlich verwirklicht der Verlust der Vergleichstätigkeit das versicherte berufsbezogene Gesundheitsrisiko und nicht das nicht gedeckte Arbeitsmarktrisiko.[57]

V. Befristung

1. Allgemeines. Gem. § 173 Abs. 2 Satz 1 darf das Anerkenntnis nur einmal zeitlich begrenzt werden. Mit dieser Regelung soll verhindert werden, dass sich der VR der Abgabe eines unbefristeten bedingungsgemäßen Anerkenntnisses entzieht und den VN über einen längeren Zeitraum im Unklaren lässt, ob der VR für den vertraglich vorausgesetzten Zeitraum auf Dauer leisten will.[58] **50**

Viele ältere Versicherungsbedingungen sehen ein zeitlich befristetes Anerkenntnis vor, beschränken dessen Anwendungsbereich allerdings auf die einstweilige Zurückstellung der Frage der Verweisbarkeit. Diese Klauseln sind, weil sie eine für den VN günstige Abweichung vom Gesetzeswortlaut darstellen, zunächst einmal wirksam.[59] Es handelt sich um Vereinbarungen, die zugunsten des VN vom Gesetz abweichen, was zulässig ist, § 175 VVG. **51**

Die **Kombination eines befristeten Anerkenntnisses mit Leistungsvereinbarungen** bleibt möglich, wie sich aus der Gesetzesbegründung eindeutig ergibt.[60] **52**

Von einem befristeten Anerkenntnis ist ein bedingtes Anerkenntnis abzugrenzen. Dieses ist nach der Gesetzesbegründung nicht vorgesehen.[61] **53**

---

54 Vgl. BGH 24.2.2010 NJW **2010** 1755, 1756; BGH 26.2.2003 NJW-RR **2003** 673, 674; BGH 12.1.2000 NJW-RR **2000** 691; BGH 22.9.1993 NJW-RR **1994** 151, 152; Looschelders/Pohlmann/*Klenk* § 172 Rn. 8.

55 Vgl. BGH 30.11.1994 NJW-RR **1995** 277, 279; Prölss/Martin/*Lücke* § 172 Rn. 62; Looschelders/Pohlmann/*Klenk* § 172 Rn. 8; HK-VVG *Mertens* § 172 Rn. 22; Langheid/Wandt/*Dörner* § 172 Rn. 68.

56 Vgl. BGH 30.11.1994 NJW-RR **1995** 277, 279.

57 Vgl. *Rixecker* NJW **2017** 1620, 1623.

58 Vgl. Prölss/Martin/*Lücke* § 173 Rn. 21; Looschelders/Pohlmann/*Klenk* § 173 Rn. 14 unter Hinweis auf BT-Drucks 16/3945 S. 106; HK – VVG/*Mertens* § 172 Rn. 8 m.w.N.

59 *Neuhaus* RuS 2008, 449, 452.

60 *Neuhaus* a.a.O.

61 BT-Drucks. 16/3945 S. 106; *Neuhaus* L V Rn. 57.

54 **2. Sachgrund für Befristung.** Streitig ist, ob die Befristung eines Anerkenntnisses eines Grundes bedarf.[62] Der Wortlaut des § 173 Abs. 2 Satz 1 erwähnt nicht das Erfordernis eines sachlichen Grundes für eine Befristung. Nach dem Gesetzeswortlaut ist daher unklar, ob der VR ein befristetes Anerkenntnis auch ohne Vorliegen eines Grundes abgeben darf. Der Gesetzeswortlaut regelt nur die Anzahl der zulässigen Befristungen.[63] Die Gesetzesbegründung verweist allerdings zur Begründung auf ein Bedürfnis für eine vorläufige Regelung zweifelhafter Fälle insbesondere bei der Verweisung. Dies kann als Hinweis auf das Erfordernis einer Begründung gedeutet werden.

55 Die Rechtsprechung verlangte vor Inkrafttreten der VVG-Reform wegen der damit verbundenen Schlechterstellung des VN im Falle eines befristeten Anerkenntnisses **einen sachlichen Grund für eine Befristung.**[64] In der Literatur wird auch heute die Rechtsauffassung vertreten, es spreche nichts dafür, dass der Gesetzgeber diese in der Tat gefestigte Rechtsprechung habe vollständig umkehren und ein befristetes Anerkenntnis ohne weitere Voraussetzungen zulassen wollen. Die besseren Gründe sprächen deshalb dafür, dass die Befristung eines Anerkenntnisses nach der Gesetzeslage auch nach Inkrafttreten der §§ 172ff. einer Begründung bedürfe.[65]

56 Dem ist nicht zu folgen. Es spricht nichts dafür, dass dem Gesetzgeber die in der Tat gefestigte Rechtsprechung zum befristeten Anerkenntnis nicht bekannt war, zumal auch der Bericht der VVG-Kommission nicht vorsah, dass die Abgabe eines befristeten Anerkenntnisses eines sachlichen Grundes bedarf. Wenn man aber unterstellt, dass dem Gesetzgeber die von der Rechtsprechung herausgearbeiteten Grundsätze für die Abgabe eines befristeten Anerkenntnisses bekannt waren und er gleichwohl darauf verzichtete, das Bestehen eines sachlichen Grundes zur Voraussetzung für die Wirksamkeit der Abgabe eines befristeten Anerkenntnisses zu machen, dann gibt es keinen Grund, den nicht erkennbaren Willen des Gesetzgebers wieder in den Gesetzestext hinein zu interpretieren.

57 Gegen die wohl herrschende Meinung spricht im Übrigen Folgendes: Der Gesetzgeber hat die Problematik, dass sich der VR der Abgabe eines unbefristeten Anerkenntnisses entzieht, durchaus gesehen und aus diesem Grunde dem VR eben nur gestattet, einmal sein Anerkenntnis zeitlich zu befristen. Auf diese Art und Weise werden die früher in der Praxis zum Teil vorkommenden Kettenanerkenntnisse vermieden. Nach dem insoweit klaren Gesetzeswortlaut ist es dem VR daher möglich, auch ohne Vorliegen eines Grundes sein Anerkenntnis einmal zeitlich zu befristen. Die herrschende Auffassung führt darüber hinaus zu Abgrenzungsschwierigkeiten: Es ist unklar, ob ein rechtlicher oder ein sachlicher Grund vorliegen muss. Es ist ferner unklar, ob dieser Grund objektiv vorliegen muss mit der Folge, dass im Falle seines Nichtvorliegens von einem unbefristeten Anerkenntnis ausgegangen wird oder es ausreicht, dass aus Sicht des VR ein sachlicher Grund gegeben ist. Ist es demzufolge – ausgehend von der herrschenden Meinung – zulässig, ein befristetes Anerkenntnis abzugeben, wenn der VR aufgrund der ihm vorliegenden Arztberichte „hofft", dem VN werde es in absehbarer Zeit wieder bessergehen, weshalb er nur ein befristetes Anerkenntnis abgibt, oder muss diese Möglichkeit des Wegfalls bedingungsgemäßer Berufsun-

---

[62] So Prölss/Martin/*Lücke* § 173 Rn. 22; Römer/Langheid/*Rixecker* § 173 Rn. 6; *Höra* RuS **2008** 89, 94; *Neuhaus* RuS **2008** 449, 453; eher verneinend: HK – VVG/*Mertens* § 173 Rn. 9.

[63] Prölss/Martin/*Lücke* § 174 Rn. 21f.; Looschelders/Pohlmann/*Klenk* § 173 Rn. 14; HK – VVG/*Mertens* § 173 Rn. 8.

[64] BGH 28.2.2007 VersR **2007** 777, 778; OLG Frankfurt 28.8.2002 VersR **2003** 358, 359; OLG Hamm 2.11.2000 VersR **2001** 1098.

[65] Prölss/Martin/*Lücke* § 173 Rn. 22; *Höra* RuS **2008** 89, 94; *Neuhaus* RuS **2008** 449, 453 unter Hinweis auf BT-Drucks. 16/3945 S. 106.

fähigkeit objektiv ex ante bestehen? Es mag sein, dass die Praxis in der Vergangenheit das Vorliegen eines sachlichen Grundes für eine Befristung verlangte, der Schluss, der Gesetzgeber habe die für den VN günstige Rechtsprechung nicht „vollständig umkehren“ wollen, ist aber nicht zwingend, denn wäre dies richtig, hätte die Möglichkeit bestanden, eine entsprechende Regelung in das Gesetz aufzunehmen.

Allein der Schutz der dauerhaften Lebensplanung des VN gebietet es nicht, dem VR die Möglichkeit der Befristung zu nehmen, die im Übrigen auch im Interesse des VN erfolgen kann, wenn eine vollständige Leistungsprüfung aufgrund der Komplexität des Sachverhalts einen deutlich größeren Zeitraum in Anspruch nehmen würde. Der VN hat Planungssicherheit für die Dauer der Befristung. Dieser Zeitraum wird regelmäßig nicht so kurz sein, dass eine solche Planungssicherheit nicht gegeben ist, denn auch der VR hat durchaus ein Interesse daran, dem VN für eine gewisse Zeit eine Planungssicherheit zu geben, um z.B. zu gewährleisten, dass eine im Interesse aller Beteiligten stehende Genesung des VN nicht durch unnötigen finanziellen Druck verhindert wird. 58

Vor diesem Hintergrund ist das Erfordernis eines sachlichen Grundes für eine Befristung abzulehnen, zumal der VR von dem Instrument einer Befristung eben nur ein einziges Mal Gebrauch machen kann. Schon im eigenen Interesse wird der VR nicht „verschwenderisch“ mit einem befristeten Anerkenntnis umgehen. 59

3. Zeitliche Grenzen und Anzahl der Befristungen

a) **Dauer der Befristungen.** Eine **zeitliche Grenze** für die Abgabe eines Anerkenntnisses gibt es nicht. Der Gesetzgeber hat keine zeitliche Grenze für die Dauer eines befristeten Anerkenntnisses vorgesehen.[66] 60

b) **Anzahl der Befristungen.** Die **Anzahl der möglichen Befristungen** ist nunmehr begrenzt, der VR kann nur noch **einmal** befristen. Dadurch soll verhindert werden, dass durch eine Serie von hintereinander gestaffelten Bedingungen das Erklärungs- und Anerkenntnisgebot des Absatz 1 umgangen wird.[67] Diese Begrenzung bezieht sich auf den Eintritt des Versicherungsfalls. Das Anerkenntnis darf daher zwar nur einmal pro Versicherungsfall befristet werden. Kommt es bei dem Versicherungsvertrag eines VN aber zu mehreren Versicherungsfällen, weil der VN mehrfach berufsunfähig wird, so ist in jedem Einzelfall eine Befristung des Anerkenntnisses möglich. 61

Auch wenn das Aussprechen eines befristeten Anerkenntnisses nur einmal pro Versicherungsfall möglich ist, besteht aber die Möglichkeit, während der Laufzeit eines befristeten Anerkenntnisses mit dem VN eine vertragliche Vereinbarung über eine befristete Leistungsperiode unter Berücksichtigung der hierfür geltenden Besonderheiten zu treffen. Da § 173 Abs. 2 Satz 1 nur für das befristete Anerkenntnis, nicht aber für die vertraglichen Vereinbarungen gilt, gibt es insoweit auch keine Grenzen, soweit die Voraussetzungen für die Wirksamkeit einer solchen Vereinbarung erfüllt sind. Dies bedeutet allerdings auch, dass sich der VR nicht der Abgabe eines Anerkenntnisses dadurch entziehen kann, dass er, obwohl die Abgabe eines Anerkenntnisses geboten wäre, zunächst ein befristetes Anerkenntnis abgibt und sich sodann vertragliche Vereinbarungen anschließen. Das Hintereinanderschalten derartiger vertraglicher Vereinbarungen wäre in diesem Fall rechtsmiss- 62

---

66 *Neuhaus* RuS **2008** 449 unter Hinweis auf die früher abweichende Rechtsprechung des OLG Karlsruhe 3.5.2005 VersR **2006** 59, 60 und die Gesetzesbegründung BT-Drucks. 16/3945 S. 106.

67 Prölss/Martin/*Lücke* § 173 Rn. 21; HK – VVG/*Mertens* § 173 Rn. 8 m.w.N.; Langheid/Rixecker/*Rixecker* § 173 Rn. 9.

bräuchlich, weil der VN einen Anspruch auf Abgabe eines Anerkenntnisses hat und der VR sich diesem Anspruch entziehen will.

63 c) **Befristetes Anerkenntnis auch für einen in der Vergangenheit liegenden Zeitraum.** In der Praxis wird ein befristetes Anerkenntnis häufig auch für die Vergangenheit abgegeben.[68] Dessen Zulässigkeit ist umstritten: Nach teilweiser Auffassung darf ein Anerkenntnis grundsätzlich nicht rückwirkend befristet abgegeben werden.[69] Zur Begründung wird ausgeführt, § 173 Abs. 2 VVG betreffe nur Befristungen, die sich in die Zukunft erstreckten, nicht aber auf in der Vergangenheit abgeschlossene Zeiträume. Aus der Regierungsbegründung ergebe sich, dass § 173 Abs. 2 VVG den Zweck habe, in zweifelhaften Fällen bis zu einer abschließenden Klärung zunächst eine vorläufige Entscheidung zu ermöglichen. Hieraus ergebe sich, dass es um eine in der Zukunft gerichtete Unsicherheit im Hinblick auf die Leistungspflicht gehe.

64 Dies ist in dieser Allgemeinheit allerdings nicht überzeugend. Eine Unsicherheit bezüglich der Leistungspflicht kann auch bezüglich eines in der Vergangenheit abgeschlossenen Zeitraums bestehen. Dies ergibt sich schon aus dem Umstand, dass der VN in aller Regel Leistungsansprüche auch für einen in der Vergangenheit liegenden Zeitraum anmeldet und dann zunächst einmal auch geklärt werden muss, ob für den in der Vergangenheit liegenden Zeitraum eine Berufsunfähigkeit gegeben war. Es ist durchaus denkbar, dass Arztberichte einander widersprechen oder nicht so eindeutig sind, dass sie ein abschließendes Urteil erlauben.

65 Ein VR kann nicht genötigt werden, sehenden Auges ein unrichtiges Anerkenntnis abzugeben.[70] Der VN wird hierdurch nicht zwangsläufig schlechter gestellt, denn es kann durchaus in seinem Interesse sein, eine schnelle Regulierungsentscheidung des VR zu erhalten. Diese ist allerdings in Berufsunfähigkeitsfällen häufig aufgrund des umfangreichen Prüfungsbedarfs nicht möglich, so dass sich der Zeitraum der Leistungsprüfung oft über mehrere Monate erstreckt. Da aber der VN während dieses Zeitraums auf eine ausreichende Liquidität angewiesen ist, kann es durchaus sein, dass auch der VN ein Interesse an einer schnellen Leistungsentscheidung in Form eines befristeten Anerkenntnisses hat.

66 Unabhängig davon kann ein VR ein befristetes Anerkenntnis auch für einen bestimmten Zeitraum der Vergangenheit abgeben und gleichzeitig seine Leistungspflicht für die Zukunft verneinen.[71] Hierbei handelt es sich allerdings bei Licht betrachtet nicht um ein für die Vergangenheit abgegebenes befristetes Anerkenntnis, sondern um eine Verbindung von Anerkenntnis und Einstellungsmitteilung im Wege einer sog. Uno-actu-Entscheidung. Diesbezüglich ist anerkannt, dass Anerkenntnis und Nachprüfung miteinander verbunden werden können. Erforderlich ist dann allerdings, dass die Nachprüfungsentscheidung inhaltlich den Anforderungen an ein Nachprüfungsverfahren standhält.[72] Hiervon zu unterscheiden ist allerdings der Fall, dass der VR nur ein befristetes Anerkenntnis für einen in der Vergangenheit liegenden Zeitraum erklärt und diese Erklärung nicht mit einer Einstellungsmitteilung verbindet. Wenn der VN einen Versicherungsfall meldet, der bereits abgeschlossen ist und demzufolge lediglich für einen in der Vergangenheit liegenden Zeitraum

---

68 Zum praktischen Bedürfnis für ein solches Anerkenntnis vgl. *Wachholz* VersR **2003** 161.

69 LG Dortmund 4.2.2014, AZ: 2 O 275/11; LG Berlin 19.3.2014 VersR **2014** 1196, 1197; Langheid/Rixecker/*Rixecker* § 173 Rn. 8; **a.A.**: HK – VVG/*Mertens* § 173 Rn. 9.

70 Vgl. *Neuhaus* L IV Rn. 40.

71 Vgl. OLG Hamm 15.12.1989 VersR **1990** 731; LG Dortmund 9.7.2009 RuS **2010** 524; Langheid/Wandt/*Dörner* § 173 Rn. 27; *Neuhaus* L IV Rn. 40 m.w.N.

72 Vgl. OLG Hamm 16.10.1998 RuS **1999** 294.

Leistungen begehrt, so wäre die Durchführung eines Nachprüfungsverfahrens eine reine Förmelei. In diesem Fall ist es dem VR möglich, auch für einen in der Vergangenheit liegenden Zeitraum ein befristetes Anerkenntnis abzugeben.[73] Gleiches gilt, wenn sich im Zuge eines Rechtsstreits herausstellt, dass der VR für einen in der Vergangenheit liegenden Zeitraum leistungspflichtig war und er berechtigt gewesen wäre, aufgrund des Leistungsantrags ein befristetes Anerkenntnis abzugeben.[74] In solchen Fällen ein bedingungsgemäßes Nachprüfungsverfahren durchführen zu müssen, wäre eine bloße Förmelei, die auch unter dem Gesichtspunkt des Vertrauensschutzes nicht gerechtfertigt wäre.

d) **Bindungswirkung eines befristeten Anerkenntnisses.** Bis zum Ablauf ist das befristete Anerkenntnis bindend gem. § 174 Abs. 2 Satz 2. Nach Auslaufen des befristeten Anerkenntnisses gelten die Grundsätze des Erstprüfungsverfahrens. Vor Auslaufen des befristeten Anerkenntnisses gelten **nicht** die Grundsätze des Nachprüfungsverfahrens. Das Nachprüfungsverfahren setzt die Abgabe eines unbefristeten Anerkenntnisses voraus. **67**

VI. Abdingbarkeit

§ 173 ist halbzwingend, also zum Nachteil des VN nicht abänderbar, § 175. **68**

§ 174
Leistungsfreiheit

(1) Stellt der Versicherer fest, dass die Voraussetzungen der Leistungspflicht entfallen sind, wird er nur leistungsfrei, wenn er dem Versicherungsnehmer diese Veränderungen in Textform dargelegt hat.
(2) Der Versicherer wird frühestens mit dem Ablauf des dritten Monats nach Zugang der Erklärung nach Absatz 1 beim Versicherungsnehmer leistungsfrei.

Schrifttum

Bellinghausen Die Verweisung in der Berufsunfähigkeitsversicherung, VersR **1995** 5 *Glauber* „Subjektive Kulanz" in der Berufsunfähigkeitsversicherung, VersR **1994** 1405; *Karczewski* Die Rechtsprechung des Bundesgerichtshofs zur Kranken-, Krankentagegeld-, und Berufsunfähigkeitsversicherung, RuS **2012** 270; *Langheid/Müller-Frank* Rechtsprechungsübersicht zum Versicherungsvertragsrecht 2008, NJW **2009**, 337; *dies.* Rechtsprechungsübersicht zum Versicherungsvertragsrecht im zweiten Halbjahr 2016, NJW **2017** 364; *dies.* Rechtsprechungsübersicht zum Versicherungsvertragsrecht 2011, NJW **2012** 358; *Leggewie* Berücksichtigung des Familieneinkommens im Rahmen der zumutbaren Einkommenseinbuße bei Verweisungstätigkeiten, NVersZ **1998** 110; *Mennemeyer/Hugemann* Rechtsprechung des BGH zum Recht der Personenversicherung und zu Besonderheiten der Prozessführung im 2. Halbjahr 2016, SpV **2017** 6; *Neuhaus* Aktuelle Probleme in der Personenversicherung – unter besonderer Berücksichtigung der Berufsunfähigkeitsversicherung, RuS **2009**, 309; *ders.* Die Berufsunfähigkeitsversicherung – Neues VVG, Perspektiven, Prognosen, RuS **2008** 449; *ders.* Die Verjährung von Ansprüchen aus der Berufsunfähigkeitsversicherung, VersR **2018** 711; *ders.* Arbeitsunfähigkeitsklauseln in der Berufsunfähigkeitsversicherung, VersR **2018** 587; *Präve* Die Berufsunfähigkeitsversicherung im Lichte des neuen VVG, VersR **2007** 1207; *Römer* Zur Beweislastver-

[73] Vgl. Langheid/Rixecker/*Rixecker* § 173 Rn. 8.
[74] Vgl. Langheid/Rixecker/*Rixecker* a.a.O.

teilung bei Ansprüchen aus dem Versicherungsvertrag, RuS **2001**, 45; *Wachholz* Berücksichtigung des Arbeitsplatzrisikos in der Berufsunfähigkeits-Zusatzversicherung, NVersZ **1999** 507; *Wachholz* Anwendungsbereiche und Rechtswirkungen befristeter Anerkenntnisformen in der Berufsunfähigkeitszusatzversicherung, VersR **2003** 161.

Übersicht

A. Allgemeines

I. Entstehungsgeschichte

1 Die Vorschrift ist neu und durch das Gesetz zur Reform des Versicherungsvertragsrechts in das VVG eingeführt worden. In der Gesetzesbegründung zu Abs. 1 betont der Gesetzgeber die Schutzbedürftigkeit des VN nach Abgabe einer Leistungszusage des VR. Nach der Gesetzesbegründung sollen aber die Regelungen über die Folgen einer Verletzung der vertraglichen Anzeigepflicht unberührt bleiben. Mit der Einführung des Abs. 2 hat der Gesetzgeber dem Vertrauensschutz des VN Rechnung getragen. Der VN soll vor einem plötzlichen Wegfall der seinem Lebensunterhalt dienenden Leistungen des VR geschützt werden.[1]

II. Sinn und Zweck

2 § 174 regelt das **Nachprüfungsverfahren,** welches der VR durchlaufen muss, um leistungsfrei zu werden. Durch die Regelung des Nachprüfungsverfahrens ist sichergestellt, dass der VR seine Leistung nicht einfach einstellen darf, sondern den VN in die Überprüfung, ob weiterhin eine Leistungspflicht besteht, eng einbinden muss. Die Vorschrift ist halbzwingend, von ihr kann nur zugunsten des VN abgewichen werden, § 175. Anders als § 173 gilt § 174 nicht für sogenannte Altverträge, Art. 4 Abs. III EGVVG.

3 § 174 ist in einem engen Zusammenhang mit § 173 zu sehen. Durch das abgegebene Anerkenntnis wird dem VN eine in rechtlicher Hinsicht starke Position vermittelt. Diese starke Position soll er nach der Wertung des Gesetzgebers nur verlieren, wenn zum einen

[1] Vgl. BT-Drucks. 16/3945 S. 106, allgemein vgl. *Präve* VersR **2003** 1207.

im Rahmen des Nachprüfungsverfahrens bestimmte Formalia eingehalten werden und zum anderen bestimmte Voraussetzungen erfüllt sind, unter denen der VR von seiner Leistungspflicht frei wird.[2] Der VR ist demzufolge nicht berechtigt, seine Leistung einzustellen, nur weil er der Auffassung ist, der Versicherte sei nicht mehr berufsunfähig oder weil der VN die Berufsfähigkeit wiedererlangt hat und der VR das Nachprüfungsverfahren noch nicht durchgeführt hat.[3]

Die Anwendbarkeit des § 174 setzt nicht voraus, dass der VR tatsächlich ausdrücklich oder konkludent ein Anerkenntnis abgegeben hat und sich nun von diesem Anerkenntnis lösen möchte, sondern verlangt nur, dass die Voraussetzungen der Vorschrift zu irgendeinem, in der Vergangenheit liegenden Zeitpunkt einmal vorlagen.[4] Das Nachprüfungsverfahren ist daher auch dann durch den VR einzuhalten, wenn dieser zu einem in der Vergangenheit liegenden Zeitraum ein Anerkenntnis hätte abgeben müssen, dieses aber nicht abgegeben hat. 4

B. Einzelheiten

Nach den üblichen Versicherungsbedingungen ist der VR jederzeit berechtigt das Fortbestehen seiner Leistungspflicht im Rahmen des vereinbarten Nachprüfungsverfahrens zu überprüfen. 5

I. Einstellungsmitteilung

Nach dem Gesetzeswortlaut, ist dem VN die Veränderung darzulegen, die aus Sicht des VR eine Einstellung der Leistungen rechtfertigt. 6

1. Textform. In formeller Hinsicht bedarf es einer **Leistungseinstellungsmitteilung**, die der **Textform** entsprechen muss, § 126b) BGB. Die Leistungseinstellungsmitteilung ist unerlässliche formelle Voraussetzung für die Durchführung eines erfolgreichen Nachprüfungsverfahrens.[5] Sie ist für den Versicherten deshalb so bedeutsam, weil er es ist, der sich mit einer Klage gegen die durch eine Mitteilung ausgelösten Rechtsfolgen zur Wehr setzen muss.[6] 7

Gem. § 126b) BGB setzt eine Erklärung in Textform voraus, dass diese lesbar ist, die Person des Erklärenden nennt und auf einem dauerhaften Datenträger abgegeben worden ist. Ein solcher dauerhafter Datenträger ist jedes Medium, das es dem Empfänger ermög- 8

---

[2] Bruck/Möller/*Winter* Anm. G 80 scheint davon auszugehen, dass der Leistungsanspruch des VN bei Wiedererlangung der beruflichen Leistungsfähigkeit erlischt. Dem ist schon im Hinblick auf die Bindungswirkung des Anerkenntnisses nicht zu folgen.

[3] Vgl. Prölss/Martin/*Lücke* § 174 Rn. 2; BGH 16.12.1987 VersR **1988** 281, 282; BGH 5.10.1983 VersR **1984** 51; BGH 27.5.1987 VersR **1987** 808, 809; BGH 19.11.1997 VersR **1998** 173, 174; BGH 28.2.2007 VersR **2007** 777; OLG Karlsruhe 16.8.1990 RuS **1992** 321; OLG Köln 13.12.1990 RuS **1992** 102, 103; OLG Hamm 6.1.1993 VersR **1993** 1091; Looschelders/Pohlmann/*Klenk* § 174 Rn. 1.

[4] OLG Karlsruhe 30.9.2014 RuS **2015** 81, 82.

[5] BGH 17.2.1993 VersR **1993** 562, 564; BGH 16.12.1987 VersR **1988** 281; OLG Saarbrücken 30.9.2008 VersR **2009** 917, 918; OLG Karlsruhe 3.7.2008 RuS **2009** 251; OLG Köln 16.9.1993 VersR **1994** 418; OLG Oldenburg 23.3.1994 RuS **1994** 354, 355; OLG Hamm 26.6.1998 VersR **1999** 703.

[6] Vgl. BGH 17.2.1993 RuS **1994** 72, 74; BGH 17.2.1993 NJW-RR **1993** 721, 722; BGH 15.10.1997 NJW-RR **1998** 238.

licht, eine auf dem Datenträger befindliche an ihn persönlich gerichtete Erklärung so aufzubewahren oder so zu speichern, dass sie ihm während eines für ihren Zweck angemessenen Zeitraums zugänglich ist und geeignet ist, die Erklärung unverändert wiederzugeben.[7]

9 In der Praxis werden Leistungseinstellungsmitteilungen üblicherweise noch in Papierform dem VN übermittelt, denn die Erklärung muss dem VN zugehen, was der VR zu beweisen hat.[8] Trotz der Neuregelung in § 6a VVG erfüllt eine Website mit für den VN personalisiertem Zugang nicht die Anforderungen des § 126b BGB.[9] Dies gilt jedenfalls dann, wenn die Erklärung jederzeit durch den VR verändert werden kann. Etwas anderes kann für ein Kundenportal gelten, dass einen für den VN individualisierten Zugang sowie technische Vorrichtungen enthält, die durch einen **Zwangsdownload** eine Speicherbarkeit der Mitteilung sicherstellen.[10]

2. Inhaltliche Anforderungen

10 a) **Allgemeines.** Inhaltlich muss die Leistungseinstellungsmitteilung dem VN eine nachvollziehbare Begründung dafür geben, dass und warum die Leistungspflicht des VR enden soll. Die Leistungseinstellungsmitteilung soll dem VN ermöglichen, sein **Prozessrisiko abschätzen** zu können, was voraussetzt, dass sie für ihn nachvollziehbar ist. Dabei ist nicht auf den durchschnittlichen VN, sondern auf den konkreten VN abzustellen, denn dieser muss sein Prozessrisiko abschätzen können und ihm gegenüber will sich der VR von der Leistungspflicht befreien.[11] Hintergrund dieses besonderen Erfordernisses ist, dass der VN im Nachprüfungsverfahren außergewöhnliche Mitwirkungspflichten hat, die praktisch bewirken, dass der Gläubiger dem Schuldner bei der Beweisführung, sich wieder von einer bestehenden Leistungsverpflichtung lösen zu können, helfen muss.[12] In seinem **Urteil vom 17.2.1993** führt der BGH aus:

> *Aus Sinn und Zweck wie aus der Ausgestaltung der Klausel ergibt sich jedoch, daß in der Mitteilung eine nachvollziehbare Begründung dafür gegeben werden muß, warum die Leistungspflicht des Versicherers enden soll. Die Klausel sieht vor, daß der Versicherte dem Versicherer dabei behilflich zu sein hat, daß letzterer seiner Beweislast im Nachprüfungsverfahren nachkommen kann. Unter Androhung des Anspruchsverlustes, die § 6 III VVG dem Versicherer gestattet, ist der Versicherte gem. §§ 7 und 8 BB-BUZ gehalten, dem Versicherer jederzeit für die Nachprüfung sachdienliche Auskünfte zu erteilen und sich auf dessen Verlangen einmal jährlich einer Untersuchung durch einen vom Versicherer beauftragten Arzt zu unterziehen. Diese ungewöhnliche Mitwirkungsobliegenheit des Gläubigers bei einer Beweisführung seines Schuldners, die darauf abzielt, wieder von einer anerkannten Leistungspflicht loszukommen, läßt sich nur mit den Besonderheiten des Versicherungsrechts und der speziellen Ausgestaltung einer Berufsunfähigkeitsversicherung rechtfertigen. Ein lauteres und vertrauensvolles Zusammenwirken der Vertragspartner, das auf Ergebnisse abzielt, die den Tatsachen und der Rechtslage entsprechen, ist hier unverzichtbar. Das hat jedoch zur Folge, daß auch der Versicherer gewissermaßen im Gegenzug zu den Obliegenheiten, die dem Versicherten im Versichererinteresse aufgegeben sind, seinerseits dafür Sorge tragen muß, daß*

---

[7] Vgl. MünchKo-BGB/*Einsele* § 126b Rn. 4.

[8] Vgl. Prölss/Martin/*Lücke* § 174 Rn. 22; Looschelders/Pohlmann/*Klenk* § 174 Rn. 14; Langheid/Wandt/*Dörner* § 174 Rn. 28f.

[9] Vgl. EuGH 5.7.2012 NJW **2012** 2637, 2639; *Reiff* ZJS **2012** 432,440.

[10] So auch BeckOK-BGB/*Wendtlandt* § 126b Rn. 10.

[11] Vgl. auch *Neuhaus* VersR **2018** 711, 714.

[12] Vgl. auch MAH – Versicherungsrecht/*Höra* § 26 Rn. 306, 307; Beckmann/Matusche-Beckmann/*Rixecker* § 46 Rn. 184; *Neuhaus* a.a.O.

auch der Versicherte seine Rechte aus dem Versicherungsverhältnis sachgerecht wahren kann. Dazu zählt, daß der Versicherer in einer Mitteilung gem. § 7 BB-BUZ, zu der ihn gerade der obliegenheitstreue Versicherte in den Stand gesetzt hat, diesem die Informationen gibt, die er benötigt, um sein Prozeßrisiko abschätzen zu können. Voraussetzung dafür ist die Nachvollziehbarkeit der Versichererentscheidung. Nachvollziehbarkeit ist für den Versicherten deshalb so bedeutsam, weil er es ist, der sich mit einer Klage gegen die durch eine Mitteilung ausgelösten Rechtsfolgen zur Wehr setzen muß.[13]

b) **Nachvollziehbarkeit der Begründung.** Eine **nachvollziehbare** Begründung setzt voraus, dass der VR dem VN die für die **Abschätzung des Prozessrisikos** nötigen Informationen mitteilt.[14] Anders als bei der Ablehnung im Rahmen des Erstprüfungsverfahrens besteht daher für die Einstellungsmitteilung ein Begründungserfordernis. **11**

aa) **Darlegung der veränderten gesundheitlichen Situation.** Beruft sich der VR auf eine Verbesserung der gesundheitlichen Situation des VN, so setzt eine **Nachvollziehbarkeit** voraus, dass der Gesundheitszustand, den der VR seinem Anerkenntnis zugrunde gelegt hat, mit dem späteren Gesundheitszustand verglichen wird. Dabei sollte sich der VR an den Angaben orientieren, die er im Rahmen des Erstprüfungsverfahrens gemacht und die er seiner Leistungsentscheidung zugrunde gelegt hat. Hat der Versicherte daher im Rahmen des Erstprüfungsverfahrens bestimmte Beeinträchtigungen behauptet, deren Vorhandensein sich bestätigt haben, so ist im Rahmen des Nachprüfungsverfahrens zu überprüfen, ob sich bezüglich dieser Beeinträchtigungen eine Verbesserung ergeben hat, die Auswirkungen auf die Berufsunfähigkeit hat. Dieser Veränderung ist konkret darzustellen. Lässt sich aufgrund mangelhafter Begründung eines Anerkenntnisses nicht mehr genau feststellen, aufgrund welcher Tatsachen der VR im Rahmen des Erstprüfungsverfahrens überhaupt anerkannt hat, so geht dies im Rahmen des Nachprüfungsverfahrens zu Lasten des VR. **12**

Unklar ist, ob der VR detailliert darlegen muss, welche konkreten einzelnen Tätigkeiten der Versicherte bei Anerkennung der Leistungspflicht nicht mehr und nunmehr doch wieder ausüben kann. Nach teilweiser Auffassung soll es erforderlich sein, dass unter Berücksichtigung des im Rahmen des Erstprüfungsverfahrens vorgetragenen konkreten Berufsbildes des Versicherten **dezidiert** dargelegt wird, welche körperlichen Arbeiten von dem Versicherten aufgrund dessen veränderter Beschwerdesymptomatik nunmehr ausgeführt werden können und mit welchem Prozentsatz dies bezogen auf das Berufsbild zu bewerten ist. Die Einstellungsmitteilung des VR müsste dann sozusagen das Spiegelbild der Darlegung des zuletzt in gesunden Tagen ausgeübten Berufs darstellen.[15] Eine solche Darstellung könnte anhand einer **Synopse** erfolgen. **13**

In gesunden Tagen konkret geleistete Tätigkeit:	Beeinträchtigung dieser Tätigkeit durch folgende Umstände in folgendem Umfang:	Leistungsvermögen bezüglich dieser Tätigkeit aufgrund eingetretener gesundheitlicher Verbesserung	Gesamtleistungsvermögen
Teiltätigkeit 1			

13 Vgl. BGH 17.2.1993 NJW-RR **1993** 725.

14 BGH 2.11.2005 VersR **2006** 102, 104; BGH 12.6.1996 VersR **1996** 958; OLG Hamm 10.6.1995 NJW-RR **1996** 1053; OLG Düsseldorf 24.11.1998 RuS **2000** 125; OLG Düsseldorf 10.6.2003 VersR **2003** 1383, 1384; OLG Koblenz 31.3.2006 VersR **2007** 824, 825; *Neuhaus* RuS **2008** 449, 454; *Römer* RuS **2001** 45, 50.

15 Vgl. OLG Karlsruhe 3.7.2008 RuS **2009** 251, 252.

14 Für die durch das OLG Karlsruhe vertretene Rechtsauffassung könnte sprechen, dass auch der VN im Rahmen des Erstprüfungsverfahrens erhebliche Anforderungen erfüllen muss, damit von einer substantiierten Darlegung des zuletzt in gesunden Tagen konkret ausgeübten Berufs ausgegangen werden kann. Unter dem Gesichtspunkt der „Waffengleichheit" könnte eine ähnlich detaillierte Schilderung auch vom VR erwartet werden.

15 Gegen die Rechtsauffassung des OLG Karlsruhe wird eingewandt, dass derart hohe Anforderungen das Nachprüfungsverfahren zu einer **formalen Stolperfalle** machen.[16] Es gelte, den Blick auf die materiellrechtliche Gerechtigkeit nicht zu verlieren.

16 Im Ergebnis ist der Rechtsauffassung des OLG Karlsruhe nicht zu folgen. Die substantiierte Darlegung des zuletzt in gesunden Tagen konkret ausgeübten Berufs dient nicht etwa einer Erschwerung der Leistungsprüfung zu Lasten des VN, sondern soll dem möglicherweise zu beauftragenden Sachverständigen einen möglichst präzisen außermedizinischen Sachverhalt vorgeben. Nur dann, wenn das konkrete Berufsbild möglichst exakt geklärt wird, kann auch davon ausgegangen werden, dass der Sachverständige seiner medizinischen Prüfung das richtige Berufsbild zugrunde gelegt hat. Die Zugrundelegung eines falschen Berufsbildes kann sich dabei auch zu Lasten des VN auswirken, denn möglicherweise wäre ein beauftragter Sachverständiger bei Zugrundelegung des „richtigen" Berufsbildes zu einem für den VN günstigeren Ergebnis gekommen.

17 Im Rahmen des Nachprüfungsverfahrens dient die Einstellungsmitteilung hingegen nicht dazu, einen bestimmten außermedizinischen Sachverhalt für das Nachprüfungsverfahren festzulegen, denn im Nachprüfungsverfahren ist der Begriff des Berufs identisch mit dem Berufsbegriff, der dem Erstprüfungsverfahren zugrunde gelegt worden ist. Es geht vielmehr darum, dem VN eine **Abschätzung seines Prozessrisikos** zu ermöglichen. Dafür bedarf es einer ins Detail gehenden synoptischen Darstellung der früher nicht mehr ausübbaren und jetzt wieder ausübbaren Tätigkeiten nicht. Es reicht demzufolge aus, die Tätigkeiten zu benennen, deren Beeinträchtigung für die Entscheidung, ob bedingungsgemäße Berufsunfähigkeit vorlag, entscheidend waren, sodann die gesundheitlichen Verbesserungen bezüglich dieser Tätigkeiten aufzuzeigen und darzulegen, welche Tätigkeiten nun aktuell wieder in welchem Umfang ausgeübt werden können.[17] Demgegenüber reicht es nicht aus, nur den jetzigen oder nur den früheren Zustand ohne **Vergleichsbetrachtung** aufzuzeigen.

18 Für eine Vergleichsbetrachtung reicht es nicht aus, wenn lediglich Prozentsätze miteinander verglichen werden. Ist der VN allerdings im Rahmen des Erstprüfungsverfahrens begutachtet worden und sind von dem Sachverständigen bestimmte Prozentsätze mit bestimmten Beeinträchtigungen verknüpft worden, so kann hierauf aufbauend durchaus eine nachvollziehbare Leistungseinstellungsmitteilung vorliegen, wenn im Rahmen des Nachprüfungsverfahrens deutlich wird, welche Prozentsätze welchen Beeinträchtigungen zugeordnet werden.

19 **bb) Übermittlung eines Gutachtens.** Beruft sich der VR auf das Ergebnis eines ihm Rahmen des Nachprüfungsverfahrens eingeholten Sachverständigengutachtens, so ist dieses dem VN **unverkürzt** zugänglich zu machen.[18] Dabei dürfte das Textformerfordernis

---

[16] Vgl. *Neuhaus* M VI Rn. 79; Beckmann/Matusche-Beckmann/*Rixecker* § 46 Rn. 187a.

[17] Vgl. *Neuhaus* M VI Rn. 89; mit konkretem Beispiel: Prölss/Martin/*Lücke* § 174 Rn. 27 unter Hinweis auf Beckmann/Matusche-Beckmann/*Rixecker* § 174 Rn. 187a; BGH 19.5.1993 NJW-RR **1993** 1238, 1239.

[18] BGH 17.2.1993 VersR **1993** 470, 471; BGH 12.6.1996 VersR **1996** 958; OLG Frankfurt 28.8.2002 VersR **2003** 358, 359.

auch insoweit gelten, so dass es nicht ausreicht, den VN auf den Inhalt einer Website zu verweisen, sofern nicht der oben dargelegte Ausnahmefall vorliegt.

Es ist nicht erforderlich, dem Versicherten auch das an den Gutachter gerichtete **Auftragsschreiben** zugänglich zu machen, wenn das Gutachten aus sich heraus verständlich ist. Etwas anderes kann nur dann gelten, wenn er das Gutachten bereits im Besitz hat, weil ihm z.B. der Gutachter das Gutachten direkt übermittelt hat. **20**

Es reicht im Rahmen der Einstellungsmitteilung allerdings nicht aus, sich nur auf die Ergebnisse des Gutachtens zu beziehen, wenn es in der Leistungseinstellungsmitteilung an einer Vergleichsbetrachtung fehlt und auch das Gutachten eine solche Vergleichsbetrachtung nicht enthält.[19] **21**

Vergleichbares gilt, wenn sich der VR nicht auf eine Verbesserung der gesundheitlichen Situation des VN, sondern den Erwerb neuer Kenntnisse bzw. die Aufnahme einer neuen Tätigkeit beruft. In diesem Fall ist allerdings zunächst einmal zu überprüfen, ob nach den Regelungen des zwischen den Parteien abgeschlossenen Versicherungsvertrags der Erwerb neuer Erkenntnisse und die Aufnahme einer neuen Berufstätigkeit überhaupt im Rahmen des Nachprüfungsverfahrens Berücksichtigung finden dürfen. Aus § 174 ergibt sich dies nämlich nicht. **22**

cc) **Erwerb neuer Kenntnisse oder Fähigkeiten.** Hat der VN neue Kenntnisse erworben, so reicht dieser Umstand allein in aller Regel noch nicht, um eine Leistungseinstellung zu rechtfertigen, denn den VN trifft nach eingetretener Berufsunfähigkeit grundsätzlich **keine Verpflichtung zur Umschulung oder Weiterbildung.** Auch hier ist daher eine den gesetzlichen Anforderungen entsprechende Einstellungsmitteilung erforderlich. **23**

Eine differenzierte Betrachtung ist geboten, wenn freiwillig erworbene neue Kenntnisse im Rahmen einer **berufsbezogenen Vergleichsbetrachtung** Berücksichtigung finden können.[20] Es ist nämlich denkbar, dass im Rahmen des Nachprüfungsverfahrens nunmehr aufgrund des Erwerbs neuer Kenntnisse anders als im Erstprüfungsverfahren eine abstrakte Verweisung ausgesprochen werden kann. Besteht aufgrund der neuen Kenntnisse nun abstrakt die Möglichkeit, eine andere Tätigkeit aufzunehmen, so hat im Rahmen der Leistungseinstellungsmitteilung zunächst einmal eine berufsbezogene Vergleichsbetrachtung zu erfolgen, die den Anforderungen einer abstrakten Verweisung gerecht wird. **24**

dd) **Ausübung einer neuen Tätigkeit.** Übt der VN hingegen eine Tätigkeit bereits konkret aus, so sind die Anforderungen an die Vergleichsbetrachtung geringer, gleichwohl reicht es nicht aus, den VN pauschal auf die konkret ausgeübte Tätigkeit im Rahmen einer Leistungseinstellungsmitteilung zu verweisen, weil der VR die Voraussetzungen darzulegen und zu beweisen hat, unter denen seine Leistungspflicht endet.[21] Will der Versicherte einwenden, dass er auf die von ihm konkret ausgeübte Tätigkeit aus bestimmten Gründen nicht verwiesen werden kann, so trifft ihn diesbezüglich eine **sekundäre Darlegungslast.** Der VR hat im Rahmen des Nachprüfungsverfahrens das Eingreifen der Möglichkeit einer konkreten Verweisung sodann zu beweisen. Allerdings kann sich der VN nicht auf eine inhaltlich unzureichende Leistungseinstellungsmitteilung berufen, wenn dieser Mangel darauf beruht, dass der VN seiner sekundären Darlegungslast nicht gerecht geworden ist. **25**

---

19 BGH 2.11.2005 VersR **2006** 102, 104; BGH 28.4.1999 VersR **1999** 958.

20 Vgl. Prölss/Martin/*Lücke* § 174 Rn. 25; Langheid/Rixecker/*Rixecker* § 174 Rn. 14.

21 Vgl. *Langheid/Müller-Frank* NJW **2001** 111, 121.

26 Der VR ist nicht gehindert, auch während eines laufenden Nachprüfungsverfahrens weitere, ihm neu bekannt gewordene Umstände ergänzend zu berücksichtigen. Diese müssen dann dem VN allerdings nach Art einer weiteren Einstellungsmitteilung mitgeteilt werden und wirken dann jeweils nur für die **Zukunft.**

27 ee) **Neubewertung des Sachverhalts, der dem Anerkenntnis zugrunde lag.** Aus dem Umstand, dass nur eine **Veränderung** zu einer Leistungseinstellung berechtigt, kann unschwer schon aus dem Gesetzeswortlaut abgeleitet werden, dass eine **andere Bewertung** der zum Zeitpunkt der Abgabe des Anerkenntnisses abgegebenen Umstände keine Leistungseinstellung rechtfertigt.[22] Dies gilt nicht nur für die Vergangenheit, sondern auch für die Zukunft.[23] Bei mehreren hintereinander geschalteten Nachprüfungsverfahren kann der VR demzufolge eine in einem vorherigen Nachprüfungsverfahren getroffene Entscheidung nicht korrigieren.[24]

28 Auch der Versicherte kann im Rahmen des Nachprüfungsverfahrens nicht ohne weiters einwenden, im Rahmen des Erstprüfungsverfahrens sei zu Unrecht eine Berufsunfähigkeit bejaht worden. Gerade bei psychischen Erkrankungen gilt folgendes: Hat ein Versicherter eine die weitere Berufsausübung ausschließende psychische Erkrankung behauptet, ging der VR dieser Behauptung im Wege einer psychiatrischen Begutachtung nach, kam der Gutachter im Rahmen seiner Exploration und auf der Grundlage der ihm geschilderten Beschwerden sowie der deutliche Einschränkungen zeigenden Resultate von Leistungstests zu der plausibel begründeten Annahme einer Berufsunfähigkeit und veranlasste so den VR, dem Versicherten zu glauben und seine Leistungspflicht anzuerkennen, darf der Tatrichter – zunächst einmal – vom ursprünglichen Vorliegen einer Berufsunfähigkeit ausgehen. Will der VN das infrage stellen und eine weitere (sachverständige) Aufklärung erreichen, so ist er – einer sekundären Darlegungslast vergleichbar – gehalten, die Richtigkeit des Gutachtens mit konkreten Argumenten in Zweifel zu ziehen und die potenzielle Auswirkung behaupteter Fehler darzutun. Solche könnten etwa die Fachkunde des ersten Gutachters betreffen oder ergebnisrelevante „handwerkliche" Mängel des Gutachtens oder Denkgesetze verletzende Schlüsse (z.B. wenn trotz durchgehend erzielter mindestens durchschnittlicher psychologischer Testergebnisse eine hochgradige Einschränkung der Berufsfähigkeit angenommen worden wäre).[25]

29 3. **Zugang.** Darlegungs- und beweisbelastet für den Zugang der Erklärung ist der VR. Ist die Erklärung nicht nachweisbar zugegangen, so kann sie auch während eines Prozesses in Form eines Schriftsatzes noch nachgeholt werden, wirkt dann allerdings nur in die Zukunft.[26] In diesem Fall ist das Gericht dann berechtigt, über Beginn und Ende der Leistungspflicht im Rahmen des Urteils zu entscheiden.

30 Das erkennende Gericht ist hingegen nicht berechtigt, über Beginn und Ende der Leistungspflicht zu entscheiden, ohne dass der VR das bedingungsgemäße Nachprüfungsverfahren – wenn auch im Rahmen des Zivilprozesses – durchläuft.[27] Ansonsten hätte es der

---

22 Vgl. BGH 5.10.1983 VersR **1984** 51; BGH 15.1.1986 VersR **1986** 277, 278; BGH 10.6.1987 VersR **1986** 801, 802; BGH 17.9.1986 VersR **1986** 1113, 1114; *Benkel/Hirschberg* § 6 BUZ 2008 Rn. 11.

23 Vgl. Prölss/Martin/*Lücke* § 174 Rn. 3.

24 Vgl. *Langheid/Müller-Frank* NJW **2009** 337, 343.

25 Vgl. OLG Saarbrücken 25.2.2015 BeckRS **2015** 17027.

26 Vgl. BGH 2.1.2010 RuS **2010** 251, 252; BGH 3.11.1999 VersR **2000** 171, 173; OLG Saarbrücken 14.11.2012 VersR **2013** 1030, 1034; OLG Koblenz 4.3.2011 VersR **2012** 85, 87.

27 Vgl. BGH 27.9.1989 RuS **1990** 67, 68 unter 4; BGH 13.3.2019 RuS 2019, 395, 397.

VR in der Hand, die Regeln des bedingungsgemäßen Nachprüfungsverfahrens zu unterlaufen, indem er ohne Begründung die Leistung einstellt, den VN auf diese Art und Weise zur Führung eines Prozesses nötigt und hofft, in der Beweisaufnahme werde sich ein möglichst früher Zeitpunkt für das Ende der Leistungspflicht ergeben. Die gesetzlichen Regelungen über die Durchführung des Nachprüfungsverfahrens und/oder die bedingungsgemäßen Regeln des Nachprüfungsverfahrens bleiben daher auch dann zu beachten, wenn der VR die Leistungseinstellungsmitteilung während eines Prozesses nachholt.

Darüber hinaus müssen die Erfordernisse des § 130 BGB gewahrt sein. Ihnen genügt **31** die elektronische Übermittlung nur, wenn der Empfänger durch Mitteilung seiner E-Mail-Anschrift, Fax-Nummer oder in sonstiger Weise zu erkennen gegeben hat, dass er mit einer telekommunikativen Übermittlung von rechtserheblichen Erklärungen einverstanden ist.[28] Da die Leistungseinstellungsmitteilung dem VN in Textform zugehen muss, liegt es nahe, von einem fehlenden Zugang der Leitungseinstellungsmitteilung auszugehen, wenn diese den VN nicht in Textform erreicht.

Der VN kann sich auf die mangelnde Textform auch dann berufen, wenn er von dem **32** Inhalt der Einstellungsmitteilung unstreitig auf andere Art und Weise Kenntnis erlangt hat. Es ist in diesem Fall nicht treuwidrig, sich auf die mangelnde Einhaltung der Form zu berufen. Die Einhaltung der Textform soll dem VN auch eine dauerhafte Überprüfbarkeit der Erklärung des VR ermöglichen. Vor diesem Hintergrund ist eine formunwirksame Erklärung nachzuholen und wirkt dann ab Zugang nur in die Zukunft.

II. Einstellungsgründe

In tatsächlicher Hinsicht müssen die Umstände vorliegen, die den VR zur Leistungsein- **33** stellung berechtigen.

1. Verbesserung des gesundheitlichen Zustands. Beruft sich der VR auf eine Verbesse- **34** rung des gesundheitlichen Zustandes des VN, so muss **tatsächlich** eine Verbesserung des gesundheitlichen Zustandes vorliegen.[29] Die **irrtümliche Beurteilung** des Gesundheitszustandes allein begründet bei unverändertem Gesundheitszustand kein Recht zur Leistungseinstellung. Dies gilt auch für die Zukunft.[30]

Für eine Leistungseinstellung reicht es nicht aus, wenn zwar im Verhältnis zum An- **35** erkenntnis Veränderungen vorliegen, diese allein aber keine Leistungseinstellung rechtfertigen, sondern zusätzlich eine veränderte Bewertung der gesundheitlichen Situation erforderlich ist. Es reicht schließlich auch nicht aus, dass im Rahmen des Nachprüfungsverfahrens ein nunmehr vom VR beauftragter Sachverständiger zu einem geringeren Grad der Berufsunfähigkeit zum Zeitpunkt des Anerkenntnisses gekommen ist und von dieser Basis ausgehend zu einem Wiedererlangen der Berufsfähigkeit gelangt. Der VR ist im Rahmen der vorzunehmenden Vergleichsbetrachtung an die Feststellungen, die seinem Anerkenntnis zugrunde liegen, gebunden.

Stellt sich nach allem erst im Nachprüfungsverfahren heraus, dass ein Anerkenntnis zu **36** Unrecht abgegeben wurde, weil der vom VR beauftragte Arzt den gesundheitlichen Zu-

[28] Vgl. MünchKo-BGB/*Einsele* § 130 Rn. 18.
[29] Vgl. BGH 24.2.2010 VersR **2010** 619, 620; *Benkel/Hirschberg* § 6 BUZ 2008 Rn. 9; *Glauber* VersR **1994** 1405, 1406.
[30] Vgl. BGH 28.4.1999 VersR **1999** 958; BGH 16.12.1987 VersR **1988** 281; zur Abgrenzung von einem befristeten Anerkenntnis bei unklarer Sachlage vgl. *Wachholz* VersR 2003 161.

stand des VN falsch beurteilt hat, und der VN tatsächlich nie berufsunfähig gewesen ist, so kann die Berufsunfähigkeit nicht wegfallen, weil sie tatsächlich nie bestanden hat. Dies kann dann zur Konsequenz haben, dass der VR möglicherweise für die volle Laufzeit des Versicherungsvertrags weiter zu leisten hat. In einer solchen Situation ist aber stets zu überprüfen, ob sich Schadenersatzansprüche gegen den Arzt ergeben, der vom VR im Rahmen des Erstprüfungsverfahrens beauftragt worden ist.

37 Erforderlich ist demzufolge zum einen, dass in objektiver Hinsicht eine Gesundheitsverbesserung eingetreten ist und zum anderen sich diese gesundheitliche Verbesserung dergestalt ausgewirkt hat, dass bedingungsgemäße Berufsunfähigkeit weggefallen ist. Ist eine solche Veränderung eingetreten, so ist der VR dann leistungsfrei.

38 Fraglich ist, ob der Versicherte dem VR im Falle der Genesung entgegenhalten kann, er sei aufgrund krankheitsbedingt unterbliebener Fortbildung nicht mehr auf dem aktuellen Stand der Dinge und könnte schon aufgrund dieser Umstände dem vormals ausgeübten Beruf nicht mehr nachgehen. Dies wird zum Teil für unbillig gehalten[31]. Dem ist nicht zu folgen, denn die Berufsunfähigkeitsversicherung ist **keine Arbeitsplatzversicherung**. Etwas anderes kann allenfalls dann gelten, wenn sich in der Zwischenzeit derart gravierende Veränderungen ereignet, haben, dass es den vormals ausgeübten Beruf in dieser Form nicht mehr gibt. Entscheidend ist daher nur, ob in objektiver Hinsicht eine Veränderung gegenüber den Verhältnissen zum Zeitpunkt der Abgabe des Anerkenntnisses vorliegt. Würde man darüber hinaus gehende Umstände mitberücksichtigen, so könnte der Versicherte dem VR auch entgegenhalten, dass seine Arbeitsstelle nach Eintritt der bedingungsgemäßen Berufsunfähigkeit aus betriebswirtschaftlichen Gründen seines Arbeitgebers gestrichen worden ist. Davon abgesehen hat der Versicherte auch die Möglichkeit, bei Wiedererstarken seinen beruflichen Wiedereinstieg vorzubereiten.

39 Streitig ist, ob es dem VR zum Nachteil gereicht, wenn sich im Zuge des Nachprüfungsverfahrens neue gesundheitliche Beeinträchtigungen herausstellen, die das Fortbestehen bedingungsgemäßer Berufsunfähigkeit rechtfertigen, im Rahmen des Erstprüfungsverfahrens aber noch nicht berücksichtigt worden sind. Nach teilweiser Auffassung soll der VR in diesem Fall nicht leistungsfrei geworden sein.[32] Nach anderer Auffassung soll es im Rahmen des Nachprüfungsverfahrens nur darauf ankommen, ob die Umstände, die zum Wegfall der Leistungspflicht führen, und diejenigen Umstände, die die Leistungspflicht begründet haben, miteinander verknüpft sind.[33] Nach dem früheren Anerkenntnis entstandene oder bei Abgabe des Anerkenntnisses nicht berücksichtigte Gesundheitsbeeinträchtigungen sollen demzufolge im Rahmen des Nachprüfungsverfahrens nicht zu beachten sein, weil die Nachprüfung lediglich Spiegelbild der Leistungsprüfung sein soll.

40 Dem ist nicht zu folgen. Der VN, gegenüber dem der VR seine Leistungspflicht anerkannt hat, wird den VR in aller Regel nicht darüber informieren, ob neue zusätzliche Beschwerden aufgetreten sind, die ebenfalls eine Berufsunfähigkeit rechtfertigen, zumal er dies in aller Regel auch überhaupt nicht beurteilen kann, liegt doch nach eigener Einschätzung des VR bereits eine Berufsunfähigkeit vor. Demgegenüber schafft der VR mit der Abgabe eines Anerkenntnisses eine selbstständige Verpflichtung, von der er sich erst im Rahmen des Nachprüfungsverfahrens lösen kann. Aus diesem Grunde ist im Rahmen des Nachprüfungsverfahrens einzig und allein die Frage zu beantworten, ob nach wie vor bedingungsgemäße Berufsunfähigkeit besteht. Sind demzufolge bei Abgabe des Anerkenntnisses später entdeckte Gesundheitsbeeinträchtigungen unberücksichtigt geblieben oder

---

31 Vgl. **a. A.** Beckmann/Matusche-Beckmann/*Rixecker* § 46 Rn. 195; Prölss/Martin/*Lücke* § 174 Rn. 15.

32 Vgl. OLG Karlsruhe 16.6.2009, AZ: 12 U 36/09.

33 Langheid/Wandt/*Dörner* § 174 Rn. 8.

tauchen später gesundheitliche Beeinträchtigungen auf, welche allein oder gemeinsam mit den berücksichtigen Beeinträchtigungen zur Berufsunfähigkeit führen, so kommt es auch im Rahmen des Nachprüfungsverfahrens nur darauf an, ob der VN **insgesamt berufsunfähig** ist. Jede andere Lösung würde den VN in unzumutbare Beweisschwierigkeiten bringen und ihn der Belastung eines zusätzlichen Leistungsantrags aussetzen, obwohl der VR seine Leistungspflicht doch bereits anerkannt hat. Ein solches Ergebnis ist unbillig. Im Rahmen des Nachprüfungsverfahrens können daher auch nachträglich oder bei Anerkenntnis unberücksichtigte Erkrankungen Berücksichtigung finden.

Der Wegfall der Berufsunfähigkeit wegen einer Verbesserung der gesundheitlichen Situation setzt voraus, dass der VN prognostisch in einem solchen Umfang wieder in seiner alten Tätigkeit arbeiten könnte, dass keine Berufsunfähigkeit mehr prognostiziert werden könnte, was der VR zu beweisen hat. Ist beispielsweise ein Versicherter berufsunfähig geworden, weil er nach ärztlicher Einschätzung aufgrund eines psychischen Leidens voraussichtlich mindestens sechs Monate nicht in der Lage war, seinem zuletzt in gesunden Tagen ausgeübten Beruf nachzugehen und kommt der Arzt im Rahmen des Nachprüfungsverfahrens zu dem Ergebnis, dass der Versicherte wohl zwei bis drei Monate in seiner alten Tätigkeit zu mehr als 50 % wieder arbeiten könnte, möglicherweise aber nicht länger, dann ist die bedingungsgemäße Berufsunfähigkeit trotz einer bestehenden gesundheitlichen Verbesserung nicht weggefallen. Kann der Sachverständige allerdings nicht sicher sagen, ob der Versicherte nach Ablauf von weiteren 6 Monaten wieder berufsunfähig werden wird und steht die Wiedererlangung von Berufsfähigkeit für einen Zeitraum von weiteren 6 Monaten fest, dann ist die Berufsunfähigkeit weggefallen. Allein die bloße Möglichkeit, dass sich der gesundheitliche Zustand des Versicherten wieder verschlechtern könnte, reicht nicht aus, um von einer fortbestehenden Berufsunfähigkeit auszugehen.[34] 41

2. Verweisung und Umorganisation. Entsprechendes gilt auch für Umorganisationsmöglichkeiten eines Selbständigen oder die Möglichkeit der Aufnahme einer Vergleichsbeschäftigung. Umorganisationsmöglichkeiten können im Rahmen eines Nachprüfungsverfahrens nur berücksichtigt werden, wenn diese dem Versicherten zum Zeitpunkt der Abgabe des Anerkenntnisses noch nicht zur Verfügung standen, weil es ansonsten an einer Veränderung fehlt. Im Rahmen des Nachprüfungsverfahrens kann der VR daher nur neue Umorganisationsmöglichkeiten berücksichtigen, die bei Abgabe des Anerkenntnisses noch **nicht** bestanden.[35] Stellt man sich auf den Standpunkt, dass bei der Überprüfung der Frage, ob eine zumutbare Einkommenseinbuße bei einer Vergleichsbeschäftigung vorliegt, auch das Familieneinkommen zu berücksichtigen ist, dann kann der Wegfall einer oder mehrerer Unterhaltsverpflichtungen die Einleitung eines Nachprüfungsverfahrens rechtfertigen.[36] 42

Es reicht demzufolge auch hier nicht aus, dass der VR den Sachverhalt im Rahmen des Nachprüfungsverfahrens lediglich anders als im Erstprüfungsverfahren bewertet. Insbesondere kann der VR im Rahmen des Nachprüfungsverfahrens keine im Rahmen des Erstprüfungsverfahrens unterlassenen Überprüfungstätigkeiten wie z. B. das Verlangen der Vorlage aussagekräftiger betriebswirtschaftlicher Unterlagen nachholen. 43

---

[34] OLG Saarbrücken 25.2.2015 BeckRS **2015** 17027.

[35] Vgl. BGH 17.2.1993 VersR **1993** 559, 562; OLG Hamm 6.1.1993 VersR **1993** 1091; BeckOK-VVG/*Mangen* § 174 Rn. 16; Looschelders/Pohlmann/*Klenk* § 174 Rn. 12 m.w.N.; *Bellinghausen* VersR **1995** 5, 9; Langheid/Wandt/*Dörner* § 174 Rn. 17; *Karczewski* RuS **2012** 270, 276; *Langheid/Müller-Frank* NJW **2017** 364, 368; *Langheid/Müller-Frank* NJW **2012** 358, 363.

[36] Vgl. *Leggewie* NVersZ **1999** 110, 111.

44 Selbst bei einer neuen Umorganisation verwehrt der BGH dem VR allerdings ein Leistungseinstellungsrecht, wenn es sich um eine überobligationsmäßige Umorganisation gehandelt hat.[37] Der BGH führt aus, eine solche überobligationsmäßige Anstrengung liege vor, wenn der Versicherte durch Kapitaleinsatz sein Unternehmen erweitere. Es sei unbillig, den VR, obwohl er an dem unternehmerischen Risiko des Versicherten nicht beteiligt sei, davon profitieren zu lassen, indem er Leistungsfreiheit erhalte.[38]

45 Diese Argumentation überzeugt nicht uneingeschränkt. Zu Unrecht stellt der BGH in den Vordergrund seiner Überlegungen, dass die Umorganisationsmöglichkeit auf einer überobligationsmäßigen Anstrengung des Versicherten beruht. Ist für die Frage, ob eine durch den Versicherten veranlasste Veränderung im Rahmen des Nachprüfungsverfahrens berücksichtigt werden kann oder nicht, entscheidend, ob diese von ihm veranlasste Änderung überobligationsmäßig war oder nicht, dann könnte auch eine gesundheitliche Verbesserung nicht berücksichtigt werden, wenn diese auf einer durch den Versicherten veranlassten Operation beruht, zu deren Veranlassung er aufgrund der Regelungen des Versicherungsvertrags nicht gehalten war. Davon ist aber nicht auszugehen, denn aus welchem Grund die krankheitsbedingte Berufsunfähigkeit weggefallen ist, ist zunächst einmal irrelevant.

46 Beruft sich der VR im Rahmen des Nachprüfungsverfahrens im Einklang mit den Versicherungsbedingungen auf den **Erwerb neuer Fähigkeiten und Erfahrungen** des Versicherten, so versagt die Rechtsprechung dem VR die Verweisung nicht pauschal mit der Begründung, der Versicherte sei nicht verpflichtet, neue Kenntnisse und Fähigkeiten zu erwerben, sondern lediglich dann, wenn der Versicherte in dem ihm nun zugänglichen Vergleichsberuf einen Arbeitsplatz noch nicht erlangt hat oder sich um einen solchen Arbeitsplatz auch nicht oder nicht mehr in zumutbarer Weise bemüht hat.[39] Zu Recht weist die Literatur darauf hin, das von dem Versicherten erwartet werden kann und tatsächlich auch erwartet wird, dass er sich auf der Grundlage seiner neuen Qualifikation bewirbt, sich arbeitssuchend meldet oder auch ihm zumutbaren ggf. vom VR sogar nachgewiesenen Stellenangeboten nachgeht.[40]

47 Dem Versicherten können daher im Rahmen des Nachprüfungsverfahrens **unternehmerische Entscheidungen**, die ihm zum Zeitpunkt der Prüfung der Berufsunfähigkeit im Rahmen des Erstprüfungsverfahrens nicht abverlangt werden durften, im Rahmen des Nachprüfungsverfahrens entgegengehalten werden, wenn derartige Entscheidungen nunmehr in die Tat umgesetzt worden sind.[41] Im Rahmen des Nachprüfungsverfahrens ist daher nicht die Frage entscheidend, ob es sich um **überobligatorische Maßnahmen der Umorganisation** handelte, sondern ob der oben gefundene Grundsatz aus anderen, besonderen Gründen wie z. B. dem Einsatz besonders hoher Mittel zur Umsetzung der Umorganisation zu korrigieren ist. Diese Frage ist allerdings zu verneinen, denn der Beruf des Selbständigen wird eben durch sein Direktionsrecht und damit durch die Fähigkeit,

---

[37] Vgl. BGH 28.4.1999 NJW-RR **1999** 1111, 1112.

[38] Vgl. auch OLG Karlsruhe 23.9.2016 BeckRS **2016** 111436 mit derselben Argumentation bei dem Erwerb eines Busunternehmens durch den Versicherten. Auch OLG München 7.5.2015 RuS **2016** 479 zur Aufnahme einer neuen Tätigkeit nach Umschulung, auch *Neuhaus* M V 4 Rn. 34.

[39] Vgl. BGH 3.11.1999 NVersZ **2000** 127, 129; neue Fähigkeiten müssen aber bereits erworben sein: BGH 11.12.1996 RuS **1997** 301, 302.

[40] Vgl. Beckmann/Martusche-Beckmann/*Rixecker* § 46 Rn. 194; HK VVG/*Mertens* § 174 Rn. 6; Langheid/Rixecker/*Rixecker* § 174 Rn. 14.

[41] Vgl. Beckmann/Matusche-Beckmann/*Rixecker* § 46 Rn. 197.

unternehmerische Entscheidungen treffen zu können, geprägt. An dieser Stelle zwischen unterschiedlichen unternehmerischen Entscheidungen differenzieren zu wollen, würde zu einer inkonsistenten Rechtsprechung führen.[42]

Es ist vielmehr die Frage zu beantworten, ob aufgrund des Ausmaßes und der Größe der unternehmerischen Entscheidung noch eine zumutbare Umorganisation vorliegt, was stets voraussetzt, dass die Struktur des ursprünglichen Unternehmens erhalten bleibt. Liegt allerdings eine zumutbare Umorganisationsmaßnahme vor, die dann durch den Versicherten auch in die Tat umgesetzt worden ist, so ist sie auch zu Lasten des Versicherten zu berücksichtigen. 48

Ist dem Versicherten eine **neue zumutbare Umorganisationsmöglichkeit** entstanden und nutzt er diese nicht, dann ist er nicht mehr „durch" Krankheit, Körperverletzung oder Kräfteverfalls berufsunfähig, sondern aufgrund unterlassener Umorganisation. Die Berufsunfähigkeitsversicherung soll gerade bei einem Selbständigen das Risiko abdecken, dass er keine Möglichkeit hat, seine gesundheitliche Beeinträchtigung durch eine zumutbare Umorganisationsmaßnahme zu kompensieren. Besteht diese Möglichkeit, dann muss der Versicherte sie aber auch gegen sich gelten lassen. Auch der Versicherte, der sich einer Operation unterzieht, zu deren Vornahme ihn der VR nicht „zwingen" könnte, nimmt mit der Operation zumindest stets das mit der Narkose verbundene Risiko auf sich. Gelingt die Operation und fällt dadurch die Berufsunfähigkeit weg, so wirkt sich dies auch auf die Leistungspflicht des VR aus. Für die Frage, ob eine nicht geschuldete Umorganisation zugunsten des Versicherten berücksichtigt werden darf, gilt nichts anderes. 49

Insbesondere eine Abgrenzung danach, ob der Versicherte einen Kapitaleinsatz vorgenommen hat, führt zu erheblichen Abgrenzungsschwierigkeiten. Es müsste nämlich geklärt werden, ob der Eigenkapitaleinsatz anders zu bewerten ist als der Einsatz von Fremdkapital. Auch müsste vor allen Dingen unter steuerlichen Gesichtspunkten überprüft werden, in welchem Umfang das von dem Versicherten geführte Unternehmen tatsächlich durch den Kapitaleinsatz belastet worden ist. Auch ein vorübergehender Eigenkapitalansatz kann aufgrund einer geschuldeten Verzinsung im Ergebnis zu einer Vermehrung des persönlichen Vermögens des Versicherten führen. 50

3. Neue berufliche Fähigkeiten. Ob ein VR im Rahmen des Nachprüfungsverfahrens neu erworbene Fähigkeiten des Versicherten berücksichtigen darf, ist im Einzelfall zu prüfen. 51

Grundsätzlich kann der Erwerb neuer beruflicher Fähigkeiten eine Veränderung im Sinne des § 174 Abs. 1 darstellen, denn diese neu erworbenen beruflichen Fähigkeiten können Verweisungsmöglichkeiten eröffnen, die bei Abgabe des Anerkenntnisses noch nicht bestanden. Allerdings ist anhand der Versicherungsbedingungen zu überprüfen, ob im Rahmen des Nachprüfungsverfahrens neu erworbene berufliche Fähigkeiten überhaupt berücksichtigt werden dürfen. Ergibt sich dies aus den Versicherungsbedingungen, so kann aus § 174 Abs. 1 hergeleitet werden, dass neu erworbene berufliche Fähigkeiten im Rahmen des Nachprüfungsverfahrens berücksichtigt werden dürfen, weil es sich nämlich um objektive Veränderungen im Sinne dieser Vorschrift handelt. 52

Es ist daher durchaus denkbar, dass im Nachprüfungsverfahren der VR erstmalig berechtigt ist, sich auf eine Verweisung zu berufen.[43] Es spielt dabei aber keine Rolle, dass der Versicherte nicht im Sinne einer Obliegenheit oder einer Schadenminderung verpflichtet 53

---

[42] Vgl. auch *Rixecker* a.a.O.

[43] Vgl. OLG München 28.3.1996 RuS **1998** 169, 170.

oder nach Treu und Glauben gehalten ist, neue berufliche Fähigkeiten zu erwerben. Es kommt einzig und allein darauf an, ob er diese neuen beruflichen Fähigkeiten tatsächlich erworben hat und diese neue Verweisungsmöglichkeiten eröffnen.

54 Nach Rechtsprechung und Literatur soll sich der VR erst dann auf die Eröffnung einer neuen bedingungsgemäßen Verweisungsmöglichkeit berufen dürfen, wenn der Versicherte entweder einen neuen Arbeitsplatz tatsächlich gefunden hat oder er sich nicht in zumutbarer Weise um diesen bemüht hat.[44] Sehen die Versicherungsbedingungen nur die Möglichkeit einer konkreten Verweisung vor, dann ist in der Tat entscheidend, ob der VN die Arbeitsstelle tatsächlich angetreten hat. Sehen die Versicherungsbedingungen allerdings auch die Möglichkeit einer abstrakten Verweisung vor und bestand diese Möglichkeit einer abstrakten Verweisung im Rahmen der Erstprüfung nicht, weil der Versicherte eben über die erst später erworbenen beruflichen Fähigkeiten nicht verfügte, so kann es für eine erfolgreiche Verweisung nicht darauf ankommen, ob der Versicherte die Tätigkeit tatsächlich aufgenommen hat, denn genau dies ist bei einer abstrakten Verweisung nicht entscheidend.

55 Der Hinweis des BGH, der VR, der sich in einem solchen Fall auf Leistungsfreiheit berufe, nutze die ihm durch den freiwilligen Erwerb neuer beruflicher Fähigkeiten eröffneten Möglichkeiten zur Beendigung der anerkannten Leistungspflicht in einer Weise aus, die den berechtigten Erwartungen des VN widerspricht, überzeugt nicht. Zum einen ist schon fraglich, ob sich der Versicherte tatsächlich Gedanken über das Fortbestehen seines Versicherungsschutzes macht, wenn er sich um die Wiederaufnahme einer beruflichen Tätigkeit durch Erwerb neuer Fähigkeiten bemüht. Es wird in der Praxis vielmehr häufig so sein, dass sich der VN fachkundig beraten lässt, welche Auswirkungen der Erwerb neuer beruflicher Fähigkeiten auf den Fortbestand seiner versicherten Leistungen hat.

56 Die Versicherungsbedingungen sehen darüber hinaus **Mitwirkungsobliegenheiten** des Versicherten im Rahmen des Nachprüfungsverfahrens vor. Im Rahmen des Nachprüfungsverfahrens werden VN meist danach gefragt, ob sie in der Zwischenzeit an einer Umschulung teilgenommen haben oder auf sonstige Art und Weise neue Fähigkeiten erworben haben. Dem VN ist demzufolge die rechtliche Relevanz des Erwerbs neuer beruflicher Fähigkeiten für den Fortbestand der Leistungspflicht des VR bekannt. Ein entsprechender **Vertrauensschutz** ist daher nicht erforderlich. Davon abgesehen führt die Rechtsprechung des BGH auch zu Unsicherheiten. Wann es der VN nämlich unterlässt, zumutbare Erwerbsbemühungen zu unternehmen, ist im Einzelfall zu beantworten. So wird zum Teil die Auffassung vertreten, es genüge, wenn sich der Versicherte arbeitssuchend gemeldet hat oder sich auf Ausschreibungen oder unabhängig von ihnen um sie bemüht hat.[45] Dies überzeugt nicht, denn allein das Abschicken inhaltsleerer standardisierter Bewerbungen reicht für eine ernsthafte Erwerbsbemühung nicht aus. Allein die Meldung als arbeitssuchend bei der Arbeitsagentur ist ebenfalls nichtssagend, weil die Arbeitsagenturen im Rahmen der Arbeitsangebote die Vorgaben der privaten Berufsunfähigkeitsversicherung nicht zu berücksichtigen haben und tatsächlich auch nicht berücksichtigen.

57 Auch stellt sich die Frage, wie viele Bewerbungen vorgenommen werden müssen. Diese Frage wird man nicht allgemeingültig beantworten können, da die Anzahl zu verlangender Bewerbungen auch in einem Verhältnis zu der Arbeitsstelle steht, um die man sich bewirbt. Geht es um eine Arbeitsstelle, die grundsätzlich weit verbreitet ist und keinen hohen Spe-

---

44 Vgl. BGH 3.11.1999 VersR **2000** 171, 172; *Neuhaus* M V Rn. 43; Prölss/Martin/*Lücke* § 174 Rn. 19 m.w.N.; vgl. allgemein zur Problematik *Wachholz* NVersZ **1999** 507ff.

45 Vgl. Langheid/Rixecker/*Rixecker* § 174 Rn. 13; *Neuhaus* M V Rd. 46; auch OLG Stuttgart 18.5.1998 NVersZ **1999** 123, 124.

zialisierungsgrad erfordert, wird man von dem Versicherten eine größere Anzahl an Bewerbungen verlangen können. Verfehlt ist es allerdings, auf die Grundsätze der Rechtsprechung zur Erwerbsobliegenheit des Unterhaltspflichtigen im Familienrecht abzustellen, denn der Versicherte schuldet dem VR ja keinerlei Fortbildungsaktivitäten. Nach Erhalt einer Qualifikation wird man demzufolge von dem Versicherten nicht verlangen können, sich vollschichtig um eine neue Erwerbstätigkeit zu bemühen. Pro Tag nur eine Bewerbung auf eine Arbeitsstelle zu verfassen, die jedenfalls in einem größeren Umfang angeboten wird, dürfte nicht als unverhältnismäßig zu bezeichnen sein.

III. Rechtsfolge der wirksamen Leistungseinstellung

Gemäß § 174 Abs. 2 wird der VR frühestens mit dem Ablauf des 3. Monats nach Zugang der Erklärung nach Abs. 1 beim VN leistungsfrei. Aus dieser Regelung folgt, dass eine Einstellungsmitteilung immer nur in die Zukunft wirken kann.[46] Liegt vorher noch keine Einstellungsmitteilung vor oder entspricht die Mitteilung den gesetzlichen Anforderungen nicht, wird die Frist nicht in Lauf gesetzt. **58**

Zwar können Anerkenntnis und Leistungseinstellungsmitteilung **„uno-actu"** im Rahmen der Abgabe einer Erklärung miteinander verbunden werden, diese muss aber den Anforderungen des § 174 Abs. 2 genügen.[47] Eine uno-actu-Entscheidung kann deshalb für einen in der Vergangenheit liegenden Zeitraum nicht ausgesprochen werden. Es ist deshalb nicht möglich, für einen in der Vergangenheit liegenden Zeitraum ein Anerkenntnis und gleichzeitig eine Leistungseinstellungsmitteilung auszusprechen. Schon der Beginn der Frist des § 174 Abs. 2 muss in der Zukunft liegen. Es wäre demzufolge nicht ausreichend, wenn die Frist z. B. in der Vergangenheit beginnt und weniger als drei Monate in der Zukunft liegen. Daraus ergibt sich allerdings, dass eine „uno – actu" – Entscheidung durchaus einen in der Vergangenheit liegenden Zeitraum erfassen darf, sofern der in der Zukunft liegende Zeitraum den gesetzlichen Anforderungen entspricht. **59**

Für die Abänderung eines rechtskräftig titulierten Anspruchs reicht die Durchführung eines Nachprüfungsverfahrens allein nicht aus. Hier ist vielmehr eine Vollstreckungsgegenklage gemäß § 767 Abs. 2 ZPO zu erheben.[48] **60**

IV. Abdingbarkeit

§ 174 ist halbzwingend, demzufolge nicht auch nicht durch einzelvertragliche Abrede zum Nachteil des VN abänderbar. **61**

---

46 Vgl. BGH 12.6.1996 VersR **1996** 958, 959; BGH 30.11.1999 VersR **2000** 171, 172.

47 Vgl. BGH 19.11.1997 NJW **1998** 760; BGH 3.11.1999 NJW – RR **2000** 550; LG Stuttgart 26.8.2014 RuS **2016** 358.

48 Vgl. BGH 27.5.1987 VersR **1987** 808, 809; OLG Koblenz 29.9.2000 NVersZ **2001** 71, 72.

§ 175
Abweichende Vereinbarungen

Von den §§ 173 und 174 kann nicht zum Nachteil des VN abgewichen werden.

Schrifttum

Neuhaus Die Berufsunfähigkeitsversicherung – Neues VVG, Perspektiven, Prognosen, RuS 2008 449; *ders.* Aktuelle Probleme in der Personenversicherung – unter besonderer Berücksichtigung der Berufsunfähigkeitsversicherung, RuS 2009 309.

Übersicht

A. Allgemeines

I. Entstehungsgeschichte

1 Die Vorschrift ist neu und durch das Gesetz zur Reform des Versicherungsvertragsrechts in das VVG eingeführt worden.[1] In der Gesetzesbegründung betont der Gesetzgeber, dass die Voraussetzungen und der Umfang der Versicherungsleistungen nach wie vor durch den Versicherungsvertrag und die AVB geregelt werden sollen.[2] Nur die einen besonderen Schutz verkörpernden Vorschriften der §§ 173 und 174 sind bewusst halb zwingend ausgestaltet. In der Gesetzesbegründung betont der Gesetzgeber allerdings, dass der Abschluss von Regulierungsvereinbarungen nicht unterbunden werden soll.[3]

II. Sinn und Zweck

2 Aus der Vorschrift des § 175 ergibt sich, dass die in § 172 geregelten Voraussetzungen der Leistungspflicht dispositiv sind. Der Gesetzgeber hat sich bewusst dafür entschieden, insoweit auch den Anbietern von Versicherungsschutz eine Gestaltungsfreiheit einzuräumen. Diese ist allerdings nicht grenzenlos. Von den §§ 173 und 174 kann hingegen nicht zu Lasten des VN abgewichen werden. Daraus folgt vor allen Dingen die Intention des Gesetzgebers, das Vertrauen des Leistungsempfängers auf den Fortbestand der Leistung zu schützen, sofern der VR seine Leistung nicht im gesetzlich vorgesehenen Rahmen befristet oder das vorgesehene Nachprüfungsverfahren durchläuft.

---

1 Vgl. *Neuhaus* RuS 2007 441, 443; MAH Versicherungsrecht/*Höra* § 26 Rn. 4.

2 Vgl. Regierungsentwurf BT - Drucks. 16/3945, S. 105, linke Spalte.

3 Vgl. Regierungsentwurf BT - Drucks 16/3945, S. 106, rechte Spalte.

B. Einzelheiten

Die §§ 172 ff stellen ein gesetzliches Leitbild für die Berufsunfähigkeitsversicherung dar. Der Anbieter von Versicherungsschutz muss daher beachten, dass die Leitbildfunktion des § 172 erhalten bleibt.[4] 3

I. Erwerbsunfähigkeitsversicherung

Auch Erwerbsunfähigkeitsversicherungen werden im Versicherungsschein häufig als Berufsunfähigkeitsversicherungen bezeichnet, bei denen aber durch Vereinbarung der Erwerbsunfähigkeitsklausel der Begriff der Berufsunfähigkeit durch den Begriff der Erwerbsunfähigkeit ersetzt wird.[5] Der hieraus gezogene Schluss, ein sich als Berufsunfähigkeitsversicherung bezeichnender Vertrag könne nicht wirksam lediglich eine Absicherung gegen Erwerbsunfähigkeit versprechen[6], ist in dieser Allgemeinheit allerdings nicht überzeugend, denn Erwerbsunfähigkeitsklauseln sind an sich unbedenklich.[7] Von dem verständigen VN darf erwartet werden, dass er den gesamten Vertragsinhalt und eben nicht nur die Überschrift eines Versicherungsscheins zur Kenntnis nimmt. Der Umstand, dass eine Berufsunfähigkeitsversicherung durch Vereinbarung einer Erwerbsunfähigkeitsklausel in der Praxis zu einer Erwerbsunfähigkeitsversicherung wird, ändert nichts daran, dass es gleichwohl zulässig ist, eine Berufsunfähigkeitsversicherung, bei der zusätzlich eine Erwerbsunfähigkeitsklausel vereinbart worden ist, im Versicherungsschein als Berufsunfähigkeitsversicherung zu bezeichnen, zumal der Erwerbsunfähige auch berufsunfähig ist. Allerdings bestehen in diesem Fall gesteigerte Aufklärungspflichten vor allen Dingen dann, wenn der Versicherer oder der Versicherungsvermittler erkennen, dass dem VN den Unterschied zwischen einer Erwerbsunfähigkeitsversicherung und einer Berufsunfähigkeitsversicherung nicht geläufig ist. 4

Es ist im Einzelfall dann vielmehr zu überprüfen, ob über die Vereinbarung der Erwerbsunfähigkeitsklausel und deren Bedeutung ausreichend aufgeklärt worden ist. Jedenfalls ist im Rahme der Beratung bei Abschluss des Versicherungsvertrags und bei Überprüfung der Versicherungspolice durch den Versicherungsvermittler sicher zu stellen, dass der VN nicht in dem Glauben ist, er habe eine Berufsunfähigkeitsversicherung abgeschlossen. Es empfiehlt sich für den VR, im Produktinformationsblatt gesondert darauf hinzuweisen, dass der VN eine Erwerbsunfähigkeitsversicherung abgeschlossen hat. 5

II. Ausschluss einzelner Krankheiten

Der VR fragt in den Antragsformularen regelmäßig nach dem Bestehen diverser Krankheiten während eines näher definierten Zeitraums. Weist der Antragsteller im Rahmen der Beantwortung der Gesundheitsfragen wahrheitsgemäß auf das Bestehen von Erkrankungen hin, so ist der VR berechtigt, generell bestimmte Krankheiten als Voraussetzung für den Ein- 6

---

4 Vgl. Langheid/Rixecker/*Rixecker* § 175 Rn. 1; Looschelders/Pohlmann/*Klenk* § 175 Rn. 1 unter Hinweis auf BT-Drucks. 16/3945 S. 106, auch *Neuhaus* RuS **2009** 309, 310.

5 Vgl. OLG Saarbrücken 21.6.2006 RuS **2008** 344; OLG Saarbrücken 4.4.2001 RuS **2003** 209; OLG Koblenz 15.11.2002 NJW-RR **2004** 30, 31.

6 Vgl. Langheid/Rixecker/*Rixecker* § 175 Rn. 1.

7 Vgl. OLG Saarbrücken 21.6.2006 VersR **2007** 235; Langheid/Wandt/*Dörner* § 172 Rn. 56 m.w.N.

tritt eines Versicherungsfalls auszuschließen, sofern diese eindeutig definiert sind und der VN über diesen Umstand ausreichend aufgeklärt worden ist.[8] Zwar sieht § 172 vor, dass die Berufsunfähigkeit u.a. durch Krankheit herbeigeführt worden sein muss, dies bedeutet aber nicht, dass es zum Leitbild einer Berufsunfähigkeitsversicherung gehört, jede Krankheit in den Versicherungsschutz aufzunehmen. Ein solches Verständnis wäre für beide Parteien des abzuschießenden Versicherungsvertrags von Nachteil: der VR könnte den Antrag auf Abschluss des Versicherungsvertrags nur ablehnen und der Antragsteller hätte noch nicht einmal die Möglichkeit, einen eingeschränkten Versicherungsschutz zu erhalten.

III. Regelungen zum Beruf

7 Nähere zeitliche Konkretisierungen des zuletzt ausgeübten Berufs können zwischen den Parteien des Versicherungsvertrags wirksam vereinbart werden. So ist es z.B. möglich, nicht auf den zuletzt in gesunden Tagen konkret ausgeübten Beruf abzustellen, sondern auf berufliche Tätigkeiten, die innerhalb eines bestimmten Zeitraums vor Beginn der angeblichen Berufsunfähigkeit ausgeübt worden sind.[9] Denkbar ist hier, dass im Rahmen der Leistungsprüfung auch Berufe mitberücksichtigt werden, die der VN in den letzten 12, 24 oder 36 Monaten vor Eintritt der behaupteten Berufsunfähigkeit eingetreten ist. Der VN muss dann nicht nur darlegen und beweisen, dass er dem zuletzt in gesunden Tagen ausgeübten Beruf nicht mehr nachgehen kann, sondern auch, dass dies für die berufliche Tätigkeit gilt, die er in den oben genannten Zeitabschnitten vor dem letzten Berufswechsel ausgeübt hat. Eine solches Regelung entwertet den Versicherungsschutz nicht, sondern ist einer abstrakten Verweisung auf andere Tätigkeiten vergleichbar, die § 172 Abs. 3 ausdrücklich erlaubt.

8 Allerdings gilt dies nicht für leidensbedingte Berufswechsel. Diese bleiben unberücksichtigt. Eine dem entgegenstehende Regelungen in AVB würde dem gesetzlichen Leitbild des § 172 Abs. 1 widersprechen, das eben auf den in gesunden Tagen ausgeübten Beruf abstellt.

Eine Regelung, wonach Leistungen aus einer Berufsunfähigkeitsversicherung nur derjenige erhalten kann, der seine letzte berufliche Tätigkeit aufgibt, verstößt gegen das gesetzliche Leitbild des § 172 Abs. 1, der gerade nicht vorsieht, dass die berufliche Tätigkeit auch aufgegeben werden muss.[10] Das gilt auch dann, wenn der VN zum Beispiel aufgrund der Fortzahlung von Provisionen trotz eingetretener Berufsunfähigkeit weiterhin Einkünfte erzielt, denn die Berufsunfähigkeitsversicherung ist keine Schadenversicherung und setzt das Vorliegen einer Einkommenseinbuße nicht voraus. Allerdings können die Parteien vereinbaren, dass das Vorliegen bedingungsgemäßer Berufsunfähigkeit nicht nur voraussetzt, dass der VN seine zuletzt ausgeübte Tätigkeit nicht mehr ausüben kann, sondern darüber hinaus nicht aus einer Erwerbstätigkeit mindestens 80 % seiner bisherigen Erwerbseinkünfte erwirtschaftet.[11]

IV. Abweichungen zugunsten des VN

9 Abweichungen zugunsten des VN sind möglich. So ist es dem VR z.B. möglich, mit dem VN eine Regelung zu treffen, wonach ein befristetes Anerkenntnis nur bei Vorliegen bestimmter Gründe abgegeben werden darf, denn das Gesetz grenzt die Gründe, die zur

---

8 So wohl *Neuhaus* N II Rn. 123; **a. A.** Langheid/Rixecker/*Rixecker* § 175 Rn. 1.

9 Vgl. Langheid/Rixecker/*Rixecker* § 175 Rn. 1.

10 Vgl. OLG Saarbrücken 3.12.2014 VersR **2015** 1365, 1367.

11 Vgl. KG 12.7.2011 VersR **2012** 349.

Abgabe eines nur befristeten Anerkenntnisses berechtigen, nicht näher ein.[12] Darf der VR nur bei Vorliegen bestimmter Gründe ein befristetes Anerkenntnis abgeben, so ist dies für den VN günstiger. Eine solche Regelung ist daher wirksam, so dass sich der VR nicht auf die für ihn günstigere gesetzliche Regelung beziehen kann.

Es ist im Hinblick auf Art. 1 Abs. 3 EGVVG nicht geboten, derartige Versicherungsbedingungen an das VVG 2008 anzupassen, denn das Vertragsanpassungsrecht des Versicherungsrechts hatte eine Verschlechterung des vertraglich zugesagten Leistungsanspruchs nicht zum Ziel.[13] Vor diesem Hintergrund erstreckt sich das Vertragsanpassungsrecht des VR nicht auf solche Regelungen, die gegenüber dem vorherigen Vertragszustand eine Verschlechterung der Position des VN darstellen. **10**

§ 176
Anzuwendende Vorschriften

Die §§ 150 bis 170 sind auf die Berufsunfähigkeitsversicherung entsprechend anzuwenden, soweit die Besonderheiten dieser Versicherung nicht entgegenstehen.

Schrifttum

Brömmelmeyer Belohnungen für gesundheitsbewusstes Verhalten in der Lebens- und Berufsunfähigkeitsversicherung? Rechtliche Rahmenbedingungen für Vitalitäts-Tarife, RuS **2017** 225; *Höra* Materielle und prozessuale Klippen in der Berufsunfähigkeits- und Krankenversicherung, RuS **2008** 89.

Übersicht

A. Allgemeines

I. Entstehungsgeschichte

Die Vorschrift ist neu und durch das Gesetz zur Reform des Versicherungsvertragsgesetzes in das VVG eingefügt worden. Der Gesetzgeber hat in der Gesetzesbegründung betont, dass die Vorschriften für die Lebensversicherung ergänzend angewendet werden **1**

---

12 Vgl. Langheid/Wandt/*Dörner* § 175 Rn. 6; Prölss/Martin/*Dörner* Art. 4 EGVVG Rn. 10; LG Dortmund 4.12.2014 BeckRS **2015**, 02105.

13 Vgl. Langheid/Wandt/*Looschelders* Art. 1 EGVVG Rn. 20f.; *Höra* RuS **2008** 89,94,96; Looschelders/Pohlmann/*Stangl*/*Brand* Art. 5 EGVVG Rn. 10; Prölss/Martin/*Armbrüster* Art. 4 EGVVG Rn. 10.

sollen, soweit die Besonderheiten der Berufsunfähigkeitsversicherung dem nicht entgegenstehen. In der Gesetzesbegründung wird ausdrücklich darauf hingewiesen, dass die Produktgestaltungsfreiheit des VR nicht eingeschränkt werden soll, weil sich die Berufsunfähigkeitsversicherung noch stärker als die Lebensversicherung in der Entwicklung befindet. Aus diesem Grund ist die Regelung des § 171 VVG nicht auf die Berufsunfähigkeitsversicherung übertragen worden.[1]

II. Sinn und Zweck

2 Der Gesetzgeber hat mit der Regelung des § 176 zum Ausdruck gebracht, dass das Recht der Lebensversicherung in dem in dieser Vorschrift genannten Umfang auch nach ausdrücklicher Regelung der Berufsunfähigkeitsversicherung im VVG anwendbar bleibt, sofern nicht die Besonderheiten der Berufsunfähigkeitsversicherung dem entgegenstehen. § 171 ist nach dem eindeutigen Wortlaut der Vorschrift nicht auf die Berufsunfähigkeitsversicherung anwendbar. Für Altverträge gilt § 176 im Hinblick auf Art. 4 Abs. 3 EGVVG nicht.[2]

B. Einzelheiten

3 Auch vor Inkrafttreten der §§ 172 bis 177 waren die Vorschriften für Lebensversicherungen auf die Berufsunfähigkeitsversicherung nicht schematisch anwendbar, sondern nur, soweit die Besonderheiten der Berufsunfähigkeitsversicherung nicht entgegenstehen.

4 Da sowohl die selbständige Berufsunfähigkeitsversicherung als auch die Berufsunfähigkeitszusatzversicherung aufsichtsrechtlich als Lebensversicherung behandelt werden, ist es nur konsequent, dass auch die versicherungsvertragsrechtlichen Vorschriften der Lebensversicherung im Wesentlichen auch auf die Berufsunfähigkeitsversicherung angewendet werden.[3] Der Verweis auf die Anwendbarkeit der Vorschriften über die Lebensversicherung auf die Berufsunfähigkeitsversicherung führt aber nicht zu einer schematischen Übertragung von Regelungen von der einen auf die andere Versicherungsart ohne den Blick auf den jeweiligen ggf. unterschiedlichen Sinn und Zweck der Bestimmungen. Es ist daher jeweils im Einzelfall zu überprüfen, ob eine Vorschrift aus dem Recht der Lebensversicherung auf die Berufsunfähigkeitsversicherung angewendet werden kann.

I. § 150[4]

§ 150 Versicherte Person

(1) Die Lebensversicherung kann auf die Person des Versicherungsnehmers oder eines anderen genommen werden.

(2) Wird die Versicherung für den Fall des Todes eines anderen genommen und übersteigt die vereinbarte Leistung den Betrag der gewöhnlichen Beerdigungskosten, ist zur Wirksamkeit des Vertrags die schriftliche Einwilligung des anderen erforderlich; dies gilt

---

[1] Vgl. BT-Drucks. 16/3945 S. 107.

[2] Vgl. Langheid/Wandt/*Dörner* § 176 Rn. 1; Looschelders/Pohlmann/*Stagl*/*Brand* Art. 4 EGVVG Rn. 9.

[3] Vgl. BGH 5.12.1990 NJW **1991** 1357, 1358.

[4] Für nähere Einzelheiten s. die Kommentierung bei Bruck/Möller/*Winter* Band 8/1.

nicht bei Lebensversicherungen im Bereich der betrieblichen Altersversorgung. Ist der andere geschäftsunfähig oder in der Geschäftsfähigkeit beschränkt oder ist für ihn ein Betreuer bestellt und steht die Vertretung in den seine Person betreffenden Angelegenheiten dem Versicherungsnehmer zu, kann dieser den anderen bei der Erteilung der Einwilligung nicht vertreten.

(3) Nimmt ein Elternteil die Versicherung auf die Person eines minderjährigen Kindes, bedarf es der Einwilligung des Kindes nur, wenn nach dem Vertrag der Versicherer auch bei Eintritt des Todes vor der Vollendung des siebenten Lebensjahres zur Leistung verpflichtet sein soll und die für diesen Fall vereinbarte Leistung den Betrag der gewöhnlichen Beerdigungskosten übersteigt.

(4) Soweit die Aufsichtsbehörde einen bestimmten Höchstbetrag für die gewöhnlichen Beerdigungskosten festgesetzt hat, ist dieser maßgebend.

Auch eine Berufsunfähigkeitsversicherung kann wie eine Lebensversicherung auf die **5**
Person eines Dritten angenommen werden.[5]

Fraglich ist allerdings, ob ebenso wie bei der Lebensversicherung die schriftliche Ein- **6**
willigung der Gefahrsperson erforderlich ist, § 150 Abs. 2 Satz 1. Dies wird zum Teil von der Literatur bejaht.[6] Einigkeit besteht darüber, dass für Kollektivverträge im Rahmen der betrieblichen Altersvorsorg ein Einwilligungserfordernis nicht besteht, weil es insoweit an einem Schutzbedürfnis mangelt.[7] Nach anderer Auffassung wird eine entsprechende Anwendung des § 150 Abs. 1 Satz 1 mit der Begründung verneint, bereits im Ausgangspunkt fehle es an der rechtlichen Basis für eine Analogiebildung, weil Norm, Zweck und Interessenlage des § 150 Abs. 2 Satz 1 nicht auf die Berufsunfähigkeitsversicherung übertragbar seien. Bereits nach ihrem Wortlaut beschränke sich die Vorschrift darauf, dass die Lebensversicherung auf den Tod eines anderen angenommen werde, für eine Erlebensfallversicherung gelte sie gerade nicht, so dass auch eine Anwendbarkeit auf die Berufsunfähigkeitsversicherung ausscheide, da diese eben eine Leistungspflicht zur Lebzeit regele.[8]

Richtig ist, dass in der Berufsunfähigkeitsversicherung ein zu Lebzeiten eintretendes **7**
Ereignis, nämlich die Berufsunfähigkeit, als Versicherungsfall definiert ist.[9] Allerdings überzeigt es nicht, wenn in der Literatur ausgeführt wird, dessen bewusste Herbeiführung aus spekulativen Erwägungen sei in der Praxis kaum zu befürchten.[10] Es ist nämlich durchaus denkbar, dass eine Berufsunfähigkeit herbeigeführt wird, weil die aus einer Berufsunfähigkeitsversicherung resultierenden Leistungen höher als das zum Zeitpunkt des Eintritts des Versicherungsfalls bezogene Einkommen des Versicherten ist. Zu der Vorgängervorschrift des § 150, dem § 159 VVG a.F. hat der BGH bereits mehrfach ausgeführt, dass jeder Möglichkeit des Spiels oder der Spekulation mit dem Leben oder der Gesundheit eines anderen vorgebeugt werden soll.[11] Daraus folgt, dass das Einwilligungserfordernis auch für die Berufsunfähigkeitsversicherung gilt, denn versichert ist auch hier eine Gesundheitsbeeinträchtigung, die Auswirkungen auf die berufliche Leistungsfähigkeit des Versicherten hat. In diesem Zusammenhang ist zu berücksichtigen, dass der Versicherungsfall „Berufs-

---

[5] Vgl. Langheid/Wandt/*Dörner* § 176 Rn. 3; *Neuhaus* T II Rn. 22.

[6] Vgl. Prölss/Martin/*Lücke* § 176 Rn. 5; Looschelders/Pohlmann/*Glenk* § 176 Rn. 3; auch *Neuhaus* T II Nr. 24ff.; Langheid/Rixecker/*Rixecker* § 176 Rn. 2.

[7] Vgl. Langheid/Wandt/*Dörner* § 150 Rn. 5; Prölss/Martin/*Lücke* § 176 Rn. 5; Beckmann/Matusche-Beckmann/*Rixecker* § 46 Rn. 11.

[8] Vgl. Langheid/Wandt/*Dörner* § 176 Rn. 4.

[9] Vgl. HK VVG/*Brambach* § 150 Rn. 7.

[10] So Langheid/Wandt/*Dörner* § 150 Rn. 4; *Neuhaus* T II Rn. 24.

[11] BGH 5.10.1994 NJW – RR **1995** 476; BGH 7.5.1997 NJW **1997** 2381, 2382.

unfähigkeit" in der Regel schon dann eintritt, wenn es der versicherten Person zu 50 % nicht möglich ist, die zuletzt in gesunden Tagen ausgeübte Tätigkeit zu erledigen. All dies spricht dafür, § 150 Abs. 2 Satz 1 VVG auch auf die Berufsunfähigkeitsversicherung entsprechend anzuwenden.

II. § 151[12]

§ 151 Ärztliche Untersuchung

Durch die Vereinbarung einer ärztlichen Untersuchung der versicherten Person wird ein Recht des Versicherers, die Vornahme der Untersuchung zu verlangen, nicht begründet.

8 § 151, wonach kein durchsetzbarer Anspruch des Lebensversicherers auf Durchführung einer ärztlichen Untersuchung besteht, gilt nach allgemeiner Auffassung auch für die Berufsunfähigkeitsversicherung, weil die Vorschrift das allgemeine Persönlichkeitsrecht des Versicherten schützt.[13] Dieses ist auch bei einer Leistungsprüfung, die ein Berufsunfähigkeitsversicherer durchführt im gleichen Maße wie in der Lebensversicherung betroffen.

9 Zulässig ist es allerdings, den Leistungsanspruch des VN davon abhängig zu machen, dass dieser den Eintritt des Versicherungsfalls ärztlich nachweist. Ob der Versicherungsfall „Berufsunfähigkeit" eingetreten ist, kann in der Regel nur ein Arzt verlässlich beurteilen, geht es doch in der Regel um die Auswirkungen einer bestimmten Krankheit auf die Leistungsfähigkeit des VN. Die Leistungsprüfung kann auch die Durchführung einer gutachterlichen Untersuchung erforderlich machen. In der Regel enthalten die Versicherungsverträge daher entsprechende Regelungen. Diese sind jedenfalls soweit sie Obliegenheiten des VN begründen, wirksam.[14]

10 Für Behandlungsklauseln oder Arztanordnungsklausel gilt dies allerdings nicht, denn mit dem allgemeinen Persönlichkeitsrecht des VN lässt es sich nicht vereinbaren, dass dieser durch seinen Vertragspartner gezwungen werden kann, ärztliche Behandlungen vornehmen zu lassen, die er möglicherweise aus berechtigten Gründen wie zum Beispiel einem Narkoserisiko, Unverträglichkeiten und mangelnder Erfolgsaussicht verweigert. Der VN ist auch nicht aus Treu und Glauben verpflichtet, bestimmte Behandlungsmaßnahmen durchführen zu lassen.[15] Der Grundsatz von Treu und Glauben gebietet es nicht, das allgemeine Persönlichkeitsrecht zur Disposition zu stellen und insbesondere Dritte darüber entscheiden zu lassen, welche Behandlungsmaßnahmen durchzuführen sind. Eine Schutzbedürftigkeit des VR im Hinblick auf eine dem VN vorgeworfene weigerliche Haltung besteht nicht: Unterlässt der VN naheliegende und ihm ohne weiteres zumutbare Behandlungsmaßnahmen, stellt sich nämlich die Frage, ob er „durch" Krankheit berufsunfähig ist. Im Rahmen der Erstprüfung können unterlassene Behandlungsmaßnahmen darüber hinaus dazu führen, dass die Leistung noch nicht fällig ist, § 14.

---

[12] Für nähere Einzelheiten s. die Kommentierung bei Bruck/Möller/*Winter* Band 8/1.

[13] Vgl. Langheid/Wandt/*Dörner* § 176 Rn. 5; Prölss/Martin/*Lücke* § 176 Rn. 5; *Neuhaus* T II Rn. 27; Looschelders/Pohlmann/*Klenk* § 176 Rn. 3f. m.w.N.

[14] Vgl. Prölss/Martin/*Lücke* § 176 Rn. 5; Staudinger/Halm/Wendt/*Gramse* § 11 BUV 2008 Rn. 14 und § 13 Rn. 50; Langheid/Wandt/*Dörner* § 176 Rn. 5.

[15] **A.A.** *Neuhaus* K III 3 Rn. 83ff.

III. § 152[16]

§ 152 Widerruf des Versicherungsnehmers

(1) Abweichend von § 8 Abs. 1 Satz 1 beträgt die Widerrufsfrist 30 Tage.

(2) Der Versicherer hat abweichend von § 9 Satz 1 auch den Rückkaufswert einschließlich der Überschussanteile nach § 169 zu zahlen. Im Fall des § 9 Satz 2 hat der Versicherer den Rückkaufswert einschließlich der Überschussanteile oder, wenn dies für den Versicherungsnehmer günstiger ist, die für das erste Jahr gezahlten Prämien zu erstatten.

(3) Abweichend von § 33 Abs. 1 ist die einmalige oder die erste Prämie unverzüglich nach Ablauf von 30 Tagen nach Zugang des Versicherungsscheins zu zahlen.

§ 152 VVG ist auch auf die Berufsunfähigkeitsversicherung anwendbar, da die selbst- **11**
ständige Berufsunfähigkeitsversicherung ebenso wie die Lebensversicherung für den VN wirtschaftlich von beträchtlicher Bedeutung ist. Auszugehen ist von einer Widerrufsfrist von 30 Tagen ab Zugang der erforderlichen Unterlagen beim VN.[17]

IV. § 153[18]

§ 153 Überschussbeteiligung

(1) Dem Versicherungsnehmer steht eine Beteiligung an dem Überschuss und an den Bewertungsreserven (Überschussbeteiligung) zu, es sei denn, die Überschussbeteiligung ist durch ausdrückliche Vereinbarung ausgeschlossen; die Überschussbeteiligung kann nur insgesamt ausgeschlossen werden.

(2) Der Versicherer hat die Beteiligung an dem Überschuss nach einem verursachungsorientierten Verfahren durchzuführen; andere vergleichbare angemessene Verteilungsgrundsätze können vereinbart werden. Die Beträge im Sinn des § 268 Abs. 8 des Handelsgesetzbuchs bleiben unberücksichtigt.

(3) Der Versicherer hat die Bewertungsreserven jährlich neu zu ermitteln und nach einem verursachungsorientierten Verfahren rechnerisch zuzuordnen. Bei der Beendigung des Vertrags wird der für diesen Zeitpunkt zu ermittelnde Betrag zur Hälfte zugeteilt und an den Versicherungsnehmer ausgezahlt; eine frühere Zuteilung kann vereinbart werden. Aufsichtsrechtliche Regelungen zur Sicherstellung der dauernden Erfüllbarkeit der Verpflichtungen aus den Versicherungen, insbesondere die §§ 89, 124 Absatz 1, § 139 Absatz 3 und 4 und die §§ 140 sowie 214 des Versicherungsaufsichtsgesetzes bleiben unberührt.

(4) Bei Rentenversicherungen ist die Beendigung der Ansparphase der nach Absatz 3 Satz 2 maßgebliche Zeitpunkt.

§ 153 ist im Rahmen des Art. 4 I EGVVG auf die Berufsunfähigkeitsversicherung ent- **12**
sprechend anwendbar.[19] Die Musterbedingungen enthalten hierzu in § 3 eine detaillierte Regelung, wonach der VN an den Überschüssen und den Bewertungsreserven beteiligt wird. Nach Maßgabe des § 3 Abs. 2 der Musterbedingungen erklärt der VR dem VN, aus

---

[16] Für nähere Einzelheiten s. die Kommentierung bei Bruck/Möller/*Winter* Band 8/1.

[17] Vgl. Langheid/Wandt/*Dörner* § 176 Rn. 6; *Neuhaus* C VII Rn. 93.

[18] Für nähere Einzelheiten s. die Kommentierung bei Bruck/Möller/*Winter* Band 8/1.

[19] Vgl. Langheid/Wandt/*Dörner* § 176 Rn. 8; Prölss/Martin/*Lücke* § 176 Rn. 5; *Höra* RuS 2008 89, 94; Looschelders/Pohlmann/*Klenk* § 176 Rn. 3.

welchen Quellen die Überschüsse stammen, wie der VR mit den Überschüssen verfährt und wie Bewertungsreserven entstehen und der VR diese zuordnet. Es wird darauf hingewiesen, dass Ansprüche auf eine bestimmte Höhe der Beteiligung des Vertrags an den Überschüssen und den Bewertungsreserven nicht bestehen. Überschüsse entstehen in der Regel aus Kapitalerträgen, dem Risikoergebnis und dem übrigen Ergebnis. Überschüsse werden in der Regel der Rückstellung für Beitragsrückerstattung zugeschrieben oder unmittelbar dem überschussberechtigten Versicherungsvertrag gutgeschrieben. Dabei ist zu beachten, dass gleichartige Versicherungsverträge zu Gewinngruppen zusammengefasst werden und die Überschüsse auf die einzelnen Gewinngruppen nach einem verursachungsorientierten Verfahren verteilt werden. Bewertungsreserven entstehen, wenn der Marktwert der Kapitalanlagen über dem Wert liegt, mit dem die Kapitalanlagen im Geschäftsbericht des VR ausgewiesen sind. In der Berufsunfähigkeitsversicherung stehen vor Eintritt der Berufsunfähigkeit in der Regel keine oder nur geringe Beträge zur Verfügung, um Kapital zu bilden. Deswegen entstehen in der Berufsunfähigkeitsversicherung auch nur geringe oder gar keine Bewertungsreserven.

V. §§ 154, 155[20]

§ 154 Modellrechnung

(1) Macht der Versicherer im Zusammenhang mit dem Angebot oder dem Abschluss einer Lebensversicherung bezifferte Angaben zur Höhe von möglichen Leistungen über die vertraglich garantierten Leistungen hinaus, hat er dem Versicherungsnehmer eine Modellrechnung zu übermitteln, bei der die mögliche Ablaufleistung unter Zugrundelegung der Rechnungsgrundlagen für die Prämienkalkulation mit drei verschiedenen Zinssätzen dargestellt wird. Dies gilt nicht für Risikoversicherungen und Verträge, die Leistungen der in § 124 Absatz 2 Satz 2 des Versicherungsaufsichtsgesetzes bezeichneten Art vorsehen.

(2) Der Versicherer hat den Versicherungsnehmer klar und verständlich darauf hinzuweisen, dass es sich bei der Modellrechnung nur um ein Rechenmodell handelt, dem fiktive Annahmen zu Grunde liegen, und dass der Versicherungsnehmer aus der Modellrechnung keine vertraglichen Ansprüche gegen den Versicherer ableiten kann.

§ 155 Jährliche Unterrichtung

Bei Versicherungen mit Überschussbeteiligung hat der Versicherer den Versicherungsnehmer jährlich in Textform über die Entwicklung seiner Ansprüche unter Einbeziehung der Überschussbeteiligung zu unterrichten. Ferner hat der Versicherer, wenn er bezifferte Angaben zur möglichen zukünftigen Entwicklung der Überschussbeteiligung gemacht hat, den Versicherungsnehmer auf Abweichungen der tatsächlichen Entwicklung von den anfänglichen Angaben hinzuweisen.

13 §§ 154 und 155 sind auf Berufsunfähigkeitsversicherungsverträge entsprechend anwendbar.[21] Die praktische Bedeutung der Vorschriften ist in der Berufsunfähigkeitsversicherung allerdings gering. Auch wenn die Berufsunfähigkeitsversicherung nicht dem Vermögensaufbau dient, hat auch der VN einer Berufsunfähigkeitsversicherung einen Anspruch

20 Für nähere Einzelheiten s. Bruck/Möller/*Winter* Band 8/1.

21 Langheid/Wandt/*Dörner* § 176 Rn. 11; Looschelders/Pohlmann/*Klenk* § 176 Rn. 3; Prölss/Martin/*Lücke* § 176 Rn. 5.

auf jährliche Mitteilungen über die aktuelle Entwicklung der Versicherung. Er hat insoweit ein allgemeines Informationsbedürfnis.[22]

VI. § 156[23]

§ 156 Kenntnis und Verhalten der versicherten Person

Soweit nach diesem Gesetz die Kenntnis und das Verhalten des Versicherungsnehmers von rechtlicher Bedeutung sind, ist bei der Versicherung auf die Person eines anderen auch deren Kenntnis und Verhalten zu berücksichtigen.

§ 156 auf die Berufsunfähigkeitsversicherung entsprechend anzuwenden.[24] Dies gilt **14**
nicht nur im Rahmen der vorvertraglichen Anzeigepflicht, sondern auch bei sonstigen Mitwirkungsobliegenheiten und Risikoausschlüssen, deren Eingreifen von dem Verhalten des VN oder der versicherten Person abhängt.

VII. § 157[25]

§ 157 Unrichtige Altersangabe

Ist das Alter der versicherten Person unrichtig angegeben worden, verändert sich die Leistung des Versicherers nach dem Verhältnis, in welchem die dem wirklichen Alter entsprechende Prämie zu der vereinbarten Prämie steht. Das Recht, wegen der Verletzung der Anzeigepflicht von dem Vertrag zurückzutreten, steht dem Versicherer abweichend von § 19 Abs. 2 nur zu, wenn er den Vertrag bei richtiger Altersangabe nicht geschlossen hätte.

§ 157 gilt auch in der Berufsunfähigkeitsversicherung. Für das Eingreifen der Voraus- **15**
setzungen des § 157 S. 2 ist der VR darlegungs- und beweisbelastet. Er hat seine Risikoprüfungsgrundsätze und Annahmerichtlinien substantiiert darzulegen.[26]

VIII. § 158[27]

§ 158 Gefahränderung

(1) Als Erhöhung der Gefahr gilt nur eine solche Änderung der Gefahrumstände, die nach ausdrücklicher Vereinbarung als Gefahrerhöhung angesehen werden soll; die Vereinbarung bedarf der Textform.

(2) Eine Erhöhung der Gefahr kann der Versicherer nicht mehr geltend machen, wenn seit der Erhöhung fünf Jahre verstrichen sind. Hat der Versicherungsnehmer seine Verpflichtung nach § 23 vorsätzlich oder arglistig verletzt, beläuft sich die Frist auf zehn Jahre.

---

22 Prölss/Martin/*Lücke* § 176 Rn. 5.

23 Für nähere Einzelheiten s. die Kommentierung bei Bruck/Möller/*Winter* Band 8/1.

24 Langheid/Wandt/*Dörner* § 76 Rn. 13; Looschelders/Pohlmann/*Klenk* § 176 Rn. 3; Prölss/Martin/*Lücke* § 176 Rn. 6.

25 Für nähere Einzelheiten s. die Kommentierung bei Bruck/Möller/*Winter* Band 8/1.

26 Langheid/Wandt/*Dörner*, § 176 Rn. 20. Hinsichtlich der Darlegungslast anders: *Neuhaus* T I Rn. 13.

27 Für nähere Einzelheiten s. die Kommentierung bei Bruck/Möller/*Winter* Band 8/1.

(3) § 41 ist mit der Maßgabe anzuwenden, dass eine Herabsetzung der Prämie nur wegen einer solchen Minderung der Gefahrumstände verlangt werden kann, die nach ausdrücklicher Vereinbarung als Gefahrminderung angesehen werden soll.

16 § 158 ist in der Berufsunfähigkeitsversicherung nicht entsprechend anwendbar, soweit Änderungen der beruflichen Tätigkeit anzeigepflichtig sein sollen. Nach dem gesetzlichen Leitbild des § 172 ist im Rahmen der Prüfung, ob bedingungsgemäße Berufsunfähigkeit eingetreten ist, auf die zuletzt in gesunden Tagen ausgeübte Tätigkeit abzustellen und nicht auf die bei Beantragung des Versicherungsschutzes ausgeübte Tätigkeit.[28] Die Berufsunfähigkeitsversicherung soll für den VN erkennbar das Risiko abdecken, das für ihn infolge eines Einnahmeverlusts entsteht, wenn er seinem tatsächlich zuletzt in gesunden Tagen ausgeübten Beruf nicht mehr nachgehen kann.

Etwas anderes gilt aber zum Beispiel für die Aufnahme gefährlicher Hobbies, sofern der VR hiernach bei Antragstellung ausdrücklich fragt und die Versicherungsbedingungen eine ausreichend transparente Regelung enthalten, wann von einer anzeigepflichtigen Gefahränderung auszugehen ist.

IX. §§ 159, 160[29]

§ 159 Bezugsberechtigung

(1) Der Versicherungsnehmer ist im Zweifel berechtigt, ohne Zustimmung des Versicherers einen Dritten als Bezugsberechtigten zu bezeichnen sowie an die Stelle des so bezeichneten Dritten einen anderen zu setzen.

(2) Ein widerruflich als bezugsberechtigt bezeichneter Dritter erwirbt das Recht auf die Leistung des Versicherers erst mit dem Eintritt des Versicherungsfalles.

(3) Ein unwiderruflich als bezugsberechtigt bezeichneter Dritter erwirbt das Recht auf die Leistung des Versicherers bereits mit der Bezeichnung als Bezugsberechtigter.

§ 160 Auslegung der Bezugsberechtigung

(1) Sind mehrere Personen ohne Bestimmung ihrer Anteile als Bezugsberechtigte bezeichnet, sind sie zu gleichen Teilen bezugsberechtigt. Der von einem Bezugsberechtigten nicht erworbene Anteil wächst den übrigen Bezugsberechtigten zu.

(2) Soll die Leistung des Versicherers nach dem Tod des Versicherungsnehmers an dessen Erben erfolgen, sind im Zweifel diejenigen, welche zur Zeit des Todes als Erben berufen sind, nach dem Verhältnis ihrer Erbteile bezugsberechtigt. Eine Ausschlagung der Erbschaft hat auf die Berechtigung keinen Einfluss.

(3) Wird das Recht auf die Leistung des Versicherers von dem bezugsberechtigten Dritten nicht erworben, steht es dem Versicherungsnehmer zu.

(4) Ist der Fiskus als Erbe berufen, steht ihm ein Bezugsrecht im Sinn des Absatzes 2 Satz 1 nicht zu.

17 Die §§ 159, 160 gelten entsprechend in der Berufsunfähigkeitsversicherung. Nach § 12 der Musterbedingungen kann der VN bestimmen, wer die Leistung erhält. § 12 Abs. 1 der Musterbedingungen kann entnommen werden, dass die Einräumung eines widerruflichen und unwiderruflichen Bezugsrechts möglich ist.

---

[28] BGH 15.2.2017 BeckRS **2017** 103125.

[29] Für nähere Einzelheiten vgl. die Kommentierung bei Bruck/Möller/*Winter* Band 8/1.

X. §§ 161,162

§ 161 Selbsttötung

(1) Bei einer Versicherung für den Todesfall ist der Versicherer nicht zur Leistung verpflichtet, wenn die versicherte Person sich vor Ablauf von drei Jahren nach Abschluss des Versicherungsvertrags vorsätzlich selbst getötet hat. Dies gilt nicht, wenn die Tat in einem die freie Willensbestimmung ausschließenden Zustand krankhafter Störung der Geistestätigkeit begangen worden ist.

(2) Die Frist nach Absatz 1 Satz 1 kann durch Einzelvereinbarung erhöht werden.

(3) Ist der Versicherer nicht zur Leistung verpflichtet, hat er den Rückkaufswert einschließlich der Überschussanteile nach § 169 zu zahlen.

§ 162 Tötung durch Leistungsberechtigten

(1) Ist die Versicherung für den Fall des Todes eines anderen als des Versicherungsnehmers genommen, ist der Versicherer nicht zur Leistung verpflichtet, wenn der Versicherungsnehmer vorsätzlich durch eine widerrechtliche Handlung den Tod des anderen herbeiführt.

(2) Ist ein Dritter als Bezugsberechtigter bezeichnet, gilt die Bezeichnung als nicht erfolgt, wenn der Dritte vorsätzlich durch eine widerrechtliche Handlung den Tod der versicherten Person herbeiführt.

Die §§ 161, 162 sind auf die Berufsunfähigkeitsversicherung entsprechend anwendbar, **18**
entsprechende Regelungen finden sich in § 5 der Musterbedingungen. Der in der Vorschrift des § 161 genannte Dreijahres – Zeitraum gilt allerdings regelmäßig nicht.

XI. §§ 163, 164[30]

§ 163 Prämien- und Leistungsänderung

(1) Der Versicherer ist zu einer Neufestsetzung der vereinbarten Prämie berechtigt, wenn

1. *sich der Leistungsbedarf nicht nur vorübergehend und nicht voraussehbar gegenüber den Rechnungsgrundlagen der vereinbarten Prämie geändert hat,*
2. *die nach den berichtigten Rechnungsgrundlagen neu festgesetzte Prämie angemessen und erforderlich ist, um die dauernde Erfüllbarkeit der Versicherungsleistung zu gewährleisten, und*
3. *ein unabhängiger Treuhänder die Rechnungsgrundlagen und die Voraussetzungen der Nummern 1 und 2 überprüft und bestätigt hat.*

Eine Neufestsetzung der Prämie ist insoweit ausgeschlossen, als die Versicherungsleistungen zum Zeitpunkt der Erst- oder Neukalkulation unzureichend kalkuliert waren und ein ordentlicher und gewissenhafter Aktuar dies insbesondere anhand der zu diesem Zeitpunkt verfügbaren statistischen Kalkulationsgrundlagen hätte erkennen müssen.

(2) Der Versicherungsnehmer kann verlangen, dass an Stelle einer Erhöhung der Prämie nach Absatz 1 die Versicherungsleistung entsprechend herabgesetzt wird. Bei einer prämienfreien Versicherung ist der Versicherer unter den Voraussetzungen des Absatzes 1 zur Herabsetzung der Versicherungsleistung berechtigt.

---

30 Für nähere Einzelheiten s. die Kommentierung bei Bruck/Möller/*Winter* Band 8/1.

(3) Die Neufestsetzung der Prämie und die Herabsetzung der Versicherungsleistung werden zu Beginn des zweiten Monats wirksam, der auf die Mitteilung der Neufestsetzung oder der Herabsetzung und der hierfür maßgeblichen Gründe an den Versicherungsnehmer folgt.

(4) Die Mitwirkung des Treuhänders nach Absatz 1 Satz 1 Nr. 3 entfällt, wenn die Neufestsetzung oder die Herabsetzung der Versicherungsleistung der Genehmigung der Aufsichtsbehörde bedarf.

§ 164 Bedingungsanpassung

(1) Ist eine Bestimmung in Allgemeinen Versicherungsbedingungen des Versicherers durch höchstrichterliche Entscheidung oder durch bestandskräftigen Verwaltungsakt für unwirksam erklärt worden, kann sie der Versicherer durch eine neue Regelung ersetzen, wenn dies zur Fortführung des Vertrags notwendig ist oder wenn das Festhalten an dem Vertrag ohne neue Regelung für eine Vertragspartei auch unter Berücksichtigung der Interessen der anderen Vertragspartei eine unzumutbare Härte darstellen würde. Die neue Regelung ist nur wirksam, wenn sie unter Wahrung des Vertragsziels die Belange der Versicherungsnehmer angemessen berücksichtigt.

(2) Die neue Regelung nach Absatz 1 wird zwei Wochen, nachdem die neue Regelung und die hierfür maßgeblichen Gründe dem Versicherungsnehmer mitgeteilt worden sind, Vertragsbestandteil.

19 Nach § 163 Abs. 1 ist der VR zu einer Neufestsetzung der vereinbarten Prämie berechtigt, wenn sich der Leistungsbedarf nicht nur vorübergehend und nicht voraussehbar gegenüber den Rechnungsgrundlagen der vereinbarten Prämie geändert hat, die nach den berichtigten Rechnungsgrundlagen neu festgesetzte Prämie angemessen und erforderlich ist, um die dauernde Erfüllbarkeit der Versicherungsleistungen zu gewährleisten und ein unabhängiger Treuhänder die Rechnungsgrundlagen und die Voraussetzungen der Nummern 1 und 2 überprüft und bestätigt hat. Diese Regelung ist halbzwingend gem. § 171 Satz 1 VVG, so dass zum Nachteil des VN von dieser Regelung nicht abgewichen werden kann. Es ist demzufolge nicht zulässig, mit einem VN ein Gesundheits-Monitoring zu vereinbaren, um daraus resultierende Erkenntnisse während der Laufzeit des Vertrages für eine Neufestsetzung der Prämie zu nutzen.

20 Die Vorschrift des § 163 Abs. 1 beruht darauf, dass selbst ausreichend vorsichtig kalkulierte Versicherungsprämien aufgrund ex ante unabsehbarer Entwicklungen unzureichend sein können und notfalls erhöht werden müssen, um die garantierten Leistungen auf Dauer zu finanzieren.[31]

21 Nicht erfasst sind daher Tarife zu, bei denen Tarifprämien und Rechnungsgrundlagen unangetastet bleiben und nur Überschüsse betroffen sind, die aufgrund des individuellen gesundheitsrelevanten Verhaltens ungleich verteilt werden. Ein diesbezüglich veränderter Leistungsbedarf des VR reicht nicht.[32]

22 VR verwenden zum Teil sog. Vitalitätstarife, die ein gesundheitsbewusstes Verhalten des Versicherten prämieren. Bei diesen ist insbesondere fraglich, ob sie dem aus dem Transparenzgebot abgeleiteten Bestimmtheitsgrundsatz genügen.[33] Ohne fremde Hilfe soll der

---

31 Vgl. *Brömmelmeyer* RuS **2017** 225, 229; Bruck/Möller/*Winter* § 163 Rn. 5; Langheid/Wandt/*Dörner* § 163 Rn. 1; Looschelders/Pohlmann/*Krause* § 163 Rn. 1.

32 Vgl. *Brömmelmeyer* RuS **2017** 225, 229.

33 Vgl. BGH 5.11.2003 NJW **2004** 1598, 1600; *Brömmelmeyer* RuS **2017** 225, 229.

Vertragspartner möglichst klar und eindeutig seine Rechte identifizieren können.[34] Enthält eine Klausel vermeidbare Unklarheiten und Spielräume, so sieht der BGH das Bestimmtheitsgebot verletzt.[35] Bei Vitalitätstarifen ist demzufolge erforderlich, dass die Tarifbedingungen die Maßstäbe für sonstiges gesundheitsbewusstes Verhalten so konkret beschreiben, dass sich der an seiner Beitragsoptimierung interessierte Kunde daran orientieren kann. Es reicht demzufolge nicht aus, wenn der Kunde nur erfährt, dass sich sein gesundheitsrelevantes Verhalten konkret auf die avisierte Beitragsentlastung auswirkt, aber nicht, wie der VR das gesundheitsbewusste Verhalten in eine Beitragsentlastung umrechnet.[36] Erforderlich ist zumindest, dass der VR den Mechanismus und die Kriterien, die er als gesundheitsbewusstes Verhalten berücksichtigen will, möglichst präzise beschreibt und gewichtet. Wenn sich der VR nicht auf bestimmte Kriterien festlegt und stattdessen auf die jährliche Überschussdeklaration verweist, so ist dies nicht ausreichend transparent.[37]

Eine Klausel, nach der ein Kunde mangels termingerechter Information über das von ihm erwartete gesundheitsrelevante Verhalten so behandelt wird, als habe er sich nicht gesundheitsbewusst verhalten, benachteiligt den VN unangemessen. Der VR kann das Risiko der Nichtinformation nicht einseitig auf den Kunden abwälzen. Dies gilt vor allen Dingen dann nicht, wenn der Kunde das Risiko der Nichtinformation überhaupt nicht zu vertreten hat, weil der VR die Nichtübermittlung z.B. aufgrund interner EDV-Mängel selbst zu vertreten hat.[38] **23**

XII. §§ 165,166[39]

§ 165 Prämienfreie Versicherung

(1) Der Versicherungsnehmer kann jederzeit für den Schluss der laufenden Versicherungsperiode die Umwandlung der Versicherung in eine prämienfreie Versicherung verlangen, sofern die dafür vereinbarte Mindestversicherungsleistung erreicht wird. Wird diese nicht erreicht, hat der Versicherer den auf die Versicherung entfallenden Rückkaufswert einschließlich der Überschussanteile nach § 169 zu zahlen.

(2) Die prämienfreie Leistung ist nach anerkannten Regeln der Versicherungsmathematik mit den Rechnungsgrundlagen der Prämienkalkulation unter Zugrundelegung des Rückkaufswertes nach § 169 Abs. 3 bis 5 zu berechnen und im Vertrag für jedes Versicherungsjahr anzugeben.

(3) Die prämienfreie Leistung ist für den Schluss der laufenden Versicherungsperiode unter Berücksichtigung von Prämienrückständen zu berechnen. Die Ansprüche des Versicherungsnehmers aus der Überschussbeteiligung bleiben unberührt.

§ 166 Kündigung des Versicherers

(1) Kündigt der Versicherer das Versicherungsverhältnis, wandelt sich mit der Kündigung die Versicherung in eine prämienfreie Versicherung um. Auf die Umwandlung ist § 165 anzuwenden.

---

[34] Vgl. BGH 5.11.2003 NJW **2004** 1598, 1600.
[35] Vgl. BGH 5.11.2003 NJW **2004** 1598, 1600.
[36] Vgl. *Brömmelmeyer* RuS **2017** 225, 230.
[37] Vgl. *Brömmelmeyer* RuS **2017** 225, 230.
[38] Vgl. *Brömmelmeyer* RuS **2017** 225, 230.
[39] Für nähere Einzelheiten s. die Kommentierung bei Bruck/Möller/*Winter* Band 8/1.

(2) Im Fall des § 38 Abs. 2 ist der Versicherer zu der Leistung verpflichtet, die er erbringen müsste, wenn sich mit dem Eintritt des Versicherungsfalles die Versicherung in eine prämienfreie Versicherung umgewandelt hätte.

(3) Bei der Bestimmung einer Zahlungsfrist nach § 38 Abs. 1 hat der Versicherer auf die eintretende Umwandlung der Versicherung hinzuweisen.

(4) Bei einer Lebensversicherung, die vom Arbeitgeber zugunsten seiner Arbeitnehmerinnen und Arbeitnehmer abgeschlossen worden ist, hat der Versicherer die versicherte Person über die Bestimmung der Zahlungsfrist nach § 38 Abs. 1 und die eintretende Umwandlung der Versicherung in Textform zu informieren und ihnen eine Zahlungsfrist von mindestens zwei Monaten einzuräumen.

24 Umstritten ist, dass auch die §§ 165, 166 auf die Berufsunfähigkeitsversicherung anwendbar sind. Nach teilweiser Auffassung wird die Anwendbarkeit auf die Berufsunfähigkeitsversicherung ohne nähere Begründung bejaht.[40] Nach der Gegenauffassung wird die Anwendbarkeit verneint.[41] Zur Begründung wird ausgeführt, die Berufsunfähigkeitsversicherung habe eine systematische Nähe zur Krankenversicherung, welche gegen die Anwendbarkeit von § 165 auf die Berufsunfähigkeit spreche. Auch bei einer Krankenversicherung liege der Gedanke einer prämienfreien Fortführung des Vertrags fern, selbst wenn es sich um eine nach Art der Lebensversicherung kalkulierte Krankenversicherung handele.[42] Dies überzeugt allerdings nicht, denn die Berufsunfähigkeitsversicherung wird aufsichtsrechtlich als Lebensversicherung geführt. Sie ist eine Summenversicherung, während es sich jedenfalls bei der Krankheitskostenversicherung um eine Schadenversicherung handelt.[43]

25 Allerdings muss sich das Umwandlungsverlangen des VN aus seiner Erklärung klar und eindeutig ergeben.[44] Dafür reicht die Bitte, eine Lebensversicherung mit Zusatzversicherung wegen einer vorübergehenden Einkommenslosigkeit auf 10 Monate beitragsfrei zu stellen, nicht aus.[45] Ein derartiges Begehren des VN stellt einen Anlass für eine Beratung des VN im Sinne des § 6 Abs. 4 dar. Für den VR ergibt sich ein Beratungsanlass im Sinne des § 6 Abs. 4 auch dann, wenn der VN allgemein erklärt, dass er für einige Monate die Prämien nicht bezahlen könne.[46]

26 Ist das Umwandlungsbegehren hingegen eindeutig, besteht keine weitergehende Beratungspflicht des VR.[47] Fraglich ist allerdings, ob ein vom Wortlaut her an sich eindeutiges Umwandlungsbegehren auch dann vorliegt, wenn der VN in seinem Wunsch auf Umwandlung in eine beitragsfreie Versicherung gleichzeitig zum Ausdruck bringt, dass er annehme, es seien jedenfalls noch gewisse versicherte Leistungen vorhanden und dem VR so zu er-

---

40 Vgl. Prölss/Martin/*Lücke* § 176 Rn. 7; bzgl. § 165: Looschelders/Pohlmann/*Klenk* § 176 Rn. 4, ebenfalls Langheid/Rixecker/*Rixecker* § 176 Rn. 2.

41 Vgl. Langheid/Wandt/*Mönnich* § 165 Rn. 5; wohl auch HK VVG/*Mertens* § 176 Rn. 1.

42 Vgl. Langheid/Wandt/*Mönnich* § 165 Rn. 5 unter Hinweis auf *Schwintowski/Brömmelmeyer* vor § 159 bis 178 Rn. 15.

43 So auch Langheid/Wandt/*Dörner* § 176 Rn. 37.

44 Vgl. BGH 24.9.1975 WM **1975** 1160.

45 Vgl. Langheid/Wandt/*Dörner* § 176 Rn. 39; Prölss/Martin/*Reiff* § 165 Rn. 6, auf 2 Jahre: Looschelders/Pohlmann/*Krause* § 165 Rn. 4 unter Hinweis auf OLG Stuttgart 26.7.2001 RuS **2003** 28,29; OLG Köln 15.3.2013 RuS **2013** 397, 398; OLG Köln 16.5.1991 **RuS** 1992 138.

46 Vgl. Langheid/*Rixecker* § 165 Rn. 6, auch: OLG Köln 16.5.1991 **RuS** 1992 138, 139; OLG Hamm 17.8.2011 VersR **2012** 347, 348.

47 Vgl. OLG Frankfurt 5.3.2015 RuS **2016** 480; nur ausnahmsweise: HK VVG/*Brambach* § 165 Rn. 5.

kennen gibt, dass nach seiner Einschätzung bei Vertragsablauf jedenfalls in einem geringen Umfang Leistungen vorhanden sind.

Das ist jedenfalls dann abzulehnen, wenn der VN durch den VR regelmäßig Mitteilungen erhalten hat, aus denen sich ergibt, dass prämienfreie Leistungen nicht bestehen bzw. mit „Null“ anzusetzen sind. In diesem Fall ist der VR nur dann zu einer Beratung verpflichtet, wenn er Anhaltspunkte dafür hat, dass der VN diese Mitteilung nicht erhalten oder nicht verstanden hat. **27**

Ein Recht des VN auf Beratung und Nachfrage besteht auch dann regelmäßig, wenn sich sein Umwandlungsverlangen auf eine Lebensversicherung mit einer Berufsunfähigkeitszusatzversicherung bezieht. Der VN wird in diesem Fall regelmäßig nämlich nicht bedacht haben, dass auch die Berufsunfähigkeitszusatzversicherung erlischt und ein erneuter Vertragsschluss möglicherweise aufgrund einer Verschlechterung des gesundheitlichen Zustandes nicht oder nur zu schlechteren Bedingungen möglich ist.[48] **28**

XIII. § 167[49]

§ 167 Umwandlung zur Erlangung eines Pfändungsschutzes

Der Versicherungsnehmer einer Lebensversicherung kann jederzeit für den Schluss der laufenden Versicherungsperiode die Umwandlung der Versicherung in eine Versicherung verlangen, die den Anforderungen des § 851c Abs. 1 der Zivilprozessordnung entspricht. Die Kosten der Umwandlung hat der Versicherungsnehmer zu tragen.

Dass § 167 auch auf die Berufsunfähigkeitsversicherung angewendet werden könnte, ist zweifelhaft. Die vorgenannte Vorschrift des § 167 VVG (§ 173 a.F.) ist durch das Gesetz zum Pfändungsschutz der Altersvorsorge vom 26.3.2007[50] eingeführt worden. Diese Regelung ermöglicht dem VN, für das in der Lebensversicherung angesammelte Kapital einen Pfändungsschutz sicherzustellen, der sich im Wesentlichen an dem Schutz des Arbeitseinkommens orientiert.[51] Dieser Schutz wird allerdings nur in den engen Grenzen des § 851c ZPO gewährt. Wortlaut und Gesetzesbegründung des § 851 c Abs. 1 Nr. 1 ZPO beziehen auch Berufsunfähigkeitsrenten ein.[52] **29**

Allerdings zielt die Berufsunfähigkeitsversicherung nicht auf Altersvorsorge. Sie dient zwar auch der Existenzsicherung. Die aus einer Berufsunfähigkeitsversicherung generierten Leistungen gewähren regelmäßig gerade keine Leistungen bei Erreichen des Rentenalters, was eher gegen die entsprechende Anwendbarkeit der Vorschrift spricht. **30**

Es dürfte aus diesem Grunde für die Anwendung des § 851 c Abs. 1 ZPO nicht ausreichen, dass eine lebenslange Rentenleistung zunächst als Berufsunfähigkeits- und sodann anschließend als Altersrente erbracht wird. Eine solche Aufspaltung der Leistungen stellt ohnehin in der Berufsunfähigkeitsversicherung einen absoluten Ausnahmefall dar, denn regelmäßig endet die Leistung einer Berufsunfähigkeitsversicherung mit dem Erreichen des Vertragsendes, welches üblicherweise dem Renteneintrittsalter entspricht. **31**

---

48 Vgl. Langheid/Rixecker/*Langheid* § 165 Rn. 12; ablehnend: OLG Karlsruhe 19.10.1995 RuS **1996** 286.

49 Für nähere Einzelheiten vgl. die Kommentierung bei Bruck/Möller/*Winter* Band 8/1.

50 Vgl. BGBl. 2007 I 368ff.

51 Vgl. Langheid/Wandt/*Dörner* § 176 Rn. 43; Prölss/Martin/*Reiff* § 165 Rn. 1.

52 Vgl. Langheid/Wandt/*Dörner* § 176 Rn. 45 unter Hinweis auf Zöller/*Stöber* § 851c Nr. 2 und BT-Drucks. 16/886 S. 7.

32 Im Einzelfall ist ferner zu überprüfen, ob Verfügungen über Versicherungsansprüche in der Berufsunfähigkeitsversicherung möglich sind, was § 851 c Abs. 1 Satz 2 ZPO widerspricht. Auch ist es für eine Berufsunfähigkeitsversicherung nicht ungewöhnlich, sondern entspricht dem Regelfall, dass Dritte als Verfügungsberechtigte eingesetzt werden. Dies widerspricht aber § 851 c Abs. 1, 3 ZPO. Dass für den Fall der Berufsunfähigkeit ein Kapitalwahlrecht vorgesehen ist, dürfte einen Ausnahmefall darstellen, so dass § 851 c Abs. 1 Nr. 4 nur selten zur Anwendung kommen wird. Zu einer Kapitalisierung der im Rahmen einer Berufsunfähigkeitsversicherung vereinbarten Leistungen kommt es regelmäßig nur im Rahmen von Vergleichsabschlüssen.

XIV. § 168[53]

§ 168 Kündigung des Versicherungsnehmers

(1) Sind laufende Prämien zu zahlen, kann der Versicherungsnehmer das Versicherungsverhältnis jederzeit für den Schluss der laufenden Versicherungsperiode kündigen.

(2) Bei einer Versicherung, die Versicherungsschutz für ein Risiko bietet, bei dem der Eintritt der Verpflichtung des Versicherers gewiss ist, steht das Kündigungsrecht dem Versicherungsnehmer auch dann zu, wenn die Prämie in einer einmaligen Zahlung besteht.

(3) Die Absätze 1 und 2 sind nicht auf einen für die Altersvorsorge bestimmten Versicherungsvertrag anzuwenden, bei dem der Versicherungsnehmer mit dem Versicherer eine Verwertung vor dem Eintritt in den Ruhestand unwiderruflich ausgeschlossen hat; der Wert der vom Ausschluss der Verwertbarkeit betroffenen Ansprüche darf die in § 12 Abs. 2 Nr. 3 des Zweiten Buches Sozialgesetzbuch bestimmten Beträge nicht übersteigen. Entsprechendes gilt, soweit die Ansprüche nach § 851c oder § 851d der Zivilprozessordnung nicht gepfändet werden dürfen.

33 § 168 Abs. 1 VVG ist auch auf die Berufsunfähigkeitsversicherung anwendbar. Entsprechende Regelungen über das Kündigungsrecht des VN sind in § 15 der Musterbedingungen enthalten.

34 § 168 Abs. 2 und 3 gelten in der Berufsunfähigkeitsversicherung regelmäßig nicht, denn in der Berufsunfähigkeitsversicherung ist der Eintritt der Leistungspflicht regelmäßig nicht gewiss. § 168 Abs. 3 ist schon nach seinem Wortlaut nicht auf die Berufsunfähigkeitsversicherung anwendbar.[54]

35 Die Musterbedingungen sehen auch vor, den Versicherungsvertrag teilweise zu kündigen, wenn die verbliebene Berufsunfähigkeitsrente einen vorher definierten Mindestbetrag erreicht hat. Ist dies nicht der Fall, dann kann der Versicherungsvertrag nur ganz gekündigt werden. Die Voll- oder Teilkündigung hat zur Folge, dass sich der Versicherungsvertrag in eine beitragsfreie Versicherung umwandelt. Die vereinbarte Rente wird dann auf eine beitragsfreie Rente nach einem Verfahren, das den anerkannten Regeln der Versicherungsmathematik entsprechen muss, herabgesetzt. Wenn im Falle der Beitragsfreistellung ein bestimmter Mindestbetrag nicht erreicht wird, kann der Versicherungsvertrag beendet sein.

---

53 Für nähere Einzelheiten s. die Kommentierung bei Bruck/Möller/*Winter* Band 8/1.

54 Langheid/Wandt/*Dörner* § 176 Rn. 48; Prölss/Martin/*Lücke* § 176 Rn. 7.

XV. § 169[55]

§ 169 Rückkaufswert

(1) Wird eine Versicherung, die Versicherungsschutz für ein Risiko bietet, bei dem der Eintritt der Verpflichtung des Versicherers gewiss ist, durch Kündigung des Versicherungsnehmers oder durch Rücktritt oder Anfechtung des Versicherers aufgehoben, hat der Versicherer den Rückkaufswert zu zahlen.

(2) Der Rückkaufswert ist nur insoweit zu zahlen, als dieser die Leistung bei einem Versicherungsfall zum Zeitpunkt der Kündigung nicht übersteigt. Der danach nicht gezahlte Teil des Rückkaufswertes ist für eine prämienfreie Versicherung zu verwenden. Im Fall des Rücktrittes oder der Anfechtung ist der volle Rückkaufswert zu zahlen.

(3) Der Rückkaufswert ist das nach anerkannten Regeln der Versicherungsmathematik mit den Rechnungsgrundlagen der Prämienkalkulation zum Schluss der laufenden Versicherungsperiode berechnete Deckungskapital der Versicherung, bei einer Kündigung des Versicherungsverhältnisses jedoch mindestens der Betrag des Deckungskapitals, das sich bei gleichmäßiger Verteilung der angesetzten Abschluss- und Vertriebskosten auf die ersten fünf Vertragsjahre ergibt; die aufsichtsrechtlichen Regelungen über Höchstzillmersätze bleiben unberührt. Der Rückkaufswert und das Ausmaß, in dem er garantiert ist, sind dem Versicherungsnehmer vor Abgabe von dessen Vertragserklärung mitzuteilen; das Nähere regelt die Rechtsverordnung nach § 7 Abs. 2. Hat der Versicherer seinen Sitz in einem anderen Mitgliedstaat der Europäischen Union oder einem anderen Vertragsstaat des Abkommens über den Europäischen Wirtschaftsraum, kann er für die Berechnung des Rückkaufswertes an Stelle des Deckungskapitals den in diesem Staat vergleichbaren anderen Bezugswert zu Grunde legen.

(4) Bei fondsgebundenen Versicherungen und anderen Versicherungen, die Leistungen der in § 124 Absatz 2 Satz 2 des Versicherungsaufsichtsgesetzes bezeichneten Art vorsehen, ist der Rückkaufswert nach anerkannten Regeln der Versicherungsmathematik als Zeitwert der Versicherung zu berechnen, soweit nicht der Versicherer eine bestimmte Leistung garantiert; im Übrigen gilt Absatz 3. Die Grundsätze der Berechnung sind im Vertrag anzugeben.

(5) Der Versicherer ist zu einem Abzug von dem nach Absatz 3 oder 4 berechneten Betrag nur berechtigt, wenn er vereinbart, beziffert und angemessen ist. Die Vereinbarung eines Abzugs für noch nicht getilgte Abschluss- und Vertriebskosten ist unwirksam.

(6) Der Versicherer kann den nach Absatz 3 berechneten Betrag angemessen herabsetzen, soweit dies erforderlich ist, um eine Gefährdung der Belange der Versicherungsnehmer, insbesondere durch eine Gefährdung der dauernden Erfüllbarkeit der sich aus den Versicherungsverträgen ergebenden Verpflichtungen, auszuschließen. Die Herabsetzung ist jeweils auf ein Jahr befristet.

(7) Der Versicherer hat dem Versicherungsnehmer zusätzlich zu dem nach den Absätzen 3 bis 6 berechneten Betrag die diesem bereits zugeteilten Überschussanteile, soweit sie nicht bereits in dem Betrag nach den Absätzen 3 bis 6 enthalten sind, sowie den nach den jeweiligen Allgemeinen Versicherungsbedingungen für den Fall der Kündigung vorgesehenen Schlussüberschussanteil zu zahlen; § 153 Abs. 3 Satz 2 bleibt unberührt.

---

[55] Für nähere Einzelheiten s. die Kommentierung bei Bruck/Möller/*Winter* Band 8/1.

36 § 169 VVG ist auf die Berufsunfähigkeitsversicherung regelmäßig nicht anwendbar, weil hier die Leistungspflicht des VR regelmäßig nicht gewiss ist. Etwas anderes kann für die Berufsunfähigkeitszusatzversicherung gelten, die gemeinsam mit der Hauptversicherung gekündigt wird.[56]

XVI. § 170[57]

§ 170 Eintrittsrecht

(1) Wird in die Versicherungsforderung ein Arrest vollzogen oder eine Zwangsvollstreckung vorgenommen oder wird das Insolvenzverfahren über das Vermögen des Versicherungsnehmers eröffnet, kann der namentlich bezeichnete Bezugsberechtigte mit Zustimmung des Versicherungsnehmers an seiner Stelle in den Versicherungsvertrag eintreten. Tritt der Bezugsberechtigte ein, hat er die Forderungen der betreibenden Gläubiger oder der Insolvenzmasse bis zur Höhe des Betrags zu befriedigen, dessen Zahlung der Versicherungsnehmer im Fall der Kündigung des Versicherungsverhältnisses vom Versicherer verlangen könnte.

(2) Ist ein Bezugsberechtigter nicht oder nicht namentlich bezeichnet, steht das gleiche Recht dem Ehegatten oder Lebenspartner und den Kindern des Versicherungsnehmers zu.

(3) Der Eintritt erfolgt durch Anzeige an den Versicherer. Die Anzeige kann nur innerhalb eines Monats erfolgen, nachdem der Eintrittsberechtigte von der Pfändung Kenntnis erlangt hat oder das Insolvenzverfahren eröffnet worden ist.

37 § 170 ist auf die Berufsunfähigkeitsversicherung entsprechend anwendbar.[58] Die praktische Bedeutung ist allerdings schon deshalb gering, da Rentenansprüche von Arbeitnehmern und Beamten im Wesentlichen dem Pfändungsschutz unterliegen.

§ 177
Ähnliche Versicherungsverträge

(1) Die §§ 173 bis 176 sind auf alle Versicherungsverträge, bei denen der Versicherer für eine dauerhafte Beeinträchtigung der Arbeitsfähigkeit eine Leistung verspricht, entsprechend anzuwenden.

(2) Auf die Unfallversicherung sowie auf Krankenversicherungsverträge, die das Risiko der Beeinträchtigung der Arbeitsfähigkeit zu Gegenstand haben, ist Absatz 1 nicht anzuwenden.

Schrifttum

Dickstein Die Merkmale der Lebensversicherung im europäischen Binnenmarkt (1995); *Funck* Ausgewählte Fragen aus dem allgemeinen Teil und neuen VVG aus der Sicht einer Rechtsabteilung, VersR 2008 163; *Meixner/Steinbeck* Das Neue Versicherungsvertragsrecht 1. Auflage 2008; *Gaul*

[56] Vgl. Langheid/Wandt/*Dörner* § 176 Rn. 53; wenn eine Versicherung mit Beitragsrückgewähr vorliegt: Looschelders/Pohlmann/*Klenk* § 176 Rn. 6 unter Hinweis auf BT-Drucks. 16/3945 S. 107; *Neuhaus* T I Rn. 3; Prölss/Martin/*Lücke* § 176 Rn. 7.

[57] Für nähere Einzelheiten vgl. die Kommentierung bei Bruck/Möller/*Winter* Band 8/1.

[58] Vgl. Langheid/Wandt/*Dörner* § 176 Rn. 55; Prölss/Martin/*Lücke* § 176 Rn. 6; bejahend bzgl. § 170 Abs. 1: HK VVG/*Mertens* § 176 Rn. 1; **a.A.** *Neuhaus* T I, Rn. 3.

Zum Abschluss des Versicherungsvertrags, VersR 2007 21; *Neuhaus* Aktuelle Probleme in der Personenversicherung – Unter besonderer Berücksichtigung der Berufsunfähigkeitsversicherung, RuS 2009 309; *ders.* Arbeitsunfähigkeitsklauseln in der Berufsunfähigkeitsversicherung, VersR 2018 587; *Richter* Private Berufsunfähigkeitsversicherung; Römer, Rechtspolitische Optionen zur Schließung der BU-Lücken, VuR 2010 366; Verbraucherzentrale, Berufsunfähigkeit gezielt absichern 2016.

Übersicht

A. Allgemeines

I. Entstehungsgeschichte

Die Vorschrift ist neu und durch das Gesetz zur Reform des Versicherungsvertragsrechts in das VVG eingeführt worden. In der Gesetzesbegründung wird als „ähnlicher" Versicherungsvertrag die „kleine" Berufsunfähigkeitsversicherung erwähnt, bei der der VN Leistungen erst dann erhält, wenn er erwerbsunfähig wird. Dabei scheint der Gesetzgeber eine Erwerbsunfähigkeit mit einer Arbeitsunfähigkeit gleichgesetzt zu haben. Er betont allerdings, dass die Vorschriften über die Berufsunfähigkeitsversicherung nicht auf die Unfallversicherung und die Krankenversicherung angewendet werden können, obwohl auch diese Risiken der Beeinträchtigung der Arbeitsfähigkeit absichern.[1] **1**

II. Sinn und Zweck

Die Vorschrift regelt, inwieweit die Vorschriften über die Berufsunfähigkeit auch auf andere Versicherungsverträge anwendbar sind, bei denen der VR für eine dauerhafte Beeinträchtigung der Arbeitsfähigkeit ein Leistungsversprechen abgibt. Die Regelung ist auch deshalb notwendig, weil nicht jeder VN die Möglichkeit hat, eine Berufsunfähigkeitsversicherung zu erhalten. Unter diesen Umständen muss der Versicherungsvermittler nach alternativen Versicherungsprodukten suchen. **2**

B. Einzelheiten

I. Erwerbsunfähigkeitsversicherung

Bei den ähnlichen Verträgen, die an eine dauerhafte Beeinträchtigung der Arbeitsfähigkeit anknüpfen, kommt vor allem die Erwerbsunfähigkeitsversicherung in Betracht. Bei dieser wird der Begriff der Berufsunfähigkeit durch den Begriff der Erwerbsunfähigkeit ersetzt. Je nach Formulierung kommt es darauf an, ob die versicherte Person generell eine **3**

1 Vgl. BT-Drucks. 16/3945 S. 107.

Tätigkeit auf dem allgemeinen Arbeitsmarkt zum Erwerb des notwendigen Einkommens ausüben kann. Typischerweise lautet die Klausel wie folgt:

„Erwerbsunfähig ist der Versicherte, der infolge Krankheit, Körperverletzung oder Kräfteverfalls, die ärztlich nachzuweisen sind, voraussichtlich dauernd eine Erwerbstätigkeit in gewisser Regelmäßigkeit nicht mehr ausüben oder nicht mehr als nur geringfügige Einkünfte durch Erwerbstätigkeit erzielen kann. Erwerbsunfähigkeit liegt ferner vor, wenn der Versicherte mindestens sechs Monate lang ununterbrochen infolge Krankheit, Körperverletzung oder Kräfteverfalls, die ärztlich nachzuweisen sind, außerstande gewesen ist, eine Erwerbstätigkeit in gewisser Regelmäßigkeit auszuüben oder mehr als nur geringfügige Einkünfte durch Erwerbstätigkeit zu erzielen und dieser Zustand im Zeitpunkt der Feststellung fortbesteht. …“[2]

Gegen die Vereinbarung einer Erwerbsunfähigkeitsklausel bestehen keine grundsätzlichen Bedenken, denn ihre Vereinbarung ermöglicht Versicherungsschutz vor allen Dingen für einen Personenkreis, der ansonsten kaum Versicherungsschutz in einer Berufsunfähigkeitsversicherung erlangen könnte.[3] Im Hinblick auf den gegenüber einer Berufsunfähigkeitsversicherung geringeren Versicherungsschutz bestehen allerdings gesteigerte Aufklärungspflichten des VR und des Versicherungsvermittlers gem. §§ 6, 61 VVG.[4] Hinsichtlich der Darlegungs- und Beweislast gelten gegenüber einer Berufsunfähigkeitsversicherung keine Besonderheiten, der VN hat also den Eintritt des Versicherungsfalls im vollen Umfang zu beweisen. Die Erwerbsunfähigkeitsversicherung ist ein ähnlicher Versicherungsvertrag im Sinne der Vorschrift.

II. Grundfähigkeitsversicherung

4 Zu denken ist aber auch an eine Grundfähigkeitsversicherung.[5] Bei einer Grundfähigkeitsversicherung sind Beeinträchtigungen bestimmter Grundfähigkeiten eines Menschen versichert. Die Anzahl der zu berücksichtigenden Grundfähigkeiten ist sehr unterschiedlich und schwankt zwischen 50 und 90, die häufig nach den Kategorien „Sehen, Sprechen, Gebrauch der Hände, Orientierung“ und „Hören, Sitzen Stehen, Gehen, Treppen steigen, Greifen, Knien, Bücken, Bewegen der Arme, Heben und Tragen und Auto fahren“ unterschieden werden.

5 Die Grundfähigkeitsversicherung soll die versicherte Person für den Fall absichern, dass sie durch einen Unfall oder durch eine schwere Krankheit eine oder mehrere dieser Fähigkeiten verliert. Wenn der Versicherungsfall eintritt, dann erhält der Versicherte aus einer **Grundfähigkeitsversicherung** eine monatliche Rente, ohne dass zu überprüfen ist, ob der Versicherte tatsächlich völlig erwerbsunfähig, berufsunfähig ist oder nicht.

6 Ob eine dauerhafte Beeinträchtigung der Leistungsfähigkeit im Sinne einer Berufsunfähigkeit oder eine Erwerbsunfähigkeit eingetreten ist, spielt für die Grundfähigkeitsversi-

[2] OLG Celle 26.2.2009 BeckRS **2009** 8700.

[3] Vgl. Beck-OK/*Mangen* § 177 Rn. 4; *Benkel/Hirschberg* § 2 BUZ 2008 Rn. 20; Bruck/Möller/*Winter* Anm. G 87; MAH Versicherungsrecht/*Höra* § 26 Rn. 141; Beckmann/Matusche-Beckmann/*Rixecker* § 46 Rn. 50 ff.; Langheid/Wandt/*Dörner* § 177 Rn. 7 ff.; Looschelders/Pohlmann/*Klenk* § 177 Rn. 1; *Neuhaus* A Rn. 76; *Neuhaus* RuS **2008** 449, 456; *Neuhaus/Kloth* Rn. 110 ff.; Prölss/Martin/*Lücke* § 2 BuVAB Rn, 107; Rüffer/Halbach/Schimikowski/*Mertens* § 172 Rn. 10; Staudinger/Halm/Wendt/*Gramse* § 2 BUV 2008 Rn. 101 ff.

[4] Vgl. *Meixner/Steinbeck* § 8 Rn. 14.

[5] Vgl. *Römer* VuR **2010** 366, 370.

cherung keine Rolle. Anders als bei der Unfallversicherung oder der Dread-Disease-Versicherung ist dies für den Versicherungsfall in der Grundfähigkeitsversicherung ohne Relevanz. Grundfähigkeitsversicherungen werden als interessante Alternative zu Berufsunfähigkeitsversicherungen angesehen, weil häufig eine verkürzte Risikoprüfung stattfindet und Grundfähigkeitsversicherungen erschwinglicher sind als Berufsunfähigkeitsversicherungen. Die Vorschriften über die Berufsunfähigkeitsversicherung sind auf die **Grundfähigkeitsversicherung** nicht entsprechend anwendbar.

III. Dread-Disease-Versicherung

Demgegenüber sichert eine **Dread-Disease-Versicherung** die Folgen bestimmter schwerer Erkrankungen, die in dem Versicherungsvertrag näher definiert sind, ab. Anders als eine Berufsunfähigkeitsversicherung sichert eine Dread-Disease-Versicherung demzufolge keine Absicherung gegen alle gesundheitlichen Ursachen für den Wegfall der eigenen Arbeitskraft, sondern erfasst nur **klar definierte Leistungsfälle.** Ebenso wie eine Berufsunfähigkeitsversicherung kann sie als Zusatzversicherung oder selbständige Versicherung genommen werden.[6] **7**

Bestimmte Krankheitsbilder, die genau im Versicherungsvertrag definiert sind, müssen vorliegen und in der Regel auf eine bestimmte, im Versicherungsvertrag definierte Art und Weise nachgewiesen sein. Hierbei handelt es sich häufig um Krebs, Multiple Sklerose, Herzinfarkt, Schlaganfall, Angioplastie etc. Erfasst werden häufig über 50 schwere Krankheiten. Die Vorschriften über die Berufsunfähigkeitsversicherung sind auf die Dread-Disease-Versicherung nicht entsprechend anwendbar. **8**

IV. Mischformen von Versicherungen gegen Arbeitsunfähigkeit und Berufsunfähigkeit

Moderne Versicherungsverträge enthalten häufig auch Kombinationen von Versicherungen gegen Arbeitsunfähigkeit und gegen Berufsunfähigkeit durch sog. **Arbeitsunfähigkeitsklauseln.**[7] Diesen ist gemein, dass der Versicherte in der Regel mindestens sechs Monate arbeitsunfähig sein muss, um einen Anspruch auf eine versicherte Leistung zu erwerben Der VR gewährt dann in der Regel zeitlich begrenzte Leistungen (meistens über 18 oder 24 Monate). Auf die Arbeitsunfähigkeitsversicherung sind die Vorschriften über die Berufsunfähigkeitsversicherung grundsätzlich nicht anwendbar, weil Arbeitsunfähigkeit anders als die Berufsunfähigkeit stets nur vorübergehend besteht.[8] Weniger entscheidend ist, dass die Arbeitsunfähigkeitsversicherung das Verdienstausfallrisiko aus einem Arbeitsverhältnis absichern soll[9], denn jedenfalls wirtschaftlich dient auch die Berufsunfähigkeitsversicherung der Absicherung des durch die Berufsunfähigkeit eingetretenen Einkommensverlust. Bei der Arbeitsunfähigkeitsversicherung löst, wie sich aus § 2 Abs. 9 der Musterbedingungen des GDV für die Arbeitsunfähigkeitsversicherung ergibt, allein der Akt der Krankschreibung die Leistungspflicht aus. Die diesbezügliche Regelung in den All- **9**

[6] Vgl. Bruck/Möller/*Winter* Lebensversicherung, Einf. 100; *Dickstein* S. 233ff.

[7] Vgl. allgemein *Neuhaus* VersR **2018** 587. Musterbedingungen des GDV: Allgemeine Bedingungen für die Berufsunfähigkeits-Versicherung mit zusätzlicher Absicherung bei Arbeitsunfähigkeit, Stand 13.8.2018, abrufbar unter www.gdv.de.

[8] *Neuhaus* VersR **2018** 587.

[9] So aber *Neuhaus* VersR **2018** 587.

gemeinen Bedingungen für die Berufsunfähigkeitsversicherung mit zusätzlicher Absicherung bei Arbeitsunfähigkeit lautet wie folgt:

Arbeitsunfähigkeit

(9) Arbeitsunfähigkeit liegt von Beginn der ersten Krankschreibung vor, wenn die versicherte Person mindestens … Monate ununterbrochen vollständig arbeitsunfähig krankgeschrieben ist. Mindestens eine Bescheinigung muss durch einen in Deutschland ansässigen Arzt ausgestellt worden sein.

Wird die versicherte Person innerhalb von … Monaten nach Wegfall der Arbeitsunfähigkeit wegen derselben Erkrankung wieder arbeitsunfähig geschrieben, gilt sie für die Dauer der vollständigen Krankschreibung weiterhin als arbeitsunfähig im Sinne dieser Bedingungen. Die maximale Leistungsdauer bei Arbeitsunfähigkeit nach diesem Vertrag beträgt insgesamt … Monate (§ 1 Absatz 3).

(10) Leistungen wegen Arbeitsunfähigkeit werden jeweils für den Zeitraum erbracht, für den ärztliche Bescheinigungen wegen Arbeitsunfähigkeit vorgelegt werden. Eine bescheinigte voraussichtliche Dauer der Arbeitsunfähigkeit akzeptieren wir höchstens über einen Zeitraum von … Wochen.

Die Vorlage der Arbeitsunfähigkeitsbescheinigung fingiert daher nur die tatsächliche Arbeitsunfähigkeit, was aus Sicht des VR an sich unbefriedigend ist angesichts des Umstands, dass es in der Praxis immer wieder auch zu ungerechtfertigten Krankschreibungen kommt.[10] Diese Gefahr hat der VR aber ausdrücklich hingenommen, so dass auch Rückforderungen bei nicht bestehender Arbeitsunfähigkeit ausscheiden.

V. Unfallversicherung und Krankenversicherung

10 Keine ähnlichen Versicherungsverträge im Sinne des § 177 VVG sind die Unfallversicherung und der Krankenversicherungsvertrag. Dies hat der Gesetzgeber in § 177 Abs. 2 klargestellt.

11 Da eine dauerhafte Beeinträchtigung der Arbeitsfähigkeit vorausgesetzt wird, handelt es sich bei der Krankentagegeldversicherung nicht um einen *ähnlichen* Vertrag im Sinne dieser Vorschrift, da diese nur eine vorübergehende Arbeitsunfähigkeit absichert. Von einer dauerhaften Beeinträchtigung ist grundsätzlich dann auszugehen, wenn aus der Sicht eines Arztes die Prognose gestellt werden kann, dass die Arbeitsfähigkeit des Versicherten mindestens drei Jahre beeinträchtigt sein wird. Allerdings können die Parteien ähnlich wie in der Berufsunfähigkeitsversicherung auch kürzere Fristen vereinbaren, zumal der Gesetzgeber die Vorschrift des § 172 disponibel ausgestaltet hat.

[10] Vgl. hierzu *Neuhaus* VersR 2018 587, 589.

Allgemeine Bedingungen für die Berufsunfähigkeits-Versicherung

Vorbemerkung:

Die nachfolgenden Ausführungen beziehen sich auf die Allgemeinen Bedingungen für die Berufsunfähigkeitsversicherung (Stand 25.10.2017) sowie die Allgemeinen Bedingungen für die Berufsunfähigkeits-Zusatzversicherung (Stand 25.10.2017) sowie, soweit erwähnt, auf die Allgemeinen Bedingungen für die Berufsunfähigkeitsversicherung mit zusätzlicher Absicherung bei Arbeitsunfähigkeit, sämtlichst als unverbindliche Musterbedingungen veröffentlicht auf der Webseite des GDV.[1] Nachfolgend werden die AVB BU und AVB BUZ so wiedergegeben wie vom GDV veröffentlicht, obwohl die AVB BU in der Verwendung des Fettdrucks z. T. inkonsistent erscheinen.

§ 1
Welche Leistungen erbringen wir?

Unsere Leistungen bei Berufsunfähigkeit

(1) Wird die versicherte Person (*das ist die Person, auf deren Berufsunfähigkeit die Versicherung abgeschlossen ist*) während der Versicherungsdauer berufsunfähig (siehe § 2 Abs. 1 oder 2), erbringen wir folgende Leistungen:

a) Wir zahlen die vereinbarte Berufsunfähigkeitsrente, längstens für die vereinbarte Leistungsdauer.

b) Wir befreien Sie von der Beitragszahlungspflicht für die Berufsunfähigkeitsversicherung, längstens für die vereinbarte Leistungsdauer.

Die Versicherungsdauer ist der Zeitraum, innerhalb dessen Versicherungsschutz besteht. Mit Leistungsdauer wird der Zeitraum bezeichnet, bis zu dessen Ablauf eine während der Versicherungsdauer anerkannte Leistung längstens erbracht wird.

Unsere Leistung bei Berufsunfähigkeit infolge Pflegebedürftigkeit

(2) Wird die versicherte Person während der Versicherungsdauer berufsunfähig infolge Pflegebedürftigkeit (siehe § 2 Abs. 4–8), ohne dass Berufsunfähigkeit im Sinne von § 2 Abs. 1 oder 2 vorliegt, erbringen wir folgende Leistungen:

a) Wir zahlen eine Berufsunfähigkeitsrente, längstens für die vereinbarte Leistungsdauer
   - in Höhe von ... % der vereinbarten Berufsunfähigkeitsrente bei Pflegestufe III,
   - in Höhe von ... % der vereinbarten Berufsunfähigkeitsrente bei Pflegestufe II,
   - in Höhe von ... % der vereinbarten Berufsunfähigkeitsrente bei Pflegestufe I.

b) Wir befreien Sie von der Beitragszahlungspflicht für die Berufsunfähigkeitsversicherung, längstens für die vereinbarte Leistungsdauer.

Weitere Regelungen zu unseren Leistungen

(3) Der Anspruch auf Beitragsbefreiung und Rentenzahlung entsteht mit Ablauf des Monats, in dem die Berufsunfähigkeit eingetreten ist. Sie müssen uns die Berufsunfähigkeit

[1] https://www.gdv.de/de/ueber-uns/unsere-services/musterbedingungen-23924, abgerufen am 1.12.2018.

https://doi.org/10.1515/9783110308204-002

in Textform (*z.B. Papierform oder E-Mail*) mitteilen. Wird uns die Berufsunfähigkeit später als ... nach ihrem Eintritt mitgeteilt, entsteht der Anspruch auf die Leistung erst mit Beginn des Monats der Mitteilung. Diese Einschränkung gilt nicht, wenn die verspätete Mitteilung nicht verschuldet worden ist. Der Anspruch auf eine Erhöhung der Berufsunfähigkeitsrente wegen einer höheren Pflegestufe entsteht frühestens mit Beginn des Monats, in dem uns die Erhöhung der Pflegestufe mitgeteilt wird.

(4) Der Anspruch auf Beitragsbefreiung und Rentenzahlung endet, wenn
- Berufsunfähigkeit im Sinne dieser Bedingungen nicht mehr vorliegt,
- die versicherte Person stirbt oder
- die vereinbarte Leistungsdauer abläuft.

(5) Bis zur Entscheidung über die Leistungspflicht müssen Sie die Beiträge in voller Höhe weiter entrichten; wir werden diese jedoch bei Anerkennung der Leistungspflicht zurückzahlen.

(6) Der Versicherungsschutz besteht weltweit.

(7) Die Rente zahlen wir monatlich im Voraus.

(8) Es kann sich eine Leistung aus der Überschussbeteiligung ergeben (siehe § 3).

Schrifttum

Cornelius- Winkler Der Versicherungsfall im Vertragsrechtsschutz, NJW **2013** 3060; *Glissmann/Schulz* Marktstandards in der Berufsunfähigkeits-Zusatzversicherung, VW **2004** 685; *Karczewski* Die Rechtsprechung des Bundesgerichtshofs zur Kranken-, Krankentagegeld-, und Berufsunfähigkeitsversicherung, RuS **2012** 270; *Richter* Private Berufsunfähigkeitsversicherung (2017).

Übersicht

A. Allgemeines

I. Entstehungsgeschichte

1 In älteren Versicherungsbedingungen findet sich auch folgende Regelung:

„§ 1 Was ist versichert? (Musterbedingungen des BAV – BUZ 1984)[1]

(1) Wird der Versicherte während der Dauer dieser Zusatzversicherung vollständig oder teilweise berufsunfähig, so erbringen wir folgende Versicherungsleistungen:

[1] Vgl. zu den älteren Bedingungswerken *Benkel/Hirschberg* § 1 BUZ 2008 Rn. 1 und 2.

a) Befreiung von der Beitragszahlungspflicht für die Hauptversicherung und die eingeschlossenen Zusatzversicherungen
- *in voller Höhe bei einer Berufsunfähigkeit von 75 (662/3) Prozent*
- *entsprechend dem Grad der Berufsunfähigkeit, wenn diese mindestens zu 25 (331/3) Prozent besteht.*

Bei einem geringeren Grad der Berufsunfähigkeit besteht kein Anspruch auf Beitragsfreiheit.

b) Zahlung einer Berufsunfähigkeitsrente, wenn diese mitversichert ist, unter denselben Voraussetzungen und in demselben Maße wie unter a). Die Rente zahlen wir vierteljährlich im Voraus, erstmals anteilig bis zum Ende des laufenden Versicherungsvierteljahres.

Anmerkung
Es kann auch eine Zahlung der Rente für andere Zeiträume vorgesehen werden.

(2) Der Anspruch auf Beitragsbefreiung und Rente entsteht mit Ablauf des Monats, in dem die Berufsunfähigkeit eingetreten ist. Wird uns die Berufsunfähigkeit später als drei Monate nach ihrem Eintritt schriftlich mitgeteilt, so entsteht der Anspruch auf die Versicherungsleistung erst mit Beginn des Monats der Mitteilung.

(3) Der Anspruch auf Beitragsbefreiung und Rente erlischt, wenn der Grad der Berufsunfähigkeit unter 25 (331/3) Prozent sinkt, der Versicherte stirbt oder die Zusatzversicherung abläuft.

(4) Bis zur endgültigen Entscheidung über die Leistungspflicht müssen Sie die Beiträge in voller Höhe weiter entrichten; wir werden diese jedoch bei Anerkennung der Leistungspflicht in entsprechender Höhe zurückzahlen.„[2]

Mit den BUZ 1990 wurde die Klausel wie folgt neu gefasst und blieb im Zuge der Neufassung der BUZ im Jahre 1993 unverändert:[3] **2**

„§ 1 Was ist versichert? (Musterbedingungen des BAV – BUZ 1990/1993)

(1) Wird der Versicherte während der Dauer dieser Zusatzversicherung zu mindestens 50 Prozent berufsunfähig, so erbringen wir folgende Versicherungsleistungen:

a) Volle Befreiung von der Beitragszahlungspflicht für die Hauptversicherung und die eingeschlossenen Zusatzversicherungen;

b) Zahlung einer Berufsunfähigkeits-Rente, wenn diese mitversichert ist. Die Rente zahlen wir vierteljährlich im Voraus, erstmals anteilig bis zum Ende des laufenden Versicherungsvierteljahres.

Bei einem geringeren Grad der Berufsunfähigkeit besteht kein Anspruch auf diese Versicherungsleistungen.

(2) Wird der Versicherte während der Dauer dieser Zusatzversicherung infolge Pflegebedürftigkeit (vgl. § 2 Absatz 5) berufsunfähig und liegt der Grad der Berufsunfähigkeit unter 50 Prozent, so erbringen wir dennoch folgende Leistungen:

a) Volle Befreiung von der Beitragszahlungspflicht für die Hauptversicherung und die eingeschlossenen Zusatzversicherungen;

b) Zahlung einer Berufsunfähigkeitsrente, wenn diese mitversichert ist
- *in Höhe von 100 Prozent bei Pflegestufe III*
- *in Höhe von 70 Prozent bei Pflegestufe II*
- *in Höhe von 40 Prozent bei Pflegestufe I*

---

[2] Vgl. *Benkel/Hirschberg* § 1 BUZ 2008 Rn. 1.

[3] Vgl. *Benkel/Hirschberg* § 1 BUZ 2008 Rn. 1.

Für die Zahlungsmodalitäten gilt Absatz 1b entsprechend.

(3) Der Anspruch auf Beitragsbefreiung und Rente entsteht mit Ablauf des Monats, in dem die Berufsunfähigkeit eingetreten ist. Wird uns die Berufsunfähigkeit später als drei Monate nach ihrem Eintritt schriftlich mitgeteilt, so entsteht der Anspruch auf die Versicherungsleistung erst mit Beginn des Monats der Mitteilung. Der Anspruch auf eine Erhöhung der Berufsunfähigkeitsrente wegen einer höheren Pflegestufe entsteht ebenfalls frühestens mit Beginn des Monats, in dem uns die Erhöhung der Pflegestufe mitgeteilt wird (vgl. § 4).

(4) Der Anspruch auf Beitragsbefreiung und Rente erlischt, wenn der Grad der Berufsunfähigkeit unter 50 Prozent sinkt, bei Berufsunfähigkeit infolge Pflegebedürftigkeit spätestens, wenn die Pflegebedürftigkeit unter das Ausmaß der Pflegestufe I sinkt, wenn der Versicherte stirbt oder bei Ablauf der vertraglichen Leistungsdauer.

(5) Bis zur Entscheidung über die Leistungspflicht müssen Sie die Beiträge in voller Höhe weiter entrichten; wir werden diese jedoch bei Anerkennung der Leistungspflicht zurückzahlen.„[4]

II. Sinn und Zweck

3 Mit der Klausel wird geregelt, welche **konkreten** Leistungen der VR nach Eintritt des Versicherungsfalls zu erbringen hat. Hierzu enthält § 172 Abs. 1 VVG keine Regelung, sondern verweist nur auf die „vereinbarten Leistungen".

B. Einzelheiten

I. Versicherungsdauer

4 Gemäß § 1 (1) AVB BU verpflichtet sich der VR, die nach dem Versicherungsvertrag vereinbarten Leistungen zu erbringen, wenn die versicherte Person **während der Versicherungsdauer** berufsunfähig wird.[5]

5 **1. Versicherungsdauer und Leistungsdauer.** Der Begriff der Versicherungsdauer ist in § 1 (1) AVB BU definiert. Hiernach ist es der Zeitraum, innerhalb dessen **Versicherungsschutz** besteht. Hiervon zu unterscheiden ist die **Leistungsdauer.** Dies ist gemäß § 1 (1) AVB BU der Zeitraum, bis zu dessen Ablauf eine während der Versicherungsdauer anerkannte Leistung längstens erbracht wird. Beide Zeiträume können demzufolge voneinander abweichen. Es ist denkbar, dass der VR verpflichtet ist, die nach dem Versicherungsvertrag versprochenen Leistungen auch noch nach Ablauf der Versicherungsdauer zu erbringen, wenn die nach dem Versicherungsvertrag vereinbarte Leistungsdauer über den Zeitraum der Versicherungsdauer hinausgeht und der Versicherungsfall „Berufsunfähigkeit" während der Versicherungsdauer eingetreten ist.

6 **2. Rückwärtsversicherung und Berufsunfähigkeitsversicherung.** Die Laufzeit der vereinbarten Versicherungsdauer ergibt sich aus den Vereinbarungen der Parteien des Versicherungsvertrags. Diese werden üblicherweise durch den Versicherungsschein dokumen-

---

4 *Benkel/Hirschberg* § 1 BUZ 2008 Rn. 2.

5 Zur Frage, wann Berufsunfähigkeit eintritt, vgl. die Ausführungen zu § 172.

tiert. Gemäß § 4 AVB BU beginnt der Versicherungsschutz grundsätzlich, wenn der Versicherungsvertrag zwischen dem VN und dem VR abgeschlossen worden ist (vgl. aber auch §§ 13, 14 AVB BU). Gleichwohl ist auch in der Berufsunfähigkeitsversicherung eine **Rückwärtsversicherung** möglich.[6]

Dies gilt auch für die **Berufsunfähigkeitszusatzversicherung.**[7] Streitig ist, ob eine Rück- **7**
wärtsversicherung für die Berufsunfähigkeitszusatzversicherung für einen **Zeitraum vor Antragstellung** in Betracht kommt. Nach Auffassung des BGH[8] soll der Versicherungsschutz ebenso wie bei der Lebensversicherung erst ab Antragstellung beginnen können. Die Berufsunfähigkeitszusatzversicherung bildet nach Auffassung des BGH mit der Lebensversicherung eine Einheit. Da eine Rückwärtsversicherung des eigenen Lebens in der Lebensversicherung für die Zeit vor Antragstellung nicht in Betracht komme, soll für die Berufsunfähigkeitszusatzversicherung nichts anderes gelten. Nach anderer Auffassung soll jedenfalls eine einzelvertragliche Vereinbarung zwischen den Parteien des Versicherungsvertrags möglich sein, den Beginn des Versicherungsschutzes in der Berufsunfähigkeitszusatzversicherung auch auf einen Zeitpunkt vor Antragstellung zu verlegen.[9] Zutreffend ist, dass die Berufsunfähigkeitszusatzversicherung mit der Hauptversicherung eine Einheit bildet, wie sich auch schon aus § 9 Abs. 1 AVB BUZ ergibt, wonach die Berufsunfähigkeitszusatzversicherung ohne die Hauptversicherung nicht fortgesetzt werden kann. Gleichwohl kann diese Regelung durch einzelvertragliche Vereinbarung zwischen den Parteien abbedungen werden und damit auch in der Berufsunfähigkeitszusatzversicherung Versicherungsschutz für einen vor Antragstellung liegenden Zeitraum vereinbart werden.

II. Eintritt des Versicherungsfalls während der Versicherungsdauer

Der Versicherungsfall Berufsunfähigkeit muss **während** der Versicherungsdauer einge- **8**
treten sein. Dabei ist nicht entscheidend, wann eine Krankheit oder ein sonstiger leistungsauslösender Umstand eingetreten ist.[10] Entscheidend ist, wann die Berufsunfähigkeit eingetreten ist.

Bei dem Versicherungsfall „Berufsunfähigkeit" handelt es sich um einen **gedehnten** **9**
Versicherungsfall. Wesensmerkmal eines gedehnten Versicherungsfalls ist nicht ein schrittweises Eintreten, sondern die Fortdauer des mit seinem Eintritt geschaffenen Zustandes über einen – mehr oder weniger langen – Zeitraum, sofern diese Fortdauer nicht nur bestimmend ist für die Pflicht des VR zur Erbringung seiner einmaligen Versicherungsleistung, sondern deren Umfang im Einzelfall erst bestimmt.[11]

Nach der Rechtsprechung tritt die Berufsunfähigkeit in dem Zeitpunkt ein, in dem erst- **10**
mals ein Zustand gegeben war, der bei rückschauender Betrachtung nach dem Stand der medizinischen Wissenschaft keine Besserung zumindest bis zur Wiederherstellung der bedingungsgemäß maßgeblichen Arbeitskraft erwarten lässt.[12] Wann erstmals ein solcher Zustand, der nach dem Stand der medizinischen Wissenschaft keine Erwartungen mehr

---

6 Vgl. BGH 21.3.1990 VersR **1990** 729; OLG Karlsruhe 7.4.2005 VersR **2006** 350; *Neuhaus* D Rn. 17f.,

7 Vgl. BGH 21.3.1990 VersR **1990** 729.

8 Vgl. BGH 29.5.1991 RuS **1992** 102.

9 Vgl. OLG Karlsruhe 7.4.2005 VersR **2006** 350; Prölss/Martin/*Lücke* § 172 Rn. 23; Langheid/Wandt/*Dörner* § 172 Rn. 46.

10 Vgl. Prölss/Martin/*Lücke* § 1 BuVAB Rn. 18.

11 Vgl. BGH 12.4.1989 NJW **1989** 3019; *Cornelius-Winkler* NJW **2013** 3060; *Karczewski* RuS **2012** 270, 278.

12 Vgl. BGH 11.10.2006 VersR **2007** 383; OLG Bremen 25.6.2010 VersR **2010** 1481; *Richter* S. 95.

auf eine Besserung rechtfertigte, gegeben war, ist rückschauend festzustellen und zu ermitteln.[13] Grundsätzlich ist dabei von einem Prognosezeitraum von drei Jahren auszugehen, wenn die Berufsunfähigkeit dauernd vorliegen muss.[14]

11 Demgegenüber scheint der BGH in jüngerer Zeit die Auffassung zu vertreten, ein bestimmter Zeitraum im Sinne einer festen zeitlichen Grenze sei der Prognose dann nicht zugrunde zu legen, wenn sich eine solche zeitliche Grenze den Versicherungsbedingungen nicht entnehmen lässt.[15] Dem ist in dieser Allgemeinheit nicht zu folgen: Die durch den BGH vorgenommene Auslegung des § 15 b Satz 2 MB/KT wirkt sich zugunsten des VN aus, wenn sich der VR in der Krankentagegeldversicherung auf das Ende seiner Leistungspflicht wegen eingetretener Berufsunfähigkeit beruft. In der Berufsunfähigkeitsversicherung muss aber der VN den Zeitpunkt des Eintritts des Versicherungsfalls im Wege des Vollbeweises führen.[16] Grundsätzlich ist der Einschätzung des BGH, es sei im konkreten Einzelfall festzustellen, ob die Prognose einer dauernden Berufsunfähigkeit bejaht werden könne, zuzustimmen, denn ob der Versicherte dauerhaft nicht in der Lage ist, seinem zuletzt ausgeübten Beruf, wie er ohne gesundheitliche Beeinträchtigung ausgestaltet war, nachzugehen, ist anhand des konkreten Einzelfalls zu entscheiden. Das Abstellen auf den Einzelfall führt aber nicht automatisch zu einer Einzelfallgerechtigkeit, denn der medizinische Sachverständige wird sich üblicherweise schwertun, ein dauerhaftes „Außerstandesein" zu bejahen, da er schon nicht ausschließen kann, dass der medizinische Fortschritt Prognoseänderungen erlaubt.

12 Soweit zum Teil in der Literatur anstelle eines Dreijahreszeitraums „Zeit-Parameter" bevorzugt werden[17], überzeugt dies nicht in Gänze, denn aus welchem Grund ein Fünf- oder ein Einjahreszeitraum sachgerechter sein soll als ein Dreijahreszeitraum, kann nicht überzeugend begründet werden, wenn man auf den **Einzelfall** abstellt. Hält man es für sachgerecht, auf den Einzelfall abzustellen, wofür der Bedingungswortlaut spricht, dann ist die Frage, wann im Einzelfall ein **dauerndes** Außerstandesein vorliegt, nicht allein mit dem Wortlaut beantwortet. Es ist dann aber sachgerecht, dem zu beauftragenden Sachverständigen die Beantwortung der Frage vorzugeben, ob der Sachverständige einen Zeitpunkt feststellen kann, zu dem erstmals ein Zustand gegeben war, der nach dem Stand der medizinischen Wissenschaft nicht erwarten lässt, dass sich der Zustand des Versicherten in einem solchen Maße verbessern wird, dass er in der Lage ist, seiner vormals ausgeübten Tätigkeit in einem solchen Umfang wieder nachzugehen, dass keine bedingungsgemäße Berufsunfähigkeit vorliegt. Kann eine solche Prognose nicht gestellt werden, dann ist von einem **dauerhaften** Außerstandesein auszugehen.

13 Der VN muss darlegen und beweisen, dass der Versicherungsfall „Berufsunfähigkeit" **während der Dauer der Versicherung** eingetreten ist. Er hat daher auch darzulegen und zu beweisen, dass er nicht bereits **vor** Beginn der Gefahrtragung unfähig war, seinem konkret ausgeübten Beruf nachzugehen. Enthält der Versicherungsvertrag eine Verweisungsmöglichkeit, so hängt die Leistungspflicht des VR davon ab, dass sich beide Elemente während der Vertragszeit verwirklicht haben, dass also der Versicherte sowohl in seinem ausgeübten als auch in seinem Vergleichsberuf nicht mehr tätig sein kann.[18]

---

13 Vgl. Prölss/Martin/*Lücke* § 1 BuVAB Rn. 18.

14 Vgl. OLG Hamm 11.2.1994 RuS **1994** 392, 393; OLG Hamm 23.10.1987 RuS **1988** 90.

15 Vgl. BGH 30.6.2010 RuS **2010** 381 zu § 15b Satz 2 MB/KT.

16 Vgl. *Richter* S. 96 m.w.N. aus der Rechtsprechung.

17 Vgl. *Neuhaus* G V 2 Rn. 224.

18 Vgl. BGH 27.1.1993 NJW-RR **1993** 671, 672; KG 28.5.2002 VersR **2004** 723.

III. Anspruch auf Rente und Beitragsfreistellung

14 Nach § 1 Abs. 1 bestehen die versprochenen Leistungen eines Berufsunfähigkeitsversicherers in der Regel in zwei voneinander zu trennenden Leistungen: Zum einen die Zahlung einer Berufsunfähigkeitsrente und zum anderen die Befreiung von der Beitragszahlungspflicht. In beiden Fällen ist der vertragliche Leistungsanspruch auf die vereinbarte Leistungsdauer beschränkt.

IV. Entstehen des Anspruchs auf Rente und Beitragsfreistellung

15 Gemäß § 1 Abs. 3 entsteht der Anspruch auf Betragsbefreiung und Rentenzahlung mit Ablauf des Monats, in dem die Berufsunfähigkeit eingetreten ist. Die Berufsunfähigkeit ist dem VR gemäß § 1 Abs. 3 Satz 2 mitzuteilen, und zwar in Textform (§ 126b BGB). Bei dieser Regelung handelt es sich nicht um eine Obliegenheit.[19] Es handelt sich vielmehr um eine Leistungsbegrenzung in Form einer **Ausschlussfrist.**[20] In § 1 Abs. 3 Satz 3 ist daher klargestellt, dass eine verspätete Mitteilung der Berufsunfähigkeit nicht zu einem völligen Anspruchsverlust führt, sondern nur dazu, dass der Anspruch mit Beginn des Monats der Mitteilung erfolgt, sofern die verspätete Meldung nicht unverschuldet ist. Diese Einschränkung entspricht der bisherigen Rechtsprechung.[21]

16 Für die **Darlegungs- und Beweislast** gilt Folgendes: Das Versäumen der Ausschlussfrist ist durch den VR darzulegen und zu beweisen, der Anspruchserhebende hat darzulegen und zu beweisen, dass die Versäumung der Ausschlussfrist unverschuldet erfolgt ist.[22] Von einem fehlenden Verschulden ist nicht auszugehen, wenn der VN über einen Zeitraum von drei Jahren Berufsunfähigkeit nicht geltend macht, obwohl er arbeitsunfähig geschrieben war und Ansprüche auf gesetzliche Erwerbsunfähigkeitsrente erhoben hatte.[23] Wird trotz bestehender gesundheitlicher Probleme ein Leistungsantrag in der gesetzlichen Rentenversicherung gestellt, spricht dies generell für das Vorliegen eines schuldhaften Verhaltens.[24] Der Hinweis darauf, man habe zunächst den Ausgang der eingeleiteten sozialrechtlichen Verfahren abwarten wollen, entschuldigt den Versicherten nicht.[25] Auch entlastet es den VN nicht, wenn er die einschlägigen AVB nicht zur Kenntnis nimmt.[26] Der VN hat demzufolge nachvollziehbar und verständliche Gründe für die Verzögerung darzulegen und zu beweisen.

17 Gegen **Treu und Glauben** kann es verstoßen, wenn der VN Leistungsansprüche telefonisch bei dem VR geltend macht, der VR auch davon ausgeht, dass Leistungsansprüche angeboten worden sind und er dem VN einen Versichertenfragebogen übersendet, dieser aber entschuldigt untätig bleibt, weil er sich z.B. zunächst einmal um seine Genesung kümmert.

18 Grundsätzlich muss die **Anmeldung der Berufsunfähigkeit** nicht mit näherer Begründung mitgeteilt werden. Wenn dem VR allerdings eine bestimmte Begründung für den Ein-

---

19 Vgl. BGH 24.3.1992 VersR **1982** 567.
20 Vgl. BGH 2.11.1994 VersR **1995** 82; Prölss/Martin/*Lücke* § 1 BUZ VAB Rn. 31.
21 Vgl. BGH 8.2.1965 VersR **1967** 149; OLG Celle 31.5.2007 VersR **2007** 1641.
22 Vgl. BGH a.a.O.; OLG Karlsruhe 7.2.2006 VersR **2006** 637; OLG Celle 31.5.2007 VersR **2007** 1641.
23 Vgl. OLG Saarbrücken 26.1.2011 RuS **2013** 87.
24 Vgl. OLG Brandenburg 4.4.2013 RuS **2015** 513; OLG Saarbrücken 26.1.2011 RuS **2013** 780.
25 Vgl. OLG Brandenburg 4.4.2013 RuS **2015** 513, 514.
26 Vgl. OLG Karlsruhe 2.2.2006 RuS **2006** 427.

tritt der Berufsunfähigkeit mitgeteilt wird, so begrenzt der VN den Prüfungsumfang des VR. Wenn demzufolge wegen orthopädischer Beschwerden eine Berufsunfähigkeit angemeldet wird, ist der VR nicht gehalten, auch ein fachpsychiatrisches Gutachten einzuholen, um zu überprüfen, ob orthopädische Beschwerden eine psychiatrische Ursache haben, es sei denn, aus den ihm vorgelegten Unterlagen ergeben sich hierfür nachvollziehbare Anhaltspunkte.

19 Es ist unschädlich, wenn der VN Leistungen wegen behaupteter Pflegebedürftigkeit und daraus resultierende Berufsunfähigkeit geltend macht, sich aber im Rahmen der Leistungsprüfung herausstellt, dass der VN berufsunfähig im Sinne des § 3 Abs. 1 der Bedingungen ist.

V. Kein Anspruch auf Stundung der Beiträge während der Leistungsprüfung

20 Gemäß § 1 Abs. 5 AVB BU hat der VN während der Dauer der Leistungsprüfung **die Beiträge in voller Höhe weiter zu entrichten**. Allerdings besteht die Möglichkeit, dass sich VN und VR über eine **Stundung** der geschuldeten Beiträge einigen.

21 Hat der VR seine Leistungspflicht anerkannt, sind die gezahlten Beiträge zurückzuzahlen, allerdings nicht verzinst, es sei denn, der VR befände sich mit der Erbringung seiner Leistungen in **Verzug**, was sich vor allen Dingen nach § 14 VVG beurteilt. Gemäß § 14 Abs. 1 VVG sind Geldleistungen des VR fällig mit Beendigung der zur Feststellung des Versicherungsfalls und des Umfangs der Leistungen des VR notwendigen Erhebungen.

22 In der Berufsunfähigkeitsversicherung ist häufig nicht eindeutig, welche Erhebungen notwendig sind. Grundsätzlich gewährt die Rechtsprechung dem VR stets eine gewisse Überlegungsfrist.[27] Gerade im Fall der Berufsunfähigkeitsversicherung ist die Überprüfung, ob ein Versicherungsfall eingetreten ist, häufig kompliziert, da zunächst das Berufsbild und dann die medizinische Frage der Berufsunfähigkeit zu klären ist. Geht der VN davon aus, dass er aufgrund verschiedener medizinischer Ursachen berufsunfähig geworden ist, kann die Einholung mehrfacher Gutachten erforderlich sein. Eine Leistungsprüfung dauert in der Berufsunfähigkeitsversicherung in der Regel nicht nur wenige Wochen, sondern eher mehrere Monate. Im Einzelfall kann eine komplizierte Leistungsprüfung auch durchaus 1–2 Jahre dauern. Einen Anspruch auf eine Abschlagszahlung sieht das Bedingungswerk ebenso wenig wie das Gesetz vor. Dies hängt damit zusammen, dass für eine Abschlagszahlung gemäß § 14 Abs. 2 VVG der Grund des Anspruchs außer Streit sein muss.[28] Da die Leistungshöhe aber in der Regel aufgrund des Umstands, dass es sich bei der Berufsunfähigkeitsversicherung um eine Summenversicherung handelt, keine rechtlichen Probleme macht, sind die versicherten Ansprüche dann, wenn der Anspruchsgrund außer Streit ist, in vollem Umfang fällig. Raum für Abschlagszahlungen gibt es daher in der Berufsunfähigkeitsversicherung nicht.

VI. Weltweiter Versicherungsschutz

23 Gemäß § 1 Abs. 6 besteht weltweiter Versicherungsschutz.[29] Hiervon Abweichendes kann zwischen den Parteien vereinbart werden. In Betracht kommt z.B. die Vereinbarung einer Inlands- oder Auslandsklausel:

---

27 Vgl. BGH 1.2.1974 VersR **1974** 639, 640.

28 Vgl. BGH 2.10.1985 VersR **1986** 77, 79.

29 Zur Bedeutung weltweiten Versicherungsschutzes in der Berufsunfähigkeitsversicherung vgl. *Glissmann/Schulz* VW **2004** 684.

„Der Versicherungsschutz und die Beitragszahlungspflicht bestehen nur so lange, wie der Versicherte seinen ständigen Wohnsitz in der Bundesrepublik Deutschland hat und sich nicht länger als drei Monate außerhalb der Länder der Europäischen Gemeinschaft aufhält. Eine eingetretene Leistungspflicht aus der Berufsunfähigkeitsversicherung bleibt jedoch bestehen.“ (Inlandsklausel)

„Eine eventuelle Leistungsregulierung und Nachregulierung für die Berufsunfähigkeitsversicherung werden nur in der Bundesrepublik Deutschland vorgenommen“ (Auslandsklausel„[30]

Wird eine Inlandsklausel vereinbart, liegt der Sache nach eine Ruhensvereinbarung für Versicherungsfälle vor, die während der Zeit des Ruhens eintreten.[31]

VII. Zahlung der Rente im Voraus

Gemäß § 1 Abs. 7 ist die versicherte Rente monatlich im Voraus zu zahlen. Es besteht **24** aber die Möglichkeit, dass die Beteiligten eine anderweitige Zahlungsweise, insbesondere eine Zahlung quartalsweise im Voraus vereinbaren.

VIII. Leistungen aus der Überschussbeteiligung

Der Hinweis auf die Möglichkeit einer Leistung aus der Überschussbeteiligung in § 1 **25** Abs. 8 hat deklaratorischen Charakter, verdeutlicht aber, dass die Leistungen aus der Überschussbeteiligung nicht garantiert sind.

§ 2
Was ist Berufsunfähigkeit im Sinne dieser Bedingungen?

Berufsunfähigkeit

(1) Berufsunfähigkeit liegt vor, wenn die versicherte Person (*das ist die Person, auf deren Berufsfähigkeit die Versicherung abgeschlossen ist*) infolge Krankheit, Körperverletzung oder mehr als altersentsprechenden Kräfteverfalls, die ärztlich nachzuweisen sind, voraussichtlich auf Dauer (alternativ mindestens … % Monate/Jahre) ihren zuletzt ausgeübten Beruf so wie er ohne gesundheitliche Beeinträchtigungen ausgestaltet war, nicht mehr zu mindestens … % ausüben kann und auch keine andere Tätigkeit ausübt, die ihrer bisherigen Lebensstellung entspricht.

Der bisherigen Lebensstellung entspricht nur eine Tätigkeit, die in ihrer Vergütung und sozialen Wertschätzung nicht spürbar unter das Niveau der bislang ausgeübten Tätigkeit absinkt.

(2) Ist die versicherte Person mindestens … Monate ununterbrochen infolge Krankheit, Körperverletzung oder mehr als altersentsprechenden Kräfteverfalls, die ärztlich nachzuweisen sind, zu mindestens … % außerstande gewesen, ihren zuletzt ausgeübten

---

[30] Vgl. Staudinger/Halm/Wendt/*Gramse* § 2 BUV 2008 Rn. 108, 109.

[31] Vgl. Staudinger/Halm/Wendt/*Gramse* § 2 BUV 2008 Rn. 108.

Beruf, so wie er ohne gesundheitliche Beeinträchtigungen ausgestaltet war, auszuüben und hat sie in dieser Zeit auch keine andere Tätigkeit ausgeübt, die ihrer bisherigen Lebensstellung entspricht, gilt die Fortdauer dieses Zustandes als Berufsunfähigkeit.

1. Bemerkung:

Für den Fall, dass bei entsprechender Tarifierung eine abstrakte Verweisung erfolgt, lauten die Absätze 1 und 2 wie folgt:

(1) Berufsunfähigkeit liegt vor, wenn die versicherte Person (*das ist die Person, auf deren Berufsfähigkeit die Versicherung abgeschlossen ist*) infolge Krankheit, Körperverletzung oder mehr als altersentsprechenden Kräfteverfalls, die ärztlich nachzuweisen sind, voraussichtlich auf Dauer (alternativ mindestens ... Monate/Jahre) ihren zuletzt ausgeübten Beruf, so wie er ohne gesundheitliche Beeinträchtigungen ausgestaltet war, nicht mehr zu mindestens ... % ausüben kann und außerstande ist, eine andere Tätigkeit auszuüben, zu der sie aufgrund ihrer Ausbildung und Fähigkeit in der Lage ist und die ihrer bisherigen Lebensstellung entspricht.

Der bisherigen Lebensstellung entspricht nur eine Tätigkeit, die in ihrer Vergütung und sozialen Wertschätzung nicht spürbar unter das Niveau der bislang ausgeübten Tätigkeit absinkt.

(2) Ist die versicherte Person mindestens ... Monate ununterbrochen infolge Krankheit, Körperverletzung oder mehr als altersentsprechenden Kräfteverfalls, die ärztlich nachzuweisen sind, zu mindestens ... % außerstande gewesen, ihren zuletzt ausgeübten Beruf, so wie er ohne gesundheitliche Beeinträchtigung ausgestaltet war, oder eine andere Tätigkeit auszuüben, zu der sie aufgrund ihrer Ausbildung und Fähigkeiten in der Lage ist und die ihrer bisherigen Lebensstellung entspricht, gilt die Fortdauer dieses Zustands als Berufsunfähigkeit.

2. Bemerkung:

Wenn abweichend von Abs. 2 rückwirkend von einem früheren Zeitpunkt an geleistet werden soll, sind die Bedingungen entsprechend zu ändern bzw. zu ergänzen.

(3) Scheidet die versicherte Person aus dem Berufsleben aus und werden später Leistungen wegen Berufsunfähigkeit beantragt, kommt es bei der Anwendung der Absätze 1 und 2 darauf an, dass die versicherte Person außerstande ist, eine Tätigkeit auszuüben, zu der sie aufgrund ihrer Ausbildung und Fähigkeiten in der Lage ist und die ihrer bisherigen Lebensstellung entspricht.

Berufsunfähigkeit infolge Pflegebedürftigkeit

(4) Berufsunfähigkeit infolge Pflegebedürftigkeit liegt vor, wenn die versicherte Person infolge Krankheit, Körperverletzung oder mehr als altersentsprechenden Kräfteverfalls, die ärztlich nachzuweisen sind, voraussichtlich auf Dauer für die in Absatz 6 genannten gewöhnlichen und regelmäßig wiederkehrenden Verrichtungen im Ablauf des täglichen Lebens täglich der Hilfe einer anderen Person bedarf.

(5) Ist die versicherte Person ... Monate ununterbrochen pflegebedürftig, mindestens im Rahmen der Pflegestufe I (siehe Absätze 6 bis 8) gewesen, gilt die Fortdauer dieses Zustandes als Berufsunfähigkeit infolge Pflegebedürftigkeit. Die Pflegebedürftigkeit ist ärztlich nachzuweisen.

(6) Bewertungsmaßstab für die Einstufung des Pflegefalls ist die Art und der Umfang der erforderlichen täglichen Hilfe durch eine andere Person. Bei der Bewertung wird die nachstehende Punktetabelle zugrunde gelegt:

Die versicherte Person benötigt Hilfe beim

- Fortbewegen im Zimmer: 1 Punkt

  Hilfebedarf liegt vor, wenn die versicherte Person – auch bei Inanspruchnahme einer Gehhilfe oder eines Rollstuhls – die Unterstützung einer anderen Person für die Fortbewegung benötigt.
- Aufstehen und Zubettgehen: 1 Punkt

  Hilfebedarf liegt vor, wenn die versicherte Person nur mit Hilfe einer anderen Person das Bett verlassen oder in das Bett gelangen kann.
- An- und Auskleiden: 1 Punkt

  Hilfebedarf liegt vor, wenn die versicherte Person – auch bei Benutzung krankengerechter Kleidung – sich nicht ohne Hilfe einer anderen Person an- oder auskleiden kann.
- Einnehmen von Mahlzeiten und Getränken: 1 Punkt

  Hilfebedarf liegt vor, wenn die versicherte Person – auch bei Benutzung krankengerechter Essbestecke und Trinkgefäße – nicht ohne Hilfe einer anderen Person essen oder trinken kann.
- Waschen, Kämmen oder Rasieren: 1 Punkt

  Hilfebedarf liegt vor, wenn die versicherte Person von einer anderen Person gewaschen, gekämmt oder rasiert werden muss, da sie selbst nicht mehr fähig ist, die dafür erforderlichen Körperbewegungen auszuführen.
- Verrichten der Notdurft: 1 Punkt

  Hilfebedarf liegt vor, wenn die versicherte Person die Unterstützung einer anderen Person benötigt, weil sie
- sich nach dem Stuhlgang nicht allein säubern kann,
- ihre Notdurft nur unter Zuhilfenahme einer Bettschüssel verrichten kann oder
- weil der Darm bzw. die Blase nur mit fremder Hilfe entleert werden kann.

  Besteht allein eine Inkontinenz des Darms bzw. der Blase, die durch die Verwendung von Windeln oder speziellen Einlagen ausgeglichen werden kann, liegt hinsichtlich der Verrichtung der Notdurft keine Pflegebedürftigkeit vor.

(7) Der Pflegefall wird nach der Anzahl der Punkte eingestuft. Wir leisten

- aus der Pflegestufe I.: bei … Punkten
- aus der Pflegestufe II.: bei … Punkten

  Unabhängig von der Bewertung aufgrund der Punktetabelle liegt die Pflegestufe II. vor, wenn die versicherte Person wegen einer seelischen Erkrankung oder geistigen Behinderung sich oder andere gefährdet und deshalb täglicher Beaufsichtigung bedarf;
- aus der Pflegestufe III.: bei … Punkten

  Unabhängig von der Bewertung aufgrund der Punktetabelle liegt die Pflegestufe III. vor, wenn die versicherte Person dauernd bettlägerig ist und nicht ohne Hilfe einer anderen Person aufstehen kann oder wenn die versicherte Person der Bewahrung bedarf.

  Bewahrung liegt vor, wenn die versicherte Person wegen einer seelischen Erkrankung oder geistigen Behinderung sich oder andere in hohem Maße gefährdet und deshalb nicht ohne ständige Beaufsichtigung bei Tag und Nacht versorgt werden kann.

(8) Vorübergehende akute Erkrankungen führen zu keiner höheren Einstufung. Vorübergehende Besserungen bleiben ebenfalls unberücksichtigt. Eine Erkrankung oder Besserung gilt dann nicht als vorübergehend, wenn sie nach … Monaten noch anhält.

Schrifttum

Burmann/Heß/Hühnermann/Jahnke/Jahnke Straßenverkehrsrecht, 25. Aufl. (2018); *Diederichsen* Ansprüche naher Angehöriger von Unfallopfern, NJW **2013** 641; *Ernst/Rogler* Berufsunfähigkeitsversicherung (2018); *Gerlach* Die Verwendung von Klauseln in der Berufsunfähigkeitsversicherung, VerBAV **1984** 125; *Heß/Burmann* Der Haushaltsführungsschaden bei Verletzung – Ein Fall für § 287 ZPO, NJW **2010** 8; *Herold* Die Verweisbarkeit in der gesetzlichen Rentenversicherung und der privaten Berufsunfähigkeitsversicherung VersR **1991** 376; *Langheid/Rixecker* Versicherungsvertragsgesetz, 5. Aufl. (2016); *Leggewie* Berücksichtigung des Familieneinkommens im Rahmen der zumutbaren Einkommenseinbuße bei Verweisungstätigkeiten, NVersZ **1998** 110; *Pardey* Der Haushaltsführungsschaden bei Verletzung, SVR **2018** 165; *Richter* Private Berufsunfähigkeitsversicherung (2018); *Rogler* Anmerkung zum BGH vom 7.12.2016, RuS **2017** 87; *Voit* Berufsunfähigkeitsversicherung (1993).

Übersicht

A. Allgemeines

I. Ältere Bedingungswerke

In älteren Bedingungswerken finden sich vor allen Dingen noch ungünstigere Definitionen des Versicherungsfalls, die nachfolgend mangels Relevanz für die Praxis nur kursorisch dargestellt werden.[1]

In den **BUZ 1964** war der Begriff der Berufsunfähigkeit noch anders definiert. Nach **1**
den BUZ 1964 liegt vollständige Berufsunfähigkeit vor, wenn der Versicherte infolge Krankheit, Körperverletzung oder Kräfteverfalls, die ärztlich nachzuweisen sind, auf nicht absehbare Zeit nicht imstande ist, seinen Beruf oder eine ähnliche Tätigkeit auszuüben, die seiner Ausbildung entspricht und gleichwertige Fähigkeiten und Kenntnisse voraussetzt. Teilweise Berufsunfähigkeit liegt vor, wenn die vorstehenden Voraussetzungen ebenfalls auf nicht absehbare Zeit nur in einem bestimmten Grade erfüllt sind. Ist der Versicherte mindestens ein Jahr lang ununterbrochen infolge Krankheit, Körperverletzung oder Kräfteverfalls, die ärztlich nachzuweisen sind, vollständig oder teilweise nicht imstande gewesen, seinen Beruf oder eine ähnliche Tätigkeit auszuüben, die seiner Ausbildung entspricht und gleichwertige Fähigkeiten und Kenntnisse voraussetzt, so gilt die Fortdauer dieses Zustandes als vollständige oder teilweise Berufsunfähigkeit.[2]

Nach den BUZ 1970 liegt vollständige Berufsunfähigkeit vor, wenn der Versicherte in- **2**
folge Krankheit, Körperverletzung oder Kräfteverfalls, die ärztlich nachzuweisen sind, voraussichtlich dauernd außerstande ist, seinen Beruf oder eine andere Tätigkeit auszuüben, die aufgrund seiner Ausbildung und Erfahrung ausgeübt werden kann und seiner bisherigen Lebensstellung entspricht. Die weiteren Bestimmungen des § 2 wurden entsprechend angepasst und in Abs. 3 die Frist von einem Jahr auf sechs Monate verkürzt.[3]

In 1975 wurde durch Ergänzung des § 2 BUZ der Versicherungsschutz für den Fall ge- **3**
regelt, dass der Versicherte vor Eintritt des Versicherungsfalls aus dem Berufsleben ausgeschieden ist. § 2 BUZ erhielt deshalb folgende Musterfassung:

„1.
Vollständige Berufsunfähigkeit liegt vor, wenn der Versicherte infolge Krankheit, Körperverletzung oder Kräfteverfalls, die ärztlich nachzuweisen sind, voraussichtlich dauernd außerstande ist, seinen Beruf oder eine andere Tätigkeit auszuüben, die aufgrund seiner Ausbildung und Erfahrung ausgeübt werden kann und seiner bisherigen Lebensstellung entspricht.

2.
Teilweise Berufsunfähigkeit liegt vor, wenn die vorstehenden Voraussetzungen nur in einem bestimmten Grade voraussichtlich dauernd erfüllt sind.

3.
Ist der Versicherte mindestens sechs Monate ununterbrochen infolge Krankheit, Körperverletzung oder Kräfteverfalls, die ärztlich nachzuweisen sind, vollständig oder teilweise außerstande gewesen, seinen Beruf oder eine andere Tätigkeit auszuüben, die aufgrund seiner Ausbildung und Erfahrung ausgeübt werden kann und seiner bisherigen Lebensstellung entspricht, so gilt die Fortdauer dieses Zustandes als vollständige oder teilweise Berufsunfähigkeit.

---

[1] Vgl. hierzu den Überblick bei *Benkel/Hirschberg* § 2 BUZ 2008.

[2] Vgl. *Benkel/Hirschberg* § 2 BUZ 2008 Rn. 1.

[3] Vgl. *Benkel/Hirschberg* § 2 BUZ 2008 Rn. 2.

4.
Scheidet der Versicherte aus dem Berufsleben aus und werden später Leistungen wegen Berufsunfähigkeit beantragt, so kommt es bei der Anwendung der Ziffern 1–3 darauf an, dass er außerstande ist, eine Tätigkeit auszuüben, die aufgrund seiner Kenntnisse und Fähigkeiten ausgeübt werden kann und seiner bisherigen Lebensstellung entspricht.„[4]

4 In den **BUZ 1984** wurde die Fristenregelung in § 2 Abs. 3 BUZ dahin geändert, dass nur noch von „sechs Monaten“ und nicht mehr von „mindestens sechs Monaten“ gesprochen wird. Die 1984 verlautbarten Musterbedingungen sind mit der verbraucherfreundlichen Fassung der BUZ 1984 materiell identisch.[5]

5 Mit den **BUZ 1990** wurde der Begriff der Berufsunfähigkeit auf die Pflegebedürftigkeit ausgedehnt. Die Einbeziehung des Pflegerisikos in die Berufsunfähigkeits-(Zusatz)versicherung folgt der Absicht, eine weitere Möglichkeit der Absicherung des Pflegerisikos durch die Lebensversicherung zu schaffen, wenn auch jeweils nur bis zur Beendigung der Versicherung. Hierzu sind Regelungen zum Versicherungsumfang in § 1 und zur begrifflichen Definition der Berufsunfähigkeit in § 2 der Bedingungen eingefügt worden. Die Regelungen zur Pflegebedürftigkeit in den BUZ sind den entsprechenden Musterbedingungen für die Pflegerentenversicherung nachgebildet. Die Absätze 1 bis 5 des § 2 BUZ wurden entsprechend gefasst und sind in die BUZ 1993 unverändert übernommen worden.[6]

6 Die Punktetabellen zur Einstufung eines Pflegebedürftigen und die Beschreibung der Pflegestufen in Abhängigkeit von der Anzahl der erreichten Punkte wurden 1993 aufgrund neuer Erkenntnisse geändert. Die Absätze 6 bis 9 des § 2 BUZ erhielten dementsprechend eine neue Fassung. § 2 BUZ 1993 ist in folgender Fassung Gegenstand der Versicherungsverträge großer Versicherungsbestände:

„§ 2 Was ist Berufsunfähigkeit im Sinne dieser Bedingungen? (Musterbedingungen des BAV – BUZ 1993)

(1) Vollständige Berufsunfähigkeit liegt vor, wenn der Versicherte infolge Krankheit, Körperverletzung oder Kräfteverfalls, die ärztlich nachzuweisen sind, voraussichtlich dauernd außerstande ist, seinen Beruf oder eine andere Tätigkeit auszuüben, die aufgrund seiner Ausbildung und Erfahrung ausgeübt werden kann und seiner bisherigen Lebensstellung entspricht.

(2) Teilweise Berufsunfähigkeit liegt vor, wenn die in Absatz 1 genannten Voraussetzungen nur in einem bestimmten Grad voraussichtlich dauernd erfüllt sind.

(3) Ist der Versicherte sechs Monate ununterbrochen infolge Krankheit, Körperverletzung oder Kräfteverfalls, die ärztlich nachzuweisen sind, vollständig oder teilweise außerstande gewesen, seinen Beruf oder eine andere Tätigkeit auszuüben, die aufgrund seiner Ausbildung und Erfahrung ausgeübt werden kann und seiner bisherigen Lebensstellung entspricht, so gilt die Fortdauer dieses Zustandes als vollständige oder teilweise Berufsunfähigkeit.

Bemerkung

Wenn abweichend von Abs. 3 rückwirkend von einem früheren Zeitpunkt an geleistet werden soll, sind die Bedingungen entsprechend zu ändern bzw. zu ergänzen.

(4) Scheidet der Versicherte aus dem Berufsleben aus und werden später Leistungen wegen Berufsunfähigkeit beantragt, so kommt es bei der Anwendung der Absätze 1 bis

---

[4] Vgl. *Benkel/Hirschberg* § 2 BUZ 2008 Rn. 3.

[5] Vgl. *Benkel/Hirschberg* § 2 BUZ 2008 Rn. 4.

[6] Vgl. *Benkel/Hirschberg* § 2 BUZ 2008 Rn. 5.

3 darauf an, dass der Versicherte außerstande ist, eine Tätigkeit auszuüben, die aufgrund seiner Kenntnisse und Fähigkeiten ausgeübt werden kann und seiner bisherigen Lebensstellung entspricht.

(5) Ist der Versicherte sechs Monate ununterbrochen pflegebedürftig mindestens im Rahmen der Pflegestufe I gewesen und deswegen täglich gepflegt worden, so gilt die Fortdauer dieses Zustandes als vollständige oder teilweise Berufsunfähigkeit.

(6) Pflegebedürftigkeit liegt vor, wenn der Versicherte infolge Krankheit, Körperverletzung oder Kräfteverfalls voraussichtlich auf Dauer so hilflos ist, dass er für die in Absatz 7 genannten Verrichtungen auch bei Einsatz technischer und medizinischer Hilfsmittel in erheblichem Umfang täglich der Hilfe einer anderen Person bedarf. Die Pflegebedürftigkeit ist ärztlich nachzuweisen.

(7) Bewertungsmaßstab für die Einstufung des Pflegefalles ist die Art und der Umfang der erforderlichen täglichen Hilfe durch eine andere Person. Bei der Bewertung wird die nachstehende Punktetabelle zugrunde gelegt:

Der Versicherte benötigt Hilfe beim

Fortbewegen im Zimmer

1 Punkt

Hilfebedarf liegt vor, wenn der Versicherte – auch bei Inanspruchnahme einer Gehhilfe oder eines Rollstuhls – die Unterstützung einer anderen Person für die Fortbewegung benötigt.

Aufstehen und Zubettgehen

1 Punkt

Hilfebedarf liegt vor, wenn der Versicherte nur mit Hilfe einer anderen Person das Bett verlassen oder in das Bett gelangen kann.

An- und Auskleiden

1 Punkt

Hilfebedarf liegt vor, wenn der Versicherte – auch bei Benutzung krankengerechter Kleidung – sich nicht ohne Hilfe einer anderen Person an- oder auskleiden kann.

Einnehmen von Mahlzeiten und Getränken

1 Punkt

Hilfebedarf liegt vor, wenn der Versicherte – auch bei Benutzung krankengerechter Essbestecke und Trinkgefäße – nicht ohne Hilfe einer anderen Person essen und trinken kann.

Waschen, Kämmen oder Rasieren

1 Punkt

Hilfebedarf liegt vor, wenn der Versicherte von einer anderen Person gewaschen, gekämmt oder rasiert werden muss, da er selbst nicht mehr fähig ist, die dafür erforderlichen Körperbewegungen auszuführen.

Verrichten der Notdurft

1 Punkt

Hilfebedarf liegt vor, wenn der Versicherte die Unterstützung einer anderen Person benötigt. weil er

- *sich nach dem Stuhlgang nicht allein säubern kann,*
- *seine Notdurft nur unter Zuhilfenahme einer Bettschüssel verrichten kann oder weil der Darm bzw. die Blase nur mit fremder Hilfe entleert werden kann. Besteht*

allein eine Inkontinenz des Darms bzw. der Blase, die durch die Verwendung von Windeln oder speziellen Einlagen ausgeglichen werden kann, liegt hinsichtlich der Verrichtung der Notdurft keine Pflegebedürftigkeit vor.

(8) Der Pflegefall wird nach Anzahl der Punkte eingestuft. Wir leisten
aus der Pflegestufe I:
bei 3 Punkten
aus der Pflegestufe II:
bei 4 und 5 Punkten
Unabhängig von der Bewertung aufgrund der Punktetabelle liegt die Pflegestufe II vor, wenn der Versicherte wegen einer seelischen Erkrankung oder geistigen Behinderung sich oder andere gefährdet und deshalb täglicher Beaufsichtigung bedarf.
aus der Pflegestufe III:
bei 6 Punkten
Unabhängig von der Bewertung aufgrund der Punktetabelle liegt die Pflegestufe III vor, wenn der Versicherte dauernd bettlägerig ist und nicht ohne Hilfe einer anderen Person aufstehen kann oder wenn der Versicherte der Bewahrung bedarf. Bewahrung liegt vor, wenn der Versicherte wegen einer seelischen Erkrankung oder geistigen Behinderung sich oder andere in hohem Maße gefährdet und deshalb nicht ohne ständige Beaufsichtigung bei Tag und Nacht versorgt werden kann.

(9) Vorübergehende akute Erkrankungen führen zu keiner höheren Einstufung. Vorübergehende Besserungen bleiben ebenfalls unberücksichtigt. Eine Erkrankung oder Besserung gilt dann nicht als vorübergehend, wenn sie nach drei Monaten noch anhält.„[7]

II. Sinn und Zweck

7 Die Regelungen des § 2 präzisieren vor allen Dingen die allgemein gehaltenen Ausführungen des Gesetzgebers zum Begriff der Berufsunfähigkeit in § 172. Mit der Regelung hat die Versicherungswirtschaft von der ihr eingeräumten Regelungsfreiheit Gebrauch gemacht.

B. Einzelheiten

IX. Berufsunfähigkeit im zuletzt ausgeübten Beruf

8 **1. Grundsätzliches.** § 2 Abs. 1 enthält die Definition der Berufsunfähigkeit, die weitgehend der Vorschrift des § 172 Abs. 2 und 3 entspricht. Auf die dortige Kommentierung wird zunächst verwiesen. Im Rahmen des zweigliedrigen Begriffs der Berufsunfähigkeit hat man sich für eine konkrete Verweisung entschieden. Die Möglichkeit einer abstrakten Verweisung gilt heute nicht mehr als versicherungsnehmerfreundlich und ist daher in der Praxis kaum noch anzutreffen. Soweit darüber hinaus die Möglichkeit einer konkreten Verweisung eingeschränkt wird durch § 2 Abs. 1 S. 2 AVB BU entspricht die dortige Regelung ohnehin dem Stand der Rechtsprechung und schafft keine Besserstellung des VN.

---

[7] vgl. *Benkel/Hirschberg* § 2 BUZ 2008 § 2 Rn. 6.

Was der Gesetzgeber unter Berufsunfähigkeit verstanden hat, ergibt sich aus § 172 Abs. 2. Hiernach ist berufsunfähig derjenige, der seinen zuletzt ausgeübten Beruf, so wie er ohne gesundheitliche Beeinträchtigung ausgestaltet war, infolge Krankheit, Körperverletzung oder mehr als altersentsprechenden Kräfteverfalls ganz oder teilweise voraussichtlich auf Dauer nicht mehr ausüben kann. An diesem Verständnis des Berufsbegriffs orientieren sich auch die Musterbedingungen. 9

2. Beruf im Sinne von § 2 Abs. 1 AVB BU

a) Zuletzt ausgeübter Beruf

aa) konkrete Ausprägung. Nach dem Bedingungswortlaut kommt es auf die **konkrete Ausprägung** der von der versicherten Person an ihrem Arbeitsplatz ausgeübten Tätigkeit, wie sie zuletzt in gesunden Tagen ausgeübt wurde, an. Auf die Ermittlung einer **Vergleichs- oder Berufsgruppe** kommt es demzufolge nicht an. Der Beruf im Sinne der Berufsunfähigkeitsversicherungsbedingungen ist nicht mit einer **typisierenden Amts-, Dienst- und Funktionsbezeichnung** gleichzusetzen. Eine solche Bezeichnung kann keine ausreichende Auskunft darüber geben, welche Tätigkeiten der Versicherte im konkreten Fall ausübt. So erfasst beispielsweise die Berufsbezeichnung Verkäufer oder Vertreter ganz unterschiedliche Tätigkeitsbilder, die für die Erfordernisse der Feststellung einer Berufsunfähigkeit nicht ausreichend sind. Gleichfalls nicht ausreichend für die Ermittlung des konkreten Tätigkeitsbildes ist eine tarifvertragliche Tätigkeitsbeschreibung. Sie kann jedoch als Hilfsmittel zur Ermittlung eines Tätigkeitsbildes dienen. Der Kreis der von der Berufsunfähigkeitsversicherung umfassten Tätigkeiten ist **weit gezogen** und umfasst nicht nur die klassischen Berufsgruppen wie Arbeitnehmer, Unternehmer und Beamten, sondern bei entsprechender Vereinbarung auch nicht bezahlte, aber berufsähnliche Tätigkeiten wie die einer Hausfrau oder eines Hausmanns.[8] Die Ausführung des Berufs setzt nicht voraus, dass die Tätigkeit einem **allgemeinen anerkannten Berufsbild** entspricht oder mit einer gewissen werktäglichen Regelmäßigkeit verrichtet wird. 10

Für den Begriff des Berufs kommt es nicht auf das **allgemeine Verständnis** von bestimmten Berufen an. So übt ein selbständiger Bäckermeister z. B. einen anderen Beruf aus als ein angestellter Bäckermeister in einer Brotfabrik. Nicht entscheidend sind auch allgemeine Beschreibungen eines Berufes z. B. auf den Webseiten der Bundesagentur für Arbeit oder in Gebührenordnungen oder sonstigen allgemeinen Beschreibungen.[9] 11

bb) mehrere Tätigkeiten. Wenn der Beruf aus einem **Tätigkeitskonglomerat** gebildet wird, so muss überprüft werden, ob der Versicherte in jedem Tätigkeitskonglomerat berufsunfähig ist, es sei denn es steht fest, dass es sich bei bestimmten Elementen des Tätigkeitskonglomerates tatsächlich um eine völlig untergeordnete Nebentätigkeit handelt. Ob der VN in diesem Sinne mehrere Berufe ausübt, ist nach der Rechtsprechung danach zu beurteilen, was er **bis zum Zeitpunkt des Eintritts der Berufsunfähigkeit** tatsächlich beruflich getan hat. Unzutreffend ist es allerdings, nur dann von der Ausübung mehrerer Berufe auszugehen, wenn der VN zum Beispiel aus einer handwerklichen Unternehmertätigkeit annähernd hohe Einnahmen wie aus einer gewerblichen Vermögensverwaltung erzielt hat.[10] 12

---

[8] Langheidt/Wandt/*Dörner* § 172 Rn. 62; Staudinger/Halm/Wendt/*Gramse* § 172 Rn. 39; Prölss/Martin/*Lücke* § 172 Rn. 54; HK VVG/*Mertens* § 172 Rn. 25; *Richter* S. 138.

[9] Vgl. HK VVG/*Mertens* § 172 Rn. 27; Prölss/Martin/*Lücke* § 172 Rn. 55.

[10] So aber OLG Dresden 29.5.2013 RuS 2013 564.

Die genaue Definition des zuletzt in gesunden Tagen konkret ausgeübten Berufs bereitet daher Schwierigkeiten, wenn der VN **mehrere Berufe** ausgeübt hat oder eine **teilschichtige Tätigkeit** durch weitere Tätigkeiten aufgestockt hat. Zum Teil wird in derartigen Fällen vertreten, der durchschnittliche VN gehe davon aus, dass ein Beruf aus mehreren Teilzeittätigkeiten bestehen könne, die addiert seinen Beruf ausmachten.[11] Dem ist in dieser Allgemeinheit nicht zu folgen. Zunächst einmal muss bzgl. jeder Teiltätigkeit überprüft werden, ob diese für sich allein betrachtet einen Beruf darstellt, insbesondere auf Dauer und nicht nur zur vorübergehenden Überbrückung eines finanziellen Engpasses ausgeübt werden soll.

13 cc) **Beruf und Einkommen.** Eine **auf Erwerb gerichtete** Beschäftigung liegt auch dann vor, wenn sie nur in Teilzeit, hin und wieder, in zeitlichen Abständen oder sogar nur in geringem Umfang täglich ausgeübt wird.[12] Es ist sogar denkbar, dass der Versicherte einen neuen Beruf kreiert.[13] Dies kommt vor allen Dingen dann in Betracht, wenn es sich um **Tätigkeitskonglomerate** handelt, die je für sich einen Namen tragen, jedoch in ihrer Gesamtheit den Beruf erst ausmachen. Auch die im Rahmen eines Startups vorgenommene Tätigkeit kann daher einen Beruf im Sinne der Berufsunfähigkeitsversicherung darstellen.

14 Es kommt für die Frage, ob ein Beruf vorliegt, nicht darauf an, ob ein Einkommen aus dieser Tätigkeit **in einer bestimmten Höhe** erzielt wird. Allerdings kann die Höhe des Einkommens ein Indiz dafür sein, ob die Tätigkeit, aus der dieses geringe Einkommen generiert wird, so unbedeutend ist, dass bei der Prüfung, welchen Beruf der VN in gesunden Tagen ausgeübt hat, nur auf diejenige Tätigkeit abgestellt wird, aus der die **Haupteinkünfte** erzielt werden. **Prägende Tätigkeiten** können daher für die Beurteilung der Berufsunfähigkeit maßgeblich sein.[14] Ob eine Tätigkeit derart prägend ist, dass sich an ihr die Definition des Berufs ausrichtet, ist im Einzelfall zu bestimmen. Weder die Arbeitszeit noch die Einkünfte können allein eine Tätigkeit als prägend determinieren. Hier ist vielmehr eine Einzelbetrachtung vorzunehmen.

15 dd) **Illegale oder sittenwidrige Tätigkeiten. Illegale oder auch sittenwidrige Tätigkeiten** stellen keinen Beruf dar. Dies gilt vor allen Dingen auch für eine dauerhaft auf „Schwarzarbeit" angelegte Tätigkeit.[15] Reine Freizeitbeschäftigungen stellen ebenfalls keinen Beruf im Sinne der Berufsunfähigkeitsversicherung dar. Gleiches gilt wohl für Tätigkeiten, die nur zur Überbrückung eines finanziellen Engpasses aufgenommen werden.[16]

16 ee) **Hoffnungen und Erwartungen.** Hoffnungen und Erwartungen auf einen künftigen Beruf, der noch nicht ausgeübt wird, sind nicht zu berücksichtigen, auch wenn sie sich schon konkretisiert haben.[17] Hiervon abzugrenzen sind gesicherte Aufstiegschancen, die mit dem ausgeübten Beruf verbunden sind. Diese gehören zum Berufsbild und sind jedenfalls bei einer Verweisung und in dem Gesichtspunkt der Lebensstellung zu berücksichtigen.[18]

---

11 *Neuhaus* F II Rn. 13.

12 OLG Köln 18.12.2007 VersR **2008** 950, 951.

13 Vgl. Beckmann/Matusche-Beckmann/*Rixecker* § 46 Rn. 14; Langheid/Wandt/*Dörner* § 172 Rn. 63.

14 So auch *Neuhaus* F III Rn. 52.

15 Vgl. LG Bonn 6.2.1995 VersR **1997** 439; HK VVG/*Mertens* § 172 Rn. 23.

16 So auch wohl *Neuhaus* F II Rn. 23; HK VVG/*Mertens* § 172 Rn. 23.

17 OLG Hamm 30.3.1990 RuS **1990** 355, 356; OLG Köln 19.11.2007 VersR **2008** 950; OLG Saarbrücken 30.9.2008 VersR **2009** 917, 918; Langheid/Wandt/*Dörner* § 172 Rn. 64; Prölss/Martin/*Lücke* § 172 Rn. 58; *Neuhaus* F III Rn. 51.

18 Prölss/Martin/*Lücke* § 2 BuVAB Rn. 22; BGH 21.4.2010 RuS **2010** 294, 295.

ff) **Bewertung des Pendelns von und zur Arbeit.** In der Literatur wird zum Teil diskutiert, ob auch die **An- und Abfahrt zu der beruflichen Tätigkeit zum Ausüben des Berufs gehört**. Zum Teil wird hier von der „**Wegefähigkeit**" gesprochen.[19] 17

Für die Berücksichtigung des Arbeitsweges könnte in der Tat sprechen, dass die berufliche Tätigkeit des VN nicht nur durch seine Tätigkeit direkt am Arbeitsplatz, sondern auch durch den Weg zur Arbeit geprägt wird. Darüber hinaus hat auch das OLG Nürnberg durch Urteil vom 26.2.2015[20] betont, dass bei der Prüfung der Ausübbarkeit einer aufgezeigten Verweisungstätigkeit durch den VN die Lage auf dem Arbeitsmarkt zwar grundsätzlich unberücksichtigt bleiben solle, aber durchaus zu berücksichtigen sei, welche tägliche Pendelstrecke ein verständiger VN unter Berücksichtigung des bisherigen Wegs zum Arbeitsplatz und der bei einem Wechsel entstehenden zusätzlichen Fahrtkosten auf sich nehme. 18

Keine Rolle dürfte zunächst einmal spielen, dass auch der Gesetzgeber den An- und Abfahrtsweg als **beruflich bedingt** ansieht und **Wegeunfälle** im Rahmen der gesetzlichen Unfallversicherung unfallversichert sind. Es ist nicht überzeugend, aus der Vorschrift des § 8 Abs. 2 Nr. 1 SGB VII den Schluss abzuleiten, weil es sich nach der vorgenannten Vorschrift um eine Sondervorschrift handele, müsse der Weg nach und von dem Ort der Tätigkeit unberücksichtigt bleiben. Auch das Zurücklegen des mit der versicherten Tätigkeit zusammenhängenden unmittelbaren Weges nach und von dem Ort der Tätigkeit ist nach § 8 Abs. 2 SGB VII ausdrücklich als versicherte Tätigkeit definiert. Von einem Regel-/Ausnahmeverhältnis ist daher nicht auszugehen. 19

Letztendlich ist aber zu berücksichtigen, dass der Begriff des Berufs in der Berufsunfähigkeitsversicherung grundsätzlich **einheitlich** bestimmt werden muss. Wenn im Rahmen der Prüfung, ob dem VN eine Verweisungstätigkeit zugemutet werden kann, auch zu überprüfen ist, ob eine solche Tätigkeit noch in einem zumutbaren „Pendelradius" ausgeübt werden kann, dann spricht einiges dafür, dass auch der Weg von und zur Arbeit zum „Beruf" im Sinne der Berufsunfähigkeitsversicherung gehört. 20

Das OLG Nürnberg weist in der zitierten Entscheidung zu Recht darauf hin, dass die allgemeine Überlegung, heutzutage sei **berufliche Mobilität** gefragt und weitestgehend üblich, für sich gesehen **kein taugliches Entscheidungskriterium** sei, zumal diese allgemeine Überlegung auch sehr stark durch den Zeitgeist geprägt ist und dieser einem Wandel unterliegt. Das OLG Nürnberg scheint die Frage, ob dem VN im Rahmen der Überprüfung, ob eine Verweisungstätigkeit zumutbar ist, auch ein umfangreicheres Pendeln vom Wohnort zum Arbeitsplatz zugemutet werden kann, unter dem Gesichtspunkt zu überprüfen, ob eine solche Tätigkeit noch der bisherigen Lebensstellung des VN entspricht. Diesem Ansatz ist zu folgen. Die Ausübung der konkreten beruflichen Tätigkeit hängt **nicht** davon ab, auf welche Art und Weise der VN zur Arbeitsstelle gelangt, denn dies kann auch bei gleichbleibender beruflicher Tätigkeit sehr unterschiedlich sein. So ist es durchaus denkbar, dass ein VN bei schlechten Witterungsbedingungen mit öffentlichen Verkehrsmitteln zur Arbeit fährt, im Übrigen aber mit dem Pkw. Ebenso ist denkbar, dass der VN in bestimmten Situationen von zu Hause aus zu einem auswärtigen Termin hinfährt. Auch ist es so, dass die Fahrt zur Arbeit Bestandteil der allgemeinen Lebensstellung des VN ist, die keineswegs durch eine besondere berufliche Tätigkeit geprägt wird. All dies spricht dafür, den Weg zur Arbeit und von der Arbeit **nicht als berufliche Tätigkeit** zu qualifizieren, aber ebenso wie das OLG Nürnberg im Rahmen der Überprüfung, ob eine Verweisung in Betracht kommt, 21

---

[19] *Neuhaus* F IV Rn. 72.

[20] OLG Nürnberg 26.2.2015 BeckRS 2015 03652.

auch zu überprüfen, ob durch Veränderung des mit dem Pendelns zwischen Wohnort und Arbeit verbundenen Aufwands die bisherige Lebensstellung des Versicherten gewahrt bleibt.

22 Demgegenüber ist der Hinweis, dass der Weg zur Arbeit „Privatsache" sei und nicht berücksichtigt werden könne, weil der Versicherte ansonsten durch Wahl eines weiter entfernten Wohnsitzes den Eintritt des Versicherungsfalls manipulieren könne, **nicht überzeugend.** In der Regel sucht sich der verständige VN keinen Arbeitsplatz aus, zu dem er eine größere Strecke zurücklegen muss, um seine Arbeitsstelle zu erreichen. Auch ist es einigermaßen unwahrscheinlich, dass ein VN einen weiter entfernt liegenden Arbeitsplatz aufsucht, um auf leichtere Art und Weise in den Genuss von Berufsunfähigkeitsleistungen zu kommen, zumal dann ja auch immer noch zu überprüfen wäre, ob es dem VN nicht möglich ist, den mit der Anfahrt zu seinem Arbeitsplatz verbundenen Aufwand für ihn erträglicher zu gestalten, z.B. durch Wahl öffentlicher Verkehrsmittel.

23 Entscheidender ist viel eher, dass die **Fahrt zur Arbeit nicht typischerweise die berufliche Tätigkeit des VN prägt.** Wer zur Arbeit fährt, beschäftigt sich regelmäßig noch nicht mit seiner beruflichen Tätigkeit. Viele Pendler, die öffentliche Verkehrsmittel nutzen, lesen während der Fahrt zur Arbeit Zeitung oder ein Buch etc., viele Pendler, die mit dem Pkw zur Arbeit fahren, unterhalten sich möglicherweise mit einem Arbeitskollegen, mit dem eine Fahrgemeinschaft gebildet wird, folgen aufmerksam dem Straßenverkehr oder hören Radio während sie fahren. All dies hat mit den spezifischen Anforderungen, die von einer beruflichen Tätigkeit ausgehen, nichts zu tun und lässt sich mit allgemeinen Belastungen, die vom täglichen Leben ausgehen, nicht mehr unterscheiden.

24 Im Ergebnis ist daher der Weg von und zur Arbeitsstelle grundsätzlich nicht als berufliche Tätigkeit anzusehen. Etwas anderes mag dann gelten, wenn der VN von seinem Wohnort direkt zu bestimmten Einsatzorten fährt. Hier ist z.B. an einen Ingenieur zu denken, der nicht etwa jeden Morgen zunächst in sein Büro und von dort aus auf die jeweiligen Baustellen, die er zu betreuen hat, fährt, sondern direkt von zu Hause aus zur Baustelle. Zu denken ist auch an einen Rechtsanwalt, der nicht von zu Hause aus erst in die Kanzlei und von dort aus dann zum Gerichtsort hinfährt, sondern aus Vereinfachungsgründen direkt zum Gerichtsort. Bei einer solchen Konstellation gehört der Weg zur konkreten Arbeitsstelle zum Beruf, denn es kann bei der rechtlichen Betrachtung keinen Unterschied machen, ob der VN zunächst zu seinem Stammsitz und von dort zum konkreten Einsatzort oder direkt von seinem Wohnort zum konkreten Einsatzort fährt. Hier ist demzufolge eine differenzierte Betrachtung geboten.

b) Details zu einzelnen Berufsgruppen

25 **aa) Arbeitslose.** Wer **arbeitslos** ist, übt keinen Beruf aus. Bei einem Arbeitslosen ist es im Einzelfall zu überprüfen, ob auf die vor Eintritt der Arbeitslosigkeit ausgeübte Tätigkeit abgestellt werden kann. Unzutreffend ist es, anzunehmen, der Versicherte sei freiwillig aus dem Berufsleben ausgeschieden, denn Arbeitslosigkeit tritt in aller Regel unfreiwillig ein.[21]

26 **bb) Auszubildende und Schüler.** Im Rahmen einer Berufsunfähigkeitsversicherung können auch Schüler/Auszubildende und Studierende versichert werden, auch wenn deren Tätigkeit noch nicht der Erschaffung und Erhaltung einer Lebensgrundlage dient, sondern eher perspektivisch auf die Erlangung eines Berufs im üblichen Sinne gerichtet ist.

---

21 BGH 30.11.2011 RuS **2012** 142, 143; BGH 13.5.1987 RuS **1987** 267, 268; *Neuhaus* F II Rn. 25; Prölss/Martin/*Lücke* § 172 Rn. 59; HK VVG/*Mertens* § 172 Rn. 25; *Richter* S. 137.

Schüler, Auszubildende und Studierende werden zum Teil nur im Rahmen einer **Erwerbsunfähigkeitsversicherung** versichert.[22] Wenn die versicherte Person hingegen bei Abschluss des Versicherungsvertrages angibt, als Schüler, Auszubildender und Studierender tätig zu sein und der VR den Antrag auf Abschluss des Versicherungsvertrags annimmt, so ist die Tätigkeit als Schüler, Auszubildender oder Studierender der versicherte Beruf. Berufsunfähigkeit liegt dann vor, wenn der Versicherte seine Ausbildung nicht mehr fortsetzen kann.[23] **27**

Der Versicherungsschutz beschränkt sich dabei nicht nur auf die Ausbildungsphase. Wird der Auszubildende während der Phase der Ausbildung berufsunfähig und ist er später aufgrund seiner gesundheitlichen Schwierigkeiten auch nicht mehr in der Lage, den erlernten Beruf in einem Umfang auszuüben, dass bedingungsgemäße Berufsunfähigkeit ausscheidet, so liegt Berufsunfähigkeit vor.[24] Verliert demzufolge die versicherte Person gesundheitsbedingt in einem bedingungsgemäßen Umfang die Fähigkeit, das gewünschte Berufsziel zu erreichen, ist sie berufsunfähig.[25] **28**

Der VR hat zwar grundsätzlich die Möglichkeit, die versicherte Person auf eine andere Ausbildung zu **verweisen**, wenn mit dieser eine Lebensstellung erreicht werden kann, die auch mit der vormaligen Ausbildung erreicht worden wäre.[26] Ist wie in § 2 AVB BU aber nur die Möglichkeit einer **konkreten Verweisung** vereinbart, muss der Auszubildende die Ausbildung konkret ausüben. **29**

In der Literatur wird zu Recht darauf hingewiesen, dass die Vergleichsbetrachtung hier schwierig ist.[27] Vorgeschlagen wird, die Wertungen zu übernehmen, die die Rechtsprechung zum Haftpflichtrecht bei Personenschäden Minderjähriger entwickelt hat.[28] Dies ist aber abzulehnen. Die Wertungen, die die Rechtsprechung zum Haftpflichtrecht bei Personenschäden Minderjähriger entwickelt hat, berücksichtigt u.a. auch die schulische Entwicklung der Geschwister und der Eltern des Geschädigten. Derartige Wertungen können auf das Vertragsverhältnis zwischen dem VR und dem VN nicht übertragen werden. Sie kommen allenfalls dann in Betracht, wenn die versicherte Person in einem so frühen Stadium der schulischen Ausbildung berufsunfähig wird, dass eine klare berufliche Ausrichtung noch nicht erkennbar ist. Wird hingegen ein Student oder ein Auszubildender berufsunfähig, so ist die berufliche Entwicklung in aller Regel schon durch die Wahl eines bestimmten Studiengangs oder einer bestimmten Ausbildung konkretisiert worden. Es kann daher in diesem Fall auf die **allgemeinen Grundsätze zu der Verweisbarkeit eines VN** zurückgegriffen werden. **30**

---

22 Zur Vereinbarung einer Schulunfähigkeitsklausel und einer Erwerbsunfähigkeitsklausel vgl. Staudinger/Halm/Wendt/*Gramse* § 2 BUV 2008 Rn. 95, 101, 105, sowie die Kommentierung zu § 172 Rn. 46, 52, 106 jeweils mit näheren Ausführungen.

23 OLG München 27.1.2005 VersR **2005** 966; Langheid/Wandt/*Dörner* § 172 Rn. 107; Prölss/Martin/*Lücke* § 172 Rn. 58; HK VVG/*Mertens* § 172 Rn.26.

24 BGH 24.2.2010 VersR **2010** 619, 620; BGH 30.3.2011 VersR **2011** 655, 656; OLG Dresden 19.12.2018 Az.: 4 W 1091/18 – juris Langheid/Wandt/*Dörner* § 172 Rn. 108; Langheid/Rixecker/*Rixecker* § 172 Rn. 16.

25 BGH 24.2.2010 VersR **2010** 619, 620; Langheid/Rixecker/*Rixecker* § 172 Rn. 15; Looschelders/Pohlmann/*Klenk* § 172 Rn. 32; Staudinger/Halm/Wendt/*Gramse* § 172 Rn. 68.

26 BGH 30.3.2011 NJW **2011** 1736, 1737; Langheid/Rixecker/*Rixecker* § 172 Rn. 15; Staudinger/Halm/Wendt/*Gramse* § 172 Rn. 67; Langheid/Wandt/*Dörner* § 172 Rn. 109.

27 Langheid/Rixecker/*Rixecker* § 172 Rn. 16.

28 Langheid/Rixecker/*Rixecker* § 172 Rn. 16.

31 cc) **Beamte.** Handelt es sich bei der versicherten Person um einen Beamten, so ist grundsätzlich auch für die Beurteilung der Berufsunfähigkeit auf die zuletzt konkret ausgeübte Tätigkeit abzustellen.[29]

32 Manche Versicherungsverträge sehen vor, dass bei Beamten von Berufsunfähigkeit auszugehen ist, wenn sie wegen einer Erkrankung entlassen oder in den Ruhestand versetzt werden.[30] In diesem Fall hat der bestandskräftige Verwaltungsakt Tatbestandswirkung und verbietet dem VR, die Berufsunfähigkeit zu bestreiten.[31]

33 Ist eine solche sogenannte **Beamtenklausel** nicht vereinbart, so folgt die Überprüfung, ob bedingungsgemäße Berufsunfähigkeit vorliegt, nach allgemeinen Regeln.[32] Es kommt nicht darauf an, ob dem Beamten ein statuswahrendes anderes Amt übertragen werden kann. Dies ist vielmehr eine Frage der Verweisung.[33]

34 Zum Teil wird demgegenüber die Auffassung vertreten, bedingungsgemäße Berufsunfähigkeit eines Beamten liege nur dann vor, wenn der Beamte **allgemein dienstunfähig** für alle vergleichbaren und zumutbaren Ämter sei.[34] Diese Auffassung ist abzulehnen, denn der durchschnittliche VN, der als Beamter eine Berufsunfähigkeitsversicherung ohne Beamtenklausel abschließt, wird nicht davon ausgehen, dass es für die Frage der Berufsunfähigkeit darauf ankommt, ob es ihm möglich ist, z.B. eine Innendiensttätigkeit auszuüben. Wenn keine Sonderregel zwischen dem VN und dem VR vereinbart worden ist, kommt es nach der insoweit einhelligen Auffassung nur auf die konkret ausgeübte Tätigkeit der versicherten Person an. Auch bei vielen privatwirtschaftlichen Arbeitnehmern besteht unter Umständen die Möglichkeit, an einem anderen Arbeitsplatz eingesetzt zu werden. Auch ist eine Versetzung in den vorzeitigen Ruhestand rechtswidrig, wenn nicht ausreichend geprüft wird, ob eine Verwendung im Innendienst möglich ist.[35] Die durch das OLG Koblenz vertretene Rechtsauffassung führt zu dem Ergebnis, dass selbst in Versicherungsverträgen, die keine Möglichkeit einer abstrakten Verweisung vorsehen, über den durch das OLG Koblenz aufgezeigten Umweg die Möglichkeit einer abstrakten Verweisung gewährt wird. Gerade der VN, dessen Vertrag keine Möglichkeit einer abstrakten Verweisung vorsieht, wird im Leistungsfall nicht damit rechnen, dass der VR die Möglichkeit hat, eine abstrakte Verweisung einzuwenden.

35 Enthält der Versicherungsvertrag eine Beamtenklausel, so ist zu überprüfen, ob diese eine unwiderlegliche Vermutung vollständiger Berufsunfähigkeit enthält, bei der der VR auf eine eigene Überprüfung der Berufsunfähigkeit verzichtet und stattdessen an die statusrechtliche Beurteilung durch den Dienstherrn anknüpft oder ob weitere Voraussetzungen erfüllt sein müssen, um Berufsunfähigkeit bejahen zu können. So ist z.B. denkbar, dass die Beamtenklausel eine zusätzliche Regelung enthält, wonach die gesundheitliche Beeinträch-

---

29 OLG Hamburg 31.10.2001 RuS **2003** 119, 120; *Neuhaus* F VI Rn. 173; Looschelders/Pohlmann/*Klenk* § 172 Rn. 30; Prölss/Martin/*Lücke* § 172 Rn. 61.

30 Zur Vereinbarung einer Beamtenklausel vgl. Staudinger/Halm/Wendt/*Gramse* § 2 BUV 2008 Rn. 75 sowie die Kommentierung zu § 172 Rn. 52 mit vertieften Ausführungen zu den unterschiedlichen Ausgestaltungen der Klausel.

31 Langheid/Rixecker/*Rixecker* § 172 Rn. 14; Langheid/Wandt/*Dörner* § 172 Rn. 91; HK VVG/*Mertens* § 172 Rn. 37.

32 OLG Frankfurt 2.5.2005 RuS **2006** 385; OLG Düsseldorf 19.9.2000 VersR **2001** 972; OLG Koblenz 30.7.1999 NVersZ **2000** 223, 224; Langheid/Rixecker/*Rixecker* § 172 Rn. 14; Langheid/Wandt/*Dörner* § 172 Rn. 89; *Neuhaus* F VI Rn. 178.

33 Langheid/Rixecker/*Rixecker* § 172 Rn. 14; *Neuhaus* F VI Rn. 186; **a.A.** OLG Koblenz 30.7.1990 VersR **1999** 1399, 1401.

34 OLG Koblenz 30.7.1990 VersR **1999** 1399, 1401.

35 Zutreffend *Neuhaus* F VI Rn. 188; *ders.* RuS **2008** 449, 451.

tigung alleiniger Grund der vorzeitigen Entlassung des Versicherten sein muss.[36] Ebenso ist denkbar, dass der Versicherte nicht nur das Außerstandesein zur Erfüllung der Dienstpflichten aufgrund gesundheitlicher Beeinträchtigungen, sondern auch die darauf beruhende Versetzung in den Ruhestand oder die Entlassung in die Dienstunfähigkeit bejahen muss. In diesem Fall sind beide Tatbestandsvoraussetzungen durch den VN zu beweisen. Allein die Versetzung in den Ruhestand durch den Dienstherrn begründet lediglich eine widerlegbare Vermutung für die Dienstunfähigkeit.[37] Knüpft die Beamtenklausel allerdings nur an den Inhalt der Entlassungsverfügung an, so hat der VN das tatsächliche Vorliegen einer Dienstunfähigkeit nicht zu beweisen, die Darlegungs- und Beweislast liegt in diesem Fall voll beim VR.[38] Knüpft die Beamtenklausel an die Zurruhesetzung wegen allgemeiner Dienstunfähigkeit an, so reicht es nicht aus, dass nur eine Polizeidienstunfähigkeit festgestellt worden ist.[39] Der VR hat stets die Möglichkeit, einzuwenden, die Versetzung in den Ruhestand sei nur vorgeschoben oder erfolge aus Gründen, die außerhalb der Person des Beamten liegen. Dies ist durch den VR allerdings zu beweisen. Bloße Zweifel reichen nicht aus.

Enthält der Versicherungsvertrag eine Beamtenklausel, wonach Berufsunfähigkeit vorliegt, wenn der Beamte wegen **Dienstunfähigkeit** ausschließlich infolge des Gesundheitszustandes entlassen oder in den Ruhestand versetzt wird, so ist der Versicherungsfall erst eingetreten, wenn die Ruhestandsverfügung bestandskräftig geworden ist. Es kommt demzufolge nicht darauf an, wann der Ruhestand tatsächlich begonnen hat. Der durchschnittliche VN erwartet nicht, dass er bei der Verwendung einer Beamtenklausel Leistungen vom Berufsunfähigkeitsversicherer bereits während des laufenden Beamtenverhältnisses erhält. **36**

dd) **Fiktive Tätigkeiten.** Eine **fiktive** Tätigkeit ist allerdings weder auf Dauer angelegt noch dient sie dem Erwerb des Lebensunterhalts noch hat sie die Lebensstellung des Versicherten bereits geprägt. Eine Tätigkeit, die nicht ausgeübt wird, kann die Lebensstellung des VN nicht prägen. Aus diesem Grunde ist die Vereinbarung von **Berufsklauseln** zwar grundsätzlich möglich, sie muss sich allerdings auf Tätigkeiten beziehen, die der VN tatsächlich ausgeübt hat. Ist das Berufsbild, welches der VN mitteilt, unklar, so kann der VR dieser Unsicherheit durch einen Risikozuschlag Rechnung tragen, wenn er befürchtet, der VN könne im Rahmen seiner Tätigkeit auch einem erhöhten Risiko ausgesetzt sein. **37**

Denkbar ist allerdings, dass der VR im Rahmen einer Berufsklausel den Begriff der tatsächlich ausgeübten Tätigkeit näher festlegt. So ist es denkbar, dass der VR im Rahmen der Versicherungsbedingungen festlegt, dass die Tätigkeit für einen längeren Zeitraum ausgeübt worden sein muss, um als Beruf qualifiziert werden zu können. Eine solche Regelung kann vor allen Dingen von Bedeutung sein, wenn der Versicherte seine berufliche Tätigkeit innerhalb eines sehr kurzen Zeitraums mehrere Male wechselt und bestimmte Tätigkeiten z.B. nur wenige Tage oder wenige Wochen ausgeübt hat. **38**

Auch ist denkbar, dass der VR abweichend von den Musterbedingungen regelt, wonach sich die Berufsunfähigkeit bestimmt, wenn mehrere Berufe durch den VN ausgeübt werden, die Tätigkeiten aber nicht etwa gleichwertig nebeneinander stehen, sondern von einem Hauptberuf und einem Nebenberuf auszugehen ist. **39**

---

[36] Vgl. BGH 22.10.1997 VersR **1997** 1520. Beispiel einer Formulierung: *Neuhaus* F VI Rn. 195; HK VVG/*Mertens* § 172 Rn. 39.

[37] OLG Nürnberg 20.2.2003 VersR **2003** 1028, 1030.

[38] HK VVG/*Mertens* § 172 Rn. 39; Langheid/Wandt/*Dörner* § 172 Rn. 91; *Neuhaus* F VI Rn. 202; OLG Koblenz 5.2.2009 VersR **2009** 1062, 1063.

[39] BGH 7.7.1993 VersR **1993** 1220, 1221.

40 Auch kann im Rahmen der Definition des Berufs geregelt werden, wie die Situation zu erfassen ist, wenn der VN keinem „ordentlichen Beruf" nachgeht, aber sein Vermögen verwaltet. Wenn sein Vermögen im Wesentlichen aus Einkünften aus Vermietung und Verpachtung besteht, so ist es naheliegend, dass die Verwaltung der Immobilien auch eine berufliche Tätigkeit darstellt. Jedenfalls dann, wenn die Verwaltung des eigenen Vermögens einen derartigen Umfang einnimmt, dass sie einer „üblichen beruflichen Tätigkeit" vergleichbar ist, ist auch eine solche Vermögensverwaltung als eigenständiger Beruf anzusehen.

41 ee) **Hausfrauen/Hausmänner.** Nach teilweise vertretener Auffassung muss ein Beruf im Sinne der Berufsunfähigkeitsversicherung **stets** eine auf Dauer angelegte der **Schaffung oder der Erhaltung der Lebensgrundlage** dienende Tätigkeit sein.[40] Sofern die Versicherungsbedingungen nichts abweichendes regeln, könnte es zweifelhaft sein, dass ausgehend von diesem Verständnis auch die Tätigkeit einer Hausfrau einen Beruf darstellt. Dem kann in dieser Allgemeinheit nicht gefolgt werden. Einen Beruf übt nämlich auch die Hausfrau aus. Eine Tätigkeit als Hausfrau kann aber allein nicht der Schaffung oder Erhaltung der Lebensgrundlage dienen. Richtiger ist es deshalb, unter dem Begriff des Berufs im Sinne der privaten Berufsunfähigkeitsversicherung **alle erdenklichen Tätigkeiten** zu subsummieren, sofern denn der VR bereit ist, das Risiko zu übernehmen, diesen Beruf nicht mehr ausüben zu können.

42 Zum Teil wird in Zweifel gezogen, dass der Umstand, dass VR auch Hausfrauen/Hausmänner gegen Berufsunfähigkeit versichern, für sich gesehen geeignet sei, die Tätigkeit als Beruf im Sinne der Berufsunfähigkeitsversicherung zu qualifizieren.[41] Der VR, der die Berufsangabe Hausfrau/Hausmann in den Versicherungsantrag aufnehme, bringe lediglich zum Ausdruck, dass er **im Einzelfall** diese Tätigkeit als Beruf **akzeptieren** wolle. Hieraus ergäbe sich allerdings nicht, dass die Tätigkeit tatsächlich als Beruf zu qualifizieren sei. Auch müsse einer **uferlosen Ausdehnung des Berufsbegriffs** auf den Bereich privat oder ehrenamtlich ausgeübter Tätigkeit vermieden werden.[42] Der natürliche Sprachgebrauch gehe nicht so weit, dass auch die Tätigkeit als Hausfrau oder Hausmann als Beruf angesehen werde.

43 Dem ist nicht zu folgen. Es dürfte zunächst einmal fraglich sein, ob der natürliche Sprachgebrauch die Tätigkeit als Hausfrau oder Hausmann **nicht als berufliche Tätigkeit** qualifiziert. Letztendlich kann dies allerdings auch dahinstehen, denn für den Anspruch des VN aus einer Berufsunfähigkeitsversicherung kann es nur darauf ankommen, von welchem Verständnis die Parteien des Versicherungsvertrages bzgl. des Begriffs „Beruf" ausgehe. Wenn ein übereinstimmendes Verständnis vorliegt, dass auch der Beruf einer Hausfrau oder eines Hausmannes mitversichert ist, dann ist dies eben auch ein Beruf im Sinne der privaten Berufsunfähigkeitsversicherung. Auch die Tätigkeit als Hausfrau/Hausmann kann daher durch eine Berufsunfähigkeitsversicherung abgesichert werden.[43]

44 Da es sich bei der Berufsunfähigkeit im privatversicherungsrechtlichen Sinne um einen eigenständigen Rechtsbegriff handelt, der weder mit der Dienstunfähigkeit noch mit Be-

---

[40] Looschelders/Pohlmann/*Looschelders* § 172 Rn. 6; Staudinger/Halm/Wendt/*Gramse* § 172 Rn. 38; HK VVG/*Mertens* § 172 Rn. 23; anders Prölss/Martin/*Lücke* § 172 Rn. 54 verzichtet auf das Erfordernis der Erzielung von Einkünften.

[41] Vgl. S. 12.

[42] So auch *Neuhaus* F II Rn. 29; Abgrenzungsmerkmale: HK VVG/*Mertens* § 172 Rn. 23.

[43] OLG Hamm 1.12.2006 VersR **2008**, 106, 107; Langheid/Wandt/*Dörner* § 172, Rn. 99; HK VVG/*Mertens* § 172 Rn. 25; Langheid/Rixecker/*Rixecker* § 172 Rn. 18.

rufsunfähigkeit oder Erwerbsunfähigkeit im Sinne des gesetzlichen Rentenversicherungsrechts gleichgesetzt werden kann,[44] spielt es keine Rolle, ob die familienrechtlichen Regelungen zum Nachscheidungsunterhalt die klassische „Hausfrauenehe" nur noch bedingt unterstützen.[45]

Es spielt daher keine Rolle, ob eine versicherte Person als Hausfrau/Hausmann einen geldwerten Vorteil erlangt und sich auf steuerrechtliche Vergünstigungen wie z. B. das Ehegattensplitting berufen kann. Im Hinblick auf die Eigenständigkeit des Begriffs der Berufsunfähigkeit kann auch nicht entscheidend sein, wie Kindererziehungszeiten im Rahmen der Berechnung von Rentenanwartschaften behandelt werden. Es mag auch bezweifelt werden, ob tatsächlich ein dahingehender gesellschaftlicher Konsens besteht, dass die hauswirtschaftliche Tätigkeit einer Hausfrau/eines Hausmannes wie ein Beruf betrachtet wird.[46] **45**

Entscheidender dürfte sein, dass der den Haushalt Führende durch seine Tätigkeit ebenso wie der in einem klassischen Beruf Berufstätige zur Schaffung und Aufrechterhaltung seiner Lebensgrundlage beiträgt. **46**

Allerdings unterscheidet sich die Haushaltsführung in einigen Punkten von der üblichen Berufstätigkeit. So ist eine berufliche Tätigkeit regelmäßig fremdnützig, weshalb sie üblicherweise auch entlohnt wird. Zwar steht das Fehlen von Erwerbseinkünften der Qualifizierung als Beruf nicht entgegen.[47] Doch wird für die Qualifikation als Beruf eine Erwerbserziehungsabsicht, mithin die Absicht, Geld zu verdienen, als maßgeblich angesehen.[48] Geht man hiervon aus, dürfte die Haushaltsführungstätigkeit keine Berufsqualität haben, denn derjenige, der den Haushalt führt, verfolgt regelmäßig gerade keine Erwerbserzielungsabsicht. **47**

Typisch für einen Beruf ist es, das sich die versicherte Person bewusst zu dessen Ausübung entscheidet, mag sie möglicherweise auch mit der Berufswahl selbst nicht zufrieden sein.[49] Damit scheiden Haushaltsführungstätigkeiten aus, die primär der Eigenversorgung dienen, denn für solche Tätigkeiten entscheidet sich die versicherte Person nicht bewusst, sondern sie werden aufgrund einer bestehenden Notwendigkeit, sich z. B. Essen zuzubereiten, schlicht und ergreifend erledigt. Eine Haushaltsführungstätigkeit hat demzufolge nur dann Berufsqualität, wenn sich die versicherte Person bewusst entscheidet, einer fremdnützigen Haushaltsführungstätigkeit nachzugehen, mag sie auch nur für die eigenen restlichen Familienmitglieder erbracht werden. Ist dies der Fall, dann sind von den Tätigkeiten, die typischerweise z. B. durch eine Hauswirtschaftskraft erbracht werden können, solche Tätigkeiten zu separieren, die Ausdruck der elterlichen Sorge und/oder der ehelichen/partnerschaftlichen Verbindung sind. So hat z. B. nicht jede Tätigkeit im Rahmen der Kinderbetreuung Berufsqualität. Das Zubettbringen der Kinder mit abendlichem Vorlesen ist ebenso Ausdruck der elterlichen Sorge wie das Spielen mit den Kindern, das Fahren zum Sport oder auch das Betreuen im Krankheitsfall. Ähnliches gilt, wenn ein Partner den anderen im Krankheitsfall pflegt. Im Einzelfall mag die Abgrenzung schwierig sein. Sie wird besonders schwierig, wenn die den Haushalt führende versicherte Person teilschichtig tätig ist. Hier bietet es sich an, wie folgt zu differenzieren: **48**

---

[44] Vgl. BGH 7.3.2007 VersR **2007** 821; *Herold* VersR **1991** 376; HK BU/*Rogler* § 2 Rn. 8.
[45] So aber HK BU/*Wendt* § 2 Rn. 654.
[46] So aber HK BU/*Wendt* § 2 Rn. 654.
[47] Vgl. HK BU/*Ernst* § 2 Rn. 33; Prölss/Martin/*Lücke* § 172 Rn. 54.
[48] Vgl. OLG Saarbrücken 20.3.2013 ZfS **2013** 646; HK BU/*Ernst* § 2 Rn. 33.
[49] Vgl. auch HK BU/*Wendt* § 2 Rn. 656.

49 Haben die Partner eine einvernehmliche Regelung darüber getroffen, dass die versicherte Person nur teilschichtig berufstätig ist, um sich um den Haushalt kümmern zu können, sind jedenfalls die fremdnützigen Tätigkeiten, die nicht Ausdruck der elterlichen Sorge/der partnerschaftlichen/ehelichten Zuwendung sind, berufliche Tätigkeiten, so dass aus der teilschichtigen Berufstätigkeit und der teilschichtigen Haushaltstätigkeit ein Gesamtberuf wird. Fehlt es hingegen an einer solchen einvernehmlichen Regelung und gibt sich die versicherte Person mit einer teilschichtigen Tätigkeit zufrieden, um für Familie und Kinder mehr Zeit zu haben, so macht dies aus der Haushaltsführungstätigkeit keinen Teilberuf. In diesem Fall wird die berufliche Tätigkeit des Haushaltsführenden durch die teilschichtige fremdnützige Tätigkeit geprägt.

50 Dieses Verständnis von der Frage, wann eine Haushaltsführungstätigkeit einen Beruf im Sinne der Berufsunfähigkeitsversicherung darstellt, entspricht auch der Definition eines Haushaltsführungsschadens. Macht der Geschädigte einen Haushaltsführungsschaden geltend, so ist die Frage zu beantworten, ob ein Erwerbsschaden im Sinne der §§ 842, 843 Abs 1 1. Alt. BGB hinsichtlich der Versorgung von Familienangehörigen eingetreten ist oder eine Bedürfnisvermehrung im Sinne des § 843 Abs. 1 2. Alt. Hinsichtlich der beeinträchtigten Eigenversorgung.[50] Ebenso wie der Erwerbsschaden der auf das Unterhaltsbedürfnis der übrigen Familienmitglieder entfallende Teil der Arbeitsleistung ist, die infolge der Verletzung nicht mehr erbracht werden können,[51] ist auch bei der Frage, ob die den Haushalt ganz oder teilweise führende Person berufsunfähig ist, die Frage zu beantworten, ob die von ihr geleisteten Tätigkeiten der Eigenversorgung dient oder den übrigen Familienmitgliedern zugutekommen soll. Im Schadensersatzrecht ist ferner anerkannt, dass nicht alle Tätigkeiten, die fremdnütziger Natur sind, auch bei der Berechnung eines Haushaltsführungsschadens im Sinne eines Erwerbsschadens berücksichtigt werden können, weil nämlich bestimmte Tätigkeiten auch Ausdruck der elterlichen Fürsorgepflicht sind.

51 Wird die versicherte Person in ihrer Fähigkeit, den Haushalt zu führen, beeinträchtigt, so besteht eine weitere Besonderheit, der im Rahmen der Überprüfung, ob bedingungsgemäße Berufsunfähigkeit vorliegt, Rechnung zu tragen ist. Ebenso wie ein Selbstständiger ist auch der den Haushalt führende in der Regel in der Lage, seine Haushaltsführungstätigkeit einzuteilen. Er hat darüber hinaus die Möglichkeit, zumutbare Hilfen im Haushalt in Anspruch zu nehmen. Ebenso wie bei einem mitarbeitenden Betriebsinhaber ist es daher zu konkreten Darlegung der bedingungsgemäßen Berufsunfähigkeit, auch darzulegen und zu beweisen, wie der Haushalt konkret beschaffen ist, wie die Verteilung der Haushaltsführungstätigkeiten zwischen den Familienangehörigen aussah und welche Tätigkeiten unbeeinträchtigt noch erledigt werden können.[52]

52 Zu überprüfen ist, ob im Rahmen von Umorganisationsmöglichkeiten Familienangehörige zur Mitarbeit herangezogen werden können. Dies gilt unter Berücksichtigung unterhaltsrechtlicher Grundsätze auch für im Haushalt lebende Kinder.[53] In diesem Zusammenhang ist insbesondere zu berücksichtigen, dass die familienrechtliche Verpflichtung der Eltern zur Betreuung und Haushaltsführung gegenüber Kindern mit Vollendung des 18.

---

[50] Vgl. Burmann/Heß/Hühnermann/Jahnke/*Jahnke* Straßenverkehrsrecht, 25. Aufl. (2018) m.w.N.

[51] Vgl. BGH 8.6.1982 NJW **1982** 2866.

[52] Vgl. zum Haushaltsführungsschaden OLG Koblenz vom 3.7.2003 NZV **2004** 33.

[53] Vgl. hierzu allgemein *Diederichsen* Ansprüche naher Angehöriger von Unfallopfern, NJW **2013** 641; *Pardey* Der Haushaltsführungsschaden bei Verletzung, SVR **2018** 165.

Lebensjahres entfällt.[54] Darüber hinaus ist zu berücksichtigen, dass sich nicht jede Beeinträchtigung im Haushalt tatsächlich auswirkt, aus diesem Grunde wird im Schadensersatzrecht zwischen der Minderung der Erwerbsfähigkeit und der haushaltsspezifischen Beeinträchtigung (MdH) unterschieden.[55] Eine geringe MdH von bis zu 10 % bleibt im Schadenersatzrecht grundsätzlich unberücksichtigt, weil sie regelmäßig kompensierbar ist.[56] Selbst eine MdH von 20 % wird in der Rechtsprechung zum Teil als unbeachtlich, weil kompensierbar, angesehen.[57] Wer demzufolge trotz behaupteter Beeinträchtigungen in der Lage ist, seiner Haushaltsführungstätigkeit – allerdings unter Berücksichtigung von Pausen – im vertretbaren Maße nachzugehen, der ist nicht berufsunfähig.

Auf die Tätigkeit einer Hausfrau oder eines Hausmanns ist auch dann abzustellen, **53**
wenn diese keine Unterbrechung des bisherigen Berufslebens z.B. aus familiären Gründen darstellt, sondern eine bewusst gewählte Organisation einer Ehe, Lebensgemeinschaft oder Partnerschaft bildet.[58]

ff) **Rentner.** Rentner üben keinen Beruf mehr aus. Die Musterbedingungen sehen eine **54**
sog. **Ausscheidensregelung** in § 2 Abs. 3 vor. Es kommt daher im Leistungsfall darauf an, dass die versicherte Person außer Stande ist, eine Tätigkeit auszuüben, zu der sie aufgrund ihrer Ausbildung und Fähigkeiten in der Lage ist und die ihrer bisherigen Lebensstellung entspricht.

Das Ausscheiden muss allerdings **bewusst und freiwillig** und darf nicht gesundheitsbe- **55**
dingt geschehen sein, denn für die Verwirklichung dieses Risikos hat sich der VN gerade versichert. Ein bewusstes Ausscheiden liegt auch dann nicht vor, wenn der Versicherte Erziehungsurlaub in Anspruch nimmt. Ein Arbeitssuchender dokumentiert schon durch die Tatsache, dass er Arbeit sucht, dass er noch am Berufsleben teilnehmen will. Allerdings kann der Versicherte nach den Grundsätzen der sekundären Darlegungslast gehalten sein, seine Bewerbungsbemühungen substantiiert darzulegen. Liegen lediglich Scheinbewerbungen oder Bewerbungen vor, denen ein Erfolg offenkundig versagt bleiben muss, so ist von einer mangelnden Ernstlichkeit der Arbeitssuche auszugehen mit der Folge, dass der Versicherte als freiwillig aus dem Arbeitsleben ausgeschieden gilt.

Auch der **Bezug von Drittleistungen** führt nicht zu einem freiwilligen Ausscheiden aus **56**
dem Berufsleben, es sei denn, der Versicherte beabsichtigt bewusst, nicht wieder in den Arbeitsprozess zurückzukehren.

Ein Ausscheiden aus dem Berufsleben liegt auch dann vor, wenn der Versicherte seine **57**
Einkünfte nunmehr aus krimineller Tätigkeit erhält. Eine solche Tätigkeit stellt keinen Beruf dar.

Ein Ausscheiden in diesem Sinne liegt nur dann vor, wenn der Versicherte keinen Beruf **58**
mehr ausübt. Das ist generell der Fall, wenn ein Anknüpfen an seine frühere Tätigkeit mehr als nur unerheblichen Aufwand erfordern würde und er nicht mehr problemlos auf seine früheren Kenntnisse und Fähigkeiten zurückgreifen kann. Ob unter diesen Umständen ein Ausscheiden aus dem Beruf bereits dann vorliegt, wenn eine Wiedereinarbeitung eine längere Zeit in Anspruch nehmen würde, muss bezweifelt werden. Es ist zum einen schon unklar, wann ein längerer Zeitraum der Wiedereinarbeitung problembehaftet ist. Auch hier kommt es demzufolge wieder auf die individuellen Umstände des Einzelfalles an.

---

[54] Vgl. OLG Köln 12.12.2014 NJOZ **2016** 16, 20.

[55] Vgl. *Heß/Burmann* Der Haushaltsführungsschaden bei Verletzung – Ein Fall für § 287 ZPO, NJW **2010** 8.

[56] Vgl. *Burmann/Heß* NZV **2010** 8, 11 m.w.N.

[57] Vgl. KG 13.10.20105 NZV **2006** 305.

[58] Langheid/Rixecker/*Rixecker* § 172 Rn. 18.

59 gg) **Selbständige.** Der Beruf des Selbständigen wird durch das ihm zustehende **Weisungs- und Direktionsrecht** gegenüber seinen Mitarbeitern geprägt.[59] Sein Beruf ist daher die Leitung des Betriebs unter seiner Mitarbeit an einer von ihm bestimmten Stelle.[60] Dies trifft grundsätzlich auch auf den Alleininhaber eines Unternehmens zu, der über keine Mitarbeiter verfügt, denn die Frage, ob ihm zusätzliche Einstellungen zugemutet werden können, ist erst im Rahmen der Zumutbarkeit einer möglichen Umorganisation zu überprüfen. Da dem VR regelmäßig aus eigener Kenntnis gar nicht bekannt ist, inwieweit in dem Unternehmen der versicherten Person **Umorganisationsmöglichkeiten** bestehen, hat dieser vorzutragen und zu beweisen, dass die Tätigkeitsfelder, in denen er mit seiner gesundheitlichen Beeinträchtigung noch arbeiten kann, ihm keine Betätigungsmöglichkeiten belassen, die bedingungsgemäße Berufsunfähigkeit ausschließen.[61] Allerdings darf es sich bei den sich durch eine Umorganisationsmöglichkeit eröffnenden Tätigkeitsfelder nicht um reine **Verlegenheitsbeschäftigungen** handeln.[62]

60 Das gilt auch für den **zeitlichen Umfang einer Tätigkeit.** Zusammenfassend kommt es vor allen Dingen darauf an, ob der Selbständige noch ein sinnvolles Arbeitsergebnis abliefern kann. Er muss sich nicht selbst wegrationalisieren und auch nicht mehr nach Art eines „Frühstücksdirektors“ tätig sein. Eine Verlagerung von körperlicher Tätigkeit auf administrative, kaufmännische Tätigkeit kommt allerdings durchaus in Betracht. Gleiches gilt für eine Verlagerung einer Außendiensttätigkeit auf den Innendienst.[63]

61 Ob auch **Entlassungen oder Neueinstellungen** im Rahmen der zu berücksichtigenden **Umorganisationsmöglichkeiten** in Betracht kommen, ist eine Frage des Einzelfalles.[64] Grundsätzlich kommt die Einstellung von Aushilfen in Voll- oder Teilzeit durchaus in Betracht.[65] So gilt dies vor allen Dingen dann, wenn mit Hilfe der Einstellung von Aushilfen bestimmte körperliche Beeinträchtigungen kompensiert werden können. So wird man dem Betreiber einer Tankstelle, der wie heutzutage üblich auch einen Shop betreibt, zumuten können, eine Aushilfe zu beschäftigen, die zum Beispiel Getränkekisten verräumt etc. Im Rahmen von möglichen Entlassungen wird man von dem Inhaber eines Unternehmens die Entlassung eines Familienmitglieds nicht verlangen können, wohl aber die Entlassung langjährig beschäftigter Mitarbeiter, denn deren Absicherung dient die Berufsunfähigkeitsversicherung auch nicht mittelbar.

62 Im Rahmen der Überprüfung, ob der versicherten Person eine Umorganisation zumutbar ist, sind auch die **wirtschaftlichen Verhältnisse des Versicherten** zu berücksichtigen. Er hat aus diesem Grunde aussagekräftige betriebswirtschaftliche Unterlagen vorzulegen, wobei aufgrund der typischen Einkommensschwankungen eines Selbständigen in der Regel ein längerer Zeitraum (mindestens drei Jahre) zu betrachten ist.[66] Aussagekräftige betriebswirtschaftliche Unterlagen sind Bilanzen nebst den dazugehörigen Gewinn- und Ver-

---

59 BGH 12.6.1996 VersR **1996** 1090, 1092; *Voit* Rn. 328; Langheid/Rixecker/*Rixecker* § 172 Rn. 10.

60 BGH 12.6.1996 VersR **1996** 1090, 1092.

61 BGH 25.9.1991 VersR **1991** 1358; BGH 12.6.1996 VersR **1996** 1090, 1092; Langheid/Rixecker/*Rixecker* § 172, Rn. 11; Langheid/Wandt/*Dörner* § 172 Rn.79; Looschelders/Pohlmann/*Klenk* § 172 Rn. 29; HK VVG/*Mertens* § 172 Rn. 32.

62 KG 7.6.2002 VersR **2003** 491, 492; OLG Karlsruhe 20.9.1990 VersR **1992** 1075, 1076; Prölss/Martin/*Lücke* § 172 Rn. 71; Langheid/Wandt/*Dörner* § 172 Rn. 82.

63 BGH 27.2.1991 VersR **1991** 450, 451; OLG Hamm 3.7.2002 RuS **2003** 377; Langheid/Wandt/*Dörner* § 172, Rn. 86; HK VVG/*Mertens* § 172 Rn. 32.

64 BGH 26.2.2003 VersR **2003** 631, 633; Prölss/Martin/*Lücke* § 172 Rn. 71; Langheid/Rixecker/*Rixecker* § 172 Rn. 13.

65 HK VVG/*Mertens* § 172 Rn. 32; Looschelders/Pohlmann/*Klenk* § 172 Rn. 29.

66 BGH 27.10.1992 VersR **1998** 42, 43.

lust – Rechnungen sowie den Kontennachweisen. Vergleichbares gilt für Einnahme – Überschussrechnungen. Vorzulegen sind darüber hinaus Steuererklärungen nebst Anlagen sowie die Steuerbescheide für den oben genannten Zeitraum.

Darüber hinaus hat der Selbständige zur **Struktur/Organisation seines Betriebs, Anzahl der Mitarbeiter, deren Ausbildung und Aufgaben** vorzutragen.[67] Eine völlige Kostenneutralität ist nicht erforderlich, um die Zumutbarkeit einer Umorganisation zu bejahen. Der Selbständige darf nicht besser gestellt sein als ein abhängig Beschäftigter. Bei diesem wird nämlich im Rahmen der Überprüfung der Frage, ob er auf eine Tätigkeit verwiesen werden kann, auch überprüft, inwieweit diese Verweisung zu einer Einkommensreduzierung führt, dabei ist nicht jede Einkommensreduzierung auch unzumutbar. Auch bei Einkommensreduzierungen von bis zu 25 % kann demzufolge eine zumutbare Umorganisation vorliegen. Allerdings sind hier stets die **konkreten Verhältnisse des Einzelfalles** zu berücksichtigen. Größere Unternehmen mit hohen Umsatz- und Ertragszahlen sind eher in der Lage, Ergebnisverschlechterungen von bis zu 25 % zu kompensieren, als Kleinunternehmen. Auch ist zu überprüfen, in welchem Bereich Ersatzkräfte eingesetzt werden, denn manchen ist es durch aus möglich, die mit ihrer Einstellung einhergehenden Kosten durch Eigenumsatz zu kompensieren. Derartiges wird vor allen Dingen für im Vertrieb tätige Mitarbeiter gelten. 63

Umorganisationsmöglichkeiten sind allerdings nur dann zu berücksichtigen, wenn der Versicherte tatsächlich über die Umorganisationsmöglichkeiten **verfügt**. Wenn für die Ausübung eines Direktionsrechts auf eine bestimmte Art und Weise das **Einverständnis eines Mitgesellschafters erforderlich** ist und dieses verweigert wird, so besteht eben keine Umorganisationsmöglichkeit, die berücksichtigt werden könnte. Der Versicherte ist nicht verpflichtet, eine nicht erteilte Zustimmung eines anderen oder gar mehrerer Mitgesellschafter im Klagewege durchzusetzen. Dies wäre **unzumutbar**, denn es ist zunächst einmal davon auszugehen, dass sich die Gesellschafter aus bestimmten Gründen – z.B. aufgrund der bestehenden Fachkenntnisse der einzelnen Mitgesellschafter – auf eine bestimmte Aufgabenverteilung geeinigt haben. Eine Grenze besteht allerdings dort, wo ein wirtschaftlich und vernünftig denkender Kaufmann in der Situation des Mitgesellschafters vernünftigerweise seine Zustimmung zu einer Umorganisation erteilt hätte und er seine Zustimmung offenkundig nur verweigert, um seine Mitgesellschafter in den Genuss der versicherten Leistungen zu bringen. Aus diesem Grunde hat der Versicherte auch substantiiert vorzutragen, aus welchem Grund eine Umorganisation aufgrund fehlender Mitwirkung eines Mitgesellschafters nicht in Betracht kommt.[68] 64

In der Praxis kommt es häufig vor, dass Selbständige zur Aufrechterhaltung des Unternehmens erhebliche Investitionen unter Einsatz von Eigenmitteln tätigen. Dies kann z.B. auch in einer **Reduzierung der Privatentnahmen oder des Geschäftsführergehalts** bestehen. Dieser **Einsatz von Eigenmitteln** kann dazu führen, dass sich eine gesundheitliche Beeinträchtigung des Versicherten in dem betriebswirtschaftlichen Ergebnis des Selbständigen nicht sofort niederschlägt. Es ist daher in derartigen Fällen stets zu überprüfen, ob der durch den Selbständigen betriebene Aufwand überobligationsmäßig war. Überobligationsmäßige Aufwendungen des Versicherten entlasten den VR nicht. Ohne substantiierten Sachvortrag des Versicherten lässt sich Derartiges allerdings nicht feststellen. 65

Eine Umorganisation vor allen Dingen eines **kleinen Unternehmens** scheidet häufig bei Unternehmen aus, die allein auf die Person des Versicherten als Unternehmensinhabers zugeschnitten sind. Für solche Unternehmen ist typisch, dass die Kunden durch den Betriebsinhaber betreut werden. Allerdings kann dies auch an einer fehlenden Bereitschaft 66

---

67 OLG Köln 14.6.2007 VersR **2008** 107, 108. 68 *Neuhaus* F V Rn. 137, 138.

des Unternehmensinhabers liegen, Tätigkeiten zu delegieren und Kunden an vorhandene qualifizierte Mitarbeiter abzugeben. Allein der **pauschale Hinweis**, das Unternehmen sei **auf die Person des Inhabers** zugeschnitten, reicht daher für die substantiierte Darlegung fehlender Umorganisationsmöglichkeiten nicht aus. Dies gilt vor allen Dingen dann, wenn sich herausstellt, dass der Versicherte durchaus ausreichend qualifizierte Mitarbeiter beschäftigt, die in der Lage wären, bestimmte Tätigkeiten des Unternehmensinhabers einschließlich der Betreuung der Kunden zu übernehmen. Allerdings muss der Unternehmensinhaber nicht etwa eine neue Person mit vergleichbarer Qualifikation und Berufserfahrung einstellen, weil eine vergleichbare Person in seinem Unternehmen nicht beschäftigt wird. Ist eine solche Person allerdings vorhanden, so ist es durchaus zumutbar, wenn der Unternehmensinhaber diese Person eine gewisse Zeit begleitet, um sie bei vorhandenen Kunden einzuführen. Die passive Begleitung eines neu einzustellenden Mitarbeiters auf Dauer ist jedoch unzumutbar.[69]

67 Der Unternehmensinhaber muss sich auch nicht mit reinen **Verlegenheitsbeschäftigungen** begnügen wie z. B. einer Pförtnertätigkeit oder der Erledigung von reinen **Hilfstätigkeiten.** Einem Unternehmensinhaber kann auch nicht zugemutet werden, nach Neueinstellung eines neuen Mitarbeiters unter dessen Führung für sein Unternehmen tätig zu werden. Der Unternehmensinhaber ist nicht verpflichtet, das ihm zustehende Direktionsrecht durch das Direktionsrecht eines anderen zu ersetzen. Berufsunfähigkeit eines versicherten Mitgesellschafters liegt auch dann vor, wenn die anderen Mitgesellschafter die verringerte Leistungsfähigkeit hinnehmen, den Versicherten „pro forma" in seiner Mitgeschäftsführer-/Mitgesellschafterstellung belassen und ihm weiterhin auf Kosten der Gesellschaft Entnahmen in bisheriger Höhe gestatten. Hierzu sind sie nämlich regelmäßig nicht gegenüber dem Gesellschafter verpflichtet. Selbst wenn der Gesellschaftervertrag ein derart weitgehendes Entgegenkommen der Mitgesellschafter vorsehen würde, führte dies nicht zu einer Entlastung des VR, weil es sich bei der Berufsunfähigkeit nicht um eine Schadenversicherung, sondern um eine Summenversicherung handelt.

68 Ein **Verkauf**, eine **Verpachtung** des Unternehmens oder die **Änderung des Betriebscharakters** stellen keine Umorganisation dar.[70] Die Umorganisation eines Unternehmens setzt immer voraus, dass jedenfalls der Kern des Unternehmens erhalten bleibt. Dies ist nicht mehr der Fall, wenn der Unternehmenszweck geändert wird. Der Unternehmenszweck bliebe zwar möglicherweise erhalten, wenn das Unternehmen veräußert wird, doch prägt das Direktionsrecht des Selbständigen dessen Beruf nur insoweit, als dieser in dem bisherigen Unternehmen auch **tatsächlich** ausgeübt wird. Der Selbständige ist demzufolge nicht gehalten, sein Unternehmen zu veräußern, nur weil er hierzu aufgrund des ihm zustehenden Direktionsrechts in der Lage wäre. Dies gilt selbst dann, wenn eine Veräußerung des Unternehmens wirtschaftlich durchaus sinnvoll wäre, weil es möglicherweise ohnehin nicht zukunftsträchtig ist. Bei dem Beruf im Sinne der Berufsunfähigkeitsversicherung muss es sich nämlich nicht um eine **ökonomisch sinnvolle Tätigkeit** handeln.

69 **hh) Startups, Umschüler und Existenzgründer.** Tritt der Versicherungsfall während einer Umschulungsphase ein, so ist die Frage der Berufsunfähigkeit auf der Basis des zuletzt ausgeübten Beruf zu entscheiden.[71] Plant der Versicherte einen Berufswechsel, der auf-

---

[69] *Neuhaus* F V Rn. 150 m.w.N. unter Verweis auf OLG Köln 10.2.2012, Az.: 20 U 94/11.

[70] OLG Hamm 2.9.1992 VersR **1993** 954, 955; Langheid/Rixecker/*Rixecker* § 172 Rn. 13; HK VVG/*Mertens* § 172 Rn. 32.

[71] BGH 30.5.1987 RuS **1987** 267, 268; Langheid/Rixecker/*Rixecker* § 172 Rn. 17; HK VVG/*Mertens* § 172 Rn. 26 will die Rspr. zur Ausbildung übertragen.

grund eines schon abgeschlossenen Arbeitsvertrages unmittelbar bevorsteht, ist er aber noch in seinem bisherigen Beruf tätig, so ist auch nur dieser maßgebend. Selbst wenn der Versicherte nach einem Berufswechsel seine berufliche Tätigkeit nur kurze Zeit ausgeübt hat, kann es nicht sachgerecht sein, auf diesen neuen Beruf abzustellen, wenn er seine Lebensstellung noch nicht geprägt hat.

Befindet sich ein VN beruflich in der Aufbauphase, was insbesondere beim Aufbau einer selbstständigen Tätigkeit in Betracht kommt, so kommt es nicht darauf an, welchen Umfang die Tätigkeit in Zukunft haben könnte, denn die Berufsunfähigkeitsversicherung ist eine Statusversicherung. Die Frage der Berufsunfähigkeit ist nach dem zurzeit des Eintritts des Versicherungsfalls konkret ausgeübten Berufs zu beantworten.[72] **70**

c) **Berufswechsel.** Viele VN üben während des Zeitraums zwischen Beantragung und Zustandekommen des Versicherungsschutzes und Eintritt des Leistungsfalls verschiedene Berufe aus. Dies ist für das Fortbestehen des Versicherungsschutzes zunächst einmal völlig unproblematisch, denn die Berufsunfähigkeitsversicherung sieht regelmäßig **keine Obliegenheit** des VN vor, dem VR einen **Berufswechsel anzuzeigen.**[73] Liegt ein Berufswechsel vor, ist es im Leistungsfall gleichwohl möglicherweise schwierig, festzustellen, auf welche konkrete Tätigkeit abgestellt werden muss. **71**

aa) **Nicht leidensbedinger Wechsel.** Stellt man nur auf die zuletzt in gesunden Tagen konkret ausgeübte Tätigkeit ab, so könnte sich im Extremfall die Situation ergeben, dass die versicherte Person **nur einen Tag** in ihrem neuen Beruf tätig ist, bevor Berufsunfähigkeit eintritt.[74] Bei einer derart kurzen Tätigkeit stellt sich die Frage, ob gleichwohl an dem obigen Grundsatz festzuhalten ist, wonach es nur auf die zuletzt ausgeübte Tätigkeit ankommen soll. **72**

Solange die Versicherungsbedingungen keine anderslautende Regelung enthalten, ist es sachgerecht, zu überprüfen, **ob eine kurzfristig ausgeübte Tätigkeit die Lebensstellung der versicherten Person bereits geprägt hat.** Dies kann möglicherweise dann der Fall sein, wenn die versicherte Person nach einem kurzen Intermezzo in ihren alten Beruf zurückkehrt. Wechselt sie allerdings den Beruf und hat die neue Tätigkeit ihre berufliche Lebensstellung noch nicht geprägt, so ist auf die zuvor ausgeübte Tätigkeit abzustellen. In der Literatur wird zum Teil vorgeschlagen, nach sechs Monaten Ausübung einer beruflichen Tätigkeit könne diese berufliche Tätigkeit als zuletzt ausgeübter Beruf gelten.[75] Dem ist grundsätzlich zuzustimmen, denn das dauerhafte Außerstandesein, dem zuletzt in gesunden Tagen konkret ausgeübten Beruf nachzugehen, liegt nach vielen Versicherungsbedingungen vor, wenn der Versicherte mindestens sechs Monate nicht in der Lage ist, dem zuletzt in gesunden Tagen konkret ausgeübten Beruf nachzugehen. Ob auch schon bei kürzeren Tätigkeiten als sechs Monaten eine Prägung im o. g. Sinne angenommen werden kann, ist im Übrigen eine Frage des Einzelfalls. Hier wird u.a. eine Rolle spielen, wie stark sich die zuletzt ausgeübte Tätigkeit von der zuvor ausgeübten Tätigkeit unterscheidet. **73**

Im **Haftpflichtversicherungsrecht** ist es oft schwierig, den Erwerbs- oder Fortkommensschaden einer Person zu bestimmen, die noch vor der Aufnahme einer Tätigkeit so geschädigt wird, dass sie nicht in der Lage ist, diese Tätigkeit auszuüben. Oft wird in diesen Fällen auch nach der **Ausbildung und dem Fortkommen des familiären Umfelds** gefragt **74**

---

[72] OLG Köln 18.12.2007 BeckRS **2008** 16244 unter Hinweis auf OLG Frankfurt 21.11.1985 VersR **1987** 349, 350 und OLG Hamm 30.3.1990 RuS **1990** 355, 356.

[73] *Neuhaus* F III Rn. 41.

[74] Vgl. hierzu *Neuhaus* F III Rn. 43; Langheid/Wandt/*Dörner* § 172 Rn. 67.

[75] *Neuhaus* F III Rn. 46.

und hieraus Schlüsse für das Vorliegen eines Erwerbsschadens gezogen. Für die Berufsunfähigkeitsversicherung gilt dies nicht. Hier kommt es auf den **konkreten Status des VN zum Zeitpunkt des Eintritts des Versicherungsfalls** an.[76]

75 Wechselt ein VN **häufig** seine Stellen, ohne dass dies gesundheitliche Gründe hätte, so ist, ausgehend von den obigen Grundsätzen stets auf die zuletzt in gesunden Tagen konkret ausgeübte Tätigkeit abzustellen. Manche Versicherungsbedingungen sehen allerdings vor, dass in derartigen Fällen nicht nur der zuletzt in gesunden Tagen konkret ausgeübte Beruf für die Prüfung maßgeblich ist, ob Berufsunfähigkeit vorliegt, sondern auch die beruflichen Tätigkeiten während eines davorliegenden in den Versicherungsbedingungen definierten Zeitraums zu überprüfen sind. Dieser Zeitraum kann z. b. 12 aber auch 24 Monate umfassen. Liegt demzufolge während der letzten zwei Jahre vor Eintritt des Versicherungsfalls ein mehrfacher Berufswechsel vor, so ist möglicherweise zu überprüfen, ob der VN in all diesen ausgeübten Berufen bedingungsgemäß berufsunfähig war bzw. ist. Wirksamkeitsbedenken gegen derartige Regelungen bestehen nicht, wenn sie ausreichend transparent sind. An der Transparenz kann es fehlen, wenn der VR in den Versicherungsbedingungen den Eindruck hervorruft, es komme ausschließlich auf die zuletzt in gesunden Tagen konkret ausgeübte Tätigkeit an.

76 bb) **Leidensbedingter Berufswechsel.** Da es im Rahmen der Leistungsprüfung auf den zuletzt in gesunden Tagen konkret ausgeübten Beruf ankommt, spielt es grundsätzlich keine Rolle, wenn der VN seinen Beruf leidensbedingt wechselt. Übt der VN nun eine Tätigkeit aus, die er trotz seiner gesundheitlichen Beeinträchtigungen in einem Umfang ausüben kann, dass bedingungsgemäße Berufsunfähigkeit ausscheidet, so ist in einem ersten Schritt zu überprüfen, ob der VN in dem „verlassenen" Beruf bedingungsgemäß berufsunfähig war. Ist dies der Fall, so stehen dem VN Leistungsansprüche gegen den VR dann zu, wenn er auf die sodann konkret ausgeübte Tätigkeit nicht mehr verwiesen werden kann, weil sie z.B. aufgrund des damit verbundenen hohen Einkommensverlustes seine Lebensstellung nicht wahrt. War der VN in seinem alten Beruf zwar krankheitsbedingt beeinträchtigt, aber noch nicht berufsunfähig, so ist zunächst zu überprüfen, ob es sich bei der „alten" Tätigkeit auch um eine handelt, die er zuletzt in gesunden Tagen ausgeübt hat. Ist dies nicht der Fall, so ist auf einen in der Erwerbsbiographie früheren Zeitpunkt zurückzugreifen.

77 Ob das Vorgenannte auch dann gilt, wenn der Berufswechsel sehr lange zurückliegt, muss bezweifelt werden. Zwar wird man nicht ohne Weiteres annehmen können, dass sich der Versicherte mit einer bestimmten beruflichen Tätigkeit „arrangiert" hat, wenn er diese über einen längeren Zeitraum ausübt,[77] denn häufig zwingen gerade wirtschaftliche Notwendigkeiten den VN dazu, eine bestimmte Tätigkeit auszuüben, die er ohne diese wirtschaftlichen Zwänge nicht ausüben würde. Richtig ist allerdings, dass eine länger zurückliegende berufliche Tätigkeit nach einem gewissen Zeitablauf ihre prägende Wirkung verliert.[78]

78 Es ist allerdings unzutreffend, in Anlehnung an nicht mehr existierende **Verjährungsvorschriften** von festen Zeiträumen auszugehen. Sachgerechter ist es vielmehr, eine **Einzelfallprüfung** vorzunehmen.[79] Dies kann zu dem Ergebnis führen, dass auch eine kürzere

[76] OLG Hamm 30.3.1990 RuS **1990** 355, 356; *Neuhaus* F III Rn. 47.

[77] So aber *Neuhaus* F IV Rn. 79.

[78] So auch LG München 13.8.2003 VersR **2004** 990; Langheid/Wandt/*Dörner* § 172 Rn. 69; Looschelders/Pohlmann/*Klenk* § 172 Rn. 9.

[79] So auch Beckmann/Matusche-Beckmann/*Rixecker* § 46 B I Rn. 19; Looschelders/Pohlmann/*Klenk* § 172 Rn. 9; **anders** LG München 13.8.2003 VersR **2004** 990; *Richter* S. 143.

Frist als fünf Jahre in Betracht kommt. Ob ein Verlust der Bande zur alten Tätigkeit dann ausscheidet, wenn seit dem Verlassen der alten Tätigkeit ein Zeitraum von drei Jahren noch nicht vergangen ist, wird in der Literatur zum Teil verneint.[80] Auch hier scheint wieder eine gewisse Parallelität zu den Vorschriften des Verjährungsrechts (§ 195 BGB) gesucht zu werden. Es ist allerdings nicht plausibel, wieso die Bande zu einer vormals ausgeübten Tätigkeit nicht schon vor Ablauf von drei Jahren abgeschnitten sein können, wenn der Versicherte entsprechende Dispositionen bewusst getroffen hat und sich mit dem Berufswechsel tatsächlich arrangiert. Dies kann z.B. in dem Abschluss einer Umschulungsmaßnahme, dem Wechsel eines Wohnortes und dem völligen Abschneiden jeglicher Beziehung zum alten Arbeitgeber zum Ausdruck kommen. Möglicherweise hat der VN in seinem Beruf in der Zwischenzeit sogar schon einen beruflichen Aufstieg erfahren, so dass ein Abschneiden der beruflichen Bande zur vormals ausgeübten Tätigkeit nach Abwägung aller Umstände auch schon unterhalb eines Zeitraums von drei Jahren vorliegen kann.

cc) **Frühere Tätigkeiten bei BU im ausgeübten Beruf.** Wenn der VN seinen Beruf nicht leidensbedingt wechselt oder ihn zwar leidensbedingt wechselt, auf den **verlassenen Beruf** aber aus den vorgenannten Gründen nicht mehr abgestellt werden kann, so kommt es für die Frage, ob der VN berufsunfähig ist, nur noch darauf an, ob er in der sodann ausgeübten Tätigkeit so beeinträchtigt ist, dass er berufsunfähig geworden ist. Ob er in der Lage wäre, seine vormals ausgeübte Tätigkeit auszuüben, spielt dann für die Frage, ob bedingungsgemäße Berufsunfähigkeit vorliegt, keine Rolle mehr. Das gilt selbst dann, wenn ein Beruf ergriffen wird, um Arbeitslosigkeit zu überbrücken.[81] Gleiches gilt, wenn der VN aufgrund des Eintretens ganz neuer Leiden Berufsunfähigkeit geltend macht, die während des Ausübens der neuen Tätigkeit aufgetreten sind. Auch dann ist für die Frage der Berufsunfähigkeit nur auf den neuen Beruf abzustellen.[82] **79**

d) **Altersgrenzen und Berufsunfähigkeit.** Eine Reihe von Berufen kann **nicht bis zur allgemeinen Altersgrenze** hin ausgeübt werden. Dies gilt z.B. für **Berufssoldaten, Fluglotsen, Berufssportler** etc. Der frühzeitige Ruhestand ist dabei teilweise auch gesetzlich oder tarifvertraglich vorgesehen. Der Grund für das frühzeitige Ausscheiden aus dem Beruf ist die **tatsächliche oder unterstellte Minderung der erforderlichen beruflichen Leistungsfähigkeit bereits zu einem vergleichsweise frühen Zeitpunkt.** Das Ausscheiden ist auf den **natürlichen Alterungsprozess** zurückzuführen und erfolgt nicht aufgrund einer Berufsunfähigkeit im Sinne der Berufsunfähigkeitsversicherung. Ist ein VR wegen Eintritts des Versicherungsfalls Berufsunfähigkeit zur Leistung aus der Berufsunfähigkeitsversicherung verpflichtet, so ist sie bis zum Eintritt der berufsspezifischen Altersgrenze zeitlich zu begrenzen. Sinn und Zweck der Berufsunfähigkeitsversicherung entspricht es, die Leistung nur bis zu dem Zeitpunkt zu gewähren, zu dem der Versicherte den Beruf ohnehin altersbedingt aufgegeben hätte. Die etwaige Ermächtigung des Arbeitgebers, die Beendigung des Arbeitsverhältnisses hinauszuschieben, hat dabei unberücksichtigt zu bleiben. **80**

Ist die berufsspezifische Altersgrenze nicht gesetzlich oder vertraglich geregelt, so muss das durchschnittliche Höchstalter ermittelt werden, mithin die Frage beantwortet werden, wann die berufliche Laufbahn unter Berücksichtigung medizinischer und berufskundlicher Erfahrungswerte erfahrungsgemäß beendet wird. Vom Höchstalter ist deswegen auszugehen, weil nicht zu Ungunsten des Versicherten unterstellt werden kann, dass er den Beruf zu **81**

---

[80] Beckmann/Matusche-Beckmann/*Rixecker* § 46 B I Rn. 20.

[81] Vgl. OLG Saarbrücken 6.1.2013, Az: 5 U 236/12.

[82] Vgl. Beckmann/Matusche-Beckmann/*Rixecker* § 46 B I Rn. 21; Langheid/Rixecker/*Rixecker* § 172 Rn. 9.

einem früheren Zeitpunkt aufgegeben hätte. Ist der Versicherte bei Eintritt des Versicherungsfalls altersmäßig noch deutlich von der durchschnittlichen Höchstgrenze entfernt, so ist sie allein für ihn maßgebend. Je geringer der Abstand zwischen der berufsspezifischen durchschnittlichen Höchstgrenze und dem von dem Versicherten bereits erreichten Alter ist, desto stärker treten die individuellen Verhältnisse des Versicherten in den Vordergrund. Denn aus ihnen kann sich ergeben, dass der Versicherte über die durchschnittliche Höchstgrenze hinaus im Beruf tätig geblieben wäre, so dass der VR entsprechend länger zu leisten hat.

82 Bedeutsam ist in solchen Fällen auch die **vereinbarte Laufzeit des Arbeits- oder Dienstvertrages.** Wenn sie über das durchschnittliche Höchstalter hinausreicht, ist davon auszugehen, dass der Versicherte über die Höchstgrenze hinaus in seinem Beruf tätig gewesen wäre, so dass sich die zeitliche Begrenzung der Versicherungsleistung an diesem Vertragsende ausrichtet.

83 Im Einzelfall können hier schwierige Abgrenzungsfragen auftreten. So ist z.B. bei einem Lizenzfußballspieler konkret danach zu fragen, welche konkrete Position er in seinem Fußballverein gespielt hat. Torhüter sind regelmäßig noch in einem höheren Alter als Leistungssportler aktiv als es z.B. bei Stürmern der Fall ist. Beginnt der Versicherte nach altersbedingtem Ausscheiden aus seinem Beruf mit einer Tätigkeit, die wesentliche Elemente des vorherigen Berufs enthält, wie z.B. der Fußballprofi, der nach Beendigung seiner aktiven Laufbahn als Fußballtrainer tätig ist, so besteht für den neuen Beruf grundsätzlich Versicherungsschutz. Erst eine Anschlusstätigkeit unterliegt nicht der spezifischen Altersgrenze des zuvor ausgeübten Berufs. Der Versicherte genießt dabei jedoch keinen Versicherungsschutz hinsichtlich der Arbeitsverrichtungen, die auch wesentliche Elemente des alten Berufs darstellen. Scheidet demzufolge der Fußballspieler nicht völlig aus dem aktiven Spielbetrieb aus, sondern ist er jedenfalls zu einem überwiegenden Teil als Spielertrainer tätig, so gilt für die berufsspezifische Altersgrenze das oben Gesagte. Ist er hingegen nicht mehr als Spieler, sondern nur noch als Trainer tätig, so gilt die Altersgrenze, welche für einen Lizenzspieler üblicherweise angenommen werden muss, nicht.

84 e) **Berufsklauseln.** Der Grundsatz, wonach es in der Berufsunfähigkeitsversicherung auf den zuletzt in gesunden Tagen konkret ausgeübten Beruf ankommt, kann bei bestimmten Berufsgruppen zu unangemessenen Ergebnissen führen, weshalb VR und VN die Vereinbarung bestimmter Berufsklauseln vereinbaren.

85 aa) **Allgemeines.** Ist eine derartige Berufsklausel vereinbart, so kommt es nur noch darauf an, ob der VN in der Lage ist, in dem im Rahmen der Berufsklausel vereinbarten Beruf zu arbeiten. Solche Berufsklauseln unterliegen wie alle Versicherungsbedingungen einer AGB-rechtlichen Überprüfung. Im Rahmen dieser AGB-rechtlichen Überprüfung kommt es nicht nur darauf an, ob der Inhalt der Berufsklausel selbst einer AGB-rechtlichen Überprüfung standhält. Es muss darüber hinaus auch stets überprüft werden, ob die Gesamtschau der Regelungen des Versicherungsvertrags unter Berücksichtigung des Wortlauts der Berufsklausel einer Überprüfung nach Maßgabe der §§ 305ff. BGB standhält.

86 bb) **Ärzteklausel.** Bei Ärzten besteht die Besonderheit, dass sie dann, wenn sie ihren Beruf nicht mehr ausüben können, in der Regel auch nicht auf einen anderen Beruf verwiesen werden können, da es wenig Berufe gibt, die ihrer Ausbildung und Erfahrung entsprechen, dieselbe Wertschätzung genießen und die Beibehaltung der bisherigen Lebensstellung des Arztes gewährleisten.[83]

---

[83] *Neuhaus* F VII Rn. 249.

Aus diesem Grunde vereinbaren Ärzte häufig die Geltung einer sog. **Ärzteklausel,** wonach bedingungsgemäße Berufsunfähigkeit vorliegen soll, wenn der Versicherte infolge Krankheit, Körperverletzung oder Kräfteverfalls, die ärztlich nachzuweisen sind, voraussichtlich dauernd außerstande ist, eine Tätigkeit als **Arzt, Zahnarzt, Tierarzt oder Apotheker** auszuüben.[84] **87**

Es kommt demzufolge im Rahmen der Leistungsprüfung nicht darauf an, ob der Versicherte die zuletzt von ihm konkret ausgeübte Tätigkeit noch erledigen kann, sondern entscheidend ist, **ob er überhaupt einer Tätigkeit als Arzt nachgehen kann.** War demzufolge die versicherte Person zuletzt in gesunden Tagen als Orthopäde tätig und kann er diese Tätigkeit aufgrund eines Rückenleidens nicht mehr ausüben, so wäre bei Vereinbarung einer Ärzteklausel mit dem oben beispielsweise erwähnten Inhalt zu überprüfen, ob die versicherte Person z.B. als Radiologe oder im Rahmen einer sonstigen ärztlichen Tätigkeit noch arbeiten kann. Ebenso wäre zu überprüfen, ob die versicherte Person noch als Gutachter tätig werden kann. Derartige Klauseln sind wirksam. **88**

Dem Leitbild des § 172 VVG widersprechen sie nicht, denn § 175 VVG kann entnommen werden, dass § 172 Abs. 2 VVG disponibel ist. Die Vereinbarung einer Ärzteklausel führt nicht in jedem Fall zu einer Verschlechterung der vertraglichen Situation des VN. Wird entsprechend § 172 Abs. 2 VVG auf die zuletzt in gesunden Tagen konkret ausgeübte Tätigkeit abgestellt und ist der Arzt z.B. nach jahrelanger Tätigkeit als praktizierender Chirurg nun als Gutachter für einen medizinischen Dienst der Krankenkassen tätig, so ist es z.B. denkbar, dass er diese Tätigkeit aufgrund eines Rückenleidens durchaus noch ausüben kann, die Tätigkeit als Chirurg aber nicht. Entscheidend ist aber, dass schon nach der Gesetzesbegründung § 172 Abs. 2 VVG bewusst vom Gesetzgeber disponibel ausgestattet worden ist, um den vertragsschließenden Parteien eine möglichst große Vertragsfreiheit und Flexibilität zu ermöglichen. Abweichungen von dem Grundsatz des § 172 Abs. 2 VVG, wonach auf den zuletzt in gesunden Tagen konkret ausgeübten Beruf abzustellen ist, sind daher zulässig. **89**

cc) **Fluguntauglichkeitsklausel.** Bei der Vereinbarung einer Fluguntauglichkeitsklausel liegt Berufsunfähigkeit üblicherweise dann vor, wenn durch ein Gutachten der Deutschen Forschungs- und Versuchsanstalt für Luft- und Raumfahrt oder der sonst für die amtliche pflegeärztliche Untersuchung der Bundesrepublik Deutschland zuständigen Stelle festgestellt wird, dass der Versicherte aus gesundheitlichen Gründen nicht mehr flugtauglich ist und ihm deshalb vor Vollendung seines 55. Lebensjahres die behördliche Erlaubnis als Luftfahrer entzogen und die Erlaubnis nicht mehr verlängert wird.[85] **90**

Diese besondere Klausel trägt dem Umstand Rechnung, dass die Ausübung der beruflichen Tätigkeit des fliegenden Personals von dem Bestehen der Flugtauglichkeit, welche in regelmäßigen Abständen überprüft wird, abhängt. Die Voraussetzungen für das Eingreifen einer Berufsunfähigkeit auf Basis der Fluguntauglichkeit können unterschiedlich sein. Bei dem oben genannten Beispiel kommt es darauf an, ob zum einen ein Gutachten über eine amtliche pflegeärztliche Untersuchung mit negativem Ergebnis vorliegt und der versicher- **91**

---

84 *Neuhaus* a.a.O.; Looschelders/Pohlmann/*Klenk* § 172 Rn. 38; HK VVG/*Mertens* § 172 Rn. 36; Prölss/Martin/*Lücke* § 2 BuVAB Rn. 119; *Richter* S. 27; *Gerlach* VerBAV **1984** 130, zum Wortlaut vgl. auch Staudinger/Halm/Wendt/*Gramse* § 2 BUV 2008 Rn. 93.

85 Einzelheiten bei *Neuhaus* F VII Rn. 256ff.; Looschelders/Pohlmann/*Klenk* § 172 Rn. 39; Prölss/Martin/*Lücke* § 2 BuVAB Rn. 120; *Gerlach* VerBAV **1984** 1124,131, auch Staudinger/Halm/Wendt/*Gramse* § 2 BUV 2008 Rn. 94, sowie die Kommentierung zu § 172 Rn. 96.

ten Person deshalb vor Vollendung des 55. Lebensjahres die behördliche Erlaubnis als Luftfahrer entzogen oder eine bestehende Erlaubnis nicht verlängert wird.

92 Allein die **Vorlage eines Gutachtens** reicht zum Nachweis der bedingungsgemäßen Berufsunfähigkeit demzufolge bei diesem Beispiel nicht aus. Dem VR steht bei dem Beispiel der Gegenbeweis frei, dass der Versicherte aus anderen als behördlichen Gründen nicht mehr fliegen soll, weil er sich z.B. aufgrund persönlicher Umstände und nicht aus gesundheitlichen Gründen als ungeeignet zum Führen eines Flugzeugs gezeigt hat.

93 Entsteht bei einer **Luftfahrtlizenzverlustversicherung** ein Leistungsanspruch bei Vorliegen eines bestandskräftigen Abschlusses eines Verfahrens über den Widerruf der Erlaubnis, so soll nach teilweiser Auffassung der Versicherungsfall mit festgestellter Fluguntauglichkeit und Lizenzverlust nach dem bestandskräftigen Entzug der Verkehrsflugzeugführungserlaubnis auf den Zeitpunkt von deren Widerruf zurückzubeziehen sein.[86] Begründet wird dies damit, dass es der VR ansonsten in der Hand hätte, durch Einlegung von Rechtsmitteln gegen den Widerspruchsbescheid den Eintritt des Versicherungsfalls hinauszuschieben mit der Folge, dass sich der bedingungsgemäße Leistungsumfang reduziere.

94 Dies überzeugt nicht. Der VR ist regelmäßig weder Adressat des Verwaltungsaktes bzw. des Widerspruchsbescheides. Er dürfte regelmäßig auch nicht klagebefugt sein, eine verwaltungsrechtliche Klage gegen den Widerspruchsbescheid zu erheben. Ein Entzug der Verkehrsflugzeugführererlaubnis durch Verwaltungsakt erfolgt nur im Verhältnis zum VN, nur ihm gegenüber wird der Verwaltungsakt auch bestandskräftig. Regelmäßig hat es der VR daher nicht in der Hand, durch Einlegung von Rechtsmitteln gegen den Widerspruchsbescheid den Eintritt des Versicherungsfalls hinauszuschieben. Auf der anderen Seite hat auch der VR ein Interesse daran, dass bestandskräftig geklärt wird, ob die Verkehrsflugzeugführererlaubnis endgültig entzogen wird oder nicht. Ist der Versicherte selbst nicht von der Rechtmäßigkeit des Verwaltungsaktes überzeugt und wehrt er sich demzufolge gegen den Entzug der Verkehrsflugzeugführererlaubnis, weil er z.B. der Auffassung ist, er sei nicht fluguntauglich, so ist nicht einzusehen, wieso der VR bereits zu diesem Zeitpunkt eintrittspflichtig sein sollte.

95 dd) **Seeuntauglichkeitsklausel.** Die Seeuntauglichkeitsklausel soll den Versicherungsschutz regelmäßig erweitern und Versicherungsleistungen bereits dann gewähren, wenn der Versicherte Kapitän oder Schiffsoffizier ist und wegen Seeuntauglichkeit von seinem Patent keinen Gebrauch machen kann.[87]

96 Sofern im Rahmen einer Seeuntauglichkeitsklausel dem VN nach Eintritt des Versicherungsfalls der Nachweis des Fortbestehens des Versicherungsfalls auferlegt wird, verstößt eine derartige Regelung gegen das gesetzliche Leitbild der §§ 173 und 174 VVG, von denen gemäß § 175 VVG nicht zum Nachteil des VN abgewichen werden kann. Aus dem Zusammenspiel der §§ 173 und 174 VVG ergibt sich nämlich, dass der VR festzustellen hat, dass Voraussetzungen vorliegen, unter denen seine Leistungspflicht entfällt und er dem VN diese Voraussetzungen mitzuteilen hat, wenn er leistungsfrei werden will. Es ist demzufolge nicht Sache des VN, den Fortbestand der Berufsunfähigkeit nachzuweisen.

97 ee) **Erwerbsunfähigkeitsklausel.** Bei der Vereinbarung einer **Erwerbsunfähigkeitsklausel** tritt der Versicherungsfall regelmäßig ein, wenn die versicherte Person gesundheitsbe-

[86] Vgl. OLG Köln 2.12.2011 NJOZ **2012** 746, 751; *Neuhaus* F VII Rn. 260.

[87] *Neuhaus* F VII 4 Rn. 264; Looschelders/Pohlmann/*Klenk* § 172 Rn. 40; Prölss/Martin/*Lücke* § 2 BuVAB Rn. 121; vgl. auch Staudinger/Halm/Wendt/*Gramse* § 2 BUV 2008 Rn. 100 sowie die Kommentierung zu § 172 Rn. 101.

dingt voraussichtlich dauernd außerstande ist oder mindestens sechs Monate lang außerstande gewesen ist, eine Erwerbstätigkeit mit einer gewissen Regelmäßigkeit auszuüben oder mehr als nur geringfügige Tätigkeit durch Erwerbstätigkeit zu erzielen.[88]

Erwerbsunfähigkeitsklauseln werden typischerweise in Fällen angeboten, bei denen VN der Abschluss einer Berufsunfähigkeitsversicherung nicht angeboten werden kann. Sie sind wirksam, weil sich der VN regelmäßig in seiner **besonders gefahrenträchtigen beruflichen Situation** befindet.[89] Bei einer Erwerbsunfähigkeitsklausel hat der VN darzulegen und nachzuweisen, dass er nicht in der Lage ist, eine Erwerbstätigkeit mit einer gewissen Regelmäßigkeit auszuüben oder mehr als nur geringfügige Einkünfte durch die Erwerbstätigkeit zu erzielen. Es ist nicht Sache des VR, nach den Grundsätzen der sekundären Darlegungslast Berufe aufzuzeigen, die die versicherte Person tatsächlich noch bewältigen kann. Wer eine Erwerbsunfähigkeitsversicherung abschließt, muss es hinnehmen, dass der Maßstab der Zumutbarkeit einer Erwerbstätigkeit gerade nicht der bisherige Beruf, die Ausbildung und Erfahrung oder die Lebensstellung des Versicherten sind, sondern eine beliebige, mehr als nur geringfügige Einkünfte versprechende Arbeit. Es gibt daher keine Veranlassung, Darlegungs- und Beweislast zu verschieben. Allerdings darf der VR die versicherte Person auch bei Vereinbarung einer Erwerbsunfähigkeitsklausel nicht auf sie überfordernde oder unzumutbare Tätigkeiten verweisen. Zutreffend wird darauf hingewiesen, dass die versicherte Person eine solche Tätigkeit ohnehin nicht regelmäßig wird ausüben können. **98**

Auch wenn grundsätzlich gegen die Vereinbarung einer Erwerbsunfähigkeitsklausel keine grundsätzlichen Bedenken bestehen, so kann sich eine Intransparenz der Klausel aber aus den übrigen Regelungen des Versicherungsvertrags ergeben. Auch bei Vereinbarung einer Erwerbsunfähigkeitsklausel ist bei der Formulierung darauf zu achten, dass der Versicherungsvertrag im Übrigen noch ausreichend transparent ist. Ein allgemeiner Hinweis, dass der Begriff der Berufsunfähigkeit durch den Begriff der Erwerbsunfähigkeit ersetzt wird, reicht möglicherweise nicht aus. Dies gilt vor allen Dingen z.B. dann, wenn der Versicherungsvertrag trotz Vereinbarung einer Erwerbsunfähigkeitsklausel immer noch als Berufsunfähigkeitsversicherung bezeichnet wird und dem Versicherungsschein wichtige Informationen beigefügt werden, die der Erläuterung des gewährten Versicherungsschutzes dienen.[90] **99**

ff) Sonstige Klauseln. Auch außerhalb der vorgenannten Beispiele kann die Feststellung der Berufsunfähigkeit bei bestimmten Berufsbildern Schwierigkeiten bereiten, weshalb die Parteien in derartigen Fällen, insbesondere wenn der VN einen Beruf ausübt, für den es kein typisches Berufsbild gibt, eine **Tätigkeitsklausel** vereinbaren. Berufsunfähigkeit liegt dann vor, wenn man die in der Tätigkeitsklausel definierte Berufstätigkeit nicht mehr ausüben kann.[91] **100**

Derartige Klauseln unterliegen in besonderem Maße einer AGB-rechtlichen Kontrolle, denn auch für den durchschnittlichen VN muss eindeutig geregelt sein, wann genau er einen Leistungsanspruch gegen den VR hat. So ist eine Klausel, wonach Berufsunfähigkeit **101**

---

[88] Vgl. Beckmann/Matusche-Beckmann/*Rixecker* § 46 Rn. 6162; Prölss/Martin/*Lücke* § 172 Rn. 126; Looschelders/Pohlmann/*Klenk* § 172 Rn. 36; OLG Celle 26.2.2009 VersR **2009** 914; vgl. auch Staudinger/Halm/Wendt/*Gramse* § 2 BUV 2008 sowie die Kommentierung zu § 172 Rn. 106.

[89] Langheid/Wandt/*Dörner* § 172 Rn. 7.

[90] Vgl. auch HK VVG/*Mertens* § 172 Rn. 10; *Neuhaus* U IV Rn. 36; Langheid/Wandt/*Dörner* § 172 Rn. 8; Prölss/Martin/*Lücke* § 2 BuVAB Rn. 108.

[91] Beispiel bei *Neuhaus* F VII Nr. 269.

vorliegen soll, wenn der Versicherte außerstande ist, als **Transportunternehmer** tätig zu sein oder eine andere zumutbare Tätigkeit auszuüben, soweit mit dieser nicht nur geringfügige Einkünfte erzielt werden können, intransparent, weil für den durchschnittlichen VN nicht die Kriterien erkennbar sind, nach denen ihm eine andere Tätigkeit zumutbar ist.[92] Was in dem vorgenannten Beispiel nämlich unter „nur geringfügigen Einkünften" zu verstehen ist, ist unklar und einer Konkretisierung durch Auslegung nicht zugänglich.

102 Streitig ist, ob eine solche Klausel darüber hinaus gegen § 172 Abs. 2 VVG verstößt, weil es eben nicht mehr darauf ankommt, ob die versicherte Person in der Lage ist, ihrer zuletzt in gesunden Tagen konkret ausgeübten Tätigkeit nachzugehen und ein finanzieller Abstieg des Versicherten möglicherweise hingenommen wird. Dass dies tatsächlich eine unangemessene Benachteiligung des VN darstellt, muss allerdings nicht zwingend sein, denn es ist ebenso denkbar, dass die Vereinbarung einer Tätigkeitsklausel Bestandteil der Risikokalkulation ist und dem VN mit Hilfe der Vereinbarung einer Tätigkeitsklausel überhaupt Versicherungsschutz angeboten werden kann.

103 f) **Darlegung des Berufsbildes.** Da es nach allem auf die konkrete berufliche Situation der versicherten Person ankommt, verlangen Rechtsprechung und Literatur deshalb zu Recht von dem Anspruchsteller die Abgabe einer ganz konkreten Arbeitsbeschreibung, mit der die anfallenden Tätigkeiten ihrer Art, ihres Umfangs wie ihrer Häufigkeit nach für einen Außenstehenden nachvollziehbar werden.[93]

104 aa) **Arbeitnehmer.** Dies hat in Gestalt einer **konkreten Beschreibung** der von ihm jeweils ausgeübten Einzeltätigkeiten gezielt in Bezug auf die mit der behauptete Behinderung in Verbindung stehenden körperlichen Beanspruchungen sowie unter Angabe der jeweiligen zeitlichen Anteile an der Gesamtarbeitszeit des Klägers **nach Art eines Stundenplans** zu geschehen. Der VN muss schlüssig darlegen und unter Beweis stellen, woran er leidet und wie sich dieses Leiden auf die in seinem Beruf konkret erforderlichen Arbeitsschritte auswirkt. Dies darf nicht mit allgemeinen Phrasen erfolgen, sonst ist die Klage nicht schlüssig.[94]

105 Die von der Rechtsprechung geforderte **tabellarische Darstellung** könnte z. B. wie folgt erfolgen:

Uhrzeit (von – bis)	Konkrete Tätigkeit	Belastungen im Rahmen der Erledigung der Tätigkeit	Beschwerden bei dieser Tätigkeit	Verbleibende Restleistungsfähigkeit bezüglich dieser Tätigkeit

[92] OLG Saarbrücken 14.1.2004 RuS **2004** 385.

[93] BGH 22.9.2004 VersR **2005** 676, 677; BGH 26.2.2003 VersR **2003** 631, 632; OLG Koblenz 11.3.2004 VersR **2004** 989; OLG Koblenz 16.11.2007 VersR **2008** 669, 670; Prölss/Martin/*Lücke* § 172 Rn. 55; HK VVG/*Mertens* § 172 Rn. 27 mit einer stundenplanmäßigen Darstellung; Looschelders/Pohlmann/*Klenk* § 172 Rn. 84; Staudinger/Halm/Wendt/*Gramse* § 172 Rn. 61.

[94] OLG München 22.5.2007, Az.: 25 U 1723/07 n.V.

Außergerichtlich geschieht die Darstellung des Berufsbildes in der Regel durch Ausfüllen des **Versichertenfragebogens,** den der VR an die versicherte Person im Rahmen der Leistungsprüfung übersendet. Die Fragebögen sind mehr oder weniger konkret gefasst. Manche Fragebögen lassen der versicherten Person im Rahmen der Darstellung viele Freiheiten und fragen nur bestimmte Teiltätigkeiten und deren Dauer in Minuten/Stunden ab. Auf dieser Basis kann dann in der Regel auch nur eine grobe Überprüfung erfolgen. Andere Fragebögen enthalten sehr detaillierte Fragen zu den einzelnen Tätigkeitsmerkmalen. Eine möglichst detaillierte Erfassung des konkreten Tätigkeitsbildes ist auch im Sinne der versicherten Person, da so Fehlentscheidungen vermieden werden, weil z. B. der medizinische Gutachter von dem falschen Berufsbild ausgeht. **106**

Rechtsfehlerhaft ist es, dieses **Tätigkeitsbild zunächst nicht festzustellen, sondern sogleich einen medizinischen Sachverständigen zu beauftragen** und dabei von dem Sachvortrag des Klägers auszugehen, der üblicherweise seitens des beklagten VR bestritten wird.[95] Dem medizinischen Sachverständigen ist nämlich ein **unverrückbarer außermedizinischer Sachverhalt für seine medizinische Überprüfung vorzugeben,** damit er konkret im Rahmen seines Gutachtens darlegen kann, welche Tätigkeiten der versicherten Person noch möglich sind und welche nicht.[96] Diese Vorgabe ist aber nur möglich, wenn das Berufsbild vorab geklärt wird. Ein bestrittener Sachvortrag des Klägers zum Berufsbild steht eben nicht fest im Sinne dieser Rechtsprechung. **107**

Der verklagte VR ist keineswegs gehindert, im Prozess den Sachvortrag des VN zu der angeblich zuletzt ausgeübten Tätigkeit zu **bestreiten,** obwohl er unter Zugrundelegung des Sachvortrags des VN die Leistungsprüfung durchgeführt und vorprozessual zum Beispiel ein Sachverständigengutachten in Auftrag gegeben hat. Ein derartiges vorprozessuales Verhalten bindet den VR nicht und stellt auch **weder ein materiell-rechtliches noch ein zivilprozessuales Anerkenntnis** dar, sondern dient vielmehr im Interesse des VN einer zügigen Leistungsprüfung bei unterstellter Richtigkeit des Vortrags des VN. Der Umstand, dass der medizinischen Prüfung im Interesse des VN unter Umständen außergerichtlich nur eine summarische Beschreibung zugrunde liegt, darf dem VR im Leistungsprozess nicht zum Nachteil gereichen. **108**

Wenn der Sachvortrag des Klägers zu der zuletzt in gesunden Tagen konkret ausgeübten Tätigkeit den Anforderungen der Rechtsprechung nicht genügt, so hat das Gericht dem Kläger einen **Hinweis** zu erteilen, wenn es seinen Vortrag für unzulänglich hält.[97] Wenn ein solcher Hinweis allerdings bereits erfolgt ist und der verklagte VR die mangelhafte Substanz des klägerischen Sachvortrags nach wie vor rügt, ist regelmäßig kein weiterer Hinweis gem. § 139 ZPO zu erteilen, sondern die Klage als unschlüssig abzuweisen, eine medizinische Überprüfung im Rahmen einer Beweisaufnahme hat zu unterbleiben.[98] **109**

Nur in **Ausnahmefällen** bedarf es **keiner detaillierten Darlegung** der zuletzt ausgeübten Tätigkeit des VN. Ein solcher Ausnahmefall kann vorliegen, wenn sich aus der speziellen Beeinträchtigung des VN zweifellos ergibt, dass er der von ihm zuletzt ausgeübten Tätigkeit nicht mehr nachgehen kann, ohne dass es erforderlich ist, dem Berufsbild in all seinen Verästelungen nachzugehen.[99] **110/111**

---

[95] BGH 30.11.1994 RuS **1995** 115.

[96] BGH 23.1.2008 VersR **2008** 479; BGH 22.9.2004 VersR **2005** 676, 677; BGH 29.11.1995 NJW-RR **1996** 345; Prölss/Martin/*Lücke* § 172 Rn. 57; Looschelders/Pohlmann/*Klenk* § 172 Rn. 84.

[97] BGH 13.1.1999 NJW-RR **1999** 605, 606; BGH 29.11.1995 RuS **1996** 116; Langheid/Wandt/*Dörner* § 172 Rn. 263.

[98] Vgl. OLG Naumburg 22.10.2015, Az.: 4 U 37/14 n.V.; HK BU/*Ernst* § 2 Rn. 95.

[99] OLG Düsseldorf 10.6.2003 VersR **2004** 988; Langheid/Wandt/*Dörner* § 172 Rn. 263.

112 Ferner soll eine Grenze der Substantiierungspflicht dann erreicht sein, wenn die Tätigkeit von Tag zu Tag so unterschiedlich ist, dass eine konkretere Auflistung nicht möglich erscheint.[100] Dem ist zu widersprechen. Es mag sein, dass sich Tagesabläufe ändern, bestimmte Kernelemente kehren aber wieder, weil der Versicherte ansonsten in seiner Tätigkeit auch keinerlei Routine entwickeln könnte. Diese Kernelemente sind daher darstellbar. Auch ist es zumutbar, bei sich ändernder Tätigkeit z.B. eine typische Arbeitswoche, typische Projekte, einen typischen Bürotag, einen typischen Außendiensttag etc. darzustellen.

113 bb) **Selbständige und mitarbeitende Betriebsinhaber.** Gesteigerte Anforderungen gelten für den Selbständigen. Der Selbständige ist „Chef", dem ein **Weisungs- und Direktionsrecht** gegenüber seinen Mitarbeitern zukommt.[101] Dieses Direktionsrecht, das auch die Möglichkeit einer Umverteilung der Arbeit einschließt, gibt seiner Stellung im Betrieb das Gepräge. Sein „Beruf" ist daher die Leitung des Betriebs unter seiner Mitarbeit an einer von ihm bestimmten Stelle.[102]

114 Deswegen trifft den Selbständigen auch die **Darlegungs- und Beweislast zur Struktur, Organisation seines Betriebes, zu Anzahl der Mitarbeiter, welche Aufgaben die Mitarbeiter wahrnehmen und zur finanziellen Situation seines Betriebes.**[103] Nur wenn dazu vom VN vorgetragen ist, sind Anknüpfungstatsachen zur Umorganisationsmöglichkeit gegeben. Deren Fehlen und Unzumutbarkeit hat der VN darzulegen und zu beweisen, wobei es um den Grund des Anspruchs geht, so dass § 287 ZPO keine Anwendung findet.[104]

115 **Umorganisationsmöglichkeit** bedeutet dabei, dass vom VN vorzutragen und zu beweisen ist, dass Tätigkeitsfelder, in denen er mit seiner gesundheitlichen Beeinträchtigung in seinem Betrieb noch arbeiten kann, ihm keine **Betätigungsmöglichkeiten belassen, die bedingungsgemäße Berufsunfähigkeit ausschließen.**[105]

116 Erst mit Vortrag und Feststellung der bisherigen Organisation des Betriebes zeigt sich die Grundlage der weiteren Prüfung: Eröffnung anderer Tätigkeitsfelder, die Berufsunfähigkeit ausschließen und Zumutbarkeit derartiger Umorganisationen und Aufgabenumverteilung.[106]

117 Der Nachweis des behaupteten Berufsbildes wird in der Regel mit Zeugen erbracht. Ausnahmsweise soll auch eine Anhörung des Versicherten reichen.[107] Dem ist jedenfalls für den Fall zu widersprechen, in dem dem Versicherten Zeugen zur Verfügung stehen, die benannt werden könnten. Es gibt keinen Grund, weshalb der Versicherte in einem größeren Umfang Beweiserleichterungen in Anspruch nehmen können soll als in den Fällen der Fahrzeugentwendung. In diesen Fällen hat die Rechtsprechung eine interessengerechte Abstufung entwickelt.[108]

---

100 OLG Hamm 5.12.2014, Az.: 26 U 126/13 n.V.

101 Vgl. BGH 12.6.1996 VersR **1996** 1090, 1092; *Voit* Rn. 328; Langheid/Rixecker/*Rixecker* § 172 Rn. 10.

102 Vgl. BGH 12.6.1996 VersR **1996** 1090, 1092.

103 Vgl. OLG Köln 14.6.2007 VersR **2008** 107, 108; OLG Köln 15.8.2007, Az.: 5 U 28/07 n.V.; OLG Dresden 30.4.2009, Az.: 4 W 406/09 n.V.; OLG Brandenburg 11.3.2010, Az.: 12 U 139/09 n.V.

104 Vgl. BGH 5.4.1989 VersR **1989** 579.

105 Vgl. BGH 5.4.1989 VersR **1989** 579; Looschelderss/Pohlmann/*Klenk* § 172 Rn. 86; HK VVG/*Mertens* § 172 Rn. 32; Prölss/Martin/*Lücke* § 172 Rn. 70.

106 Vgl. BGH 16.3.1994 VersR **1994** 587; HK VVG/*Mertens* § 172 Rn. 32.

107 Vgl. OLG Stuttgart 4.2.2013, Az: 7 U 154/12 n.V.; BVerfG 21.2.2001 NJW **2001** 2531, 2532.

108 Vgl. allg. Langheidt/Wandt/*Looschelders* § 81 Rn. 174.

3. **Berufsunfähigkeit infolge Krankheit, Körperverletzung oder mehr als altersentsprechenden Kräfteverfalls**[109] Berufsunfähigkeit setzt gemäß § 2 Abs. 1 AVB BU voraus, dass die versicherte Person ihren zuletzt ausgeübten Beruf, so wie er ohne gesundheitliche Beeinträchtigung ausgestaltet war, infolge **Krankheit, Körperverletzung oder mehr als altersentsprechenden Kräfteverfalls** ganz oder teilweise voraussichtlich auf Dauer (alternativ: vereinbarter Prozentsatz) nicht mehr ausüben kann. Erfüllt sein muss demzufolge eine **medizinische Komponente.**[110] Nicht die gesundheitliche Beeinträchtigung selbst, sondern die auf ihr beruhende Beeinträchtigung bei der Ausübung des Berufs ist demzufolge leistungsauslösend.[111] **118**

a) **Krankheit**[112] Unter Krankheit ist ein **regelwidriger psychischer oder physischer Zustand** zu verstehen, der eine Einschränkung oder Störung der normalen Funktion des Organismus zur Folge hat. Auf die Behandlungsbedürftigkeit kommt es nicht an. Ebenso irrelevant ist die diagnostische Einordnung der Erkrankung.[113] Regelwidrig ist der Zustand dann, wenn er von dem normalen Gesundheitszustand eines durchschnittlich Gesunden abweicht.[114] Diese Abweichung kann auch dauerhaft sein. Nicht erforderlich ist, dass die Abweichung auch mit Schmerzen einhergeht. Eine Krankheit kann wie z.B. bei einer Beeinträchtigung des Sehvermögens auch schmerzfrei ablaufen. An dem Vorliegen eines regelwidrigen psychischen oder physischen Zustandes ändert dies allerdings nichts.[115] **119**

Eine „**inaktive**“ **Erkrankung**, die noch nicht zu relevanten physischen oder psychischen Beeinträchtigungen geführt hat, stellt noch keine zur Berufsunfähigkeit führende Krankheit dar. Daraus folgt, dass allein die Diagnose einer Krankheit nicht automatisch auch zu, Eintritt des Versicherungsfalls „Berufsunfähigkeit“ führt, wenn sie sich noch nicht in konkreten beeinträchtigenden Beschwerden äußert. Allein die Gefahr, dass ein Versicherungsfall eintreten könnte, ist nicht versichert. **120**

Soweit Versicherungsbedingungen vorsehen, dass der Begriff der Krankheit voraussetzt, dass es sich um eine **allgemein anerkannte Krankheit** handelt[116], ist eine solche Klausel schon mangels Transparenz unwirksam. Wann eine Krankheit allgemein anerkannt ist, weiß der durchschnittliche VN nicht. Davon abgesehen unterliegt mit Zunahme des medizinischen Fortschritts auch das Verständnis, was eine Krankheit ist und was sie ausmacht einem Wandel. **121**

b) **Körperverletzung.** Eine Körperverletzung ist der **physische Eingriff** in die **körperliche Unversehrtheit** oder eine **psychisch vermittelte Störung der inneren Lebensvorgänge.**[117] Auch psychische Störungen können demzufolge eine Körperverletzung zur Folge haben. Im Unterschied zur Krankheit ist bei der Körperverletzung typisch, dass der Auslöser der aus der Körperverletzung resultierenden Krankheiten von außen kommt. **122**

---

[109] Vgl. hierzu auch die umfangreichen Ausführungen zu § 172 Rn. 122ff.

[110] HK VVG/*Mertens* § 172 Rn. 42; Langheid/Rixecker/*Rixecker* § 172 Rn. 22.

[111] OLG Saarbrücken 19.5.2010 VersR **2011** 249, 250; *Neuhaus* G I Rn. 4; Prölss/Martin/*Lücke*§ 172 Rn. 43.

[112] Zu einzelnen Erkrankungen, insbesondere psychischen Erkrankungen vgl. die umfangreichen Ausführungen zu § 172 Rn. 123ff.

[113] OLG Saarbrücken 15.9.2010 VersR **2011** 249, 250; Bruck/Möller/*Winter* G26; Looschelders/Pohlmann/*Klenk* § 172 Rn. 12; Langheid/Rixecker/*Rixecker* § 172 Rn. 22; Langheid/Wandt/*Dörner* § 172 Rn. 134; *Neuhaus* G III Rn. 20.

[114] *Neuhaus* G III Rn. 26.

[115] Abweichend: *Neuhaus* G III Rn. 23.

[116] Vgl. hierzu *Neuhaus* G III Rn. 27ff.

[117] Bruck/Möller/*Winter* G 27; HK VVG/*Mertens* § 172 Rn. 44; Langheid/Wandt/*Dörner* § 172 Rn. 36; *Neuhaus* G III Rn. 30.

123 c) **Kräfteverfall.** Unter einem Kräfteverfall ist ein **Nachlassen der körperlichen oder geistigen Kräfte** zu verstehen.[118] Ist der Kräfteverfall altersentsprechend, so liegen keine über das für die Altersgruppe des Versicherten typische Maß hinausgehenden Beeinträchtigungen vor, die allerdings der VN darlegen und beweisen muss.

124 Degenerative Veränderungen an Gelenken, die z.B. auf einer übermäßigen Belastung der Extremitäten der versicherten Person beruhen und zu Beschwerden geführt haben, sind demzufolge über das altersentsprechende Maß hinausgehend. Der normale altersbedingte Verschleiß ist nach der Wertung des Gesetzgebers regelmäßig nicht versichert, sofern sich aus dem Versicherungsvertrag nicht etwas anderes ergibt.[119]

125 d) **Ärztlicher Nachweis.** Die gesundheitliche Beeinträchtigung bedarf eines **ärztlichen** Nachweises. Dieser Nachweis muss nicht zwangsläufig aus Befunden der apparativen Medizin, insbesondere bildtechnischen Befunden oder der sonstigen zusätzlichen Diagnostik bestehen, aber durch einen **Arzt** erbracht werden.[120] Dieser gesetzliche Nachweis ist in der Beschreibung des Versicherungsfalls nach § 172 Abs. 2 VVG nicht vorgesehen. Gleichwohl ist die Ergänzung gem. § 175 VVG zulässig und auch berechtigt, denn Grundlage einer Leistungsprüfung des VR muss mehr als die bloße substanzlose Behauptung des VN sein, er sei berufsunfähig. Es ist daher berechtigt, dass der VR zunächst einmal einen ärztlichen Nachweis verlangt, ohne dass gleichzeitig feststehen muss, dass dieser auch zutreffend ist.

126 Die Vorlage eines ärztlichen Nachweises ist **anspruchsbegründendes Tatbestandsmerkmal** und nicht etwa Obliegenheit.[121] Aussteller des Nachweises muss ein Arzt sein. Die Eigenschaft als Arzt ist mit der Erteilung der Approbation als Arzt, also der staatlichen Zulassung zur Berufsausübung nach § 2 Abs. 1, § 2 a, § 3 BÄO, gegeben, nicht jedoch mit einer Approbation nach § 63 TAppV. Ein abgeschlossenes Medizinstudium reicht nicht aus. Nicht ausreichend ist demzufolge, wenn der Nachweis durch einen nichtärztlichen Mitarbeiter des Arztes, einen Heilpraktiker, Psychologen, approbierten psychologischen Psychotherapeuten ausgestellt wird. Der Nachweis kann auch durch einen fachfremden Arzt ausgestellt werden, denn es ist nicht erforderlich, dass der Nachweis inhaltlich richtig ist. Behördliche Bescheide über einen Grad der Behinderung oder eine Minderung der Erwerbsfähigkeit sind keine ärztlichen Nachweise, weil sie regelmäßig nicht für einen Arzt ausgestellt werden. Eine Arbeitsunfähigkeitsbescheinigung ist regelmäßig durch einen Arzt ausgestellt.

127 Inhaltlich muss der ärztliche Nachweis jedenfalls dann eine medizinische Diagnose enthalten, wenn die Erkrankung einer sicheren Diagnose zugänglich ist. Ist dies nicht der Fall, so muss der Nachweis zumindest derart aussagekräftige physische oder psychische Befunde beschreiben, dass eine hierauf beruhende Berufsunfähigkeit jedenfalls schlüssig ist. Ob der ärztliche Nachweis inhaltlich zutreffend ist, insbesondere fachlich-medizinisch „richtig“ ist, spielt für die Frage, ob ein ärztlicher Nachweis vorliegt, keine Rolle.[122] Arbeitsunfähigkeitsbescheinigungen, die weder den Grund der Arbeitsunfähigkeit, also die Krankheit, enthalten, reichen als Nachweise bedingungsgemäßer Berufsunfähigkeit nicht aus.

128 Da nach den Versicherungsbedingungen lediglich Krankheit, Körperverletzung oder mehr als altersentsprechender Kräfteverfall ärztlich nachzuweisen sind, muss sich der ärzt-

---

118 Bruck/Möller/*Winter* G 28; *Richter* S. 114.

119 BT-Drucks. 16/3945 S. 105; Prölss/Martin/*Lücke* § 172 Rn. 40; Langheid/Wandt/*Döner* § 172 Rn. 137; *Neuhaus* G III Rn. 37ff.

120 BGH 14.4.1999 NJW-RR **1999** 1113, 1114; Staudinger/Halm/Wendt/*Gramse* § 172 Rn. 84; *Benkel/Hirschberg* § 2 BUZ 2008 Rn. 77.

121 Vgl. *Benkel/Hirschberg* § 2 BUZ 2008 Rn. 78; HK BU/*Rogler* § 2 BUV Rn. 233.

122 Vgl. HK BU/*Rogler* § 2 BUV Rn. 241.

liche Nachweis nicht auf die daraus resultierende Berufsunfähigkeit beziehen. Der ärztliche Nachweis muss auch keine Ausführungen dazu enthalten, wie sich Krankheit, Körperverletzung oder mehr als altersentsprechender Kräfteverfall auf die Leistungsfähigkeit der versicherten Person auswirken.

Allein die Übernahme der reinen **Beschwerdeschilderung des Patienten** reicht für einen ärztlichen Nachweis jedenfalls dann nicht aus, wenn sich in dem ärztlichen Nachweis keine Feststellungen des Arztes finden, aus welchem Grund er die Angaben des Patienten für glaubhaft hält. Legt der VN demzufolge zur Unterstützung der Behauptung bedingungsgemäßer Berufsunfähigkeit ein ärztliches Attest vor, welches nur eine Beschwerdeschilderung enthält, so ist dies kein ärztlicher Nachweis. Anders ist es hingegen, wenn das Attest den Hinweis des Arztes enthält, dass Beschwerdeschilderung und klinischer Befund übereinstimmen. **129**

Privatgutachten eines Arztes können als **qualifizierter Parteivortrag** verwertet werden. Es ist sogar denkbar, dass sie eine eigene Beweisaufnahme durch das Gericht entbehrlich machen, wenn die Beweisfrage allein schon mit Hilfe der Parteigutachten und des substantiierten Parteivortrags zuverlässig beantwortet werden kann, was allerdings voraussetzt, dass der VR Parteigutachten und Parteivortrag des VN nicht substantiiert entgegentritt bzw. ihn nicht zulässigerweise mit Nichtwissen bestreitet.[123] Legt der VN im Prozess ein Parteigutachten als Beleg bedingungsgemäßer Berufsunfähigkeit vor, darf sich der Versicherer nicht auf ein pauschales Bestreiten beschränken. **129a**

Bei durch den VN vorgelegten **Fremdnachweisen** wie Arztberichten o.ä. ist immer zu überprüfen, in welchem Zusammenhang diese erstellt worden sind und ob es sich überhaupt um aussagekräftige ärztliche Nachweise handelt. Daran fehlt es zum Beispiel, wenn der VN nur **Zahlungsbescheide/Rechnungen** vorlegt, die allgemein auf Diagnosen hinweisen. Es reicht für den Nachweis bedingungsgemäßer Berufsunfähigkeit nicht aus, dass ein Rentenversicherungsträger dem Versicherten eine Rente wegen Erwerbsunfähigkeit oder Berufsunfähigkeit gewährt, es sei denn, nach den Versicherungsbedingungen tritt unter diesen Umständen der Versicherungsfall ein.[124] Das kann dann der Fall sein, wenn der Eintritt des Versicherungsfalls „Berufsunfähigkeit" fingiert wird, wenn ein Sozialleistungsträger zu einem bestimmten Zeitpunkt eine zeitlich unbegrenzte Rente im vollen Umfang wegen Erwerbsminderung gewährt. **129b**

Allein die Angaben des Anspruchstellers zu den ärztlichen Feststellungen, die dem Leistungsbescheid zugrunde liegen, reichen auch hier nicht aus. Sie müssen zumindest durch aussagekräftige ärztliche Befunde gestützt werden, stellen aber auch dann nur qualifizierten Parteivortrag dar.[125] **129c**

Die Entscheidung des Sozialversicherungsträgers hat zwar grundsätzlich keine Indizwirkung für die durch den Berufsunfähigkeitsversicherer zu treffende Entscheidung, doch können selbstverständlich die im Rahmen eines sozialmedizinischen Gutachtens erhobenen Befunde und gestellten Diagnosen bei der Klärung der Frage mitverwertet werden, ob bedingungsgemäße Berufsunfähigkeit vorliegt. **129d**

Eine unveränderte Ausübung des Berufs trotz behaupteter Berufsunfähigkeit indiziert regelmäßig, dass beim Versicherten keine Berufsunfähigkeit vorliegt.[126] Dagegen indiziert **130**

---

123 BGH 11.5.1993 NJW **1993** 2382, 2383; Staudinger/Halm/Wendt/*Gramse* § 172 Rn. 93.

124 OLG Koblenz 18.1.2001 VersR **2002** 1091, 1092; HK VVG/*Mertens* § 172 Rn. 48.

125 LG Trier 9.9.1988, AZ: 11 O 347/85 n.V.; *Benkel/Hirschberg* § 2 BUZ 2008 Rn. 79.

126 OLG Nürnberg 27.2 1992 NJW-RR **1992** 673; OLG Köln 18.12.1986 RuS **1987** 296; *Benkel/Hirschberg* § 2 BUZ 2008 Rn. 81.

der **Bezug von Arbeitslosengeld** nicht das Fehlen bedingungsgemäßer Berufsunfähigkeit. Zwar muss, um Arbeitslosengeld zu beziehen, der Arbeitnehmer grundsätzlich arbeitsfähig sein, der Eintritt des Versicherungsfalls „Berufsunfähigkeit" hängt aber nicht davon ab, ob der Versicherte überhaupt nicht in der Lage ist, zu arbeiten.[127]

131 Der Nachweis bedingungsgemäßer Berufsunfähigkeit ist im Wege des Vollbeweises zu führen.[128] Es ist daher ein für das praktische Leben brauchbarer Grad an Gewissheit herbeizuführen, der Zweifeln Schweigen gebietet, ohne sie völlig auszuschließen. Von dem VN als medizinischem Laien ist dabei kein wissenschaftlich einwandfreier Sachvortrag zur medizinischen Seite zu verlangen. Die Schilderung der Beschwerden und deren Folgen für die Ausübung der Arbeit des zuletzt in gesunden Tagen ausgeübten Berufs reichen aus. Wird mit der Klage kein ärztlicher Nachweis einer Krankheit, Körperverletzung oder mehr als altersentsprechenden Kräfteverfalls vorgelegt, so ist die Klage unschlüssig und über die durch den Kläger behaupteten gesundheitlichen Beeinträchtigungen kein Beweis zu erheben. Eine Beweiserhebung durch das Gericht setzt nämlich schlüssigen Tatsachenvortrag voraus. Hierzu gehört es auch, den ärztlichen Nachweis schlüssig vorzutragen, was regelmäßig durch Vorlage des ärztlichen Nachweises geschieht. Der ärztliche Nachweis kann nicht erst in einem gerichtlichen Sachverständigengutachten „nachgeholt" werden.

132 Zu beweisen ist auch die **Kausalität** zwischen Beeinträchtigung und eingetretener Berufsunfähigkeit. Ein VN ist zwar dann nicht berufsunfähig, wenn er durch einfache Schutzmaßnahmen seine Berufsunfähigkeit vermeiden kann.[129] Dies führt allerdings nicht dazu, dass der VN einen Anspruch auf leidensgerechten Arbeitsplatz gegenüber seinem Arbeitgeber durchsetzen muss, nur um eine Eintrittspflicht des Berufsunfähigkeitsversicherers zu verhindern.[130] Allerdings stellt sich die Frage, ob es zu prämieren ist, wenn sich der VN anders verhält, als er sich verhielte, wenn er keine Berufsunfähigkeitsversicherung unterhalten würde. Es geht demzufolge weniger darum, ob der VN Maßnahmen unternehmen muss, die den VR entlasten, sondern darum, ob er einfache Schutzmaßnahmen unterlässt, die einer Berufsunfähigkeit entgegenwirken. Eine Berufsunfähigkeit ist daher verneint worden, wenn es einem Fahrlehrer zugemutet werden kann, kurze Pausen zwischen den Fahrstunden einzulegen, wenn sie durch das Tragen einer Brille vermieden werden kann oder wenn ein Koch, der unter Hautbeschwerden leidet, diese durch Tragen von Handschuhen vermeiden könnte.[131]

133 Das Erheben einer Klage stellt keine einfache Schutzmaßnahme in diesem Sinne dar angesichts des Umstands, dass im Rahmen des Klageverfahrens erhebliche finanzielle Mittel investiert werden müssen und eine arbeitsgerichtliche Auseinandersetzung in der Regel zu einer erheblichen Belastung des Arbeitsverhältnisses führt, an der im Übrigen auch dem VR nicht gelegen sein kann, wenn die Möglichkeit besteht, dass der VN wieder berufsfähig wird und an seinen Arbeitsplatz zurückkehrt.

134 Man wird allerdings von dem VN verlangen können, dass er seinen Anspruch auf einen leidensgerechten Arbeitsplatz bei seinem Arbeitgeber zumindest vorträgt, denn das außer-

---

127 OLG Karlsruhe 19.1.1989 VersR **1990** 961, 962; *Benkel/Hirschberg* § 2 BUZ 2008 Rn. 81.

128 BGH 14.6.1989 VersR **1989** 903, 904.

129 Vgl. OLG Saarbrücken 20.1.2016 NJW-RR **2016** 1315; Prölss/Martin/*Lücke* § 172 Rn. 65; Langheid/Wandt/Dörn*er* § 172 Rn. 75.

130 Im Ergebnis auch OLG Hamm 10.5.2006 VersR **2006** 1481.

131 Vgl. OLG Saarbrücken 23.7.2004 RuS **2006** 30, 31; OLG Saarbrücken 20.1.2016 zfs **2016** 521, weitere Nachweise bei HK BU/*Wendt* § 2 BUV Rn. 325.

gerichtliche Geltendmachen eines Anspruchs ist eine einfache Schutzmaßnahme im oben genannten Sinne.

e) **Erreichen des vertraglich vereinbarten Schwellwertes.** Der Eintritt bedingungsgemäßer Berufsunfähigkeit muss einen gewissen Grad (ganz oder teilweise) der Leistungsbeeinträchtigung erreichen, der regelmäßig in den Versicherungsbedingungen definiert ist. **135**

Üblicherweise liegt Berufsunfähigkeit vor, wenn ein Grad der Berufsunfähigkeit von **mindestens 50 %** erreicht ist. Ist dieser Grad erreicht, hat der Versicherte regelmäßig einen Anspruch auf die versicherten Leistungen im vollen Umfang, unterhalb des Schwellwertes besteht hingegen kein Anspruch. Auch andere Schwellwerte sind denkbar, weil der Gesetzgeber insoweit keine Vorgaben macht. Denkbar ist demzufolge auch eine Staffelung der versicherten Leistungen je nach Erreichen eines bestimmten Schwellwerts. **136**

Ob der vertraglich vereinbarte Schwellwert erreicht ist, ist stets am **konkreten Einzelfall** zu überprüfen. Das setzt allerdings voraus, dass der Tatrichter den unverrückbaren medizinischen Sachverhalt zunächst festgestellt hat. Es ist denkbar, dass es dem VN **schon in zeitlicher Hinsicht** nicht mehr möglich ist, zu mindestens 50 % seine zuletzt in gesunden Tagen konkret ausgeübte Tätigkeit zu erledigen. **137**

Der Maßstab der Arbeitszeit versagt allerdings, wenn die Unfähigkeit der Erbringung einzelner **berufsspezifische Arbeitsverrichtungen** dem Versicherten auch die weitere Berufsausübung ganz oder teilweise unmöglich macht.[132] Dass kann z.B. auch dann der Fall sein, wenn der Versicherte nicht mehr in der Lage ist, durch die ihm verbliebene Tätigkeit ein sinnvolles Arbeitsergebnis zu erreichen. Von der Frage, ob mehrere einzelne Tätigkeiten vorliegen, die in ihrer Gesamtheit einen bestimmten Beruf ergeben ist daher die Frage zu unterscheiden, ob ein anerkannter Beruf durch eine bestimmte Einzeltätigkeit so geprägt wird, dass sich die Frage stellt, ob der VN berufsunfähig ist, wenn ihm diese Einzeltätigkeit nicht mehr möglich ist. **138**

Dafür muss es sich bei der Tätigkeit um eine **prägende Tätigkeit** oder um eine sog. **Kerntätigkeit** handeln. Von einer solchen Tätigkeit spricht man, wenn ohne diese Tätigkeit **kein sinnvolles Arbeitsergebnis** mehr erzielt werden kann.[133] Das OLG Koblenz hatte über einen Fall zu entscheiden, bei dem ein Anwendersoftwareprogrammierer Leistungen wegen eingetretener Berufsunfähigkeit geltend machte. Der VN gab an, an depressiven Störungen sowie Schmerzen im Bereich der linken Gesichtshälfte, des linken Halses, der linken Brust, des linksseitigen Rückens und des linken Beckenbereichs zu leiden. Der den VN untersuchende Sachverständige stellte fest, dass dieser unter einer dauerhaften erheblichen Einschränkung der Konzentrationsfähigkeit aufgrund des chronischen Schmerzsyndroms litt. Diese dauerhafte Einschränkung der Konzentrationsfähigkeit wirke sich – so der VN – praktisch bei jeder Lebensbetätigung aus und beanspruche seine Aufmerksamkeit mit Macht. Das OLG Koblenz hat vor diesem Hintergrund mit Recht angenommen, dass die Feststellung der Berufsunfähigkeit nicht nur eine reine Rechenoperation darstellt, sondern vielmehr eine werdende Betrachtung der gesamten mit der Berufsausübung verbundenen Tätigkeiten ist und demzufolge zu überprüfen ist, ob ein Versicherter einzelne Verrichtungen, Teile seiner bisherigen Tätigkeit nicht mehr wahrnehmen kann, von deren Erfüllung **139**

---

[132] OLG Oldenburg 31.1.1996 VersR **1996** 1485; OLG Oldenburg 30.8.2000 NVersZ **2001** 409, 410; HK VVG/*Mertens* § 172 Rn. 53; Staudinger/Halm/Wendt/*Gramse* § 172 Rn. 55; *Richter* S. 60; *Neuhaus*, G VIII Rn. 141; am Beispiel eines Gas- und Wasserinstallateurs: OLG Saarbrücken 19.11.2003 RuS **2005** 75, 76.

[133] Vgl. OLG Koblenz 27.3.2009 VersR **2009** 1249, 1250; Staudinger/Halm/Wendt/*Gramse* § 172 Rn. 55.

abhängt, ob er noch ein sinnvolles Arbeitsergebnis zu erzielen vermag. Wenn ein Anwendersoftwareprogrammierer dauerhaft in seiner Konzentrationsfähigkeit eingeschränkt ist, dann ist er berufsunfähig, unabhängig davon, in welchem Umfang er im Einzelfall Programmierungstätigkeiten vorzunehmen hat.

140 Das OLG Hamm hat durch Urteil vom 15.6.2006[134] angenommen, dass ein VN, der als technischer Angestellter an einem Bildschirmarbeitsplatz tätig ist, berufsunfähig ist, wenn er die Tastatur nicht mehr bedienen kann, auch wenn das Tippen weniger als 50 % der gesamten Arbeitszeit ausmacht. Damit spielt es nach Auffassung des OLG Hamm auch keine Rolle, ob die Tastatur zum Teil durch eine Computermaus ersetzt werden kann. Die bloße Möglichkeit einer Umgestaltung ändert an dem Vorliegen bedingungsgemäßer Berufsunfähigkeit jedenfalls dann nichts an der bedingungsgemäßen Berufsunfähigkeit, wenn es sich bei dem VN nicht um einen Selbstständigen handelt. An diesem Ergebnis kann man jedenfalls dann Zweifel haben, wenn für den VN die Möglichkeit bestand, einen leidensbedingten Arbeitsplatz durch einfache Nachfrage beim Arbeitgeber zu erhalten.

141 Ein **Kraftfahrer** ist vor dem Hintergrund des Gesagten regelmäßig berufsunfähig, wenn er keine sitzende Tätigkeit mehr ausüben kann.[135]

142 Das Landgericht Landshut hat durch Urteil vom 26.9.2006[136] angenommen, eine Berufsunfähigkeit einer **Stewardess** liege auch dann vor, wenn diese wegen Verschleißerscheinungen an Hals-, Wirbel und Wirbelsäule zwar nur zu 20 % berufsunfähig sei, jedoch in Krisensituationen zu 100 % belastbar sein müsse. Eine Stewardess müsse in Krisensituationen aus Sicherheitsgründen eine 100 %-ige Belastbarkeit gewährleisten. In dieser Situation müsse damit gerechnet werden, dass sie über einen längeren Zeitraum hinweg in schweren Körperpositionen erhebliche Lasten bewegen müsse, weshalb Berufsunfähigkeit zu bejahen sei. Dies überzeugt nicht. Kerntätigkeiten oder prägende Tätigkeiten müssen das Herzstück der beruflichen Tätigkeit ausmachen, um ihre prägende Wirkung entfalten zu können.[137] Dafür reicht es nicht aus, dass bestimmte Fähigkeiten nur in seltenen Notsituationen vom Versicherten gefordert werden.

143 Selbst wenn man der Rechtsauffassung des Landgerichts Landshut folgen wollte, so bedürfte es doch der Feststellung durch das Gericht, in welchem Umfang derartige Not- oder Krisensituationen tatsächlich auftauchen, damit überhaupt von prägenden Tätigkeiten gesprochen werden kann. Wenn es sich um selten vorkommende und durch den VN zu bewältigende Vorfälle oder Notfälle handelt, so ist diese Situation rechtlich anders zu bewerten, als wenn bestimmte Notsituationen z.B. einmal pro Jahr bewältigt werden müssen. Es darf nicht übersehen werden, dass es sich bei der Berufsunfähigkeitsversicherung nicht um eine Arbeitsplatzversicherung handelt. Bei der Frage der Eignung für eine bestimmten Arbeitsplatz ist daher auch zu fragen, ob der VN bestimmte Situationen nach der Arbeitsplatzbeschreibung zwar bewältigen können muss, derartiges Situationen aber nicht zuletzt in gesunden Tagen am konkrete Arbeitsplatz des VN nicht vorgekommen sind. Es reicht nicht aus, sich als Versicherter auf eine prägende Tätigkeit oder auf selten vorkommende Ausnahmefälle zu berufen. Es muss sich schon um Ausnahmefälle handeln, die zwar nicht täglich, aber doch mit Regelmäßigkeit vorkommen, weil ihre Bewältigung den Beruf ansonsten nicht prägen kann.

---

134 OLG Hamm 15.6.2006 VersR **2006** 1481, 1482.

135 OLG München 19.12.2008, AZ: 25 U 1711/05.

136 LG Landshut 26.9.2006 RuS **2008** 79, 80; so auch Staudinger/Halm/Wendt/*Gramse* § 172 Rn. 55.

137 So auch *Neuhaus* F III Rn. 62; HK VVG/*Mertens* § 172 Rn. 53.

X. Dauernde Beeinträchtigung

1. Dauerndes Außerstandesein. Ein **dauerndes** Außerstandesein meint in aller Regel, nicht, dass der Wiedereintritt der Berufsfähigkeit überhaupt nicht prognostiziert werden kann, sondern beschreibt einen Dreijahreszeitraum, denn in der Regel wird kein Arzt die Feststellung treffen, dass die versicherte Person ihrer Tätigkeit in Zukunft nie wieder in einem solchen Maße nachgehen können wird, dass bedingungsgemäße Berufsunfähigkeit wegfällt.[138] Eine „dauerndes Außerstandesein" zu verlangen, würde den Versicherungsschutz daher entwerten. Üblicherweise ist der Zeitraum in den Versicherungsbedingungen allerdings kürzer gefasst. **144**

2. Kürzere Zeiträume als „dauernd". Meist reicht es aus, wenn die versicherte Person mindestens 6 Monate außer Stande ist, ihrer zuletzt in gesunden Tagen ausgeübte Tätigkeit nachzugehen. Allerdings ist auch hier die konkrete Formulierung in den Versicherungsbedingungen zu überprüfen, denn auch die Musterbedingungen machen insoweit keine Vorgabe. **145**

XI. Verweisung auf eine andere Tätigkeit

Gemäß § 2 Abs. 1 AVB BU ist als weitere Voraussetzung der Leistungspflicht vereinbart, dass die versicherte Person auch keine andere Tätigkeit ausübt, die ihrer bisherigen Lebensstellung entspricht, was angenommen wird, wenn sie in ihrer Vergütung und sozialen Wertschätzung nicht spürbar unter das Niveau der bisherigen Tätigkeit absinkt. **146**

1. Allgemeines. Da § 172 Abs. 3 den Parteien des Versicherungsvertrags nur die Möglichkeit einräumt, eine Verweisung zu *vereinbaren*, kommt eine Verweisung des VN auf eine vergleichbare andere Tätigkeit nur in Betracht, wenn diese auch wirksam im Rahmen des Versicherungsvertrags *vereinbart* ist. Fehlt eine solche Möglichkeit, kann sie **nicht** allein aus § 172 Abs. 3 hergeleitet werden. **147**

Zu unterscheiden ist zwischen der **abstrakten und der konkreten Verweisung**. Bei der abstrakten Verweisung übt der VN die Tätigkeit, auf die er verwiesen werden soll, nicht aus. Bei der konkreten Verweisung übt der VN die Tätigkeit konkret aus, auf die er verwiesen wird. Die praktische Bedeutung dieser Unterscheidung ist groß, denn übt der VN eine Tätigkeit konkret aus, auf die er verwiesen wird, so muss der Versicherte von Anfang an vortragen und erforderlichenfalls beweisen, dass und warum er diese Tätigkeit aufgrund seiner bei ihrer Aufnahme vorhandenen Kenntnisse und Fähigkeiten nicht gewachsen war oder aus welchen Gründen sie sonst mit seinem zuletzt ausgeübten Beruf nicht vergleichbar ist.[139] Hintergrund ist, dass der Versicherte, der eine Tätigkeit konkret ausübt, diese in all ihren Eigenschaften am besten kennt. Hier einen abstrakten Sachvortrag des VR zu verlangen, den der Versicherte dann konkret bestreiten muss, wäre eine bloße Förmelei. In § 2 Abs. 1 AVB BU hat sich die Versicherungswirtschaft für die Möglichkeit einer **konkreten** Verweisung entschieden, aber auch die Möglichkeit einer abstrakten Verweisung offen gelassen, wie sich aus der 1. Bemerkung ergibt. **148**

---

[138] OLG Hamm 23.10.1987 RuS **1988** 90; OLG Hamm 25.1.1995 RuS **1995** 239; OLG Celle 4.5.2005 VersR **2006** 1201, 1202; OLG Hamm 11.2.1994 VersR **1995** 84; OLG Hamm 11.2.1994 RuS **1994** 392, 393; Prölss/Martin/*Lücke* § 172 Rn. 46.

[139] BGH 30.11.1994 VersR **1995** 159, 162; BGH 23.6.1999 NJW-RR **1999** 1471, 1472; BGH 12.1.2000 VersR **2000** 349, 350; BGH 22.9.2004 NJW-RR **2004** 1679, 1680.

149 Eine erfolgreiche Verweisung setzt voraus, dass nachgewiesen ist, dass der Verweisungsberuf in seiner konkreten Ausprägung für Versicherte mit gesundheitlichen Beeinträchtigungen auf dem allgemeinen Arbeitsmarkt zur Verfügung steht und mit dem Beruf des Versicherten, wie er in gesunden Tagen zuletzt ausgeübt worden ist, vergleichbar ist. Der Vergleichsberuf darf den Versicherten daher weder über- noch unterfordern und außerdem müssen sowohl sein sozialer Status vor allen Dingen in finanzieller Hinsicht als auch unter Berücksichtigung der Wertschätzung, die der vorherigen und aktuellen Tätigkeit entgegengebracht werden, gewahrt bleiben.[140]

150 Eine Verweisung auf Nischen- oder Schonarbeitsplätze, für die ein freier Arbeitsmarkt nicht existiert, kommt von vornherein nicht in Betracht. Üblicherweise werden die wenigen Stellen, die hier zur Verfügung stehen, im Rahmen interner Ausschreibungen an Mitarbeiter des Arbeitgebers vergeben und stehen externen Bewerbern nicht zur Verfügung. Wenn allerdings bei dem konkreten Arbeitgeber des Versicherten schon Arbeitsplätze zur Verfügung stehen, so ist durchaus zu überprüfen, ob eine Verweisung auf einen solchen Arbeitsplatz in Betracht kommt. Beweispflichtig für diese Umstände ist der VR.[141]

151 2. **Einzelfragen zur Verweisungstätigkeit.** Nach dem Wortlaut des § 2 Abs. 1 AVB BU scheinen in erster Linie Vergütung und soziale Wertschätzung für die Beantwortung entscheidend zu sein, ob eine konkrete Verweisung auf eine Tätigkeit in Betracht kommt. Richtig ist allerdings, im Rahmen der Vergleichsbetrachtung die Aspekte zu berücksichtigen, die auch bisher von der Rechtsprechung berücksichtigt worden sind.

152 a) **Ausbildung und Erfahrungen.** Eine Verweisung auf den Vergleichsberuf kommt nur in Betracht, wenn der Versicherte die **beruflichen Kenntnisse und Erfahrungen**, die er einmal erworben hat, tatsächlich noch besitzt und durch den Vergleichsberuf weder unter- noch überfordert wird.[142] Der Versicherte kann nicht auf eine Tätigkeit verwiesen werden, für deren Ausübung es ihm an der erforderlichen förmlichen Qualifikation fehlt. Gleiches gilt, wenn die Tätigkeit nur mit einer abgeschlossenen Berufsausbildung ausgeübt werden kann und er über diese Ausbildung nicht verfügt.[143]

153 Der Versicherte ist nicht verpflichtet, sich einer Umschulung oder Weiterbildung zu unterziehen, um eine Eintrittspflicht des VR zu vermeiden. Wenn der Versicherte über eine angemessene Ausbildung verfügt, um die Verweisungstätigkeit auszuüben, so kann sie ihm gleichwohl verschlossen sein, weil es ihm an den Fähigkeiten fehlt, diesen Beruf auszuüben. Dies kann zum Beispiel dann der Fall sein, wenn die Ausbildung sehr lange zurück liegt und der Versicherte lange Zeit nicht mehr in seinem Ausbildungsberuf gearbeitet hat. Auch dann scheidet eine Verweisung aus.[144]

154 b) **Wahrung der Lebensstellung.** Der bisherigen Lebensstellung entspricht die Tätigkeit, wenn sie weder hinsichtlich ihrer Vergütung, noch in ihrer Wertschätzung spürbar un-

---

[140] Prölss/Martin/*Lücke* § 172 Rn. 72; Looschelders/Pohlmann/*Klenk* § 172 Rn. 44; HK VVG/*Mertens* § 172 Rn. 67; Langheid/Wandt/*Dörner* § 172 Rn. 160.

[141] Prölss/Martin/*Lücke* § 2 BuVAB, Rn. 74; Looschelders/Pohlmann/*Klenk* § 172 Rn. 48; *Neuhaus* H II Rn. 20.

[142] *Benkel/Hirschberg* § 2 BuZ Rn. 92; HK VVG/*Mertens* § 172 Rn. 64; Prölss/Martin/*Lücke* § 172 Rn. 75–76; Langheid/Wandt/*Dörner* § 172 Rn. 156.

[143] Prölss/Martin/*Lücke* § 2 BuVAB Rn. 83; OLG Hamm 26.6.1991 VersR **1992** 1120, 1121; BGH 19.5.1993 VersR **1993** 953, 954. OLG Hamm 18.10.1991 VersR **1992** 1249, 1250; HK VVG/*Mertens* § 172 Rn. 65; Langheid/Wandt/*Dörner* § 172 Rn. 156.

[144] BGH 27.2.1991 VersR **1991** 450, 451; OLG Karlsruhe 17.5.2011 VersR **2011** 1165, 1166; OLG Koblenz 1.6.2012 VersR **2013** 1296, 1298.

ter das Niveau des bislang ausgeübten Berufs hinabsinkt.[145] In § 2 Abs. 1 AVB BU ist dies nun ausdrücklich geregelt.

aa) Vergütung. Die bisherige Lebensstellung des Versicherten wird vor allen Dingen durch seine zuletzt ausgeübte berufliche Tätigkeit und das aus dieser Tätigkeit erzielte Einkommen geprägt.[146] Ob die versicherte Person im Verweisungsberuf eine spürbare und damit nicht hinnehmbare Einkommenseinbuße erleidet, ist durch einen Vergleich beider Einkommen zu ermitteln.[147] **155**

Einigkeit besteht darüber, dass grundsätzlich das Einkommen, welches der Versicherte in seinem bisherigen Beruf ohne gesundheitliche Beeinträchtigung erzielen konnte, mit dem Einkommen zu vergleichen ist, das er in dem Verweisungsberuf ebenfalls ohne gesundheitliche Beeinträchtigung erzielen könnte oder im Falle einer konkreter Verweisung tatsächlich erzielt.[148] **156**

Streitig ist, ob der **Einkommensvergleich auf Brutto- oder Nettobasis** vorzunehmen ist. Der BGH hat beide Möglichkeiten offengelassen.[149] Zum Teil wird in der Literatur die Auffassung vertreten, ein Vergleich auf Bruttobasis sei vorzugswürdig, weil nur das Bruttogehalt einen wirtschaftlichen Vergleich des Marktwerts einer Tätigkeit erlaube, während das Nettoeinkommen vom Familienstand und verschiedenen, sich in steuerlichen Abzugsmöglichkeiten niederschlagenden externen Faktoren abhänge.[150] Für eine Betrachtung auf Basis des Nettoeinkommens wird hingegen angeführt, die tatsächliche Lebensstellung werde durch den Nettovergleich besser widergespiegelt.[151] **157**

Ein Vergleich auf Basis des Bruttogehalts ist vorzugswürdig. Richtig ist zwar, dass die tatsächliche Lebensstellung des Versicherten regelmäßig durch das Nettogehalt geprägt wird, denn das Nettogehalt entscheidet darüber, wieviel Einkommen dem Versicherten und seiner Familie zur Verfügung steht, um z.B. Anschaffungen zu tätigen, mit denen die Allgemeinheit ein besonderes Ansehen verbindet. **158**

Geht es allerdings um die Beantwortung der Frage, in welchem Umfang sich die **Lebensstellung** durch eine bestimmte Tätigkeit, die der Versicherte ausübt, ableitet, so ist es sachgerechter auf das Bruttoeinkommen abzustellen, denn das Bruttoeinkommen spiegelt den Marktwert wieder, den der Markt mit der Ausübung einer bestimmten Tätigkeit zu einem bestimmten Zeitpunkt verbindet. Das Nettogehalt berücksichtigt hingegen in erheblichem Umfang persönliche Umstände, die nicht zwingend einen konkreten Bezug zu der beruflichen Tätigkeit des Versicherten haben müssen, sondern auf bestimmten Präferenzen des VN beruhen, die sich aber im Laufe einer Zeit ändern können. **159**

So ist es z.B. denkbar, dass der VN zu einem bestimmten Zeitpunkt der Auffassung ist, steuerlich wirksame Altersvorsorgeaufwendungen in einem größeren oder einem geringeren Umfang machen zu müssen. Auch sind der Familienstand sowie das Vorhandensein von Kindern für die steuerliche Belastung des VN entscheidend. Selbst die Wahl der Krankenversicherung kann eine Bedeutung für die Höhe des Nettogehaltes haben. Da all diese **160**

---

145 Vgl. BGH 17.9.1986 VersR **1986** 1113, 1115.

146 Vgl. BeckOK-VVG/*Mangen* § 172 Rn. 70; Langheid/Rixecker/*Rixecker* § 172 Rn. 55.

147 Vgl. BGH 8.2.2012 NJW-RR **2012** 811; BeckOK-VVG/*Mangen* § 172 Rn. 71; Prölss/Martin/*Lücke* § 172 Rn. 85; Langheid/Wandt/*Dörner* § 172 Rn. 162.

148 Vgl. Langheid/Wandt/*Dörner* § 172 Rn. 162; Prölss/Martin/*Lücke* § 172 Rn. 85; *Neuhaus* H IV Rn. 54; OLG Saarbrücken 29.10.2008 VersR **2009**, 971, 973.

149 Vgl. BGH 22.10.1997 VersR **1998** 42; BGH 8.2.2012 VersR **2012** 427, 428.

150 Vgl. Langheid/Wandt/*Dörner* § 172 Rn. 163; Prölss/Martin/*Lücke* § 172 Rn. 87; Looschelders/Pohlmann/*Klenk* § 172 Rn. 54 hält beide Methoden für gleichwertig.

151 Vgl. BeckOK-VVG/*Mangen* § 172 Rn. 71; Langheid/Rixecker/*Rixecker* § 172 Rn. 55.

Faktoren jedoch nichts mit der spezifischen Wertschätzung zu tun haben, die der beruflichen Tätigkeit entgegengebracht wird, ist es regelmäßig sachgerechter, grundsätzlich auf das Bruttogehalt abzustellen.

161 Auch hier kann es allerdings **Ausnahmen** geben. War z.B. der Beruf, den der Versicherte in gesunden Tagen ausübte, durch ein besonderes Maß an steuerlich wirksamen Leistungen seines Arbeitgebers geprägt, so ist dies bei einer Vergleichsbetrachtung zu berücksichtigen, weil dieses besondere Engagement des Arbeitgebers des Versicherten zu einem höheren Nettoeinkommen des VN geführt hat, was dann nicht nur seine persönliche Lebensstellung, sondern auch die berufliche Tätigkeit des Versicherten geprägt hat. Gleiches gilt, wenn Bestandteil des Arbeitseinkommens ein besonders hoher Anteil an Nettolohnbestandteilen war. Auszugehen ist im Ergebnis bei der Vergleichsbetrachtung von den Bruttoeinkünften.[152]

162 **Regelmäßige Zulagen** sind zu addieren, sofern es sich nicht um einen reinen Aufwendungsersatz gehandelt hat, dem ein entsprechender Aufwand gegenüberstand.[153] Demgegenüber sind regelmäßige Zulagen wie Urlaubsgeld und Weihnachtsgeld sehr wohl zu berücksichtigen, da sie zu versteuernde Einkommensbestandteile sind.[154] Bei sonstigen Zulagen ist zu prüfen, ob es sich um regelmäßige Zulagen handelt, die in vergleichbarer Höhe anfallen. Einmalige oder nur selten gezahlte Zulagen wie z.B. Boni aufgrund eines besonders guten Unternehmensergebnisses bleiben unberücksichtigt. Unberücksichtigt bleiben auch Kinderzulagen und soziale Sicherungen.[155]

163 Auch geldwerte Vorteile wie die Gewährung eines Dienstwagens, die Gewährung eines kostenlosen Versicherungsschutzes (z.B. Berufshaftpflichtversicherung), die kostenlose Nutzbarkeit einer Kita sind zu berücksichtigen, wenn sie dem Versicherten gewährt wurden.

164 Eine **spürbare** Einkommenseinbuße kann dem Versicherten nicht zugemutet werden.[156] Wann die Einkommenseinbuße aber dermaßen spürbar ist, dass eine Verweisung ausscheidet, ist eine **Frage des Einzelfalls.** Bei einem niedrigen Einkommen kann schon eine geringere Einkommenseinbuße spürbar und damit unzumutbar sein.[157] Für denjenigen, der nur über ein Bruttoeinkommen von € 1.500 verfügt, stellt selbst eine Einbuße von € 150 unter Umständen eine existenzbedrohende Einbuße dar. Dies gilt vor allen Dingen dann, wenn es sich bei dem Versicherten um den Alleinverdiener einer mehrköpfigen Familie handelt. Umgekehrt kann bei einem Spitzenverdiener, der möglicherweise sogar monatliche Einkünfte im 7-stelligen Bereich erwirtschaftet, eine Einbuße von 30 % hinnehmbar sein.

165 Dass ein geringes Absinken eines Einkommens zu dem allgemeinen Lebensrisiko gehört, spielt hingegen aufgrund des Stichtagsprinzips keine Rolle. Davon abgesehen gehört es auch nicht zum allgemeinen Lebensrisiko, eine Einkommensminderung von 20 % hinnehmen zu müssen.[158]

166 Letztendlich ist aber eine **pauschalierende Betrachtung** abzulehnen, sondern in jedem Fall eine Einzelfallüberprüfung vorzunehmen. Dies hat auch der BGH in seiner jüngeren Rechtsprechung betont und ausgeführt, dass sich eine generelle Quote der hinzunehmenden

---

152 OLG München 8.5.1991 VersR **1992** 1339, 1342.

153 OLG Hamm 5.6.1992 NJW-RR **1993** 34; Langheid/Rixecker/*Rixecker* § 172 Rn. 56; Looschelders/Pohlmann/*Klenk* § 172 Rn. 55.

154 OLG Hamm 5.6.1992 NJW-RR **1993** 34; Langheid/Rixecker/Rixecker § 172 Rn. 56; Looschelders/Pohlmann/Klenk § 172 Rn. 55. OLG München 8.5.1991 VersR **1992** 1339.

155 *Benkel/Hirschberg* § 2 BUZ 2008 Rn. 105.

156 BGH 8.2.2012 VersR **2012** 427, 428.

157 Vgl. OLG Karlsruhe 15.3.2007 VersR **2007** 1212, 1213; Langheid/Wandt/*Dörner* § 172 Rn. 168; Prölss/Martin/*Lücke* § 172 Rn. 86.

158 **A.A.** *Neuhaus* H. IV 2 Rn. 89.

159 BGH 7.12.2016 BeckRS **2016** 21187.

Einkommenseinbuße angesichts der Bandbreite individueller Einkommen nicht festlegen lässt, sondern vielmehr eine einzelfallbezogene Betrachtung unerlässlich und geboten ist.[159]

Die Literatur ist dem gefolgt.[160] Zutreffend wird darauf hingewiesen, dass sich bei geringeren Einkommen prozentuale Abschläge gravierender auswirken können, als bei überdurchschnittlich hohen Einkommen.[161] Ist dies allerdings zutreffend, dann gibt es auch keine Faustregel, wonach bei einer Einkommensminderung oberhalb eines bestimmten Prozentsatzes eine Verweisung in aller Regel ausgeschlossen und bei einer Einkommensreduzierung in Höhe eines bestimmten Prozentsatzes eine Verweisung in aller Regel nicht ausgeschlossen ist.[162] **167**

Ob vor diesem Hintergrund Versicherungsbedingungen zulässig sind, die anders als § 2 Abs. 1 AVB BU eine **konkrete Grenze** für eine zumutbare Einkommensdifferenz, festschreiben, ist hiervon ausgehend zweifelhaft. Die Rechtsprechung hat zwar zum Teil keine Bedenken gegen Bedingungen gehabt, die eine Einkommensreduzierung in Höhe von 20 % als durch den VN hinzunehmen definieren, unabhängig von einer bestimmten Einkommenshöhe.[163] Gegen die Wirksamkeit einer fixierten **prozentualen Kappungsgrenze** in Versicherungsbedingungen werden aber zu Recht Bedenken erhoben.[164] Wenn nach der höchstrichterlichen Rechtsprechung gerade keine fixe prozentuale Kappungsgrenze für die Zulässigkeit einer Verweisung bejaht werden soll, weil dies den Umständen des Einzelfalls nicht gerecht wird, so verbietet es sich erst Recht, derartige fixe Kappungsgrenzen zum Bestandteil von Versicherungsbedingungen zu machen, die naturgemäß den Umständen des Einzelfalles nicht Rechnung tragen können. Dem gesetzlichen Leitbild des § 172 Abs. 3 kann nämlich entnommen werden, dass auch bei einer Verweisung die Lebensstellung des VN gewahrt werden muss, was stets eine Berücksichtigung aller Umstände des Einzelfalls voraussetzt. Wie die obigen Ausführungen zeigen, kann dies bei Erreichen einer Einkommensminderung in einer bestimmten Größe der Fall sein, muss es aber nicht. AVB, die diese nun auch vom Gesetzgeber geforderte Einzelfallabwägung nicht erfordern, verstoßen gegen das gesetzliche Leitbild des § 172 Abs. 3 und beachteiligen den VN unangemessen.[165] **168**

Ausnahmsweise kann eine an sich erhebliche Einkommenseinbuße durch sonstige Umstände, die eine finanzielle Auswirkung für den Versicherten hat, **ausgeglichen** werden. Eine solche Ausnahme kann z.B. vorliegen, wenn ein scheinselbstständig Versicherter fortan als Angestellter tätig wird und deutlich geringere Sozialabgaben hat sowie den Schutz eines Angestellten genießt.[166] Die Möglichkeit, seine Arbeitszeit frei zu gestalten, bleibt hingegen bei der Abwägung unberücksichtigt.[167] **169**

---

160 Vgl. BeckOK-VVG/*Mangen* § 172 Rn. 73; Prölss/Martin/*Lücke* § 172 Rn. 86; Langheid/Wandt/*Dörner* § 172 Rn. 168.

161 Vgl. Prölss/Martin/*Lücke* § 172 Rn. 86; Langheid/Wandt/*Dörner* § 172 Rn. 166.

162 Vgl. BeckOK-VVG/*Mangen* § 172 Rn. 73; *Neuhaus* H III Rn. 86, die beide für eine Obergrenze von über 30 % plädieren, bei denen eine Verweisung in der Regel ausgeschlossen sein soll, während bei einer Einkommensreduzierung um weniger als 20 % eine Verweisung in der Regel nicht ausgeschlossen sein soll.

163 Vgl. KG 12.7.2011 NJW-RR **2012** 235.

164 Vgl. *Rogler* Anmerkung zu BGH 7.12.2016 RuS **2017** 87, 90 der nicht nur für eine Unwirksamkeit derartiger Klauseln plädiert, sondern darüber hinaus den VR für nicht berechtigt hält, dem VN das Nichterreichen der Kappungsgrenze entgegenzuhalten, wenn man die Regelung als unwirksam betrachtet. Dem VR sei es gem. § 242 BGB nicht möglich, dem VN entgegenzuhalten, sein Einkommen habe sich nicht in einem solchen Umfang durch Aufnahme einer neuen Tätigkeit vermindert, dass bedingungsgemäße Berufsunfähigkeit noch gegeben sei.

165 Vgl. *Rogler* Anmerkung zu BGH v. 7.12.2016 RuS **2017** 87, 90.

166 Vgl. OLG Hamm 8.3.2000 VersR **2001** 1411, 1413; Staudinger/Halm/Wendt/*Gramse* § 2 BUV 2008 Rn. 32; Prölss/Martin/*Lücke* § 172 Rn. 89.

167 Staudinger/Halm/Wendt/*Gramse* § 2 BUV 2008 Rn. 33 unter Bezugnahme auf

170 In der Rechtsprechung war ferner umstritten, ob im Rahmen der Überprüfung, ob eine aufgenommene berufliche Tätigkeit eine solche Tätigkeit ist, auf die der VN verwiesen werden kann, eine **Verrechnung von Freizeit und Arbeitserleichterungen** mit einer Einkommensdifferenz zulässig ist. Das OLG Nürnberg hatte diese Frage bejaht.[168]

171 Das OLG Nürnberg hatte u.a. über die Frage zu entscheiden, ob bei einem Minderverdienst von 30 % eine Verweisung auf eine sonst vergleichbare Tätigkeit mangels sozialen Abstiegs zulässig sei. Das OLG Nürnberg hat zum einen ausgeführt, eine Einkommensminderung von weniger als 30 % indiziere keinen sozialen Abstieg. Auch müsse berücksichtigt werden, dass der VN mehr Freizeit, besser geregelte Arbeitszeit durch seine neue Stelle erhalte und Erschwernisse, die mit dem vormaligen Beruf als Polizeibeamter verbunden waren, wegfielen.

172 Demgegenüber haben das OLG Karlsruhe und das OLG München eine hiervon abweichende Rechtsauffassung vertreten.[169] Das OLG Karlsruhe hat betont, dass der Einkommensvergleich nach den allgemeinen von der Rechtsprechung zur Berufsunfähigkeitsversicherung entwickelten Grundsätzen vorzunehmen ist. Der möglicherweise bestehende Vorteil größerer Freizeit sei nicht zu berücksichtigen, weil die Berufsunfähigkeitsversicherung dem Unterhalt des Versicherten und seiner Familie diene, von zusätzlich gewonnener Freizeit könne der Unterhalt nicht bestritten werden. Ähnlich hat das OLG München in seinem Urteil vom 23.5.2000 argumentiert und sogar betont, es sei absurd, Einkommenseinbußen durch Zeitgewinn kompensieren zu wollen, weil dies letzten Endes bedeute, dass der gänzliche Verlust des Einkommens durch den völligen Wegfall beruflicher Tätigkeit aufgehoben würde.

173 Die Literatur hat sich zum Teil der Rechtsauffassung des OLG Nürnberg angeschlossen,[170] zum Teil aber auch darauf abgestellt, ob die Einkommenseinbuße durch anderweitige, finanziell messbare Verbesserung der Lebensstellung ausgeglichen werde, wie z.B. die höhere Sicherheit des Arbeitsplatzes im öffentlichen Dienst, die bessere soziale Absicherung eines vorher als Scheinselbstständigen tätigen VN.[171] Die Literatur hat sich ferner dagegen ausgesprochen, die Möglichkeit, über Arbeit und Freizeit frei disponieren zu können, als zu berücksichtigenden Vorteil anzusehen, weil dieser Umstand jedenfalls bei niedrigen und mittleren Einkommen keinen Wert an sich habe.[172] Zum Teil wird vermittelnd vorgeschlagen, auf „rechenbare“ Vorteile abzustellen.

174 Der BGH hat in seinem Urteil vom 7.12.2016[173] nunmehr klargestellt, dass es sich bei einer Einkommensdifferenz von brutto 22,77 % um eine spürbare Einkommensdifferenz handele und diese **nicht** durch mehr Freizeit und das Entfallen besonderer Belastungen wie Nachtarbeit ausgeglichen werde.

175 Der BGH weist zu Recht darauf hin, dass eine Verrechnung von Freizeit und Arbeitserleichterung mit einer Einkommensdifferenz mit dem Zweck der Berufsunfähigkeitsversicherung nicht vereinbar ist. In der Tat wird der soziale Abstieg, der durch die Berufsunfä-

---

BGH 7.12.2016 VersR **2017** 147, 150; Prölss/Martin/*Lücke* § 172 Rn. 89; Langheid/Wandt/*Dörner* § 172 Rn. 171; **Anders**: OLG Saarbrücken 10.4.2002 NJW-RR **2003** 528, 529.

168 OLG Nürnberg 9.1.1992 RuS **1992** 177.

169 OLG Karlsruhe 30.12.2011 RuS **2014** 140, 142; OLG München 23.5 2000 RuS **2003** 166, 167.

170 *Neuhaus* H IV Rn. 118; **a.A.** Landheid/Wandt/*Dörner* § 172 Rn. 171.

171 Prölss/Martin/*Lücke* § 172 Rn. 189; OLG Hamm 8.3.2000 VersR **2001** 1411, 1412; Staudinger/Halm/Wendt/*Gramse* § 2 BUV 2008 Rn. 32.

172 Prölss/Martin/*Dörner* § 172 Rn. 189; **a.A.** OLG Saarbrücken 10.4.2002 NJW-RR **2003** 528, 529 welches betont, dass die Lebensstellung eines Berufstätigen zunehmend nicht nur durch den Verdienst bestimmt werde.

173 BGH 7.12.2016 BeckRS **2016** 21187.

higkeitsversicherung verhindert werden soll, nicht durch mehr Freizeit und das Fehlen von Erschwernissen vermieden, sondern dadurch, dass dem Versicherten weiterhin die finanziellen Mittel zur Verfügung stehen, die die Aufrechterhaltung des in gesunden Tagen durch den vorherigen Beruf erreichten Lebensstandards ermöglichen. Der BGH hat in seinem Urteil den Hinweis des OLG Karlsruhe aufgegriffen, wonach von zusätzlich gewonnener Freizeit der Unterhalt nicht bestritten werden kann. Dies ist in der Sache auch überzeugend, allerdings kann sich im Einzelfall unter Umständen die Frage stellen, ob es dem Versicherten zumutbar ist, Zusatzeinkünfte zu erwirtschaften.

Streitig ist, ob im Rahmen der Vergleichbarkeit auch der Familienstand eine Rolle **176** spielt. Nach teilweiser Auffassung soll dies im Hinblick auf das Stichtagsprinzip nicht der Fall sein.[174] Dem ist nicht zu folgen, denn die Lebensstellung des Versicherten wird auch durch seinen Familienstand geprägt.[175] Dies zeigt auch die folgende Kontrollüberlegung: Wenn ein Versicherungsvermittler dem Familienvater eine bedarfsgerechte Berufsunfähigkeitsversicherung vermittelt, müsste er im Rahmen der Bedarfsanalyse auch den Familienstand des Versicherten berücksichtigen, wenn es sich bei dem Versicherten um den Alleinverdiener- und -Ernährer handelt. Dann aber ist auch konsequent, diesen Aspekt bei der Frage der Verweisbarkeit mit zu berücksichtigen. Eine besondere Situation liegt vor, wenn der Versicherte von vornherein für einen sehr eng begrenzten Zeitraum ein sehr hohes Einkommen erwirtschaftet hat, wie es z.B. bei Profisportlern der Fall ist. Jedenfalls dann, wenn der Profisportler seine berufsspezifische Altersgrenze bei Eintritt des Versicherungsfalls noch nicht erreicht hat, wird man ihn nicht mit Erfolg auf eine Vergleichstätigkeit verweisen können, aus der ein deutlich geringeres Einkommen erwirtschaftet wird.

Zum Teil wird versucht, den Umstand, dass auch ein Profisportler die teilweise **exorbitant hohen Einkommen** nur bis zum Erreichen einer bestimmten Altersgrenze erzielt, dadurch Rechnung zu tragen, dass für den angemessenen Vergleichsberuf auf eine Tätigkeit abgestellt wird, die hinsichtlich des gewährten Einkommens zwischen dem Beruf liegt, den der Versicherte vor Beginn seiner sportlichen Laufbahn ausgeübt hat und dem eines Berufssportlers.[176] Dem ist nicht zu folgen. Ohnehin entscheiden sich Profisportler in der Regel schon nach dem Schulabschluss für eine Karriere als Berufssportler und über keinen weiteren Beruf aus. Wenn der VR im Übrigen einen Profisportler versichert und keine berufsspezifische Altersgrenze vereinbart, so muss er grundsätzlich auch die Besonderheiten des von dem Profisportler ausgeübten Berufs akzeptieren. Allerdings gilt dies dann nicht für die gesamte Vertragslaufzeit. Wenn demzufolge ein Profifußballer mit 30 Jahren aufgrund eines Sportunfalls berufsunfähig wird, so ist es nicht gerechtfertigt, nach dem Stichtagsprinzip für den Rest des Versicherungsvertrags immer noch auf das bei Eintritt des Versicherungsfalls erzielte Einkommen abzustellen. Richtig ist vielmehr, zu unterstellen, dass der Versicherte unter Berücksichtigung des normalen Laufs der Dinge nur noch eine bestimmte Zeit auf höchstem Niveau Fußball gespielt hätte (möglicherweise 5 Jahre) und nach Erreichen dieses durchschnittlichen Höchstalters nicht mehr auf das Einkommen des Profifußballers im Rahmen der Vergleichsbetrachtung abzustellen ist, sondern im Einzelfall die Frage beantwortet werden muss, welche Tätigkeit der Profifußballer aufgrund seiner Ausbildung, seines beruflichen Erfolgs und sonstiger zu berücksichtigenden Umstände nach Beendigung der Profifußballkarriere erwirtschaftet hätte. Hier ist ein Durchschnitts- **177**

[174] *Leggewie* NVersZ **1998** 110, 111; HK VVG / *Mertens* § 172 Rn. 71.

[175] So auch Prölss/Martin/*Lücke* § 2 BuVAB Rn. 53; Staudinger/Halm/Wendt/*Gramse* § 2 BUV 2008 Rn. 30; Looschelders/Pohlmann/*Klenk* § 172 Rn. 53 zur Berücksichtigung von Unterhaltspflichten; Prölss/Martin/*Lücke* § 172 Rn. 88.

[176] Vgl. Prölss/Martin/*Lücke* § 2 BuVAB Rn. 60; **anders** *Neuhaus* H IV Rn. 69.

betrag zu schätzen. Dieser Durchschnittsbetrag ist dann im Rahmen der Überprüfung, ob eine vergleichbare Tätigkeit ergriffen wird, zu berücksichtigen. Die voranstehenden Überlegungen zeigen, dass Standarddeckungskonzepte für manche Berufsgruppen, insbesondere Profisportler, möglichweise nicht immer bedarfsgerecht sind, insbesondere dann nicht, wenn der Übergang von der Profi–Sportler–Karriere zum „normalen“ Beruf nicht erfasst wird.

178 Nicht entschieden hat der BGH bisher die Frage, ob im Rahmen des Einkommensvergleichs das vorher erzielte Einkommen auf den Zeitpunkt der Verweisung **fortzuschreiben** ist.[177]

179 Gegen eine Fortschreibung des Einkommens könnte sprechen, dass bei der Ermittlung des bisherigen Einkommens grundsätzlich auf den Zeitpunkt abzustellen ist, in dem der Versicherte unfähig geworden ist, seinen bisherigen Beruf weiter auszuüben.[178]

180 Einigkeit besteht darüber, dass **ungesicherte Chancen** auf eine berufliche Karriere im alten Beruf **außer Betracht** zu bleiben haben.[179] Grundsätzlich ist der Einkommensvergleich aber **ein auf den Zeitpunkt des Versicherungsfalls** bezogener Vergleich. Es gilt daher das sogenannte Stichtagsprinzip.[180] Stellt man nur auf das Stichtagsprinzip ab, so blieben zukünftige Entwicklungen, die der Versicherte in seinem vormals ausgeübten Beruf mit einer gewissen Wahrscheinlichkeit genommen hätte, unberücksichtigt.

181 Dies kann sich zugunsten und zu Ungunsten des VN auswirken. So könnte der VR z. B. bei einer Tätigkeit in bestimmten Branchen einwenden, dass der VN in dieser Branche aufgrund der wirtschaftlichen Entwicklungen z. B. im Bergbau gar nicht mehr tätig wäre. Das Fortschreiben einer Entwicklung könnte dazu führen, dass der Versicherte in seiner neuen Tätigkeit zwar gegenüber der vormals ausgeübten Tätigkeit keinen Einkommensverlust zu beklagen hat, ein solcher nennenswerter Einkommensverlust bei fortgeschriebener Tätigkeit aber durchaus vorläge.

182 Noch schwieriger wird der Vergleich, wenn es den bei Eintritt des Versicherungsfalls ausgeübten **Beruf nicht mehr gibt** oder der nunmehr ausgeübte **Beruf damals noch gar nicht vorhanden war.** Diese Unsicherheiten sprechen dafür, ausgehend von dem Stichtagsprinzip den Einkommensvergleich auf den Zeitpunkt zu beziehen, als der Versicherungsfall „Berufsunfähigkeit“ eintrat. Dies gilt dann unabhängig davon, wann der Versicherte Leistungen aus der Berufsunfähigkeitsversicherung begehrt hat, weil er es nicht in der Hand haben soll, eine bestimmte Einkommenslage durch verspätete Stellung des Leistungsantrags konstruieren zu können.

183 Im Rahmen eines Vergleichs das frühere Einkommen fiktiv um die Preissteigerungsrate zu erhöhen, dürfte die Position des VN außerdem zu einseitig belasten, denn zu seinen Gunsten wäre auch die Frage zu beantworten, welche realistischen Aufstiegsmöglichkeiten in die wertende Vergleichsbetrachtung einbezogen werden müssen.[181] Auch besteht Einigkeit darüber, dass ein Rechtsanspruch auf eine tarifliche Verbesserung nach einer Einarbeitungszeit zu berücksichtigen ist.[182] Es spricht daher einiges dafür, im Rahmen der Ver-

---

177 So Prölss/Martin/*Lücke* § 172 Rn. 91; *Neuhaus* H IV Rn. 59 unter Hinweis auf LG Mannheim 11.10.2012 RuS **2013** 243; Langheid/Wandt/*Dörner* § 172 Rn. 162.

178 Prölss/Martin/*Lücke* § 172 Rn. 91; Langheid/Rixecker/*Rixecker* § 172 Rn. 56; Langheid/Wandt/*Dörner* § 172 Rn. 162.

179 Vgl. BeckOK-VVG/*Mangen* § 172 Rn. 74; Langheid/Rixecker/*Rixecker* § 172 Rn. 57.

180 Vgl. Langheid/Rixecker/*Rixecker* § 172 Rn. 57; Prölss/Martin/*Lücke* § 172 Rn. 91; Langheid/Wandt/*Dörner* § 172 Rn. 162, 49.

181 BGH 21.4.2010 VersR **2010** 1023, 1024; OLG Düsseldorf 9.11.2010 RuS **2011** 524, 526.

182 OLG Saarbrücken 30.5.2006 BeckRS **2006** 09220; Langheid/Rixecker/*Rixecker* § 172 Rn. 57.

gleichsbetrachtung jedenfalls realistische Einkommenssteigerungen im bisherigen Beruf zu berücksichtigen.

Eine Einkommensminderung von 7,5 % ist bei einem jährlichen Einkommen von € 20.000,00 bis € 25.000,00 als noch hinnehmbar angesehen worden.[183] Dem kann zugestimmt werden, und zwar sowohl für den oberen als auch den unteren Einkommensbereich. **184**

Das OLG Nürnberg hat eine Einkommensminderung von 18 % bei einem Jahres-Nettoverdienst von € 34.800,00 als akzeptabel angesehen.[184] Das OLG Nürnberg ist allerdings nicht davon ausgegangen, dass es sich bei diesem Einkommen um das Familieneinkommen handelte, weil der VN Derartiges nicht vorgetragen hat. **185**

Das OLG München hat eine Einkommenseinbuße von 21,53 % bei einem Jahres-Nettoeinkommen von € 30.586,32 als nicht mehr hinnehmbar angesehen. Dabei hat das OLG in München ausgeführt, bei diesem Einkommen handele es sich um ein Nettoeinkommen, welches weder nach oben noch nach unten deutlich aus dem Rahmen falle. Unklar ist, ob der Kläger vorgetragen hatte, bei diesem Einkommen handele es sich um das Familieneinkommen. **186**

Eine Einkommenseinbuße von 25 % hat das Landgericht Berlin bei einer Stewardess als akzeptabel angesehen, gleichwohl aus anderen Gründen eine Verweisbarkeit verneint. Dem kann nicht zugestimmt werden. Wer ein Viertel seines Einkommens verliert, muss regelmäßig bei einem mittleren Einkommen auch erhebliche Einschnitte vornehmen.[185] **187**

Im Rahmen der Verweisung eines vormals selbständigen Versicherten darf allerdings nicht schematisch auf betriebswirtschaftliche Abschlüsse wie Bilanzen, Gewinn- und Verlustrechnungen oder einer Überschussrechnung abgestellt werden, da diese nur den steuerlichen/betriebswirtschaftlichen Gewinn des Unternehmens ausweisen. Abschreibungen sind nicht zu berücksichtigten, weil sie nicht mit einem konkreten Liquiditätsabschluss einhergehen. Von großer Bedeutung für die Frage der Vergleichbarkeit ist, in welcher Höhe der Versicherte Entnahmen aus seinem Unternehmen getätigt hat. Diese sind neben die sonstigen Einkünften aus Gewerbebetrieb zu berücksichtigen. **188**

bb) Sonstige Aspekte, die die Wertschätzung für einen Beruf betreffen. Das Einkommen ist allerdings nur ein Element, das im Rahmen der Vergleichsbetrachtung berücksichtigt wird. Eine wesentliche Bedeutung hat auch die Wertschätzung der Tätigkeit. **188a**

So ist die Frage zu beantworten, ob die Tätigkeit, die der Versicherter in gesunden Tagen ausgeübt hat, mit **einem besonderen Ansehen** verbunden war, wie es z.B. regelmäßig bei Arbeitgebern der Fall ist. **189**

Ein **Selbstständiger** kann daher zwar grundsätzlich auch unter dem Gesichtspunkt der Wertschätzung auf die Tätigkeit eines Angestellten verwiesen werden. Ein Angestellter kann dann **grundsätzlich** auch auf eine selbstständige Tätigkeit verwiesen werden. Doch ist **190**

---

[183] Vgl. OLG Saarbrücken 29.10.2008 RuS **2010** 162, 163.

[184] Vgl. OLG Nürnberg 30.4.1998 RuS **1998** 345, 346; auch OLG Karlsruhe 17.12.1993 RuS **1994** 436, 437: 20 %.

[185] So auch OLG Hamm 5.6.1992 VersR **1992** 1338, 1339 für 26,5 % bei einem Monatseinkommen von 3.500 DM brutto; OLG München 22.10.2010, Az.: 25 U 5827/07 bei einem Monatseinkommen von € 2.744,21 netto; OLG Hamm 16.1.2008 RuS **2008** 521 für 28 % bei einem monatlichen Gehalt von € 2.500,00 brutto; BGH 17.6.1998 VersR **1998** 1537, 1538; OLG Saarbrücken 10.1.2001 VersR **2003** 50–52 bei rund 30 %; OLG Köln 16.1.1997 VersR **1993** 955, 956 und OLG Nürnberg 1.12.1988 RuS **1989** 165; OLG Saarbrücken 20.10.1993 VersR **1994** 969, 971 für mehr als 30 %.

zum Beispiel zu berücksichtigen, dass die Tätigkeit eines selbstständigen Handwerksmeisters in der Regel mit einem gesteigerten Ansehen verbunden ist und eine Verweisbarkeit auf eine Tätigkeit als Angestellter deshalb unter Umständen selbst dann ausscheiden kann, wenn es nicht zu einer Einkommenseinbuße gekommen ist. Auch hier sind pauschale Aussagen zu vermeiden, denn welches Ansehen eine bestimmte Berufsgruppe in der Gesellschaft genießt, kann regional sehr unterschiedlich sein. Auch ist genau zu klären, worauf die entgegengebrachte Wertschätzung genau beruht, denn auch die einem Beruf entgegengebrachte Wertschätzung unterliegt einem Wandel.[186]

191 Manche Berufe wie Ärzte und Feuerwehrleute haben nach wie vor ein hohes Ansehen, andere wie Lokführer und Piloten haben an Ansehen zeitweise verloren.[187]

192 Auch die **Besonderheiten im Fall der versicherten Person** sind zu berücksichtigen. Wenn Kundschaft und Bevölkerung dem durch die versicherte Person ausgeübten Beruf eine besondere Achtung entgegengebracht haben, die auch an den konkret ausgeübten Beruf anknüpfte, so ist das im Rahme der Überprüfung, ob Verweisbarkeit vorliegt, zu berücksichtigen.

193 Kommt es demzufolge auf die Wertschätzung bzgl. des durch den Versicherten zuletzt konkret ausgeübten Berufs in der Bevölkerung an, so ist die Frage der Vergleichbarkeit im Zweifel durch einen Sachverständigen zu klären, weil diesbezüglich durchaus **regionale Unterschiede** bestehen können.

194 Eine Verweisung des VN scheitert nicht bereits daran, dass es sich bei dem Beruf, auf den der VR den Versicherten verweisen will, um **keinen Ausbildungsberuf** handelt.[188] Es bedarf auch in dem Fall, dass der VR den VN auf eine Tätigkeit verweisen will, die keine Ausbildung erfordert, einer konkreten Gegenüberstellung der Berufe. Diese Rechtsauffassung ist in der Rechtsprechung durchaus kritisch gesehen worden.

195 So hat das OLG Braunschweig durch Urteil vom 14.6.1999[189] die Verweisung eines „**Gelernten**" auf eine Tätigkeit, die keine Ausbildung erfordert, mit der Begründung abgelehnt, die Verweisung auf einen Beruf, der keine Ausbildung erfordere, komme nicht Betracht, weil damit ein Abstieg in der sozialen Wertschätzung des VN verbunden wäre. Dabei bezieht sich das OLG Braunschweig u.a. auf ältere Urteile des BGH.[190] Durch Urteil vom 22.9.1993 hatte der BGH die Zulässigkeit der Verweisung eines Versicherten, der zwar die Gesellenprüfung nicht abgelegt habe, jedoch jahrelang tatsächlich als Kfz-Mechaniker tätig war und dabei wie ein Geselle entlohnt wurde, auf Tätigkeiten, die nur ein Anlernen oder nicht einmal dieses erfordern, für unzulässig gehalten. Durch Urteil vom 27.5.1992[191] hatte der BGH noch ausgeführt, dass derjenige, der in einem Anlernberuf Berufserfahrung gewonnen habe, die ihm eine über reine Handlangerdienste hinausgehende qualifizierte oder selbständige Arbeit erlaube, nicht auf einen Beruf als Hilfsarbeiter verwiesen werden könne.

196 Das Kammergericht hat durch Urteil vom 13.6.1995[192] sogar gemeint, ein erfahrener, gelernter Kfz-Lackierer könne auf die Tätigkeit als Lagerverwalter/Lagerarbeiter verwie-

186 Vgl. http://www.faz.net/aktuell/wirtschaft/wirtschaftspolitik/wie-sich-das-ansehen-verschiedener-berufe-aendert-13785696.html, abgerufen am 25.7.2017.

187 Vgl. http://www.faz.net/aktuell/wirtschaft/wirtschaftspolitik/wie-sich-das-ansehenverschiedener-berufe-aendert-13785696.html, abgerufen am 25.7.2017.

188 Vgl. BGH 21.4.2010 BeckRS **2010** 11483; Looschelders/Pohlmann/*Klenk* § 172 Rn. 51; Prölss/Martin/*Lücke* § 172 Rn. 99; Langheid/Rixecker/*Rixecker* § 172 Rn. 51.

189 Vgl. OLG Braunschweig 14.6.1999 RuS **2001** 215.

190 Z.B. BGH 22.9.1993 RuS **1993** 478.

191 BGH 27.5.1992 RuS **1992** 353, 354.

192 KG 13.6.1995 RuS **1996** 241, 242.

sen werden, die in der Öffentlichkeit keine geringere soziale Wertschätzung genieße und in der er nicht weniger verdiene. Gleiches gelte für einen Fachverkäufer in einem Fachmarkt oder in einem Bau- oder Heimwerkermarkt.

In der Literatur wird zu Recht auf das **Erfordernis einer Gesamtbetrachtung** hingewiesen. Ein sozialer Abstieg müsse vermieden werden.[193] Soweit allerdings zum Teil vertreten wird, es komme nicht auf die individuelle Wertschätzung an, die sich der Betroffene konkret erworben habe, sondern auf das Ansehen, das der Beruf jedem verleiht, der ihn ausübt[194], ist dem in dieser Allgemeinheit aus den oben erwähnten Gründen nicht zuzustimmen. **197**

Wenn, wie der BGH fordert, eine konkrete Betrachtung der individuellen Verhältnisse zu erfolgen hat, so bezieht sich diese konkrete Betrachtung auch auf die individuelle Wertschätzung, die sich der Betroffene konkret erworben hat. Dies gilt nicht nur für den zuletzt durch den Versicherten konkret ausgeübten Beruf, sondern auch für den Fall einer konkreten Verweisung, bei dem der Versicherte eine bestimmte Tätigkeit konkret ausübt. Anders mag es allenfalls bei der Beantwortung der Frage sein, ob eine vom VN nicht konkret ausgeübte Tätigkeit im Rahmen einer sogenannten abstrakten Verweisung als Verweisungsberuf in Betracht kommt. **198**

Einigkeit besteht in der Literatur darüber, dass im Rahmen der Vergleichsbetrachtung zu überprüfen ist, welche Kenntnisse und Fähigkeiten ein Beruf erfordert, welche Ausbildung für eine bestimmte Tätigkeit erforderlich ist, welches Ansehen eine bestimmte Tätigkeit genießt, mit welcher Verantwortlichkeit der Beruf verbunden war und in welchem Rahmen auch selbständige Entscheidungskompetenzen auf Seiten des Versicherten bestanden.[195] Die soziale Wertschätzung des Versicherten darf sich durch eine Tätigkeit in einem Verweisungsberuf nicht spürbar verschlechtern.[196] Dies spricht dafür, dass sich ein Versicherter, der zuletzt in einem Lehrberuf tätig war, sich grundsätzlich nicht auf eine Berufstätigkeit verweisen lassen muss, für die keine Ausbildung erforderlich ist.[197] Eine Ausbildung belegt, zu welchen Tätigkeiten der Versicherte aufgrund abgelegter Prüfungen befähigt ist. Mit dem erfolgreichen Absolvieren einer Ausbildung ist demzufolge in der Regel ein gesteigertes Sozialprestige verknüpft. Ungelernte Tätigkeiten sind demgegenüber regelmäßig nicht mit einem besonderen Prestige verknüpft, zumal die Tätigkeit in bestimmten Berufen häufig das Absolvieren einer bestimmten Ausbildung voraussetzt, demzufolge Personen, die eine solche Ausbildung nicht aufweisen, verschlossen ist. Aus diesem Grunde scheidet grundsätzlich die Verweisung eines VN, der in einem Beruf tätig war, der die erfolgreiche Absolvierung einer bestimmten Ausbildung voraussetzt und eine solche Ausbildung tatsächlich absolviert hat, auf eine ungelernte Tätigkeit aus.[198] **199**

Selbst ein „Ungelernter" kann möglicherweise nicht auf eine andere ungelernte Tätigkeit verwiesen werden, wenn sich der Ungelernte in seinem Beruf durch **qualifizierte und zuverlässige Arbeit** ein Ansehen „erarbeitet hat", welches üblicherweise einer Person ent- **200**

---

193 Vgl. OLG Hamm 8.3.2000 VersR **2001** 1411, 1412; *Neuhaus* H IV 3 Rn. 97; Looschelders/Pohlmann/*Klenk* § 172 Rn. 50; Langheid/Wandt/*Dörner* § 172 Rn. 160.

194 Vgl. *Neuhaus* H IV 3 Rn. 91; Langheid/Wandt/*Dörner* § 172 Rn. 172; Looschelders/Pohlmann/*Klenk* § 172 Rn. 57.

195 Vgl. *Neuhaus* H IV 3 Rn. 97; Beck OK-VVG/*Marlow/Spuhl* § 172 Rn. 64ff.; Prölss/Martin/*Lücke* § 172 Rn. 84. Looschelders/Pohlmann/*Klenk* § 172 Rn. 57; Langheid/Wandt/*Dörner* § 172 Rn. 156.

196 Vgl. Langheid/Wandt/*Dörner* § 172 Rn. 172; Prölss/Martin/*Lücke* § 172 Rn. 98; HK VVG/*Mertens* § 172 Rn. 72.

197 So auch Langheid/Wandt/*Dörner* § 172 Rn. 173; Langheid/Rixecker/*Rixecker* § 172 Rn. 52.

198 So auch Langheid/Rixecker/*Rixecker* § 172 Rn. 52; Langheid/Wandt/*Dörner* § 172 Rn. 173.

gegengebracht wird, die in einem Ausbildungsberuf arbeitet. Dies darzulegen ist Sache des VN, da der VR über die individuelle Situation des VN an seinem vormaligen Arbeitsplatz regelmäßig nicht informiert ist.

201 Diese gegenüber einem sonstigen „Ungelernten" herausgehobene Position muss sich nicht zwangsläufig auch in der Vergütung des VN niedergeschlagen haben. Zwar wird sich ein gesteigertes Ansehen eines Arbeitnehmers regelmäßig auch in einer **höheren Vergütung** als üblich niederschlagen, doch muss eine auch so erhöhte Vergütung nicht zwingend dieselbe Höhe haben wie bei einem „ausgebildeten" Mitarbeiter. Häufig ist einem Arbeitgeber ein derartiges Anheben der Vergütung aufgrund des in dem Unternehmen bestehenden Gehaltsgefüges nicht möglich, ohne dass damit aber ein geringeres Ansehen des VN verbunden ist.

202 Im Rahmen einer konkreten Verweisung ist es allerdings durchaus möglich, einen Versicherten, der vormals in einem Ausbildungsberuf gearbeitet hat, auf eine ungelernte Tätigkeit zu verweisen. Dies kommt dann in Betracht, wenn der Versicherte **„ausbildungsfremd"** durch seinen Arbeitgeber eingesetzt wird, er aber diese konkrete Tätigkeit nur aufgrund seines Ansehens, welches er sich im Rahmen seiner vormaligen Tätigkeit erarbeitet hat, ausüben kann. Auch hier ist demzufolge eine Betrachtung des konkreten Einzelfalles erforderlich.

203 cc) **Die Rechtsprechung hat zulässige Verweisungen in folgenden Fällen bejaht:** Beim **Bäcker und Konditormeister** kann auf die konkret ausgeübte Tätigkeit eines städtischen Vollziehungsbeamten verwiesen werden.[199] Ein Bäckermeister mit zehn Angestellten und einem Jahresumsatz von 1 Mio. DM, der im Unternehmen aktiv mitgearbeitet hat, kann auf die kaufmännische Leitung seines Betriebs verwiesen werden.[200] Anders ist es bei einem selbständigen Bäcker mit einem kleineren Betrieb und Laufkundschaft.[201]

204 Ein **Bauunternehmer**, der aktiv im Unternehmen körperlich mitgearbeitet hat, kann auf die Unternehmensleitung nebst Übernahme der Aufsicht und kaufmännischer Tätigkeiten verwiesen werden.[202] Ein Fenster- und Türenmonteur, der als Subunternehmer nach Art eines Scheinselbständigen tätig gewesen ist, kann auf die konkret ausgeübte Tätigkeit als Mitarbeiter in einer Druckerei verwiesen werden.[203] Ein Bauzeichner kann auf die Tätigkeit als angestellter Bauleiter verwiesen werden.[204]

205 Die **Inhaberin eines Kosmetiksalons** kann auf die Tätigkeit als Fachberaterin in einem Kosmetikgeschäft wie z. B. ein Drogeriemarkt verwiesen werden.[205]

206 Ein **Kfz-Meister** mit einer Ein-Mann-Reparaturwerkstatt kann auf die Tätigkeit als Kfz-Meister in einer größeren Kfz-Werkstatt oder beim TÜV verwiesen werden.[206]

207 Ein **Landwirt** kann auf die Tätigkeit eines Verwalters eines landwirtschaftlichen Betriebes, Warenkontrolleurs oder Fachberaters oder eines Siloverwalters verwiesen werden.[207]

---

199 Vgl. OLG Köln 20.6.1991 VersR **1991** 1362, 1363.

200 LG Koblenz 5.3.1987 VersR **1988** 1283.

201 Vgl. OLG Hamm 20.9.1992 NJW-RR **1993** 540; OLG Frankfurt 20.10.1998 RuS **2000** 434, 435.

202 Vgl. OLG Köln 15.11.1990 VersR **1992** 1079, 1080; auch OLG Köln 3.6.1993 VersR **1994** 1096, 1097 und BGH 3.11.1993 NJW-RR **1994** 153; OLG Dresden 11.5. 1999 VersR **2000** 1222, 1223.

203 Vgl. OLG Hamm 8.3.2000 VersR **2001** 1411, 1412.

204 Vgl. OLG Köln 2.3.1988 RuS **1988** 212.

205 Vgl. OLG Karlsruhe 6.10.1993, Az.: 13 O 52/92 n.V.

206 Vgl. OLG Köln 15.9.1988 RuS **1989** 234.

207 Vgl. LG Paderborn 31.5.1990 VersR **1992** 1080.

Ein Landwirt kann auf die Tätigkeit als Pförtner oder Registrator verwiesen werden.[208] Diese Entscheidung ist allerdings zweifelhaft, da es sich üblicherweise bei den Tätigkeiten eines Pförtners oder eines Registrators um Schonarbeitsplätze handelt.

Ein **Pumpenbauer/ Pumpenmonteur** kann auf die konkret ausgeübte Tätigkeit als Hausmeister verwiesen werden.[209] Ein **Stuckateurmeister** kann auf die Tätigkeit als technischer Angestellter für Stuckarbeiten verwiesen werden.[210] Ein **Taxiunternehmer** kann auf die Tätigkeit eines Inhabers einer Videothek verwiesen werden.[211] **208**

Ein **Versicherungsvermittler** im Außendienst kann auf die Tätigkeit im Innendienst verwiesen werden.[212] **209**

Ein **Zimmermannsmeister,** der überwiegend handwerklich und körperlich tätig war, kann nach der Rechtsprechung als Geschäftsführer oder Leiter eines Zimmereibetriebs als Verkaufs- oder Abteilungsleiter einer Holzhandlung bzw. einer entsprechenden Abteilung eines Baumarktes oder einer Fertighausfirma arbeiten.[213] Die Entscheidung ist, jedenfalls soweit die Verweisbarkeit auf eine Tätigkeit als Abteilungsleiter in einem Baumarkt bejaht worden ist, zweifelhaft, da den Mitarbeitern eines Baumarkts, der üblicherweise durch Selbstbedienung geprägt wird, in der Regel nicht dieselbe Wertschätzung entgegengebracht wird, wie einem selbständigen Zimmermannsmeister. **210**

Ein **angestellter Schreiner** kann auf den Beruf eines selbständigen Immobilienkaufmanns verwiesen werden.[214] Ein **Lkw-Fahrer** kann auf den Beruf eines Verwaltungsfachangestellten verwiesen werden.[215] Ein **Rettungsassistent** kann auf die Tätigkeit eines Restaurantmeisters verwiesen werden.[216] **211**

Eine **Kriminalkommissaranwärterin** kann auf den Beruf einer Mitarbeiterin des gehobenen Dienstes im Angestelltenverhältnis verwiesen werden.[217] Ein Programmierer kann nicht auf Umorganisation eines Ein-Mann-Betriebes durch Einstellung weiterer Mitarbeiter verwiesen werden, wenn dieses Unternehmen auf seine Person zugeschnitten ist.[218] **212**

dd) Die Rechtsprechung hat in folgenden Fällen eine Verweisbarkeit verneint: Ein **Bäckermeister** kann nicht auf eine nur aufsichtsführende oder eine Tätigkeit wie z.B. Leiter einer Backstube oder Backmeister in der Backindustrie verwiesen werden.[219] Eine Bäckermeisterin kann nicht auf die Tätigkeit einer Bäckereifachverkäuferin verwiesen werden.[220] Ein Bäckermeister kann nicht auf die Tätigkeit als Hilfsarbeiter in einem Stahlwerk verwiesen werden.[221] Der Inhaber eines Unternehmens, das sich mit mechanischer Bearbei- **213**

---

208 Vgl. LG Paderborn 28.7.1994, Az.: 3 O 182/94 n.V.
209 Vgl. OLG Köln 11.3.1993 RuS **1993** 357, 358.
210 Vgl. LG Nürnberg 8.4.1997, Az.: 5 O 5418/94 n.V.
211 Vgl. OLG Düsseldorf 4.4.2000 VersR **2001** 1411.
212 Vgl. OLG Saarbrücken 8.1.2003 VersR **2004** 54; LG Nürnberg 9.12.1993, Az.: 4 O 7781/92 n.V.; OLG Saarbrücken 28.6.6, Az.: 5 U 52/06.
213 Vgl. OLG Koblenz 1.7.1988, Az.: 12 U 729/88 n.V.
214 Vgl. OLG Koblenz 4.3.2011 VersR **2012** 85, 87.
215 Vgl. OLG Saarbrücken 29.10.2008 RuS **2010** 162.
216 Vgl. LG Aurich 31.5.2011, Az.: 3 O 724/10.
217 Vgl. LG Halle 24.1.2011, Az.: 5 O 1279/09.
218 Vgl. OLG Koblenz 27.3.2009, Az.: 10 U 1307/07; vgl. aber OLG Celle 21.8.1991 VersR **1998** 441, 442 zur Umorganisation eines Restaurants durch Beschäftigung weiterer Hilfskräfte und OLG Koblenz 29.11. 2003 NJW-RR **2003** 682 zur Umorganisation eines Architektenbüros, das von dem besonderen Fachwissen des Architekten lebt.
219 Vgl. OLG Düsseldorf 20.8.1997 VersR **1998** 1408.
220 Vgl. OLG Frankfurt 14.1.1998 VersR **1999** 352.
221 Vgl. LG Hamburg 16.4.1974, Az.: 1 O 211/73 n.V.

tung (Dreher) beschäftigt, kann nicht auf eine Tätigkeit als Werkstattleiter, Verkäufer oder Außendienstmitarbeiter verwiesen werden.[222]

214 Eine **Friseurmeisterin** kann nicht auf eine Tätigkeit als Fachbearbeiterin für Friseurbedarf, Kosmetik und Körperpflege verwiesen werden.[223]

215 Der Inhaber eines Betriebs für **Garten- und Landschaftsplanung** sowie Gartenbautechnik kann nicht auf die Tätigkeit als angestellter Gartenbauingenieur verwiesen werden.[224]

216 Ein selbständiger **Gas- und Wasserinstallateurmeister** kann selbst dann nicht auf die Tätigkeit als Hausmeister verwiesen werden, wenn es sich um einen Ein-Mann-Betrieb handelte und er als Hausmeister eine große Wohnanlage zu betreuen hat.[225]

217 Ein Getränkegroßhändler und **gelernter Gerber** kann nicht auf eine Tätigkeit als Lager-, Magazinverwalter oder Kraftfahrer verwiesen werden.[226]

218 Ein **Gipsermeister**, der als Geschäftsführer einer GmbH fungierte, tatsächlich aber nur als Gipsermeister arbeitete, kann nicht auf die Tätigkeit als Geschäftsführer einer Bauträgergesellschaft verwiesen werden.[227]

219 Ein selbständiger **Kurierfahrer** kann nicht auf eine Tätigkeit als Disponent oder Versandsachbearbeiter verwiesen werden.[228] Der Inhaber einer Wasserpraxis mit einer angestellten Krankengymnastik kann nicht auf den Beruf eines Physiotherapeuten, Sachbearbeiters in der Abrechnung bei einer Krankenkasse verwiesen werden.[229]

220 Der **Inhaber einer Pizzeria** kann nicht auf die Tätigkeit eines Geschäftsführers in einem größeren Gaststättenbetrieb verwiesen werden.[230]

221 Ein **Ausbeiner** kann nicht auf die Tätigkeit eines Fleischers oder Metzgers in einem mittleren Fleischbetrieb, eines Qualitäts- oder Warenkontrolleurs in einem Schlachthof verwiesen werden.[231]

222 Ein **Busfahrer** kann nicht auf die Tätigkeit eines Lagerarbeiters in einem Verkehrsbetrieb verwiesen werden.[232]

223 Ein **Fliesenleger** kann nicht auf den Beruf eines Baustoffberaters verwiesen werden.[233] Ein Gas- und Wasserinstallateurgeselle kann nicht auf die Tätigkeit eines technischen Auftragssachbearbeiters im Gas- und Wasserinstallationshandwerk verwiesen werden.[234] Ein Isolierhelfer kann nicht auf die Tätigkeit als Mitarbeiter in einem Callcenter verwiesen werden.[235]

---

222 Vgl. OLG Düsseldorf 11.02.1992, Az.: 4 O 57/91 n.V.

223 Vgl. OLG Düsseldorf 9.8.1995 NJW-RR **1996** 218; OLG Oldenburg 3.5.2017, Az.: 5 U 67/14 n.V.: Verweisbarkeit einer angestellten Friseurmeisterin auf eine Tätigkeit als Verkäuferin in einem Fachgeschäft für Friseurartikel verneint. Vgl. aber auch OLG Karlsruhe 3.4.2008 RuS **2009** 120 zur Verweisbarkeit einer Friseurmeisterin, die in einem Kleinbetrieb gearbeitet hat und halbschichtig als Rezeptionistin tätig ist.

224 Vgl. OLG Düsseldorf 29.9.1998 RuS **1999** 521, 522.

225 Vgl. OLG Celle 19.1.2005 RuS **2006** 513, 514.

226 Vgl. OLG Karlsruhe 15.1.1992 VersR **1993** 873, 874.

227 Vgl. OLG Karlsruhe 7.10.1993 RuS **1995** 235, 236.

228 Vgl. OLG Frankfurt 30.10.1996, Az.: 7 O 197/95 n.V.

229 Vgl. KG 7.6.2002 VersR **2003** 491, 493.

230 Vgl. OLG Frankfurt 28.8.2002 VersR **2003** 230, 231.

231 Vgl. OLG Saarbrücken 20.10.1993 VersR **1994** 969, 970.

232 Vgl. LG Bremen 28.6.1990 RuS **1991** 34, 35.

233 Vgl. AG Montabaur 5.6.1984, Az.: 15 C 98/84 n.V.

234 Vgl. OLG Hamm 19.1.1996 RuS **1996** 505.

235 Vgl. OLG Hamm 16.1.2008 VersR **2008** 949.

Ein **Kfz-Meister** kann nicht auf die Tätigkeit eines Kfz-Meisters für Kundendienstbetreuung oder Lagermeisters verwiesen werden.[236] 224

Ein **Koch** kann nicht auf die Tätigkeit als Ernährungsberater oder Leiter einer größeren Kantine verwiesen werden.[237] Diese Entscheidung ist zweifelhaft. Ein Koch aus ländlicher Gegend kann nicht auf die Tätigkeit als Diätkoch oder Koch in einem vegetarischen Restaurant verwiesen werden.[238] Diese Entscheidung ist zweifelhaft angesichts des Umstandes, dass auch ein gewisses Maß an Umorganisation dem Berufsausübenden zugemutet werden kann. 225

Ein **Kraftfahrer** kann nicht auf die Tätigkeit eines Pförtners mit Telefondienst verwiesen werden.[239] 226

Ein **Kreditkundenbetreuer** kann mangels Kenntnis und Erfahrung nicht auf die Tätigkeit eines Kreditsachbearbeiters verwiesen werden.[240] Ein Restaurantfachmann kann nicht auf die Tätigkeit als Kassierer in einem Selbstbedienungsrestaurant verwiesen werden.[241] 227

Ein **Schreiner** kann nicht auf den Beruf eines Gehäusebauers verwiesen werden.[242] Ein Zimmermanngeselle kann nicht auf die Tätigkeit eines Berufskraftfahrers oder Lageristen verwiesen werden.[243] 228

Die Entscheidung zeigen, dass stets eine Überprüfung der den Einzelfall prägenden Umstände stattzufinden hat. Dazu gehören nicht nur das persönliche Umfeld der versicherten Person, sondern auch die regionalen Besonderheiten. 229

Ob eine Verweisung auf eine Tätigkeit in Betracht kommt, die der Versicherte nur ausüben kann, wenn der Arbeitsplatz **behindertengerecht** ausgestattet wird, ist umstritten. Nach teilweiser Auffassung scheidet dies nach Treu und Glauben aus.[244] Unberücksichtigt bleibt hierbei allerdings, dass der Versicherte gegen seinen Arbeitgeber grundsätzlich einen Anspruch auf einen leidensgerechten Arbeitsplatz hat. Diesen geltend zu machen, kann von dem Versicherten verlangt werden. Wenn der Arbeitsplatz nicht behindertengerecht ausgestattet werden kann, was durch den Versicherten darzulegen und zu beweisen ist, scheidet eine Verweisbarkeit aus. 230

Ob und wenn ja dem VN ein **Pendeln** oder generell eine Tätigkeit in einer **größeren Entfernung vom Wohnort** zugemutet werden kann, ist eine Frage des Einzelfalls. Hierbei kann die Art des Berufs eine Rolle spielen.[245] 231

Einen allgemeinen Grundsatz, dass der Versicherte nicht auf eine Vergleichstätigkeit verwiesen werden kann, die er nur im Ausland ausüben könnte, gibt es nicht.[246] Auch dies ist eine Frage des Einzelfalls. Ist die Ausübung einer Tätigkeit im Ausland vor allen Dingen in der EU problemlos möglich, weil z.B. der Versicherte im Grenzgebiet wohnt, so scheidet 232

---

236 Vgl. OLG Koblenz 12.12.1997 RuS **1999** 346.

237 Vgl. OLG Karlsruhe 18.3.1999 VersR 2000 1488.

238 Vgl. OLG Düsseldorf 22.12.1999, Az.: 4 U 203/98.

239 Vgl. OLG Karlsruhe 15.12.1994 VersR **1995** 1341, 1342.

240 Vgl. LG Frankfurt 10.12.1985, Az.: 2/26 O 253/85 n.V.

241 Vgl. LG Rottweil 30.7.1990 VersR **1991** 169, 170.

242 Vgl. OLG Koblenz 29.9.2000 VersR **2002** 557.

243 Vgl. OLG Braunschweig 14.6.1999 VersR **2000** 620.

244 Vgl. OLG Koblenz 29.9.2000 VersR **2002** 557, 558; Prölss/Martin/*Lücke* § 2 BuVAB Rn. 79.

245 OLG Saarbrücken 10.1.2001 RuS **2002** 301; *Neuhaus* H VII Rn. 186; Looschelders/Pohlmann/*Klenk* § 172 Rn. 49; Langheid/Rixecker/*Rixecker* § 172 Rn. 59.

246 Vgl. andere Auffassung Prölss/Martin/*Lücke* § 2 BuVAB Rn. 70.

eine Verweisbarkeit auf eine Tätigkeit im Ausland nicht automatisch aus. Sind hingegen größere und kostenträchtige Anfahrtswege zu bewältigen oder muss der Versicherte gar im Ausland seinen Wohnsitz nehmen, scheidet eine Zumutbarkeit regelmäßig aus.

233 Im Übrigen wird man bei der Frage, welche Pendelzeiten zumutbar sind, auch den mit dem Pendeln verbundenen finanziellen Aufwand berücksichtigen müssen. Bei geringen Einkommen werden Tätigkeiten ausscheiden, die so hohe Kosten verursachen, dass der Versicherte nur noch für die Erwirtschaftung der Fahrtkosten arbeitet.

234 **3. Darlegungs- und Beweislast.** Da der VN darlegungs- und beweisbelastet für den Eintritt des Versicherungsfalls ist, hat er zumindest **summarisch** vorzutragen, dass er auch keine andere Tätigkeit im Sinne von § 172 Abs. 3 VVG ausüben kann.[247]

235 Etwas anderes gilt bei einer **konkreten** Verweisung. Da der Versicherte hier die Tätigkeit bereits ausübt, muss er, wenn sich der VR auf das Vorliegen einer konkreten Verweisung beruft, substantiiert vortragen und beweisen, dass er und warum er diese Tätigkeit nicht ausüben kann oder warum sie sonst dem bedingungsgemäßen Anforderungen einer Vergleichstätigkeit nicht genügt.[248]

236 Auf diese Besonderheit muss ihn das Gericht gem. § 139 ZPO hinweisen.[249] Hintergrund ist, dass im Fall der konkreten Verweisung der Versicherte selbst am besten weiß, wie die berufliche Tätigkeit, auf die er verwiesen werden soll, beschaffen ist und mit welchen Anforderungen sie verbunden ist.

IV. Prognose fehlender Besserung

237 § 2 Abs. 2 trägt dem Umstand Rechnung, dass es dem VN oft Schwierigkeiten bereitet, nachzuweisen, dass er voraussichtlich dauernd außerstande ist, seinem **zuletzt in gesunden Tagen ausgeübten Beruf** nachzugehen. § 2 Abs. 2 enthält daher eine **unwiderlegliche Vermutung,** dass die Prognose fehlender Besserung gestellt werden kann, wenn der Zustand des Versicherten ununterbrochen sechs Monate lang bestanden hat und andauert.[250]

238 Dem VR steht es allerdings frei, sowohl den vorgetragenen Zustand als auch dessen Dauer zu bestreiten.[251] Der VN hat in diesem Fall dann auch die tatsächlichen Voraussetzungen der Prognose zu **beweisen.** Greift die unwiderlegliche Vermutung ein, so tritt der Versicherungsfall gleichwohl erst nach sechs Monaten ein.[252]

239 Die Beteiligten können vereinbaren, dass die Fiktion auch **Rückwirkung** hat. Allerdings ist eine solche Klausel in diesem Fall nicht dahingehend auszulegen, dass der Anspruch des VN wegen mitgebrachter Berufsunfähigkeit ausgeschlossen ist, wenn bei dem VN wegen einer kurz vor Antragstellung aufgetretenen Krankheit noch keine Diagnose einer Berufsunfähigkeit nach Abs. 1 gestellt werden kann, der Erkrankungszustand dann

247 Vgl. BGH 11.11.1987 VersR **1988** 234, 236; BGH 30.5.1990 VersR **1990** 885, 886; BGH 28.9.1994 RuS **1995** 78; Looschelders/Pohlmann/*Klenk* § 172 Rn. 88; Prölss/Martin/*Lücke* § 172 Rn. 116.

248 BGH 12.0.2000 VersR **2000** 349, 350; BGH 30.11.1994 VersR **1995** 159, 160; BGH 23.6.1999 RuS **1999** 477; OLG Bremen 18.5.2009 VersR **2009** 1605, 1606; OLG Düsseldorf 4.4.2000 NVersZ **2001** 359; OLG Frankfurt 17.3.1999 NVersZ **2000** 270; OLG Koblenz 14.6.1996 VersR **1997** 688; HK VVG/*Mertens* § 172 Rn. 81.

249 Vgl. BGH 12.1.2000 VersR **2000** 349, 350; Looschelders/Pohlmann/*Klenk* § 172 Rn. 89.

250 Vgl. BGH 20.6.2007 RuS **2008** 30; BGH 15.1.1992 VersR **1992** 1118.

251 Vgl. BGH 27.9.1989 NJW-RR **1990** 31; BGH 15.1.1992 VersR **1992** 1118.

252 Vgl. OLG Celle 4.5.2006 VersR **2006** 1201.

aber über den Vertragsbeginn hinaus fortdauert und eine Berufsunfähigkeit begründet.[253] Regelmäßig beabsichtigen die Parteien nämlich mit der Vereinbarung einer solchen Rückwirkung eine Besserstellung des VN, nicht aber eine den VR schützende Regelung. Dem VN den Versicherungsschutz wegen mitgebrachter Berufsunfähigkeit zu versagen, hätte zur Folge, dass jede Erkrankung des VN, die dem Grunde nach bereits bei Vertragsschluss bestand, und nicht mit der Prognose der Berufsunfähigkeit zu verknüpfen war, nachträglich zum Wegfall des Versicherungsschutzes wegen Vorvertraglichkeit führen würde. Der VR ist ausreichend durch die Regelungen über die vorvertragliche Anzeigeobliegenheit geschützt, eine dem VN bekannte Erkrankung wäre gegenüber dem VR anzugeben. Wenn der VR das Risiko dann gleichwohl zeichnet, bedarf er keines Schutzes vor mitgebrachter Berufsunfähigkeit.

Der Anspruch endet mit Ablauf des Monats, in dem Berufsunfähigkeit endet, sofern die **240** Versicherungsbedingungen nichts anderes regeln, wie zum Beispiel in § 9 AVB BU[254] Es ist in diesem Zusammenhang daher nicht erforderlich, dass sich die Prognose eines „sechsmonatige Außerstandeseins“ nicht mehr erstellen lässt, ausreichend und entscheidend ist, dass die Berufsunfähigkeit endet.

V. Berufsunfähigkeit infolge Pflegebedürftigkeit

Berufsunfähigkeit kann auch infolge Pflegebedürftigkeit vorliegen. Der Begriff der Pfle- **240a** gebedürftigkeit ist nur anhand der in den AVB BU vorgenommenen Definitionen zu überprüfen, nicht aber anhand der Vorgaben des SGB XI. Dort ist die Pflegebedürftigkeit in § 14 SGB XI wie folgt geregelt:

(1) Pflegebedürftig im Sinne dieses Buches sind Personen, die gesundheitlich bedingte Beeinträchtigungen der Selbständigkeit oder der Fähigkeiten aufweisen und deshalb der Hilfe durch andere bedürfen. Es muss sich um Personen handeln, die körperliche, kognitive oder psychische Beeinträchtigungen oder gesundheitlich bedingte Belastungen oder Anforderungen nicht selbständig kompensieren oder bewältigen können. Die Pflegebedürftigkeit muss auf Dauer, voraussichtlich für mindestens sechs Monate, und mit mindestens der in § 15 festgelegten Schwere bestehen.

(2) Maßgeblich für das Vorliegen von gesundheitlich bedingten Beeinträchtigungen der Selbständigkeit oder der Fähigkeiten sind die in den folgenden sechs Bereichen genannten pflegefachlich begründeten Kriterien:

1. Mobilität: Positionswechsel im Bett, Halten einer stabilen Sitzposition, Umsetzen, Fortbewegen innerhalb des Wohnbereichs, Treppensteigen;

2. kognitive und kommunikative Fähigkeiten: Erkennen von Personen aus dem näheren Umfeld, örtliche Orientierung, zeitliche Orientierung, Erinnern an wesentliche Ereignisse oder Beobachtungen, Steuern von mehrschrittigen Alltagshandlungen, Treffen von Entscheidungen im Alltagsleben, Verstehen von Sachverhalten und Informationen, Erkennen von Risiken und Gefahren, Mitteilen von elementaren Bedürfnissen, Verstehen von Aufforderungen, Beteiligen an einem Gespräch;

3. Verhaltensweisen und psychische Problemlagen: motorisch geprägte Verhaltensauffälligkeiten, nächtliche Unruhe, selbstschädigendes und autoaggressives Verhalten, Beschädigen von Gegenständen, physisch aggressives Verhalten gegenüber anderen

---

[253] Vgl. OLG Celle 4.5.2005 RuS **2006** 162.

[254] Vgl. OLG Düsseldorf 8.12.1998 RuS **1998** 431.

Personen, verbale Aggression, andere pflegerelevante vokale Auffälligkeiten, Abwehr pflegerischer und anderer unterstützender Maßnahmen, Wahnvorstellungen, Ängste, Antriebslosigkeit bei depressiver Stimmungslage, sozial inadäquate Verhaltensweisen, sonstige pflegerelevante inadäquate Handlungen;

4. Selbstversorgung: Waschen des vorderen Oberkörpers, Körperpflege im Bereich des Kopfes, Waschen des Intimbereichs, Duschen und Baden einschließlich Waschen der Haare, An- und Auskleiden des Oberkörpers, An- und Auskleiden des Unterkörpers, mundgerechtes Zubereiten der Nahrung und Eingießen von Getränken, Essen, Trinken, Benutzen einer Toilette oder eines Toilettenstuhls, Bewältigen der Folgen einer Harninkontinenz und Umgang mit Dauerkatheter und Urostoma, Bewältigen der Folgen einer Stuhlinkontinenz und Umgang mit Stoma, Ernährung parenteral oder über Sonde, Bestehen gravierender Probleme bei der Nahrungsaufnahme bei Kindern bis zu 18 Monaten, die einen außergewöhnlich pflegeintensiven Hilfebedarf auslösen;

5. Bewältigung von und selbständiger Umgang mit krankheits- oder therapiebedingten Anforderungen und Belastungen:

a) in Bezug auf Medikation, Injektionen, Versorgung intravenöser Zugänge, Absaugen und Sauerstoffgabe, Einreibungen sowie Kälte- und Wärmeanwendungen, Messung und Deutung von Körperzuständen, körpernahe Hilfsmittel,

b) in Bezug auf Verbandswechsel und Wundversorgung, Versorgung mit Stoma, regelmäßige Einmalkatheterisierung und Nutzung von Abführmethoden, Therapiemaßnahmen in häuslicher Umgebung,

c) in Bezug auf zeit- und technikintensive Maßnahmen in häuslicher Umgebung, Arztbesuche, Besuche anderer medizinischer oder therapeutischer Einrichtungen, zeitlich ausgedehnte Besuche medizinischer oder therapeutischer Einrichtungen, Besuch von Einrichtungen zur Frühförderung bei Kindern sowie

d) in Bezug auf das Einhalten einer Diät oder anderer krankheits- oder therapiebedingter Verhaltensvorschriften;

6. Gestaltung des Alltagslebens und sozialer Kontakte: Gestaltung des Tagesablaufs und Anpassung an Veränderungen, Ruhen und Schlafen, Sichbeschäftigen, Vornehmen von in die Zukunft gerichteten Planungen, Interaktion mit Personen im direkten Kontakt, Kontaktpflege zu Personen außerhalb des direkten Umfelds.

(3) Beeinträchtigungen der Selbständigkeit oder der Fähigkeiten, die dazu führen, dass die Haushaltsführung nicht mehr ohne Hilfe bewältigt werden kann, werden bei den Kriterien der in Absatz 2 genannten Bereiche berücksichtigt.

241 **1. Pflegebedürftigkeit als Voraussetzung für den Eintritt des Versicherungsfalls.** Gemäß § 2 Abs. 4 der Musterbedingungen liegt eine Berufsunfähigkeit infolge Pflegebedürftigkeit vor, wenn die versicherte Person infolge Krankheit, Körperverletzung oder mehr als altersentsprechenden Kräfteverfalls, die ärztlich nachzuweisen sind, voraussichtlich auf Dauer für die in § 2 Abs. 6 genannten gewöhnlichen und regelmäßig wiederkehrenden Verrichtungen im Ablauf des täglichen Lebens täglich der Hilfe einer anderen Person bedarf. Entscheidend ist demzufolge nicht, dass die Pflegebedürftigkeit bestimmte Auswirkungen auf die Fähigkeit hat, dem zuletzt in gesunden Tagen ausgeübten Beruf nachzugehen. Tatsächlich wird aber in denjenigen Fällen, in denen Pflegebedürftigkeit vorliegt, regelmäßig auch eine Berufsunfähigkeit im üblichen Sinne vorliegen.

242 Durch die Klarstellung in den Versicherungsbedingungen ist eindeutig, dass die Pflege nicht von einer dafür qualifizierten Person ausgeübt werden muss. Erforderlich ist auch nicht, dass der Versicherte von einer hauptberuflich pflegerisch tätigen oder auch nur einer fachlich qualifizierten Person gepflegt wird. Auch die Hilfe von Familienangehörigen reicht demzufolge aus.[255]

2. Einstufung des Pflegefalls. Gemäß § 2 Abs. 6 der Musterbedingungen ist Bewertungsmaßstab für die Einstufung des Pflegefalls Art und Umfang der erforderlichen täglichen Hilfe durch eine andere Person. Die Tätigkeitsmerkmale „Fortbewegen im Zimmer", „Aufstehen und Zubettgehen", „An- und Auskleiden", „Einnehmen von Mahlzeiten und Getränken", „Waschen, Kämmen oder Rasieren"; „Verrichten der Notdurft" sind jeweils mit einem Punkt bewertet. **243**

3. Pflegestufe und Punkteanzahl. § 2 Abs. 7 der Musterbedingungen ist zu entnehmen, dass das Erreichen einer bestimmten Pflegestufe von dem Erreichen einer bestimmten Punkteanzahl abhängig ist. **244**

Hilfe beim **„Fortbewegen im Zimmer"** wird benötigt, wenn die versicherte Person auch bei Inanspruchnahme einer Gehhilfe oder eines Rollstuhls die Unterstützung einer anderen Person für die Fortbewegung benötigt. Entscheidend ist demzufolge nicht, ob die Person in Folge ihrer beeinträchtigten Fortbewegungsmöglichkeit (Gehhilfe oder Rollstuhl) beeinträchtigt ist, bei der Erledigung der in einem Haushalt üblichen Verrichtungen, sondern die Unterstützung muss auf die Fortbewegung als solche beziehen. Dabei muss eine Unterstützung für die Fortbewegung im Zimmer benötigt werden, so dass es nicht ausreicht, wenn die versicherte Person das Zimmer selbständig verlassen kann, aber Hilfe z.B. beim Verlassen des Hauses oder dem Treppensteigen oder der Fortbewegung im Haus benötigt.[256] Kann sich der Pflegebedürftige im Zimmer ohne Unterstützung bewegen, bedarf er aber einer Unterstützung, um das im ersten Stock befindliche Bad zu erreichen, ist der Tatbestand nicht erfüllt. Eine besondere Qualität der Unterstützung wird nicht verlangt. **245**

Hilfebedarf beim **„Aufstehen und Zubettgehen"** liegt vor, wenn die versicherte Person nur mit Hilfe einer anderen Person das Bett verlassen oder in das Bett gelangen kann. Erfasst sind die typischen Fälle der Bettlägerigkeit. Eine besondere Qualität der Unterstützung wird nicht verlangt. **246**

Hilfebedarf beim **„An- und Auskleiden"** liegt vor, wenn die versicherte Person – auch bei Benutzung krankengerechter Kleidung – sich nicht ohne Hilfe einer anderen Person an- oder auskleiden kann. Es bestehen Zweifel, ob diese Regelung ausreichend transparent ist, denn was eine „krankengerechte Kleidung" ist, dürfte sehr unterschiedlich durch Versicherte bewertet werden und ist daher unklar. **247**

Auch ist zweifelhaft, ob ein Hilfebedarf davon abhängig gemacht werden kann, dass selbst krankengerechte Kleidung nicht mehr selbständig an- und ausgezogen werden kann. Wer allerdings nicht mehr in der Lage ist, eine Krawatte zu binden und einen Hemdkragen zu schließen, das Tragen von Hemd und Krawatte aber zu der üblichen „Berufskleidung" gehört, der wird höchstwahrscheinlich unabhängig von einer Pflegebedürftigkeit auch berufsunfähig sein. **248**

Hilfebedarf bei dem Einnehmen von Mahlzeiten und Getränken liegt vor, wenn die versicherte Person auch bei Benutzung krankengerechter Essbesteck- und Trinkgefäße nicht ohne Hilfe einer anderen Person essen oder trinken kann. Nach dem jetzt eindeutigen Wortlaut muss sich die Beeinträchtigung sowohl auf die Einnahme von Mahlzeiten als **249**

[255] Vgl. Prölss/Martin/*Lücke* § 2 BuVAB Rn. 124; Staudinger/Halm/Wendt/*Gramse* § 2 BUV 2008 § 172 Rn. 66.

[256] Vgl. Prölss/Martin/*Lücke* § 2 BuVAB Rn. 126.

auch auf die Einnahme von Getränken beziehen. Dazu passt allerdings nicht die Erläuterung in den Versicherungsbedingungen, wonach es ausreicht, dass die versicherte Person nicht ohne Hilfe einer anderen Person essen oder trinken kann. Da eine besondere Qualität der Hilfe nicht verlangt wird, reicht es auch aus, dass eine Hilfsperson darauf achten muss, dass sich der Versicherte beim Essen und/oder Trinken nicht verschluckt.

250 Hilfebedarf beim **Waschen, Kämmen oder Rasieren** liegt vor, wenn die versicherte Person von einer anderen Person gewaschen, gekämmt oder rasiert werden muss, da sie selbst nicht mehr fähig ist, die dafür erforderlichen Körperbewegungen auszuführen. Es kommt dabei nicht darauf an, ob sich die versicherte Person elektrisch oder nass rasiert, wobei die Rasur im Gesicht gemeint ist. Aus welchem Grund die Hilfebedürftigkeit besteht, spielt ebenso wenig eine Rolle wie Art und Umfang der konkreten Unterstützung. Es reicht allerdings nicht aus, dass sich die Unterstützung nur darauf beschränkt, aufzupassen, dass sich der Versicherte beim Rasieren nicht schneidet, wenn hier kein über das normale Lebensrisiko hinausgehendes Risiko besteht.

251 Hilfebedarf beim **Verrichten der Notdurft** liegt vor, wenn die versicherte Person die Unterstützung einer anderen Person benötigt, weil sie sich nach dem Stuhlgang nicht allein säubern kann, ihre Notdurft nur unter Zuhilfenahme einer Bettschüssel verrichten kann oder weil der Darm bzw. die Blase nur mit fremder Hilfe entleert werden kann. Besteht allein eine Inkontinenz des Darms bzw. der Blase, die lediglich durch Verwendung von Windeln oder speziellen Einlagen ausgeglichen werden kann, könnte nach dem Wortlaut hinsichtlich der Verrichtung der Notdurft keine Pflegebedürftigkeit vorliegen. Das ist aber vor allen Dingen dann abzulehnen, wenn der Versicherte nicht in der Lage ist, Windeln und/oder Einlagen zu wechseln.

252 In der Regel wird bei derartigen Beeinträchtigungen ohnehin schon eine Berufsunfähigkeit nach den üblichen Grundsätzen vorliegen. Die Klausel ist davon abgesehen aber auch nicht eindeutig formuliert und daher intransparent. Derjenige, der aufgrund einer Darminkontinenz auf das Tragen von Windeln angewiesen ist, kann sich nach dem Stuhlgang regelmäßig nicht allein säubern.

253 Eine **Bewahrung** im Sinne des § 2 Abs. 7 AVB BU liegt vor, wenn die versicherte Person wegen einer seelischen Erkrankung oder geistigen Behinderung sich oder andere in hohem Maße gefährdet und deshalb nicht ohne beständige Beaufsichtigung bei Tag und Nacht versorgt werden kann.

254 **4. Vorübergehende akute Erkrankungen.** Gem. § 2 Abs. 8 AVB BU führen vorübergehende akute Erkrankungen zu **keiner höheren Einstufung.** Vorübergehende Besserungen bleiben ebenfalls unberücksichtigt. Diese Einschränkung trägt dem Umstand Rechnung, dass vorübergehende Änderungen bei der Pflegebedürftigkeit in der Regel unbeachtlich sind, wobei bei einer Verschlechterung/Verbesserung von drei Monaten nach der Literatur nicht mehr von einer vorübergehenden Änderung ausgegangen werden kann.[257] Gegen die Klausel bestehen Bedenken, weil es ihr an Transparenz fehlt. Für den durchschnittlichen VN ist unklar, was eine vorübergehende akute Erkrankung ist. Allerdings sieht Satz 2 der Klausel eine Konkretisierungsmöglichkeit vor.

[257] **A.A.** *Neuhaus* G III 4 Rn. 50: Zeiträume bis zu sechs Monaten seien immer unproblematisch. Prölss/Martin/*Lücke* § 2 BuVAB Rn. 124.

§ 3
Wie erfolgt die Überschussbeteiligung?

(1) Wir beteiligen Sie an dem Überschuss und an den Bewertungsreserven (Überschussbeteiligung). Die Leistung aus der Überschussbeteiligung kann auch Null Euro betragen. In den nachfolgenden Absätzen erläutern wir Ihnen,
- wie wir den in einem Geschäftsjahr entstandenen Überschuss unseres Unternehmens ermitteln und wie wir diesen verwenden (Absatz 2),
- wie Ihr Vertrag an dem Überschuss beteiligt wird (Absätze 3 und 4),
- wie Bewertungsreserven entstehen und wie wir diese Ihrem Vertrag zuordnen (Absätze 5 und 6),
- warum wir die Höhe der Überschussbeteiligung Ihres Vertrages nicht garantieren können (Absatz 7) und
- wie wir Sie über die Überschussbeteiligung informieren (Absätze 8 und 9).

Wie ermitteln wir den in einem Geschäftsjahr entstandenen Überschuss unseres Unternehmens und wie verwenden wir diesen?

(2) Den in einem Geschäftsjahr entstandenen Überschuss unseres Unternehmens (Rohüberschuss) ermitteln wir nach handels- und aufsichtsrechtlichen Vorschriften. Mit der Feststellung des Jahresabschlusses legen wir fest, welcher Teil des Rohüberschusses für die Überschussbeteiligung aller überschussberechtigten Verträge zur Verfügung steht. Dabei beachten wir die aufsichtsrechtlichen Vorgaben, derzeit insbesondere die Verordnung über die Mindestbeitragsrückerstattung in der Lebensversicherung (Mindestzuführungsverordnung).

Den danach zur Verfügung stehenden Teil des Rohüberschusses führen wir der Rückstellung für Beitragsrückerstattung zu, soweit wir ihn nicht als Direktgutschrift unmittelbar den überschussberechtigten Versicherungsverträgen gutgeschrieben haben. Sinn der Rückstellung für Beitragsrückerstattung ist es, Schwankungen des Überschusses über die Jahre auszugleichen. Die Rückstellung für Beitragsrückerstattung dürfen wir grundsätzlich nur für die Überschussbeteiligung der Versicherungsnehmer verwenden. Nur in gesetzlich festgelegten Ausnahmefällen können wir hiervon mit Zustimmung der Aufsichtsbehörde abweichen.

Ansprüche auf eine bestimmte Höhe der Beteiligung Ihres Vertrages am Überschuss ergeben sich aus der Zuführung zur Rückstellung für Beitragsrückerstattung nicht.

Wir haben gleichartige Versicherungen (z.B. Rentenversicherungen, Risikolebensversicherungen, Berufsunfähigkeitsversicherungen) zu Bestandsgruppen zusammengefasst. Bestandsgruppen bilden wir, um die Unterschiede bei den versicherten Risiken zu berücksichtigen.

Wie wird Ihr Vertrag an dem Überschuss beteiligt?

(3) Bei der Verteilung des Überschusses auf die einzelnen Verträge wenden wir ein verursachungsorientiertes Verfahren an. Hierzu bilden wir innerhalb der Bestandsgruppen Gewinnverbände.

Ihr Vertrag ist dem in Ihrem Versicherungsschein genannten Gewinnverband zugeordnet. Wir verteilen den Überschuss in dem Maß, wie die Bestandsgruppen und Gewinnverbände zu seiner Entstehung beigetragen haben. Hat eine Bestandsgruppe oder ein Gewinnverband nicht zur Entstehung des Überschusses beigetragen, besteht insoweit kein Anspruch auf Überschussbeteiligung.

(4) Der Vorstand legt jedes Jahr auf Vorschlag des Verantwortlichen Aktuars fest, wie der Überschuss auf die Gewinnverbände verteilt wird und setzt die entsprechenden Überschussanteilsätze fest (Überschussdeklaration). Dabei achtet er darauf, dass die Verteilung verursachungsorientiert erfolgt.

Ihr Vertrag erhält auf der Grundlage der Überschussdeklaration Anteile an dem auf Ihren Gewinnverband entfallenden Teil des Überschusses. Die Mittel hierfür werden bei der Direktgutschrift zulasten des Ergebnisses des Geschäftsjahres finanziert, ansonsten der Rückstellung für Beitragsrückerstattung entnommen.

Wie entstehen Bewertungsreserven und wie ordnen wir diese Ihrem Vertrag zu?

(5) **Bewertungsreserven entstehen, wenn der Marktwert der Kapitalanlagen über ihrem jeweiligen handelsrechtlichen Buchwert liegt.**

Da vor Eintritt einer Berufsunfähigkeit keine oder allenfalls geringfügige Beträge zur Verfügung stehen, um Kapital zu bilden, entstehen auch keine oder nur geringfügige Bewertungsreserven. Dennoch entstehende Bewertungsreserven, die nach den maßgebenden rechtlichen Vorschriften für die Beteiligung der Verträge zu berücksichtigen sind, ordnen wir den Verträgen anteilig rechnerisch zu. Dabei wenden wir ein verursachungsorientiertes Verfahren an.

Die Höhe der Bewertungsreserven ermitteln wir jährlich neu, zusätzlich auch

- für den Zeitpunkt der Beendigung Ihres Vertrages vor dem Eintritt einer Berufsunfähigkeit,
- für den Beginn einer Rentenzahlung wegen Berufsunfähigkeit sowie
- während einer Rentenzahlung wegen Berufsunfähigkeit jeweils für das Ende eines Versicherungsjahres.

(6) Bei **Beendigung Ihres Vertrages** vor dem Eintritt einer Berufsunfähigkeit oder bei **Beginn einer Rentenzahlung** wegen Berufsunfähigkeit gilt Folgendes: Wir teilen Ihrem Vertrag dann den für diesen Zeitpunkt zugeordneten Anteil an den Bewertungsreserven gemäß der jeweils geltenden gesetzlichen Regelung zu. Auch **während des Rentenbezuges** werden wir Sie entsprechend an den Bewertungsreserven beteiligen.

Aufsichtsrechtliche Regelungen können dazu führen, dass die Beteiligung an den Bewertungsreserven ganz oder teilweise entfällt.

Warum können wir die Höhe der Überschussbeteiligung nicht garantieren?

(7) Die Höhe der Überschussbeteiligung hängt von vielen Einflüssen ab, die nicht vorhersehbar und von uns nur begrenzt beeinflussbar sind. Einflussfaktoren sind insbesondere die Entwicklung des Berufsunfähigkeitsrisikos, des Kapitalmarkts und der Kosten. Die Höhe der künftigen Überschussbeteiligung kann also nicht garantiert werden. Sie kann auch Null Euro betragen.

Wie informieren wir über die Überschussbeteiligung?

(8) Die festgelegten Überschussanteilsätze veröffentlichen wir jährlich in unserem Geschäftsbericht. Diesen finden Sie auf unserer Internetseite unter …

(9) Über den Stand Ihrer Ansprüche unterrichten wir Sie jährlich. Dabei berücksichtigen wir die Überschussbeteiligung Ihres Vertrages.

Da nach § 176 die Regelung des § 153 auf die Berufsunfähigkeitsversicherung entsprechend anwendbar ist, ist die Aufnahme einer Regelung über die Überschussbeteiligung in die AVB BU folgerichtig. Hinsichtlich der Einzelheiten wird auf die Kommentierung zu § 153 bei Bruck/Möller/*Winter* verwiesen.

§ 4
Wann beginnt Ihr Versicherungsschutz?

Ihr Versicherungsschutz beginnt, wenn Sie den Vertrag mit uns abgeschlossen haben. Jedoch besteht vor dem im Versicherungsschein angegebenen Versicherungsbeginn kein Versicherungsschutz. Allerdings kann unsere Leistungspflicht entfallen, wenn Sie den Beitrag nicht rechtzeitig zahlen (siehe § 13 Abs. 2 und 3 und § 14).

Schrifttum

Dörner/Staudinger Kritische Bemerkungen zum Referentenentwurf eines Gesetzes zur Reform des Versicherungsvertragsrechts, WM **2006** 1710; *Neuhaus/Kloth* Praxis des neuen VVG (2008); *Schwintowski/Brömmelmeyer* Versicherungsvertragsgesetz, 2. Aufl. (2010).

Übersicht

A. Allgemeines

I. Vermittlung von Berufsunfähigkeitsversicherungen

Dem Zustandekommen des Versicherungsvertrags und dem Beginn des Versicherungsschutzes gehen in der Regel erhebliche Leistungen eines **Versicherungsvermittlers** voran. Diesbezüglich wird Bezug genommen auf die Vorbemerkungen zu den §§ 172 ff VVG. 1

II. Sinn und Zweck

Die Klausel regelt vor allen Dingen den Beginn des materiellen Versicherungsschutzes. 2

B. Einzelheiten

I. Beginn des Versicherungsschutzes

Der Versicherungsschutz beginnt grundsätzlich mit dem zwischen den Parteien vereinbarten Versicherungsbeginn, der häufig mit dem Vertragsschluss identisch ist. Liegt der Versicherungsbeginn vor dem Vertragsschluss, ist durch Auslegung zu ermitteln, ob die Parteien den Beginn der Prämienzahlung auf einen in der Vergangenheit liegenden Zeitpunkt datieren wollten oder der Beginn der Gefahrtragung ihn davon abhalten soll.[1] 3

---

1 Vgl. BGH 21.3.1990 BeckRS **2008** 19707; zum Versicherungsschutz vor Vertragsschluss: *Neuhaus* D III Rn. 17.

4 Der BGH hat zwar in einer älteren Entscheidung vom 16.06.1982[2] erwähnt, in der Lebensversicherung komme eine **Rückwärtsversicherung** „begrifflich nicht in Betracht“. Der BGH hat aber durch Urteil vom 21.03.1990[3] klargestellt, dass sich diese beiläufige Bemerkung auf den Fall bezog, dass der VN eine **Versicherung auf den Todesfall** abschließt und im Versicherungsantrag einen vor der Antragstellung liegenden Zeitpunkt nennt. In diesem besonderen Fall ist in der Tat eine Rückwärtsversicherung auf den im Antrag genannten Zeitpunkt begrifflich nicht möglich.

5 Zu Recht weist der BGH aber darauf hin, dass bereits dann, wenn der VN in zulässiger Weise das Leben eines anderen versichert, nicht davon gesprochen werden kann, dass eine Rückwärtsversicherung nicht in Betracht käme. Warum bei einer Berufsunfähigkeitsversicherung eine Rückwärtsversicherung nicht möglich sein sollte, ist nicht erkennbar.[4]

6 Der VR wird sich auch bei einer **Rückwärtsversicherung** bezüglich der geltend gemachten Berufsunfähigkeit keineswegs immer auf § 2 Abs. 2 Satz 2 VVG berufen und eine vorvertragliche Berufsunfähigkeit einwenden können. Es ist durchaus möglich, dass bei einem VN die objektiven Voraussetzungen der Berufsunfähigkeit vorliegen, ohne dass er diese selbst erkennt, nämlich dann, wenn er damit rechnet, dass er in absehbarer Zeit seine Berufstätigkeit wieder aufnehmen kann, obwohl dies objektiv gesehen nicht mehr zu erwarten ist.[5]

7 Aus §§ 130 Abs. 2, 153 BGB folgt, dass eine Rückwärtsversicherung nur dann zustande kommen kann, wenn der VN, der eine Versicherung auf den eigenen Todesfall beantragt hat, nach dem im Antrag als Versicherungsbeginn genannten Zeitpunkt, aber vor Annahme des Versicherungsantrags verstirbt und der VR nach dem Tode den Versicherungsantrag unverändert, also auch mit dem in ihm beantragten Versicherungsbeginn annimmt.[6]

II. Vorläufige Deckung

8 Auch in der Berufsunfähigkeitsversicherung ist die Vereinbarung einer vorläufigen Deckung möglich. Der Vertrag über eine vorläufige Deckung ist ein selbstständiger Versicherungsvertrag.[7] Auf ihn sind folglich sämtliche Vorschriften des VVG anwendbar, soweit die §§ 49–52 keine abweichende Regelung treffen.

Neben den §§ 49–52 VVG gelten u.a. § 2 Abs. 2 Satz 3 Halbsatz 2, § 8 Abs. 3 Nr. 2 sowie evtl. Besondere Bedingungen des VR für einen Versicherungsvertrag über eine vorläufige Deckung.

9 Zum Abschluss eines **Vertrags über eine vorläufige Deckung** bedarf es wie üblich eines Antrags und einer Annahme. Diese können formlos und stillschweigend erfolgen. Allein die Angaben des Antragsdatums als Versicherungsbeginn im Antragsformular oder die Angabe eines vor Vertragsschluss liegenden Zeitpunkts führt nicht zum Abschluss eines Vertrags über eine vorläufige Deckung.[8]

---

[2] Vgl. BGH 16.6.1982 BGHZ **84** 268, 276.
[3] Vgl. Az.: IV ZR 39/89, BGH 21.3.1990 BeckRS **2008** 19707.
[4] Vgl. BGH 21.3.1990 Beck RS **2008** 19707.
[5] Vgl. BGH 21.3.1990 Beck RS **2008** 19707.
[6] Vgl. BGH a.a.O.
[7] Vgl. schon zum alten Recht BGH 21.1.1995 VersR **1995** 409; *Neuhaus* D IV Rn. 26; Looschelders/Pohlmann/*Klenk* § 172 Rn. 5
[8] Vgl. OLG München 15.3.1988 RuS **1988** 372, 373; OLG Hamm 24.10.1990 VersR **1991**, 914.

Häufig erheben VR für den vorläufigen Versicherungsschutz keine Versicherungsprämie, weil diese bereits kalkulatorischer Bestandteil der Prämie für den Hauptvertrag ist.[9] Verwendet der VR keine eigenen Bedingungen für die vorläufige Deckung, gelten die Bedingungen des Hauptvertrages.[10] **10**

Auch bei einer vereinbarten vorläufigen Deckung muss der Versicherungsfall „Berufsunfähigkeit" während des versicherten Zeitraums eingetreten sein. Wenn der VR seine Leistungspflicht allerdings generell im Rahmen allgemeiner Versicherungsbedingungen für die Versicherungsfälle ausschließen will, die auf Ursachen beruhen, welche vor Unterzeichnung des Versicherungsantrags erkennbar geworden sind, auch wenn diese im Antrag angegeben wurden, so ist eine solche Regelung unwirksam.[11] Eine solche Regelung höhlt das Leistungsversprechen des VR weitgehend aus, denn die im Versicherungsvertrag wesentliche Leistung, die Übernahme des beiden Vertragspartnern unbekannten Risikos, würde durch die Klausel zu Lasten des VN auf die wenigen Fälle beschränkt, bei denen sich nachträglich feststellen lässt, dass auch für einen Dritten die Ursache für den Eintritt des Versicherungsfalls vor Antragsunterzeichnung objektiv nicht erkennbar war. **11**

Auch wäre eine solche Klausel aus Sicht des verständigen VN dahingehend auszulegen, dass die Leistungsfreiheit des VR an das vorhandene Zeitfenster von Umständen gebunden sein soll, die nicht nur vor Antragsunterzeichnung erkennbar geworden sind, sondern für den Eintritt des Versicherungsfalls ursächlich geworden sein müssen.

Zu Lasten des VR ist anzunehmen, dass der Anwendungsbereich der Klausel jeden Umstand umfasst, soweit er überhaupt für den Eintritt des Versicherungsfalls ursächlich geworden ist, auch wenn sich der Umstand letztlich nur als eine mitwirkende Ursache darstellt. Wenn aber ein VR dem VN vorläufigen Versicherungsschutz mit Antragseingang, also ohne vorherige intensive Risikoprüfung verspricht, so ist aus Sicht des verständigen VN akzeptabel, dass sich der VR in solchen Fällen Leistungsfreiheit vorbehält aufgrund des bei seinem Vertragspartner bestehenden Wissensvorsprungs hinsichtlich des möglichen Eintritts des Versicherungsfalls. **12**

Der VN wird aber nicht damit rechnen, dass damit zugleich eine Beschränkung der für den Eintritt des Versicherungsfalls und damit für die Leistungsfreiheit maßgeblichen rechtlichen Umstände einhergeht. Wenn demzufolge eine solche Klausel dem VR schon dann generell Leistungsfreiheit verschafft, wenn ein dem VN auch nur erkennbar gewordener Umstand für den Eintritt des Versicherungsfalls zumindest mitursächlich geworden ist, selbst dann, wenn der VN einen solche Ursachenzusammenhang nicht vorhersehen kann, benachteiligt eine solche Klausel den VN unangemessen.[12] **13**

---

[9] Bruck/Möller/*Winter*[8] Bd. V/2 Anm. C 112; *Neuhaus* D IV Rn. 28; Langheid/Rixecker/ Rixecker, § 37 Rn. 3.

[10] Vgl. *Neuhaus* D IV, Rn. 27; Looschelders/ Pohlmann/*Kammerer-Galahn* § 49 Rn. 8; Langheid/Wandt/*Rixecker* § 49 Rn. 45.

[11] Vgl. BGH 21.2.2001 RuS **2001** 260; *Neuhaus* D V Rn. 30; Staudinger/Halm/Wendt/ *Halbach* § 49 Rn. 32.

[12] Vgl. BGH 21.2.2001 RuS **2001** 260, 261; Staudinger/Halm/Wendt/*Halbach* § 49 Rn. 32; Prölss/Martin/*Klimke* § 49 Rn. 26.

§ 5
In welchen Fällen ist der Versicherungsschutz ausgeschlossen?

Grundsätzlich besteht unsere Leistungspflicht unabhängig davon, auf welche Ursache die Berufsunfähigkeit beruht. Es besteht kein Versicherungsschutz, wenn die Berufsunfähigkeit verursacht ist:

a) durch vorsätzliche Ausführung oder den Versuch einer Straftat durch die versicherte Person (das ist die Person, auf deren Berufsfähigkeit die Versicherung abgeschlossen ist);

b) durch innere Unruhen, sofern die versicherte Person auf Seiten der Unruhestifter teilgenommen hat;

c) durch folgende von der versicherten Person vorgenommene Handlungen
- absichtliche Herbeiführung von Krankheit,
- absichtliche Herbeiführung mehr als altersentsprechenden Kräfteverfalls,
- absichtliche Selbstverletzung oder
- versuchte Selbsttötung.

Wir werden jedoch leisten, wenn uns nachgewiesen wird, dass die versicherte Person diese Handlungen in einem die freie Willensbestimmung ausschließenden Zustand krankhafter Störung der Geistestätigkeit begangen hat.

d) durch eine widerrechtliche Handlung, mit der Sie als Versicherungsnehmer vorsätzlich die Berufsunfähigkeit der versicherten Person herbeigeführt haben;

e) durch Strahlen infolge Kernenergie, die das Leben oder die Gesundheit zahlreicher Menschen derart gefährden, dass zur Abwehr der Gefährdung eine Katastrophenschutzbehörde oder vergleichbare Behörde tätig wurde;

f) unmittelbar oder mittelbar durch Kriegsereignisse. Unsere Leistungen sind nicht ausgeschlossen, wenn die versicherte Person in unmittelbarem oder mittelbarem Zusammenhang mit kriegerischen Ereignissen berufsunfähig wird, denen sie während eines Aufenthalts außerhalb der Bundesrepublik Deutschland ausgesetzt und an denen sie nicht aktiv beteiligt war.

g) Unmittelbar oder mittelbar durch den vorsätzlichen Einsatz von atomaren, biologischen oder chemischen Waffen oder den vorsätzlichen Einsatz oder die vorsätzliche Freisetzung von radioaktiven, biologischen oder chemischen Stoffen, sofern der Einsatz oder das Freisetzen darauf gerichtet sind, das Leben oder die Gesundheit einer Vielzahl von Personen zu gefährden. Unsere Leistungen sind nicht ausgeschlossen, wenn die versicherte Person in unmittelbarem oder mittelbarem Zusammenhang mit kriegerischen Ereignissen berufsunfähig wird, denen sie während eines Aufenthalts außerhalb der Bundesrepublik Deutschland ausgesetzt und an denen sie nicht aktiv beteiligt war.

Schrifttum

Krebs Ausstrahlungen des Strafrechts in die Unfallversicherung – Insbesondere zur Auslegung des § 3 Ziff 3 AUB, VersR **1960** 289; *Millert* Die Ausschlüsse in § 3 der Allgemeinen Unfallversicherungsbedingungen (AUB), VersR **1964** 118.

Übersicht

A. Allgemeines

I. Ältere Bedingungswerke

In älteren Versicherungsbedingungen findet sich folgende Ausschlussklausel in der Fassung der BUZ 1990, die im Zuge der Neufassung der BUZ im Jahre 1993 nicht geändert wurde: 1

§ 3 In welchen Fällen ist der Versicherungsschutz ausgeschlossen (Musterbedingungen des BAV – BUZ 1990/1993)

(1) Grundsätzlich besteht unsere Leistungspflicht unabhängig davon, wie es zu der Berufsunfähigkeit gekommen ist.

(2) Wir leisten jedoch nicht, wenn die Berufsunfähigkeit verursacht ist:

a) unmittelbar oder mittelbar durch Kriegsereignisse oder innere Unruhen, sofern der Versicherte auf Seiten der Unruhestifter teilgenommen hat;

b) durch vorsätzliche Ausführung oder den strafbaren Versuch eines Verbrechens oder Vergehens durch den Versicherten;

c) durch absichtliche Herbeiführung von Krankheit oder Kräfteverfall, absichtliche Selbstverletzung oder versuchte Selbsttötung. Wenn uns jedoch nachgewiesen wird, dass diese Handlungen in einem die freie Willensbestimmung ausschließenden Zustand krankhafter Störung der Geistestätigkeit begangen worden sind, werden wir leisten;

d) durch eine widerrechtliche Handlung, mit der Sie als Versicherungsnehmer vorsätzlich die Berufsunfähigkeit des Versicherten herbeigeführt haben;

e) durch Beteiligung an Fahrtveranstaltungen mit Kraftfahrzeugen, bei denen es auf die Erzielung einer Höchstgeschwindigkeit ankommt, und den dazugehörigen Übungsfahrten;

f) durch energiereiche Strahlen mit einer Härte von mindestens 100 Elektronen-Volt, durch Neutronen jeder Energie, durch Laser- oder Maser-Strahlen und durch künstlich erzeugte ultraviolette Strahlen. Soweit die versicherte Person als Arzt oder medizinisches Hilfspersonal diesem Risiko ausgesetzt ist, oder wenn eine Bestrahlung für Heilzwecke durch einen Arzt oder unter ärztlicher Aufsicht erfolgt, werden wir leisten.

(3) Bei Luftfahrten leisten wir nur, wenn die Berufsunfähigkeit bei Reise- oder Rundflügen des Versicherten als Fluggast in einem Propeller- oder Strahlflugzeug oder in einem Hubschrauber verursacht wird. Fluggäste sind, mit Ausnahme der Besatzungsmitglieder, die Insassen, denen das Luftfahrzeug ausschließlich zur Beförderung dient.„[1]

---

[1] Vgl. *Benkel/Hirschberg* § 3 BUZ 2008 Rn. 1.

2 In der Folgezeit hat sich die Regelung der Ausschlüsse nicht wesentlich verändert, wie das in der 29. Auflage des Prölss/Martin[2] abgedruckte Beispiel der Musterbedingungen aus 2007 zeigt:

§ 5 In welchen Fällen ist der Versicherungsschutz ausgeschlossen?

Grundsätzlich besteht unsere Leistungspflicht unabhängig davon, wie es zu der Berufsunfähigkeit gekommen ist. Wir leisten jedoch nicht, wenn die Berufsunfähigkeit verursacht ist:

a) durch vorsätzliche Ausführung oder den Versuch einer Straftat durch die versicherte Person;

b) unmittelbar oder mittelbar durch Kriegsereignisse oder innere Unruhen, sofern die versicherte Person auf Seiten der Unruhestifter teilgenommen hat;

c) durch Unfälle der versicherten Person

- *als Luftfahrzeugführer (auch Luftsportgeräteführer), soweit dieser nach deutschem Recht dafür eine Erlaubnis benötigt, sowie als sonstiges Besatzungsmitglied eines Luftfahrzeuges;*
- *bei einer mit Hilfe eines Luftfahrzeuges auszuübenden beruflichen Tätigkeit;*
- *bei der Benutzung von Raumfahrzeugen;*

d) durch Beteiligung an Fahrtveranstaltungen mit Kraftfahrzeugen, bei denen es auf die Erzielung einer Höchstgeschwindigkeit ankommt, und den dazugehörigen Übungsfahrten;

e) durch energiereiche Strahlen mit einer Härte von mindestens 100 Elektronen-Volt, durch Neutronen jeder Energie, durch Laser- oder Maser-Strahlen und durch künstlich erzeugte ultraviolette Strahlen. Soweit die versicherte Person als Arzt oder medizinisches Hilfspersonal diesem Risiko ausgesetzt ist, oder wenn eine Bestrahlung für Heilzwecke durch einen Arzt oder unter ärztlicher Aufsicht erfolgt, werden wir leisten;

f) durch absichtliche Herbeiführung von Krankheit oder von mehr als altersentsprechenden Kräfteverfall, absichtliche Selbstverletzung oder versuchte Selbsttötung. Wenn uns jedoch nachgewiesen wird, dass diese Handlungen in einem die freie Willensbestimmung ausschließenden Zustand krankhafter Störung der Geistestätigkeit begangen worden sind, werden wir leisten;

g) durch eine widerrechtliche Handlung, mit der Sie als Versicherungsnehmer vorsätzlich die Berufsunfähigkeit der versicherten Person herbeigeführt haben;

h) unmittelbar oder mittelbar durch den vorsätzlichen Einsatz von atomaren, biologischen oder chemischen Waffen oder den vorsätzlichen Einsatz oder die vorsätzliche Freisetzung von radioaktiven, biologischen oder chemischen Stoffen, sofern der Einsatz oder das Freisetzen darauf gerichtet sind, das Leben oder die Gesundheit einer Vielzahl von Personen zu gefährden.

Mittlerweile ist die Ausschlussklausel weiter reduziert worden.

II. Sinn und Zweck

3 § 5 AVB BU regelt sieben Fälle, bei denen der Versicherungsschutz ausgeschlossen ist. Der durch die Berufsunfähigkeitsversicherung grundsätzlich gewährte Versicherungs-

---

[2] Vgl. Prölss/Martin/*Lücke*[29] § 5 BuVAB Rn. 1–34.

schutz soll daher in wenigen Fällen, für deren Eingreifen der VR darlegungs- und beweisbelastet ist, eingeschränkt werden, denn der Gesetzgeber sieht derartige Einschränkungen des Versicherungsschutzes nicht vor.

B. Einzelheiten

I. Grundsätzliches zu Ausschlussklauseln

Trotz Eintritt der vollständigen Berufsunfähigkeit entfällt das versicherte Risiko auch dann nicht, wenn der Versicherte wegen eines Ausschlusses keine Leistungen aus der Berufsunfähigkeitsversicherung erhält. Der Gesundheitszustand des VN kann sich aber, jedenfalls in den meisten Fällen, verbessern, was auch zur Wiedererlangung der Berufsfähigkeit führen kann. Das versicherte Interesse ist deshalb jedenfalls nicht endgültig weggefallen. § 80 VVG ist auf die Berufsunfähigkeitsversicherung nicht, auch nicht entsprechend, anwendbar.[3] 4

Wie alle Ausschlusstatbestände, so sind auch die in § 5 AVB BU geregelten Ausschlusstatbestände **eng** auszulegen.[4] Für den VR besteht der Zweck eines Ausschlusstatbestandes darin, in einem bestimmten vertraglich definierten Rahmen das versicherte Risiko nicht übernehmen zu wollen. Daraus folgt, dass der VR die Tatsachen, die das Eingreifen des Ausschlusstatbestandes rechtfertigen, darzulegen und zu beweisen hat. Sache des VN ist es dann wieder, Tatsachen darzulegen und zu beweisen, die dazu führen, dass der Ausschlusstatbestand ausnahmsweise nicht eingreift. Zweifel gehen zu Lasten der jeweils beweisbelasteten Partei. 5

Ausreichend ist, dass eine **Mitursächlichkeit des ausgeschlossenen Umstandes** für den Eintritt der Berufsunfähigkeit vorliegt.[5] Nach teilweiser Auffassung gilt dies allerdings nicht uneingeschränkt. Wenn der Versicherte bei Eintritt des ausgeschlossenen Umstandes bereits in einem versicherten Umfang teilweise berufsunfähig gewesen sein soll, so soll er den Anspruch auf die Versicherungsleistungen auch dann behalten, wenn ein ausgeschlossener Umstand später zu vollständiger Berufsunfähigkeit führt.[6] Darüber hinaus soll einem Versicherten, der teilweise wegen eines ausgeschlossenen Tatbestandes berufsunfähig geworden ist und aus diesem Grunde keine Leistungen erhält, später aber wegen eines nicht ausgeschlossenen Umstandes vollständig berufsunfähig geworden ist, Leistungen in Höhe der Differenz zwischen den vollen Leistungen und den ihm nicht zustehenden Leistungen haben. 6

Dieser Rechtsauffassung ist nicht zu folgen. In der Berufsunfähigkeitsversicherung sind quotierte Leistungen anders als zum Beispiel in der Schadenversicherung oder beim Schadenersatz üblicherweise nicht vorgesehen. Generelle Risikoausschlüsse sind nicht anders zu behandeln als individuelle Risikoausschlüsse. Für diese ist allerdings anerkannt, dass sich der **Ausschluss durchsetzt**, wenn eine ausgeschlossene Ursache mit anderen nicht ausgeschlossenen Ursachen **zusammentrifft** und beide den Versicherungsfall herbeigeführt haben. Durch die Risikobegrenzung soll nämlich verhindert werden, dass ein VR ein von vornherein erhöhtes Risiko auf Kosten der Versichertengemeinschaft übernehmen muss.[7] 7

---

[3] Vgl. Prölss/Martin/*Lücke* § 5 BuVAB Rn. 2; Staudinger/Halm/Wendt/*Gramse* § 5 BUV 2008 Rn. 1.

[4] Vgl. BGH 17.12.2008, Az.: IV ZR 9/08.

[5] Vgl. OLG Stuttgart 11.7.2002 VersR **2003** 1385, 1386; Prölss/Martin/*Lücke* § 5 BuVAB Rn. 3 unter Hinweis auf: *Neuhaus* N.III Rn. 128; Staudinger/Halm/Wendt/*Gramse* § 5 BUV 2008 Rn. 1.

[6] Vgl. Prölss/Martin/*Lücke* § 5 BuVAB Rn. 3; Langheid/Wandt/*Dörner* § 172 Rn. 185.

[7] Vgl. OLG Stuttgart 11.7.2002 VersR **2003** 1385, 1386; OLG Koblenz 29.1.1990 VersR **1990** 768, 769.

8 Auch bei den in § 5 AVB BU enthaltenen Fallgestaltungen besteht von vornherein ein **erhöhtes Leistungsrisiko**, so dass sich beim Zusammentreffen eines Ausschlusses mit einer nicht ausgeschlossenen Tatsache der Risikoausschluss auch hier durchsetzt. Richtig ist zwar, dass es sich bei der Berufsunfähigkeit um einen komplexen Tatbestand handelt oder jedenfalls handeln kann.[8] Unzutreffend ist allerdings, dass die Berufsunfähigkeit üblicherweise nach Graden abgestuft ist. Regelmäßig enthalten die Versicherungsbedingungen bestimmte Schwellwerte, meist 50 %, mit deren Erreichen eine bedingungsgemäße Berufsunfähigkeit vorliegt.

9 Es gibt demzufolge in der Berufsunfähigkeitsversicherung regelmäßig keine Abstufung wie z.B. im Schadensersatzrecht, bei dem eine Minderung der Erwerbsfähigkeit eine Rolle z.B. bei der Bemessung eines Schmerzensgeldes spielen kann. Bei der Berufsunfähigkeitsversicherung ist vielmehr einzig und allein entscheidend, ob der vertraglich vereinbarte Schwellwert erreicht ist oder nicht. Wenn demzufolge eine Berufsunfähigkeit aufgrund eines ausgeschlossenen und eines nicht ausgeschlossenen Tatbestandes eingetreten ist, so ist der VR nur dann leistungspflichtig, wenn er es auch bei Nichtberücksichtigung des nicht ausgeschlossenen Tatbestandes wäre.

II. Einzelne Ausschlusstatbestände

10 Die nachfolgende Darstellung orientiert sich primär an den in den aktuellen Musterbedingungen zur Berufsunfähigkeit enthaltenen Ausschlussklauseln.

11 **1. Vorsätzliche Ausführung oder Versuch einer Straftat.** § 5a AVB BU sieht einen Risikoausschluss vor, wenn die Berufsunfähigkeit verursacht ist durch vorsätzliche Ausführung oder den Versuch einer Straftat durch die versicherte Person. Entscheidend ist demzufolge, ob die Straftat **durch** den Versicherten ausgeführt oder versucht wird.

12 Nach dem insoweit eindeutigen Wortlaut ist nicht entscheidend, ob dem VN die vorsätzliche Ausführung einer Straftat zur Last gelegt wird. Es spielt demzufolge keine Rolle, ob ein Strafverfahren gegen die versicherte Person eingeleitet wurde und/oder die versicherte Person rechtskräftig wegen dieser Straftat verurteilt wurde. Allerdings kann dies in den Versicherungsbedingungen auch abweichend geregelt werden.[9]

13 Ob eine Straftat vorsätzlich ausgeführt oder versucht worden ist, richtet sich allein nach **strafrechtlichen Gesichtspunkten.**[10] In Abgrenzung zu einer bloßen Ordnungswidrigkeit muss die Straftat im StGB oder einem Nebengesetz als solche definiert und ihre Begehung mit Strafe bedroht sein.

14 Streitig ist, ob die Straftat auch tatbestandsmäßig, rechtswidrig und schuldhaft begangen worden sein muss. Der Wortlaut stellt nur auf eine vorsätzliche Begehungsweise, nicht aber auf ein rechtswidriges und schuldhaftes Verhalten ab. Die für den VR gesteigerte Risikolage, der durch den Ausschluss Rechnung getragen werden soll, besteht auch bei einem entschuldigten und/oder gerechtfertigten Handeln. Zum Teil wird daher vertreten, ein rechtswidriges und schuldhaftes Verhalten sei nicht erforderlich.[11]

---

[8] So Prölss/Martin/*Lücke* § 5 BuVAB Rn. 3.

[9] Vgl. Prölss/Martin/*Lücke* § 5 BuVAB Rn. 6

[10] Vgl. BGH 5.12.1990 VersR **1991** 289, 290; Bruck/Möller/*Winter* 8. Auflage Anm. G 158. Staudinger/Halm/Wendt/*Gramse* § 5 BUV 2008 Rn. 7; Prölss/Martin/*Lücke* § 5 BuVAB Rn. 8; *Krebs* VersR **1960** 289; VersR **1964** 120.

[11] Vgl. Beckmann/Matusche-Beckmann/*Rixecker* § 46 Rn. 221.

Nach der Gegenauffassung muss der Versicherte u.a. auch **rechtswidrig und schuldhaft** gehandelt haben, so dass selbst eine Tat, die nur tatbestandsmäßig ist, nicht zu einem Risikoausschluss führt, wenn sie nicht rechtswidrig begangen wurde, weil sich der Täter z.B. auf Notwehr berufen konnte oder der Versicherte ohne Schuld handelt, weil er z.B. nicht schuldfähig war.[12] Gegen diese Auffassung spricht allerdings, dass es bei einem Risikoausschluss anders als bei einer Obliegenheit nicht auf Verschuldensgesichtspunkte ankommt. **15**

Fraglich ist, ob auch der dem Delikt eigentümliche Gefahrenbereich für den Schaden ursächlich geworden sein muss.[13] Hierfür könnte in der Tat sprechen, dass es nicht Aufgabe des VR ist, Straftaten zu verhüten oder zu ahnden und dieser Zweck auch nicht zum Inhalt des Versicherungsvertrages geworden ist. **16**

Richtig ist, dass häufig mit dem Versuch oder der Ausführung von Verbrechen oder Vergehen eine **erhöhte Risikolage** einhergeht, die dann auch zu einem erhöhten Risiko der Berufsunfähigkeit führen kann. So hat der BGH z.B. für die vorsätzliche Gefährdung des Straßenverkehrs gem. § 315 c Abs. 1 Nr. 1 a, Abs. 3 Nr. 1 StGB entschieden, das vom VR übernommene Risiko soll auf solche Versicherungsfälle begrenzt werden, die aus einer normalen Gefahrensituation heraus entstehen, während ein etwa erforderlicher Schutz Dritter bei den Ausschlusstatbeständen keine Rolle spiele.[14] **17**

Das OLG Hamm hat durch Urteil vom 2.3.2007[15] betont, die Adäquanz eines ursächlichen Zusammenhangs zwischen einer strafbaren Handlung und einem Unfallereignis sei zu bejahen, wenn durch die Ausführung der Straftat eine erhöhte Gefahrenlage geschaffen worden sei, die generell geeignet sei, Unfälle der eingetretenen Art herbeizuführen. Wenn sich hiervon ausgehend ein zu einer Berufsunfähigkeit führender Unfall nur bei Gelegenheit eines begangenen Deliktes ereignet, so bliebe der Versicherungsschutz demzufolge bestehen. **18**

Es ist daher der **Schutzzweck des jeweils verwirklichten Delikts** für das Eingreifen des Ausschlusstatbestandes maßgeblich. Aus der unmittelbaren Formulierung des Leistungsausschlusses ergibt sich dies zwar nicht, doch zeigt der Vergleich zu den anderen Ausschlusstatbeständen, dass sämtlichst Situationen ausgeschlossen sind, die **üblicherweise mit einem erhöhten Risiko** für den Eintritt des Versicherungsfalls „Berufsunfähigkeit" einhergehen. Vor diesem wäre es für den durchschnittlichen VN nicht nachvollziehbar, wenn für die Klausel nach § 5a AVB BU etwas anders gelten würde. **19**

2. Innere Unruhen. Gemäß § 5b AVB BU ist der Versicherungsschutz ausgeschlossen, wenn die Berufsunfähigkeit verursacht ist durch innere Unruhen, sofern die versicherte Person auf Seiten der Unruhestifter teilgenommen hat. Innere Unruhen liegen dann vor, wenn eine **zusammengerottete größere Menschenmenge mit vereinten Kräften Gewalttätigkeiten** begeht.[16] Entscheidend ist nicht, dass der Versicherte an den Unruhen teilgenommen hat, er muss dies auf Seiten der Unruhestifter getan haben, was durch den VR zu beweisen ist. **20**

---

[12] Vgl. BGH 5.12.1990 VersR **1991** 289; OLG Hamm 22.6.2005 VersR **2006** 399; BGH 29.6.2005 VersR **2005** 1226, 1227; *Neuhaus* N I Rn. 13; Staudinger/Halm/Wendt/*Gramse* § 5 BUV 2008 Rn. 6.

[13] So BGH 16.9.1999 VersR **1998** 1410, 1411; BGH 26.9.1990 VersR **1990** 1268, 1269; OLG Celle 31.8.2005 VersR **2006** 394, 395; OLG Hamm 2.3.2007 RuS **2007** 297; VersR **2008** 65, 66; Prölss/Martin/*Lücke* § 5 BuVAB Rn. 11; Langheid/Wandt/*Dörner* § 172 Rn. 188.

[14] Vgl. BGH 5.12.1990 RuS **1991** 214.

[15] Vgl. RuS **2007** 297.

[16] Vgl. BGH 13.11.1974 VersR **1975** 126; KG 13.11.1974 VersR **1975** 175, 176; Prölss/Martin/*Lücke* § 5 BuVAB Rn. 18; Staudinger/Halm/Wendt/*Gramse* § 5 BUV 2008 Rn. 15.

3. Absichtliches Herbeiführen der Beeinträchtigung und versuchte Selbsttötung

21 **a) Absichtliches Herführen der Berufsunfähigkeit.** Gem. § 5c AVB BU ist der Versicherungsschutz ausgeschlossen, wenn die Berufsunfähigkeit verursacht ist durch **absichtliches** Herbeiführen von Krankheit, von mehr als altersentsprechenden Kräfteverfalls, absichtlicher Selbstverletzung oder versuchter Selbsttötung. Allerdings gilt der Ausschluss nicht, wenn nachgewiesen wird, dass die versicherte Person diese Handlungen in einem die freie Willensbestimmung ausschließenden Zustand krankhafter Störung der Geistestätigkeit begangen hat.

22 Auch hier ist entscheidend, dass die Handlungen, die zum Risikoausschluss führen, durch die **versicherte Person** vorgenommen worden sind. Dabei muss sich die Absicht nicht auf die Herbeiführung der Berufsunfähigkeit, wohl aber auf die herbeizuführende Gesundheitsbeeinträchtigung (Krankheit, mehr als altersentsprechender Kräfteverfall, Selbstverletzung) beziehen.[17] Eine „Inkaufnahme" der Beeinträchtigung als notwendige Folge des Handelns reicht im Hinblick auf die geforderte Absicht nicht aus.

23 **b) versuchte Selbsttötung. Selbsttötung** ist jede Handlung der zivilrechtlich verantwortlichen Gefahrpersonen, die in der Absicht ausgeführt wird, sich den Tod zu geben. Dabei ist der Versuch ausreichend, sich von einem anderen – also mit seiner Einwilligung der versicherten Person – töten zu lassen oder wenn nach einem gemeinsamen Tatenschluss mehrere Personen zu Tode kommen sollen, von denen nur eine Person der Täter ist. Dies ist z.B. der Fall, wenn der Ehemann zunächst die versicherte Ehefrau und sodann sich selbst töten will. Es reicht jedoch nicht aus, dass die Gefahrsperson mit der bloßen Möglichkeit der Todesfolge rechnet, der Tod muss vielmehr das Handlungsziel darstellen.[18] Auch grobe Fahrlässigkeit reicht nicht aus, um einen Selbstmord anzunehmen.[19]

24 Den Selbsttötungsversuch muss **der VR** beweisen. Ist zweifelhaft, ob der Versicherte durch Selbsttötungsversuch oder durch einen Unfall beeinträchtigt wurde, geht das zu Lasten des VR.[20]

25 Hinsichtlich der **Selbsttötungsvorsatzes** kann dabei nicht auf den **Beweis des ersten Anscheins** zurückgegriffen werden. Denn dafür wäre ein typischer Geschehensablauf erforderlich, von dem beim Selbstmordversuch in der Regel nicht ausgegangen werden kann Ein Anscheinsbeweis kommt nur in Betracht, wenn ein Lebenssachverhalt vorliegt, bei dem nach der Lebenserfahrung auf das Hervorrufen einer bestimmten Folge oder die Verursachung durch ein bestimmtes Verhalten geschlossen werden kann.[21] Das scheidet bei einem Selbstmordversuch nach allgemeiner Auffassung aus, weil Menschen nicht auf bestimmte Umstände typischerweise mit einem Selbsttötungsversuch reagieren.

26 Die Selbsttötung ist in der Regel und in hohem Maße von dem **individuellen Zuschnitt, der Persönlichkeitsstruktur des Täters, seinem subjektiven Befinden zur Tatzeit, den be-**

---

17 Vgl. Prölss/Martin/*Lücke* § 5 BuVAB Rn. 28; Staudinger/Halm/Wendt/*Gramse* § 5 BUV 2008 Rn. 35; *Neuhaus* N I Rn. 82.

18 Vgl. auch Bruck/Möller/*Winter* § 161 Rn. 16.

19 Vgl. BGH 19.2.1981 VersR **1981** 452, 453 für den Fall, in dem sich der Versicherte in einem alkoholisierten Zustand mit einer Pistole durch einen Schuss in den Kopf tötete, nachdem es bei anderen Zielen zu Fehlzündungen gekommen war und der Versicherte möglicherweise vergessen hatte, dass noch weitere Patronen in der Trommel waren oder glaubte, auch die weiteren Schüsse würden nicht zünden.

20 Vgl. BGH 10.1.1955 VersR **1955** 99, 100; BGH 8.7.1965 VersR **1965** 946, 947; BGH 19.2.1981 VersR **1981** 452, 453.

21 Vgl. BGH 29.6.1982 NJW **1982** 2447, 2448.

sonderen Lebensumständen und insbesondere auch den individuellen und subjektiven Beurteilung durch den Täter mit sicherlich auch irrationalen Momenten abhängig.[22]

Sicherlich gibt es recht eindeutige Todesumstände wie etwa das Erhängen ohne Fremdeinwirkung, bei denen eine Selbsttötung zwingend oder zumindest außerordentlich naheliegend ist. Bei Vorliegen dieser Umstände spricht daher bei Nichteintritt des Todes einiges für einen Selbsttötungsversuch. Davon kann sich der Richter auch ohne die Beweiserleichterungen durch den Anscheinsbeweis die notwendige Überzeugung mit dem erforderlichen Grad von Gewissheit verschaffen. Besonders strenge Anforderungen sind an das Vorliegen einer Selbsttötungsabsicht nicht zu stellen. **27**

Die **Rechtsprechung** hat vor allen Dingen im Bereich der Lebensversicherung umfangreiche Fallgestaltungen herausgearbeitet, bei denen häufig eine Selbsttötung vorliegt. Diese lassen sich auch auf die Berufsunfähigkeitsversicherung übertragen.[23] Im Einzelnen: **28**

Wird ein **Bolzenschussapparat** bei seiner Auslösung auf die Stirn aufgesetzt, spricht der erste Anschein dafür, dass dies in Selbstmordabsicht geschehen ist.[24] Wenn der Versicherte im **Kühlraum seiner Fleischerei**, durch dessen Guckloch ein langer am Gashahn angeschlossener Gasschlauch steckt, tot aufgefunden wird, spricht dies für Selbstmord.[25] Wenn ein erfahrener Jäger die Mündung einer geladenen, entsicherten und eingestochenen Waffe **in die Nähe seines Kopfes** führt und dabei so im Bereich des Abzugs hantiert, dass es zur Auslösung des Schusses kommt, so spricht dies für einen Selbstmord.[26] Ob beim **Herantreten vor eine herannahende Straßenbahn** tatsächlich ein Suizidversuch vorliegt[27], kann ohne Betrachtung der Begleitumstände nicht bejaht werden. Gibt es allerdings keine Anhaltspunkte für eine Abgelenktheit des Versicherten, spricht Einiges für einen Selbstversuch. **29**

Ob bei einem Sturz aus großer Höhe ein Selbstmordversuch vorliegt, ist unter Berücksichtigung aller Umstände zu beurteilen. Je größer allerdings der Aufwand war, den der Versicherte betreiben musste, um aus großer Höhe zu stürzen, um so eher wird man eine versuchte Selbsttötung annehmen müssen.[28] Befindet sich der Versicherte in finanziellen Schwierigkeiten und stirbt in der Küche seiner Wohnung, nachdem er drei Gashähne geöffnet hatte, spricht dies für eine Selbstmordabsicht.[29] Selbst wenn der Versicherte in der Nacht vor seinem Freitod ausgelassen feierte und anscheinend in geordneten finanziellen Verhältnissen lebte, so spricht dies nicht gegen einen Selbstmord, wenn dieser Autoabgase in eine verschlossene Garage einleitete.[30] **30**

Ist die eingenommene Dosis von Schlafmitteln so hoch bemessen, dass diese niemand aus einem Irrtum oder einem Versehen einnehmen würde, so ist der Beweis, dass Selbstmord vorliegt, erbracht.[31] Steht bei einer Tötung durch Erschießen fest, dass ein Gewehr auf das Herz zielte und der Schuss aufgesetzt ausgelöst wurde, spricht dies für einen Selbstmord.[32] **31**

---

22 Vgl. BGH 8.7.1965 VersR **1965** 797; BGH 19.1.1967 VersR **1967** 269; BGH 18.3.1987 VersR **1987** 503.

23 Vgl. auch die umfangreichen Nachweise bei Bruck/Möller/*Winter* § 161 Rn. 23.

24 Vgl. BGH 10.1.1955 VersR **1955** 99, 100.

25 Vgl. BGH 28.3.1955 VersR **1955** 265, 266.

26 Vgl. OLG Celle 8.6.1984 VersR **1985** 1134, 1135.

27 So LG Dortmund 15.9.2011, Az.: 2 O 145/11 n.v.

28 Vgl. z.B. OLG Saarbrücken 26.3.2003 RuS **2005** 120, 121.

29 Vgl. OLG Düsseldorf 3.1.1953 VersR **1953** 58.

30 Vgl. OLG Hamburg 13.4.1984 VersR **1986** 378, 379.

31 Vgl. OLG München 16.6.1955 VersR **1955** 610.

32 Vgl. LG Detmold 21.10.1966 VersR **1968** 1136, 1137.

32 Wenn der Versicherte mit seinem Pkw auf der Autobahn gegen den auf dem Grünstreifen stehenden Betonmittelpfeiler einer Autobahnbrücke gefahren und nicht auszuschließen war, dass die gradlinig auf den Pfeiler hinführende Fahrspur ohne bewusstes Eingreifen des Versicherten in die Lenkung des Fahrzeugs entstanden war, zumal auch die übrigen für einen Freitod sprechenden Umstände nicht für erwiesen erachtet werden konnten, ist nicht zwingend von einem Selbstmord auszugehen.[33]

33 Selbsttötung kann nicht angenommen werden, wenn jemand einen Selbstmordversuch nur vortäuschen wollte, indem er Schlaftabletten einnahm und sich direkt neben einen Weg legte, wo er bei besserem Wetter alsbald hätte entdeckt werden können.[34]

34 Das Vorliegen eines die **freie Willensbestimmung ausschließenden Zustands krankhafter Störung der Geistestätigkeit** hat der Anspruchserhebende darzulegen und zu beweisen.[35] Der Anspruchserhebende muss dabei substantiiert Indizientatsachen vortragen und unter Beweis stellen, die geeignet sind, für den Ausschluss der freien Willensbestimmung im Zeitpunkt des Selbsttötungsversuchs zu sprechen.[36] Dabei muss es sich um einen Zustand krankhafter Störung der Geistestätigkeit handeln. Es muss demzufolge eine Krankheit vorliegen. Auch hier kann auf die vergleichbare Rechtsprechung aus dem Recht der Lebensversicherung zurückgegriffen werden. Der Ausschluss ist nicht mit einer Geschäftsunfähigkeit im Sinne des § 104 Nr. 2 BGB gleichzusetzen. Zu Recht weist *Winter* darauf hin, dass Selbstmordanfälligkeit und Geschäftsunfähigkeit zwar zusammenfallen können, aber eben nicht müssen.[37] Die Entscheidung, sich das Leben nehmen zu wollen, wird vielmehr immer wieder bewusst unter Abwägung aller für den Betreffenden entscheidenden Gesichtspunkte getroffen.

35 Der allgemein gehaltene **summarische Bericht** des Hausarztes, dass sich bei dem Versicherten plötzlich neuro-vegetative Dysregulationen mit Depression und geistiger Unzurechnungsfähigkeit eingestellt hätten und dass der Patient in einem Moment der geistigen Unzurechnungsfähigkeit Selbstmord begangen habe, reicht nicht aus. Auch hier gilt, dass eindeutige Befunde vorliegen müssen. Ob diese dann eine eindeutige Diagnose erlauben, ist nicht entscheidend, wenn jedenfalls feststeht, dass eine krankhafte Störung der Geistestätigkeit vorlag und diese mit einem die freie Willensbestimmung ausschließenden Zustand einherging.

36 Der Beweis für den Ausschluss der freien Willensbestimmung ist in der Regel schwierig, da die Selbsttötung nur selten in Zeugengegenwart begangen wird. Der volle Beweis, dass bei dem Versicherten im Zeitpunkt des Selbstmordes die freie Willensbestimmung ausgeschlossen war, wird sich nur selten bis in alle Einzelheiten erbringen lassen. An die Beweisführung sind daher keine zu strengen Anforderungen zu stellen.

37 Für den Ausschluss der freien Willensbestimmung muss eine den Anforderungen des § 286 ZPO genügende hohe Wahrscheinlichkeit sprechen, eine **überwiegende Wahrscheinlichkeit oder die bloße Möglichkeit hingegen genügen nicht.**[38] Nicht jede seelische Erschütterung, Zermürbung oder emotionale Psychose, wie sie dem Selbstmord stets vorausgeht,

[33] Vgl. BGH 12.7.1965 VersR **1965** 947.

[34] Vgl. LG Memmingen 16.4.1958 VersR **1958** 557.

[35] Vgl. OLG Düsseldorf 12.5.1975 VersR **1975** 896; OLG Hamm 26.9.1984 VersR **1985** 752; OLG Nürnberg 25.9.1968 VersR **1969** 149; OLG München 16.6.1955 VersR **1955** 610; LG Bielefeld 9.10.1962 VersR **1963** 153; LG Braunschweig 8.7.1960 VersR **1961** 169.

[36] Vgl. OLG Düsseldorf 12.5.1975 VersR **1975** 896.

[37] Bruck/Möller/*Winter* § 161 Rn. 27.

[38] Vgl. OLG München 16.6.1955 VersR **1955** 610; LG Köln 22.6.1956 VersR **1956** 569.

schließt die freie Willensbestimmung aus und ist daher auch nicht als Beweis für eine krankhafte Störung zu werten.

Gegen einen Ausschluss der freien Willensbestimmung kann sprechen, dass die sonstigen kurz vor der Tat begangenen Handlungen des Versicherten offensichtlich auf der Grundlage vernünftiger Erwägungen ausgeführt worden sind, wie z.B. vollständige Abschiedsbriefe, letztwillige Verfügungen. **38**

Andererseits spricht jedoch nicht gegen den Ausschluss der freien Willensbestimmung, dass dem Versicherten eine „formale Intelligenz" erhalten geblieben ist, er vor dem Selbstmord seine berufliche Tätigkeit ordnungsgemäß fortsetzte und eine krankhafte Veränderung seines Verhaltens weder von seinen Berufskollegen noch von den nächsten Angehörigen bemerkt wurde.[39] **39**

Gegen den Ausschluss der freien Willensbestimmung spricht auch nicht, dass der Versicherte bei einer endogenen Depression seine Selbsttötung genau geplant und vorbereitet hat, denn die Fähigkeit zur Planung und zum logischen Denken ist bei einem endogenen depressiven Kranken gerade nicht aufgehoben. **40**

Die freie Willensbestimmung wird aber dadurch ausgeschlossen, wenn die versicherte Person von ihren depressiven Gedankengängen ganz durchdrungen ist und sich ihrer nicht erwehren kann.[40] Der Nachweis eines Ausschlusses der freien Willensbestimmung ist nicht dadurch geführt, dass erkennbare, ausreichende Beweggründe für die Handlungsweise des Versicherten fehlen.[41] Trägt der Anspruchserhebende in dem Zusammenhang mit dem Selbstmordversuch des Versicherten eine Reihe von Einzelumständen vor, die auf einer Selbsttötung im Zustand einer krankhaften Störung der Geistestätigkeit hindeuten können, wie z.B. langjähriger Alkoholmissbrauch, etc., so kann der Ausschluss der freien Willensbestimmung dabei nicht ohne Einholung eines Sachverständigengutachtens beurteilt werden.[42] **41**

Das Eingreifen des Risikoausschlusses hat der VR zu beweisen. Dies gilt auch für den Selbsttötungsversuch, wobei dem VR hier auch die zu § 161 VVG von der Rechtsprechung anerkannten Beweiserleichterungen zugutekommen.[43] Zwar ist der Ausschlusstatbestand ebenso wie die Voraussetzung des § 161 Abs. 1 Satz 1 VVG durch den VR zu beweisen[44], der Beweis kann allerdings durch Indizien geführt werden. **42**

Ausreichend ist ein für das praktische Leben brauchbarer Grad von Gewissheit, der vernünftigen Zweifeln Schweigen gebietet, ohne sie völlig auszuschließen. Ein Überzeugungsgrad von 100 % muss demzufolge nicht erreicht werden.[45]

4. Berufsunfähigkeit durch vorsätzliche, widerrechtliche Handlung des Versicherungsnehmers. Gem. § 5d der Musterbedingungen ist der Berufsunfähigkeitsversicherer nicht leistungspflichtig, wenn die Berufsfähigkeit der versicherten Person durch den VN durch eine widerrechtliche Handlung vorsätzlich herbeigeführt wird. Diese Regelung entspricht § 162 Abs. 1. Ebenso wie in der Lebensfremdversicherung, kann auch in der Berufsunfä- **43**

39 OLG Hamm 26.9.1984 VersR **1985** 752; LG Köln 4.4.1956 VersR **1956** 653.

40 LG Mönchengladbach 14.6.1973 VersR **1974** 795, 796.

41 LG Flensburg 27.8.1963 VersR **1963** 1213; LG Wiesbaden 9.1.1963 VersR **1963** 865.

42 Vgl. OLG Hamm 29.6.1984 VersR **1985** 752.

43 Vgl. BGH 13.10.1993 VersR **1994** 162; BGH 26.9.1990 VersR **1990** 1268, 1269; OLG Hamm 7.12.1988 VersR **1989** 695; OLG Hamm 17.7.1992 RuS **1993** 75; OLG Hamm 27.4.1994 RuS **1994** 435; OLG Köln 2.5.1991 VersR **1992** 562.

44 Vgl. BGH 6.5.1992 VersR **1992** 861; BGH 10.4.1991 VersR **1991** 870.

45 Vgl. BGH 18.3.1987 VersR **1987** 503, 504.

higkeitsfremdversicherung die Gefahr eines Missbrauchs zu unerlaubten Zwecken nicht ausgeschlossen werden.[46] Der Vorsatz muss sich nicht nur auf die Herbeiführung der Gesundheitsbeeinträchtigung, sondern auf die Herbeiführung der Berufsunfähigkeit beziehen, was bedingt, dass sich der VN Gedanken darüber macht, wann Berufsunfähigkeit des Versicherten vorliegt.[47]

44 5. **Kernenergie.** Gem. § 5e der Musterbedingungen ist der VR nicht zur Leistung verpflichtet, wenn die Berufsunfähigkeit durch Strahlen infolge Kernenergie, die das Leben oder die Gesundheit zahlreicher Menschen derart gefährden, dass zur Abwehr der Gefährdung eine Katastrophenschutzbehörde oder vergleichbare Behörde tätig wurde. Damit die Klausel eingreift, muss die Katastrophenschutzbehörde oder eine vergleichbare Behörde tatsächlich tätig geworden sein.

45 6. **Kriegsereignisse.** Gem. § 5f AVB BU besteht keine Leistungspflicht, wenn die Berufsunfähigkeit unmittelbar oder mittelbar durch Kriegsereignisse verursacht wurde. Etwas anders gilt nur dann, wenn die versicherte Person in unmittelbarem oder mittelbarem Zusammenhang mit kriegerischen Ereignissen berufsunfähig wurde, denen sie während eines Aufenthalts außerhalb der Bundesrepublik Deutschland ausgesetzt und an denen sie nicht aktiv beteiligt war. Unter einem Kriegsereignis ist auch ein Teil eines Krieges zu verstehen.

46 Ob allerdings ein Krieg im völkerrechtlichen Sinne vorliegen muss oder ein Bürgerkrieg reicht, wenn Aufständische z. B. wegen ihrer Erfolge bereits einen staatsähnlichen Apparat im eigenen Land aufgebaut haben, ist unklar. Nach teilweiser Auffassung ist ein Kriegsereignis im Sinne der Kriegsklausel jeder tatsächliche kriegsmäßige Gewaltzustand ohne Rücksicht auf die zeitlichen, sachlichen und räumlichen Grenzen des Kriegszustandes im völkerrechtlichen Sinne.[48] Dann wäre ein Bürgerkrieg nicht erfasst, was aber nicht sachgerecht ist, denn auch bei einem Bürgerkrieg besteht eine unübersehbare und unverhältnismäßige Gefahrsteigerung.[49] Diese mangelnde Transparenz geht zu Lasten des VR.

47 Unklar ist auch trotz der Neufassung, wann eine nur passive Beteiligung an kriegerischen Ereignissen vorliegt. Bereits gegen die Vorgängerklausel wurden von der Literatur erhebliche Bedenken wegen Intransparenz erhoben.[50] So ist unklar, ob der Ausschluss eingreift, wenn er einen Soldaten betrifft, der aber **nicht an Kampfhandlungen** beteiligt ist. Gleiches gilt für Mitarbeiter eines Feldlazaretts. Unklar ist auch, wie die Berufsunfähigkeit eines Kriegsberichterstatters zu behandeln ist. Auch dies geht zu Lasten des VR.

48 Einigkeit besteht allerdings darüber, dass der Ausschluss nicht dann eingreifen soll, wenn eine Berufsunfähigkeit z. B. infolge kriegsbedingten Mangels an Lebens- und/oder Arzneimitteln oder sonstigen Umständen eintritt. Auch eine während der Kriegsgefangenschaft oder Internierung eintretende Berufsunfähigkeit, welche nicht durch Kampfhandlungen verursacht worden ist, soll von dem Ausschluss nicht betroffen sein.[51] Wird auch die modifizierte Klausel in diesem Sinne verstanden, dann dürfte sie allerdings auch aus diesem Grunde intransparent sein, denn es ist dann unklar, wann die versicherte Person mittelbar durch kriegerische Ereignisse berufsunfähig geworden sein soll.

---

[46] Vgl. hierzu Bruck/Möller/*Winter* § 162 Rn. 2.

[47] Vgl. zur Lebensversicherung auch Bruck/Möller/*Winter* § 162 Rn. 5.

[48] Vgl. OLG Kiel VW **1947** 235.

[49] Vgl. zu diesem Erwägungsgrund *Benkel/Hirschberg* § 3 BUZ 2008 Rn. 20.

[50] Vgl. Prölss/Martin/*Lücke* § 5 BuVAB Rn. 13; **a.A.** Langheid/Wandt/*Dörner* § 172 Rn. 200; *Neuhaus* N I Rn. 53 (anders in der 1. Auflage).

[51] Vgl. Prölss/Martin/*Lücke* § 5 BuVAB Rn. 15.

Erleidet z.B. ein Streitkräftemitglied eine posttraumatische Belastungsstörung nach einem Auslandsaufenthalt, ohne selbst aktiv in die Kampfhandlungen eingegriffen zu haben, dürfte der Ausschlusstatbestand an sich eingreifen. Allerdings lässt sich möglicherweise gar nicht genau festhalten, ob denn die Berufsunfähigkeit in einem mittelbaren Zusammenhang mit einem kriegerischen Ereignis steht, dem der Versicherte während eines Auslandaufenthalts ausgesetzt war. So wäre z.B. denkbar, dass ein Arzt in einem Feldlazarett aufgrund der Behandlung von Kriegsflüchtlingen im Ausland berufsunfähig wird, weil sich das Feldlazarett außerhalb der Bundesrepublik Deutschland befunden hat. Etwas anderes soll dann gelten, wenn der Arzt in einem deutschen Militärkrankenhaus arbeitet, dort aber durch kriegerische Ereignisse verletzte Streitkräftemitglieder behandeln muss. Warum diese beiden Fälle unterschiedlich behandelt werden sollen, wird sich dem durchschnittlichen VN nicht erschließen. **49**

7. Atomare, biologische oder chemische Waffen etc.. Gem. § 5g AVB BU besteht keine Leistungspflicht, wenn die Berufsunfähigkeit unmittelbar oder mittelbar durch den vorsätzlichen Einsatz von atomaren, biologischen oder chemischen Waffen oder den vorsätzlichen Einsatz oder die vorsätzliche Freisetzung von radioaktiven, biologischen oder chemischen Stoffen verursacht wird, sofern der Einsatz oder das Freisetzen darauf gerichtet ist das Leben oder die Gesundheit einer Vielzahl von Personen gefährdet. **50**

Keine Leistungsfreiheit besteht, wenn die versicherte Person in unmittelbarem oder mittelbarem Zusammenhang mit kriegerischen Ereignissen berufsunfähig wird, denen sie während eines Aufenthalts außerhalb der Bundesrepublik Deutschland ausgesetzt und an denen sie nicht aktiv beteiligt war. **51**

Eine praktische Bedeutung hat der Ausschluss vor allen Dingen bei Terroranschlägen. Gegen die Klausel werden Wirksamkeitsbedenken erhoben, weil ein singuläres Ereignis, welches den Versicherten unvorhersehbar und unabwendbar treffen kann und durch ihn weder allein noch mitverursacht worden ist, zum Ausschluss des Versicherungsschutzes führen soll.[52] Der durchschnittliche VN wird regelmäßig nicht erwarten, dass er als Opfer eines Terrorangriffs keinen Berufsunfähigkeitsschutz genießt, wenn Stoffe der in der Klausel genannten Art verwendete worden sind, zumal die Klausel nicht voraussetzt, dass sich der Versicherte einem erhöhten Risiko ausgesetzt hat. Dies gilt vor allen Dingen dann, wenn es demjenigen, der die in § 5g genannten Stoffe einsetzt, nicht darauf ankommt, ein Massaker herbeizuführen, sondern er nur eine Gesundheitsgefährdung einer Vielzahl von Personen herbeiführen will. Die Gesundheit einer Vielzahl von Personen ist aber auch bereits dann gefährdet, wenn Reizungen verursacht werden, die einen Bagatellcharakter überschreiten. Dem durchschnittlichen VN wird nicht bekannt sein, was unter einer Vielzahl von Personen zu verstehen ist und welche biologischen und chemischen Stoffe gemeint sind, zumal sich die medizinischen Erkenntnisse, wann radioaktive, biologische und chemische Stoffe die Gesundheit einer Vielzahl von Personen gefährden können, einem ständigen Wandel unterliegen. Als intransparente Klausel ist sie daher unwirksam. Sie benachteiligt den VN auch unangemessen. **52**

8. Ausschlüsse in älteren Bedingungswerken. Ältere Berufsunfähigkeitsversicherungsbedingungen sehen einen Leistungsausschluss vor, wenn die Berufsunfähigkeit durch Beteiligung an Fahrtveranstaltungen mit Kraftfahrzeugen, bei denen es auf die Erreichung **53**

[52] Vgl. Prölss/Martin/*Lücke* § 5 BuVAB Rn. 34; *Neuhaus* N I Rn. 110.

an Höchstgeschwindigkeit ankommt und den dazu gehörigen Übungsfahrten verursacht ist.[53]

54 Unter Fahrtveranstaltungen im Sinne des Ausschlusses sind vorher geplante Unternehmen zu verstehen, deren Zweck in der Feststellung der Leistungsfähigkeit des Fahrers oder des Fahrzeuges besteht. Eine Fahrtveranstaltung setzt daher nicht die Teilnahme mehrerer Fahrzeuge voraus, ausreichend ist die eines einzelnen Fahrzeugs, wie z. B. Probefahrten des Kraftfahrzeugherstellers bzw. einer Fachzeitschrift.

55 Es muss aber auf die Erzielung einer Höchstgeschwindigkeit ankommen.[54] Zu solchen Fahrtveranstaltungen sind auch sog. Stern- und Rallyefahrten zu zählen, sofern und soweit die Teilnehmer auf Teilstrecken die Höchstgeschwindigkeit zu erzielen haben. Nicht Voraussetzung für eine Fahrtveranstaltung in diesem Sinne ist es, dass die Erreichung und Beibehaltung der jeweiligen Höchstgeschwindigkeit das alleinige Ziel ist. Unerheblich ist es, ob die Veranstaltung als Zuverlässigkeitsprüfung bezeichnet worden ist, wenn es nach den Teilnahmebedingungen in Wirklichkeit um die Erzielung einer Höchstgeschwindigkeit geht.[55] Ein Fahrsicherheitstraining fällt demzufolge nicht unter den Ausschlusstatbestand. Auch der auf einem Motorrad mitfahrende „Schrittmacher" für ein Fahrradrennen ist nicht als Teilnehmer an einer Fahrtveranstaltung im Sinne des Ausschlusstatbestandes anzusehen.[56]

56 Nach älteren Versicherungsbedingungen sind Leistungen ausgeschlossen, wenn die Berufsunfähigkeit durch Teilnahme des Versicherten an Reise- oder Rundflügen verursacht ist, sofern der Versicherte an den Flügen nicht als Fluggast teilgenommen hat.

57 Auch durch diesen Ausschuss werden Sachverhalt erfasst, bei dem die Gefahr des VR im besonderen Maße gesteigert ist, wenngleich berücksichtigt wird, dass die Benutzung eines Flugzeuges zur Beförderungszwecken zu einem allgemein üblichen Lebensrisiko geworden ist.

58 Die Begrenzung des Versicherungsschutzes greift nur bei Luftfahrten. Hat sich die Gefahrsperson nicht bewusst der erhöhten Gefährdung durch Luftfahrt ausgesetzt, so genießt sie vollen Versicherungsschutz.[57] Der Passant, der bei Spaziergang infolge des Absturzes eines Flugzeuges eine Verletzung erleidet, die zur Berufsunfähigkeit führt, ist demzufolge ebenso versichert wie der Fahrer eines Kraftfahrzeugs, der durch ein tief fliegendes Flugzeug so erschrickt, dass es zu einem Unfall mit späterer Berufsunfähigkeit kommt.

59 Mit erfasst von der Luftfahrtklausel sind jedoch nicht nur Leistungsfälle, zu denen es während des Fluges kommt, sondern auch jene, die sich während des Be- und Entsteigens zutragen. Denn auch schon hier kann das besondere Gefahrenmoment bedeutsam werden wie das Besteigen eines Ballons, eines Hubschraubers oder eines Sportflugzeuges.

60 Die Leistungsbeschränkung greift nur, wenn die Verletzung der Gefahrsperson aus der Verwirklichung der besonderen, sich aus der Luftfahrt ergebenden Gefahr herrührt. Dazu gehört jedoch auch das Stolpern oder der Sturz innerhalb des Flugzeuges, weil die Körperbeherrschung während des Fluges durch die Beengtheit des Flugzeugs, die Bewegung des Flugzeugs etc. eingeschränkt ist und ein höheres Risiko des VR nach sich zieht. Nicht be-

---

53 Vgl. Prölss/Martin/*Lücke* § 5 BuVAB Rn. 24; Staudinger/Halm/Wendt/*Gramse* § 5 BUV 2008 Rn. 27; *Benkel/Hirschberg* § 3 BUZ 2008 Rn. 45.

54 Vgl. Prölss/Martin/*Lücke* § 5 BuVAB Rn. 24; Staudinger/Halm/Wendt/*Gramse* § 5 BUV 2008 Rn. 29; *Benkel/Hirschberg* § 3 BUZ 2008 Rn. 48.

55 Vgl. LG Bielefeld 21.4.1967 VersR **1967** 993, 994.

56 Vgl. OLG Bamberg 5.3.1952 VersR **1952** 385, 386.

57 Vgl. Prölss/Martin/*Lücke* § 5 BuVAB Rn. 19; *Neuhaus* N I Rn. 55.

rührt von der Luftfahrtklausel sind lediglich solche Versicherungsfälle, die mit dem Flug in keinem engeren Zusammenhang stehen, wie z.B. die Verletzung eines Fluggastes während des Einsteigens durch einen Steinwurf.

Reiseflüge haben ein Ziel, welches nicht mit dem Abflugort identisch ist, bei Rundflügen ist eine Rückkehr ohne Zwischenlandung zum Abflugort beabsichtigt. Nicht erfasst vom Ausschlusstatbestand sind demzufolge Kunst-, Schau- und Probeflüge. **61**

Der Begriff des Fluggastes dient der Abgrenzung zum fliegenden Personal. Es ist unerheblich, ob der Fluggast entgeltlich oder unentgeltlich befördert wird, ob er zum Mitfliegen berechtigt ist oder als blinder Passagier mitgeflogen ist. Es ist unerheblich, ob er freiwillig oder zwangsweise befördert wird. Auch der Halter, der Eigentümer oder der Mieter, der das Flugzeug unter Umständen einschließlich Pilot gechartert hat, kann Fluggast sein. **62**

Kein Fluggast ist die Gefahrsperson, wenn sie – auch als Kopilot oder Flugschüler – fliegerische Verrichtungen übernommen hat oder als Flugbegleitpersonal mitfliegt.[58] Für das fliegerische bzw. Begleitpersonal ist die vom VR zu tragende Gefahr schon angesichts der Häufigkeit ihrer Teilnahme an Flügen wesentlich erhöht. Übernimmt der Fluggast während des Fluges z.B. im Notfall Funktionen der Besatzung, so ändert dies grundsätzlich nichts an seiner Eigenschaft als Fluggast. Liegt der Zweck des Mitfliegens nicht in der Beförderung, so kann nicht davon ausgegangen werden, dass es sich bei den Insassen um Fluggäste handelt. Dies trifft z.B. auf transportierte Soldaten zu. **63**

§ 6
Was bedeutet die vorvertragliche Anzeigepflicht und welche Folgen hat ihre Verletzung?

Vorvertragliche Anzeigeplicht

(1) Sie sind bis zur Abgabe Ihrer Vertragserklärung verpflichtet, alle Ihnen bekannten gefahrerheblichen Umstände, nach denen wir in Textform (z.B. Papierform oder E-Mail) gefragt haben, wahrheitsgemäß und vollständig anzuzeigen. Gefahrerheblich sind die Umstände, die für unsere Entscheidung, den Vertrag überhaupt oder mit dem vereinbarten Inhalt zu schließen, erheblich sind.

Diese Anzeigepflicht gilt auch für Fragen nach gefahrerheblichen Umständen, die wir Ihnen nach Ihrer Vertragserklärung, aber vor Vertragsannahme, in Textform stellen.

(2) Soll eine andere Person für den Fall einer Berufsunfähigkeit versichert werden, ist auch diese – neben Ihnen – zu wahrheitsgemäßer und vollständiger Beantwortung der Fragen verpflichtet.

(3) Wenn eine andere Person die Fragen nach gefahrerheblichen Umständen für Sie beantwortet und wenn diese Person den gefahrerheblichen Umstand kennt oder arglistig handelt, werden Sie behandelt, als hätten Sie selbst davon Kenntnis gehabt oder arglistig gehandelt.

58 Vgl. LG Bielefeld 24.6.1977 VersR **1978** 1014.

Rechtsfolgen der Anzeigepflichtverletzung

(4) Nachfolgend informieren wir Sie, unter welchen Voraussetzungen wir bei einer Verletzung der Anzeigepflicht
- vom Vertrag zurücktreten,
- den Vertrag kündigen,
- den Vertrag ändern oder
- den Vertrag wegen arglistiger Täuschung anfechten

können.

Rücktritt

(5) Wenn die vorvertragliche Anzeigepflicht verletzt wird, können wir vom Vertrag zurücktreten. Das Rücktrittsrecht besteht nicht, wenn weder eine vorsätzliche noch eine grob fahrlässige Anzeigepflichtverletzung vorliegt. Selbst wenn die Anzeigepflicht grob fahrlässig verletzt wird, haben wir trotzdem kein Rücktrittsrecht, falls wir den Vertrag – möglicherweise zu anderen Bedingungen (*z. B. höherer Beitrag oder eingeschränkter Versicherungsschutz*) – auch bei Kenntnis der nicht angezeigten gefahrerheblichen Umstände geschlossen hätten.

(6) Im Fall des Rücktritts haben Sie keinen Versicherungsschutz. Wenn wir nach Eintritt des Versicherungsfalls zurücktreten, bleibt unsere Leistungspflicht unter folgender Voraussetzung trotzdem bestehen: Die Verletzung der Anzeigepflicht bezieht sich auf einen gefahrerheblichen Umstand, der
- weder für den Eintritt oder die Feststellung des Versicherungsfalls
- noch über die Feststellung oder den Umfang unserer Leistungspflicht ursächlich war.

Unsere Leistungspflicht entfällt jedoch auch im vorstehend genannten Fall, wenn die Anzeigepflicht arglistig verletzt worden ist.

(7) Wenn der Vertrag durch Rücktritt aufgehoben wird, zahlen wir den Rückkaufswert gem. § 15 Abs. 5. Die Rückzahlung der Beiträge können Sie nicht verlangen.

Kündigung

(8) Wenn unser Rücktrittsrecht ausgeschlossen ist, weil die Verletzung der Anzeigepflicht weder vorsätzlich noch grob fahrlässig erfolgt ist, können wir den Vertrag unter Einhaltung einer Frist von einem Monat kündigen.

(9) Unser Kündigungsrecht ist ausgeschlossen, wenn wir den Vertrag – möglicherweise zu anderen Bedingungen (*z. B. höherer Beitrag oder eingeschränkter Versicherungsschutz*) – auch bei Kenntnis der nicht angezeigten gefahrerheblichen Umstände geschlossen hätten.

(10) Wenn wir den Vertrag kündigen, wandelt er sich in einen beitragsfreien Vertrag nach Maßgabe des § 15 um.

Vertragsänderung

(11) Können wir nicht zurücktreten oder kündigen, weil wir den Vertrag – möglicherweise zu anderen Bedingungen (*z. B. höherer Beitrag oder eingeschränkter Versicherungsschutz*) – auch bei Kenntnis der nicht angezeigten gefahrerheblichen Umstände geschlossen hätten (siehe Absatz 5 Satz 3 und Absatz 9), werden die anderen Bedingungen auf unser Verlangen rückwirkend Vertragsbestandteil. Haben Sie die Anzeigepflichtverletzung nicht zu vertreten, werden die anderen Bedingungen erst mit der laufenden Versicherungsperiode (siehe § 13 Abs. 2 Satz 3) Vertragsbestandteil.

(12) Sie können den Vertrag innerhalb eines Monats, nachdem Sie unsere Mitteilung über die Vertragsänderung erhalten haben, fristlos kündigen, wenn
- wir im Rahmen einer Vertragsänderung den Beitrag um mehr als 10 % erhöhen oder
- wir die Gefahrabsicherung für einen nicht angezeigten Umstand ausschließen.

Auf dieses Recht werden Sie in der Mitteilung über die Vertragsänderung hinweisen.

Voraussetzung für die Ausübung unserer Rechte

(13) Unsere Rechte zum Rücktritt, zur Kündigung und zur Vertragsänderung stehen uns nur zu, wenn wir Sie durch gesonderte Mitteilung in Textform auf die Folgen einer Anzeigepflichtverletzung hingewiesen haben.

(14) Wir haben kein Recht zum Rücktritt, zur Kündigung oder zur Vertragsänderung, wenn wir den nicht angezeigten Umstand oder die Unrichtigkeit der Anzeige kannten.

(15) Wir können unsere Rechte zum Rücktritt, zur Kündigung oder zur Vertragsänderung nur innerhalb eines Monats schriftlich geltend machen. Die Frist beginnt mit dem Zeitpunkt, zu dem wir von der Verletzung der Anzeigepflicht, die das von uns geltend gemachte Recht begründet, Kenntnis erlangen. Bei Ausübung unserer Rechte müssen wir die Umstände angeben, auf die wir unsere Erklärung stützen. Zur Begründung können wir nachträglich weitere Umstände angeben, wenn für diese die Frist nach Satz 1 nicht verstrichen ist.

(16) Nach Ablauf von fünf Jahren seit Vertragsschluss erlöschen unsere Rechte zum Rücktritt, zur Kündigung oder zur Vertragsänderung. Ist der Versicherungsfall vor Ablauf der Frist eingetreten, können wir die Rechte auch nach Ablauf der Frist geltend machen. Ist die Anzeigepflicht vorsätzlich oder arglistig verletzt worden, beträgt die Frist zehn Jahre.

Anfechtung

(17) Wir können den Vertrag auch anfechten, falls unsere Entscheidung zur Annahme des Vertrags durch unrichtige oder unvollständige Angaben bewusst und gewollt beeinflusst worden ist. Handelt es sich um Angaben der versicherten Person (*das ist die Person, auf deren Berufsfähigkeit die Versicherung abgeschlossen ist*), können wir Ihnen gegenüber die Anfechtung erklären, auch wenn Sie von der Verletzung der vorvertraglichen Anzeigepflicht keine Kenntnis hatten. Absatz 7 gilt entsprechend.

Leistungserweiterung/Wiederherstellung der Versicherung

(18) Die Absätze 1 bis 17 gelten entsprechend, wenn der Versicherungsschutz nachträglich erweitert oder wiederhergestellt wird und deshalb eine erneute Risikoprüfung vorgenommen wird. Die Fristen nach Absatz 16 beginnen mit der Änderung oder Wiederherstellung des Vertrages bezüglich des geänderten oder wiederhergestellten Teils neu.

Erklärungsempfänger

(19) Unsere Rechte zum Rücktritt, zur Kündigung, zur Vertragsänderung sowie zur Anfechtung üben wir durch eine schriftliche Erklärung aus, die wir Ihnen gegenüber abgeben. Sofern Sie uns keine andere Person als Bevollmächtigten benannt haben, gilt nach Ihrem Tod ein Bezugsberechtigter als bevollmächtigt, diese Erklärung entgegenzunehmen. Ist kein Bezugsberechtigter vorhanden oder kann sein Aufenthalt nicht ermittelt werden, können wir den Inhaber des Versicherungsscheins als bevollmächtigt ansehen, die Erklärung entgegenzunehmen.

Schrifttum

Karczewski Vorvertragliche Anzeigepflichten, § 19 VVG n. F., §§ 16ff. VVG a. F. RuS **2012** 521–532; *Lange* Die vorvertragliche Anzeigepflicht nach der VVG-Reform, RuS **2008** 56; *Looschelders* Aktuelle Probleme der vorvertraglichen Anzeigepflicht des Versicherungsnehmers, VersR **2011** 697; *Neuhaus* Keine konkrete Verweisung bei besser entlohnter, aber „unterwertiger" Beschäftigung jurisPR-VersR 2/**2018**; *Präve* Das Gendiagnostikgesetz aus versicherungsrechtlicher Sicht, VersR **2009** 758; *Reusch* Die vorvertraglichen Anzeigepflichten im neuen VVG 2008, VersR **2007** 1313; *Rixecker* VVG 2008 – Eine Einführung, ZfS **2007**, 369 = LSK **2007**, 300536; *Tschersich* Rechtsfragen der vorvertraglichen Anzeigepflichtverletzung und der vertraglichen Obliegenheiten, Schwerpunkt: Die Hinweispflichten des Versicherers, RuS **2012** 53.

Übersicht

A. Allgemeines

1 Eine besondere Bedeutung hat in der Berufsunfähigkeitsversicherung die Überprüfung, ob der VN bei Abschluss des Versicherungsvertrages die vorvertragliche Anzeigeobliegenheit beachtet hat. Der VR überprüft im Leistungsfall regelmäßig nicht nur, ob die versicherte Person berufsunfähig ist, sondern auch, ob der Versicherungsfall Berufsunfähigkeit möglicherweise vor Abschluss des Versicherungsvertrags eingetreten ist und ob gegenüber dem VR bei der Antragsstellung wahrheitsgemäße Angaben gemacht hat.

B. Einzelheiten

I. Fragen des VR

1. Fragen des VR im Antragsformular

2 a) **Allgemeines.** In der Praxis stellt der VR dem VN konkrete Fragen im **Antragsformular,** die dieser dann durch Ankreuzen und im Falle der Bejahung einer Frage durch ergänzende Erläuterungen zu beantworten hat.[1]

[1] *Karczewski* RuS **2012**, 521.

Es muss sich um **Fragen des VR** handeln. Fragen des VR liegen nicht vor, wenn nicht der VR, sondern ein **Versicherungsmakler** Fragen stellt.[2] Dies gilt auch dann, wenn es sich bei dem Versicherungsmakler nicht um einen Versicherungsmakler im Sinne des § 59 Abs. 3 Satz, sondern um einen **Pseudomakler** im Sinne des § 59 Abs. 3 Satz 2 handelt.[3] Fragen des VR können aber vorliegen, wenn er sich die Fragen des Versicherungsmaklers zu eigen gemacht hat.[4] Ob dies im Einzelfall geschehen ist, ist zu überprüfen. Fragen des VR liegen auch dann vor, wenn der Versicherungsvertrag zwar durch einen Versicherungsmakler vermittelt wurde, der konkrete VR dem Versicherungsmakler allerdings im Rahmen des Vermittlungsprozesses ein „**Beratungstool**" zur Verfügung gestellt hat, um die elektronische Versicherungsübermittlung zu erleichtern. 3

Gefahrerhebliche Umstände sind die (allgemeinen und besonderen, objektiven und subjektiven, inneren und äußeren, verschuldeten und unverschuldeten, positiven und negativen, vergangenen, gegenwärtigen und zukünftigen sowie veränderlichen und unveränderlichen) Umstände, die geeignet sind, auf den Entschluss des VR Einfluss auszuüben, den Vertrag überhaupt oder mit dem vereinbarten Inhalt abzuschließen bzw. deren Kenntnis den VR veranlassen können, den Vertrag gar nicht oder nur mit Prämienzuschlägen bzw. Leistungsausschlüssen zu vereinbaren.[5] Nach dem Sinn und Zweck der vorvertraglichen Anzeigepflichten sind sämtliche Fragen relevant, die den VR in die Lage versetzen, das Risiko des Eintritts eines Unfalls richtig einzuschätzen und vor Entscheidung über den Vertragsschluss eine sachgerechte Risikoprüfung durchzuführen.[6] Erfasst sind nicht nur Gefahrumstände, die den Eintritt des Versicherungsfalls dem Grunde nach beeinflussen können, sondern auch Umstände, die für Art und Umfang der Leistung bedeutsam sind.[7] Unerheblich sind dagegen Umstände, die für die Risikobeurteilung keine Bedeutung erlangen. Es kann differenziert werden zwischen Umständen, die die objektive Risikogefahr erhöhen und solchen, die sich auf die subjektive Vertragsgefahr auswirken[8]: 4

Objektiv gefahrerheblich sind Umstände, die den Eintritt des Versicherungsfalls wahrscheinlicher machen. Zu ihrer Ermittlung dienen etwa Fragen nach dem Beruf, der Ausübung von Extremsportarten oder sonstigen gefährlichen Betätigungen.

Subjektiv gefahrerheblich sind Umstände, die die Gefahr auf Seiten des VR erhöhen, zu Unrecht in Anspruch genommen zu werden.

Nach Auffassung des Gesetzgebers spricht zwar die Frage nach einem bestimmten Umstand dafür, dass dieser Umstand für den Entschluss des VR, den Vertrag mit dem vereinbarten Inhalt zu schließen, erheblich ist. Der gefragte Umstand muss aber darüber hinaus auch „objektiv erheblich" sein.[9] Dies deutet zunächst darauf hin, dass ein objektiv-neutraler Bewertungsmaßstab gelten soll. Danach kommt es für die Gefahrerheblichkeit nicht auf die Interpretation des jeweiligen Fragestellers (VR), sondern darauf an, ob ein verständiger 5

---

2 Vgl. OLG Hamm 3.11.2010 RuS **2011** 198, 200; Langheid/Rixecker/*Langheid* § 19 Rn. 38.

3 Vgl. LG Dortmund 24.2.2012 RuS **2012** 426, 428.

4 Vgl. OLG Hamm 3.11.2010 RuS **2011** 198 m.w.N.; Prölss/Martin/*Armbrüster* § 19 Rn. 32.

5 Vgl. Bruck/Möller/*Leverenz* AUB Ziffer 13 Rn. 46 mit weiteren Nachweisen.

6 Vgl. BGH 20.2.1991 VersR **1991** 578, 579; RG 15.5.1931 RGZ **132** 386, 389ff.; OLG Hamm 12.1.1994 RuS **1994** 281; OLG Saarbrücken 9.7.1997 VersR **1998** 44; Bruck/Möller/*Leverenz* AUB Ziffer 13 Rn. 46.

7 Vgl. öOGH 4.9.1991 VersR **1993** 995, 996; Bruck/Möller/*Leverenz* AUB Ziffer 13 Rn. 46.

8 Vgl. Bruck/Möller/*Leverenz* AUB Ziffer 13 Rn. 46.

9 Vgl. zutreffend Bruck/Möller/*Leverenz* AUB Ziffer 13 Rn. 47 mit weiteren Nachweisen.

(sachverständiger) Dritter der Frage objektiv Relevanz für die Risikoprüfung des VR zumisst. Es bleibt deshalb abzuwarten, ob die Rechtsprechung – wie bisher auch – die tatsächlichen Risikoannahmegrundsätze des (jeweiligen) VR prüfen wird oder zukünftig die den Betrieb des betreffenden Versicherungszweigs beherrschenden Anschauungen bzw. das Verständnis eines VR mit durchschnittlich strenger Risikoprüfung oder gar allein von ihr (generell-abstrakt und neutral) entwickelte Maßstäbe zugrunde legen wird.[10] Zwingend ist ein Abweichen von der bisherigen Rechtsprechung zwar nicht, zumal ein solches Vorgehen eine Einschränkung der für den einzelnen VR bestehenden Vertragsfreiheit zur Folge hätte und ein dahingehender gesetzgeberischer Wille nicht eindeutig in den Materialien zum Ausdruck kommt. Jedoch ist angesichts der Wortwahl „objektiv erheblich" in der Begründung der Argumentationsspielraum für eine Berücksichtigung der individuellen VR-Sicht eng, so dass in der Rechtsprechung möglicherweise zukünftig ein Kurswechsel in Richtung objektiv-neutrale Bewertung der Gefahrerheblichkeit zu erwarten ist.[11] Häufig wird die Gefahrerheblichkeit verschwiegener Umstände allerdings auf der Hand liegen, so dass langwierige Beweiserhebungen unterbleiben können. Entscheidend ist, dass es sich um Gefahrumstände handelt, die auf den Entschluss des VR (das „Ob" und „Wie" des Vertragsschlusses) Einfluss ausüben können. Nicht erforderlich ist, dass sie auch Einfluss ausüben müssen. Es kommt mithin nicht darauf an, ob der VR die konkreten Umstände tatsächlich im Hinblick auf den Deckungsumfang oder die Prämienkalkulation berücksichtigt hätte. Vielmehr genügt es, wenn die Geschäftsgrundsätze des VR Anhaltspunkte dafür bieten, dass Umstände der fraglichen Art für seinen Entschluss bedeutsam sind.[12]

6 b) **Fragen zum Beruf.** Fragen zum **ausgeübten Beruf** bei Abschluss des Versicherungsvertrags müssen wahrheitsgemäß beantwortet werden. Welchen Beruf die versicherte Person ausübt, hat in der Regel Bedeutung für die Einordnung der versicherten Person in eine bestimmte Gefahrenklasse/Risikogruppe. Mit Ausübung bestimmter Tätigkeiten bei Abschluss des Versicherungsvertrags geht demzufolge eine möglicherweise gesteigerte Vermutung, dass der Versicherungsfall „Berufsunfähigkeit" eintritt, einher. Berufe, die mit einem höheren Risiko verbunden sind, dass der Versicherungsfall „Berufsunfähigkeit" eintritt, sind in der Regel auch mit höheren Versicherungsprämien belegt. Wer demzufolge falsche Angaben zu seinem Beruf bei Beantragung des Versicherungsschutzes macht, verletzt seine vorvertragliche Anzeigeobliegenheit und handelt unter Umständen arglistig.[13]

7 Allerdings ist gerade bei Angaben des Versicherten z.B. auch zum Anteil der körperlichen Tätigkeit zu überprüfen, ob der VR gehalten ist, bei dem VN **nachzufragen**, weil dessen Angaben unklar sind. Es reicht für eine **Nachfrageobliegenheit** des VR allerdings nicht aus, dass der Versicherte angibt, eine berufliche Tätigkeit auszuüben, die üblicherweise mit einem hohen Anteil an körperlicher Tätigkeit verbunden ist, wenn er auf die Frage nach der genauen prozentualen Aufteilung von körperlicher und nicht körperlicher Tätigkeit angibt, er sei zu 30 % körperlich und zu 70 % aufsichtsführend tätig.[14]

---

[10] Vgl. diesbezüglich mit weiteren Nachweisen Bruck/Möller/*Leverenz* AUB Ziffer 13 Rn. 46.

[11] So auch Bruck/Möller/*Leverenz* AUB Ziffer 13 Rn. 46.

[12] Bruck/Möller/*Leverenz* AUB Ziffer 13 Rn. 46, siehe auch *Neuhaus* jurisPR-VersR 2/**2018** Anm. 1.

[13] Vgl. OLG Saarbrücken 16.7.2008 VersR **2009** 344, 345; Langheid/Wandt/*Dörner* § 172 Rn. 30; Langheid/Rixecker/*Langheid* § 22 Rn. 17.

[14] Für den Beruf eines Tischlers vgl. OLG Saarbrücken 16.7.2008 BeckRS **2009** 02636.

Ebenso liegt eine Verletzung der vorvertraglichen Anzeigeobliegenheit vor, wenn der Versicherte angibt, einen bestimmten Beruf auszuüben, obwohl er gegenwärtig überhaupt keinen Beruf ausübt, weil er z.B. eine Freiheitsstrafe verbüßt.[15] Zu Recht hat das OLG Hamm ausgeführt, die Relevanz der Art der beruflichen Tätigkeit für die Berufsunfähigkeitsversicherung liege auf der Hand. Nicht berufstätigen Personen, zu denen auch Inhaftierte gehören, wird in aller Regel keine Berufsunfähigkeitsversicherung, sondern eine Erwerbsunfähigkeitsversicherung angeboten.[16] Bei derartigen Falschangaben liegt in aller Regel auch ein arglistiges Verhalten des VN vor, weil anders eine Falschangabe zu einem Beruf nicht erklärt werden kann. 8

c) **Fragen zum Einkommen.** Wahrheitsgemäß müssen auch die Fragen zum Einkommen sein. Das zur Verfügung stehende Einkommen der versicherten Person ist für den Abschluss einer Berufsunfähigkeitsversicherung auch für den Versicherten erkennbar von Relevanz. Der Abschluss einer Berufsunfähigkeitsversicherung soll **keinen Anreiz** bieten, den Eintritt des Versicherungsfalls „Berufsunfähigkeit" vorzutäuschen oder möglicherweise sogar bewusst herbeizuführen. Wer gar kein oder nur ein geringes Einkommen erzielt, andererseits aber Versicherungsschutz auf Basis eines fiktiven hohen Nettoeinkommens beantragt, wird möglicherweise viel eher motiviert sein, Leistungen aus einer Berufsunfähigkeitsversicherung generieren zu wollen. 9

Allerdings ist bei einer Falschbeantwortung der Frage nach dem Brutto- oder Nettoeinkommen während eines bestimmten nachgefragten Zeitraums nicht ohne weiteres von einem **arglistigen** Verhalten des VN auszugehen. Zwar lässt sich in aller Regel schnell feststellen, ob der Antragsteller falsche Angaben zu seinem Einkommen gemacht hat, ob dies aber auch arglistig geschehen ist, ist häufig schwieriger festzustellen, wenn es z.B. um das Einkommen eines Selbstständigen geht. Der Begriff des Nettoeinkommens ist aus Sicht eines Selbstständigen **unklar und mehrdeutig.**[17] So ist unklar, ob es bei der Frage nach dem Nettoeinkommen auch bei einem Selbstständigen auf das steuerrechtlich ermittelte Nettoeinkommen ankommt, wobei selbst dann unklar ist, was letztendlich damit konkret gemeint ist. So hat ein Selbstständige zwar die Möglichkeit, etwa durch Verlustzuweisungen und Abschreibungen sein Einkommen steuerrechtlich zu reduzieren. Einerseits stellen Abschreibungen tatsächlich zunächst einmal bilanzielle Positionen dar, die nicht zwingend mit Liquiditätsabfluss verbunden sind. Auf der anderen Seite können aber durchaus Aufwendungen oder Wertverluste im Raum stehen, die auf das tatsächlich verfügbare Einkommen durchaus Auswirkungen haben. Es ist daher durchaus denkbar, dass ein Selbstständiger steuerlich kein Einkommen erzielt, tatsächlich aber durchaus über eine erhebliche Liquidität verfügt.[18] 10

Fraglich ist darüber hinaus auch, ob Einkünfte zu berücksichtigen sind, die dem Finanzamt gegenüber nicht angegeben werden, weil es sich um **„Schwarzgelder"** handelt. Das ist zu verneinen. Der redliche VN wird nicht erwarten, dass ein VR Ausfälle aus derartigen Einkünften versichert. Sie sind daher seitens des VN auch nicht anzugeben. 11

d) **Fragen zum Gesundheitszustand.** In der Praxis haben Falschbeantwortungen der Gesundheitsfragen die größte Bedeutung. Die durch den VR dem VN bei Antragstellung gestellten Fragen haben einen durchaus unterschiedlichen Grad der Präzision. 12

---

15 Vgl. OLG Hamm 1.12.2006 BeckRS **2007** 16596.

16 Vgl. OLG Hamm 1.12.2006 BeckRS **2007** 16596.

17 Vgl. OLG Köln 31.3.2004 BeckRS **2010** 09465; bzgl. Bruttoeinkommen *Neuhaus* O VII Rn. 206.

18 Vgl. OLG Köln 31.3.2004 BeckRS **2010** 09465.

13 Nach wie vor werden **allgemein gehaltene Fragen** z.B. nach Krankheiten, Beschwerden in den letzten fünf Jahren gestellt. Zum Teil wird die Rechtsauffassung vertreten, derartige Fragen genügten den gesetzlichen Anforderungen des § 19 Abs. 1 Satz 1 VVG nicht.[19] Der VR müsse nach bestimmten Umständen fragen. Wer pauschale Fragen verwende, transferiere das Risiko einer Fehleinschätzung, nämlich ob der Umstand gefahrrelevant ist, auf den VN. Nach der gesetzlichen Neuregelung des § 19 Abs. 1 Satz 1 VVG soll das Risiko der Fehleinschätzung aber nicht mehr beim VN liegen.[20]

14 In dieser Allgemeinheit kann dem nicht gefolgt werden. Antragsfragen dürfen nicht **unklar** sein.[21] Die in Antragsvordrucken enthaltenen Gesundheitsfragen unterliegen zwar nicht der AGB-rechtlichen Kontrolle, weil sie keine Allgemeinen Geschäftsbedingungen im Sinne von §§ 305ff. BGB darstellen.[22] Auch wenn Antragsfragen keine AGB-Qualität haben, sind sie aber nach allgemeiner Auffassung wie Allgemeine Geschäftsbedingungen auszulegen.[23] Unklare Antragsfragen sind allerdings zugunsten des VN auszulegen.[24] Es kommt demzufolge auf das Verständnis des durchschnittlichen VN von den Antragsfragen an.[25] Dies bedeutet allerdings nicht, dass der VN Antragsfragen nach eigenem Gutdünken auslegen darf. Ist vielmehr zweifelhaft, ob ein Umstand angabepflichtig ist, so hat der VN den Umstand anzugeben. Völlig nichtssagende Fragen lösen schon keine Anzeigeobliegenheit aus, wenn sie dem VN nicht ermöglichen, sich ein vernünftiges Bild von den unter die Frage fallenden Umständen zu machen.[26]

15 Auch allgemein gehaltene Fragen können **risikorelevant** sein.[27] § 19 Abs. 1 Satz 1 VVG unterscheidet ausdrücklich zwischen der Fragestellung des VR und der Vertragserheblichkeit eines dem VN bekannten Umstands. Selbst eine weite Fragestellung befreit den VN daher nicht von dem Risiko einer Fehleinschätzung, ob ein Umstand vertragsrelevant ist.[28]

16 Verwendet der VR globale Fragen, lässt das Antragsformular aber nur wenig Raum zur Beantwortung dieser Fragen und verweist auch nicht auf ein Anlageblatt[29], so wird zum Teil die Rechtsauffassung vertreten, der VN dürfte die Frage dahin verstehen, dass nur **besonderes gravierende Umstände** erfragt seien.[30] Dem ist nicht zu folgen. Ob der VR nur besonders gravierende Umstände erfragt, ist anhand des **Wortlauts der Fragestellung** zu ermitteln und nicht anhand des Raumes, den das Antragsformular zur Beantwortung der Frage lässt. Auch der durchschnittliche VN wird bei sorgfältigem Ausfüllen des Antragsformulars zu dem Ergebnis kommen können, dass dann, wenn eine Vielzahl von Umständen aufgrund der Fragestellung anzugeben ist und hierfür das Antragsformular nicht aus-

---

19 Vgl. *Rixecker* ZfS **2007** 369, 370; *Reusch* VersR **2007** 1313, 1314; Looschelders/Pohlmann/*Looschelders* § 19 Rn. 23; **a.A.** Langheid/Rixecker/*Langheid* § 19 Rn. 24.

20 Vgl. *Reusch* VersR **2007** 1313.

21 OLG Düsseldorf 30.5.2017 BeckRS **2017** 140508.

22 Vgl. OLG Saarbrücken 9.9.2009 RuS **2009** 453, 455; OLG Bremen 16.11.1993 VersR **1996** 314.

23 Vgl. BGH 22.9.1999 VersR **1999** 1481, 1482; vgl. OLG Saarbrücken 1.2.2006 VersR **2006** 1482.

24 OLG Köln 24.5.1965 VersR **1967** 942, 943; Prölss/Martin/*Armbrüster* § 19 Rn. 41; Looschelders/Pohlmann/*Looschelders* § 19 Rn. 24.

25 BGH 23.6.1993, Az.: IV ZR 135/92; vgl. OLG Saarbrücken 1.2.2006 VersR **2006** 1482.

26 Vgl. Prölss/Martin/*Armbrüster* § 19 Rn. 36; Staudinger/Halm/*Wendt* § 19 Rn. 47, 48.

27 Vgl. *Lange* RuS **2008** 56, 57; *Neuhaus* RuS **2008** 45, 47; Langheid/Rixecker/*Langheid* § 19 Rn. 24.

28 Vgl. *Lange* RuS **2008** 56, 57.

29 Vgl. OLG Saarbrücken 1.2.2006 VersR **2006** 1482, 1484.

30 Vgl. Prölss/Martin/*Armbrüster* § 19 Rn. 40; OLG Düsseldorf 19.10.1982 VersR **1984** 1034.

reicht, diese Umstände eben im Rahmen eines Beiblatts dem VR mitzuteilen sind. Erfordert die Beantwortung der Frage ein Werturteil des VN wie z.B. bei der Beantwortung der Frage, ob eine erhebliche Erkrankung vorlag, so sind solche Fragen zunächst einmal nicht per se unzulässig.[31] Allerdings ist dem VN bei der Beantwortung der Frage von vornherein ein erheblicher Beurteilungsspielraum eingeräumt.[32] Der VN ist daher selbst bei einer solchen Frage ausreichend geschützt.[33]

Häufig fragt der VR nach **Krankheiten, Störungen und Beschwerden** während eines bestimmten Zeitraums. Unter eine Krankheit ist ein Gesundheitszustand zu verstehen, der von dem normalen Gesundheitszustand **ernsthaft** abweicht, **behandlungsbedürftig** war oder ist und **regelmäßig die Arbeitsfähigkeit beeinträchtigt.**[34] Das Erfordernis einer ernsthaften Abweichung trägt dem Umstand Rechnung, dass reine **Bagatellerkrankungen** nicht angabepflichtig sind. Ob eine Bagatellerkrankung vorliegt, ist objektiv zu bestimmen. Allerdings muss mit der Erkrankung nicht auch eine erhebliche Funktionsstörung einhergehen. **17**

Das Erfordernis der Beeinträchtigung der Arbeitsfähigkeit hängt mit dem Wesen der Berufsunfähigkeitsversicherung zusammen, die eben die Folgen mildern soll, die aus einer dauerhaften Beeinträchtigung der Arbeitsfähigkeit resultieren. Eine Erkrankung, die die Arbeitsfähigkeit per se nicht beeinträchtigt, ist daher regelmäßig auch nicht gefahrerheblich. **18**

Hiervon zu unterscheiden sind **„schlummernde“** Erkrankungen, die während eines abgefragten Zeitraums diagnostiziert sind, derzeit noch keine Beschwerden verursachen, aber zu solchen Beschwerden führen können welche ihrerseits die Arbeitskraft beeinträchtigen können. Fragt der VR nach dem Vorliegen einer Krankheit, so kommt es nicht darauf an, ob diese bereits zum Zeitpunkt der Antragstellung Beschwerden auslöst. Da die Berufsunfähigkeitsversicherung in der Regel auf einen sehr langen Zeitraum ausgerichtet ist, ist eine Krankheit selbst dann angabepflichtig, wenn sie bereits vorliegt, bei dem VN aber noch keine Beschwerden verursacht.[35] Das Vorliegen einer HIV-Infektion ist nach allem angabepflichtig, auch wenn der VR nicht ausdrücklich nach dem Vorliegen einer solchen HIV-Infektion fragt. Auch das Vorliegen einer HIV-Infektion stellt schon eine angabepflichtige Krankheit dar.[36] Schon die HIV-Infektion erhöht das von dem VR zu beurteilende Risiko, krank und berufsunfähig zu werden. **19**

Störungen erfassen jede Gesundheitsbeeinträchtigung, die nicht offenkundig belanglos ist oder alsbald vergeht. Es handelt sich demzufolge um gesundheitliche Beeinträchtigungen unterhalb der Krankheitsschwelle.[37] Ob die Ursache einer Gesundheitsstörung bekannt ist, spielt keine Rolle, denn entscheidend ist das Vorliegen der Gesundheitsbeeinträchtigung, nicht deren Ursache. Hier gilt nichts anderes als für eine Erkrankung. Irrelevant ist, ob Störungen von einer gewissen Dauer sind und einer ärztlichen Behandlung bedürfen. Die Beeinträchtigung einer Körperfunktion, wozu zum Teil auch die Psyche gezählt wird[38], ist nicht erforderlich. Ohnehin ist durch den durchschnittlichen VN oft nur **20**

---

31 Vgl. Prölss/Martin/*Armbrüster* § 19 Rn. 44; *Looschelders* VersR **2011** 697, 698; *Neuhaus* O VII Rn. 155; **a.A.** OLG Oldenburg 1.12.1993 VersR **1994** 1169; OLG Nürnberg 18.4.1996 VersR **1997** 1137; OLG Frankfurt 14.5.1974 VersR **1975** 632, 633.

32 Vgl. OLG Saarbrücken 24.3.2010 VersR **2011** 659, 660.

33 Vgl. Prölss/Martin/*Armbrüster* § 19 Rn. 44.

34 Vgl. OLG Karlsruhe 17.1.1991 VersR **1991** 912, 913; *Neuhaus* O VII 4 Rn. 159.

35 Vgl. OLG Karlsruhe 20.12.2011, AZ: 12 U 132/11; *Neuhaus* O VII 4 Rn. 159.

36 *Neuhaus* O VII Rn. 160 unter Hinweis auf LG Frankfurt 4.2.1991 VersR **1992** 563.

37 Vgl. BGH 26.10.1994 VersR **1994** 1457, 1458; BGH 2.3.1994 VersR **1994** 711, 713.

38 Vgl. *Neuhaus* O VII 4 Rn. 164.

schwer zu beurteilen, ob eine Funktion aufgrund einer Störung beeinträchtigt ist. Gerade bei psychischen Beeinträchtigungen ist eine Beurteilung durch den durchschnittlichen VN oft nicht möglich.

21 **Beschwerden** stellen körperliche oder psychische Beeinträchtigungen dar, die den Betroffenen in seinem Wohlbefinden beeinträchtigen, ohne selbst schon Krankheitswert zu haben und die Arbeitsfähigkeit zu beeinflussen.[39] Auch Beschwerden stellen Gesundheitsbeeinträchtigungen geringerer Intensität als eine Krankheit dar. Die Abgrenzung zu einer nicht angabepflichtigen Bagatelle ist bei Beschwerden oft sehr schwer, vor allen Dingen wenn man Schwindelanfälle und ähnliche geringere Beeinträchtigungen zu den angabepflichtigen Beschwerden zählt.[40]

22 Der Hinweis, Bagatellen stellten **Banal- oder Allerweltsbeschwerden** dar, von denen fast alle Menschen von Zeit zu Zeit befallen werden, die aber nach der Lebenserfahrung alsbald und folgenlos vorübergehen[41], überzeugt nicht in Gänze, denn dies kann auch auf Schwindelanfälle und einen Hexenschuss zutreffen.

23 Die Abgrenzung zwischen nicht angabepflichtigen Bagatellen und Beschwerden kann daher nur im **Einzelfall** vorgenommen werden. Wenn es sich um Beschwerden handelt, die entweder von ihrer Anzahl oder von ihrer Intensität auch durch den durchschnittlichen VN und nicht etwa durch denjenigen, der nicht besonders schmerzempfindlich ist, als belastend empfunden werden, so sind sie angabepflichtig.

24 Hiervon abzugrenzen sind kleinere Infekte wie z.B. bloße Erkältungen oder auch Menstruationsbeschwerden.[42] Auch hier ist der **besondere Zweck der Berufsunfähigkeitsversicherung** nämlich die Absicherung der Arbeitskraft gegen dauerhafte Beeinträchtigungen, zu berücksichtigen. Ob Konzentrationsstörungen und Antriebslosigkeit anzugeben sind, ist im Einzelfall zu beantworten. Konzentrationsstörungen und Antriebslosigkeit können Ausdruck oder Folge ernsthafter Beeinträchtigungen sein oder auch eine bloße Bagatelle. Wer über einen längeren Zeitraum unter zunehmenden Konzentrationsstörungen, Antriebslosigkeit und Ängsten sowie Schlafstörungen leidet, hat diese anzugeben, wenn nach Krankheiten, Beschwerden und Störungen während eines bestimmten Zeitraums gefragt wird und diese Störungen während dieses Zeitraums auftraten.

25 Fragt der VR nach **Störungen oder Beschwerden** während eines bestimmten Zeitraums, scheitert eine Angabepflichtigkeit von bestehenden oder auch fluktuierenden **Konzentrationsstörungen, Antriebslosigkeit und Ängsten** nicht daran, dass der VN einen Arzt wegen der Befürchtung aufsucht, er könne krank sein, wenn der Arzt seine Befürchtung nicht bestätigt.[43] Es liegt dann zwar keine angabepflichtige Krankheit vor, wohl aber angabepflichtige Gesundheitsstörungen/Beschwerden. Der BGH hat in seinem Urteil vom 17.02.1993[44] nicht hiervon abweichend entschieden, denn wenn der VR nach Art und Verlauf einer Krankheit fragt, muss sich dem VN aufdrängen, dass es dem VR auf das Vorliegen einer Krankheit ankommt. Fragt der VR allerdings zusätzlich nach Gesundheitsstörungen und Beschwerden, ist nicht entscheidend, ob eine Krankheit bei dem VN diagnostiziert worden ist und ob er davon ausgegangen ist, krank zu sein.

26 **Rückenbeschwerden** spielen in der Berufsunfähigkeitsversicherung vor allen bei körperlichen Berufen eine große Rolle. Zum Teil wird die Auffassung vertreten, Rückenbe-

---

39 Vgl. OLG Hamm 19.12.1986, AZ: 20 U 178/86.

40 So *Neuhaus* O VII 4 Rn. 172.

41 So *Neuhaus* O VII 4 Rn. 174 unter Hinweis auf OLG Hamm 28.9.1990 RuS **1991** 104.

42 Vgl. OLG Hamm 28.9.1990 VersR **1991** 988; OLG Hamm 22.3.1995 RuS **1995** 471, 472.

43 Vgl. OLG Saarbrücken 29.10.2003 BeckRS **1998** 04894; *Neuhaus* O VIII Rn. 211.

44 Vgl. BGH 17.2.1993 RuS **1993** 392.

schwerden, die nach kurzer Zeit wieder vergehen, seien jedenfalls dann nicht angabepflichtig, wenn diese Beschwerden keinen Anlass für ärztliche Untersuchungen oder Behandlungen ergaben.[45] Dem ist nicht zu folgen. Es kommt bei einer Frage nach Krankheiten, Gesundheitsstörungen und Beschwerden nicht darauf an, ob der VN wegen dieser Umstände einen Arzt aufgesucht hat. Die Umstände, weshalb ein Arzt nicht aufgesucht worden ist, können vielfältiger Natur sein. So kann ein Arzt, insbesondere ein Facharzt, möglicherweise längere Wartezeiten haben mit der Folge, dass die Beschwerden wieder vergangen waren, als der VN einen Arzttermin wahrnehmen konnte und er aus diesem Grunde von einem Arzttermin abgesehen hat. Richtig ist allerdings, dass Arztbesuche oder auch Arbeitsunfähigkeitszeiten gegen das Vorliegen einer Bagatelle auch aus Sicht des VN sprechen. Wer einen Arzt aufsucht oder eine Arbeitsunfähigkeitszeit für sich in Anspruch nimmt, wird in aller Regel einen entsprechenden Leidensdruck gehabt haben und selbst der Meinung gewesen sein, ein Auskurieren der Beschwerden und eine Schonung seien für die Wiederherstellung der vollen Arbeitsfähigkeit förderlich. Wer so handelt, kann sich nicht mehr auf eine Bagatelle berufen.

Typische anzeigepflichtige Umstände sind z.B. eine mehrmalige Behandlung wegen eines BWS/LWS-Syndroms[46], Bewegungseinschränkungen der Schulter mit Versteifung des linken Handgelenks[47], multiple Beschwerden des Bewegungsapparates mit psychischen Problemen[48], Lumbalgien[49], langjährige Beschwerden bei Skoliose, selbst dann, wenn es sich noch nicht um eine Krankheit handelt[50], unfallbedingte Stauchung der Wirbelsäule[51], persistierende Wirbelsäulenbeschwerden[52], Rückenbeschwerden[53], Depressionen[54], Suizidversuch[55], psychophysische Erschöpfungszustände[56], zahlreiche therapeutische Gesprächsbehandlungen bei einem Psychiater wegen Depressionen[57], psychische Angsterkrankung aufgrund der Auseinandersetzung[58], Colitis ulcerosa[59], erhöhte Leberwerte[60], vor ca. zwei Jahren erlittener Herzinfarkt.[61] 27

Bei **Mobbing am Arbeitsplatz** ist zu differenzieren: Mobbing am Arbeitsplatz stellt jedenfalls dann einen gefahrerheblichen Umstand dar, wenn hieraus Beschwerden, Erkrankungen, Behandlungen oder Untersuchungen resultieren, nach denen der VR im Antragsformular fragt. Dabei ist nicht entscheidend, ob dem VN eine bestimmte Diagnose mitgeteilt worden ist. Entscheidend ist, ob er Beschwerden entwickelt hat, nach denen der VR gefragt hat. 28

Eine **akute Bronchitis** ist jedenfalls dann anzugeben, wenn sie mit einer mehrtägigen Krankschreibung einhergeht, mit einem Antibiotikum behandelt wurde und sich wiederholt hat. Dabei ist eine Bronchitis von einer einfachen Erkältung zu unterscheiden. 29

---

[45] Vgl. hierzu OLG Celle 18.10.2004 VersR **2005** 1381; OLG Koblenz 8.9.2003 VersR **2004** 228, 229; OLG Koblenz 24.10.2002 VersR **2003** 494.
[46] OLG Koblenz 8.7.2004 RuS **2007** 163.
[47] OLG Koblenz 3.6.2005 NJOZ **2005** 3448, 3449.
[48] OLG Celle 15.3.2007 RuS **2009** 73, 74; OLG Koblenz 8.9.2003 VersR **2004** 228, 229.
[49] OLG Hamburg 29.1.1987 VersR **1988** 396, 397.
[50] OLG Hamm 21.10.1983 VersR **1984** 728, 729.
[51] OLG Jena 7.3.2001 RuS **2002** 32.
[52] OLG Jena 22.6.2010 VersR **2011** 380, 381.
[53] LG Köln 4.3.2009 BeckRS **2009** 16628.
[54] OLG Saarbrücken 15.4.1998 RuS **2000** 432, 433.
[55] OLG Saarbrücken 9.9.2009 VersR **2009** 1478, 1479.
[56] OLG Stuttgart 18.12.2003 RuS **2004** 294, 295.
[57] OLG Saarbrücken 15.4.1998 RuS **2000** 432, 433.
[58] *Neuhaus* O III Rn. 29.
[59] BGH 20.9.1989 VersR **1989** 1249, 1250.
[60] KG 18.7.2006 VersR **2007** 933, 934.
[61] OLG Karlsruhe 25.7.1996 VersR **1997** 861, 862.

30 **Lebensgefährliche oder folgenschwere Erkrankungen** wie HIV, Krebs, Hepatitis, chronischer Leberschaden etc. sind offenkundig gefahrerheblich in der Berufsunfähigkeitsversicherung.[62]

31 In den Antragsfragen wird oft nach **Untersuchungen, Beratungen oder Behandlungen** während eines bestimmten Zeitraums gefragt. Im Gegensatz zu Fragen nach Krankheiten, Störungen und/oder Beschwerden kommt es bei Fragen nach Untersuchungen, Beratungen und Behandlungen nicht darauf an, ob der VN wegen einer Bagatelle untersucht, beraten und/oder behandelt worden ist.

32 Nach der Rechtsprechung des BGH soll allerdings eine Verletzung der vorvertraglichen Anzeigepflicht dann ausscheiden, wenn sich eine Untersuchung auf eine Bagatellerkrankung bezogen hat.[63] Zur Begründung wird ausgeführt, wenn der Untersuchung allenfalls eine Bagatellerkrankung zugrunde liege und dem Versicherten letztlich sogar bestätigt werde, dass er gesund sei, so fehle es schon an einem gefahrerheblichen Umstand, auf den sich die Untersuchung bezogen hat.[64] Gefahrumstände sind allerdings alle Umstände, die geeignet sind, den Entschluss des VR, einen Vertrag überhaupt oder zu den vereinbarten Bedingungen abzuschließen, zu beeinflussen.[65] Erfasst sind solche Umstände, welche die Wahrscheinlichkeit des Eintritts eines Versicherungsfalls und dessen Folgen betreffen. Hat der Antragsteller einen Arzt aufgesucht, so dokumentiert er durch sein Verhalten, dass er nicht von einer Bagatelle ausgegangen ist, denn wegen einer Bagatelle sucht der durchschnittliche VN keinen Arzt auf. Der Umgang des VN mit einer Krankheit könnte durchaus für die Einschätzung des Versicherers, ob ein erhöhtes Berufsunfähigkeitsrisiko vorliegt, von Bedeutung sein. Andererseits erscheint es nicht angemessen, nicht angabepflichtige Bagatellerkrankungen über diesen Umweg angabepflichtig zu machen. Auch indizierende Umstände, die auf wahrscheinlichkeitsrelevante Tatsachen hinweisen oder zu deren Feststellung führen können, sind gefahrerheblich.[66] Ob objektive und subjektive Umstände für die Risikobeurteilung von Bedeutung sein können, ist aus Sicht des VR unter Berücksichtigung seiner jeweiligen Annahmepraxis zu beurteilen.[67]

33 Hiervon ausgehend wird man eine **Untersuchung wegen üblicher Bagatellerkrankungen** wie eine Erkältung grundsätzlich nicht für angabepflichtig halten.[68] Gleiches gilt für einmalige Untersuchungen z.B. gegen Schmerzen in der Lendengegend.[69] Demgegenüber ist eine Untersuchung wegen Morbus Crohn aber auch bei mehrjährigem beschwerdefreiem Verlauf anzugeben.[70] Gleiches gilt für einen Erkrankungsverdacht ohne Indikation medikamentöser Behandlung.[71] Anzugeben sind Untersuchungen wegen Herz- und Kreislaufbeschwerden[72], wegen Rückenbeschwerden[73].

---

62 *Neuhaus* O III Rn. 40.

63 Vgl. BGH 2.3.1994 RuS **1995** 324.

64 Vgl. BGH 30.9.1998 RuS **1999** 85.

65 Vgl. Prölss/Martin/*Armbrüster* § 19 Rn. 2; Langheid/Halm/Wendt/*Pilz/Gramse* § 19 Rn. 18; Langheid/ Wandt/*Dörner* § 172 Rn. 15.

66 Vgl. BGH 29.5.1980 VersR **1980** 762,763; OLG Frankfurt 14.5.1974 VersR **1975** 632, 633; OLG Köln 10.1.1985 VersR **1985** 633, Prölss/Martin/*Armbrüster* § 19 Rn. 2; Langheid/Rixecker/*Rixecker* § 19 Rn. 27.

67 Vgl. BGH 20.9.2000 NVersZ **2001** 69, 70; BGH 20.4.1994 NJW-RR **1994** 859; OLG Hamm 9.2.1996 RuS **1997** 34; Langheid/Rixecker/*Langheid* § 19 Rn. 27.

68 Vgl. LG Köln 30.7.2003 VersR **2005** 393.

69 Vgl. OLG Hamburg 18.10.1986 VersR **1990** 610.

70 Vgl. OLG Karlsruhe 2.3.2015 NJW-RR **2015** 806, 807.

71 Vgl. OLG Koblenz 16.3.2001 NVersZ **2001** 413.

72 Vgl. OLG Celle 14.11.1990 RuS **1991** 428, 429.

73 OLG Hamm 28.9.1990 VersR **1991** 988.

Die Frage nach **ärztlichen oder anderen Behandlungen** ist weit auszulegen.[74] Wenn sich eine ärztliche Behandlung in therapeutischen Gesprächen erschöpft, so ist das Führen eines solchen Gesprächs anzugeben. Etwas anderes kann allenfalls dann gelten, wenn es sich bei der ärztlichen Behandlung um einen Freundschaftsdienst zum Beispiel durch einen befreundeten Arzt. handelt. Wird dieser Freundschaftsdienst allerdings gegenüber dem Krankenversicherer abgerechnet, so ist auch ein solcher Freundschaftsdienst anzugeben. Unter andere Behandlungen fallen auch Behandlungen nicht ärztlicher Art, wie z.B. Durchführung einer Psychotherapie durch Psychologen, Physiotherapie oder Ergotherapie und heilpraktische Behandlungen.[75] **34**

Eine **Behandlung** setzt allerdings voraus, dass die Tätigkeit auf Feststellung, Heilung und/oder Linderung von gesundheitlichen Beeinträchtigungen gerichtet ist.[76] Wenn demzufolge zur Vermeidung von Beschwerden proaktiv Maßnahmen ergriffen werden, so sind diese nicht angabepflichtig. **35**

Wer regelmäßig eine **Physiotherapie** in Anspruch nimmt, weil er eine sitzende Tätigkeit ausübt und er von vornherein Verspannungen im Bereich der Wirbelsäule entgegenwirken will, der muss eine solche vorbereitende Maßnahme nicht angeben. Gleiches gilt, wenn die Maßnahmen den Grad einer heilkundlichen Behandlung nicht erreichen. Dies gilt z.B. für Wellnessmaßnahmen oder wenn der VN z.B. während eines Urlaubs in einem Wellnesshotel auch Massagen in Anspruch nimmt. Etwas anderes kann aber dann gelten, wenn die Massagen tatsächlich therapeutischen Charakter haben. Für die Angabepflichtigkeit spielt es aber keine Rolle, ob der VN selbst die Maßnahmen für geboten hielt und ob er sie selbst veranlasst hat.[77] **36**

Fragt der VR nach **Krankenhausaufenthalten** während eines bestimmten Zeitraums, so sind sämtliche Krankenhausaufenthalte während dieses Zeitraums anzugeben. Auf Anlass, Dauer und Zweck des Aufenthalts kommt es nicht an.[78] Hintergrund ist, dass die Frage nach Krankenhausaufenthalten weit gefasst und eindeutig ist und im Regelfalls nicht nach Anlass, Dauer und Zweck differenziert. Auch nach den Verständnismöglichkeiten eines durchschnittlichen VN zählt eine stationäre Aufnahme zu Diagnosezwecken zum anzeigepflichtigen Krankenhausaufenthalt, wenn ein regelwidriger Gesundheitszustand des Versicherten vorliegt.[79] Es spielt für die Angabepflichtigkeit eines Krankenhausaufenthalts keine Rolle, ob seine eine Diagnose bestätigt.[80] Bei der Frage nach einem Krankenhausaufenthalt sind teilstationäre Behandlungen anzugeben, denn der Begriff des „Aufenthalts" setzt nicht voraus, dass sich der Versicherte während des gesamten Tages im Krankenhaus aufgehalten haben muss. Etwas anderes gilt nur dann, wenn der VN ein Krankenhaus zwecks Durchführung einer ambulanten Maßnahme aufgesucht hat. Zwar hält er sich auch während der Dauer dieser ambulanten Maßnahme im Krankenhaus auf, ist er aber z.B. bei einer radiologischen Untersuchung nur deshalb in einem Krankenhaus, weil in der Stadt keine umfangreiche radiologische Praxis vorhanden ist, so ist die Durchführung einer derartigen Untersuchung in einem Krankenhaus nicht mit einem Krankenhausaufenthalt gleichsetzen. Das gilt allerdings nicht, wenn gleichzeitig nach einer Krankenhausbehandlung gefragt wird. Ob in diesem Falle auch Aufenthalte zu Diagnosezwecken anzugeben sind, ist im Einzelfall zu entscheiden.[81] Wird jedenfalls ausschließlich nach einer Krankenhausbehandlung gefragt, so fällt eine reine **Untersuchung** nicht hierunter. Wird nach Kran- **37**

[74] Vgl. *Neuhaus* O VII 4 Rn. 187.
[75] Vgl. OLG Saarbrücken 29.11.2006 NJOZ **2007** 980, 981; *Neuhaus* O VII 4 Rn. 187.
[76] Vgl. *Neuhaus* O VII 4 Rn. 187.
[77] Vgl. BGH 2.1.2010 RuS **2010** 252, 253; *Neuhaus* O VII Rn. 187.
[78] Vgl. KG 27.1.2005 RuS **2006** 463, 464.
[79] Vgl. KG 27.1.2005 RuS **2006** 463.
[80] Vgl. KG 27.1.2005 RuS **2006** 463.
[81] Vgl. OLG Hamm 8.11.1985 VersR **1987** 555; OLG Hamm 25.11.1992 RuS **1994** 76.

kenhausbehandlungen und Untersuchungen oder Beobachtungen gefragt, so sind auch reine Diagnosemaßnahmen anzugeben.

38 Fragt der VR im Antragsformular nicht ausdrücklich nach einem **Alkoholmissbrauch,** so ist fraglich, ob der durchschnittliche VN einen Alkoholmissbrauch dann angeben muss, wenn der VR nach Krankheiten, Beschwerden oder Störungen fragt. Grundsätzlich wird auch der durchschnittliche VN einen Alkoholmissbrauch nicht als Bagatelle abtun, da er regelmäßig zu weiteren gesundheitlichen Beeinträchtigungen führt. Gerade bei einem Alkoholmissbrauch besteht allerdings das Problem, dass der Betroffene in der Regel gar nicht das Bewusstsein hat, viel und regelmäßig zu trinken. Von einer eine Anzeigeobliegenheit auslösenden Erkenntnis der gesundheitsbeeinträchtigenden Wirkung eines Alkoholmissbrauchs kann allerdings auch nicht erst dann ausgegangen werden, wenn die versicherte Person sich einer medizinischen Behandlung des Alkoholmissbrauchs unterzogen hat.[82] Dies gilt vor allen Dingen dann, wenn die gesundheitlichen Folgen des Alkoholkonsums so stark waren, dass sie einer ärztlichen Behandlung bedurften. Kommt es infolge eines Alkoholmissbrauchs zu gesundheitlichen Ausfallerscheinungen, die einer ärztlichen Behandlung bedürfen, so sind diese einschließlich deren Ursache auch bei Fragen nach Krankheiten, Beschwerden oder Störungen anzugeben.

39 Die Frage **„Nahmen oder nehmen Sie gewohnheitsmäßig Medikamente (Schmerzmittel, Beruhigungsmittel, Schlafmittel), Alkohol, Drogen?“** ist nach teilweiser Rechtsauffassung in der Rechtsprechung unklar.[83] Eine Alkoholabhängigkeit ist dann zu bejahen, wenn ein gewohnheitsmäßiger Alkoholgenuss trotz besserer Einsicht nicht aufgegeben werden kann, ohne dass es schon zu deutlichen körperlichen und psychischen Erscheinungen langdauernder Vergiftung gekommen ist. Chronisch ist der Alkoholgenuss dann, wenn ein gewohnheitsmäßiger, die Grenze der Verträglichkeit überschreitender Alkoholgenuss zu körperlichen oder seelischen oder/und sozialen Schäden führt. Der Krankheitsbeginn wird durch den Kontrollverlust signalisiert, d.h. das Stadium, in dem nach geringer Alkoholzufuhr das Verlangen nach mehr Alkohol nicht mehr gebremst werden kann.[84] Wenn demzufolge dieser Kontrollverlust eingetreten ist, dann wird Alkohol auch gewohnheitsmäßig getrunken mit der Folge, dass der durchschnittliche VN grundsätzlich durchaus beurteilen kann, ob er gewohnheitsmäßig Alkohol einnimmt oder nicht. Ob dies dem Alkoholkranken im konkreten Fall gelingt, mag im Rahmen des Verschuldens zu beurteilen sein.

40 Die Frage nach dem **Konsum von Drogen, Betäubungs- und Rauschmitteln** ist zulässig, denn auch der Konsum sog. „weicher“ Drogen wie Cannabis kann das Risiko von Erkrankungen, die ein früheres Eintreten der Berufsunfähigkeit zur Folge haben, steigern. Fragt der VR nach Abhängigkeit von narkotischen Mitteln, Drogen oder Rauschgift, so ist zweifelhaft, ob der durchschnittliche VN beim Konsum sog. „weicher“ Drogen auch von einer Abhängigkeit auszugehen hat, da nicht alle „weichen“ Drogen auch zu einem Abhängigkeitsverhältnis führen. Bei einem über einen zwei Jahre lang erfolgten täglichen Konsum von Cannabis mag dies zutreffend sein.[85] Für den Drogenabhängigen ist aber ebenfalls typisch, dass er dem Irrtum unterliegt, jederzeit mit dem Drogenkonsum aufhören zu können. Wird nach einer dauerhaften Medikation gefragt, sind sämtliche Medikamente anzugeben, da das Merkmal der Dauerhaftigkeit im Vordergrund steht. Fehlt dieses Merkmal, gilt dies nicht.

---

82 Vgl. OLG Saarbrücken 14.6.2006 BeckRS **2006** 09287.

83 Vgl. OLG Oldenburg 1.12.1993 BeckRS **2008** 18798; Staudinger/Halm/Wendt/*Pilz/Gramse* § 19 Rn. 47.

84 OLG Düsseldorf 7.6.1997 RuS **1997** 475, 476.

85 *Neuhaus* O VII 4 Rn. 195 unter Hinweis auf OLG Karlsruhe 19.3.1993 RuS **1993** 166.

Nach **Arbeitsunfähigkeitszeiten und Krankschreibungen** wird, obwohl gerade diese auch in der Berufsunfähigkeitsversicherung eine erhebliche Bedeutung haben, nicht häufig gefragt. Wenn allerdings nach Arbeitsunfähigkeitszeit und/oder Krankschreibung gefragt wird, so sind diese ohne Differenzierung wahrheitsgemäß zu beantworten. Demzufolge hat der VN auch dann eine Arbeitsunfähigkeitszeit anzugeben, wenn diese nur „pro forma" erfolgt ist. Allerdings kann in einem solchen Fall das Verschulden entfallen. **41**

Die Frage nach einer **Schwerbehinderung** ist zulässig.[86] Sie ist in der Sache auch gerechtfertigt, da es dem Berufsunfähigkeitsversicherer nicht um eine Benachteiligung des VN, sondern um die Klärung der Frage geht, ob eine gesteigerte Wahrscheinlichkeit für den Eintritt des Versicherungsfalls „Berufsunfähigkeit" besteht. Dafür kann auch eine Rolle spielen, ob der VN behindert ist oder bei ihm ein Grad der Behinderung vorliegt. **42**

e) **Fragen nach durchgeführten genetischen Untersuchungen.** Gemäß § 18 Abs. 1 GenDG kann ein VR grundsätzlich weder eine genetische Untersuchung noch Auskünfte über bereits durchgeführte Untersuchungen verlangen. Für die Berufsunfähigkeitsversicherung mit einer Versicherungsleistung von mehr als e 300.000,00 oder mehr als e 30.000,00 Jahresrente gilt eine Ausnahme.[87] Hintergrund ist, dass bei Verträgen mit hohen Versicherungssummen die Gefahr der Antiselektion besonders hoch und das Schutzbedürfnis des VN geringer zu veranschlagen ist.[88] Bei § 18 Abs. 1 Satz 2 GenDG handelt es sich um eine abschließende Ausnahmevorschrift, die nicht erweiterbar ist.[89] **43**

f) **Fragen nach anderweitigem Versicherungsschutz.** Die Frage nach **Bestehen anderweitiger Versicherungsverträge** ist berechtigt, weil der Berufsunfähigkeitsversicherer ein berechtigtes Interesse hat, eine Übersicherung zu vermeiden, denn eine Übersicherung kann einen VN motivieren, den Versicherungsfall zu Lasten der Versichertengemeinschaft herbeizuführen.[90] Eine geplante entgeltliche Abtretung der Versicherungsansprüche ist nicht anzuzeigen.[91] **44**

g) **Fragen nach gefährlichen Sportarten/Hobbies.** Fragt der VR im Antragsformular nach **gefährlichen Sportarten und/oder Hobbies** oder ob der VN besonderen Gefahren ausgesetzt ist, so wird dem VN ein Beurteilungsspielraum eingeräumt. Dieser bezieht sich nicht darauf, ob die Frage überhaupt beantwortet werden muss, denn auch weit gefasste Fragen sind zu beantworten. Wenn der VN jedoch ein Hobby vertretbar als nicht gefährlich einstuft, so liegt jedenfalls keine schuldhafte Verletzung der Anzeigeobliegenheit vor. Ferner muss beachtet werden, dass eine Vielzahl von Berufen mit besonderen Gefahren verbunden ist. Jedenfalls diejenigen Gefahren, die mit dem vom VN angegebenen Beruf zwangsläufig und regelmäßig verbunden sind, sind nicht zusätzlich anzugeben. Gefahren, die mit Extremsportarten verbunden sind, sind demgegenüber anzugeben. **45**

Zum Teil wird vertreten, anzugeben seien Sportarten, bei denen auch nach allgemeinem Verständnis ein erhöhtes Risiko für schwere Verletzungen gegeben sei.[92] Dies ist zweifelhaft. Schon das Fahren mit einem Elektrofahrrad/Pedelec birgt ein erhöhtes Risiko für schwere Verletzungen gegenüber dem Fußgänger. Erst recht gilt dies für denjenigen, der ein **46**

---

86 *Neuhaus* O VII 4 Rn. 199; Prölss/Martin/*Armbrüster* § 19 Rn. 10; Looschelders/Pohlmann/*Looschelders* § 19 Rn. 27.

87 Vgl. Prölss/Martin/*Armbrüster* § 19 Rn. 20 m.w.N.; *Neuhaus*C IV Rn. 46; Looschelders/Pohlmann/*Looschelders* § 19 Rn. 38.

88 Vgl. *Präve* VersR **2009** 857, 859.

89 Vgl. *Präve* VersR **2009** 857, 859.

90 Vgl. OLG Köln 2.12.2011 NJOZ **2012** 746, 750; OLG Hamm 29.1.1993 VersR **1993** 1135; Staudinger/Halm/Wendt/*Pilz/Gramse* § 19 Rn. 19.

91 Vgl. OLG Karlsruhe 19.3.1992 VersR **1992** 1208.

92 Vgl. *Neuhaus* O VII 4 Rn. 209.

motorisiertes Zweirad wie Mofa, Roller oder gar Motorrad führt. Es ist vor diesem Hintergrund schon fraglich, ob der durchschnittliche VN das Fahren mit einem Roller oder einem Motorrad unter „gefährliches Hobby" subsummieren muss. Stellte man nur auf die Erhöhung eines Risikos für schwere Verletzungen ab, wäre die Frage zu bejahen. Allerdings wäre dann auch jede Sportart anzugeben, bei der das Risiko für schwere Verletzungen nur minimal erhöht ist.

47 Fragt der VR daher allgemein nach **gefährlichen Sportarten oder Hobbys**, so sind solche nicht angabepflichtig, die sich im Wesentlichen in der allgemeinen Teilnahme am gesellschaftlichen Leben erschöpfen. Fragt der VR demzufolge nicht ausdrücklich danach, ob der VN Motorrad fährt, ist bei der allgemein gehaltenen Frage nach gefährlichen Sportarten und Hobbys das Fahren mit einem motorisierten Zweirad nicht anzugeben.

48 Gleiches gilt für das **Tauchen**. Ob Tauchen ein gefährliches Hobby darstellt, hängt im maßgeblichen Umfang davon ab, wo der VN in welchem Umfang taucht. Wer schnorchelt, ist nicht derselben Gefahr ausgesetzt wie derjenige, der in der Freizeit nach Wracks in tieferen Gewässern taucht. Wer alpin wandert und dabei auch Klettersteige absolviert, ist nicht demselben Risiko ausgesetzt wie derjenige, der wie beim Freeclimbing üblich ohne größere Sicherung frei klettert. Wenn die Gefährlichkeit des Hobbys demzufolge nicht auf der Hand liegt, weil es sich um ein Hobby mit einem sehr hohen Gefährdungsrisiko handelt, dann wird es in vielen Fällen zweifelhaft sein, ob der VN verpflichtet war, das Ausüben einer bestimmten Sportart anzugeben.

49 **2. Fragen in Textform.** Auch in der Berufsunfähigkeitsversicherung werden Fragen nicht nur mit Hilfe eines ausgedruckten Antragsformulars, sondern regelmäßig direkt am PC/Notebook beantwortet. § 19 Abs. 1 Satz 1 VVG verlangt, dass die Fragestellung in **Textform** erfolgt, was nach § 126 b BGB erfordert, dass die Erklärung in einer Urkunde oder auf andere Wiedergabe in Schriftzeichen geeigneter Weise abgegeben wird, die Person des Erklärenden genannt wird und der Abschluss der Erklärung durch Nachbildung einer Namensunterschrift oder anders erkennbar gemacht wird. **Das trifft auf die reine Bildschirmanzeige nicht zu.** Nach neuerer Rechtsprechung sollen einem Versicherungsmakler und damit auch seinem Auftraggeber, dem Versicherungsnehmer Gesundheitsfragen eines Versicherers bereits dann zugehen, wenn dieser die Möglichkeit hat, das Antragsformular mit den Gesundheitsfragen herunterzuladen und auszudrucken. (vgl. KG v. 14.12.2018. Az.: 6 U 27/17). Das soll jedenfalls dann gelten, wenn das Antragsformular hei der konkreten Antragsaufnahme eingesetzt wird. Dem ist dann zu folgen, wenn der Versicherungsmakler das Antragsformular tatsächlich herunterläd und/oder ausdruckt. Ob allein die Möglichkeit hierzu ausreicht, ist aber zweifelhaft, denn die Möglichkeit, der Textform zu genügen, führt noch nicht dazu, dass die Textform eingehalten ist. Allerdings wird man dem VN in diesem Fall unter Umständen die Berufung auf die mangelnde Textform nach Treu und Glauben versagen müssen.

50 Ausreichend ist, dass dem VN die Antragsfragen mit Hilfe eines Notebooks vorgelesen und dessen Antworten in das elektronisch gespeichertes Antragsformular aufgenommen werden, wenn dieser sodann das elektronisch gespeicherte Antragsformular mit Hilfe eines Pads unterzeichnet. Entscheidend ist, dass dem Antragsteller tatsächlich die Fragen vollständig und umfassend vorgelesen werden.[93] Darüber hinaus wird dem VN das vollständige Formular ausgedruckt werden müssen.

93 *Karczewski* RuS **2012** 521, 525; Looschelders/Pohlmann/*Looschelders* § 19 Rn. 20; Staudinger/Halm/Wendt/*Pilz*/*Gramse* § 19 Rn. 41; Rüffer/Halbach/Schimikowski/*Schimikowski* § 19 Rn. 11.

3. Mitwirkung des Versicherungsvermittlers. Regelmäßig versucht der VR den Nachweis der Verletzung einer vorvertraglichen Anzeigeobliegenheit zunächst mit Vorlage des Antragsformulars zu erbringen. Hat der VN das Antragsformular selbst ausgefüllt, so hat der VR den Nachweis einer objektiven Obliegenheitsverletzung schon dadurch geführt, dass die Antworten zu den Gesundheitsfragen im Antrag nicht den Tatsachen entsprechen.[94] **51**

Wenn allerdings ein **Versicherungsvertreter** das Formular ausfüllt und der VN wie häufig substantiiert behauptet, den Versicherungsvertreter mündlich korrekt informiert zu haben, so kann der VR allein mit der Vorlage des Formulars nicht beweisen, dass der VN falsche Angaben gemacht hat.[95] Der VR muss in diesem Fall vielmehr darlegen und – im Regelfall durch Aussage seines Vertreters – beweisen, dass der Vertreter dem VN die Antragsfragen zu eigenverantwortlicher (mündlicher) Beantwortung vorgelesen hat.[96] **52**

Der empfangsbevollmächtigte Versicherungsvertreter steht nämlich bei Entgegennahme eines Antrags auf Abschluss eines Versicherungsvertrages dem Antragsteller bildlich gesprochen als das **„Auge und Ohr" des VR** gegenüber, wie sich aus § 70 ergibt. Was ihm mit Bezug auf die Antragstellung gesagt und vorgelegt wird, ist dem VR gesagt und vorgelegt worden.[97] Maßgeblich für die Frage, ob der VN – auch objektiv – falsche Angaben gemacht hat, sind in einem solchen Falle allein die Angaben, die er gegenüber dem Agenten mündlich gemacht hat.[98] Für den Versicherungsmakler als treuhänderähnlichen Sachwalter seines Kunden gilt dies hingegen nicht.[99] **53**

Der Nachweis einer objektiven Obliegenheitsverletzung ist in diesen Fällen regelmäßig nur durch die **Einvernahme des Versicherungsvertreters** zu führen. Allerdings besteht jedoch häufig für den VR das Problem, dass sich der Versicherungsvertreter nicht mehr an den konkreten Einzelfall erinnert. Fraglich ist daher, ob der VR den Nachweis einer Obliegenheitsverletzung auch dann erbringen kann, wenn der Versicherungsvertreter zwar keine konkrete Erinnerung an den Einzelfall hat, aber ausschließen kann, dass er so wie von dem VN vorgetragen, bestimmte Umstände nicht in das Formular eingetragen hätte, wenn sie ihm denn mitgeteilt worden wären. Dies wird in der Rechtsprechung zum Teil bejaht.[100] Dieser Rechtsprechung ist grundsätzlich zu folgen. Allerdings ist in derartigen Fällen durch gezieltes Nachfragen zu klären, ob tatsächlich ausgeschlossen werden kann, dass der Versicherungsvertreter ihm gegenüber gemachte Angaben nicht in das Antragsformular eingetragen hätte. Häufig kommt es im Rahmen der Antragsaufnahme nämlich zu Nachfragen seitens des VN, die dann der Versicherungsvertreter versucht, zu beantworten und sich dabei vom Wortlaut der Frage entfernt. Es muss demzufolge nicht unbedingt so sein, dass der Versicherungsvertreter bestimmte Umstände verschweigen wollte, um einen Vertragsschluss nicht zu gefährden, denkbar ist auch, dass sich der Versicherungsvertreter von dem Inhalt der Frage schlicht und ergreifend eine falsche Vorstellung gemacht hat. Wenn ein Versicherungsvertreter im Übrigen tatsächlich alle Erkrankungen, die ihm mitgeteilt wer- **54**

---

[94] Vgl. OLG Karlsruhe 2.11.1989 VersR **1990** 1264, 1265.

[95] Vgl. BGH 14.7.2004 VersR **2004** 1297; BGH 3.7.2002 VersR **2002** 1089, 1089; BGH 10.10.2001 VersR **2001** 1541, 1542.

[96] BGH 5.7.2017 BeckRS **2017** 117400.

[97] Ständige Rechtsprechung, BGH 24.11.2010 RuS **2011** 58; 10.10.2001 VersR **2001** 1541, 1542; 11.11.1987 BGHZ **102** 194, 197; 5.7.2017 BeckRS **2017** 117400.

[98] BGH 5.7.2017 BeckRS **2017** 117400.

[99] OLG Köln 20.4.2017 BeckRS **2017** 123269; OLG Köln 25.4.2007 VersR **2008** 810; Langheid/Rixecker/*Rixecker* § 22 Rn. 25, auch zu dem eher fernliegendem Ausnahmefall, dass der Versicherungsmakler dem VR nicht als Helfer des VN entgegengetreten ist.

[100] Vgl. OLG Hamm 5.1.1996 RuS **1997** 215; OLG Hamm 14.7.2004 VersR **2005** 773, 774; OLG Hamm 7.2.2004, AZ: 20 U 186/03; OLG Nürnberg 8.6.2006 AZ: 8 U 2448/05 n.V.

den, in ein Antragsformular einträgt, so wird es dem VN unschwer möglich sein, diese Tatsache durch Vorlage weiterer exemplarischer Versicherungsanträge – mit geschwärzten Daten – zu belegen, so dass auf diese Art und Weise ein sorgfältiges Vorgehen des Versicherungsvertreters auch tatsächlich nachgewiesen werden kann.

55 **4. Gefahrerheblichkeit und Fragen des VR.** Hat der VR **nach einem konkreten Umstand gefragt,** spricht für diesen die **Vermutung der Gefahrerheblichkeit** (§ 19 Abs. 1 VVG). Diese kann der VN im Leistungsprozess pauschal bestreiten. Der VR muss dann die Grundsätze der Risikoprüfung jedenfalls dann substantiiert darlegen, wenn die Gefahrerheblichkeit nicht ohnehin auf der Hand liegt.[101] Risikoprüfungsgrundsätze sind demzufolge nur dann substantiiert darzulegen, wenn es sich um eine Gesundheitsstörung handelt, die offenkundig als leicht einzuordnen ist, nicht wiederholt aufgetreten ist und deshalb von vornherein keinen Anlass bietet, dass sie für die Risikoeinschätzung des VR von Bedeutung sein könnte.

56 Der BGH hat z.B. entschieden, dass die Gefahrerheblichkeit eines dreiwöchigen Kuraufenthalts wegen eines psychovegetativen Erschöpfungszustandes für die Berufsunfähigkeitsversicherung auf der Hand liegt.[102] Beschwerden, die regelmäßig mit der Ausübung eines Berufs verbunden sind, wie z.B. Rückenbeschwerden bei körperlich anspruchsvollen Tätigkeiten, sind nach überwiegender Auffassung gefahrerheblich.[103] Die Gegenauffassung ist abzulehnen, da die objektive Gefahrerheblichkeit nicht dadurch entfällt, dass Beschwerden oder Erkrankungen bei bestimmten Berufen häufiger sind. Davon abgesehen hängt bei bestimmten Berufen von der individuellen Konstitution des VN ab, ob bestimmte Beschwerden jedenfalls in einem solchen Maße auftreten können, dass Berufsunfähigkeit droht.

II. Kenntnis des VN

57 Anzugeben sind die dem VN bekannten Umstände, dies sind allerdings auch die Umstände, die bei Anspannung des Gedächtnisses in die Erinnerung gerufen werden können.[104] Vor allen Dingen dann, wenn das Vorhandensein eines gefahrerheblichen Umstandes naheliegt, darf der VN die entsprechende Frage nicht einfach verneinen.[105]

58 Häufig beruft sich der VN darauf, dass ihm eine Diagnose nicht mitgeteilt worden sei. Auf die konkrete Kenntnis einer Diagnose kommt es jedoch nicht an, wenn Beschwerden bekannt sind und der VR nach Beschwerde gefragt hat.[106] Gleiches gilt, wenn der Arzt die Beschwerden noch nicht oder nicht eindeutig einer bestimmten Krankheit zugeordnet hat.[107] Ob die Angaben des Arztes dabei objektiv zutreffen, spielt keine Rolle. Wenn der

---

101 *Karczewski* RuS **2012** 521, 522 Staudinger/Halm/Wendt/*Pilz/Gramse* § 19 Rn. 29; Rüffer/Halbach/Schimikowski/*Schimikowski* § 19 Rn. 19.

102 BGH 11.2.2009 VersR **2009** 529. 530.

103 *Neuhaus* O III Rn. 28; **a.A.** LAG Hamm 6.9.2006 BeckRS **2006** 44449.

104 BGH 11.2.2009 VersR **2009** 529, 530; *Neuhaus* RuS **2011** 273; Prölls/Martin/*Armbrüster* § 19 Rn. 26; Looschelders/Pohlmann/*Looschelders* § 19 Rn. 39.

105 LG Düsseldorf 10.10.1997 VersR **1998** 1408, 1409; Prölss/Martin/*Armbrüster* § 19 Rn. 26.

106 OLG Hamm 28.11.1984 VersR **1985** 958; 9.2.1996 RuS **1997** 34, 35; OLG Koblenz 17.11.2000 VersR **2001** 887, 888; Prölls/Martin/*Armbrüster* § 19 Rn. 28; Langheid/Wandt/*Langheid* § 19 Rn. 58.

107 BGH 8.3.1989 VersR **1989** 689, 690; OLG Hamm 24.10.1982 VersR **1984** 728, 729.

VN die Diagnose des Arztes wiedergibt, liegt hingegen kein Verstoß gegen die Anzeigeobliegenheit vor auch wenn sich diese später als unzutreffend erweist.[108]

Kenntnis von angabepflichtigen Umständen hat der VN auch, wenn er sich arglistig der Kenntnis entzieht, was der Fall ist, wenn er mit der Möglichkeit des Vorhandenseins eines anzeigepflichtigen Umstandes rechnet und von einer Überprüfung der Lage abgesehen hat, um nicht durch die pflichtmäßige Anzeige des Umstandes den Abschluss des Vertrages zu gefährden. Eine solche Konstellation kann auch vorliegen, wenn eine Blankounterschrift geleistet und das Blankett abredewidrig vervollständigt wird.[109] Auf die Gefahrerheblichkeit der gefragten Umstände muss sich die Kenntnis nicht beziehen.[110] **59**

III. Belehrung des VN

Eine besondere Bedeutung hat auch in der Berufsunfähigkeitsversicherung die Frage, ob der VN über die Folgen einer Verletzung der vorvertraglichen Anzeigepflicht **belehrt** worden ist (§ 19 Abs. 5 Satz 1). Eine gesonderte Mitteilung im Sinne dieser Vorschrift verlangt zunächst einmal **nicht**, dass diese auf einem gesonderten Dokument erteilt wird.[111] **60**

Nach wie vor nicht eindeutig geklärt ist, an welchem genauen **Standort** innerhalb des Formulars die Belehrung abgedruckt sein muss. Zum Teil wird vertreten, der Hinweis müsse vor den Fragen stehen, die der VR an den Antragsteller richtet.[112] Der Antragsteller solle sensibilisiert werden, die an ihn gestellten Fragen wahrheitsgemäß zu beantworten und es soll eine psychologische Hürde aufgebaut werden, die Unwahrheit zu sagen. Dem ist grundsätzlich zuzustimmen. Allerdings ist unklar, welche konkreten Fragen des VR gemeint sind, denn der VR stellt im Allgemeinen nicht nur Fragen zum Gesundheitszustand des Antragstellers oder der versicherten Person, sondern zum Beispiel auch Fragen zum ausgeübten Beruf und zum Einkommen bei Antragstellung. Da auch Falschangaben zum bei Antragstellung ausgeübten **Beruf** eine Verletzung der vorvertraglichen Anzeigeobliegenheit darstellen können, wäre es konsequent, zu verlangen, dass die Belehrung vor der seitens des VN erstmalig zu erteilenden Information über einen gefahrerheblichen Umstand zu stehen hat. Meistens sind die Formulare allerdings mehrseitig, so dass dann eine Belehrung über die Folgen einer Anzeigepflichtverletzung, die vor der Beantwortung der Frage nach dem ausgeübten Beruf und dem daraus erzielten Einkommen räumlich sehr weit vorn im Antragsformular stehen würde und dann z.B. bei den erst viel später gestellten Gesundheitsfragen zu spät kommt. **61**

Nach anderer Auffassung soll ein Hinweis im Anschluss an die Fragen nach gefahrerheblichen Umständen oberhalb der Unterschriftsleiste erforderlich sein.[113] Diese Rechts- **62**

---

108 BGH 2.3.1994 VersR **1994** 711, 712; BGH 2.11.1967 VersR **1968** 41, 42; Langheid/Wandt/*Langheid* § 19, Rn. 59.

109 Prölss/Martin/*Armbrüster* § 19 Rn. 29; Looschelders/Pohlmann/*Looschelders* § 19 Rn. 41; *Neuhaus* O VI Rn. 107; zur abredewidrigen Vervollständigung eines Blanketts vgl. OLG Zweibrücken 9.3.2005 VersR 2005,137; LG Siegen 27.9.2017 Az.: 1 O 213/16 – juris.

110 BGH 20.9.2000 VersR **2000** 1486, 1487; BGH 7.3.2007 VersR **2007** 821, 822; Prölss/Martin/*Armbrüster* § 19 Rn. 30; Rüffer/Halbach/Schimikowski/*Schimikowski* § 19 Rn. 6; Langheid/Rixecker/*Langheid* § 19 Rn. 25.

111 BGH 9.1.2013 VersR **2013** 297, 298; LG Dortmund 17.12.2009 VersR **2010** 465, 466; LG Köln 14.7.2010 VersR **2011** 336, 337; Looschelders/Pohlmann/*Looschelders* § 19 Rn. 73; Staudinger/Halm/Wendt/*Pilz/Gramse* § 19 Rn. 165.

112 Beckmann/Matusche-Beckmann/*Knappmann* § 14 Rn. 8.

113 LG Dortmund 17.12.2009 VersR **2010** 465, 466.

auffassung nimmt Bezug auf die tatsächliche Praxis der Versicherungsvermittlung, wonach der Versicherungsvermittler in der Regel den Fragebogen ausfüllt und anschließend dem VN zur Durchsicht und zur Unterschrift vorlegt. Gegen diese Auffassung spricht allerdings, dass der Antragsteller bei der Beantwortung der Fragen nach gefahrerheblichen Umständen nicht ausreichend sensibilisiert ist, diese Fragen auch wahrheitsgemäß zu beantworten. Allerdings wird man auch von einem mündigen Verbraucher verlangen können, das Antragsformular sorgfältig durchzulesen, bevor es unterschrieben wird.

63 Andere hingegen halten beide Standorte der Belehrung für möglich.[114] Entscheidend soll nach dieser Meinung sein, dass der VN ausreichend sensibilisiert ist, die Fragen wahrheitsgemäß zu beantworten.

64 Gerade in der Berufsunfähigkeitsversicherung überzeugt die Auffassung, wonach die Belehrung vor den zu beantwortenden Fragen zu stehen hat, nicht, weil der VN eben nicht nur Fragen zu seinem Gesundheitszustand, sondern z.B. auch zu seinem derzeit ausgeübten Beruf und zu seinem Einkommen zu beantworten hat. Dies würde je nach Gestaltung des Formulars eine mehrfache Belehrung oder jedenfalls einen mehrfachen Hinwies auf eine später erfolgende ausführliche Belehrung erforderlich machen.

Nicht ausreichend dürfte sein, den nach § 19 Abs. 5 zu erteilenden Hinweis bei einem mehrseitigen Antragsformular erst viele Seiten nach der Unterschriftszeile aufzuführen.[115] Der Hinweis muss vielmehr in einem räumlichen Bereich und im Zusammenhang der zu beantwortenden Fragen stehen[116]. Verweise auf ein Bedingungswerk außerhalb des Antragsformulars reichen daher nicht aus. Allerdings reicht es schon aus, vor den zu beantwortenden Fragen allgemein auf eine in einem räumlichen Bereich und Zusammenhang der zu beantwortenden Fragen dann ausformulierte und den Anforderungen des § 19 Abs. 5 VVG genügende Belehrung hinzuweisen. Auch von dem durchschnittlichen Antragsteller kann nicht nur verlangt werden, die Wahrheit bei Antragstellung zu sagen, sondern auch, sich das Antragsformular sorgfältig durchzulesen.

IV. Folgen einer Falschbeantwortung

65 **1. Rücktritt, Kündigung, Vertragsanpassung.** Dem VR stehen im Falle einer Verletzung der vorvertraglichen Anzeigepflicht die sich aus § 19 Abs. 2–4 ergeben. Hier gelten für die Berufsunfähigkeitsversicherung keine Besonderheiten.

2. Anfechtung wegen arglistiger Täuschung

66 a) **Allgemeines.** Die Anfechtung wegen arglistiger Täuschung spielt in der Berufsunfähigkeitsversicherung eine große Rolle, denn der Versicherungsfall tritt häufig erst viele Jahre nach Vertragsschluss ein, so dass die Frist des § 21 Abs. 3 abgelaufen ist. Meistens geht es um den Vorwurf des VR, der Antragsteller habe bei Beantragung des Versicherungsschutzes angabepflichtige Vorerkrankungen und/oder deren Behandlung verschwiegen.

---

114 LG Köln 14.7.2010 VersR **2011** 336, 337; *Tschersich* RuS **2012** 53, 56; Prölss/Martin/*Armbrüster* § 19 Rn. 127; Looschelders/Pohlmann/*Looschelders* § 19 Rn. 73; Staudinger/Halm/Wendt/*Pilz/Gramse* § 19 Rn. 167; Rüffer/Halbach/Schimikowski/*Schimikowski* § 19 Rn. 45.

115 OLG Stuttgart 17.4.2014 VersR **2014** 985, 987.

116 OLG Stuttgart 17.4.2014 VersR **2014** 985, 987; OLG Hamm 3.11.2010 VersR **2011** 469, 471; Looschelders/Pohlmann/*Looschelders* § 19 Rn. 73.

Dabei scheidet eine arglistige Täuschung aus, wenn der VN substantiiert behauptet, den Versicherungsvertreter im Antragsgespräch zum Abschluss einer Berufsunfähigkeitsversicherung mündlich über Vorerkrankungen, ärztliche Untersuchungen oder Behandlungen unterrichtet zu haben und sich ein Fehlverhalten des Vertreters nicht ausschließen lässt.[117] Es fehlt dann schon an einer Täuschung. 67

Ob ein arglistiges Verhalten des VN oder des Versicherten vorliegt, ist unter Würdigung aller Umstände des Einzelfalls zu beurteilen. Dabei spielt vor allen Dingen eine Rolle, ob dem VR schwere oder chronische Erkrankungen verschwiegen wurden, ob eine Fülle von Erkrankungen und/oder Behandlungen verschwiegen wurde. Eine betrügerische Absicht ist nicht erforderlich, Ausreichend ist aber das Bewusstsein des VN, dass der VR seinen Antrag bei Kenntnis der fraglichen Umstände nicht oder nur zu schlechteren Bedingungen annehmen würde.[118] Ein arglistiges Verhalten kann auch dann vorliegen, wenn der VN dem VR das Nichtvorliegen von Umständen zusichert, obwohl er deren Vorliegen für möglich hält oder Umstände ins Blaue hinein zusichert.[119] 68

b) Einzelfälle in der Rechtsprechung. Das Verschweigen eines **LWS-Syndroms** nebst Präcordial – Schmerzsyndrom bei gleichzeitiger bagatellisierender Angabe von „Schmerzen im Rücken ohne Erhebung eines näheren Befundes“ ist arglistig.[120] Gleiches gilt, wenn der VN eine Routineuntersuchung angibt bei Ansetzen einer Fettleber und erhöhten Leberwerten.[121] Das Verschweigen ärztlich behandelter **psychogener Störungen** und asthmatischer Beschwerden bei gleichzeitiger Angabe einer Migräne ist arglistig.[122] Gleiches gilt, wenn **schwere Rücken- und Kniegelenksbeschwerden mit längeren Arbeitsunfähigkeitszeiten** verschwiegen, gleichzeitig aber eine Behandlung wegen Grippe angegeben wird.[123] Gleiches gilt, wenn eine Routineuntersuchung ohne Befund angegeben wird, gleichzeitig aber **chronische Erkrankungen, die dauernd behandlungsbedürftig und medikamentenpflichtig sind**, verschwiegen werden.[124] Generell gilt, dass die **deutliche Verharmlosung des Krankheitsbildes** ein arglistiges Verhalten indiziert.[125] 69

Das Verschweigen länger andauernder Wirbelsäulenbeschwerden rechtfertigt meist den Vorwurf eines arglisten Verhaltens.[126] Das Verschweigen **wiederholter und längerfris-** 70

---

117 BGH 5.7.2017 BeckRS **2017** 117400.

118 Vgl. BGH 24.11.2010 VersR **2011** 337, 338; Staudinger/Halm/Wendt/*Pilz/Gramse* § 22 Rn. 9.

119 Vgl. Looschelders/Pohlmann/*Looschelders* § 22 Rn. 11; Prölss/Martin/*Armbrüster* § 22 Rn. 9; Langheid/Rixecker/*Langheid* § 22 Rn. 8.

120 Vgl. KG 23.2.1996 VersR **1997** 94, auch KG 28.5.2002, AZ: 6 U 6471/00.

121 Vgl. KG 18.7.2006 VersR **2007** 933.

122 Vgl. OLG Celle 3.8.2001, AZ: 8 U 90/00 n.V., auch OLG Celle 20.12.2001, AZ: 8 U 160/99 n.V. und OLG Celle 19.4.2007, AZ: 8 U 270/06 n.V., OLG Dresden 29.9.2000, AZ: 3 U 1413/00 n.V.

123 Vgl. OLG Düsseldorf 17.12.1996, AZ: 4 U 185/95 n.V.

124 Vgl. OLG Koblenz 20.9.2002 VersR **2004** 849, 851.

125 Vgl. OLG Köln 9.1.1992 VersR **1992** 1252, 1253.

126 Vgl. KG 23.2.1996 VersR **1997** 94, 95; KG 28.5.2002, AZ: 6 U 6461/00 n.V.; KG 28.5.2002, AZ: 6 U 144/01; KG 18.7.2006 VersR **2007** 973, 974; OLG Celle 20.12.2001, AZ: 8 U 160/99 n.V.; OLG Düsseldorf 7.12.1996, AZ: 4 U 185/95 n.V.; OLG Düsseldorf 13.2.2007, AZ: 4 U 91/06 n.V.; OLG Düsseldorf 17.4.2007, AZ: 4 U 81/06; OLG Frankfurt 2.5.2001 NVersZ **2002** 401, 402; OLG Frankfurt 13.11.2002 OLG-Report **2003** 394; OLG Frankfurt 25.1.2005, AZ: 7 U 139/04 n.V.; OLG Frankfurt 16.5.2007, AZ: 7 U 77/06; OLG Hamburg 25.6.1998 OLG-Report **1999** 309; OLG Hamm 30.5.2001 VersR **2002** 342, 343; OLG Jena 7.11.2001, AZ: 4 U 472/01 n.V.; OLG Koblenz 9.10.1998 NVersZ **1999** 472; OLG Koblenz 9.4.1999 VersR **2000** 174; OLG Köln 20.3.1996 VersR **1996** 831; OLG Köln 15.3.2000, AZ: 5 U 180/99; OLG Köln 19.4.2000, AZ: 5 U 211/99; OLG Köln 12.9.2000, AZ: 5 U

tiger psychotherapeutischer Behandlungen ist in der Regel arglistig.[127] Auch das Verschweigen erheblicher sonstiger internistischer Erkrankungen kann den Vorwurf einer Arglist rechtfertigen.[128] Das **Verschweigen einer Alkoholabhängigkeit** ist regelmäßig arglistig.[129] Das **Verschweigen eines Suizidversuchs** ist regelmäßig arglistig.[130] Bei Fragen nach Erkrankungen am Herzen sind **Störungen am Herzen und Herzbeschwerden** anzugeben, auch wenn ein klinischer Befund fehlt.[131] Bei nachgewiesenen Störungen am Herzen mag dies einleuchtend sein, bei Herzbeschwerden, die nach klinischer Untersuchung ohne Befund sind, unter Umständen nicht. Werden Herzbeschwerden über einen längeren Zeitraum hinweg ärztlich behandelt, sind sie anzugeben.[132] Gleiches gilt für Herzrhythmusstörungen und Vorhofflimmern.[133] Koronare Herzerkrankungen mit einem Herzinfarkt vor zwei Jahren sind dann anzugeben, wenn nach Erkrankung des Herzens während der letzten fünf Jahre gefragt worden ist.[134] Gleiches gilt, wenn während des abgefragten Zeitraums eine **eingehende ärztliche Untersuchung wegen Herzbeschwerden** erfolgt ist.

48/00; OLG Köln 18.8.2003, AZ: 5 W 76/03; OLG München 8.2.2006, AZ: 25 U 2798/05; OLG Saarbrücken 30.6.2004 BeckRS **2004** 07094.

127 Vgl. KG 28.5.2002, AZ: 6 U 144/01; OLG Celle 3.8.2001, AZ: 8 U 90/00 n.V.; OLG Frankfurt 7.2.2002 VersR **2002** 1134, 1135; OLG Koblenz 27.9.2002, AZ: 10 U 1775/00 n.V.; OLG Köln 29.6.1195 VersR **1998** 85, 86; OLG Köln 22.12.1999, AZ: 5 U 8/99 n.V.; OLG Köln 29.8.2001, AZ: 5 U 27/01 n.V.; OLG München 30.11.1998 VersR **2000** 711, 712; OLG Nürnberg 26.10.2000 VersR **2001** 1368, 1369; OLG Saarbrücken 19.5.1993 VersR **1996** 488, 489 (Tinnitus); OLG Saarbrücken 15.4.1998 NVersZ **1999** 420.

128 Vgl. KG 18.11.2005 VersR **2006** 1394 (Peripherer Arterienverschluss-Krankheit); OLG Celle 20.12.2001, AZ: 8 U 160/99 n.V.; OLG Dresden 4.5.1999 RuS **2000** 432 (Gicht); OLG Düsseldorf 16.11.1999, AZ: 4 U 180/98 n.V. (durchgängig Gallensteinprobleme mit zahlreichen ambulanten Behandlungen); OLG Düsseldorf 4.12.2001, AZ: 4 U 76/01 (koronare Bypassoperation); LG Hamburg 4.10.1990 VersR **1991** 986 (über Jahre hinweg medikamentös behandelter Bluthochdruck); OLG Hamburg 23.12.1998, AZ: 5 U 47/98 n.V. (Magengeschwür); OLG Karlsruhe 17.08.2000, AZ: 19 U 211/99 n.V. (dauerhafte Magen- und Darmbeschwerden, Entzündungen im Kehlkopfbereich, Schwindelanfälle, Schlafstörungen); OLG Karlsruhe 30.6.2005, AZ: 12 U 47/05 n.V. (Bluthochdruckleiden mit medikamentöser Behandlung); OLG Koblenz v. 14.11.1997 VersR **1998** 1226 (operative Entfernung eines bösartigen Melanoms mit anschließender Chemotherapie); OLG Koblenz v. 8.12.2000 OLG-Report **2001** 468 (mehrmalige Operation an Muttermalen und Lymphknotenausräumung, selbst dann, wenn der Malignitätsverdacht jeweils nicht positiv bestätigt worden war); OLG Koblenz 25.1.2002 OLG-Report **2002** 219 (Pankreatitis); OLG Koblenz 20.9.2002 VersR **2004** 850 (Genatrophie); OLG Köln 5.10.1995 VersR **1996** 1094 (seit 24 Jahren bestehende Nierenerkrankung mit angekündigter Dialysepflichtigkeit); OLG Köln 1.3.2000, AZ: 5 U 65/99 n.V. (rezidivierende Beschwerden und Magengeschwüre); OLG München 7.7.1997 VersR **1998** 1361, 1362 (toxischer Leberschaden mit stationärer Behandlung); OLG Saarbrücken 12.10.2005 VersR **2006** 824 (Colitis ulcerosa); OLG Saarbrücken 9.11.2005 VersR **2006** 681, 683 (Blasenentzündung, Magen- und Darmerkrankung, Gastritis, Bauchdeckendurchbruch, Abdominalbeschwerden); OLG Saarbrücken 19.7.2006 NJW-RR **2006** 1467 (stationäre Behandlung einer geschädigten Leber).

129 Vgl. KG 28.11.1997 KG-Report **1999** 17; OLG Braunschweig 22.12.2003, AZ: 3 U 119/03 n.V.; OLG Celle 3.2.2000 VersR **2001** 357, 358; OLG Dresden 29.9.2000, AZ: 3 U 1413/00 n.V.; OLG München 7.7.1997 VersR **1998** 1361, 1362.

130 Vgl. OLG Frankfurt 7.2.2002 VersR **2002** 1134, 1135.

131 Vgl. BGH 26.10.1994 VersR **1994** 1457, 1458; BGH 17.10.1990 VersR **1990** 1382, 1383.

132 Vgl. BGH 11.7.1990 VersR **1990** 1002.

133 Vgl. OLG Köln 29.8.2001, AZ: 5 U 27/01 n.V.; OLG Hamm 21.2.2001 VersR **2001** 1503, 1504.

134 Vgl. OLG Karlsruhe 25.7.1996 VersR **1997** 861.

Dies kann je nach Umständen auch bei einer einmaligen eingehenden Untersuchung der Fall sein.[135] Nach teilweiser Auffassung sollen Schmerzen in der Brust, die sechsmal in zwei Jahren aufgetreten und mit Medikamenten behandelt worden sind, nicht angabepflichtig sein.[136] Dem ist in dieser Allgemeinheit nicht zuzustimmen. Jedenfalls dann, wenn der Verdacht auf eine Herzerkrankung geäußert worden ist, besteht eine Angabepflichtigkeit.

Angesichts der immer größer werdenden Bedeutung psychischer Beschwerden für den Eintritt einer Berufsunfähigkeit sind während des abgefragten Zeitraums erfolgte Behandlungen, Untersuchungen und Erkrankungen der Psyche anzugeben, wobei es auch hier entscheidend auf die Beschwerden ankommt, die der VN empfindet.[137] Eine besondere Bedeutung in der Berufsunfähigkeitsversicherung haben nach wie vor auch Rücken- und sonstige orthopädische Beschwerden, die regelmäßig im Rahmen der abgefragten Zeiträume anzugeben sind.[138] Erhebliche psychische Beschwerden sind anzugeben.[139] **71**

Auch **falsche Angaben zum Einkommen und zur Tätigkeit** können ein arglistiges Verhalten indizieren.[140] Unter Umständen kann auch das Verschweigen indizierender Umstände arglistig sein. Indizierende Umstände sind solche, aus denen sich Hinweise auf Krankheiten ergeben können. Es soll vermieden werden, dass sich der VN gegen Berufsunfähigkeit versichert, obwohl er befürchtet, bereits berufsunfähig zu sein, jedenfalls unter einer Krankheit zu leiden, die möglicherweise anzugeben ist.[141] **72**

---

135 Vgl. allgemein, OLG Koblenz 27.10.1995 VersR **1996** 1222, 1223.

136 Vgl. OLG Köln 14.1.1993 VersR **1993** 1261.

137 Vgl. allgemein BGH 9.12.1993 VersR **1993** 213, 214 (reaktive Depression); OLG Koblenz 17.11.2000 VersR **2001** 887, 888 (Gemütsstörungen und psychiatrische Beschwerden); OLG Köln 4.3.1993 RuS **1994** 315 (länger andauernde psychische Probleme mit Suizidneigung); auch OLG Frankfurt 7.2. 2002 VersR **2002** 1134, 1135 und OLG Bremen 2.8.1991 RuS **1992** 31. 32.

138 Vgl. BGH 19.12.1990 VersR **1991** 1397, 1398 (Bandscheibenvorfall); BGH 20.2.1991 VersR **1991** 578, 579 (Verhebetrauma); OLG Braunschweig 3.1.2006, AZ: 3 U 89/05 n.V. (chronisches Rückenleiden mit mehrwöchiger Arbeitsunfähigkeit); KG 20.6.2006 VersR **2006** 1628 (wiederholte Arbeitsunfähigkeit infolge Lumboischialgie); OLG Jena 16.6.2006 BeckRS **2006** 14477 (persistierende und jahrelang behandelte LWS-Beschwerden); OLG Köln 12.2.2003 AZ: 5 W 7/03 n.V.; OLG Oldenburg 17.4.2002, AZ: 2 U 262/01 n.V.; OLG Köln 14.11.2001, AZ: 5 U 218/00 n.V.; OLG Koblenz 9.10.1998 NVersZ **1999** 472, 473; OLG Koblenz 19.6.1998 VersR **1999** 610; KG 23.2.1996 VersR **1997** 94, 95 (sämtlichst zu wiedergehenden Wirbelsäulenbeschwerden); OLG Hamm 14.7.2004 VersR **2005** 773, 774 (erhebliche Gelenkbeschwerden); OLG Köln 22.9.1988 RuS **1989** 35, 36 (Coxarthrose); OLG Hamm 5.1.1996 RuS **1997** 215 (untersuchte und medikamentös behandelte Kniebeschwerden); OLG Celle 26.4.2007, AZ: 8 U 445/06 n.V. (BWS-Beschwerden).

139 Vgl. BGH 20.9.2000 VersR **2000** 1486 (vegetative Störungen und Verordnung von Psychopharmaka; BGH 9.12.1993 VersR **1993** 213, 214 (reaktive Depression); OLG Braunschweig 23.1.2007, AZ: 3 U 68/06 n.V. (depressive Symptomatik); OLG Köln 29.5. 2007, AZ: 5 U 44/07 n.V. (mittelschwere depressive Episode); OLG Düsseldorf 17.10. 2006, AZ: 4 U 224/05 n.V. (schwere depressive Episode); OLG Hamm 26.11.2004 RuS **2005** 236 (psychische Beschwerden); OLG Hamm 27.2.2004, AZ: 20 U 186/03 n.V. (Psychose); OLG Saarbrücken 1.2.2006 VersR **2006** 1482, 1484 (Depression); OLG Karlsruhe 11.5.2006 VersR **2007** 385, 386 (Untersuchung in psychiatrischer Klinik); OLG Saarbrücken 15.4.1998 NVersZ **1999** 420 (Depression).

140 Vgl. OLG Köln 31.3.2004 VersR **2004** 1587, 1588; KG 28.4.2006 VersR **2007** 234; OLG Frankfurt 6.4.2004, AZ: 7 O 121/03 n.V.; OLG Hamm 1.12.2006 OLG-Report **2007** 513, 514; OLG Frankfurt 6.9.2004 AZ: 7 O 123/03 n.V.

141 Vgl. OLG Köln 4.3.1993 RuS **1994** 315; OLG Köln 14.1.1993 VersR **1993** 1261; OLG Köln 20.6.1991 RuS **1991** 354, 355; OLG Hamm 23.11.1990 RuS **1991**, 66;

73 c) **Anfechtungserklärung.** Wenn der VR wegen arglistiger Täuschung eine Anfechtung des Versicherungsvertrags erklärt, so ist die in § 21 Abs. 3 getroffene Fristenregelung für die Wahrnehmung der Rechte des VR aus §§ 19 Abs. 2–4 auf die Wirksamkeit der 10-Jahresfrist des § 124 Abs. 3 und die Rechtsfolgen ihrer Versäumnis ohne Einfluss.[142] § 21 Abs. 3 Satz 1 stellt einleitend klar, dass die nachfolgende Fristenregelung des § 21 Abs. 3 nur die Rechte des VR nach § 19 Abs. 2–4 betrifft.

74 § 22 regelt, dass das Recht des VR, den Vertrag wegen arglistiger Täuschung anzufechten, „unberührt" bleibt, so dass hier allein die Ausschlussfrist des § 124 Abs. 3 BGB gilt. Dies galt schon nach altem Recht. § 22 a. F. sah vor, dass das Recht zur Arglistanfechtung von den Vorschriften über die vorvertragliche Anzeigeobliegenheit des VN unberührt bleiben sollte. Mit der Einführung des § 22 waren, abgesehen vom Wegfall der in § 22 a. F. noch enthaltenen Beschränkung des Anfechtungsrechts auf Täuschungen über Gefahrumstände, keine weitergehenden sachlichen Änderungen verbunden.[143] Für die Erklärung der Arglistanfechtung des VR gilt daher nach wie vor die Ausschlussfrist des § 124 Abs. 3 BGB.[144] Der eindeutige Gesetzeswortlaut des § 22 steht einer auf § 21 Abs. 3 gestützten einschränkenden Auslegung des § 124 Abs. 3 BGB entgegen.[145] Es besteht auch keine verdeckte Regelungslücke im Sinne einer planwidrigen Unvollständigkeit des Gesetzes, die den Weg einer Rechtsfortbildung des § 124 Abs. 3 BGB mittels teleologischer Reduktion eröffnen könnte. Vielmehr ist der Gesetzesbegründung zu entnehmen, dass mit der 10jährigen Ausschlussfrist des § 21 Abs. 3 Satz 2 VVG gerade eine dem § 124 Abs. 3 BGB entsprechende Befristung erreicht werden sollte.[146]

75 3. **Schadenersatzansprüche des VR.** Ansprüche des VR gegen den VN aus Pflichtverletzung bei Vertragsschluss gemäß §§ 280 Abs 1 und 3, 282, 241 Abs. 2, 311 Abs. 2 BGB bestehen nicht, wenn der VN bei Anbahnung des Versicherungsvertrages über einen gefahrerheblichen Umstand täuscht, weil für diesen Fall die Vorschriften des Versicherungsvertragsgesetzes (§ 19–22) die Verletzung der vorvertraglichen Anzeigeobliegenheiten und deren Rechtsfolgen grundsätzlich abschließend regeln.[147] Zulässig bleiben aber die Arglisteinrede nach § 853 BGB oder die Aufrechnung mit einem deliktischen, auf Schuldbefreiung gerichteten Schadensersatzanspruch.

Ein von den Fristen des § 124 BGB unberührtes Leistungsverweigerungsrecht kommt dort in Betracht, wo die Regelung der §§ 19ff. VVG nicht eingreift, z.B. bei Täuschungen über andere als gefahrerhebliche Umstände, oder wo sie andere geschützte Interessen des VR nicht abschließend behandelt.

OLG Hamm 23.11.1990 VersR **1988** 396, 397.

142 Vgl. BGH 25.11.2015 BeckRS **2015** 20118; Looschelders/Pohlmann/*Looschelders* § 21 Rn. 28; Langheid/Rixecker/*Langheid* § 21 Rn. 43.

143 Vgl. BT-Drucks. 16/3945 S. 67.

144 Vgl. Prölss/Martin/*Armbrüster* § 22 Rn. 1; Langheid/Rixecker/*Langheid* § 22 Rn. 3; Looschelders/Pohlmann/*Looschelders* § 22 Rn. 1 und 20; Langheid/Wandt/*Müller-Frank* § 22 Rn. 1; Prölss/Martin/*Prölss* § 22 Rn. 1; Bruck/Möller/*Rolfs* § 22 Rn. 31.

145 Vgl. BGH 25.11.2015 BeckRS **2015** 20118; BGHZ **179**, 27 Rn. 20.

146 Vgl. BGH 25.11.2015 BeckRS **2015** 20118 unter Hinweis auf BT-Drucks. 16/3945 S. 67.

147 Vgl. BGH 7.2.2007 RuS **2007** 233, BT-Drucks. 16/3945 S. 64.

§ 7
Was ist zu beachten, wenn eine Leistung verlangt wird?

(1) Wird eine Leistung aus dem Vertrag beansprucht, müssen uns auf Kosten des Anspruchserhebenden folgende Auskünfte, die zur Feststellung unserer Leistungspflicht erforderlich sind, gegeben und Nachweise vorgelegt werden:

a) ein Zeugnis über den Tag der Geburt der versicherten Person (*das ist die Person, auf deren Berufsfähigkeit die Versicherung abgeschlossen ist*);

b) eine Darstellung der Ursachen für den Eintritt der Berufsunfähigkeit;

c) ausführliche Berichte der Ärzte, die die versicherte Person gegenwärtig behandeln, bzw. behandelt oder untersucht haben, über Ursachen, Beginn, Art, Verlauf und voraussichtliche Dauer des Leidens der versicherten Person sowie über den Grad der Berufsunfähigkeit oder über die Pflegestufe;

d) eine Beschreibung des zuletzt ausgeübten Berufs der versicherten Person, deren Stellung und Tätigkeit im Zeitpunkt des Eintritts der Berufsunfähigkeit sowie über danach eingetretene Veränderungen;

e) Angaben vor Einkommen aus beruflicher Tätigkeit;

f) bei Berufsunfähigkeit infolge Pflegebedürftigkeit zusätzlich eine Bescheinigung der Person oder der Einrichtung, die mit der Pflege betraut ist, über Art und Umfang der Pflege;

g) eine Aufstellung
   - der Ärzte, Krankenhäuser, Krankenanstalten, Pflegeeinrichtungen oder Pflegepersonen, bei denen die versicherte Person in Behandlung war, ist oder – sofern bekannt – sein wird,
   - der Versicherungsgesellschaften, Sozialversicherungsträger oder sonstiger Versorgungsträger, bei denen die versicherte Person ebenfalls Leistungen wegen Berufsunfähigkeit geltend machen könnte,
   - über den derzeitigen Arbeitgeber und frühere Arbeitgeber der versicherten Person.

Darüber hinaus können wir verlangen, dass uns die Auskunft nach § 18 gegeben wird.

(2) Wir können außerdem auf unsere Kosten weitere ärztliche Untersuchungen durch von uns beauftragte Ärzte sowie notwendige Nachweise – auch über die wirtschaftlichen Verhältnisse und ihre Veränderungen – verlangen, insbesondere zusätzliche erforderliche Auskünfte und Aufklärungen.

(3) Wird eine Erhöhung der Berufsunfähigkeitsrente wegen einer höheren Pflegestufe verlangt, gelten die Absätze 1 und 2 sinngemäß.

(4) Unsere Leistungen werden fällig, nachdem wir die Erhebung abgeschlossen haben, die zur Feststellung des Versicherungsfalls und des Umfangs unserer Leistungspflicht notwendig sind. Wenn Sie eine der genannten Pflichten nicht erfüllen, kann dies zur Folge haben, dass wir nicht feststellen können, ob oder in welchem Umfang wir leistungspflichtig sind. Eine Pflichtverletzung kann somit dazu führen, dass unsere Leistung nicht fällig wird.

(5) Bei Überweisung von Leistungen in Länder außerhalb des Europäischen Wirtschaftsraums trägt die empfangsberechtigte Person die damit verbundene Gefahr.

Schrifttum

Bosch Zulässigkeit und Grenzen des Einsatzes verdeckter Ermittlungsmethoden durch den Versicherer, VersR 2017, 1119–1127. *Brand* Problemfelder des Übergangsrechts zum neuen VVG, VersR **2011** 557; *Britz* Die vorvertragliche Anzeigepflicht in der Leistungsprüfung einer Lebensversicherung, VersR **2015** 410; *Egger* Die vorvertragliche Anzeigepflicht in der Leistungsprüfung einer Lebensversicherung, Berufsunfähigkeitsversicherung und Krankheitskostenversicherung, VersR **2015** 1209; *ders.* Auskunftspflicht und Schweigerecht in privater Berufsunfähigkeitsversicherung, VersR **2014** 553; *Eich* Berufskunde – Der Schlüssel zur Leistungsprüfung in: Materialen zur BUZ – Leistungsprüfung II 1991, S. 21; *Fricke* Die Erhebung personenbezogener Gesundheitsdaten bei Dritten, VersR **2009** 297; *Grote/Finkel* Der Rücktritt von einem Altvertrag – Altes oder neues Recht? VersR **2009** 312; *Hausotter/Eich* Die Begutachtung für die private Berufsunfähigkeitsversicherung (2008); *Höra* Materielle und prozessuale Klippen in der Berufsunfähigkeits- und Krankenversicherung, r + s **2008** 89; *Marlow* Anmerkung zu LG Dortmund vom 28.12.2009, AZ: 2 S 27/09, VersR **2010** 515; *Marlow/Spuhl* Das neue VVG kompakt, 4. Aufl. (2010); *Neuhaus/Kloth* Gesundheitsdaten (Schutz) im Versicherungsrecht – Der aktuelle Stand, NJOZ **2009** 1370.

Übersicht

A. Allgemeines

I. Ältere Bedingungswerke

1 Für die Überprüfung der Eintrittspflicht ist der VR auf eine Mitwirkung des VN und die Zurverfügungstellung von Informationen angewiesen. In der Regel enthalten die Versicherungsbedingungen daher Mitwirkungspflichten des VN, die zu beachten sind, wenn Leistungen wegen Berufsunfähigkeit verlangt werden.[1] Gleiches gilt für das Nachprüfungsverfahren.

2 Nach den BUZ 1975 hatte die Mitwirkungsklausel folgende Fassung:

„§ 4 Anzeige, Nachweis, Leistungserhöhung und Schadenminderung

1.

Werden Leistungen wegen Berufsunfähigkeit oder höhere Leistungen wegen Erhöhung des Grades der Berufsunfähigkeit beansprucht, so ist dies der Gesellschaft unter Einreichung des Versicherungsscheins und – bei Versicherungen mit laufender Beitragszahlung – der letzten Beitragsquittung schriftlich anzuzeigen. Eine Leistungserhöhung kann nur vom Beginn des Monats der Anzeige an verlangt werden.

2.

Zum Nachweis der Berufsunfähigkeit oder der Erhöhung ihres Grades sind der Gesellschaft unverzüglich einzureichen:

---

[1] Vgl. § 11 BuVAB, vgl. hierzu Prölss/Martin/*Lücke*§ 11 BuVAB Rn. 1ff.; Looschelders/Pohlmann/*Klenk* § 172 Rn. 68.

a) eine Darstellung der Ursache für den Eintritt der Berufsunfähigkeit;

b) ausführliche Berichte der Ärzte, die den Versicherten behandeln, behandelt oder untersucht haben, über Ursache, Beginn, Art, Verlauf und voraussichtliche Dauer des Leidens sowie über die eingetretenen Veränderungen.

Hierdurch entstehende Kosten hat der Anspruchserhebende zu tragen.

3.

Die Gesellschaft hat das Recht, als weiteren Nachweis zusätzliche Auskünfte und Aufklärungen sowie ärztliche Nachuntersuchungen durch von ihr beauftragte Ärzte auf ihre Kosten zu verlangen. Die behandelnden Ärzte, auch diejenigen, von denen der Versicherte aus anderen Anlässen behandelt oder untersucht worden ist, sind zu ermächtigen, der Gesellschaft auf Verlangen Auskunft zu erteilen. Das gleiche gilt für Krankenhäuser, Sanatorien, Heilanstalten, Gesundheitsämter, Versorgungs- und Fürsorgeämter sowie Versicherungsunternehmen und Sozialversicherungsverträger oder ähnliche Einrichtungen.

4.

Anordnungen, die der untersuchende oder behandelnde Arzt nach gewissenhaftem Ermessen trifft, um die Heilung zu fördern oder die Berufsunfähigkeit zu mindern, hat der Versicherte zu befolgen, wobei ihm nichts Unbilliges zugemutet werden darf.„[2]

Mit der Verlautbarung der BUZ 1984 erhielt § 4 BUZ folgende Fassung: **3**

FKA„§ 4 Welche Mitwirkungspflichten sind zu beachten, wenn Leistungen wegen Berufsunfähigkeit verlangt werden?

(1) Werden Leistungen aus dieser Zusatzversicherung verlangt, so sind uns unverzüglich folgende Unterlagen einzureichen:

a) der Versicherungsschein und der Nachweis der letzten Beitragszahlung;

b) eine Darstellung der Ursache für den Eintritt der Berufsunfähigkeit;

c) ausführliche Berichte der Ärzte, die den Versicherten gegenwärtig behandeln bzw. behandelt oder untersucht haben, über Ursache, Beginn, Art, Verlauf und voraussichtliche Dauer des Leidens sowie über den Grad der Berufsunfähigkeit;

d) Unterlagen über den Beruf des Versicherten, dessen Stellung und Tätigkeit im Zeitpunkt des Eintritts der Berufsunfähigkeit sowie über die eingetretenen Veränderungen.

Die hierdurch entstehenden Kosten hat der Anspruchserhebende zu tragen.

(2) Wir können – dann allerdings auf unsere Kosten – außerdem weitere notwendige Nachweise sowie ärztliche Untersuchungen durch von uns beauftragte Ärzte verlangen, insbesondere zusäzliche Auskünfte und Aufklärungen. Der Versicherte hat Ärzte, Krankenhäuser und sonstige Krankenanstalten, bei denen er in Behandlung war oder sein wird, sowie Personenversicherer und Behörden zu ermächtigen, uns auf Verlangen Auskunft zu erteilen

(3) Werden wegen Erhöhung des Grades der Berufsunfähigkeit höhere Leistungen verlangt, so gelten die Absätze 1 und 2 sinngemäß. Eine Leistungserhöhung gewähren wir vom Beginn des Monats der Anzeige an.

(4) Anordnungen, die der untersuchende oder behandelnde Arzt nach gewissenhaftem Ermessen trifft, um die Heilung zu fördern oder die Berufsunfähigkeit zu mindern, sind zu befolgen. Die Anordnungen müssen sich jedoch im Rahmen des Zumutbaren halten.„[3]

---

[2] *Benkel/Hirschberg* § 4 BUZ 2008 Rn. 1.

[3] *Benkel/Hirschberg* § 4 BUZ 2008 Rn. 2.

4 Mit den BUZ 1990 wurde die Mitwirkungspflichtenklausel wie folgt weiterentwickelt und im Zuge der Neufassung der BUZ in 1993 nicht verändert.

„§ 4 Welche Mitwirkungspflichten sind zu beachten, wenn Leistungen wegen Berufsunfähigkeit verlangt werden? (Musterbedingungen des BAV – BUZ 1990/1993)

(1) Werden Leistungen aus dieser Zusatzversicherung verlangt, so sind uns unverzüglich folgende Unterlagen einzureichen:

a) der Versicherungsschein und der Nachweis der letzten Beitragszahlung;

b) eine Darstellung der Ursache für den Eintritt der Berufsunfähigkeit;

c) ausführliche Berichte der Ärzte, die den Versicherten gegenwärtig behandeln bzw. behandelt oder untersucht haben, über Ursache, Beginn, Art, Verlauf und voraussichtliche Dauer des Leidens sowie über den Grad der Berufsunfähigkeit oder über die Pflegestufe;

d) Unterlagen über den Beruf des Versicherten, dessen Stellung und Tätigkeit im Zeitpunkt des Eintritts der Berufsunfähigkeit sowie über die eingetretenen Veränderungen.

e) Bei Berufsunfähigkeit infolge Pflegebedürftigkeit zusätzlich eine Bescheinigung der Person oder der Einrichtung, die mit der Pflege betraut ist, über Art und Umfang der Pflege.

Die hierdurch entstehenden Kosten hat der Anspruchserhebende zu tragen.

(2) Wir können außerdem – dann allerdings auf unsere Kosten – weitere ärztliche Untersuchungen durch von uns beauftragte Ärzte sowie notwendige Nachweise – auch über die wirtschaftlichen Verhältnisse und ihre Veränderungen – verlangen, insbesondere zusätzliche Auskünfte und Aufklärungen. Der Versicherte hat Ärzte, Krankenhäuser und sonstige Krankenanstalten sowie Pflegeheime, bei denen er in Behandlung oder Pflege war oder sein wird, sowie Pflegepersonen, andere Personenversicherer und Behörden zu ermächtigen, uns auf Verlangen Auskunft zu erteilen.

(3) Wird eine Erhöhung der Berufsunfähigkeitsrente wegen einer höheren Pflegestufe verlangt, so gelten die Absätze 1 und 2 sinngemäß.

(4) Anordnungen, die der untersuchende oder behandelnde Arzt nach gewissenhaftem Ermessen trifft, um die Heilung zu fördern oder die Berufsunfähigkeit zu mindern, sind zu befolgen. Die Anordnungen müssen sich jedoch im Rahmen des Zumutbaren halten.„[4]

5 Die Mitwirkungsobliegenheiten wurden in der Folgezeit geringfügig modifiziert, wie z.B. der 29. Auflage des Prölss/Martin[5] entnommen werden kann:

§ 11 Welche Mitwirkungspflichten sind zu beachten, wenn Leistungen wegen Berufsunfähigkeit verlangt werden?

(1) Zum Nachweis des Versicherungsfalls sind uns unverzüglich auf Kosten des Anspruchserhebenden folgende Unterlagen einzureichen:

a) ein amtliches Zeugnis über den Tag der Geburt der versicherten Person;

b) eine Darstellung der Ursache für den Eintritt der Berufsunfähigkeit;

c) ausführliche Berichte der Ärzte, die die versicherte Person gegenwärtig behandeln bzw. behandelt oder untersucht haben, über Ursache, Beginn, Art, Verlauf und voraussichtliche Dauer des Leidens sowie über den Grad der Berufsunfähigkeit oder über die Pflegestufe;

[4] Vgl. *Benkel/Hirschberg* § 4 BUZ 2008 Rn. 3.

[5] Vgl. Prölss/Martin/*Lücke*[29] § 11 BuVAB Rn. 1–21.

d) Unterlagen über den Beruf der versicherten Person, deren Stellung und Tätigkeit im Zeitpunkt des Eintritts der Berufsunfähigkeit sowie über die eingetretenen Veränderungen.

e) Bei Berufsunfähigkeit infolge Pflegebedürftigkeit zusätzlich eine Bescheinigung der Person oder der Einrichtung, die mit der Pflege betraut ist, über Art und Umfang der Pflege.

(2) Wir können außerdem – dann allerdings auf unsere Kosten – weitere ärztliche Untersuchungen durch von uns beauftragte Ärzte sowie notwendige Nachweise – auch über die wirtschaftlichen Verhältnisse und ihre Veränderungen – verlangen, insbesondere zusätzliche Auskünfte und Aufklärungen.

(3) Wird eine Erhöhung der Berufsunfähigkeitsrente wegen einer höheren Pflegestufe verlangt, gelten die Absätze 1 und 2 sinngemäß.

II. Sinn und Zweck

Den Eintritt des Versicherungsfalls darzulegen und zu beweisen ist Sache des VN. Diesem Umstand tragen die in diesen Klauseln geregelten Mitwirkungsobliegenheiten Rechnung, denn ohne eine solche Mitwirkung kann der Eintritt des Versicherungsfalls nicht festgestellt werden. **6**

B. Einzelheiten

I. Leistungsantrag der versicherten Person

Nach neueren Bedingungen ist die Berufsunfähigkeit in **Textform** (**§ 126 b BGB**) anzuzeigen. Es reicht daher aus, einen Leistungsantrag z.B. per E-Mail oder per Telefax zu stellen. Ist nach den Versicherungsbedingungen **Schriftform** für die Meldung vereinbart, ist dies zulässig, denn der Gesetzgeber macht insofern keine abweichenden Vorgaben. **7**

Streitigkeiten entstehen häufig, wenn der Versicherte die Berufsunfähigkeit nicht sofort, sondern **verspätet** anzeigt. Ältere Versicherungsbedingungen sehen zum Teil vor, dass eine Berufsunfähigkeit **unverzüglich** anzuzeigen ist. Erfolgt die Anzeige später, wobei manche Versicherungsbedingungen das Überschreiten geringfügiger Zeiträume als unschädlich bewerten, so leistet der VR erst ab dem Zeitpunkt des Eingangs der verspäteten Anzeige. Hintergrund dieser Regelung ist, dass länger zurückliegende Zeiträume für den VR häufig schwer zu bewerten sind. Bei etwaig vereinbarten Meldefristen handelt es sich nach zutreffender Auffassung um Ausschlussfristen.[6] **8**

Sowohl nach den älteren als auch nach neueren Bedingungen leistet der VR gleichwohl ab **Beginn der Berufsunfähigkeit**, wenn die verspätete Mitteilung unverschuldet erfolgt.[7] **9**

---

6 BGH 2.11.1994 VersR **1995** 82, 83; OLG Saarbrücken 26.1.2011 VersR **2011** 1381, 1382; OLG Hamm 28.4.1994 VersR **1995** 1038, 1039; OLG Hamm 5.5.2000 NVersZ **2000** 567, 568; OLG Karlsruhe 3.4.2008 RuS **2008** 520; OLG Karlsruhe 2.2.2006 VersR **2006** 637; OLG Celle 31.5.2007 VersR **2007** 1641, 1642; Prölss/Martin/*Lücke* § 1 BuVAB Rn. 31. Keine Obliegenheit: BGH 24.3.1982 VersR **1982** 567; keine Verjährung: BGH 2.11.1994 VersR **1995** 82, 83.

7 Vgl. § 1 Abs. 3 AVBBU.

Das mangelnde Verschulden hat der Anspruchsteller zu beweisen.[8] Auf einen fahrlässig verursachten Fristablauf kann sich der VR berufen, ohne gegen die Grundsätze von Treu und Glauben zu verstoßen. Anderes kann allenfalls gelten, wenn der Versicherte durch ein unbedachtes Verhalten des VR von der rechtzeitigen Meldung abgehalten wurde.[9] Ein treuwidriges Verhalten kann auch vorliegen, wenn der VR schon auf andere Art und Weise zu einem rechtzeitigen Zeitpunkt zuverlässig Kenntnis davon erlangt hat, dass der VN Leistungen wegen eingetretener Berufsunfähigkeit geltend machen will.

II. Fragen des VR im Rahmen der Leistungsprüfung

10 **1. Allgemeines.** Im Vordergrund der Leistungsprüfung steht die Einreichung des Versichertenfragebogens, mit dem regelmäßig auch die in § 7 Abs. 1 AVB BU erwähnten Informationen abgefragt werden, wobei das Verlangen nach einem Geburtszeugnis eher den Ausnahmefall darstellt. Dieser enthält neben einer Vielzahl von zu beantwortenden Fragen auch eine Aufforderung an den VN, Ärzte, Krankenhäuser und sonstige Krankenanstalten sowie Pflegeheime, Sachverständige, Pflegepersonen, andere Personenversicherungen und Behörden von der Verpflichtung zur Verschwiegenheit zu entbinden.

11 In der Praxis gibt der VN vor allen Dingen die **Ärzte** an, bei denen er sich wegen der aktuellen Erkrankung, die zur Berufsunfähigkeit führen soll, in **Behandlung** befunden hat/befindet. Ferner gibt er seinen **Krankenversicherer** an. Der Versicherte ist verpflichtet, Arztberichte vorzulegen, die er in den Händen hält.[10]

12 Der VN ist allerdings **nicht** verpflichtet, dem VR zu gestatten, von sich aus Arztberichte bei den seitens des VN benannten Ärzten einzuholen. Da der VN aber darlegungs- und beweisbelastet für den Eintritt des Versicherungsfalls ist, muss sich der VN, wenn er dem VR nicht gestattet, die Arzteinkünfte selbst einzuholen, selbst um die Vorlage der Arztberichte bemühen. Unterlässt er dies, ist eine **Fälligkeit der Leistung** im Hinblick auf § 14 **nicht** gegeben, weil der VR noch nicht in die Lage versetzt worden ist, die notwendigen Erhebungen durchzuführen. Der Arztbericht selbst muss nicht nach Art eines Gutachtens verfasst sein, ausreichend ist, dass er die durch den Arzt festgestellten Tatsachen und deren Bewertung beinhaltet.[11]

13 Im Rahmen des Versichertenfragebogens gibt der VN in der Regel **Auskünfte über seinen beruflichen Werdegang**, über **Beschwerden** und damit einhergehende **Behandlungen** und insbesondere über seine zuletzt in gesunden Tagen **konkret ausgeübte Tätigkeit** und deren Einschränkungen durch die behaupteten Beschwerden.[12]

14 **Selbstständige** werden darüber hinaus häufig aufgefordert, einen **gesonderten Fragebogen** auszufüllen, weil die Darlegung bedingungsgemäßer Berufsunfähigkeit bei einem Selbstständigen besonderen Anforderungen unterliegt. Dieser gesonderte Fragebogen beinhaltet dann **detaillierte Fragen zur Struktur des Unternehmens**. Da im Rahmen der Um-

---

8 Prölss/Martin/*Lücke* § 1 BuVAB Rn. 31; *Neuhaus* F V Rn. 169; Langheid/Wandt/*Dörner* § 172 Rn. 224.

9 Vgl. allgemein zum treuwidrigen Berufen auf den Fristablauf: OLG Saarbrücken 26.1.2011 VersR **2011** 1381, 1382.

10 Vgl. Prölss/Martin/*Lücke* § 7 BuVAB Rn. 6; *Neuhaus* K III Rn. 31.

11 Vgl. Prölss/Martin/*Lücke* § 7 BuVAB Rn. 6; Pohlmann/Looschelders/*Klenk* § 172 Rn. 70; Langheid/Wandt/*Dörner* § 172 Rn. 210.

12 Zur Bedeutung der Berufskunde in der Leistungsprüfung vgl. *Eich* in Materialien zur BUZ – Leistungsprüfung II S. 21.

organisation auch Neueinstellungen zu überprüfen sind, ist es erforderlich, dass der VR auch insoweit Informationen enthält.

Grundsätzlich hat der VR auch einen **Anspruch auf Einreichung aussagekräftiger Unterlagen über die Einkommenssituation des VN.**[13] Ein betriebswirtschaftliches Gutachten muss der Anspruchserhebende allerdings nicht einholen.[14] Hintergrund dieser **Obliegenheit des VN** ist, dass der VR zum Beispiel die Möglichkeit haben muss, zu überprüfen, ob eine abstrakte oder konkrete Verweisung oder die Möglichkeit einer Umorganisation in Betracht kommt. Etwas anderes könnte allenfalls in dem theoretischen Fall gelten, dass der VR sowohl im Erst- als auch im Nachprüfungsverfahren auf jegliche Verweisungsmöglichkeit verzichtet hat. Vor diesem Hintergrund ist allerdings nicht nachvollziehbar, dass in § 7 Abs. 1 e) AVB BU nur von „Angaben" die Rede ist, nicht aber von Nachweise in Form aussagekräftiger Unterlagen. Im Ergebnis ist der nicht ganz eindeutige Klauselwortlaut hier aber unschädlich, da § 7 Abs. 1 Satz 1 AVB BU entnommen werden kann, dass der VR zu den erbetenen Auskünften auch Nachweise verlangen kann. 15

Die **Obliegenheit zur Einreichung von Unterlagen über die Einkommenssituation** scheidet aber nicht etwa deshalb aus, weil der Versicherungsvertrag nur eine Klausel über eine konkrete Verweisung enthält und der VN noch keine Tätigkeit ausübt, auf die er verwiesen werden könnte. Es ist nämlich denkbar, dass der VN im Zuge der Leistungsprüfung eine Tätigkeit aufnimmt, auf die er konkret verwiesen werden kann. 16

2. Fragen des VR zu den gesundheitlichen Verhältnissen vor Antragstellung. Regelmäßig fragen VR im Rahmen der Leistungsprüfung nicht nur die Verhältnisse zum Zeitpunkt des Leistungsantrags, sondern auch zum **Zeitpunkt des Antrags auf Abschluss des Versicherungsvertrags ab.** 17

Der VR bittet vor allen Dingen den **Krankenversicherer** des VN um die Mitteilung von Informationen, die sich auf Behandlungen/Untersuchungen/Beratungen beziehen, die in dem Antragsformular, welches der VN bei Beantragung des Versicherungsschutzes ausgefüllt hatte, abgefragt werden. Diese Praxis wird in der Literatur zum Teil kritisiert.[15] 18

Nach teilweiser Auffassung soll zwar ein **grundsätzliches** Interesse des VR bestehen, zu erfahren, ob der VN seine vorvertragliche Anzeigepflicht verletzt hat und ob eine Möglichkeit besteht, von den dem VR zustehenden Lösungsrechten Gebrauch zu machen und gleichzeitig vereinnahmte Prämien behalten zu dürfen, § 39 VVG. Allerdings sei bedenklich, dass die Prüfung, ob der VN seine vorvertragliche Anzeigepflicht verletzt hat, dazu dient, zu überprüfen, ob Rechte bestehen, einen bestehenden Rechtsgrund in Gestalt des Versicherungsvertrags **nachträglich** zu vernichten bzw. zu beseitigen. Dies habe nichts mit der Prüfung der Leistungspflicht dem Grunde nach zu tun.[16] Da es an einer inneren Verbindung zwischen der Verletzung der Anzeigepflicht und dem Eintritt des Versicherungsfalls fehle, sei der VR im Leistungsfall nicht berechtigt, die Frage zu überprüfen, ob der VN bei Beantragung des Versicherungsschutzes seine vorvertragliche Anzeigepflicht verletzt habe. Ergeben soll sich dies vor allen Dingen aus dem Wortlaut des § 14, der nur **Erhebungen** zulasse, die sich auf die Frage beziehen, ob der Versicherungsfall eingetreten sei und in welchem Umfang der VR Leistungen zu erbringen habe. Die Frage, ob der VN seine vor- 19

[13] Vgl. OLG Köln 14.6.2007 VersR **2008** 107; Prölss/Martin/*Lücke* § 7 BuVAB Rn. 7.

[14] Vgl. Prölss/Martin/*Lücke* § 7 BuVAB Rn. 7.

[15] Vgl. *Egger* VersR **2015** 1209, 1215. **a.A.** Prölss/Martin/*Voit* § 213 Rn. 30; Langheid/Rixecker/*Rixecker* § 212 Rn. 14.

[16] So schon *Egger* VersR **2012** 810, 813 und VersR **2014** 1304, 1306; Langheid/Wandt/*Dörner* § 172 Rn. 210.

vertragliche Anzeigepflicht verletzt habe, hat nach Teilen der Literatur und der Rechtsprechung nichts mit dem Eintritt des Versicherungsfalls zu tun.[17]

20 Die Literatur vertritt teilweise die Rechtsauffassung, die dem VR durch die gesetzlichen **Anzeigeobliegenheiten** des Antragstellers eingeräumte Risikoprüfungsmöglichkeit vor Vertragsschluss könnten von dem VR nicht nach Belieben zurückgestellt und auf den Zeitpunkt des Eintritts des Versicherungsfalls **verschoben** werden, da dies Sinn und Zweck der Anzeigeobliegenheiten zuwiderlaufe. Diese hätten vielmehr den Zweck, **klare Verhältnisse vor Vertragsschluss** zu schaffen. Zusätzlich seien die Regelungen der Europäischen Datenschutzrichtlinie zu berücksichtigen. Auch der Wortlaut des § 213 VVG differenziere in Anlehnung an die Europäische Datenschutzrichtlinie zwischen ganz unterschiedlichen Tatbeständen, nämlich einerseits der vorvertraglichen Risikoprüfung und andererseits der der Vertragserfüllung dienenden Prüfung der Leistungspflicht im Einzelfalls.[18] Es sei nicht nachvollziehbar, wieso der VR einerseits zum Zeitpunkt der Antragstellung auf redliche Angaben des VN vertrauen dürfen solle, anderseits im Leistungsfall berechtigt sei, nun aber die Redlichkeit des VN in Frage zu stellen und nachzuprüfen, ob dieser korrekte Angaben bei Antragstellung gemacht habe. Zwar sei der VR im Leistungsfall durchaus zur Anfechtung und zum Rücktritt bei Vorliegen der hierfür erforderlichen Voraussetzungen berechtigt, allerdings sei der VN nicht verpflichtet, dem VR bei dieser Prüfung zu helfen. Eine dahingehende Auskunftspflicht des VN sei abzulehnen. Der VR sei nämlich im Leistungsfall gerade nicht in entschuldbarer Weise über den bestehenden Umfang seines Rechts auf Vertragslösung im Ungewissen. Wenn er es unterlasse, sich vor Vertragsschluss diejenigen Informationen zu beschaffen, die er benötigte, um die Frage zu klären, ob der VN tatsächlich seiner Anzeigepflicht Genüge getan habe, so sei das Nachholen dieser Auskunft für den VN unzumutbar.

21 In der Tat ist zu beobachten, dass die Frage, ob der VN seine vorvertragliche Anzeigepflicht verletzt hat, im Rahmen von gerichtlichen Auseinandersetzungen nach Eintritt des Versicherungsfalls eine nach wie vor sehr große Bedeutung hat. VR wird in diesem Zusammenhang vorgeworfen, den Antrag des VN **vorschnell angenommen** und nicht näher überprüft zu haben, um eine solche Überprüfung dann im Leistungsfall nachzuholen. Dem lässt sich allerdings entgegenhalten, dass der VR zunächst einmal davon ausgehen darf, dass sein Vertragspartner, der VN, redlich ist und die Gesundheitsfragen wahrheitsgemäß beantwortet.[19] Immerhin hebt auch die Rechtsprechung die Vermutung der Redlichkeit des VN hervor.[20]

22 Dem wird allerdings wiederrum entgegengehalten, dass der VR das ihm zur Übernahme angebotene Risiko schon aus unternehmerischen Gründen nach seinen eigenen versicherungstechnischen Grundsätzen überprüfen müsse.[21] Zwar dürfe der VR darauf vertrauen, dass der VN die Antragsfragen wahrheitsgemäß beantworte und müsse daher eine Verneinung aller Fragen nach Behandlungen oder Erkrankungen im Antragsformular nicht ohne Grund anzweifeln, doch müsse andererseits auch die allgemeine Erfahrung berücksichtigt werden, dass Behandlungen und Erkrankungen durchaus auch vergessen werden können. Auch komme es immer wieder vor, dass die Angaben des VN zu seinem Gesund-

---

[17] Vgl. auch KG 5.6.2012 VersR **2014** 181, 183; OLG Hamm 9.6.1978 VersR **1978** 1060, 1061; OLG Köln 29.10.1992 RuS **1993** 72, 74; *Grote/Finkel* VersR **2009** 312, 314; *Marlow* VersR **2010** 515, 517; *Brand* VersR **2011** 557, 560; *Egger* VersR **2014** 553, 554.

[18] Vgl. *Egger* VersR **2015** 1209, 1211 unter Hinweis auf BT-Drucks. 16/3945.

[19] Vgl. *Britz* VersR **2015** 410, 413.

[20] Vgl. BGH 21.2.1996 NJW **1996** 1348, 1349.

[21] Vgl. *Egger* VersR **2015** 1209, 1214 unter Hinweis auf *Lorenz* VersR **1993** 513, 514.

heitszustand aus falsch verstandener Scham oder aus Gleichgültigkeit falsch seien. Der VR habe daher die Möglichkeit, vor Vertragsschluss Auskünfte bei Ärzten einzuholen bzw. vom VN beibringen zu lassen. Auch habe der VR die Möglichkeit dem VN aufzugeben, selbst umfassende Auskünfte durch seitens des VN konsultierte Ärzte bzw. Krankenversicherer beizubringen. Erforderlich sei ein **deutlicher Appell** an die Anspannung der Erkenntniskräfte des zukünftigen VN.[22]

Nach Teilen der Literatur und Rechtsprechung kommt ein **Auskunftsanspruch nach Treu und Glauben** aber dann in Betracht, wenn der Berechtigte in entschuldbarer Weise über das Bestehen und den Umfang seines Rechts im Ungewissen ist und der Verpflichtete die zur Beseitigung der Ungewissheit erforderlichen Auskünfte unschwer geben kann.[23] Es müsse berücksichtigt werden, dass durch eine Auskunftsobliegenheit des VN nicht die allgemeinen Beweisgrundsätze unterlaufen werden dürfen. Für alle Voraussetzungen des Rücktritts bzw. der Anfechtung gem. § 123 BGB trage der Anfechtende die Beweislast. Dem wird wiederrum entgegengehalten, dass zu den notwendigen Erhebungen, die der VR gem. § 14 Abs. 1 VVG durchführen darf, auch solche Nachforschungen zählen, die klären sollen, ob der VN bei Vertragsschluss seine vorvertraglichen Anzeigenobliegenheiten im Sinne von § 19 Abs. 1 S. 1 VVG ordnungsgemäß erfüllt hat.[24] 23

Das **Bundesverfassungsgericht** hat vor dem Hintergrund der vielen im Einzelnen streitigen Fragen einen **Dialog zwischen dem VR und dem VN** angeregt.[25] Damit ist im Prinzip vor allem gemeint, dass der VR berechtigt ist, Informationen zu bestimmten Erkrankungsbildern, die für die Berufsunfähigkeit ursächlich sein sollen, auch für den Zeitraum abzufragen, der durch das Antragsformular abgefragt wurde. Ergeben sich allerdings aus den Angaben des VN während der Leistungsprüfung Anhaltspunkte dafür, dass der VN bei Beantragung des Versicherungsschutzes auch bezüglich anderer Erkrankungen, die im Antragsformular abgefragt worden sind, falsche Angaben gemacht hat, so hat der VR auch insoweit ein berechtigtes Informationsinteresse. Dies kann z.B. der Fall sein, dass der VN bei Beantragung des Versicherungsschutzes eine Behandlung wegen Rückenbeschwerden nicht angegeben hat, sich eine solche Behandlung aber aus einem Arztbericht ergibt, den der VN im Zuge der Leistungsprüfung beim VR eingereicht hat.[26] 24

Dieser Rechtsauffassung hat sich der BGH in seinem Urteil vom 22.2.2017[27] im Ergebnis angeschlossen. Der BGH führt aus, eine Unterscheidung danach, ob tatsächliche Umstände die **Leistungspflicht des VR unmittelbar entfallen lassen** oder ihm lediglich ein **Gestaltungsrecht** verschaffen, den Versicherungsvertrag durch eine Anfechtungs- oder Rücktrittserklärung zu Fall zu bringen, sei nicht geboten, denn das von § 14 Abs. 1 rechtlich geschützte Interesse des VR und der Versichertengemeinschaft, Leistungen nicht ohne Grund oder auf Grundlage einer unzureichenden Prüfung erbringen zu müssen, sei in beiden Fällen **gleichermaßen** berührt. 25

---

22 Vgl. *Egger* VersR **2015** 1209, 1215.

23 Vgl. *Egger* VersR **2015** 1209, 1218 unter Hinweis auf BGH 7.1.2014 VersR **2014** 822, 823; BGH 26.6.2013 VersR **2013** 1381, 1383.

24 Vgl. OLG Hamburg 2.3.2010 VersR **2010** 749, 750; OLG Hamm 23.2.2015 VersR **2015** 1497, 1498; OLG Köln 13.1.2014 VersR **2015** 305; HK VVG/*Muschner* § 14 Rn. 16, 25; Langheid/Wandt/*Fausten* § 14 Rn. 22; Prölss/Martin/*Armbrüster* § 14, Rn. 8; Langheid/Rixecker/*Rixecker* § 14, Rn. 6; *Marlow/Spuhl* Rn. 1460; *Neuhaus* P IX Rn. 84; *Britz* VersR **2015** 410, 411; *Fricke* VersR **2009** 297, 300; *Höra* RuS **2008** 89, 93.

25 Vgl. BVerfG 17.7.2013 VersR **2013** 1425, 1427, 1428.

26 Vgl. BVerfG 17.7.2013 VersR **2013** 1425, 1428; *Egger* VersR **2015** 1209, 1210; derselbe VersR **2014** 553, 554 und VersR **2014** 1304, 1306.

27 IV ZR 289, 14 = BeckRS **2017**, 103376.

26 Das Recht des VN auf informationelle Selbstbestimmung gewährleiste als besondere Ausprägung des allgemeinen Persönlichkeitsrechts die Befugnis des Einzelnen, grundsätzlich selbst über die Preisgabe und Verwendung seiner persönlichen Daten zu bestimmen.[28] Als Grundrecht entfalte das Privatrecht seine Wirkkraft über die Vorschriften, die das jeweilige Rechtsgebiet unmittelbar beherrschen und habe daher eine mittelbare Drittwirkung.[29] Ein durchschnittlicher VN entnehme den üblicherweise vereinbarten Mitwirkungsobliegenheiten, dass der Versicherte im Fall der Geltendmachung von Leistungsansprüchen die dort genannten Auskunftspersonen eingeschränkt zu ermächtigen habe, dem VR auf dessen Verlangen hin unmittelbar Auskunft zu erteilen. **Eine inhaltliche Begrenzung dieser Verpflichtung auf Auskünfte etwa nur zu bestimmten Themen oder Zeiträumen lasse sich für ihn nicht ersehen.** Gem. § 31 Abs. 1 könne der VR auch nach Eintritt des Versicherungsfalls verlangen, dass der VN jede Auskunft erteile, die zur Feststellung des Versicherungsfalls oder des Umfangs der Leistungspflicht des VR erforderlich sei und dass ihm insoweit Belege vorgelegt werden würden. Hierbei sei zugunsten des VR ein erheblicher Beurteilungsspielraum zu berücksichtigen. Der VR könne entscheiden, welche Angaben er zur Ermittlung des Sachverhalts für erforderlich hält, um seine Entscheidung über die Leistungspflicht auf ausreichender und gesicherter Tatsachengrundlage zu treffen. **Zu solchen aufzuklärenden Umständen gehöre auch die Frage, ob der VN seine vorvertragliche Anzeigepflicht verletzt oder den VR arglistig getäuscht habe.**

27 Dies entspricht zu Recht der herrschenden Meinung.[30] Zur Vermeidung ungerechtfertigter Versicherungsleistungen haben sowohl der VR als auch die Gemeinschaft der Versicherten ein berechtigtes Interesse, alle Tatsachen zu erfahren, die unmittelbar oder auch erst nach der Ausführung von Gestaltungsrechten zu einer Leistungsfreiheit führen können.

28 Im Zeitpunkt der Datenerhebung ist es oft noch gar nicht möglich, sicher zu beurteilen, auf welche Tatsachen es bei der Beurteilung der Leistungspflicht am Ende ankommt.[31] Dies gilt vor allen Dingen dann, wenn dem VN keine arglistige Täuschung vorgeworfen wird und u.a. die Frage zu beantworten ist, ob die verschwiegenen Umstände in einem ursächlichen Zusammenhang mit dem Eintritt des Versicherungsfalls stehen.

29 Mit dem BGH ist allerdings das **Recht des VN auf informationelle Selbstbestimmung** zu berücksichtigen. Es sollen daher keine Daten erhoben werden, die dem VR über das erforderliche Maß hinaus in weitem Umfang sensible Informationen über den VN gewähren.[32]

30 Aus diesem Grunde schlägt der BGH zu Recht ähnlich wie das Bundesverfassungsgericht einen **Dialog zwischen VN und VR** vor. Der VN ist nicht gehalten, dem VR völlig freie Hand zu lassen und er muss auch nicht weit gefasste Schweigepflichtentbindungserklärungen oder ähnliche Ermächtigungen des VR ohne weiteres akzeptieren.

31 Der BGH schlägt in seinem Urteil vom 22.2.2017[33] vor, dass die Datenerhebung seitens des VR **gestuft** nach Art eines Dialoges erfolgen solle. In einem ersten Schritt könne

[28] Vgl. grundlegend BVerfG 15.12.1983 E **65**, 1, 43.

[29] Vgl. BVerfG 15.1.1958 E **198**, 205.

[30] Vgl. HK VVG/*Muschner* § 31 Rn. 5.; Beckmann/Matusche-Beckmann/*Reichel* § 21 Rn. 32; *Marlow/Spuhl* Rn. 1460; *Britz* VersR **2015** 410, 411; *Fricke* VersR **2009** 297, 300; *Neuhaus/Kloth* NJOZ **2009** 1370, 1394; **a.A.** Langheid/Rixecker/*Rixecker* § 31 Rn. 10; *Neuhaus* J V Rn. 15; OLG Köln 13.1.2014 VersR **2015** 305; KG 8.7.2014 VersR **2014** 1191, 1192.

[31] Vgl. BVerfG 17.7.2013 VersR **2013** 1425, 1427; HK VVG/*Muschner* § 31 Rn. 5.

[32] Vgl. BVerfG 17.7.2013 VersR **2013** 1425, 1427.

[33] BeckRS **2017** 103376.

z. B. eine Auskunft des Krankenversicherers eingeholt werden, wann in dem für die Erfüllung der Anzeigeobliegenheit maßgeblichen Zeitraum ärztliche Behandlungen oder Untersuchungen stattgefunden haben. **Besonders sensible Gesundheitsdaten** wie z. B. Diagnosen, Behandlungsweisen oder Verordnungen blieben solange von der Auskunftsobliegenheit des VN nicht umfasst, bis der VR aufgrund seiner Prüfung der Vorabinformationen sein Auskunftsverlangen weiter konkretisiere. Es stellt sich allerdings die Frage, welchen Wert eine solche Information für den VR hat, denn gerade die Information über Diagnosen und Behandlungsweisen können zum Beispiel ein arglistiges Verhalten des Versicherten indizieren. Auch stellt sich die Frage, zu welchen weiteren Fragen der VR berechtigt sein soll, wenn der Krankenversicherer der versicherten Person die Frage nach ärztlichen Behandlungen, Untersuchungen und Behandlungen während des durch das Antragsformulars abgefragten Zeitraums bejaht. Darf der VR dann weiteren allgemein gehaltene Fragen stellen oder müssen die weiteren Fragen dann einen Bezug zu der geltend gemachten Berufsunfähigkeit haben? Dies wird man wohl verneinen müssen angesichts des Umstands, dass es für die Anfechtung wegen arglistiger Täuschung keine Rolle spielt, ob die verschwiegenen Umstände und die Gründe der Berufsunfähigkeit in einem ursächlichen Zusammenhang stehen.

Der BGH betont, es müsse **keine kausale Verbindung** zwischen der als Versicherungs- 32
fall geltend gemachten gesundheitlichen Beeinträchtigung einerseits und dem Informationsbegehren des VR anderseits bestehen. Eine solche Einschränkung der Datenerhebung finde im Wortlaut des Gesetzes keine Stütze und widerspreche dem Recht des VR, den Versicherungsvertrag im Falle einer arglistigen Täuschung des VN bei Vertragsschluss selbst dann anzufechten, wenn eine solche Kausalität nicht gegeben sei.[34] Das ist richtig, macht es aber gerade auch erforderlich, Daten über Diagnosen und Behandlungen zu erhalten.

Der Rechtsauffassung des BGH ist daher im Ergebnis zu folgen. Der im Strafprozess- 33
recht bedeutsame Grundsatz, dass niemand sich selbst bezichtigen muss, kann grundsätzlich nicht auf das Versicherungsvertragsrecht übertragen werden.[35] Der VN hat auf entsprechendes Verlangen des VR ihm bekannte Tatsachen selbst dann wahrheitsgemäß und vollständig zu offenbaren, wenn das seinen eigenen Interessen widerstreitet, weil erst die Offenbarung dieser Tatsachen dem VR ermöglicht, seine Leistungspflicht auch im Interesse der Versichertengemeinschaft sachgerecht zu prüfen und sich ggf. auf Leistungsfreiheit zu berufen.[36]

Unklar ist nach dem Urteil des BGH allerdings, wann sich denn die Obliegenheit des 34
VN auf die Erteilung detaillierterer Informationen erstreckt, wenn sich aus dem Vorerkrankungsverzeichnis, welches der von der Schweigepflicht entbundene Krankenversicherer des VN dem VR erteilt hat, ergibt, dass der VN während des durch das Antragsformular abgefragten Zeitraums tatsächlich behandelt, untersucht und/oder behandelt worden ist.

Im Wesentlichen sind in der Praxis zwei Varianten zu beobachten: 35

Es ist denkbar, dass das Vorerkrankungsverzeichnis des Krankenversicherers schon so **aussagekräftig** ist, dass der VR gar keine weiteren Informationen benötigt, um zu entscheiden, ob er von einem Lösungsrecht Gebrauch macht.

[34] **A.A.** *Egger* VersR **2012** 810, 813; *Egger* VersR **2014** 1304, 1307; *Neuhaus/Kloth* NJOZ **2009** 1370, 1375.

[35] Vgl. Looschelders/Pohlmann/*Looschelders* § 31 Rn. 17.

[36] So schon BGH 13.12.2006 VersR **2007** 389; BGH 16.11.2005 VersR **2006** 258; Staudinger/Halm/Wendt/*Nugel* § 31 Rn. 11.

Denkbar ist aber auch, dass das Leistungsverzeichnis **sehr allgemein gehalten** ist, insbesondere keine konkreteren Diagnosen enthält, sondern möglicherweise nur einen Hinweis auf Arbeitsunfähigkeitszeiten. Hier stellt sich dann die Frage, ob der VN im Rahmen seiner Obliegenheiten verpflichtet ist, nähere Informationen zu ermöglichen, die der VR aber in diesem Stadium gar nicht näher spezifizieren kann, da ihm z.B. der Hintergrund einer Arbeitsunfähigkeit gar nicht bekannt ist.

Bejaht man hier eine Mitwirkungsobliegenheit des VN, von sich aus die Hintergründe der Arbeitsunfähigkeit zu offenbaren, dann könnte das in vielen Fällen im Ergebnis doch zur Folge haben, dass der VN auch ohne konkreten Anlass im Rahmen seiner Mitwirkungsobliegenheiten gehalten ist, dem VR die Überprüfung zu ermöglichen, ob er, der VN, seine Mitwirkungsobliegenheit verletzt hat.

36 Soweit in der Rechtsprechung vereinzelt die Rechtsauffassung vertreten wurde, dass Aufklärungsinteresse des VR sei nur auf Behandlungen wegen solcher Erkrankungen beschränkt, die in einem Zusammenhang mit dem Eintritt der Berufsunfähigkeit stehen könnten, ist dem aus den zutreffenden Erwägungen des BGH nicht zu folgen.

37 Richtig ist, dass der VR den VN grundsätzlich bereits im Rahmen der Antragsbearbeitung explizit und umfassend anhalten könnte, seine vorvertragliche Anzeigepflicht korrekt zu erfüllen. Allerdings ist schon zweifelhaft, ob der arglistig oder vorsätzlich täuschende VN sich durch einen solchen Hinweis beeindrucken ließe.

38 Darüber hinaus verlangt das Gesetz jedenfalls außerhalb des Anwendungsbereichs der Anfechtung wegen arglistiger Täuschung ohnehin, dass der VN explizit über die Folgen der Verletzung der vorvertraglichen Anzeigepflicht belehrt wird, § 19 Abs. 5 VVG. Wer sich von einem solchen Hinweis nicht beeindrucken lässt, der lässt sich möglicherweise auch nicht durch einen zusätzlichen weiteren Hinweis beeindrucken. Wenn man darüber hinaus wie der BGH zu Recht ein Recht des VR und der Versichertengemeinschaft bejaht, nicht mit **unberechtigten Versicherungsleistungen** belastet zu werden, dann darf dieses Recht nicht auf ein „stumpfes Schwert" reduziert werden. Der VN, der trotz ausdrücklichen Hinweises auf die Folgen einer Obliegenheitsverletzung möglicherweise auch aus Nachlässigkeit seine Wahrheitspflicht verletzt, kann die Folgen dieses Fehlverhaltens nicht auf die Versichertengemeinschaft abwälzen. Der arglistig Täuschende ist ohnehin nicht schützenswert.

39 Richtig ist zwar, dass der VR grundsätzlich die Möglichkeit hätte, selbst bei eindeutig beantworteten Gesundheitsfragen noch zusätzlich bei dem VN nachzufragen oder gar zu unterstellen, dass der VN nicht die Wahrheit gesagt hat mit der Folge, dass generell eine Nachfrage bei den seitens des VN angegebenen Ärzten veranlasst wird. Der VN hätte es aber genauso in der Hand, bei **Unsicherheit** über bestehende Vorerkrankungen von sich aus auf diese Unsicherheit hinzuweisen und den VR zu bitten, nähere Auskünfte bei bestimmten Ärzten, die der VN benennt, einzuholen, weil sich der VN möglicherweise nicht an bestimmte Vorerkrankungen erinnern kann.

40 Ist es dem VN unangenehm, sich zu einer bestimmten Vorerkrankung zu äußern, weil er sich z.B. wegen der Erkrankung schämt, so hätte er auch hier die Möglichkeit, dem VR mitzuteilen, dass er wegen einer bestimmten, nicht näher benannten Krankheit durch einen bestimmten Arzt behandelt worden ist und der VR eine Arztauskunft bei diesem Arzt einholen solle.

41 Der VN hat nach allem bei Beantragung des Versicherungsschutzes umfangreiche Möglichkeiten, dem VR die Informationen zukommen zu lassen, die dieser für die Beurteilung des Risikos benötigt. Wer demgegenüber nichts sagt, der nimmt es in Kauf, dass der nicht aus dem Antragsformular ersichtliche Umstand unentdeckt bleibt.

Erweist sich diese Annahme als unberechtigt, so kann sich der VN nicht auf sein Recht auf informationelle Selbstbestimmung berufen, um eine sachlich nicht gerechtfertigte Versicherungsleistung zu erhalten. In diesem Zusammenhang ist zugunsten des VR und der Versichertengemeinschaft zusätzlich zu berücksichtigen, dass es dem VR ohnehin nur für einen bestimmten Zeitraum möglich ist, von einem Vertragslösungsrecht Gebrauch zu machen. Es verstößt nach allem nicht gegen das Recht des VN auf informationelle Selbstbestimmung, wenn dieser im Rahmen seiner Obliegenheiten auch Informationen zu der Frage dem VR übermitteln muss, ob während des in dem Antragsformular abgefragten Zeitraums Behandlungen, Untersuchungen oder Beratungen zu bestimmten Krankheiten stattgefunden haben. **42**

Es bleibt abzuwarten, wie es der Praxis gelingt, den von der Rechtsprechung angeregten Dialog umzusetzen. Folgendes ist denkbar: Wenn sich aus den seitens des Versicherten eingereichten Unterlagen Anhaltspunkte für einen Verstoß gegen die vorvertragliche Anzeigepflicht ergeben, so hat der VR jedenfalls insoweit ein berechtigtes Aufklärungsinteresse, als er Fragen nach bestimmten Umständen im Antragsformular stellt. Insofern ist von einer Parallelität des Fragerechts auszugehen. Sein Aufklärungsinteresse geht daher nicht über den im Antragsformular abgefragten Zeitraum und auch nicht über die im Antragsformular abgefragten Umstände hinaus. Allerdings beschränkt es sich auch nicht auf einzelne bestimmte Vorerkrankungen. Wenn sich zum Beispiel aus dem Leistungsantrag ergibt, dass der Versicherte entgegen seinen Angaben im Antragsformular während des abgefragten Zeitraum aufgrund eines Rückenleidens behandelt worden war, obwohl der VR hiernach fragte, so beschränkt sich das Aufklärungsinteresse des VR nicht nur auf diese Behandlungen, weil sich die Arglist zum Beispiel auch aus der Anzahl der verschwiegenen Behandlungen ergeben kann. Der VR ist dann auch berechtigt, darüber hinausgehende Informationen zu weiteren Behandlungen auf anderen Gebieten zu erhalten. Ein weitergehendes Informationsrecht hat der VR auch dann, wenn der Versicherte nach dem Antragsformular überhaupt nicht während des abgefragten Zeitraums behandelt worden sein soll, er aber tatsächlich längere Zeit arbeitsunfähig war und/oder mehrfach ärztlich behandelt wurde. Ein weitergehendes Informationsrecht ist daher stets zu bejahen, wenn eine Diskrepanz zwischen der Beantwortung der Gesundheitsfragen des Antragsformulars und den Erkenntnissen im Rahmen des Leistungsantrags besteht. **43**

III. Ärztliche Untersuchungen

Nur im Rahmen des Zumutbaren ist der Versicherte verpflichtet, sich durch einen Arzt untersuchen zu lassen. § 7 Abs. 2 AVB BU erwähnt die Einschränkung der Untersuchungsobliegenheit durch deren **Zumutbarkeit** nicht explizit. Der VR hat kein Recht auf eine Untersuchung der versicherten Person. Auch wenn der Klauselwortlaut insoweit missverständlich ist, so ergibt sich doch aus § 7 Abs. 4 AVB BU, dass die Verweigerung einer zumutbaren Untersuchung dazu führt, dass die Leistungen nicht fällig werden. Da der VR den Arzt beauftragt, kann der VN einem bestimmten vom VR beauftragten Arzt nicht mit der Begründung widersprechen, dieser sei vom VR beauftragt und daher parteiisch. Es steht dem Versicherten aber frei, auf eigene Kosten ein Gutachten durch einen von ihm bevorzugten Arzt einholen zu lassen. **44**

Schmerzhafte oder riskante Eingriffe brauchte der Versicherte grundsätzlich nicht hinzunehmen.[37] Es gibt allerdings medizinische Untersuchungen zum Beispiel in der Neuro- **45**

[37] Vgl. ÖOGH 19.10.1989 VersR **1990** 1139.

logie, die stets mit Schmerzen verbunden sind. Der Versicherte muss auch diese nicht tolerieren, läuft aber im Fall der Verweigerung Gefahr, den Nachweis des Eintritts des Versicherungsfalls nicht erbringen zu können. Auch in einem solchen Fall muss der VR dem Versicherten nicht „nur" glauben.

46 Auch eine unangemessene Behandlung des VN muss dieser nicht tolerieren, wobei für eine Unangemessenheit nicht ausreicht, dass der vom VR beauftragte Arzt zum Ausdruck bringt, dass er den Angaben des VN keinen Glauben schenkt, denn die Überprüfung der Validität der Angaben des VN ist Bestandteil seines Auftrags.

IV. Sachverständigengutachten

47 Gibt der VR ein Sachverständigengutachten in Auftrag, dann ist es ihm selbstverständlich möglich, dessen Ergebnis in einem späteren Prozess anzuzweifeln. Allein durch die Beauftragung des Sachverständigen begibt sich der VR nicht des Rechts, das Gutachten auf inhaltliche Richtigkeit zu überprüfen.[38] Die Versicherungswirtschaft hat einen Leitfaden erarbeitet, der eine möglichst objektive Erstellung von Sachverständigengutachten gewährleisten soll.[39] Zu diesem Leitfaden gehört unter anderem eine Verpflichtung des Gutachters zur Neutralität, Wirtschaftlichkeit und eigenständiger Erstellung des Gutachtens. Die Anfertigung des Gutachtens im klinischen Bereich soll mindestens auf Oberarztebene erfolgen, der Gutachter soll Facharzt für das erforderliche Fachgebiet sein, über Fortbildungsnachweise auf seinem Fachgebiet und zum Thema Begutachtung, praktische Erfahrung auf dem Gebiet der Begutachtung und Arbeitsmedizinische Grundkenntnisse bei Fragen der BU verfügen.[40] Vorgeschlagen wird, dass der Gutachter wo allen Dingen die folgenden Punkte in seinem Gutachten zu beachten hat:

- Objektivierung der Beschwerden,
- Bewertung der Beschwerden,
- Plausibilität der Stellungnahme,
- Verständlichkeit der Stellungnahme,
- Neutralität und Objektivität des Gutachtens,
- Begründung, falls das Gutachten an den Probanden nicht weitergegeben werden soll,
- Fertigstellung des Gutachtens spätestens 4 Wochen nach der Untersuchung,
- Vorgabe des korrekten Begriffs der Berufsunfähigkeit,
- Unterscheidung von Beschwerdeschilderung und Befunderhebung,
- Arbeitsanamnese,
- Nennung der Diagnosen,
- Detaillierte Beschreibung der Leistungseinschränkungen,
- Beschreibung der Restleistungsfähigkeit,
- Festlegung der Gesamtberufsunfähigkeit durch einen Hauptgutachter bei Erstellung mehrerer Gutachten,
- Einschätzung zur Prognose und soweit möglich Vorschlag zu weiteren Heil – und Rehabilitationsmöglichkeiten.[41]

Empfohlen wird dem VR, dem Sachverständigen das dezidierte Tätigkeitsprofil vorzugeben, was auch unerläßlich ist angesichts des Umstands, dass auf den konkreten Beruf der

[38] Vgl. *Neuhaus* J V Rn. 23.
[39] Vgl. *Hausotter/Eich* S. 79.
[40] Vgl. *Hausotter/Eich* S. 80.
[41] Vgl. *Hausotter/Eich* S. 80–85.

versicherten Person abzustellen ist. Dem Sachverständigen sollen die zu klärenden Fragen vorgegeben und alle zur Gutachtenerstellung erforderlichen Unterlagen vorgegeben werden.[42] Von diesen Vorgaben ausgehend, ist der vom VR beauftragte Sachverständige auch berechtigt, die Begutachtung abzulehnen, wenn der Proband die Untersuchung davon abhängig macht, dass eine Begleitperson anwesend ist. Der Gutachter hat das Bestimmungsrecht über die Gestaltung und den Ablauf der Untersuchung und kann nach freiem Ermessen eine gewünschte dritte Person zulassen oder auch nicht. Allerdings darf das für die Begutachtung unerlässliche Vertrauensverhältnis zwischen Gutachter und Proband nicht durch die Anwesenheit eines Dritten gefährdet werden, was vor allen Dingen dann der Fall ist, wenn der Dritte zum Beispiel im Rahme der Exploration seine eigene Sicht der Dinge einbringt.[43] Bestehen Verständigungsschwierigkeiten, weil der Proband der deutschen Sprache nicht ausreichend mächtig ist, sollte ein professioneller Dolmetscher beauftragt werden. Besteht daher der Proband auf die Anwesenheit eines Familienangehörigen, ist der Sachverständige hiermit nicht einverstanden und verweigert der Proband die Untersuchung durch den Sachverständigen, liegt eine Verletzung der Mitwirkungsobliegenheit vor.

Zweifelhaft ist, ob der VR das Gutachten zurückhalten kann. Zum Teil wird die **48**
Rechtsauffassung vertreten, da der VN die Beweislast für den Eintritt des Versicherungsfalls trage, sei der VR aus keinem rechtlichen Gesichtspunkt verpflichtet, dem VN Argumente zu liefern, um dessen Anspruch schlüssig zu machen.[44]

Dieser Einwand ist grundsätzlich berechtigt, übersieht allerdings, dass der VN nach **49**
den Versicherungsbedingungen in der Regel die Obliegenheit hat, sich im Rahmen der Leistungsprüfung durch einen seitens des VR beauftragten Sachverständigen untersuchen zu lassen. Es spricht daher einiges dafür, dass jedenfalls unter Berücksichtigung der Grundsätze von Treu und Glauben der Mitwirkungsobliegenheit des VN die Verpflichtung des VR gegenübersteht, dem VN das Gutachten zugänglich zu machen, damit dieser nach einer ablehnenden Entscheidung des VR sein Prozessrisiko abschätzen kann.

Eine solche Verpflichtung ergibt sich allerdings nicht schon aus einer analogen Anwen- **50**
dung des § 202 VVG, denn der Gesetzgeber hat im Zuge der VVG-Reform von der Implementierung einer dem § 202 VVG entsprechenden Vorschrift abgesehen. Daraus kann allerdings nicht der Schluss gezogen werden, dass der Gesetzgeber dem VN ein Recht auf Einsichtnahme und Aushändigung des Gutachtens absprechen wollte. Zweifelhaft ist schon, ob der Gesetzgeber bewusst von einer den § 202 S. 1, 2 VVG entsprechenden Regelung in der Berufsunfähigkeitsversicherung abgesehen hat.[45] Der Gesetzgeber hat sich bei Einführung des Rechts der Berufsunfähigkeitsversicherung im VVG mit einem Mindestmaß an Regelungen begnügt. Daraus kann nicht geschlossen werden, dass er bewusst von anderen nicht getroffenen Regelungen abgesehen hat.

Soweit gegen eine Einsichts- und Aushändigungspflicht des VR eingewandt wird, die **51**
Rücksichtnahmepflicht des VR gehe nicht soweit, dass er dem VN für ihn womöglich ungünstige Fakten mitteilen müsse, überzeugt auch dies jedenfalls dann nicht, wenn dem VN im Rahmen einer Mitwirkungsobliegenheit auferlegt wird, sich durch einen vom VR beauftragten Arzt begutachten zu lassen. Wenn der VR schon nach dem Versicherungsvertrag für sich in Anspruch nehmen kann, den Gutachter selbst auszusuchen, so benachteiligt es den VR nicht unangemessen, wenn er das Ergebnis der Begutachtung dem VN zugänglich macht. Ohnehin erhalten VN im Falle einer Ablehnung regelmäßig das Gutachten, welches der VR zur Begründung seiner ablehnenden Entscheidung heranzieht.

---

42 Vgl. *Hausotter/Eich* S. 86.
43 So auch zutreffend *Hausotter/Eich* S. 97.
44 So *Neuhaus* J V Rn. 24.
45 So *Neuhaus* J V Rn. 35 a.

V. Befolgen ärztlicher Weisungen

52 Von Klauseln, die dem Versicherten eine Obliegenheit auferlegen, sich untersuchen zu lassen, sind Regelungen zu unterscheiden, wonach der VN gehalten ist, **Anordnungen, die der untersuchende oder behandelnde Arzt nach gewissenhaftem Ermessen trifft,** um die Heilung zu fördern oder die Berufsunfähigkeit zu mindern, zu befolgen, wenn sich diese Anordnung im Rahmen des Zumutbaren halten. Derartige Arztanordnungsklauseln sind in den aktuellen Versicherungsbedingungen regelmäßig zu Recht nicht enthalten.

53 Eine solche Regelung benachteiligt den VN vor allen Dingen dann unangemessen, wenn die Empfehlungen/Anordnungen den therapeutischen Empfehlungen des bislang behandelnden Arztes widersprechen.[46] Es kann mannigfaltige Gründe haben, weshalb ein Arzt ein bestimmtes therapeutisches Konzept verfolgt. Häufig erschließen sich diese Gründe dem den VN untersuchenden Arzt schon deshalb nicht, weil dieser nicht die komplette Krankenakte des VN kennt und z.B. nicht weiß, dass der VN auf bestimmte therapeutische Maßnahmen z.B. mit Unverträglichkeiten reagiert. Allerdings kann sich bei Nichtbefolgen ärztlicher Ratschläge die Frage stellen, ob der VN **durch** Krankheit nicht in der Lage ist, seiner beruflichen Tätigkeit nachzugehen.

54 Eine Pflicht des VN, sich einer Behandlung zu unterziehen, ergibt sich nicht aus einer **Schadenminderungspflicht** gem. § 254 BGB, da es sich bei der Berufsunfähigkeitsversicherung nicht um eine Schadenversicherung handelt. Auch ist der VN nicht gem. § 242 BGB aus Gründen der allgemeinen Rücksichtnahme verpflichtet, auf die Interesse des VR Rücksicht zu nehmen.

55 Der VR ist vielmehr ausreichend durch den Einwand geschützt, dass eine bedingungsgemäße Berufsunfähigkeit nicht vorliegt, wenn der VN sie durch **zumutbare Maßnahmen** überwinden könnte. Zumutbar sind Heilbehandlungen/Behandlungsmaßnahmen nur dann, wenn sie **einfach, gefahrlos, nicht mit besonderen Schmerzen verbunden sind und eine sichere Aussicht auf Heilung oder Besserung** bieten.[47]

56 Dass hiervon ausgehend eine zumutbare Maßnahme vorliegt, wird man nur in seltenen Fällen bejahen können. Ob eine **sichere Aussicht auf Erfolg** vorliegt, wird man in aller Regel auch unter Hinzuziehung eines ärztlichen Gutachters selten sagen können. Eine absolute Sicherheit wird man auf der anderen Seite auch nicht verlangen können. Eine Sicherheit von 70 % reicht nicht aus.[48] Von einer **sicheren Aussicht** wird man auch nicht bei einer nur überwiegenden Wahrscheinlichkeit ausgehen können, denn eine nur überwiegende Wahrscheinlichkeit ist etwas anderes als **sicher.** Von einer sicheren Aussicht auf Erfolg wird man mindestens denselben Wahrscheinlichkeitsgrad erwarten müssen, wie er für die Herbeiführung für eines Vollbeweises i.S.d. § 286 ZPO erforderlich ist.

---

46 So auch *Neuhaus* K III 2 Rn. 64; **a.A.** *Benkel/Hirschberg* § 4 BUZ 2008 Rn. 41; allgemein zur Arztanordnungsklausel HK VVG/*Mertens* § 4 BB-BUZ Rn. 14–16.

47 Vgl. OLG Saarbrücken 23.7.2004 NJW-RR **2004** 1403, 1404; OLG Hamm 26.6.1991 VersR **1992** 1120, 1121; *Neuhaus* K III 3 Rn. 86; *Benkel/Hirschberg* § 4 BUZ 2008 Rn. 42; Beispiel hierfür sind z.B. das Tragen einer Brille OLG Saarbrücken 25.1.2006 5 U 28/05- 3,5 U 28/05; OLG Saarbrücken 20.1.2016 VersR **2016** 1103.

48 Vgl. LG Heidelberg 25.3.2011 RuS **2011** 306.

VI. Recherchen des VR im Rahmen der Leistungsprüfung

Gelegentlich erscheinen die Informationen, die der VN im Rahmen der Leistungsprüfung mitteilt, nicht plausibel. Im Rahmen der Leistungsprüfung ist der VR berechtigt, die Angaben des VN auf Richtigkeit zu überprüfen. Er ist im Interesse der Versichertengemeinschaft hierzu sogar verpflichtet. Hiervon ausgehend ist der VR **grundsätzlich** auch berechtigt, die Angaben des VN im Rahmen einer Recherche im Internet oder einer Recherche im Internet zu überprüfen. Hierfür ist ein sachlicher Grund **nicht** erforderlich, denn die im Internet enthaltenen Daten des VN sind frei. Dies gilt auch bezüglich der Daten, die der VN in soziale Netzwerke eingestellt hat. **57**

Eine darüberhinausgehende **Observierung** des VN ist allerdings im Hinblick auf das Recht des VN auf informationelle Selbstbestimmung nur zulässig, wenn hierfür **berechtigte und gewichtige Gründe** vorliegen. Ein solcher Grund liegt nicht schon vor, wenn die persönlichen Angaben des VN von dem Inhalt eingereichter Arztberichte abweichen, sofern nicht der Verdacht auf ein vorsätzlich vertragswidriges Verhalten des VN besteht.[49] Es muss demzufolge ein über bloße Zweifel an der Richtigkeit der Angaben **hinausgehender begründeter Verdacht für ein vorsätzlich vertragswidriges Verhalten des VN vorliegen.**[50] Es müssen begründete Anhaltspunkte dafür vorliegen, dass der Versicherte Fragen des VR vorsätzlich unwahr beantwortet hat, um in den Genuss der versicherten Leistungen zu kommen. Das ist zum Beispiel nicht der Fall, wenn der Versicherte Falschangaben plausibel entschuldigt und ein Versehen nicht ausgeschlossen werden kann. **58**

Etwas anderes gilt, wenn der begründete Verdacht auf ein arglistiges Verhalten des VN besteht, denn bei Verdacht eines arglistigen Verhaltens des VN besteht die Gefahr, dass der VN auf eine offene Nachfrage durch den VR mit Unterdrücken der Beweismittel oder Verschleierung seines vertragswidrigen Verhalten reagiert. **59**

Im Rahmen der Entscheidung, ob eine Observation aufgrund konkreter Anhaltspunkte für ein vorsätzlich vertragswidriges Verhalten des VN auch im Interesse der Versichertengemeinschaft geboten ist, sind die Belange des VN und des VR miteinander abzuwägen.[51] Führt diese Abwägung dazu, dass grundsätzlich ein sachlicher Grund für eine Observation des VN besteht, so reicht es aus, dass der VR mit der Observation nähere Angaben dazu erlangen kann, inwieweit der VN tatsächlich zur Ausübung seiner beruflichen Tätigkeit im Stande ist.[52] **Das Erlangen dieser Informationen muss nicht sicher sein.** Es spielt für die Frage, ob eine Observierung berechtigt ist, auch keine Rolle, in welcher Höhe der VN Leistungen von dem VR begehrt, wie hoch demzufolge z.B. die versicherte monatliche Berufsunfähigkeitsrente ist. Entscheidend ist, dass begründete Anhaltspunkte für ein vorsätzliches täuschendes und damit für ein unredliches Verhalten des VN vorliegen. **60**

Bei berechtigter Observation darf sich diese auch auf Geschäftsgebäude und Privatgebäude des VN erstrecken.[53] Dabei ist es dem VR aber nicht gestattet, **sich gegen den Willen des VN** unerlaubt Zutritt zu dessen Privatwohnung zu verschaffen, z.B. unter Vortäuschung falscher Tatsachen (z.B.: Detektiv täuscht vor, Mitarbeiter eines Versorgungsunternehmen zu sein und die Anschlüsse zu überprüfen). **61**

---

49 Vgl. OLG Köln 3.8.2012 RuS **2013** 217, 218. Bosch, VersR 2017, 1119, 1120.

50 Vgl. BGH 18.7.2007 RuS **2007** 460, 463; BGH 20.5.2009 RuS **2009** 380, 382; *Neuhaus* J VI 36a; HK VVG/*Mertens* § 7 BB-BUZ Rn. 7.

51 *Neuhaus* J VI Rn. 36b unter Hinweis auf BVerfG VersR **2006** 1669.

52 Vgl. OLG Köln 3.8.2012 RuS **2013** 217, 219.

53 Vgl. OLG Köln 3.8.2012 RuS **2013** 217, 219.

62 Eine lückenlose Observierung eines VN mit GPS- oder ähnlichen Sendern, um ein umfassendes personenbezogenes Bewegungsprofil zu erstellen, ist regelmäßig unzulässig.[54] Gleiches dürfte für den Einsatz einer Drohne gelten.

63 Ist die Observation zulässig, können die damit einhergehenden Kosten wegen des Schadenersatzes gem. § 823 Abs. 2 i.V.m. § 263 StGB, § 280 BGB, § 826 BGB verlangt werden. Auch berechtigt ein bewiesener vorgetäuschter Leistungsfall den VR zu außerordentlichen Kündigung gem. § 314 BGB. Es kann dem VN nicht zugemutet werden, mit einem VN auf Dauer verbunden zu sein, der versucht hat, die Voraussetzungen eines Leistungsanspruchs vorzutäuschen.[55]

§ 8
Wann geben wir eine Erklärung über unsere Leistungspflicht ab?

(1) Nach Prüfung der uns eingereichten sowie der von uns beigezogenen Unterlagen erklären wir in Textform (*z.B. Papierform oder E-Mail*), ob und in welchem Umfang wir eine Leistungspflicht anerkennen.

(2) Wir können unsere Leistungspflicht einmalig zeitlich befristet anerkennen, wenn hierfür ein sachlicher Grund besteht, den wir Ihnen mitteilen werden. Bis zum Ablauf der Frist ist dieses Anerkenntnis für uns bindend.

Schrifttum

Neuhaus Die Berufsunfähigkeitsversicherung – Neues VVG, Perspektiven, Prognosen, RuS **2008** 449.

Übersicht

[54] Vgl. BGH 15.5.2013 NJW **2013** 2668, 2669.

[55] Vgl. *Neuhaus* J IX Rn. 92.

A. Allgemeines

I. Ältere Bedingungswerke

Nach den BUZ 1964 lautete § 5 BUZ wie folgt: 1

„§ 5 Erklärung über die Leistungspflicht, Einspruchsrecht

1.

Über die Frage, ob, in welchem Grade und von welchem Zeitpunkt an Berufsunfähigkeit im Sinne dieser Versicherungsbedingungen vorliegt und ob eine entsprechende Leistungspflicht anerkannt wird, entscheidet die Gesellschaft auf Grund der eingereichten und von ihr eingeholten Nachweise. Bei gänzlicher oder teilweiser Ablehnung des erhobenen Anspruchs teilt die Gesellschaft ihren Bescheid durch eingeschriebenen Brief mit.

2.

a)

Im Falle von Meinungsverschiedenheiten darüber, ob, in welchem Grade und von welchem Zeitpunkt an Berufsunfähigkeit vorliegt, entscheidet ein Ärzteausschuss (§ 6). Für alle sonstigen Streitpunkte sind die ordentlichen Gerichte zuständig.

b)

Die Entscheidung des Ärzteausschusses ist von dem Anspruchertebenden bis zum Ablauf von sechs Monaten, nachdem ihm die Erklärung der Gesellschaft nach Ziff. 1 zugegangen ist, zu beantragen. Die Gesellschaft und der Anspruchertebende können jedoch bis zum Ablauf dieser Frist verlangen, dass anstelle des Ärzteausschusses die ordentlichen Gerichte entscheiden. Wird dieses Verlangen gestellt, so kann der Anspruchertebende nur Klage erheben.

c)

Lässt der Anspruchertebende die unter b) genannte Frist verstreichen, ohne dass er entweder Klage erhebt oder die Entscheidung des Ärzteausschusses verlangt, so sind weitergehende Ansprüche, als sie von der Gesellschaft anerkannt sind, ausgeschlossen. Auf diese Rechtsfolge hat die Gesellschaft in ihrem Bescheid hinzuweisen.

3.

Bis zur endgültigen Entscheidung über die Leistungspflicht sind die Prämien in voller Höhe weiter zu entrichten; sie werden jedoch bei Anerkennung der Leistungspflicht in entsprechender Höhe zurückgezahlt.„[1]

Mit den BUZ 1970 erhielt die Klausel folgende Fassung: 2

„§ 5 Erklärung über die Leistungspflicht

Nach Prüfung der ihr eingereichten und von ihr beigezogenen Unterlagen erklärt die Gesellschaft gegenüber dem Anspruchertebenden, ob, in welchem Umfang und von welchem Zeitpunkt ab sie eine Leistung anerkennt.„[2]

---

[1] Vgl. *Benkel/Hirschberg* § 5 BUZ 2008 Rn. 1.

[2] Vgl. *Benkel/Hirschberg* § 5 BUZ 2008 Rn. 2.

3 Nach den BUZ 1975 lautet die Klausel wie folgt:

„§ 5 Erklärung über die Leistungspflicht

Nach Prüfung der ihr eingereichten und von ihr beigezogenen Unterlagen erklärt die Gesellschaft gegenüber dem Anspruchерhebenden, ob, in welchem Umfang und von welchem Zeitpunkt an sie eine Leistung anerkennt.„[3]

4 In 1978 wurde die Klausel wie folgt gefasst:

„§ 5 Erklärung über die Leistungspflicht

Nach Prüfung der ihm eingereichten und der von ihm beigezogenen Unterlagen erklärt der Versicherer gegenüber dem Anspruchерhebenden, ob, in welchem Umfang und von welchem Zeitpunkt an er eine Leistungspflicht anerkennt.„[4]

5 In älteren Versicherungsbeständen findet sich folgende Fassung des § 5 BUZ 1984:

„§ 5 Wann geben wir eine Erklärung über unsere Leistungspflicht ab?

Nach Prüfung der uns eingereichten sowie der von uns beigezogenen Unterlagen erklären wir, ob und in welchem Umfang und von welchem Zeitpunkt an wir eine Leistungspflicht anerkennen.„[5]

6 Im Hinblick auf die Rechtsprechung des BGH zur Befristung des Anerkenntnisses einer Leistungspflicht des VR sehen die Musterbedingungen seit der Neufassung in 1990 nunmehr in § 5 Abs. 2 BUZ eine solche Befristungsmöglichkeit vor:

§ 5 Wann geben wir eine Erklärung über unsere Leistungspflicht ab? (Musterbedingungen des BAV – BUZ 1990/1993)

(1) Nach Prüfung der uns eingereichten sowie der von uns beigezogenen Unterlagen erklären wir, ob und für welchen Zeitraum wir eine Leistungspflicht anerkennen.

(2) Wir können ein zeitlich begrenztes Anerkenntnis unter einstweiliger Zurückstellung der Frage aussprechen, ob die versicherte Person eine andere Tätigkeit im Sinne von § 2 ausüben kann.

7 Im Zuge der Neufassung der BUZ im Jahre 1993 wurde die Klausel unverändert fortgeführt.[6] Auch die nachfolgenden Regelungen enthielten nur geringe Veränderungen.

II. Sinn und Zweck

8 Die Klausel setzt die gesetzliche Regelung des § 173 um, enthält insbesondere die Möglichkeit, ein befristetes Anerkenntnis auszusprechen.

B. Einzelheiten

I. Rechtsnatur des Anerkenntnisses

9 Bei dem Anerkenntnis im Sinne des § 8 AVB BU handelt es sich um ein **Anerkenntnis eigener Art**, welches besondere Rechtsfolgen auslöst.[7] Erklärt der VR ein Anerkenntnis im

---

3 Vgl. *Benkel/Hirschberg* § 5 BUZ 2008 Rn. 3.
4 Vgl. *Benkel/Hirschberg* § 5 BUZ 2008 Rn. 4.
5 Vgl. *Benkel/ Hirschberg* § 5 BUZ 2008 Rn. 5.
6 Vgl. *Benkel/Hirschberg* § 5 BUZ 2008 Rn. 6–7.
7 Vgl. Prölss/Martin/*Lücke* § 173 Rn. 2; Langheid/Wandt/*Dörner* § 173 Rn. 8. Zu den Einzelheiten vgl. die Kommentierung zu § 173 Abs. 1 Rn. 6ff.

Sinne des § 173 Abs. 1, so handelt es sich **nicht** um das Angebot zum Abschluss eines konstitutiven Schuldanerkenntnisvertrages, denn eine eigene, vom Versicherungsvertrag unabhängige Erklärung will der VR in der Regel nicht abgeben.

II. Abgabe der Anerkenntniserklärung

1. Textform. Die Erklärung hat in **Textform** (§ 126b BGB) zu erfolgen. Es reicht daher nicht, ein **mündliches Anerkenntnis** abzugeben oder einfach zu leisten. Wenn ein VR allerdings vorbehaltlos leistet, so muss er sich so behandeln lassen, als hätte er ein unbefristetes Leistungsanerkenntnis abgeben.[8] Er kann der Bindungswirkung des Anerkenntnis daher nicht entgehen, indem er ein gebotenes Anerkenntnis nicht abgibt, sondern einfach vorbehaltlos leistet. Ist die Abgabe eines Anerkenntnisses geboten, spielt es darüber hinaus keine Rolle, ob Leistungen unter Vorbehalt gewährt werden. Jedenfalls gegenwärtig dürfte es noch nicht ausreichen, wenn der versicherten Person ein Anerkenntnis über ein Kundenportal auf der Webseite des VR übermittelt wird. **10**

2. Inhalt. Inhaltlich muss sich der VR **zum Beginn der Leistungspflicht** erklären, nicht aber zum Ende, sofern er sein Anerkenntnis nicht befristen will. Er muss keinen Grad der Berufsunfähigkeit angeben, sofern nicht die Höhe des Anspruchs von dem Grad der Berufsunfähigkeit abhängig ist.[9] Dies kann der Fall sein bei Vereinbarung einer Staffelregelung. **11**

Will der VR kein Anerkenntnis abgeben, sondern dem VN eine **Kulanzleistung** gewähren, muss er dies gegenüber dem VN eindeutig zum Ausdruck bringen. Teilt der VR mit, er erbringe seine Leistung **ohne Anerkennung einer Rechtspflicht aus Kulanz**, so liegt eine eindeutige Erklärung in diesem Sinne vor.[10] **12**

3. Zeitpunkt. Auf die Abgabe eines Anerkenntnisses hat der VN einen **Anspruch.**[11] Fällig wird dieser Anspruch allerdings erst, wenn der VR die zur Feststellung des Versicherungsfalls und des Umfangs der Leistungen des VR **notwendigen Erhebungen** getroffen hat, § 14 VVG. Notwendige Erhebungen sind Maßnahmen, die ein durchschnittlich sorgfältiger VR des entsprechenden Versicherungszweiges anstellen muss, um den Versicherungsfall, seine bestehende Leistungspflicht und den Umfang der von ihm zu erbringenden Leistung zu prüfen und anschließend festzustellen.[12] **13**

Nach teilweiser Auffassung soll der VR auch dann in Verzug geraten, wenn er auf Basis eines medizinischen Sachverständigengutachtens den Leistungsantrag des VN ablehnt, sich aber in einem späteren gerichtlichen Verfahren herausstellt, dass der VN doch berufsunfähig ist, also **widersprechende Gutachten** vorliegen. Dem ist nicht zu folgen. Das Inverzuggeraten setzt auch ein **schuldhaftes Verhalten** des VR voraus. Wenn sich der VR zur Ablehnung des Leistungsantrags ein Gefälligkeitsgutachten erstellen lässt, dann wird ein solches Verschulden zu bejahen sein. Handelt es sich aber um ein **vertretbares Gutachten**, so liegt **14**

[8] OLG Karlsruhe 18.12.2015 NJW RR **2016** 1241.

[9] Anders Langheid/Wandt/*Dörner* § 173 Rn. 13.

[10] **A.A.** OLG Karlsruhe 21.7.2011 RuS **2013** 34, 35; Prölss/Martin/*Lücke* § 173 Rn. 12 m.w.N.; Langheid/Dörner/*Wandt* § 173 Rn. 10.

[11] *Neuhaus* L I Rn. 4 unter Hinweis auf BGH 19.11.1997 VersR **1998** 173; Langheid/Wandt/*Dörner* § 173 Rn. 4.

[12] Prölss/Martin/*Armbrüster* § 14 Rn. 8; HK VVG/*Muschner* § 14 Rn. 11 m.w.N.

keinerlei Verschulden des zuständigen Mitarbeiters des VR vor, der keine hellseherischen Fähigkeiten haben muss. Es ist sachlich nicht gerechtfertigt, den VR zu bestrafen, der sich bei seiner Leistungsentscheidung der Hilfe eines versierten Sachverständigen bedient, wenn sich in einer späteren gerichtlichen Beweisaufnahme herausstellt, dass ein gerichtlicher Sachverständiger zu dem Vorliegen bedingungsgemäßer Berufsunfähigkeit kommt.

15 Soweit in der Rechtsprechung in der Vergangenheit die Rechtsauffassung vertreten wurde, der VR komme immer in Verzug, wenn er mit der Beweismöglichkeit nicht **einigermaßen sicher rechnen** konnte, ist dieser Rechtsprechung nicht zu folgen.[13] Es ist schon unklar, wann der VR aufgrund der vorliegenden Unterlagen damit rechnen muss, dass dem VN der von diesem zu erbringende Nachweis für die Begründetheit seiner Ansprüche gelingen könnte. Dies ist nach der Erfahrung eigentlich immer der Fall, wenn ein medizinisches Sachverständigengutachten vorliegt, weil fast immer die Möglichkeit besteht, dass ein anderer Sachverständiger auch zu einem anderen Ergebnis kommt. Nur in seltenen Fällen ist der medizinische Sachverhalt so eindeutig, dass nur eine einzige Entscheidung in Betracht kommt. Da das Verschulden aber die subjektive Komponente des Verzugs darstellt, kann es nur darauf ankommen, ob auch aus Sicht des Sachbearbeiters des VR die ablehnende Entscheidung auf Basis des vorgelegten Gutachtens **vertretbar** war. Das ist jedenfalls dann der Fall, wenn es sorgfältig begründet ist, leitliniengerecht erstellt wurde, keine Widersprüche aufweist und es sich bei dem Gutachten auch nicht um ein Gefälligkeitsgutachten handelt. Im Übrigen gibt es keinen Erfahrungssatz des Inhalts, dass ein im Rahmen einer gerichtlichen Beweisaufnahme eingeholtes Sachverständigengutachten stets einen höheren Überzeugungswert hat als ein vorprozessual eingeholtes Gutachten. Entgegen der Auffassung des OLG Koblenz geht es nicht um die Frage, ob es dem VR gestattet ist, das Risiko einer zweifelhaften Sach- und Rechtslage dem VN zuzuschieben. Das Risiko einer zweifelhaften Sach- und Rechtslage trägt der VN schon aufgrund des Umstands, dass er das Vorliegen bedingungsgemäßer Berufsunfähigkeit beweisen muss. Das Verhalten des VR **ist im Sinne eines Verschuldens dann vorwerfbar**, wenn er dem VN aufgrund eines Gefälligkeitsgutachtens oder eines für ihn erkennbar oberflächlich erstellten Gutachtens vorgaukelt, die Leistungsentscheidung beruhe auf einer überzeugenden ärztlichen Stellungnahme mit der Folge, dass es auch keinen Sinn mache, deren Richtigkeit im Rahmen eines gerichtlichen Verfahrens zu überprüfen.

16 Die Leistungsprüfung durch den VR kann sich unter Umständen über einen längeren Zeitraum hinziehen. Dies gilt vor allen Dingen dann, wenn der VN ein **diffuses Beschwerdebild** geltend macht, welches sich keinem klassischen Bereich der Schulmedizin eindeutig zuordnen lässt und schon aus diesem Grunde die Überprüfung einer behaupteten Berufsunfähigkeit Schwierigkeiten bereitet.

17 Eine allgemein gültige Richtschnur, wann bei einem Leistungsantrag in der Berufsunfähigkeitsversicherung die notwendigen Erhebungen üblicherweise abgeschlossen sein müssen, gibt es daher nicht. Erleidet ein Artist aufgrund eines Unfalls eine Querschnittslähmung, so wird die Feststellung einer bedingungsgemäßen Berufsunfähigkeit meist keine großen Schwierigkeiten bereiten, bei einem mitarbeitenden Betriebsinhaber, der multiple körperliche und psychische Beschwerden geltend macht und ein Unternehmen mit 20 Mitarbeitern führt, wird die Feststellung bedingungsgemäßer Berufsunfähigkeit einen längeren Zeitraum in Anspruch nehmen. In der Praxis sind Prüfungszeiträume auch von mehreren Monaten daher nicht ungewöhnlich und sprechen auch nicht für ein zögerliches Regulierungsverhalten des VR.

---

[13] Vgl. OLG Koblenz 16.11.2007 BeckRS **2008** 11652 unter Hinweis auf Berliner Kommentar/*Gruber* § 11 Rn. 35ff.; Langheid/Rixecker/*Römer*[2] § 11 Rn. 26f.

18 Gibt der VR allerdings **ein nach Sach- und Rechtslage gebotenes Anerkenntnis** nicht ab, so muss er sich so behandeln lassen, als habe er ein Anerkenntnis abgegeben mit der Folge, dass er sich von diesem nur nach den Regeln des Nachprüfungsverfahrens lösen kann.[14] Von einem gebotenen Anerkenntnis kann allerdings nur dann die Rede sein, wenn die Leistungspflicht des VR sozusagen **auf der Hand** lag. Hierfür reicht es nicht aus, dass der VR im Rahmen der Leistungsprüfung ein nachvollziehbar begründetes Gutachten einholt, welches leitliniengerecht erstellt wurde, er auf Basis des Gutachtens eine Leistungspflicht ablehnt und in einem späteren Leistungsprozess der gerichtlich bestellte Sachverständige zu dem Ergebnis kommt, dass bedingungsgemäße Berufsunfähigkeit vorliegt.

III. Ablehnung der Leistungspflicht

19 **1. Keine Begründungspflicht.** Will der VR nicht leisten, muss er seine Leistungspflicht ablehnen, auch auf die Abgabe einer solchen Erklärung hat der VN einen Anspruch. **Die Ablehnung ist allerdings nicht zu begründen.**[15] Die Begründung einer ablehnenden Entscheidung sieht das Gesetz nicht vor. Der VR hat aber natürlich die Möglichkeit, eine Ablehnung zu begründen.

20 Die Rechtsprechung hat schon vor Inkrafttreten des § 175 VVG lediglich für die Nachprüfungsentscheidung des VR eine nachvollziehbare Begründung verlangt und auf die ungewöhnliche Mitwirkungsobliegenheit des VN bei der Beweisführung des VR hingewiesen, die darauf abziele, von einer anerkannten Leistungspflicht loszukommen.[16] **Eine derartige Schutzbedürftigkeit des VN besteht allerdings bei dem Abschluss des Erstprüfungsverfahrens nicht.** Hier ist nicht erkennbar, warum der VR gehalten sein sollte, seine ablehnende Entscheidung zu begründen. Der VN ist ausreichend dadurch geschützt, dass er die Entscheidung des VR in Textform (§ 126 b) BGB) erhält. Er kann sich dann rechtlich beraten lassen und das prozessuale Risiko abschätzen.

21 In der Praxis enthalten die Leistungsentscheidungen des VR allerdings meistens eine Begründung. Häufig bezieht sich der VR entweder auf ein Gutachten, welches er seiner Leistungsentscheidung beifügt oder ihm vorliegende Arztberichte.

22 **2. Begründungspflicht bei Nachfrage.** Wenn der VN den VR allerdings auffordert, seine ablehnende Entscheidung zu begründen, musst der VR hierzu im Rahmen einer vertraglichen Nebenpflicht Stellung nehmen, weil er erkennen kann, dass sein Vertragspartner nicht in der Lage ist, sein Prozessrisiko einzuschätzen. Unterlässt er dies, macht er sich gegebenenfalls schadenersatzpflichtig gem. § 280 BGB.

IV. Anfechtbarkeit des Anerkenntnisses

23 Gibt der VR ein Anerkenntnis im Sinne des § 8 AVB BU ab, so **bindet** ihn dies bis zum vertragsgemäßen Erlöschen der Leistungspflicht. Hat sich der VR aber demgegenüber über die Voraussetzungen für die Abgabe des Anerkenntnisses geirrt, weil tatsächlich eine Leis-

---

[14] BGH 27.9.1989 VersR **1989** 1182, 1183; BGH 11.12.1996 VersR **1997** 436, 437; OLG Oldenburg 10.11.1999 VersR **2000** 574; OLG Saarbrücken 10.1.2001 VersR **2002** 877, 878.

[15] OLG Hamm 10.11.2010 VersR **2011** 384, 386, anders Langheid/Wandt/*Dörner* § 173 Rn. 29; Looschelders/Pohlmann/*Klenk* § 173 Rn. 10.

[16] BGH 17.2.1993 RuS **1993** 434, 435.

tungspflicht des VR nicht besteht, so ändert dies an der Leistungsverpflichtung des VR nichts.

24 Der VR hat die Möglichkeit, das Anerkenntnis nach §§ 142 Abs. 1, 123 BGB **anzufechten**, wenn es durch **arglistige Täuschung** herbeigeführt wurde, weil der VN etwa falsche Angaben zu seinem Gesundheitszustand gemacht hat, was der VR allerdings beweisen muss. Nicht ausreichend ist daher, dass er im Rahmen einer späteren prozessualen Auseinandersetzung oder dem Anerkenntnis nachfolgenden Überprüfung bessere Erkenntnisse erhält.

25 Denkbar aber weniger praxisrelevant ist auch eine Irrtumsanfechtung gem. § 119 Abs. 1 oder 2 BGB. Nicht möglich ist aber eine Anfechtung mit der Begründung, tatsächlich habe gar keine Berufsunfähigkeit vorgelegen, wie sich im Nachhinein herausgestellt habe, denn gerade diese Unsicherheit soll durch das Anerkenntnis beseitigt werden.[17]

26 Es kann daher für den VR die missliche Situation auftreten, dass er zur Leistung verpflichtet bleibt, obwohl tatsächlich gar keine Berufsunfähigkeit des VN vorliegt. Hat der VR aber sein Anerkenntnis wirksam angefochten, so lebt der zunächst erfüllte Anspruch des VN auf Abgabe einer Erklärung zur Leistungspflicht wieder auf.[18]

V. Regulierungsvereinbarungen

27 VN und VR haben auch die Möglichkeit, eine **Regulierungsvereinbarung** zu schließen. Diese stellt kein Anerkenntnis dar, ist aber nach allgemeiner Auffassung nur in engen Grenzen zulässig und geht mit erheblichen Aufklärungspflichten einher.[19]

VI. Befristung des Anerkenntnisses

28 **1. Allgemeines.** Gem. § 8 Abs. II S. 1 AVB BU darf das Anerkenntnis **nur einmal zeitlich begrenzt** werden. Mit dieser Regelung soll verhindert werden, dass sich der VR der Abgabe eines unbefristeten bedingungsgemäßen Anerkenntnisses entzieht und den VN über einen längeren Zeitraum im Unklaren lässt, ob der VR für den vertraglich vorausgesetzten Zeitraum auf Dauer leisten will.[20]

29 Von einem befristeten Anerkenntnis ist ein bedingtes Anerkenntnis abzugrenzen. Ein bedingtes Anerkenntnis sieht der Gesetzeswortlaut nicht vor. Es ist daher nicht zulässig, die Abgabe eines Anerkenntnisses von dem Eintritt eines zukünftigen ungewissen Ereignisses abhängig zu machen. Nach dem insoweit eindeutigen Gesetzeswortlaut ist nur die Abgabe eines befristeten Anerkenntnisses und dies auch nur einmal pro Versicherungsfall möglich.[21]

30 Viele ältere Versicherungsbedingungen sehen ein befristetes Anerkenntnis vor, beschränken dessen Anwendungsbereich allerdings auf die einstweilige Zurückstellung der Frage der Verweisbarkeit. Diese Klauseln sind, weil sie eine für den VN günstige Abwei-

---

17 Langheidt/Wandt/*Dörner* § 173, Rn. 22; Looschelders/Pohlmann/*Klenk* § 173 Rn. 22; Prölss/Martin/*Lücke* § 174 Rn. 8.

18 Langheid/Wandt/*Dörner* § 173 Rn. 22; Prölss/Martin/*Lücke* § 174 Rn. 6; *Neuhaus* L VIII Rn. 69.

19 Vgl. wegen der weiteren Einzelheiten die Kommentierung zu § 173 Rn. 27ff.

20 Vgl. Looschelders/Pohlmann/*Klenk* § 173 Rn. 14 unter Hinweis auf BT-Drucks. 16/3945 S. 106; Prölss/Martin/*Lücke* § 173 Rn. 21; HK VVG/*Mertens* § 172 Rn. 8 m.w.N.

21 BT-Drucks. 16/3945 S. 106; *Neuhaus* L V Rn. 57.

chung vom Gesetzeswortlaut darstellen, wirksam.[22] Es handelt sich um Vereinbarungen, die zugunsten des VN vom Gesetz abweichen, was zulässig ist, § 175 VVG.

31 **2. Erforderlichkeit eines sachlichen Grundes.** In § 8 Abs. 2 S. 1 ist klargestellt, dass die Befristung eines **sachlichen Grundes** bedarf.[23] Diesen sachlichen Grund darzulegen, ist Sache des VR. Kein sachlicher Grund liegt vor, wenn die Leistungsbearbeitung nur hinausgeschoben und die Leistungsentscheidung verzögert werden soll. Ob ein sachlicher Grund vorliegt, ist objektiv zu bestimmen und nicht aus Sicht des VR.

32 **3. Dauer der Befristung.** Eine zeitliche Grenze für die Abgabe eines Anerkenntnisses gibt es nicht. Der Gesetzgeber hat keine zeitliche Grenze für die Dauer eines befristeten Anerkenntnisses vorgesehen.[24]

33 **4. Anzahl der möglichen Befristungen.** Die Anzahl der möglichen Befristungen ist nunmehr begrenzt, der VR kann nur noch **einmal** befristen. Das entspricht der gesetzlichen Vorgabe des § 173 Abs. 2 S. 1 VVG. Dadurch soll verhindert werden, dass durch eine Serie von hintereinander gestaffelten Bedingungen das Erklärungs- und Anerkenntnisgebot des Absatz 1 umgangen wird.[25] **Diese Begrenzung bezieht sich auf den Eintritt des Versicherungsfalls.** Das Anerkenntnis darf daher zwar nur einmal pro Versicherungsfall befristet werden. Kommt es bei dem Versicherungsvertrag eines VN aber zu mehreren Versicherungsfällen, weil der VN mehrfach berufsunfähig wird, so ist in jedem Einzelfall eine Befristung des Anerkenntnisses möglich.

34 Auch wenn das Aussprechen eines befristeten Anerkenntnisses nur einmal pro Versicherungsfall möglich ist, besteht aber die Möglichkeit, während der Laufzeit eines befristeten Anerkenntnisses mit dem VN eine vertragliche Vereinbarung über eine befristete Leistungsperiode unter Berücksichtigung der hierfür geltenden Besonderheiten zu treffen. Da § 8 Abs. 2 Satz 1 nur für das befristete Anerkenntnis, nicht aber für die vertraglichen Vereinbarungen gilt, gibt es insoweit auch keine Grenzen, soweit die Voraussetzungen für die Wirksamkeit einer solchen Vereinbarung erfüllt sind.

35 Dies bedeutet allerdings auch, dass sich der VR nicht der Abgabe eines Anerkenntnisses dadurch entziehen kann, dass er, obwohl die Abgabe eines Anerkenntnisses geboten wäre, zunächst ein befristetes Anerkenntnis abgibt und sich sodann vertragliche Vereinbarungen anschließen. Das Hintereinanderschalten derartiger vertraglicher Vereinbarungen wäre in diesem Fall rechtsmissbräuchlich, weil der VN einen Anspruch auf Abgabe eines Anerkenntnisses hat und der VR sich diesem Anspruch entziehen will.

36 **5. Reichweite der Befristungsmöglichkeit.** § 8 Abs. 2 S. 1 lässt nach dem Wortlaut auch ein befristetes Anerkenntnis für einen in der Vergangenheit liegenden Zeitraum zu. Die Zulässigkeit eines solchen Anerkenntnisses ist umstritten:

37 Nach teilweiser Auffassung darf ein Anerkenntnis grundsätzlich nicht rückwirkend befristet abgegeben werden.[26] Zur Begründung wird ausgeführt, § 173 Abs. 2 VVG betreffe

---

[22] *Neuhaus* RuS **2008** 449, 452.

[23] Zu dem Meinungsstreit, ob auch § 173 Abs. II einen sachlichen Grund für ein Anerkenntnis fordert, vgl. die Kommentierung zu § 173 Rn. 54.

[24] *Neuhaus* RuS **2008** 449 unter Hinweis auf die früher abweichende Rechtsprechung des OLG Karlsruhe v. 3.5.2005 VersR **2006** 59, 60 und die Gesetzesbegründung BT-Drucks. 16/3945 S. 106.

[25] Prölss/Martin/*Lücke* § 173 Rn. 21; HK VVG/*Mertens* § 173 Rn. 8 m.w.N.; Langheid/Rixecker/*Rixecker* § 173 Rn. 9.

[26] LG Dortmund 4.2.2014, AZ: 2 O 275/11; LG Berlin 19.3.2014 VersR **2014** 1196, 1197; Langheid/Rixecker/*Rixecker* § 173

nur Befristungen, die sich in die Zukunft erstreckten, nicht aber auch in der Vergangenheit abgeschlossene Zeiträume. Aus der Gesetzesbegründung ergebe sich, dass § 173 Abs. 2 VVG den Zweck habe, in **zweifelhaften Fällen** bis zu einer abschließenden Klärung zunächst eine vorläufige Entscheidung zu ermöglichen. Hieraus ergebe sich, dass es um eine in der Zukunft gerichtete Unsicherheit im Hinblick auf die Leistungspflicht gehe.

38 Dies ist in dieser Allgemeinheit allerdings nicht überzeugend. Eine Unsicherheit bezüglich der Leistungspflicht kann auch bezüglich eines in der Vergangenheit abgeschlossenen Zeitraums bestehen. Dies ergibt sich schon aus dem Umstand, dass der VN in aller Regel Leistungsansprüche auch für einen in der Vergangenheit liegenden Zeitraum anmeldet und dann zunächst einmal auch geklärt werden muss, ob für den in der Vergangenheit liegenden Zeitraum eine Berufsunfähigkeit gegeben war. Es ist durchaus denkbar, dass Arztberichte einander widersprechen oder nicht so eindeutig sind, dass sie ein abschließendes Urteil erlauben.

39 Ein VR kann nicht genötigt werden, sehenden Auges ein unrichtiges Anerkenntnis abzugeben.[27] Der VN wird hierdurch nicht zwangsläufig schlechter gestellt, denn es kann durchaus in seinem Interesse sein, eine schnelle Regulierungsentscheidung des VR zu erhalten. Diese ist allerdings in Berufsunfähigkeitsfällen häufig aufgrund des umfangreichen Prüfungsbedarfs nicht möglich, so dass sich der Zeitraum der Leistungsprüfung oft über mehrere Monate erstreckt. Da aber der VN während dieses Zeitraums auf eine ausreichende Liquidität angewiesen ist, kann es durchaus sein, dass auch der VN ein Interesse an einer schnellen Leistungsentscheidung in Form eines befristeten Anerkenntnisses hat.

40 Unabhängig davon kann ein VR ein befristetes Anerkenntnis auch für einen bestimmten Zeitraum der Vergangenheit abgeben und gleichzeitig seine Leistungspflicht für die Zukunft verneinen.[28] Hierbei handelt es sich allerdings bei Licht betrachtet nicht um ein für die Vergangenheit abgegebenes befristetes Anerkenntnis, sondern um eine Verbindung von Anerkenntnis und Einstellungsmitteilung im Wege einer sog. **Uno-actu-Entscheidung**. Diesbezüglich ist anerkannt, dass Anerkenntnis und Nachprüfung miteinander verbunden werden können. Erforderlich ist dann allerdings, dass die Nachprüfung inhaltlich den Anforderungen an ein Nachprüfungsverfahren standhält.[29]

41 Hiervon zu unterscheiden ist allerdings der Fall, dass der VR nur ein befristetes Anerkenntnis für einen in der Vergangenheit liegenden Zeitraum erklärt und diese Erklärung nicht mit einer Einstellungsmitteilung verbindet. Wenn der VN einen Versicherungsfall meldet, der bereits abgeschlossen ist und demzufolge lediglich für einen in der Vergangenheit liegenden Zeitraum Leistungen begehrt, so wäre die Durchführung eines Nachprüfungsverfahrens eine reine Förmelei. In diesem Fall ist es dem VR möglich, auch für einen in der Vergangenheit liegenden Zeitraum ein befristetes Anerkenntnis abzugeben.[30] Gleiches gilt, wenn sich im Zuge eines Rechtsstreits herausstellt, dass der VR für einen in der Vergangenheit liegenden Zeitraum leistungspflichtig war und er berechtigt gewesen wäre, aufgrund des Leistungsantrags ein befristetes Anerkenntnis abzugeben.[31] In solchen Fällen ein bedingungsgemäßes Nachprüfungsverfahren durchführen zu müssen, wäre eine bloße Förmelei, die auch unter dem Gesichtspunkt des Vertrauensschutzes nicht gerechtfertigt wäre.

Rn. 8; **a.A.** HK VVG/*Mertens* § 173 Rn. 9.

[27] Vgl. *Neuhaus* L IV, Rn. 40.

[28] Vgl. OLG Hamm 15.12.1989 VersR **1990** 731; LG Dortmund 9.7.2009 RuS **2010** 524; Langheid/Wandt/*Dörner* § 173 Rn. 27; *Neuhaus* L IV Rn. 40 m.w.N.

[29] Vgl. OLG Hamm 16.10.1998 RuS **1999** 294.

[30] Vgl. Langheid/Rixecker/*Rixecker* § 173 Rn. 8.

[31] Vgl. Langheid/Rixecker/*Rixecker* a.a.O.

Bis zum Ablauf ist das befristete Anerkenntnis bindend gem. § 174 Abs. 2 Satz 2. Nach Auslaufen des befristeten Anerkenntnisses gelten die Grundsätze des Erstprüfungsverfahrens. Vor Auslaufen des befristeten Anerkenntnisses gelten nicht die Grundsätze des Nachprüfungsverfahrens. Das Nachprüfungsverfahren setzt die Abgabe eines unbefristeten Anerkenntnisses voraus. **42**

§ 9
Was gilt nach Anerkennung der Berufsunfähigkeit?

Nachprüfung

(1) Wenn wir unsere Leistungspflicht unbefristet anerkannt haben oder sie gerichtlich festgestellt worden ist, sind wir berechtigt, das Fortbestehen der Berufsunfähigkeit oder die Pflegestufe nachzuprüfen. Dabei können wir erneut prüfen, ob die versicherte Person (*das ist die Person, auf deren Berufsfähigkeit die Versicherung abgeschlossen ist*) eine andere Tätigkeit im Sinne von § 2 ausübt, wobei neu erworbene berufliche Fähigkeiten zu berücksichtigen sind.

(2) Zur Nachprüfung können wir jederzeit sachdienliche Auskünfte anfordern und einmal jährlich verlangen, dass sich die versicherte Person durch von uns beauftragte Ärzte umfassend untersuchen lässt. Hierbei anfallende Kosten sind von uns zu tragen. Die Bestimmungen des § 7 Abs. 2 und 3 gelten entsprechend.

Mitteilungspflicht

(3) Sie müssen uns unverzüglich (*d.h. ohne schuldhaftes Zögern*) mitteilen, wenn sich die Berufsunfähigkeit oder die Pflegebedürftigkeit mindern oder wegfallen oder eine berufliche Tätigkeit wieder aufgenommen wird bzw. sich ändert.

Leistungsfreiheit

(4) Wenn wir feststellen, dass die in § 1 und § 2 genannten Voraussetzungen der Leistungspflicht entfallen sind. Werden wir diese Veränderung in Textform (*z.B. Papierform oder E-Mail*) darlegen. Unsere Leistungen können wir mit Ablauf des dritten Monats nach Zugang unserer Erklärung bei Ihnen einstellen. Ab diesem Zeitpunkt müssen Sie auch die Beiträge wieder zahlen.

(5) Liegt Berufsunfähigkeit infolge Pflegebedürftigkeit vor und hat sich die Art des Pflegefalls geändert oder sein Umfang gemindert, setzen wir unsere Leistungen herab oder stellen sie ein. Absatz 4 Satz 2 und 3 gelten entsprechend, wenn wir unsere Leistungen einstellen.

Schrifttum

Ehrenzweig Deutsches (österreichisches) Versicherungsvertragsrecht (1952); *ders.* Drei Grundprobleme des Versicherungsrechts (Versicherungsvertrag, Obliegenheit, Interesse). Eine kritische Untersuchung, ZfVW **1933** 355; *Gottschalk* Zur Anzeigepflicht in der Viehversicherung (§ 121 VVG) JR **1926** 205; *von Gierke* Versicherungsrecht, 2. Hälfte (1947); *H.-J. Ritter* Die Folgen der grob fahrlässigen Herbeiführung des Versicherungsfalls durch den Versicherungsnehmer in der Kasko-, Kfz-Haftpflicht- und Insassenunfallversicherung (2005).

Übersicht

A. Allgemeines

I. Ältere Bedingungswerke

1 Nach den BUZ 1975 lautete die Nachprüfungsklausel wie folgt:

„§ 7 Nachprüfung der Berufsunfähigkeit (Musterbedingungen des BAV – BUZ 1975)

1.

Die Gesellschaft ist berechtigt, den Grad der Berufsunfähigkeit nachzuprüfen. Zu diesem Zweck kann sie auf ihre Kosten jederzeit sachdienliche Auskünfte und – jedoch nur einmal im Jahr – eine Untersuchung des Versicherten durch einen von ihr beauftragten Arzt verlangen. Die Bestimmungen des § 4 finden entsprechende Anwendung.

2.

Hat sich der Grad der Berufsunfähigkeit gemindert, so kann die Gesellschaft die Leistungen neu festsetzen. Macht die Gesellschaft eine Herabsetzung oder den Wegfall der Leistungen geltend, so ist sie verpflichtet, dies dem Anspruchsberechtigten unter Hinweis auf dessen Rechte aus § 6 mitzuteilen. Die Herabsetzung oder der Wegfall der Leistungen wird nicht vor Ablauf eines Monats nach Absendung der Mitteilung, frühestens jedoch zu Beginn des darauffolgenden Versicherungsvierteljahres wirksam.„[1]

2/3 In den BUZ 1984 erhielt die Nachprüfungsklausel folgende Fassung:

„§ 7 Was gilt für die Nachprüfung der Berufsunfähigkeit? (Musterbedingungen des BAV – BUZ 1984)

(1) Nach Anerkennung oder Feststellung unserer Leistungspflicht sind wir berechtigt, das Fortbestehen der Berufsunfähigkeit und ihren Grad nachzuprüfen. Dabei sind neu erworbene berufliche Fähigkeiten zu berücksichtigen.

(2) Zur Nachprüfung können wir auf unsere Kosten jederzeit sachdienliche Auskünfte und einmal jährlich eine Untersuchung des Versicherten durch einen von uns zu beauftragenden Arzt verlangen. Die Bestimmungen des § 4 Abs. 2 und 4 gelten entsprechend.

(3) Eine Minderung der Berufsunfähigkeit oder die Wiederaufnahme bzw. Änderung der beruflichen Tätigkeit müssen Sie uns unverzüglich mitteilen.

(4) Ist die Berufsunfähigkeit weggefallen oder hat sich ihr Grad gemindert, können wir unsere Leistungen einstellen oder herabsetzen. Die Einstellung oder Herabsetzung

[1] Vgl. *Benkel/Hirschberg* § 6 BUZ 2008 Rn. 1.

teilen wir dem Anspruchberechtigten unter Hinweis auf seine Rechte aus § 6 mit; sie wird nicht vor Ablauf eines Monats nach Absenden dieser Mitteilung wirksam, frühestens jedoch zu Beginn des darauf folgenden Versicherungsvierteljahres.„[2]

Seit der Verlautbarung der BUZ 1990 stellt sich die Nachprüfungsklausel wie folgt dar, wobei die Klausel im Zuge der Neufassung der BUZ im Jahre 1993 unverändert blieb:

3. Die Musterbedingungen 1990/1993 enthielten abweichende Regelungen

„§ 7 Was gilt für die Nachprüfung der Berufsunfähigkeit? (Musterbedingungen des BAV – BUZ 1990/1993)

(1) Nach Anerkennung oder Feststellung unserer Leistungspflicht sind wir berechtigt, das Fortbestehen der Berufsunfähigkeit und ihren Grad oder die Pflegestufe nachzuprüfen; dies gilt auch für zeitlich begrenzte Anerkenntnisse nach § 5. Dabei können wir erneut prüfen, ob die versicherte Person eine andere Tätigkeit im Sinne von § 2 Absatz 1 ausüben kann, wobei neu erworbene berufliche Fähigkeiten zu berücksichtigen sind.

(2) Zur Nachprüfung können wir auf unsere Kosten jederzeit sachdienliche Auskünfte und einmal jährlich umfassende Untersuchungen des Versicherten durch von uns zu beauftragende Ärzte verlangen. Die Bestimmungen des § 4 Absätze 2 bis 4 gelten entsprechend.

(3) Eine Minderung der Berufsunfähigkeit oder der Pflegebedürftigkeit und die Wiederaufnahme bzw. Änderung der beruflichen Tätigkeit müssen Sie uns unverzüglich mitteilen.

(4) Ist die Berufsunfähigkeit weggefallen oder hat sich ihr Grad auf weniger als 50 Prozent vermindert, können wir unsere Leistungen einstellen. Die Einstellung teilen wir dem Anspruchberechtigten unter Hinweis auf seine Rechte aus § 6 mit; sie wird nicht vor Ablauf eines Monats nach Absenden dieser Mitteilung wirksam, frühestens jedoch zu Beginn des darauf folgenden Versicherungsvierteljahres.

(5) Liegt Berufsunfähigkeit infolge Pflegebedürftigkeit vor und hat sich die Art des Pflegefalls geändert oder sein Umfang gemindert, können wir unsere Leistungen herabsetzen oder einstellen. Absatz 4 Satz 2 gilt entsprechend.[3]

In der Folgezeit wurden die Klausel nur geringfügig überarbeitet, ohne dass sich wesentliche praxisrelevante Änderungen ergaben.[4] Die aktuelle Fassung basiert auf den Musterbedingungen von 25.10.2017.

II. Sinn und Zweck

Ohne eine Mitwirkung des VN ist es dem VR nicht möglich, sich von seiner Leistungs- **4**
pflicht zu lösen. Die mit dem Nachprüfungsverfahren einhergehenden Mitwirkungsobliegenheiten werden in § 9 AVB BU geregelt.

---

[2] Vgl. *Benkel/Hirschberg* § 6 BUZ 2008 Rn. 2.
[3] Vgl. *Benkel/Hirschberg* § 6 BUZ 2008 Rn. 3.
[4] Vgl. Prölss/Martin/*Lücke* § 13 BuVAB Rn. 1.

B. Einzelheiten

I. Obliegenheiten im Rahmen der Nachprüfung

5 § 9 ist in einem Zusammenhang mit § 10, der die Rechtsfolgen eines Verstoßes gegen die sich aus § 9 ergebenden Mitwirkungspflichten regelt, zu sehen. Es ist unklar, inwieweit § 9 überhaupt **Obliegenheiten des Anspruchserhebenden** statuiert. § 9 Abs. 1 sieht lediglich **Rechte des VR** vor, ohne aber gleichzeitig Pflichten seines Vertragspartners, des VN oder aber desjenigen ausdrücklich zu regeln, der Ansprüche erhebt. Aus § 9 Abs. 1 und 2 AVB BU soll sich wohl aus Sicht des VR ergeben, dass derjenige, der Leistungen aus der Berufsunfähigkeitsversicherung erhält, im Rahmen der Nachprüfung nach Maßgabe des § 9 Abs. 1 und 2 im Sinne einer Duldung (Abs. 1) bzw. einer aktiven Mitwirkung mitwirken muss. Begreift man Obliegenheiten als echte Rechtspflichten im Sinne der Verbindlichkeitstheorie, dann bedarf es für deren Wirksamkeit einer ausdrücklichen Vereinbarung zwischen den Parteien des Versicherungsvertrags.[5] Nichts anderes kann gelten, wenn man der Voraussetzungstheorie folgt, wonach Obliegenheiten Voraussetzungen für die Erhaltung des Anspruchs aus dem Versicherungsvertrag darstellen.[6] Werden daher Obliegenheiten nicht eindeutig vereinbart, so gehen die daraus resultierenden Folgen zu Lasten des Verwenders und es bestehen keine vertraglichen Obliegenheiten. Das Recht, Auskünfte zu verlangen, folgt allerdings schon aus § 31. Die Auskunftspflicht ist – ebenso wie die Anzeigepflicht eine gesetzliche Informationsobliegenheit nach Eintritt des Versicherungsfalls. Daraus folgt, dass bei vereinbarter Leistungsfreiheit oder -kürzung § 28 Abs. 2–4 zum Tragen kommt.[7]

6 § 9 Abs. 2 S. 1 bezieht sich ausdrücklich auf die versicherte Person, der aber keine Vertragspartei des VR ist. § 9 Abs. 3 spricht ausdrücklich weder den Versicherten noch den VN an, doch wird der durchschnittliche VN aufgrund der direkten Ansprach („Sie“) wohl unterstellen, dass er gemeint ist. Unklar bleibt damit zusammenfassend, inwieweit auch der Anspruchserhebende durch § 9 erfasst wird. Das geht zu Lasten des VR.

7 Wenn ein Dritter (weder VN noch versicherte Person oder Repräsentant) die Zusammenarbeit mit dem VR verweigert, so muss sich der VN dessen Verhalten grundsätzlich nicht zurechnen lassen.

II. Nachprüfung

8 In Absatz 1 wird das sich bereits aus § 174 ergebende Recht des VR konkretisiert, im Rahmen des Nachprüfungsverfahrens überprüfen zu können, ob die bedingungsgemäße Berufsunfähigkeit weggefallen ist.

9 Sehen die Versicherungsbedingungen anders als in den Musterbedingungen keine Berechtigung des VR vor, im Rahmen des Nachprüfungsverfahren auch überprüfen zu kön-

[5] Vgl. zur Rechtsnatur der Obliegenheiten als echte Rechtspflichten: OLG Kiel JRPV **1926** 106; OGH VersSlg. Nr. 128; Prölss/Martin/*Armbrüster* § 28 Rn. 68–74; *Ehrenzweig* S. 147ff.; *ders.* ZVW **1931** 364–375; *v. Gierke* I 117, II 150; *Gottschalk* JW **1927** 147; *Ritter* S. 36f.

[6] Vgl. BGHZ 13.6.1957 **24** 378, 382; BGH 7.11.1967 VersR **1967** 27, 28; OLG Hamm 12.11.1969 VersR **1970** 319, 320; Langheid/Wandt/*Fausten* § 13 Rn. 14; HK VVG/*Felsch* § 28 Rn. 5; Langheid/Rixecker/*Rixecker* § 28 Rn. 9; Berliner Kommentar/Schwintowski § 6 Rn. 18.

[7] Bruck/Möller/*Brömmelmeyer* § 31 Rn. 18.

nen, ob der Versicherte neue berufliche Fähigkeiten erworben hat, darf dieser Umstand im Rahmen einer Nachprüfung auch nicht berücksichtigt werden. Dies gilt sowohl im Rahmen einer abstrakten als auch einer konkreten Verweisung. Es darf auch nicht bei einem Selbständigen im Rahmen der Überprüfung berücksichtigt werden, ob nunmehr eine Umorganisation aufgrund des Erlangens neuer beruflicher Fähigkeiten möglich ist.

III. Sachdienliche Auskünfte und umfassende Untersuchungen

Die meisten Versicherungsbedingungen sehen entsprechend § 9 Abs. 2 der Musterbedingungen vor, dass der VR **jederzeit sachdienliche Auskünfte** anfordern und **einmal jährlich** verlangen kann, dass sich die versicherte Person durch einen durch den VR beauftragten Arzt umfassend auf dessen Kosten untersuchen lässt. 10

Hierbei handelt es sich um Mitwirkungsobliegenheiten, so dass das im Rahmen des Erstprüfungsverfahrens Gesagte entsprechend gilt. Dabei ist nicht zwischen einzelnen Erkrankungen zu differenzieren, die Mitwirkungsobliegenheiten gelten daher auch für unheilbare Erkrankungen.[8] 11

Sachdienliche Auskünfte werden in der Regel durch Übersendung von Fragebögen abgefragt. Sachdienlich ist alles, was Einfluss auf die Leistungspflicht des VR haben kann. 12

Bei dem Auskunftsverlangen handelt es sich um eine empfangsbedürftige Willenserklärung, weil der VR eine Rechtsfolge, nämlich die Pflicht des VN auslösen will, vollständig und richtig zu informieren. Daher ist die Rechtsgeschäftslehre ohne Weiteres anwendbar. Daraus folgt u.a., dass das Auskunftsverlangen erst wirksam wird, wenn es dem VN – oder einem Empfangsvertreter (§ 164 Abs. 2 BGB) – zugeht (§ 130 Abs. 1 Satz 1 BGB). Hat der VN den Zugang vereitelt, so liegt bereits darin eine Verletzung der Auskunfts- und Aufklärungsobliegenheit. Das Auskunftsverlangen ist kein typisches Gestaltungsrecht, weil es keine „Umgestaltung von Rechtsverhältnissen" nach sich zieht: Mit der Inanspruchnahme auf Auskunft gestaltet der VR lediglich das Regulierungsverfahren aus, während das Versicherungsverhältnis als solches – anders als bspw. bei Rücktritt oder Kündigung – unberührt bleibt.[9] 13

Das Auskunftsverlangen muss berechtigt, die begehrte Auskunft muss also bei objektiver Betrachtungsweise ex ante zur Feststellung des Versicherungsfalls oder des Umfangs der Leistungspflicht erforderlich sein. 14

Die Literatur billigt dem VR teils eine Einschätzungsprärogative bei der Beurteilung der Erforderlichkeit zu: *Prölss* will das Kriterium der Erforderlichkeit nicht „im Sinne einer Beschränkung auf das objektiv unbedingt Notwendige" verstehen„. Der VR könne vielmehr diejenigen Auskünfte verlangen, die er für notwendig erachte, sofern sie nur (mittelbar oder unmittelbar) für Grund oder Umfang seiner Leistung – wenn auch zu Lasten des VN – bedeutsam sein könnten.[10] *Langheid* meint unter Berufung auf den Wortlaut der Norm, „dass es Sache des VR" sein müsse, „welche Fragen er für sachdienlich" halte.[11] Der 15

8 LG Bremen 10.3.2011 VersR **2011** 868, 869; Prölss/Martin/*Dörner* § 13 BuVAB Rn. 6; Looschelders/Pohlmann/*Klenk* § 174 Rn. 4.

9 Bruck/Möller/*Brömmelmeyer* § 31 VVG Rn. 23.

10 Vgl. Bruck/Möller/*Brömmelmeyer* § 31 Rn. 26; Prölss/Martin/*Prölss* § 34 Rn. 5.

11 Vgl. Bruck/Möller/*Brömmelmeyer* § 31 VVG Rn. 5; Römer/Langheid/*Langheid*, 2. Auflage 2003 § 34 Rn. 15; ähnlich *Schimikowski* Versicherungsvertragsrecht Rn. 227, der sich gegen einen „streng objektive[n] Maßstab" ausgesprochen hat.

BGH hat sich *Langheid* angeschlossen und ebenfalls festgestellt, dass es „grundsätzlich Sache des VR" sei, „welche Angaben er zur Ermittlung des Sachverhalts für erforderlich" halte, „um seine Entscheidung über die Leistungspflicht auf ausreichender und gesicherter Tatsachengrundlage treffen zu können."

16 Im Lichte der Beschränkung auf „erforderliche" Auskünfte ist der VN jedoch lediglich verpflichtet, einem berechtigten Auskunftsverlangen nachzukommen, so dass der VR im Konfliktfall behaupten und beweisen muss, dass die Information, die er abgefragt hat, tatsächlich erforderlich sind, dass sie also Einfluss auf seine – rechtmäßige (!) – Regulierungspraxis hat oder hätte haben können. Ein Beurteilungsspielraum des VR besteht nicht, weil die Berechtigung des (konkreten) Auskunftsverlangens richterlich ohne weiteres überprüft werden kann. Das gilt auch im Hinblick auf § 7 I Abs. 2 Satz 3 AKB (vgl. auch: E. 1.3 AKB 2008), der den VN in der Kraftfahrtversicherung verpflichtet, „jede dienliche Auskunft" zu erteilen. Denn auch die Frage, ob eine Auskunft sachdienlich ist oder nicht, ist uneingeschränkt überprüfbar. „Es versteht sich", so *Johannsen* mit Blick auf § 7 I Abs. 2 Satz 3 AKB „von selbst, dass der VN nur wesentliche Fragen zu beantworten braucht. Fragen, die mit dem eigentlichen Unfallgeschehen nichts zu tun haben, brauchen nicht beantwortet zu werden".[12] Eine (richterlich nicht überprüfbare) Ermessensentscheidung trifft der VR lediglich im Hinblick darauf, ob er wirklich alle „für die Feststellung des Versicherungsfalls oder des Umfangs der Leistungspflicht" erforderlichen Informationen abfragt, oder ob er bspw. in Bagatellfällen darauf verzichtet.

17 Die Bedeutung des Meinungsstreits relativiert sich, wenn man den Begriff der Erforderlichkeit so auslegt wie hier. Der Kreis der berechtigten Fragen ist nämlich im Interesse der Beseitigung der Informationsasymmetrie weit zu ziehen, so dass der VR auch Umstände abfragen darf, die für die Beurteilung des moralischen Risikos von Bedeutung sind. Der BGH hat u.a. Fragen nach den Vermögensverhältnissen gebilligt, weil sich daraus für den VR Anhaltspunkte dafür ergeben könnten, dass der Eintritt des Versicherungsfalls und die damit verbundene Entschädigungsleistung der finanziellen Interessenlage des VN entspreche. Der BGH erkennt, anders gewendet, ein berechtigtes Interesse des VR an, die Betrugswahrscheinlichkeit abzuklären. In diesem Zusammenhang genüge es, so der BGH, „dass die vom VN geforderten Angaben zur Einschätzung des subjektiven Risikos überhaupt dienlich sein" könnten, während es nicht darauf ankomme, ob sie sich „nach dem Ergebnis der Prüfung als für die Frage der Leistungspflicht tatsächlich wesentlich" erwiesen haben.

18 Die Auskunftspflicht stellt eine Dauerobliegenheit dar; sie beginnt mit der Inanspruchnahme auf Auskunft und endet erst mit der endgültigen Leistungsverweigerung des VR.[13] Damit erschöpft sich die Auskunftspflicht auch nicht in der einmaligen Beantwortung der in einem Schadensformular aufgeführten Fragen. Besteht nach wie vor – oder erst recht – Klärungsbedarf, steht es dem VR frei, um eine genauere oder ausführlichere Beantwortung zu bitten oder neue oder anders formulierte Fragen zu stellen, die für die Feststellung des Versicherungsfalls oder des Umfangs der Leistungspflicht erforderlich sind. Im Lichte von Treu und Glauben ist der VN allerdings nicht verpflichtet, ständig für Besuche und „spontane Befragungen" zur Verfügung zu stehen.

---

[12] Vgl. Bruck/Möller/*Johannsen* Bd. V/1 Anm. F 108; vgl. auch BVerfG 23.10.2006 RuS **2007** 29, das vor allem der Erhebung personenbezogener Gesundheitsdaten bei Dritten (§ 213 VVG) in der Lebens-, Kranken- und Unfallversicherung klare Grenzen gesetzt hat; vgl. andererseits aber auch: OLG Köln 14.6.2007 VersR **2008** 107.

[13] Bruck/Möller/*Brömmelmeyer* § 31 Rn. 76; *Schmidt* Die Obliegenheiten S. 230, 233; OLG Köln 27.6.2000 NVersZ **2001** 34, 36.

Die Auskunftsobliegenheit wird ergänzt durch die Belegpflicht. Die Belegpflicht erfasst alle Dokumente, die als Beweismittel in Betracht kommen, weil sie die Auskünfte des VN untermauern oder widerlegen könnten, bspw. Bilanzen und Inventare, Urkunden über den Personenstand und Verträge.[14] 19

Die Beibringung von Belegen ist eine „selbständige, vom Prozess unabhängige Rechtspflicht des VN gegen den VR, die von der Auskunftspflicht zu unterscheiden ist. Das ergibt sich schon daraus, dass die Belegverschaffung anders als die Erteilung von Auskünften ein Realakt ist, auf den sich die Rechtsgeschäftslehre nicht – auch nicht analog – anwenden lässt.[15] Die Belegpflicht besteht allerdings nur im Hinblick auf die von dem VN zu erteilenden Auskünfte.[16] 20

Die Belegpflicht setzt den Eintritt des Versicherungsfalls voraus. Die Belegpflicht entsteht nicht ipso jure durch Eintritt des Versicherungsfalls; vielmehr setzt sie ein berechtigtes Belegverlangen voraus. Die Belegpflicht ist Korrelat der Auskunftspflicht, so dass die Berechtigung des Auskunftsverlangens gleichzeitig Maßstab für die Berechtigung des Belegverlangens ist. 21

Die Belegpflicht greift nur, soweit Belege (noch) vorhanden sind.[17]Das gilt auch, wenn der VR Klauseln nach dem Muster von „[…]; ferner sind Belege beizubringen“ verwendet, die sich im Kontext des Regulierungsverfahrens „nur auf solche Belege beziehen“ können, „die bei Eintritt des Versicherungsfalls zur Verfügung“ stehen. Die Belegpflicht besteht nur, soweit die Beschaffung der Belege dem VN „billigerweise zugemutet“ werden kann.[18] D.h. auch zum Beispiel, dass der VN einen Behandler um Herausgabe der entsprechenden Dokumente zu bittet 22

Die Belegpflicht besagt (anders als bspw. § 811 Abs. 1 Satz 1 BGB), dass der VN dem VR nicht nur die Einsichtnahme gestatten, sondern die Belege übergeben, d.h. dem VR den Besitz verschaffen muss. Das Recht an den Belegen bleibt grundsätzlich unberührt: Im Regelfall ist und bleibt der VN Eigentümer, so dass er die Rückgabe der Belege verlangen kann und das auch, wenn der VR die Belege weitergegeben hat.[19] 23

Ein Besitzrecht steht dem VR nur zu, solange der Besitz für die Prüfung der Echtheit und für die Feststellungen gem. § 31 erforderlich ist; im Regelfall kann man von dem VR erwarten, dass er Kopien anfertigt. Die Belegpflicht erfordert grundsätzlich die Übergabe der Originale, damit der VR die Echtheit überprüfen kann; vielfach ist dies jedoch unter Billigkeitsgesichtspunkten (s.o.) unzumutbar, so dass der VN eine Kopie aushändigen und dem VR gleichzeitig eine Einsichtnahme an Ort und Stelle anbieten kann.[20] 24

Das Richtigkeitsgebot gilt nicht nur für die Erteilung der Auskünfte sondern auch für die Belegpflicht. Daher führt bspw. das Einreichen gefälschter Rechnungen zur Leistungsfreiheit. Unterlässt der VN bei der Belegvorlage zum Nachweis des Schadens „Erläuterungen, deren Notwendigkeit auch einem juristisch nicht vorgebildeten VN einleuchten“ musste, und nimmt er in Kauf, „dass sich der VR infolge der unterbliebenen Erläuterungen notwendigerweise falsche Vorstellungen machen muss“, so hat er das Richtigkeitsgebot verletzt. 25

Bei einer Diskrepanz zwischen Auskunft und Beleg trifft den VR nach Treu und Glauben (§ 242 BGB) und unter Berücksichtigung seiner anlassbezogenen Beratungspflicht (§ 6 26

[14] Bruck/Möller/*Johannsen*[8] Bd. III Anm. G 125.

[15] Berliner Kommentar/*Dörner* § 34 Rn. 20.

[16] *Rühl* Obliegenheiten im Versicherungsvertragsrecht, S. 31.

[17] BGH 14.2.1996 ZfS 1996 305, 306.

[18] Brück/Möller/*Brömmelmeyer* § 31 Rn. 76.

[19] Vgl. Bruck/Möller/*Brömmelmeyer* § 31 Rn. 76.

[20] Vgl. Bruck/Möller/*Brömmelmeyer* Rn. 86.

Abs. 4 Satz 1 VVG) eine Rückfrageobliegenheit. Etwas anderes gilt, wenn sich die richtige Information in umfangreichen Unterlagen versteckt, so dass die Diskrepanz auch einem sorgfältigen Bearbeiter nicht ohne weiteres auffallen muss.

27 Im Regelfall ist der Beleg an den von dem VR bestimmten Empfänger zu übergeben. Die Empfangszuständigkeit des Versicherungsvertreters ergibt sich aus § 69 Abs. 1 Nr. 2 VVG analog; andernfalls würde man einen einheitlichen Lebensvorgang, nämlich die Erteilung der durch Belege untermauerten Auskünfte, künstlich aufspalten und dem Versicherungsvertreter nur die Empfangszuständigkeit für die Auskünfte (§ 69 Abs. 1 Nr. 2 VVG) zuweisen, nicht aber die Entgegennahme der korrespondierenden Belege gestatten.

28 Darüber hinaus sehen die Versicherungsbedingungen entsprechend § 9 Abs. 3 AVB BU in der Regel vor, dass der Versicherte **unverzüglich** eine Minderung oder ein Wegfallen der Berufsunfähigkeit mitteilen muss. Gleiches gilt für die Aufnahme einer beruflichen Tätigkeit. Die in Absatz 3 geregelte Anzeigeobliegenheit besteht nur dann, wenn der Versicherte die anzuzeigenden Umstände **positiv** kennt.[21] Kenntnis von der Aufnahme einer beruflichen Tätigkeit wird der Versicherte ohne Zweifel haben, nicht entscheidend ist, ob er glaubt, dass durch die Aufnahme der Tätigkeit auch die Leistungspflicht des VR wegfällt. Allerdings wird dem Versicherten in der Regel nicht möglich sein, zu beurteilen, ob eine derartige Besserung seines Gesundheitszustands vorliegt, dass eine bedingungsgemäße Berufsunfähigkeit wegfällt. Das ist nur bei leicht zu beurteilenden Beeinträchtigungen denkbar.[22]

IV. Einstellungsmitteilung

Bezüglich Form und Inhalt der Einstellungsmitteilung wird zunächst auf die Kommentierung zu § 174 verwiesen.[23]

29 **1. Textform.** In formeller Hinsicht bedarf es einer **Leistungseinstellungsmitteilung**, die der **Textform** entsprechen muss, § 126 b BGB. Die Leistungseinstellungsmitteilung ist unerlässliche formelle Voraussetzung für die Durchführung eines erfolgreichen Nachprüfungsverfahrens.[24] Sie ist für den Versicherten deshalb so bedeutsam, weil er es ist, der sich mit einer Klage gegen die durch eine Mitteilung ausgelösten Rechtsfolgen zur Wehr setzen muss.[25]

30 Gem. § 126 b BGB setzt eine **Erklärung in Textform** voraus, dass diese lesbar ist, die Person des Erklärenden nennt und auf einem dauerhaften Datenträger abgegeben worden ist. Ein solcher dauerhafter Datenträger ist jedes Medium, das es dem Empfänger ermöglicht, eine auf dem Datenträger befindliche an ihn persönlich gerichtete Erklärung so aufzubewahren oder so zu speichern, dass sie ihm während eines für ihren Zweck angemessenen Zeitraums zugänglich ist und geeignet ist, die Erklärung unverändert wiederzugeben.[26]

---

[21] Vgl. BGH 3.12.2006 VersR **2007**, 389; Prölss/Martin/*Lücke* § 13 BuVAB Rn. 16.

[22] Vgl. Prölss/Martin/*Lücke* § 13 BuVAB Rn. 16.

[23] Vgl. Rn. 6ff.

[24] BGH 17.2.1993 VersR **1993** 562, 564, VersR **1993** 559, 560; BGH 16.12.1987 VersR **1988** 281; OLG Saarbrücken 30.9.2008 VersR **2009** 917, 918; OLG Karlsruhe 3.7.2008 RuS **2009** 251; OLG Köln 16.9.1993 VersR **1994** 418; OLG Oldenburg 23.3.1994 RuS **1994** 354, 355; OLG Hamm 26.6.1998 VersR **1999** 703.

[25] Vgl. BGH 17.2.1993 NJW-RR **1993**, 721, 722, RuS **1994** 72, 74; BGH RuS **1993** 197; BGH RuS **1993**, 434; BGH 15.10.1997 NJW-RR **1998** 238.

[26] Vgl. MünchKo-BGB/*Einsele* § 126b Rn. 4.

In der Praxis werden Leistungseinstellungsmitteilungen üblicherweise noch in **Papierform** dem VN übermittelt, denn die Erklärung muss dem VN zugehen, was der VR zu beweisen hat.[27] Trotz der Neuregelung in § 6a VVG erfüllt eine Website mit für den VN personalisiertem Zugang nicht die Anforderungen des § 126b BGB.[28] Dies gilt jedenfalls dann, wenn die Erklärung jederzeit durch VR verändert werden kann. Etwas anderes kann für ein Kundenportal gelten, das einen für den VN individualisierten Zugang sowie technische Vorrichtungen enthält, die durch einen **Zwangsdownload** eine Speicherbarkeit der Mitteilung sicherstellen.[29] 31

2. Inhaltliche Anforderungen. Inhaltlich muss die Leistungseinstellungsmitteilung dem VN eine nachvollziehbare Begründung dafür geben, dass und warum die Leistungspflicht des VR enden soll. Die Leistungseinstellungsmitteilung soll dem VN ermöglichen, sein **Prozessrisiko abschätzen** zu können, was voraussetzt, dass sie für ihn nachvollziehbar ist. Dabei ist nicht auf den durchschnittlichen VN, sondern auf den konkreten VN abzustellen, denn dieser muss sein Prozessrisiko abschätzen können und ihm gegenüber will sich der VR von der Leistungspflicht befreien. 32

Eine **nachvollziehbare** Begründung setzt voraus, dass der VR dem VN die für die **Abschätzung des Prozessrisikos** nötigen Informationen mitteilt.[30] Anders als bei der Ablehnung im Rahmen des Erstprüfungsverfahrens besteht daher für die Einstellungsmitteilung ein Begründungserfordernis. 33

Beruft sich der VR auf eine Verbesserung der gesundheitlichen Situation des VN, so setzt eine **Nachvollziehbarkeit** voraus, dass der Gesundheitszustand, den der VR seinem Anerkenntnis zugrunde gelegt hat, mit dem späteren Gesundheitszustand verglichen wird. Dabei sollte sich der VR an den Angaben orientieren, die er im Rahmen des Erstprüfungsverfahrens gemacht und die er seiner Leistungsentscheidung zugrunde gelegt hat. Hat der Versicherte daher im Rahmen des Erstprüfungsverfahrens bestimmte Beeinträchtigungen behauptet, deren Vorhandensein sich bestätigt haben, so ist im Rahmen des Nachprüfungsverfahrens zu überprüfen, ob sich bezüglich dieser Beeinträchtigungen eine Verbesserung ergeben hat, die Auswirkungen auf die Berufsunfähigkeit hat. Dieser Veränderung ist konkret darzustellen. Lässt sich aufgrund mangelhafter Begründung eines Anerkenntnisses nicht mehr genau feststellen, aufgrund welcher Tatsachen der VR im Rahmen des Erstprüfungsverfahrens überhaupt anerkannt hat, so geht dies im Rahmen des Nachprüfungsverfahrens zu Lasten des VR. 34

Unklar ist, ob der VR detailliert darlegen muss, welche konkreten einzelnen Tätigkeiten der Versicherte bei Anerkennung der Leistungspflicht nicht mehr und nunmehr doch wieder ausüben kann. Nach teilweiser Auffassung soll es erforderlich sein, dass unter Berücksichtigung des im Rahmen des Erstprüfungsverfahrens vorgetragenen konkreten Berufsbildes des Versicherten **dezidiert** dargelegt wird, welche körperlichen Arbeiten von dem Versicherten aufgrund dessen veränderter Beschwerdesymptomatik nunmehr ausgeführt werden können und mit welchem Prozentsatz dies bezogen auf das Berufsbild zu bewerten ist. Die Einstellungsmitteilung des VR müsste dann sozusagen das Spiegelbild der 35

---

[27] Vgl. Prölss/Martin/*Lücke* § 174, Rn. 22; Looschelders/Pohlmann/*Klenk* § 174 Rn. 14; Langheid/Wandt/*Dörner* § 174 Rn. 28 f.

[28] Vgl. EuGH 5.7.2012 NJW **2012** 2637, 2639; *Reiff* ZJS **2012** 432,440.

[29] So auch BeckOK-BGB/*Wendtlandt* § 126 b Rn. 10.

[30] BGH 2.11.2005 VersR **2006** 102, 104; BGH 12.6.1996 VersR **1996** 958; OLG Hamm 10.6.1995 NJW-RR **1996** 1053; OLG Düsseldorf 24.11.1998 RuS **2000** 125; OLG Düsseldorf 10.6.2003 VersR **2003** 1383, 1384; OLG Koblenz 31.3.2006 VersR **2007** 824, 825.

Darlegung des zuletzt in gesunden Tagen ausgeübten Berufs darstellen.[31] Eine solche Darstellung könnte anhand einer **Synopse** erfolgen.

In gesunden Tagen konkret geleistete Tätigkeit:	Beeinträchtigung dieser Tätigkeit durch folgender Umstände in folgendem Umfang:	Leistungsvermögen bezüglich dieser Tätigkeit aufgrund eingetretener gesundheitlicher Verbesserung	Gesamtleistungsvermögen
Teiltätigkeit 1			

36 Für die durch das OLG Karlsruhe vertretene Rechtsauffassung könnte sprechen, dass auch der VN im Rahmen des Erstprüfungsverfahrens erhebliche Anforderungen erfüllen muss, damit von einer substantiierten Darlegung des zuletzt in gesunden Tagen konkret ausgeübten Berufs ausgegangen werden kann. Unter dem Gesichtspunkt der „Waffengleichheit" könnte eine ähnlich detaillierte Schilderung auch vom VN erwartet werden.

37 Gegen die Rechtsauffassung des OLG Karlsruhe wird eingewandt, dass derart hohe Anforderungen das Nachprüfungsverfahren zu einer **formalen Stolperfalle** machen.[32] Es gelte, den Blick auf die materiellrechtliche Gerechtigkeit nicht zu verlieren.

38 Im Ergebnis ist der Rechtsauffassung des OLG Karlsruhe nicht zu folgen. Die substantiierte Darlegung des zuletzt in gesunden Tagen konkret ausgeübten Berufs dient nicht etwa einer Erschwerung der Leistungsprüfung zu Lasten des VN, sondern soll dem möglicherweise zu beauftragenden Sachverständigen einen möglichst präzisen außermedizinischen Sachverhalt vorgeben. Nur dann, wenn das konkrete Berufsbild möglichst exakt geklärt wird, kann auch davon ausgegangen werden, dass der Sachverständige seiner medizinischen Prüfung das richtige Berufsbild zugrunde gelegt hat. Die Zugrundelegung eines falschen Berufsbildes kann sich dabei auch zu Lasten des VN auswirken, denn möglicherweise wäre ein beauftragter Sachverständiger bei Zugrundelegung des „richtigen" Berufsbildes zu einem für den VN günstigeren Ergebnis gekommen.

39 Im Rahmen des Nachprüfungsverfahrens dient die Einstellungsmitteilung hingegen nicht dazu, einen bestimmten außermedizinischen Sachverhalt für das Nachprüfungsverfahren festzulegen, denn im Nachprüfungsverfahren ist der Begriff des Berufs identisch mit dem Berufsbegriff, der dem Erstprüfungsverfahren zugrunde gelegt worden ist. Es geht vielmehr darum, dem VN eine **Abschätzung seines Prozessrisikos** zu ermöglichen. Dafür bedarf es einer ins Detail gehenden synoptischen Darstellung der früher nicht mehr ausübbaren und jetzt wieder ausübbaren Tätigkeiten nicht. Es reicht demzufolge aus, die Tätigkeiten zu benennen, deren Beeinträchtigung für die Entscheidung, ob bedingungsgemäße Berufsunfähigkeit vorlag, entscheidend waren, sodann die gesundheitlichen Verbesserungen bezüglich dieser Tätigkeiten aufzuzeigen und darzulegen, welche Tätigkeiten nun aktuell wieder in welchem Umfang ausgeübt werden können.[33] Demgegenüber reicht es nicht aus, nur den jetzigen oder nur den früheren Zustand ohne **Vergleichsbetrachtung** aufzuzeigen.

40 Für eine Vergleichsbetrachtung reicht es nicht aus, wenn lediglich **Prozentsätze** miteinander verglichen werden. Ist der VN allerdings im Rahmen des Erstprüfungsverfahrens

---

[31] Vgl. OLG Karlsruhe 3.7.2008 RuS **2009** 251, 252.

[32] Vgl. *Neuhaus* M VI Rn. 79; Beckmann/Matusche-Beckmann/*Rixecker* § 46 Rn. 187a.

[33] Vgl. *Neuhaus* M VI Rn. 89; mit konkretem Beispiel: Prölss/Martin/*Lücke* § 174 Rn. 27 unter Hinweis auf Beckmann/Matusche-Beckmann/*Rixecker* § 174 Rn. 187a; BGH 19.5.1993 NJW-RR **1993** 1238, 1239.

begutachtet worden und sind von dem Sachverständigen bestimmte Prozentsätze mit bestimmten Beeinträchtigungen verknüpft worden, so kann hierauf aufbauend durchaus eine nachvollziehbare Leistungseinstellungsmitteilung vorliegen, wenn im Rahmen des Nachprüfungsverfahrens deutlich wird, welche Prozentsätze welchen Beeinträchtigungen zugeordnet werden.

Beruft sich der VR auf das Ergebnis eines ihm Rahmen des Nachprüfungsverfahrens eingeholten Sachverständigengutachtens, so ist dies dem VN **unverkürzt** zugänglich zu machen.[34] Dabei dürfte das Textformerfordernis auch insoweit gelten, so dass es nicht ausreicht, den VN auf den Inhalt einer Website zu verweisen, sofern nicht der oben dargelegte Ausnahmefall vorliegt. **41**

Es ist nicht erforderlich, dem Versicherten auch das an den Gutachter gerichtete **Auftragsschreiben** zugänglich zu machen, wenn das Gutachten aus sich heraus verständlich ist. Etwas anderes kann nur dann gelten, wenn er das Gutachten bereits im Besitz hat, weil ihm z.B. der Gutachter das Gutachten direkt übermittelt hat. **42**

Es reicht im Rahmen der Einstellungsmitteilung allerdings nicht aus, sich nur auf die **Ergebnisse des Gutachtens** zu beziehen, wenn es in der Leistungseinstellungsmitteilung an einer Vergleichsbetrachtung fehlt und auch das Gutachten eine solche Vergleichsbetrachtung nicht enthält.[35] **43**

Vergleichbares gilt, wenn sich der VR nicht auf eine Verbesserung der gesundheitlichen Situation des VN, sondern den **Erwerb neuer Kenntnisse** bzw. die Aufnahme einer neuen Tätigkeit beruft. In diesem Fall ist allerdings zunächst einmal zu überprüfen, ob nach den Regelungen des zwischen den Parteien abgeschlossenen Versicherungsvertrags der Erwerb neuer Erkenntnisse und die Aufnahme einer neuen Berufstätigkeit überhaupt im Rahmen des Nachprüfungsverfahrens Berücksichtigung finden dürfen. Aus § 174 ergibt sich dies nämlich nicht. **44**

Hat der VN neue Kenntnisse erworben, so reicht dieser Umstand allein in aller Regel noch nicht, um eine Leistungseinstellung zu rechtfertigen, denn den VN trifft nach eingetretener Berufsunfähigkeit **keine Verpflichtung zur Umschulung oder Weiterbildung.** **45**

Eine differenzierte Betrachtung ist geboten, wenn diese neuen Erkenntnisse im Rahmen einer **berufsbezogenen Vergleichsbetrachtung**, die dann anzustellen ist, Berücksichtigung finden können.[36] Es ist nämlich denkbar, dass im Rahmen des Nachprüfungsverfahrens nunmehr aufgrund des Erwerbs neuer Kenntnisse anders als im Erstprüfungsverfahren eine abstrakte Verweisung ausgesprochen werden kann. Besteht aufgrund der neuen Kenntnisse nun abstrakt die Möglichkeit, eine andere Tätigkeit aufzunehmen, so hat im Rahmen der Leistungseinstellungsmitteilung zunächst einmal eine berufsbezogene Vergleichsbetrachtung zu erfolgen, die den Anforderungen einer abstrakten Verweisung gerecht wird. **46**

Übt der VN hingegen eine Tätigkeit bereits konkret aus, so sind die Anforderungen an die Vergleichsbetrachtung geringer, gleichwohl reicht es nicht aus, den VN sozusagen abstrakt auf die konkret ausgeübte Tätigkeit im Rahmen einer Leistungseinstellungsmitteilung zu verweisen, weil der VR die Voraussetzungen darzulegen und zu beweisen hat, unter denen seine Leistungspflicht endet. Will der Versicherte einwenden, dass er auf die von ihm konkret ausgeübte Tätigkeit aus bestimmten Gründen nicht verwiesen werden kann, so trifft ihn diesbezüglich eine **sekundäre Darlegungslast.** Der VR hat im Rahmen des Nach- **47**

---

[34] BGH 17.2.1993 VersR **1993** 470, 471; BGH 12.6.1996 VersR **1996** 958; OLG Frankfurt 28.8.2002 VersR **2003** 358, 359.

[35] BGH 2.11.2005 VersR **2006** 102, 104; BGH 28.4.1999 VersR **1999** 958.

[36] Vgl. Prölss/Martin/*Lücke* § 174 Rn. 25; Langheid/Rixecker/*Rixecker* § 174 Rn. 14.

prüfungsverfahrens das Eingreifen der Möglichkeit einer konkreten Verweisung sodann zu beweisen. Allerdings kann sich der VN nicht auf eine inhaltlich unzureichende Leistungseinstellungsmitteilung berufen, wenn dieser Mangel darauf beruht, dass der VN seiner sekundären Darlegungslast nicht gerecht geworden ist.

48 Der VR ist nicht gehindert, auch während eines laufenden Nachprüfungsverfahrens weitere, ihm neu bekannt gewordene Umstände ergänzend zu berücksichtigen. Diese müssen dann dem VN allerdings nach Art einer weiteren Einstellungsmitteilung mitgeteilt werden und wirken dann jeweils nur für die **Zukunft.**

49 Aus dem Umstand, dass nur eine **Veränderung** zu einer Leistungseinstellung berechtigt, kann unschwer schon aus dem Gesetzeswortlaut des § 174 Abs. 1 abgeleitet werden, dass eine **andere Bewertung** der zum Zeitpunkt der Abgabe des Anerkenntnisses abgegebenen Umstände keine Leistungseinstellung rechtfertigt.[37] Dies gilt nicht nur für die Vergangenheit, sondern auch für die Zukunft.[38]

50 Auch der Versicherte kann im Rahmen des Nachprüfungsverfahrens nicht ohne weiters einwenden, im Rahmen des Erstprüfungsverfahrens sei zu Unrecht eine Berufsunfähigkeit bejaht worden. Gerade bei psychischen Erkrankungen gilt folgendes: Hat ein Versicherter eine die weitere Berufsausübung ausschließende psychische Erkrankung behauptet, ging der VR dieser Behauptung im Wege einer psychiatrischen Begutachtung nach, kam der Gutachter im Rahmen seiner Exploration und auf der Grundlage der ihm geschilderten Beschwerden sowie der deutliche Einschränkungen zeigenden Resultate von Leistungstests zu der plausibel begründeten Annahme einer Berufsunfähigkeit und veranlasste so den VR, dem Versicherten zu glauben und seine Leistungspflicht anzuerkennen, darf der Tatrichter – zunächst einmal – vom ursprünglichen Vorliegen einer Berufsunfähigkeit ausgehen. Will der VN das infrage stellen und eine weitere (sachverständige) Aufklärung erreichen, so ist er – einer sekundären Darlegungslast vergleichbar – gehalten, die Richtigkeit des Gutachtens mit konkreten Argumenten in Zweifel zu ziehen und die potenzielle Auswirkung behaupteter Fehler darzutun. Solche könnten etwa die Fachkunde des ersten Gutachters betreffen oder ergebnisrelevante „handwerkliche" Mängel des Gutachtens oder Denkgesetze verletzende Schlüsse (z.B. wenn trotz durchgehend erzielter mindestens durchschnittlicher psychologischer Testergebnisse eine hochgradige Einschränkung der Berufsfähigkeit angenommen worden wäre).[39]

51 **3. Zugang.** Darlegungs- und beweisbelastet für den Zugang der Erklärung ist der VR. Ist die Erklärung nicht nachweisbar zugegangen, so kann sie auch während eines Prozesses in Form eines Schriftsatzes noch nachgeholt werden, wirkt dann allerdings nur in die Zukunft.[40] In diesem Fall ist das Gericht dann berechtigt, über Beginn und Ende der Leistungspflicht im Rahmen des Urteils zu entscheiden.

52 Das erkennende Gericht ist hingegen nicht berechtigt, über Beginn und Ende der Leistungspflicht zu entscheiden, ohne dass der VR das bedingungsgemäße Nachprüfungsverfahren – wenn auch im Rahmen des Zivilprozesses – durchläuft.[41] Ansonsten hätte es der VR in der Hand, die Regeln des bedingungsgemäßen Nachprüfungsverfahrens zu unter-

---

[37] Vgl. BGH 5.10.1983 VersR **1984** 51; BGH 15.1.1986 VersR **1986** 277, 278; BGH 10.6.1987 VersR **1986** 801, 802; BGH 17.9.1986 VersR **1986** 1113, 1114.

[38] Vgl. Prölss/Martin/*Lücke* § 174 Rn. 3.

[39] Vgl. OLG Saarbrücken 25.2.2015 BeckRS **2015** 17027.

[40] Vgl. BGH 2.1.2010 RuS **2010** 251, 252; BGH 3.11.1999 VersR **2000** 171, 173; OLG Saarbrücken 14.11.2012 VersR **2013** 1030, 1034; OLG Koblenz 4.3.2011 VersR **2012** 85, 87.

[41] Vgl. BGH 27.9.1989 RuS **1990** 67, 68 unter 4.

laufen, indem er ohne Begründung die Leistung einstellt, den VN auf diese Art und Weise zur Führung eines Prozesses nötigt und hofft, in der Beweisaufnahme werde sich ein möglichst früher Zeitpunkt für das Ende der Leistungspflicht ergeben. Die gesetzlichen Regelungen über die Durchführung des Nachprüfungsverfahrens und/oder die bedingungsgemäßen Regeln des Nachprüfungsverfahrens bleiben daher auch dann zu beachten, wenn der VR die Leistungseinstellungsmitteilung während eines Prozesses nachholt.

Darüber hinaus müssen die Erfordernisse des § 130 BGB gewahrt sein. Ihnen genügt **53** die elektronische Übermittlung nur, wenn der Empfänger durch Mitteilung seiner E-Mail-Anschrift, Fax-Nummer oder in sonstiger Weise zu erkennen gegeben hat, dass er mit einer telekommunikativen Übermittlung von rechtserheblichen Erklärungen einverstanden ist.[42] Da die Leistungseinstellungsmitteilung dem VN in Textform zugehen muss, läge es nahe, von einem fehlenden Zugang der Leitungseinstellungsmitteilung auszugehen, wenn diese den VN nicht in Textform erreicht.

Der VN kann sich auf die mangelnde Textform auch dann berufen, wenn er von dem **54** Inhalt der Einstellungsmitteilung unstreitig auf andere Art und Weise Kenntnis erlangt hat. Es ist in diesem Fall nicht treuwidrig, sich auf die mangelnde Einhaltung der Form zu berufen. Die Einhaltung der Textform soll dem VN auch eine dauerhafte Überprüfbarkeit der Erklärung des VR ermöglichen. Vor diesem Hintergrund ist eine formunwirksame Erklärung nachzuholen und wirkt dann ab Zugang nur in die Zukunft.

4. Einstellungsgründe. In tatsächlicher Hinsicht müssen die Umstände vorliegen, die **55** den VR zur Leistungseinstellung berechtigen.

a) **Verbesserung des gesundheitlichen Zustands.** Beruft sich der VR auf eine Verbesse- **56** rung des gesundheitlichen Zustandes des VN, so muss **tatsächlich** eine Verbesserung des gesundheitlichen Zustandes vorliegen. Die **irrtümliche Beurteilung** des Gesundheitszustandes allein begründet bei unverändertem Gesundheitszustand kein Recht zur Leistungseinstellung. Dies gilt auch für die Zukunft.[43]

Für eine Leistungseinstellung reicht es nicht aus, wenn zwar im Verhältnis zum An- **57** erkenntnis Veränderungen vorliegen, diese allein aber keine Leistungseinstellung rechtfertigen, sondern zusätzlich eine veränderte Bewertung der gesundheitlichen Situation erforderlich ist. Es reicht schließlich auch nicht aus, dass im Rahmen des Nachprüfungsverfahrens ein nunmehr vom VR beauftragter Sachverständiger zu einem geringeren Grad der Berufsunfähigkeit zum Zeitpunkt des Anerkenntnisses gekommen ist und von dieser Basis ausgehend zu einem Wiedererlangen der Berufsfähigkeit gelangt. Der VR ist im Rahmen der vorzunehmenden Vergleichsbetrachtung an die Feststellungen, die seinem Anerkenntnis zugrunde liegen, gebunden.

Stellt sich nach allem erst im Nachprüfungsverfahren heraus, dass ein Anerkenntnis zu **58** Unrecht abgegeben wurde, weil der vom VR beauftragte Arzt den gesundheitlichen Zustand des VN falsch beurteilt hat, und der VN tatsächlich nie berufsunfähig gewesen ist, so kann die Berufsunfähigkeit nicht wegfallen, weil sie tatsächlich nie bestanden hat. Dies kann dann zur Konsequenz haben, dass der VR möglicherweise für die volle Laufzeit des Versicherungsvertrags weiter zu leisten hat. In einer solchen Situation ist aber stets zu überprüfen, ob sich Schadenersatzansprüche gegen den Arzt ergeben, der vom VR im Rahmen des Erstprüfungsverfahrens beauftragt worden ist.

---

42 Vgl. MünchKo.BGB/*Einsele* § 130 Rn. 18.

43 Vgl. BGH 28.4.1999 VersR **1999** 958; BGH 16.12.1987 VersR **1988** 281.

59 Erforderlich ist demzufolge zum einen, dass in objektiver Hinsicht eine Gesundheitsverbesserung eingetreten ist und zum anderen sich diese gesundheitliche Verbesserung dergestalt ausgewirkt hat, dass bedingungsgemäße Berufsunfähigkeit weggefallen ist. Ist eine solche Veränderung eingetreten, so ist der VR dann leistungsfrei.

60 Fraglich ist, ob der Versicherte dem VR im Falle der Genesung entgegenhalten kann, er sei aufgrund krankheitsbedingt unterbliebener Fortbildung nicht mehr auf dem aktuellen Stand der Dinge und könnte schon aufgrund dieser Umstände dem vormals ausgeübten Beruf nicht mehr nachgehen. Dies wird zum Teil für unbillig gehalten[44]. Dem ist nicht zu folgen, denn die Berufsunfähigkeitsversicherung ist **keine Arbeitsplatzversicherung**. Etwas anderes kann allenfalls dann gelten, wenn sich in der Zwischenzeit derart gravierende Veränderungen ereignet, haben, dass es den vormals ausgeübten Beruf in dieser Form nicht mehr gibt. Entscheidend ist daher nur, ob in **objektiver Hinsicht eine Veränderung** gegenüber den Verhältnissen zum Zeitpunkt der Abgabe des Anerkenntnisses vorliegt. Würde man darüberhinausgehende Umstände mitberücksichtigen, so könnte der Versicherte dem VR auch entgegenhalten, dass seine Arbeitsstelle nach Eintritt der bedingungsgemäßen Berufsunfähigkeit aus betriebswirtschaftlichen Gründen seines Arbeitgebers gestrichen worden ist. Davon abgesehen hat der Versicherte auch die Möglichkeit, bei Wiedererstarken seinen beruflichen Wiedereinstieg vorzubereiten.

61 Streitig ist, ob es dem VR zum Nachteil gereicht, wenn sich im Zuge des Nachprüfungsverfahrens **neue gesundheitliche Beeinträchtigungen** herausstellen, die das Fortbestehen bedingungsgemäßer Berufsunfähigkeit rechtfertigen, im Rahmen des Erstprüfungsverfahrens aber noch nicht berücksichtigt worden sind. Nach teilweiser Auffassung soll der VR in diesem Fall nicht leistungsfrei geworden sein.[45] Nach anderer Auffassung soll es im Rahmen des Nachprüfungsverfahrens nur darauf ankommen, ob die Umstände, die zum Wegfall der Leistungspflicht führen, und diejenigen Umstände, die die Leistungspflicht begründet haben, miteinander verknüpft sind.[46] Nach dem früheren Anerkenntnis entstandene oder bei Abgabe des Anerkenntnisses nicht berücksichtigte Gesundheitsbeeinträchtigungen sollen demzufolge im Rahmen des Nachprüfungsverfahrens nicht zu beachten sein, weil die Nachprüfung lediglich Spiegelbild der Leistungsprüfung sein soll.

62 Dem ist nicht zu folgen. Derjenige VN, gegenüber dem der VR seine Leistungspflicht anerkannt hat, wird den VR in aller Regel nicht darüber informieren, ob neue zusätzliche Beschwerden aufgetreten sind, die ebenfalls eine Berufsunfähigkeit rechtfertigen, zumal er dies in aller Regel auch überhaupt nicht beurteilen kann, liegt doch nach eigener Einschätzung des VR bereits eine Berufsunfähigkeit vor. Demgegenüber schafft der VR mit der Abgabe eines Anerkenntnisses eine selbstständige Verpflichtung, von der er sich erst im Rahmen des Nachprüfungsverfahrens lösen kann. Aus diesem Grunde ist im Rahmen des Nachprüfungsverfahrens einzig und allein die Frage zu beantworten, ob nach wie vor bedingungsgemäße Berufsunfähigkeit besteht. Sind demzufolge bei Abgabe des Anerkenntnisses später entdeckte Gesundheitsbeeinträchtigungen unberücksichtigt geblieben oder tauchen später gesundheitliche Beeinträchtigungen auf, welche allein oder gemeinsam mit den berücksichtigen Beeinträchtigungen zur Berufsunfähigkeit führen, so kommt es auch im Rahmen des Nachprüfungsverfahrens darauf an, ob der VN **insgesamt berufsunfähig** ist. Jede andere Lösung würde den VN in unzumutbare Beweisschwierigkeiten bringen und ihn der Belastung eines zusätzlichen Leistungsantrags aussetzen, obwohl der VR seine Leistungspflicht doch bereits anerkannt hat. Ein solches Ergebnis ist unbillig. Im Rahmen des

---

[44] Vgl. **a.A.** Beckmann/Matusche-Beckmann/*Rixecker* § 46 Rn. 195; Prölss/Martin/*Lücke* § 174 Rn. 15.

[45] Vgl. OLG Karlsruhe 16.6.2009, AZ: 12 U 36/09.

[46] Langheid/Wandt/*Dörner* § 174 Rn. 8.

Nachprüfungsverfahrens können daher auch nachträglich oder bei Anerkenntnis unberücksichtigte Erkrankungen Berücksichtigung finden.

Der Wegfall der Berufsunfähigkeit wegen einer **Verbesserung der gesundheitlichen Situation** setzt voraus, dass der VN prognostisch in einem solchen Umfang wieder in seiner alten Tätigkeit arbeiten könnte, dass **keine Berufsunfähigkeit** mehr prognostiziert werden könnte, was der VR zu beweisen hat. Ist beispielsweise ein Versicherter berufsunfähig geworden, weil er nach ärztlicher Einschätzung aufgrund eines psychischen Leidens voraussichtlich mindestens sechs Monate nicht in der Lage war, seinem zuletzt in gesunden Tagen ausgeübten Beruf nachzugehen und kommt der Arzt im Rahmen des Nachprüfungsverfahrens zu dem Ergebnis, dass der Versicherte wohl zwei bis drei Monate in seiner alten Tätigkeit zu mehr als 50 % wieder arbeiten könnte, möglicherweise aber nicht länger, dann ist die bedingungsgemäße Berufsunfähigkeit trotz einer bestehenden gesundheitlichen Verbesserung nicht weggefallen. Kann der Sachverständige allerdings nicht sicher sagen, ob der Versicherte nach Ablauf von weiteren 6 Monaten wieder berufsunfähig werden wird und steht die Wiedererlangung von Berufsfähigkeit für einen Zeitraum von weiteren 6 Monaten fest, dann ist die Berufsunfähigkeit weggefallen. Allein die bloße Möglichkeit, dass sich der gesundheitliche Zustand des Versicherten wieder verschlechtern könnte, reicht nicht aus, um von einer fortbestehenden Berufsunfähigkeit auszugehen.[47] 63

b) Verweisung und Umorganisation. Entsprechendes gilt auch für Umorganisationsmöglichkeiten eines Selbständigen oder die Möglichkeit der Aufnahme einer Vergleichsbeschäftigung. Umorganisationsmöglichkeiten können im Rahmen eines Nachprüfungsverfahrens nur berücksichtigt werden, wenn diese dem Versicherten zum Zeitpunkt der Abgabe des Anerkenntnisses noch nicht zur Verfügung standen, weil es ansonsten an einer Veränderung fehlt. Im Rahmen des Nachprüfungsverfahrens kann der VR daher nur neue Umorganisationsmöglichkeiten berücksichtigen, die bei Abgabe des Anerkenntnisses noch **nicht** bestanden.[48] 64

Es reicht demzufolge auch hier nicht aus, dass der VR den Sachverhalt im Rahmen des Nachprüfungsverfahrens lediglich anders als im Erstprüfungsverfahren bewertet. Insbesondere kann der VR im Rahmen des Nachprüfungsverfahrens keine im Rahmen des Erstprüfungsverfahrens unterlassenen Überprüfungstätigkeiten wie z.B. das Verlangen der Vorlage aussagekräftiger betriebswirtschaftlicher Unterlagen nachholen. 65

Selbst bei einer neuen Umorganisation verwehrt der BGH dem VR allerdings ein Leistungseinstellungsrecht, wenn es sich um eine überobligationsmäßige Umorganisation gehandelt hat.[49] Der BGH führt aus, eine solche überobligationsmäßige Anstrengung liege vor, wenn der Versicherte durch Kapitaleinsatz sein Unternehmen erweitere. Es sei unbillig, den VR, obwohl er an dem unternehmerischen Risiko des Versicherten nicht beteiligt sei, davon profitieren zu lassen, indem er Leistungsfreiheit erhalte.[50] 66

Diese Argumentation überzeugt nicht uneingeschränkt. Zu Unrecht stellt der BGH in den Vordergrund seiner Überlegungen, dass die Umorganisationsmöglichkeit auf einer 67

---

47 OLG Saarbrücken 25.2.2015 BeckRS **2015** 17027.

48 Vgl. BeckOK-VVG/*Mangen* § 174 Rn. 16; Looschelders/Pohlmann/*Klenk* § 174 Rn. 12 m.w.N.; Langheid/Wandt/*Dörner* § 174 Rn. 17.

49 Vgl. BGH 28.4.1999 NJW-RR **1999** 1111, 1112.

50 Vgl. auch OLG Karlsruhe 23.9.2016 BeckRS **2016** 111436 mit derselben Argumentation bei dem Erwerb eines Busunternehmens durch den Versicherten. Auch OLG München 7.5.2015 RuS **2016** 479 zur Aufnahme einer neuen Tätigkeit nach Umschulung, auch *Neuhaus* M V 4 Rn. 34.

überobligationsmäßigen Anstrengung des Versicherten beruht. Ist für die Frage, ob eine durch den Versicherten veranlasste Veränderung im Rahmen des Nachprüfungsverfahrens berücksichtigt werden kann oder nicht, entscheidend, ob diese von ihm veranlasste Änderung überobligationsmäßig war oder nicht, dann könnte auch eine gesundheitliche Verbesserung nicht berücksichtigt werden, wenn diese auf einer durch den Versicherten veranlassten Operation beruht, zu deren Veranlassung er aufgrund der Regelungen des Versicherungsvertrags nicht gehalten war. Davon ist aber nicht auszugehen, denn aus welchem Grund die krankheitsbedingte Berufsunfähigkeit weggefallen ist, ist zunächst einmal irrelevant.

68 Beruft sich der VR im Rahmen des Nachprüfungsverfahrens im Einklang mit den Versicherungsbedingungen auf den **Erwerb neuer Fähigkeiten und Erfahrungen** des Versicherten, so versagt die Rechtsprechung dem VR die Verweisung nicht pauschal mit der Begründung, der Versicherte sei nicht verpflichtet, neue Kenntnisse und Fähigkeiten zu erwerben, sondern lediglich dann, wenn der Versicherte in dem ihm nun zugänglichen Vergleichsberuf einen Arbeitsplatz noch nicht erlangt hat oder sich um einen solchen Arbeitsplatz auch nicht oder nicht mehr in zumutbarer Weise bemüht hat.[51] Zu Recht weist die Literatur darauf hin, das von dem Versicherten erwartet werden kann und tatsächlich auch erwartet wird, dass er sich auf der Grundlage seiner neuen Qualifikation bewirbt, sich arbeitssuchend meldet oder auch ihm zumutbare ggf. vom VR sogar nachgewiesenen Stellenangeboten nachgeht.[52]

69 Dem Versicherten können daher im Rahmen des Nachprüfungsverfahrens **unternehmerische Entscheidungen**, die ihm zum Zeitpunkt der Prüfung der Berufsunfähigkeit im Rahmen des Erstprüfungsverfahrens nicht abverlangt werden durften, im Rahmen des Nachprüfungsverfahrens entgegengehalten werden, wenn derartige Entscheidungen in die Tat umgesetzt worden sind.[53] Im Rahmen des Nachprüfungsverfahrens ist daher nicht die Frage entscheidend, ob es sich um **überobligatorische Maßnahmen der Umorganisation** handelte, sondern ob der oben gefundene Grundsatz aus anderen, besonderen Gründen wie z.B. dem Einsatz besonders hoher Mittel zur Umsetzung der Umorganisation zu korrigieren ist. Diese Frage ist allerdings zu verneinen, denn der Beruf des Selbständigen wird eben durch sein Direktionsrecht und damit durch die Fähigkeit, unternehmerische Entscheidungen treffen zu können, geprägt. An dieser Stelle zwischen unterschiedlichen unternehmerischen Entscheidungen differenzieren zu wollen, würde zu einer inkonsistenten Rechtsprechung führen.[54]

70 Es ist vielmehr die Frage zu beantworten, ob aufgrund des Ausmaßes und der Größe der unternehmerischen Entscheidung noch eine zumutbare Umorganisation vorliegt, was stets voraussetzt, dass die Struktur des ursprünglichen Unternehmens erhalten bleibt. Fehlt es vor diesem Hintergrund an einer Umorganisation, stellt sich die Frage, ob diese **unzumutbar** war, nicht. Liegt allerdings eine zumutbare Umorganisationsmaßnahme vor, die dann durch den Versicherten auch in die Tat umgesetzt worden ist, so ist auch zu Lasten des Versicherten zu berücksichtigen.

71 Ist dem Versicherten eine **neue Umorganisationsmöglichkeit** entstanden und nutzt er diese nicht, dann ist er nicht mehr „durch" Krankheit, Körperverletzung oder Kräftever-

---

51 Vgl. BGH 3.11.1999 NVersZ **2000** 127, 129; neue Fähigkeiten müssen aber bereits erworben sein: BGH 11.12.1996 RuS **1997** 301, 302.

52 Vgl. Beckmann/Martusche-Beckmann/*Rixecker* § 46 Rn. 194; HK VVG/*Mertens* § 174 Rn. 6; Langheid/Rixecker/*Rixecker* § 174 Rn. 14.

53 Vgl. Beckmann/Martusche-Beckmann/*Rixecker* § 46 Rn. 197.

54 Vgl. auch Langheid/Rixecker/*Rixecker* § 174 Rn. 14.

falls berufsunfähig, sondern aufgrund unterlassener Umorganisation. Die Berufsunfähigkeitsversicherung soll gerade bei einem Selbständigen das Risiko abdecken, dass er keine Möglichkeit hat, seine gesundheitliche Beeinträchtigung durch eine zumutbare Umorganisationsmaßnahme zu kompensieren. Besteht diese Möglichkeit, dann muss der Versicherte sie aber auch gegen sich gelten lassen. Auch der Versicherte, der sich einer Operation unterzieht, zu deren Vornahme ihn der VR nicht „zwingen" könnte, nimmt mit der Operation zumindest stets das mit der Narkose verbundene Risiko auf sich. Gelingt die Operation und fällt dadurch die Berufsunfähigkeit weg, so wirkt sich dies auch auf die Leistungspflicht des VR aus. Für die Frage, ob eine nicht geschuldete Umorganisation zugunsten des Versicherten berücksichtigt werden darf, gilt nichts anderes.

Insbesondere eine Abgrenzung danach, ob der Versicherte einen Kapitaleinsatz vorgenommen hat, führt zu erheblichen Abgrenzungsschwierigkeiten. Es müsste nämlich geklärt werden, ob der Eigenkapitaleinsatz anders zu bewerten ist als der Einsatz von Fremdkapital. Auch müsste vor allen Dingen unter steuerlichen Gesichtspunkten überprüft werden, in welchem Umfang das von dem Versicherten geführte Unternehmen tatsächlich durch den Kapitaleinsatz belastet worden ist. Auch ein vorübergehender Eigenkapitalansatz kann aufgrund einer geschuldeten Verzinsung im Ergebnis zu einer Vermehrung des persönlichen Vermögens des Versicherten führen. **72**

c) **Neue berufliche Fähigkeiten.** Ob ein VR im Rahmen des Nachprüfungsverfahrens neu erworbene Fähigkeiten des Versicherten berücksichtigen darf, ist im Einzelfall zu prüfen. Nach § 9 Abs. 1 AVB BU ist das der Fall. Es spielt keine Rolle, dass der Versicherte nicht im Sinne einer Obliegenheit oder einer Schadenminderung verpflichtet oder nach Treu und Glauben gehalten ist, neue berufliche Fähigkeiten zu erwerben. Es kommt einzig und allein darauf an, ob er diese neuen beruflichen Fähigkeiten tatsächlich erworben hat und diese neue Verweisungsmöglichkeiten eröffnen. **73**

Nach Rechtsprechung und Literatur soll sich der VR erst dann auf die Eröffnung einer neuen bedingungsgemäßen Verweisungsmöglichkeit berufen dürfen, wenn der Versicherte entweder einen neuen Arbeitsplatz tatsächlich gefunden hat oder er sich nicht in zumutbarer Weise um diesen bemüht hat.[55] Sehen die Versicherungsbedingungen wie hier nur die Möglichkeit einer konkreten Verweisung vor, dann ist in der Tat entscheidend, ob der VN die Arbeitsstelle tatsächlich angetreten hat. **74**

5. **Rechtsfolge der wirksamen Leistungseinstellung.** Gemäß § 9 Abs. 4 AVB BU wird der VR frühestens mit dem Ablauf des 3. Monats nach Zugang der Erklärung nach Abs. 1 beim VN leistungsfrei. Aus dieser Regelung folgt, dass eine Einstellungsmitteilung immer nur in die Zukunft wirken kann.[56] Liegt vorher noch keine Einstellungsmitteilung vor oder entspricht die Mitteilung den gesetzlichen Anforderungen nicht, wird die Frist nicht in Lauf gesetzt. **75**

---

[55] Vgl. BGH 3.11.1999 VersR **2000** 171, 172; *Neuhaus* M V Rn. 43; Prölss/Martin/*Lücke* § 174 Rn. 19 m.w.N.

[56] Vgl. BGH 12.6.1996 VersR **1996** 958, 959; BGH 30.11.1999 VersR **2000** 171, 172.

§ 10
Was gilt bei einer Verletzung der Mitwirkungspflicht im Rahmen der Nachprüfung?

Solange eine Mitwirkungspflicht nach § 9 von Ihnen, der versicherten Person (*das ist die Person, auf deren Berufsfähigkeit die Versicherung abgeschlossen ist*) oder dem Anspruchserhebenden vorsätzlich nicht erfüllt wird, leisten wir nicht. Bei grob fahrlässiger Verletzung einer Mitwirkungspflicht sind wir berechtigt, unsere Leistung in einem der Schwere des Verschuldens entsprechenden Verhältnis zu kürzen. Beides gilt nur, wenn wir durch gesonderte Mitteilung in Textform (*z.B. Papierform oder E-Mail*) auf diese Rechtsfolge hingewiesen haben.

Weisen Sie nach, dass die Mitwirkungspflicht nicht grob fahrlässig verletzt worden ist, bleibt unsere Leistungspflicht bestehen.

Die Ansprüche bleiben auch bestehen, soweit Sie uns nachweisen, dass die Verletzung ohne Einfluss auf die Feststellung oder den Umfang unserer Leistungspflicht ist. Das gilt nicht, wenn die Mitwirkungspflicht arglistig verletzt wird.

Wenn die Mitwirkungspflicht später erfüllt wird, sind wir ab Beginn des laufenden Monats nach Maßgabe dieser Bedingungen zur Leistung verpflichtet.

Übersicht

A. Allgemeines

1 § 10 bezieht sich nach seinem eindeutigen Wortlaut nur auf die nach § 9 vorgesehenen Obliegenheiten im Rahmen des Nachprüfungsverfahrens.

B. Einzelheiten

2 Die Klausel orientiert sich hinsichtlich der Rechtsfolgen eines Verstoßes gegen die Mitwirkungspflichten an der Vorschrift des § 28 VVG. Auf dortige Kommentierung wird verwiesen.[1]

3 Zur endgültigen Verweigerung der Leistung ist der VR allerdings auch bei vorsätzlichem Verhalten nur berechtigt, soweit die unterlassene Mitwirkungshandlung nicht nachgeholt wird. Das soll nach dem Bedingungswortlaut sogar gelten, wenn der VN arglistig gehandelt hat, denn Abs. 4 differenziert insoweit nicht.

---

1 Vgl. Bruck/Möller/*Heiss* § 28 VVG.

§ 11
Welche Bedeutung hat der Versicherungsschein?

(1) Wir können Ihnen den Versicherungsschein in Textform (*z. B. Papierform oder E-Mail*) übermitteln. Stellen wir diesen als Dokument in Papierform aus, dann liegt eine Urkunde vor. Sie können die Ausstellung als Urkunde verlangen.

(2) Inhaber der Urkunde können wir als berechtigt ansehen, über die Rechte aus dem Vertrag zu verfügen, insbesondere Leistungen in Empfang zu nehmen. Wir können aber verlangen, dass uns der Inhaber der Urkunde seine Berechtigung nachweist.

Übersicht

A. Allgemeines

Im Rahmen der Klausel wird dem VN die Bedeutung des Versicherungsscheins erläutert. **1**

B. Einzelheiten

I. Übermittlung des Versicherungsscheins

Der Versicherungsschein muss nach § 11 Abs. 1 **nicht mehr in Papierform** ausgehändigt, sondern kann auch in Textform übermittelt werden. Der Begriff der Textform wird in der Klausel nicht näher erklärt, der exemplarische Hinweis auf eine Übersendung einer E-Mail lässt aber beim durchschnittlichen VN die Vorstellung aufkommen, dass er vom Versicherer jedenfalls eine der Textform genügende Nachricht erhält, der der Versicherungsschein beigefügt ist. Unter diesen Umständen dürfte eine Hinterlegung des Versicherungsscheins in einem Kundenportal selbst dann nicht den Anforderungen der Regelung genügen, wenn das Einstellen der Nachricht in das persönliche Kundenportal des Kunden den Anforderungen der Textform genügt. **2**

Der Versicherungsschein hat für den VN allerdings eine besondere Bedeutung, denn er ist ein qualifiziertes Legitimationspapier.[1] Der VN kann daher die Ausstellung einer Urkunde verlangen. Hierfür anfallende Mehrkosten sehen die Musterbedingungen nicht vor. **3**

II. Bedeutung des Versicherungsscheins

Der Versicherer ist bei Vorlage des Versicherungsscheins berechtigt, an den **Inhaber der Urkunde** leistungsbefreiend zu leisten, er muss es aber nicht, sondern kann sich die Berech- **4**

[1] Zur rechtlichen Einordnung des Versicherungsscheins als qualifiziertes Legitimationspapier vgl. BGH 20.5.2009 RuS **2009** 342, auch Bruck/Möller/*Winter* § 168 Rn. 26.

tigung desjenigen, der Forderungen geltend macht, auch auf andere Art und Weise nachweisen lassen. Den Versicherer trifft nach allem keine Prüfungspflicht.[2]

5 Fraglich ist allerdings, ob eine Leistungsbefreiung auch dann eintreten kann, wenn der Versicherungsschein per E-Mail übersandt und sodann ausgedruckt oder dem Versicherer nur eine PDF-Datei übermittelt wurde. Hierzu lässt sich § 11 Abs. 1 AVB BU nichts entnehmen, aus § 3 Abs. 1 VVG ergibt sich allerdings, dass der Gesetzgeber zwischen einem Versicherungsschein in Textform und einem Versicherungsschein, der Urkundsqualität hat, unterscheidet. Urkundsqualität im Sinne dieser Vorschrift hat der Versicherungsschein dann, wenn er in Papierform erstellt ist.[3] Die Übermittlung einer nichts ausgedruckten PDF -Datei reicht daher nicht aus, um den Übermittler als Inhaber der „Urkunde“ anzusehen.

6 Nach § 11 Abs. 2 AVB BU kann der Versicherer den Inhaber der Urkunde auch als berechtigt ansehen, über die Rechte aus dem Vertrag zu verfügen. Jedenfalls für die Lebensversicherung hat der BGH entschieden, dass der Inhaber des Originalversicherungsscheins auch als zur Kündigung berechtigt angesehen werden kann, wenn dieser die Auszahlung des Rückkaufswerts erstrebt und die Kündigung mit dem Namen des Versicherten unterschrieben hat.[4] Etwas anderes soll nur gelten, wenn der Versicherer die Nichtberechtigung des Inhabers positiv kennt oder die Leistung an den Inhaber aus sonstigen Gründen gegen Treu und Glauben verstößt.[5]

7 In der Berufsunfähigkeitsversicherung wird der durch den BGH entschiedene Sachverhalt selten vorkommen. Leistungsansprüche werden in der Regel ohne Vorlage des Versicherungsscheins erhoben. Wenn ein Dritter, z.B. ein Angehöriger der versicherten Person, Ansprüche gegen gen Versicherer geltend macht, weil diese hierzu gesundheitsbedingt nicht in der Lage ist, ist es allerdings denkbar, dass der Versicherer um einen Nachweis der Berechtigung bittet. Dass in einer solchen Situation ein Versicherungsvertrag gekündigt wird, ist allerdings eine ungewöhnliche Situation. Die praktische Relevanz der Klauseln scheint daher in der Berufsunfähigkeitsversicherung eher gering zu sein.

§ 12
Wer erhält die Leistung?

(1) Als unser Versicherungsnehmer können Sie bestimmen, wer die Leistung erhält. Wenn Sie keine Bestimmungen treffen, leisten wir an Sie.

Bezugsberechtigung

(2) Sie können uns widerruflich oder unwiderruflich eine andere Person benennen, die die Leistung erhalten soll (Bezugsberechtigter).

Wenn Sie ein Bezugsrecht **widerruflich** bestimmen, erwirbt der Bezugsberechtigte das Recht auf die Leistung erst mit dem Eintritt des jeweiligen Versicherungsfalls. Deshalb können Sie Ihre Bestimmung bis zum Eintritt des jeweiligen Versicherungsfalls jederzeit widerrufen. Wenn wir Renten zahlen, tritt mit jeder Fälligkeit einer Rente ein eigener Versicherungsfall ein.

---

[2] So auch Prölss/Martin/*Lücke* § 11 BuVAB Rn. 4.

[3] Vgl. Langheid/Wandt/*Armbrüster* § 3 Rn. 29.

[4] BGH 20.5.2009 RuS **2009** 342.

[5] BGH 20.5.2009 RuS **2009** 342.

Sie können ausdrücklich bestimmen, dass der Bezugsberechtigte sofort und **unwiderruflich** das Recht auf die Leistung erhält. Sobald uns Ihre Erklärung zugegangen ist, kann dieses Bezugsrecht nur noch mit Zustimmung des unwiderruflich Bezugsberechtigten geändert werden.

Abtretung und Verpfändung

(3) Sie können das Recht auf die Leistung bis zum Eintritt des jeweiligen Versicherungsfalls grundsätzlich ganz oder teilweise an Dritte abtreten und verpfänden, soweit derartige Verfügungen rechtlich möglich sind.

Anzeige

(4) Die Einräumung und der Widerruf eines Bezugsrechts (Absatz 2) sowie die Abtretung und die Verpfändung (Absatz 3) sind uns gegenüber nur und erst dann wirksam, wenn sie uns vom bisherigen Berechtigten in Textform (*z.B. Papierform, E-Mail*) angezeigt worden sind. Der bisherige Berechtigte sind im Regelfall Sie als unser Versicherungsnehmer. Es können aber auch andere Personen sein, sofern Sie bereits zuvor Verfügungen (z.B. unwiderrufliche Bezugsberechtigung, Abtretung, Verpfändung) getroffen haben.

Übersicht

Schrifttum

Stöber Das Gesetz zum Pfändungsschutz für Altersvorsorge, NJW 2007 1242; *Hasse* Der neue Pfändungsschutz der Altersvorsorge und Hinterbliebenenabsicherung, VersR 2007 870; *Wollmann* Berufsunfähigkeitsrenten Selbständiger sind nicht Teil der Insolvenzmasse, ZInsO 2009 2319.

A. Allgemeines

Für den VR ist es schon aufgrund der regelmäßig sehr hohen Beträge, die im Rahmen **1** einer Berufsunfähigkeitsversicherung versichert sind, wichtig, an den materiell Berechtigten zu zahlen. In der Berufsunfähigkeitsversicherung kommt hinzu, dass deren Funktion nur erreicht werden kann, wenn auch tatsächlich an den materiell Berechtigten geleistet wird. Regelmäßig ist dies die versicherte Person. Die Klausel lässt aber auch abweichende Regelungen zu.

B. Einzelheiten

I. Leistungsempfänger

Der VN kann frei bestimmen, wer Empfänger der Leistung sein soll. Das gilt nicht nur **2** für die Lebensversicherung, sondern auch für die Berufsunfähigkeitsversicherung. Damit wird in § 12 AVB BU nur klargestellt, was sich ohnehin schon aus den §§ 176, 159 ergibt:

dem VN wird die Möglichkeit angeboten, einem Dritten den Anspruch auf die Versicherungsleistung einzuräumen und damit einen **Vertrag zugunsten Dritter i.S.d. § 328 BGB** zu schließen.[1] Kommt es zur Einsetzung eines Dritten durch den VN, so erhält dieser einen direkten und originären Rechtsanspruch gegen den VR.[2]

2 Wie in der Lebensversicherung kann der VN ein **widerrufliches und ein unwiderrufliches Bezugsrecht** einräumen. Hinsichtlich der Unterschiede und weiteren Einzelheiten wird auf die Kommentierung zur Lebensversicherung verwiesen.[3]

II. Pfändbarkeit, Abtretung und Verpfändung

3 **1. Allgemeines.** Die Ansprüche aus einer Berufsunfähigkeitsversicherung sollen vor allen Dingen die wirtschaftlichen Nachteile ausgleichen, die der Versicherte erleidet, weil er aufgrund gesundheitlicher Defizite seinen Beruf nicht mehr wie zuletzt in gesunden Tagen ausüben kann. Vor diesem Hintergrund ist es für den Versicherten von großer Bedeutung, ob die aus einer Berufsunfähigkeitsversicherung generierten Leistungen diese Aufgabe auch dann erfüllen können, wenn es dem Versicherten an liquiden Mitteln fehlt. Letzteres ist bei Eintritt des Versicherungsfalls „Berufsunfähigkeit" geradezu typisch für die wirtschaftliche Situation des Versicherten. Einkünfte aus seiner Erwerbstätigkeit erzielt der Versicherte in der Regel nicht mehr, weil er eben nicht mehr erwerbstätig sein kann. Einkünfte z.B. aus dem Bezug von Krankentagegeld erzielt der Versicherte meist nicht mehr, weil sich der Krankentagegeldversicherer auf den Standpunkt stellt, der Versicherte sei berufsunfähig, was zum Wegfall der Versicherungsfähigkeit des Versicherten führt. Für den Versicherten ist daher gerade nach Eintritt des finanziellen Engpasses von größter Bedeutung, ob ihm selbst bei mangelnder Liquidität die Leistung aus der Berufsunfähigkeitsversicherung wirtschaftlich erhalten bleibt.

4 **2. Zwangsvollstreckung.** Gemäß § 850 Abs. 1 ZPO kann Arbeitseinkommen, das in Geld zahlbar ist, nur nach Maßgabe der §§ 850 a bis 850 i ZPO gepfändet werden. Arbeitseinkommen in diesem Sinne sind gemäß § 850 Abs. 3 ZPO auch **Renten, die aufgrund von Versicherungsverträgen** gewährt werden, wenn diese Verträge zur Versorgung des VN oder seiner unterhaltsberechtigten Angehörigen eingegangen sind. Diese Vorschrift erfasst auch Berufsunfähigkeitsrenten.[4]

5 Die Berufsunfähigkeitsrente unterliegt damit den Pfändungseinschränkungen der §§ 850 a bis 850 i ZPO. Gemäß § 850 b Abs. 1 Nr. 1 ZPO sind Renten, die wegen einer Verletzung des Körpers oder der Gesundheit zu entrichten sind, **grundsätzlich unpfändbar.** Sie können gemäß § 850 b Abs. 2 ZPO nach den für Arbeitseinkommen geltenden Vorschriften gepfändet werden, wenn die Vollstreckung in das sonstige wirkliche Vermögen des Schuldners zu einer vollständigen Befriedigung des Gläubigers nicht geführt hat oder voraussichtlich nicht führen wird und wenn nach den Umständen des Falles, insbesondere nach der Art des beizutreibenden Anspruchs und der Höhe der Bezüge die Pfändung der Billigkeit entspricht.

6 Auch wenn Leistungen aus einer Berufsunfähigkeitsversicherung nicht nur bei Vorliegen einer Körperverletzung erbracht werden, sind Renten aus einer privaten Berufsunfä-

---

[1] Vgl. Bruck/Möller/*Winter* § 159 Rn. 5.
[2] A.a.O.
[3] Vgl. Bruck/Möller/*Winter* § 159 Rn. 50ff.
[4] Vgl. OLG München 27.7.1993 VersR **1996** 318; Langheid/Wandt/*Dörner* § 172 Rn. 233, m.w.N.; *Neuhaus* S I Rn. 4.

higkeitsversicherung als Renten im Sinne des § 850 b Abs. 1 Nr. 1 ZPO zu qualifizieren.[5] Dies gilt zum einen für den Fall, dass die Berufsunfähigkeit bereits eingetreten ist und Zahlungen an den Schuldner geleistet werden. Zum anderen unterliegen Ansprüche aus einer Berufsunfähigkeitsversicherung aber auch schon vor Eintritt des Versicherungsfalls dem Pfändungsschutz des § 850 b ZPO[6]. § 850 b ZPO dient der Existenzsicherung des Schuldners. Die grundsätzliche Unpfändbarkeit der in dieser Vorschrift genannten Renten, die nur im Einzelfall und unter bestimmten Voraussetzungen nach § 850 b Abs. 2 ZPO ganz oder teilweise aufgehoben werden kann, soll dafür sorgen, dass dem Schuldner das Existenzminimum verbleibt.[7] Dieses Ziel kann nur erreicht werden, wenn Renten aus einer Berufsunfähigkeitsversicherung bereits vor Eintritt des Versicherungsfalls dem Pfändungsschutz unterliegen. Berufsunfähigkeitsrenten sind demzufolge bedingt pfändbar.[8] Dem Schuldner ist zumindest so viel zu überlassen, wie er zur Absicherung seines Existenzminimums benötigt.

Nur bedingt pfändbare Ansprüche fallen nicht in die Insolvenzmasse. Dies gilt auch für **7** Ansprüche aus einer Berufsunfähigkeitsversicherung.[9] Aus der Unpfändbarkeit folgt gemäß §§ 400, 1274 Abs. 2 BGB die Unabtretbarkeit einer Forderung auf Zahlung einer Berufsunfähigkeitsrente.

§ 850 Abs. 3 b ZPO gilt allerdings nicht für selbstständige oder freiberuflich tätige Per- **8** sonen, weil diese kein Arbeitseinkommen generieren.

Die Pfändung von Bezügen im Sinne des § 850 b Abs. 1 ZPO kann grundsätzlich durch **9** sog. Blankettbeschluss entsprechend § 850 c Abs. 3 Satz 2 ZPO bewirkt werden. Dann greifen die §§ 850 c, 850 d ZPO sowie bei Vollstreckung wegen Forderung aus den vorsätzlich begangenen unerlaubten Handlungen § 850 f Abs. 1 ZPO ein.[10]

Ob § 850 b ZPO auf Selbstständige oder freiberuflich Tätige entsprechend anwendbar **10** ist, ist umstritten. Nach teilweiser Auffassung ist die Vorschrift nicht nur auf Renten, Einkünfte und Bezüge von **Arbeitnehmern und Beamten**, sondern auch von anderen Personen, **insbesondere Selbstständigen** anwendbar.[11] Zur Begründung wird ausgeführt, dass die Vorschrift nicht an den in § 850 Abs. 2 und 3 ZPO definierten Begriff des Arbeitseinkommens anschließt, sondern den Pfändungsschutz für andersartige Einkünfte („unpfändbar sind ferner …") erweitert. Von einer Beschränkung auf Ansprüche von Arbeitnehmern oder Beamten sei im gesamten Wortlaut des § 850 b ZPO keine Rede. Vielmehr ergebe sich aus § 850 b Abs. 2 ZPO, dass die vorgenannten Bezüge nach den für Arbeitseinkommen geltenden Vorschriften gepfändet werden und somit gerade kein Arbeitseinkommen sind. Es gebe daher keinen Grund, den Pfändungsschutz nur Arbeitnehmern und Beamten zukommen zu lassen. Hierfür spreche auch die Gesetzgebungsgeschichte, die keine Hinweise auf eine Beschränkung von Ansprüchen auf Arbeitnehmer oder Beamte zulassen. Im Rahmen der Neufassung des § 851 c ZPO habe der Gesetzgeber ausdrücklich klargestellt, dass der Pfändungsschutz des § 850 b Abs. 1 Nr. 1 ZPO durch § 851 c ZPO nicht berührt werde (BT-Drucksache 16/886, S. 8 li. Sp.), was nur den Rückschluss zulasse, dass er die Rege-

---

[5] Vgl. OLG Karlsruhe 21.6.2001 InVo **2002** 238; OLG Jena 19.5.2000 **InVo 2001** 298, auch BGH 3.12.2009 NJW-RR **2010** 474.

[6] Vgl. OLG Jena 19.5.2000 VersR **2000** 1005; BeckOK-ZPO/*Vorwerk*/*Wolf* § 850 b, Rn. 17.

[7] Vgl. BGH 25.1.1978 NJW **1978** 950, 951; BGH 3.12.2009 NJW-RR **2010** 474, 476.

[8] Vgl. BGH 3.12.2009 NZI **2010** 141.

[9] Vgl. BGH 3.12.2009 NJW-RR **2010** 474, 476.

[10] Vgl. *Rauscher*/*Krüger*/*Smid* § 850 b Rn. 2.

[11] Vgl. BGH 15.7.2010 RuS **2012** 37; Langheid/Wandt/*Dörner* § 172 Rn. 233.

lung des § 850 b Abs. 1 Nr. 1 ZPO auch auf Selbstständige angewendet wissen wolle. Hierfür sprechen schließlich auch Sinn und Zweck der Vorschrift, die gerade verhindern soll, dass der Schuldner seine Existenzgrundlage verliert.[12] Dies gelte aber ebenso für Selbstständige. Auch diese seien auf die Rente angewiesen, um ihren Lebensunterhalt zu bestreiten. Selbstständige seien nicht weniger schutzbedürftig als Arbeitnehmer.

11 Dem wird entgegengehalten, aus dem normativen und historischen Kontext der §§ 850 bis 851 k ZPO ergebe sich, dass die Berufsunfähigkeitsrenten Selbstständiger nicht durch die vorgenannten Vorschriften erfasst seien. Außerdem habe der Gesetzgeber im Jahre 2007 durch Einführung des Gesetzes zum Pfändungsschutz der Altersvorsorge, welches gerade auch den Pfändungsschutz Selbstständiger verbessert und das Existenzminimum abgesichert habe, den Pfändungsschutz Selbstständiger verbessert.[13]

12 Dies überzeugt allerdings nicht. Wie der BGH zu Recht ausgeführt hat, sind Selbstständige im Notfall nicht in einem geringeren Maße schutzbedürftig als Arbeitnehmer. Völlig zu Recht hat der BGH darauf hingewiesen, dass die Vorsorge für eine solche Notlage, in die der Versicherte bei Eintritt der Berufsunfähigkeit gerät, anders als die Altersvorsorge nicht langfristig planbar sei. Ein Notfall, der zur Berufsunfähigkeit führt, kann den Versicherten auch schon in jüngerem Alter ereilen, bevor er z.B. in der Lage gewesen ist, ausreichende Reserven für den Liquiditätsausfall aufzubauen.

13 § 851 c Abs. 1 Nr. 1 ZPO ist im Regelfall auf Berufsunfähigkeitsrenten nicht anzuwenden, weil diese zeitlich beschränkt sind, die Vorschrift aber das Vorliegen einer lebenslangen Rente erfordert. Anders ist es aber, wenn die Berufsunfähigkeitsrente zwar zeitlich beschränkt, aber Bestandteil einer lebenslangen Rente ist. In diesem Fall kommt ein Pfändungsschutz in Betracht.[14] Hintergrund ist, dass auch bei dieser Konstellation der gesetzgeberische Zweck erfüllt ist, der sichergestellt sehen will, dass das Vorsorgekapital nicht zu anderen Zwecken als der Altersvorsorge genutzt und nur in einer Höhe vor dem Gläubigerzugriff geschätzt wird, die notwendig ist, um dem VN den für die Existenzsicherung im Alter notwendigen Betrag zu sichern. Das damit geschützte Vorsorgekapital kann auch dann nicht missbräuchlich anderen Zwecken zugeführt werden, wenn gewährleistet ist, dass die Leistungen erst mit dem Beginn der Altersversorgung, also nicht vor Vollendung des 60. Lebensjahres oder bei Eintritt der Berufsunfähigkeit, ausschließlich als lebenslange Leistung erbracht werden. Es ist demzufolge zu überprüfen, ob die Rentenansprüche eine einheitliche lediglich aus gesundheitlichen Gründen vorgezogene Alterssicherung darstellen. Das ist z.B. dann nicht der Fall, wenn die Rentenhöhen extrem unterschiedlich sind, was der BGH z.B. bejaht hat, wenn eine Berufsunfähigkeitsrente in Höhe von € 912,11 einer Altersrente in Höhe von € 91,30 gegenüber steht.

14 Gemäß § 167 VVG ist es möglich, für den Schluss der laufenden Versicherungsperiode eine Lebensversicherung umzuwandeln, die den Anforderungen des § 851 c Abs. 1 ZPO entspricht. Voraussetzung ist allerdings, dass der VN tatsächlich noch verfügungsberechtigt ist.[15] Bei dem Umwandlungsrecht des § 167 VVG handelt es sich allerdings nicht um ein einseitiges Gestaltungsrecht, sondern das Umwandlungsbegehren des VN muss durch den VR angenommen werden.[16] Ein Gestaltungsrecht scheidet aus, weil die Rechtsfolge

---

[12] Vgl. auch Beckmann/Matusche-Beckmann/*Rixecker* § 46 Rn. 233; Langheid/Wandt/*Dörner* § 172 Rn. 233; *Wollmann* ZInsO **2009** 2319.

[13] Vgl. LG Dortmund 22.7.2008 BeckRS **2010** 18983.

[14] Vgl. BGH 5.7.2010 BeckRS **2010** 18940.

[15] Vgl. *Neuhaus* S I Rn. 24; Looschelders/Pohlmann/*Krause* § 167 Rn. 7; HK VVG/*Brambach* § 167, Rn. 3.

[16] Vgl. Prölss/Martin/*Reiff* § 167 Rn. 5; Langheid/Wandt/*Mönnich* § 167 Rn. 9; *Neuhaus* S I Rn. 25.

anders als bei § 165 mit Abgabe der Erklärung nicht feststeht. Es liegt vielmehr ein gesetzlicher Anspruch auf Abschluss eines Änderungsvertrages vor, innerhalb der Grenzen von Treu und Glauben kann der VR frei entscheiden, welchen Tarif er anbietet.[17] Das Umwandlungsverlangen selbst muss unwiderruflich sein, weil ansonsten das Ziel des Vorliegens eines Pfändungsschutzes nicht erreicht werden kann.

Der Umwandlungsanspruch besteht nicht, wenn, soweit und solange Rechte Dritter **15**
entgegenstehen. Dies gilt insbesondere, wenn die Ansprüche aus der Lebensversicherung abgetreten oder gepfändet sind.[18] Dies gilt auch im Fall der Verpfändung und eines unwiderruflichen Bezugsrechts.[19]

Rechtsfolge des Umwandlungsverlangens muss sein, dass die Versicherung den Anfor- **16**
derungen des § 851 c Abs. 1 ZPO entspricht. Die Leistung muss demzufolge in regelmäßigen Zeitabständen gewährt werden, und zwar lebenslang und nicht vor Vollendung des 60. Lebensjahres bzw. bei Eintritt der Berufsunfähigkeit. Die Verfügung des VN über die Ansprüche aus dem Vertrag muss ausgeschlossen sein. Es muss gewährleistet sein, dass nur der VN selbst oder dessen Hinterbliebene als Bezugsberechtigte bestimmt werden und die Zahlung einer Kapitalleistung außer für den Todesfall darf nicht vereinbart sein. Das Verfügungsverbot des VN nach § 851 c Abs. 1 Nr. 2 ZPO ist weit zu verstehen.[20] Es erfasst Abtretung, Verpfändung und sonstige Übertragung nicht nur von Rentenansprüchen, sondern auch von den nach § 851 c Abs. 2 ZPO pfändungsgeschützten Ansprüchen auf den Rückkaufswert.[21] Ein nach § 851 c Abs. 1 ZPO geschützter Vertrag kann auch nicht als Sicherungsmittel eingesetzt werden. Ferner muss eine vorzeitige Kündigung durch den VN ausgeschlossen sein.[22] Zu den Hinterbliebenen gehören nicht nur Ehegatte, Kinder und Pflegekinder des VN, sondern auch dessen gleichgeschlechtlicher Lebenspartner im Sinne des Lebenspartnerschaftsgesetzes, nicht aber der Lebensgefährte.[23] Ob der Ausschluss für Kapitalleistungen den Todesfall des VN ausschließt, ist umstritten. Nach teilweiser Auffassung gilt der Pfändungsschutz nur für laufende Rentenzahlungen auch an Hinterbliebene.[24] Richtig ist, dass der Ausschluss der Kapitalleistungen nicht für eine Leistung im Todesfall gilt, hiermit aber nur der Todesfall des VN gemeint ist, denn der Pfändungsschutz nach § 851 c Abs. 1 ZPO wird nicht beeinträchtigt, wenn dem Schuldner zwar vertraglich ein Kapitalisierungsrecht eingeräumt war, dieses aber zur Zeit der Pfändung nicht bestand.[25] Ob der Pfändungsschutz nach § 851 c Abs. 1 ZPO bereits dann beginnt, wenn der Änderungsantrag beim VR eingegangen ist oder erst dann, wenn der VR den Änderungsantrag angenommen und die Umwandlung des Versicherungsvertrags vollzogen hat, ist umstritten.[26] Wenn man in dem Umwandlungsverlangen kein Gestaltungsrecht des VN

---

17 Vgl. OLG Hamm 26.3.2010 RuS **2011** 261; Prölss/Martin/*Reiff* § 167 Rn. 5; Looschelders/Pohlmann/*Krause* § 167 Rn. 11; HK VVG/*Brambach* § 167 Rn. 11.

18 Vgl. BT-Drucks. 16/886 S. 14; BFH 31.7.2007 BB **2007** 2275, 2277.

19 Vgl. Prölss/Martin/*Reiff* § 167 Rn. 8; Langheid/Wandt/*Mönich* § 167 Rn. 7.

20 Vgl. Prölss/Martin/*Reiff* § 167 Rn. 10

21 Vgl. Prölss/Martin/*Reiff* § 167 Rn. 10; *Hasse* VersR **2007** 870, 886.

22 Vgl. Looschelders/Pohlmann/*Krause* § 167 Rn. 9; Prölss/Martin/*Reiff* § 167 Rn. 10; Langheid/Wandt/*Mönich* § 167 Rn. 30 m.W.N.

23 Vgl. BGH 5.11.2010 VersR **2011** 1287, 1288; Prölss/Martin/*Reiff* § 167 Rn. 11; *Stöber* NJW **2007** 1242, 1245; Looschelders/Pohlmann/*Krause* § 167 Rn. 10.

24 Vgl. *Hasse* VersR **2007** 870, 886.

25 Vgl. BGH 25.11.2010 VersR **2011** 1287, 1288.

26 Für Zugang des Änderungsantrags: Prölss/Martin/*Reiff* § 167 Rn. 14; HK VVG/*Brambach* § 167 Rn. 14; Bruck/Möller/*Winter* § 167 Rn. 84; *Hasse* VersR **2007** 870, 889; Looschelders/Pohlmann/*Krause* § 167 Rn. 12–13. Für die Umwandlung durch Änderungsvertrag: *Specker* VersR **2011** 958, 960.

sieht, sondern einen gesetzlichen Anspruch auf Abschluss eines Änderungsvertrags, dann ist es konsequent, nicht bereits auf den Zugang der seitens des VN abgegebenen Willenserklärung abzustellen, sondern auf das Zustandekommen des Änderungsvertrags.

17 **3. Abtretung und Verpfändung.** Nach § 12 Abs. 3 und 4 AVB BU sind Abtretung und Verpfändung von Ansprüchen aus dem Versicherungsvertrag gegenüber dem VR in Textform anzuzeigen. Voraussetzung ist natürlich, dass Ansprüche aus der Berufsunfähigkeitsversicherung überhaupt wirksam abgetreten werden können. Bis zur Vorlage der Anzeige sind die Verfügungen unwirksam.[27]

18 Die Musterbedingungen treffen keine eigene Aussage zu der rechtlichen Zulässigkeit der Abtretung und Verpfändung von Ansprüchen aus einer Berufsunfähigkeitsversicherung. Es gelten daher die allgemeinen Grundsätze: aus der Unpfändbarkeit folgen Unverpfändbarkeit und Unabtretbarkeit, §§ 400, 1274 Abs. 2 BGB. Damit gilt das oben Gesagte entsprechend.

§ 13
Was müssen Sie bei der Beitragszahlung beachten?

(1) Die Beiträge zu Ihrem Vertrag können Sie je nach Vereinbarung in einem Beitrag (Einmalbeitrag), monatlich, viertel-, halbjährlich oder jährlich zahlen.

(2) Den ersten Beitrag oder den Einmalbeitrag müssen Sie unverzüglich (*d.h. ohne schuldhaftes Zögern*) nach Abschluss des Vertrages zahlen, jedoch nicht vor dem mit Ihnen vereinbarten, im Versicherungsschein angegebenen Versicherungsbeginn. Alle weiteren Beiträge (Folgebeiträge) werden jeweils zu Beginn der vereinbarten Versicherungsperiode fällig. Die Versicherungsperiode umfasst bei Einmalbeitrags- und Jahreszahlungen ein Jahr, ansonsten entsprechend der Zahlungsweise einen Monat, ein Vierteljahr bzw. ein halbes Jahr.

(3) Sie haben den Beitrag **rechtzeitig** gezahlt, wenn Sie bis zum Fälligkeitstag (Abs. 2) alles getan haben, damit der Beitrag bei uns eingeht. Wenn die Einziehung des Beitrags von einem Konto vereinbart wurde, gilt die Zahlung in folgendem Fall als rechtzeitig:
- Der Beitrag konnte am Fälligkeitstag eingezogen werden und
- Sie haben einer berechtigten Einziehung nicht widersprochen.

Konnten wir den fälligen Beitrag ohne Ihr Verschulden nicht einziehen, ist die Zahlung auch dann noch rechtzeitig, wenn sie unverzüglich nach unserer Zahlungsaufforderung erfolgt. Haben Sie zu vertreten, dass der Beitrag wiederholt nicht eingezogen werden kann, sind wir berechtigt, künftig die Zahlung außerhalb des Lastschriftverfahrens zu verlangen.

(4) Sie müssen die Beiträge auf Ihre Gefahr und Ihre Kosten zahlen.

(5) Bei Fälligkeit einer Leistung werden wir etwaige Beitragsrückstände verrechnen.

---

[27] Vgl. BGH 19.2.1992 VersR **1992** 561; BGH 31.10.1990 r + s **1991** 104, 105.

Übersicht

A. Allgemeines

1 § 13 AVB BU regelt zunächst einmal, welche Zahlperioden bei einer Berufsunfähigkeitsversicherung vereinbart werden können. Ferner wird der VN für die Folgen eines Zahlungsverzugs sensibilisiert.

B. Einzelheiten

2 Nach § 13 Abs. 1 kann der VN zwischen monatlicher, vierteljährlicher halbjährlicher oder jährlicher Zahlung frei wählen. Da die Musterbedingungen somit keine Vorgabe machen, kommt es entscheidend auf den Inhalt des abgeschlossenen Versicherungsvertrags an.

3 § 13 Abs. 2 berücksichtigt nicht, dass ein im Antragsmodell geschlossener Versicherungsvertrag erst im vollen Umfang wirksam ist, wenn dem VN keine Widerrufsmöglichkeit mehr zusteht.[1] Allerdings kann von der Regelung des § 33 Abs. 1 VVG gem. § 42 VVG auch zu **Lasten** des VN abgewichen werden. Für die in § 2 Abs. 2 S. 2 angesprochene Einmalbeitragsversicherung gelten § § 152 Abs. 3, 176 VVG.

4 § 13 Abs. 3 S. 1 orientiert sich an der gesetzlichen Regelung des § 36 Abs. 1.

5 § 13 Abs. 3 S. 2 erläutert, wann bei Vereinbarung des Lastschriftverfahrens eine **rechtzeitige Zahlung** vorliegt. Nicht geregelt wird demnach, wann Erfüllung eintritt. Zieht der VR daher den fälligen Beitrag am Fälligkeitstag nicht vom Konto des VN ein, obwohl er eingezogen werden konnte, so ist keine Erfüllung eingetreten, allerdings kann der VR bei späterer Zahlung keine verspätete Zahlung einwenden. Der VR kann den VN zur Zahlung auffordern, wobei dies in Textform zu geschehen hat, § 33 Abs. 2.

6 § 13 Abs. 4 nimmt die Regelung des § 36 Abs. 1 S. 2, § 13 Abs. 5 die Regelung des § 35 auf. Es handelt sich daher nur um klarstellende Vorschriften.

§ 14
Was geschieht, wenn Sie einen Beitrag nicht rechtzeitig zahlen?

Erster Beitrag oder Einmalbeitrag

(1) Wenn Sie den ersten Beitrag oder den Einmalbeitrag nicht rechtzeitig zahlen, können wir – solange die Zahlung nicht bewirkt ist – vom Vertrag zurücktreten. In diesem Fall können wir von Ihnen die Kosten für ärztliche Untersuchungen im Rahmen einer Gesundheitsprüfung verlangen. Wir sind nicht zum Rücktritt berechtigt, wenn uns nachgewiesen wird, dass Sie die nicht rechtzeitige Zahlung nicht zu vertreten haben.

[1] Zur schwebenden Wirksamkeit vgl. BGH 28.6.2017 NJW **2017** 3387, 3389.

(2) Ist der erste Beitrag oder der Einmalbeitrag bei Eintritt des Versicherungsfalls noch nicht gezahlt, sind wir nicht zur Leistung verpflichtet. Das gilt nur, wenn wir Sie durch gesonderte Mitteilung in Textform (*z.B. Papierform, E-Mail*) oder durch einen auffälligen Hinweis im Versicherungsschein auf diese Rechtsfolge aufmerksam gemacht haben. Unsere Leistungspflicht bleibt jedoch bestehen, wenn Sie uns nachweisen, dass Sie das Ausbleiben der Zahlung nicht zu vertreten haben.

Folgebeitrag

(3) Zahlen Sie einen Folgebeitrag nicht rechtzeitig, können wir Ihnen auf Ihre Kosten in Textform eine Zahlungsfrist setzen. Die Zahlungsfrist muss mindestens zwei Wochen betragen.

(4) Für einen Versicherungsfall, der nach Ablauf der gesetzten Zahlungsfrist eintritt, entfällt oder vermindert sich der Versicherungsschutz, wenn Sie sich bei Eintritt des Versicherungsfalls noch mit der Zahlung in Verzug befinden. Voraussetzung ist, dass wir Sie bereits mit der Fristsetzung auf diese Rechtsfolge hingewiesen haben.

(5) Nach Ablauf der gesetzten Zahlungsfrist können wir den Vertrag ohne Einhaltung einer Kündigungsfrist kündigen, wenn Sie sich noch immer mit den Beiträgen, Zinsen oder Kosten in Verzug befinden. Voraussetzung ist, dass wir Sie bereits mit der Fristsetzung auf diese Rechtsfolge hingewiesen haben. Wir können die Kündigung bereits mit der Fristsetzung erklären. Sie wird dann automatisch mit Ablauf der Frist wirksam, wenn Sie zu diesem Zeitpunkt noch immer mit der Zahlung in Verzug sind. Auf diese Rechtsfolge müssen wir Sie ebenfalls hinweisen.

(6) Sie können den angeforderten Beitrag auch dann noch nachzahlen, wenn unsere Kündigung wirksam geworden ist. Nachzahlen können Sie nur
- innerhalb eines Monats nach der Kündigung
- oder, wenn die Kündigung bereits mit der Fristsetzung verbunden worden ist, innerhalb eines Monats nach Fristablauf.

Zahlen Sie innerhalb dieses Zeitraums, wird die Kündigung unwirksam und der Vertrag besteht fort. Für Versicherungsfälle, die zwischen dem Ablauf der Zahlungsfrist und der Zahlung eintreten, besteht kein oder nur ein verminderter Versicherungsschutz.

A. Allgemeines

1 § 14 übernimmt in weiten Teilen die Vorgaben gesetzlicher Regelungen. So werden in § 14 Abs. 1 S. 1 und 3 die Vorschriften des § 37 VVG, in § 14 Abs. 2 die Vorschriften des § 37 Abs. 2 VVG, in § 14 Abs. 3, 5 und 6 die Vorschriften des § 38 VVG übernommen. Auf die Kommentierung zu §§ 37 und 38 VVG kann daher verwiesen werden.

B. Einzelheiten

2 Ob der VR im Falle des Zahlungsverzugs berechtigt ist, die Kosten für eine ärztliche Untersuchung zu verlangen, wird in Zweifel gezogen. Nach teilweiser Auffassung soll das nicht der Fall sein, weil die Vorschriften der §§ 37, 38 VVG die Folgen eines Zahlungsverzugs abschließend regeln.[1]

[1] So Prölss/Martin/*Lücke* § 14 BuVAB Rn. 2.

Das ist nicht zwingend, da die Vorschriften der §§ 37, 38 VVG nicht davon ausgehen, dass der VR im Rahmen der Vertragsanbahnung bereits Kosten zu tragen hatte. Allerdings hat der VR den VN im Rahmen der Vertragsanbahnung darauf hinzuweisen, dass die Kosten einer ärztlichen Untersuchung im Falle des Zahlungsverzugs dem säumigen VN in Rechnung gestellt werden können. Auch kommt eine Kostenerstattung nicht in Betracht, wenn der VN die Nichtzahlung nicht zu vertreten hat. 3

§ 15
Wann können Sie Ihren Vertrag beitragsfrei stellen oder kündigen?

Umwandlung in eine beitragsfreie Versicherung

(1) Sie können jederzeit in Textform (*z.B. in Papierform, E-Mail*) verlangen, zum Schluss der laufenden Versicherungsperiode (siehe § 13 Abs. 2 Satz 3) ganz oder teilweise von der Beitragszahlungspflicht befreit zu werden. In diesem Fall setzen wir die vereinbarte Berufsunfähigkeitsrente ganz oder teilweise auf eine beitragsfreie Rente herab. Diese wird nach folgenden Gesichtspunkten berechnet:
– nach anerkannten Regeln der Versicherungsmathematik mit den Rechnungsgrundlagen für die Beitragskalkulation
– für den Schluss der laufenden Versicherungsperiode

Abzug

(2) Der aus Ihrem Vertrag für die Bildung der beitragsfreien Berufsunfähigkeitsrente zur Verfügung stehende Betrag mindert sich um rückständige Beiträge. Außerdem nehmen wir einen Abzug in Höhe … vor. Der Abzug ist zulässig, wenn er angemessen ist. Dies ist im Zweifel von uns nachzuweisen. Wir halten den Abzug für angemessen, weil mit ihm die Veränderung der Risikolage des verbleibenden Versichertenbestandes ausgeglichen wird. Zudem wird damit ein Ausgleich für kollektiv gestelltes Risikokapital vorgenommen. Wenn Sie uns nachweisen, dass der aufgrund Ihres Verlangens der Beitragsfreistellung von uns vorgenommene Abzug wesentlich niedriger liegen muss, wird er entsprechend herabgesetzt. Wenn Sie uns nachweisen, dass der Abzug überhaupt nicht gerechtfertigt ist, entfällt er.

(3) **Wenn Sie Ihren Vertrag beitragsfrei stellen, kann das für Sie Nachteile haben. In der Anfangszeit Ihres Vertrages sind wegen der Verrechnung von Abschluss- und Vertriebskosten (siehe § 16) keine oder nur geringe Beträge zur Bildung einer beitragsfreien Berufsunfähigkeitsrente vorhanden. Auch in den Folgejahren stehen wegen der benötigten Risikobeiträge gemessen an den gezahlten Beiträgen keine oder nur geringe Mittel für die Bildung einer beitragsfreien Berufsunfähigkeitsrente zur Verfügung. Nähere Informationen zur beitragsfreien Berufsunfähigkeitsrente und Ihrer Höhe können Sie der Tabelle … entnehmen.**

(4) Haben Sie die vollständige Befreiung von der Beitragszahlungspflicht verlangt und erreicht die nach Abs. 1 zu berechnende beitragsfreie Berufsunfähigkeitsrente den Mindestbetrag von … nicht, erhalten Sie statt der beitragsfreien Rente – soweit vorhanden – den Rückkaufswert entsprechend § 169 des Versicherungsvertragsgesetzes (VVG) und der Vertrag endet. Eine teilweise Befreiung von der Beitragszahlungspflicht können Sie nur verlangen, wenn die verbleibende beitragspflichtige Berufsunfähigkeitsrente mindestens … beträgt.

(5) Der Rückkaufswert mindert sich um rückständige Beiträge. Außerdem nehmen wir einen Abzug in Höhe von … vor. Der Abzug ist zulässig, wenn er angemessen ist. Dies ist

im Zweifel von uns nachzuweisen. Wir halten den Abzug für angemessen, weil mit ihm die Veränderung der Risikolage des verbleibenden Versichertenbestandes ausgeglichen wird. Zudem wird damit ein Ausgleich für kollektiv gestelltes Risikokapital vorgenommen. Wenn Sie uns nachweisen, dass der aufgrund Ihres Verlangens der Beitragsfreistellung von uns vorgenommene Abzug wesentlich niedriger liegen muss, wird er entsprechend herabgesetzt. Wenn Sie uns nachweisen, dass der Abzug überhaupt nicht gerechtfertigt ist, entfällt er.

(6) Ist die versicherte Person (*das ist die Person, auf deren Berufsfähigkeit die Versicherung abgeschlossen ist*) zum Zeitpunkt der Beitragsfreistellung berufsunfähig, bleiben Ansprüche aufgrund bereits vor Beitragsfreistellung eingetretener Berufsunfähigkeit unberührt.

Kündigung

(7) Wenn Sie laufende Beiträge, also keinen Einmalbeitrag zahlen, können Sie Ihre Berufsunfähigkeitsversicherung jederzeit zum Schluss der laufenden Versicherungsperiode (siehe § 13 Abs. 2 Satz 3) in Textform (*z. B. Papierform, E-Mail*) kündigen. Während der Zahlung von Renten wegen Berufsunfähigkeit können Sie nicht mehr kündigen.

(8) Sie können Ihren Vertrag auch **teilweise** kündigen, wenn die verbleibende Berufsunfähigkeitsrente mindestens ... beträgt. Ist diese Rente niedriger, hat das zur Folge, dass Ihre Teilkündigung unwirksam ist. Wenn Sie in diesem Fall Ihren Vertrag beenden wollen, müssen Sie diese also **ganz** kündigen.

(9) Mit Ihrer Voll- oder Teilkündigung (Absatz 7 und 8) wandelt sich Ihre Berufsunfähigkeitsversicherung ganz oder teilweise in eine beitragsfreie Versicherung gemäß Absatz 1 bis 3 um. Erreicht bei Ihrer vollständigen Kündigung die beitragsfreie Berufsunfähigkeitsrente den in Absatz 4 genannten Mindestbetrag nicht, erhalten Sie statt der beitragsfreien Rente – soweit vorhanden – den Rückkaufswert gemäß den Absätzen 4 und 5. In diesem Fall endet der Vertrag.

Keine Beitragsrückzahlung

(10) Die Rückzahlung der Beiträge können Sie nicht verlangen.

Schrifttum

Voit Berufsunfähigkeitsversicherung (1994).

Übersicht

A. Allgemeines

1 § 15 AVB BU trägt dem Umstand Rechnung, dass es sich auch bei der Berufsunfähigkeitsversicherung um einen langfristig angelegten Versicherungsvertrag handelt und sich die finanziellen Rahmenbedingungen des VN oder dessen persönliche Präferenzen ändern können.

B. Einzelheiten

I. Beitragsfreistellung

Der VN hat jederzeit die Möglichkeit, den Versicherungsvertrag **beitragsfrei** zu stellen. 2
Dies hat allerdings Auswirkungen auf die Höhe der versicherten Leistungen. Beantragt der VN die vollständige Befreiung von der Beitragszahlungspflicht, besteht die Gefahr, dass der Versicherungsvertrag in entsprechender Anwendung der §§ 165, 169 VVG erlischt, wenn, wie meistens der Fall, kein Rückkaufswert erwirtschaftet worden ist. Das Freistellungsverlangen des VN hat als einseitige empfangsbedürftige Willenserklärung rechtsgestaltende Wirkung, eine Annahme durch den VR ist nicht erforderlich. Mit Zugang der Erklärung wird diese wirksam und die Umwandlung endgültig ohne Anspruch auf Wiederherstellung des ursprünglichen Versicherungsvertrags.[1]

Angesichts seiner weitreichenden Folgen kann das Umwandlungsverlangen nach stän- 3
diger höchst- und obergerichtlicher Rechtsprechung nur dann als wirksam gestellt angesehen werden, wenn sich aus der Erklärung des VN „klar und eindeutig" der Wille ergibt, dass die Versicherung in eine prämienfreie umgewandelt werden soll.[2]

In den Abs. 1 bis 5 wird den Informationspflichten nach § 2 Abs. 1 Nr. 5 VVG – InfoV 4
Rechnung getragen, die nach § 2 Abs. 4 InfoV auf die Berufsunfähigkeitsversicherung entsprechend anwendbar sind.

II. Stundung

Von der Beitragsfreistellung ist eine Stundung zu unterscheiden. Während der Leis- 5
tungsprüfung besteht für den VN häufig das Problem, dass er aufgrund eingetretener Berufsunfähigkeit keinerlei Leistungen mehr durch seinen Arbeitgeber oder einen sonstigen Dritten, wie z.B. einen Krankentageversicherer bezieht, der Berufsunfähigkeitsversicherer aber auch noch keine Leistungen erbringt, weil der Eintritt des Versicherungsfalls „Berufsunfähigkeit" noch nicht festgestellt ist. Gerade bei Versicherungsverträgen, die hohe Versicherungsleistungen beinhalten, sind zum Teil hohe Versicherungsbeiträge zu leisten, was dem VN dann nicht möglich ist.

Aus diesem Grunde bieten VR im Leistungsfall häufig die Möglichkeit einer Stundung 6
an. Davon unabhängig kann eine Stundung der Versicherungsbeiträge während des Prüfungsverfahrens auch individuell zwischen den Vertragsparteien vereinbart werden.

III. Kündigung

1. Ordentliche Kündigung durch den VN. Der VN kann bei einem Versicherungsver- 7
trag mit laufender Beitragszahlung gem. § 13 Abs. 3 VVG zum Ende der Versicherungsperiode kündigen, solange sich der Versicherungsvertrag noch nicht in der Leistungsphase befindet. Regelmäßig wird es in diesem Fall auch an einem Bedürfnis des VN fehlen, den Versicherungsvertrag zu kündigen.

---

[1] Vgl. BGH 24.9.1975 VersR **1975** 1089; OLG Hamm 17.8.2011 VersR **2012** 347, 349; Bruck/Möller/*Winter* § 165 Rn. 21.

[2] Vgl. BGH 24.9.1975 VersR **1975** 1089, 1090; Bruck/Möller/*Winter* § 165 Rn. 26.

8 **2. Sonstige Lösungsrechte.** Darüber hinaus haben beide Vertragsparteien die Möglichkeit, von einem vertraglich oder gesetzlich eingeräumten Vertragslösungsrecht Gebrauch zu machen. Dies gilt insbesondere für den VR, wenn eine Verletzung der vorvertraglichen Anzeigepflicht durch den VN vorliegt.

9 Der VR hat hingegen nicht die Möglichkeit, den Versicherungsvertrag **ordentlich oder außerordentlich** z. B. aufgrund Wegfall der Geschäftsgrundlage zu kündigen, weil der VN einen Beruf ergriffen hat, der deutlich risikoträchtiger als der Beruf ist, den er bei Abschluss der Versicherung ergriffen hatte.

10 Demgegenüber besteht die Möglichkeit einer **außerordentlichen Kündigung nach § 314 BGB**, wenn dem VR unter Berücksichtigung der Umstände des Einzelfalls und unter Abwägung der beiderseitigen Interessen die Fortsetzung des Vertrags nicht mehr zugemutet werden kann, weil der VN z. B. gegenüber dem VR und den begutachtenden Ärzten falsche Tatsachen vorgetäuscht hat.[3] Allerdings sind die **Besonderheiten der Berufsunfähigkeitsversicherung** zu berücksichtigen. In der Kranken- oder Krankentagegeldversicherung ist der VR im besonderen Maße auf die Vertragstreue des VN angewiesen. Dieser hat während der Dauer der geltend gemachten Arbeitsunfähigkeit eine berufliche Tätigkeit zu unterlassen. In vielen Fällen wird sich der VR auf die Angabe des VN, er sei krankheitsbedingt an der tatsächlichen Ausübung seines Berufs gehindert, verlassen müssen, da es an ausreichenden Anhaltspunkten, die das Gegenteil belegen, fehlt. Der Krankentagegeldversicherer ist daher in einem besonderen Maße auf wahrheitsgemäße Angaben des VN angewiesen.

10a In der Berufsunfähigkeitsversicherung befindet sich der VR in einer deutlich günstigeren Beweissituation. Zwar muss auch in der Krankentagegeldversicherung der VN darlegen und beweisen, dass der Versicherungsfall Arbeitsunfähigkeit eingetreten ist, in der Berufsunfähigkeitsversicherung erstreckt sich die Darlegungs- und Beweislast des VN sowohl auf die konkrete Ausgestaltung der zuletzt ausgeübten beruflichen Tätigkeit als auch auf die medizinischen Gründe, die zu der behaupteten Berufsunfähigkeit geführt haben.[4] Berufsunfähigkeit tritt in der Berufsunfähigkeitsversicherung davon abgesehen schon bei Erreichen wesentlich geringerer Schwellwerte als bei der Arbeitsunfähigkeit ein. Regelmäßig geht es demzufolge nicht darum, ob es dem VN nicht mehr möglich ist, dem vormals ausgeübten Beruf zu 100 % nachzugehen. Ein Restleistungsvermögen unterhalb des Schwellwertes ist im Rahmen der Leistungsprüfung auch unschädlich.

11 Auch der Vertrag über eine Berufsunfähigkeitsversicherung schafft seinem Wesen nach ein auf gewisse Dauer angelegtes Interesse.[5] Dieses Dauerschuldverhältnis ist daher grundsätzlich einer außerordentlichen Kündigung zugänglich. Als Kündigungsgrund reicht eine unzutreffende Beschreibung der konkreten Ausgestaltung der beruflichen Tätigkeit regelmäßig allerdings noch nicht aus. Etwas anderes mag dann gelten, wenn der VN im Rahmen der Leistungsprüfung eine Tätigkeitsbeschreibung wählt, die sich ausschließlich an seinen Beschwerden orientiert, er demzufolge bei dem VR den Eindruck erweckt, er sei ausschließlich körperlich tätig geworden, weil er sich z. B. auf Berufsunfähigkeit wegen eingetretener orthopädischer Beschwerden beruft. Eine außerordentliche Kündigung kann auch durch das Verschweigen von Umständen aus der Zeit vor Vertragsschluss resultieren,

---

[3] Vgl. allgemein BGH 3.10.1984 VersR **1985** 54; OLG Saarbrücken 23.11.2011 VersR **2006** 644, 645; OLG Hamm 24.2.2006 VersR **2007** 236, 237.

[4] Vgl. OLG Saarbrücken 16.7.2008 RuS **2011** 399, 400; Looschelders/Pohlmann/*Klenk* § 172 Rn. 83 m.w.N.

[5] OLG Saarbrücken v. 26.7.2008 RuS **2011** 399, 400; Langheid/Wandt/*Dörner* a.a.O.

wenn diese Umstände dem kündigenden VR zunächst unbekannt geblieben waren.[6] Ein Prämienverzug reicht allerdings nicht aus.[7]

Die fristlose Kündigung tritt **neben** die Möglichkeit eines Rücktritts oder einer Anfechtung.[8] Zum Teil wird in der Rechtsprechung die Rechtsauffassung vertreten, der VR sei durch die Möglichkeit des Rücktritts und die Anfechtung des Versicherungsvertrags hinreichend in seinen Interessen geschützt, ein Bedürfnis für ein Kündigungsrecht bestehe soweit nicht.[9] Dem ist nicht zu folgen. Der Gesetzeswortlaut gibt für eine Einschränkung des Vertragslösungsrechtes des VR in diesem Sinne nichts her. Auch sind Rücktritt und Anfechtung nur während eines begrenzten Zeitraums möglich. Ein Bedürfnis für ein Vertragslösungsrecht des VR kann aber auch dann bestehen, wenn die Frist für das Aussprechen der Vertragslösungsrechte abgelaufen ist. Das Recht auf fristlose Kündigung muss während einer angemessenen Frist von dem Zeitpunkt an ausgeübt werden, in welchem der Berechtigte von der Anzeigepflichtverletzung Kenntnis erlangt hatte, § 314 Abs. 3 BGB. **12**

§ 16
Wie werden die Kosten Ihres Vertrages verrechnet?

(1) Mit Ihrem Vertrag sind Kosten verbunden. Diese sind in Ihren Beitrag einkalkuliert. Es handelt sich um Abschluss- und Vertriebskosten sowie übrige Kosten.

Zu den **Abschluss- und Vertriebskosten** gehören insbesondere Abschlussprovisionen für den Versicherungsvermittler. Außerdem umfassen die Abschluss- und Vertriebskosten die Kosten für die Antragsprüfung und Ausfertigung der Vertragsunterlagen, Sachaufwendungen, die im Zusammenhang mit der Antragsbearbeitung stehen, sowie Werbeaufwendungen. Zu den **übrigen Kosten** gehören insbesondere die Verwaltungskosten.

Die Höhe der einkalkulierten Abschluss- und Vertriebskosten sowie der übrigen Kosten und der darin enthaltenen Verwaltungskosten können Sie dem … entnehmen.

(2) Wir wenden auf Ihren Vertrag das Verrechnungsverfahren nach § 4 der Deckungsrückstellungsverordnung an. Das bedeutet, dass wir die ersten Beiträge zur Tilgung eines Teils der Abschluss- und Vertriebskosten heranziehen. Dies gilt jedoch nicht für den Teil der ersten Beiträge, der für Leistungen im Versicherungsfall, Kosten des Versicherungsbetriebs in der jeweiligen Versicherungsperiode und aufgrund von gesetzlichen Regelungen für die Bildung einer Deckungsrückstellung bestimmt ist. Der auf diese Weise zu tilgende Betrag ist nach der Deckungsrückstellungsverordnung auf 2,5 % der von Ihnen während der Laufzeit des Vertrages zu zahlenden Beiträge beschränkt.

(3) Die restlichen Abschluss- und Vertriebskosten werden über die gesamte Beitragszahlungsdauer verteilt, die übrigen Kosten über die gesamte Vertragslaufzeit.

(4) Die beschriebene Kostenverrechnung hat zur Folge, dass in der Anfangszeit Ihres Vertrages nur geringe Beiträge zur Bildung der beitragsfreien Berufsunfähigkeitsrente vorhanden sind (siehe § 15). Nähere Informationen zur beitragsfreien Berufsunfähigkeitsrente können Sie der Tabelle … entnehmen.

Die Klausel greift die Anforderungen der § 2 Abs. 1, 2 InfoV auf, die auf die Berufsunfähigkeitsversicherung gem. § 2 Abs. 4 InfoV entsprechend anwendbar sind.

---

[6] Vgl. Langheid/Wandt/*Dörner* § 172 Rn. 22 unter Verweis auf Palandt/*Grüneberg* § 314 BGB Rn. 7; *Neuhaus* Q I Rn. 14 mit weiteren Gründen.

[7] Vgl. Langheid/Wandt/*Dörner* § 172 Rn. 22.

[8] Vgl. Langheid/Wandt/*Dörner* § 172 Rn. 22.

[9] Vgl. OLG Saarbrücken 16.7.2008 VersR 2009 344.

§ 17
Was gilt bei Änderung der Postanschrift und Ihres Namens?

(1) Eine Änderung Ihrer Postanschrift müssen Sie uns unverzüglich (*d.h. ohne schuldhaftes Zögern*) mitteilen. Anderenfalls können für Sie Nachteile entstehen. Wir sind berechtigt, eine an Sie zu richtende Erklärung (*z.B. Setzen einer Zahlungsfrist*) mit eingeschriebenem Brief an Ihre uns zuletzt bekannte Anschrift zu senden. In diesem Fall gilt unsere Erklärung drei Tage nach Absendung des eingeschriebenen Briefes als zugegangen. Dies gilt auch, wenn Sie den Vertrag für Ihren Gewerbebetrieb abgeschlossen und Ihre gewerbliche Niederlassung verlegt haben.

(2) Bei Änderung Ihres Namens gilt Absatz 1 entsprechend.

1 Die Klausel übernimmt im Wesentlichen die Regelung des § 13 VVG. Die Vorschrift hat folgenden Wortlaut:

§ 13 Änderung von Anschrift und Name

(1) Hat der Versicherungsnehmer eine Änderung seiner Anschrift dem Versicherer nicht mitgeteilt, genügt für eine dem Versicherungsnehmer gegenüber abzugebende Willenserklärung die Absendung eines eingeschriebenen Briefes an die letzte dem Versicherer bekannte Anschrift des Versicherungsnehmers. Die Erklärung gilt drei Tage nach der Absendung des Briefes als zugegangen. Die Sätze 1 und 2 sind im Fall einer Namensänderung des Versicherungsnehmers entsprechend anzuwenden.

(2) Hat der Versicherungsnehmer die Versicherung in seinem Gewerbebetrieb genommen, ist bei einer Verlegung der gewerblichen Niederlassung Absatz 1 Satz 1 und 2 entsprechend anzuwenden.

§ 13 weicht zu Gunsten des VR von den allgemeinen Vorschriften der §§ 130ff. BGB über den Zugang von Willenserklärungen ab, wonach eine Willenserklärung zugegangen ist, wenn sie so in den Bereich des Empfängers gelangt ist, dass dieser unter normalen Verhältnissen die Möglichkeit hat, vom Inhalt der Erklärung Kenntnis zu nehmen. Für den Fall der Änderung der Anschrift, die dem VR nicht mitgeteilt worden ist, gewährt die Regelung dem VR die Möglichkeit, Willenserklärungen dadurch wirksam werden zu lassen, dass er einen eingeschriebenen Brief an die letzte ihm bekannte Anschrift des VN absendet. Der Zugang wird dann für den drei Tage nach der Absendung liegenden Zeitpunkt fingiert. Der VR braucht damit nicht den umständlicheren Weg der Zustellung nach § 132 BGB oder der öffentlichen Zustellung nach § 185 ZPO zu gehen. Die Regelung soll dem VR den rationellen Betrieb des Versicherungsgeschäfts als Massengeschäft erleichtern.[1]

2 Die Vorschrift setzt voraus, dass der VN seine Anschrift geändert und dem VR hiervon keine Mitteilung gemacht hat. Abzustellen ist nicht auf die Ummeldung bei der Polizei sondern darauf, ob der VN seine Wohnung aufgegeben und seinen Lebensmittelpunkt in eine andere Wohnung verlagert hat. Das liegt nicht vor bei nur vorübergehender Abwesenheit durch längere Reisen oder Krankenhausaufenthalte des VN.[2]

3 Namensänderungen können sich auf den Vornamen oder den Familiennamen beziehen. Häufigster Fall ist die Änderung des Familiennamens im Zusammenhang mit der Eheschließung nach § 1355 BGB. Weiter unterfallen § 13 Namensänderungen auf Grund des

---

[1] Bruck/Möller/*Johannsen* § 13 Rn. 2. OLG Hamburg 11.7.1979 VersR **1980** 38; **a.M.** *Jabornegg* VersRdsch **1992** 337, 342, der die Vorschrift mit Grundsätzen des Vertrauensschutzes im Rahmen allgemeiner Zugangsvorschriften erklärt.

[2] Bruck/Möller/*Johannsen* § 13 Rn. 4.

Kindesnamensrechtes, z.B. nach §§ 1617b-1618, 1757, 1765 BGB und aus wichtigem Grund nach § 3 NÄG. Es genügt aber nicht, dass der VN ohne Durchführung eines Verfahrens auf Namensänderung einfach einen neuen Namen annimmt. So liegt insbesondere in der Annahme eines Künstlernamens keine Namensänderung im Sinne von § 13, die einen erleichterten Zugang von Willenserklärungen rechtfertigt.[3]

Den VN trifft zwar grundsätzlich eine Obliegenheit, dem VR die geänderte Anschrift und den geänderten Namen mitzuteilen, es führt aber nicht jede Unterlassung zur Anwendung des § 13. Da durch § 13 nur verhindert werden soll, dass der VR notwendige Willenserklärungen gegenüber dem VN nicht abgeben kann, weil er dessen Anschrift oder Namen nicht kennt, kommt es nur auf seine tatsächliche Kenntnis von der Anschrift an und nicht darauf, ob eine ausdrückliche Mitteilung in der in den Bedingungen vereinbarten Form vorliegt. Auch die Anzeige durch einen Dritten genügt, wenn der VR durch diese zuverlässige Kenntnis von der neuen Anschrift erlangt hat. Von der Kenntnis des VR von der Adressenänderung ist auszugehen, wenn sich die neue Adresse in seinen Unterlagen auf einem Briefkopf des VN befindet, nicht aber, wenn sie ohne jeden Hinweis in der Korrespondenz nur auf einem Briefumschlag enthalten ist.[4] Darauf, ob den VN ein Verschulden an der Verletzung der Mitteilungsobliegenheit trifft, kommt es nicht an. § 28 ist nicht anwendbar.[5] **4**

Die Vorschrift soll den Zugang empfangsbedürftiger Willenserklärungen erleichtern. In Betracht kommen in erster Linie solche wie Rücktritt, Kündigung, Anfechtung, die unmittelbar auf die Herbeiführung einer Rechtsänderung gerichtet sind und deshalb Willenserklärungen im Sinne der allgemeinen Vorschriften des BGB darstellen. Mahnungen und die Ablehnung der Leistungspflicht unter Fristsetzung nach § 12 Abs. 3 a.F. erfüllen diese Voraussetzung nicht.[6] Nach dem Sinn und Zweck der Vorschrift ist sie aber auf Wissenserklärungen und gewisse andere Rechtshandlungen, die auch sonst nach den Vorschriften über Willenserklärungen behandelt werden, entsprechend anwendbar. Eine Mahnung stellt eine geschäftsähnliche Handlung dar, die den Willenserklärungen gleichzustellen sind. Entscheidend abzustellen ist darauf, ob die geschäftsähnlichen Handlungen eine den Willenserklärungen vergleichbare erhebliche Wirkung auslösen. Nicht entsprechend anwendbar ist die Vorschrift auf die Erbringung von Leistungen, z.B. Zahlung der Versicherungsentschädigung durch Geldbrief, oder die Zusendung des Versicherungsscheines.[7] **5**

In Betracht kommen nur nach Vertragsschluss abgegebene Willenserklärungen.[8] **6**

Die Übermittlung der Willenserklärung an den VN muss durch die Absendung eines eingeschriebenen Briefes erfolgen. Dieses Erfordernis erfüllen beide von der Deutschen Post AG angebotenen Formen des Übergabe-Einschreibens wie des Einwurf-Einschreibens.[9] Die Wirkung des § 13 kann nicht durch die Absendung eines normalen Briefes erreicht werden. Eine den Zugang durch einfachen Brief ermöglichende Klausel in § 12 AVB Leben a.F. ist vom OLG Hamburg als gegen Treu und Glauben verstoßend für unwirksam erklärt worden.[10] **7**

Die Absendung des Einschreibens durch den VR muss an die letzte ihm bekannte Anschrift des VN erfolgen. Es genügt nicht irgendeine Anschrift, die sich in den Akten des VR befindet, insbesondere nicht die des früheren Arbeitgebers des VN.[11] Der Zeitpunkt des **8**

---

3 Bruck/Möller/*Johannsen* § 13 Rn. 5.
4 Bruck/Möller/*Johannsen* § 13 Rn. 6.
5 Bruck/Möller/*Johannsen* § 13 Rn. 6.
6 Bruck/Möller/*Johannsen* § 13 Rn. 7.
7 Bruck/Möller/*Johannsen* § 13 Rn. 7.
8 Bruck/Möller/*Johannsen* § 13 Rn. 7.
9 Bruck/Möller/*Johannsen* § 13 Rn. 8.
10 OLG Hamburg 11.7.1979 VersR **1980** 38.
11 Vgl. Bruck/Möller/*Johannsen* § 13 Rn. 9.

Zugangs wird nach § 17 auf drei Tage nach der Absendung fingiert. Die Einführung eines festen Zeitpunkts hat gegenüber der früher maßgebenden regelmäßigen Beförderung den Vorteil einer klaren Regelung. Die Frist von drei Tagen erscheint allerdings nur für die Übermittlung von Erklärungen im Inland als angemessen. Die für die Versendung ins Ausland häufig viel längeren Postlaufzeiten sind bei der Bemessung der Frist nicht berücksichtigt worden.[12] Dennoch greift die Fiktion auch in Fällen ein, in denen eine Briefbeförderung binnen drei Tagen nicht in Betracht kommt.

9 Da die Mitteilung der neuen Anschrift und des neuen Namens eine Obliegenheit darstellt, muss der VR deren objektive Verletzung nach den allgemeinen Grundsätzen über die Beweislastverteilung bei Obliegenheitsverletzungen beweisen. Der VN muss jedoch, weil die Umstände der Mitteilung in seiner Sphäre liegen, substantiiert darlegen, auf welche Weise sie erfolgt ist. Der VR muss ferner die Absendung des eingeschriebenen Briefes beweisen, wofür die Vorlage des abgestempelten Einlieferungsscheins genügt.[13]

§ 18
Welche weiteren Auskunftspflichten haben Sie?

(1) Sofern wir aufgrund gesetzlicher Regelungen zur Erhebung, Speicherung, Verarbeitung und Meldung von Informationen und Daten zu Ihrem Vertrag verpflichtet sind, müssen Sie uns die hierfür notwendigen Informationen, Daten und Unterlagen

- bei Vertragsschluss,
- bei Änderung nach Vertragsabschluss oder
- auf Nachfrage

unverzüglich – d.h. ohne schuldhaftes Zögern – zur Verfügung stellen. Sie sind auch zur Mitwirkung verpflichtet, soweit der Status dritter Personen, die Rechte an ihrem Vertrag haben, für Datenerhebungen und Meldungen maßgeblich ist.

(2) Notwendige Informationen im Sinne von Absatz 1 sind beispielsweise Umstände, die für die Beurteilung

- Ihrer persönlichen steuerlichen Ansässigkeit,
- der steuerlichen Ansässigkeit dritter Personen, die Rechte an ihrem Vertrag haben und
- der steuerlichen Ansässigkeit des Leistungsempfängers

maßgebend sein können.

Dazu zählen insbesondere die deutsche oder ausländische(n) Steueridentifikationsnummer(n), das Geburtsdatum, der Geburtsort und der Wohnsitz. Welche Umstände dies nach der derzeitigen Gesetzeslage im Einzelnen sind, können Sie der … entnehmen.

(3) **Falls Sie uns die notwendigen Informationen, Daten und Unterlagen nicht oder nicht rechtzeitig zur Verfügung stellen, gilt Folgendes: Bei einer entsprechenden gesetzlichen Verpflichtung melden wir Ihre Vertragsdaten an die zuständigen in- oder ausländischen Steuerbehörden. Das gilt auch dann, wenn ggf. keine steuerliche Ansässigkeit im Ausland besteht.**

[12] Vgl. Bruck/Möller/*Johannsen* § 13 Rn. 9.

[13] Vgl. Bruck/Möller/*Johannsen* § 13 Rn. 11.

(4) Eine Verletzung Ihrer Auskunftspflichten gemäß den Absätzen 1 und 2 kann dazu führen, dass wir unsere Leistung nicht zahlen. Dies gilt solange, bis Sie uns die für die Erfüllung unserer gesetzlichen Pflichten notwendigen Informationen zur Verfügung gestellt haben.

Diese Klausel entspricht dem seitens des BGH und des BVerfG geforderten Dialog zwischen dem Versicherungsnehmer und dem Versicherer, wobei es bei § 18 nicht darum geht, dem Versicherer Daten zur Verfügung zu stellen, um überprüfen zu können, ob er überhaupt in einer Leistungsverpflichtung ist.[1] Der Versicherer soll vielmehr in die Lage versetzt werden, seine steuerlichen Mitteilungspflichten zu erfüllen.

§ 19
Welche Kosten stellen wir Ihnen gesondert in Rechnung?

(1) In folgenden Fällen wir Ihnen pauschal zusätzliche Kosten gesondert in Rechnung: …

(2) Wir haben uns bei der Bemessung der Pauschale an dem bei uns regelmäßig entstehenden Aufwand orientiert. Sofern Sie uns nachweisen, dass die der Bemessung zugrunde liegenden Annahmen in Ihrem Fall dem Grunde nach nicht zutreffen, entfällt die Pauschale. Sofern Sie uns nachweisen, dass die Pauschale der Höhe nach wesentlich niedriger zu beziffern ist, wird sie entsprechend herabgesetzt.

Die Klausel lässt die pauschale Berechnung von Aufwendungsersatzansprüchen in bestimmten, zu definierenden Fällen zu. Da dem VN die Möglichkeit des Nachweises geringerer Kosten als pauschal berechnet, eingeräumt wird, bestehen grundsätzlich keine AGB – rechtlichen Bedenken gegen die Klausel.[1] **1**

§ 20
Welches Recht findet auf Ihren Vertrag Anwendung?

Auf Ihren Vertrag findet das Recht der Bundesrepublik Deutschland Anwendung.

Schrifttum

Looschelders/Smarowos Das internationale Versicherungsvertragsrecht nach Inkrafttreten der Rom-I-Verordnung, VersR **2010** 1; *Roth* Rechtswahlklauseln in Verbraucherverträgen – eine schwierige Sache? IPRax **2013**, 515.

---

1 Vgl. BVerfG 23.10.2006 ZfS **2017** 34; BVerfG 17.10.2013 ZfS **2013** 569; BGH 22.2.2017 ZfS **2017** 212; *Nugel* ZfS **2017** 488, 489;

1 Vgl. auch Prölss/Martin/*Lücke* § 19 BuVAB Rn. 1.

Übersicht

A. Allgemeines

1 Mit der Klausel wird klargestellt, welches Recht trotz der weltweiten Geltung des Versicherungsschutzes auf den Vertrag anzuwenden ist. Es spielt demzufolge für die Anwendbarkeit deutschen Rechts keine Rolle, wo der Versicherungsfall Berufsunfähigkeit oder Pflegebedürftigkeit eingetreten ist.

B. Einzelheiten

I. Grundsatz

2 Gemäß § 20 AVB BU findet auf den Vertrag das Recht der Bundesrepublik Deutschland Anwendung. Aus Sicht des VR soll es demnach keine Rolle spielen, ob der VN seinen gewöhnlichen Aufenthaltsort im Geltungsbereich der Bundesrepublik Deutschland, einem Mitgliedstaat oder einem Drittstaat hat. Unproblematisch ist die Klausel daher in denjenigen Fällen, in denen der VN seinen gewöhnlichen Aufenthaltsort in Deutschland hat.

II. Ausnahmen

3 Zur Anwendbarkeit des Rechts der Bundesrepublik Deutschland kommt man allerdings nur dann, wenn deutsches Rechts überhaupt angewendet werden kann, was immer dann zweifelhaft ist, wenn die Berufsunfähigkeitsversicherung einen Auslandsbezug hat. In diesen Fällen ist anhand der einschlägigen Vorschriften des Internationalen Vertragsrechts zu überprüfen, welches anzuwenden ist. Für die Berufsunfähigkeitsversicherung sind von Bedeutung die Verordnung (EG) Nr. 593/2008 des Europäischen Parlaments und des Rates über das auf vertragliche Schuldverhältnisse anwendbare Recht (sog. VO „Rom I").[1]

4 Die versicherungsvertragsrechtlichen Kollisionsnormen differenzieren in erster Linie danach, ob das Risiko des Vertrages innerhalb oder außerhalb eines Mitgliedstaates der EU (vgl. Art. 1 Abs. 4 Satz 2 VO Rom I) **belegen** ist (Art. 7 Abs. 1 Satz 1 VO Rom I).[2] „Risikobelegenheit" ist ein abstrakter kollisionsrechtlicher Terminus, hinter dem sich für verschiedene Typen von Versicherungsverträgen ganz unterschiedliche Anknüpfungen verbergen.[3] Näher bestimmt wird der Begriff gemäß Art. 7 Abs. 6 VO Rom I in Art. 2 lit. d der Zweiten Schadenversicherungsrichtlinie 88/357/EG v. 22.6.1988 und in Art. 1 Abs. 1 lit. g der Richtlinie 2002/83/EG über Lebensversicherungen.

5 Abgesehen von einigen Sonderfällen befindet sich danach der Ort der Risikobelegenheit bei den meisten Versicherungsvertragstypen wie gerade auch bei der Berufsunfähigkeitsversicherung ebenso wie bei der Lebensversicherung in dem Mitgliedstaat, in welchem der VN seinen **gewöhnlichen Aufenthalt** hat.[4] Zu den Lebensversicherungen gehören in

---

[1] Vgl. Langheid/Wandt/*Dörner* § 172 Rn. 242.
[2] Vgl. Langheid/Wandt/*Dörner* § 172 Rn. 242.
[3] Vgl. Langheid/Wandt/*Dörner* § 172 Rn. 242
[4] Vgl. Langheid/Wandt/*Dörner* § 172 Rn. 242

diesem Kontext auch die zusammen mit einer Lebensversicherung abgeschlossenen Zusatzversicherungen wie etwa eine Berufsunfähigkeitszusatzversicherung (Art. 2 Abs. 1 Nr. 1 lit. a und c der Richtlinie 2002/83/EG). Hat der VN daher bei Vertragsschluss seinen **gewöhnlichen Aufenthaltsort in Deutschland**, so hat die Klausel allenfalls deklaratorischen Charakter.

Hat er seinen **gewöhnlichen Aufenthalt in einem Mitgliedstaat**, so kann auf das deut- 6
sche Recht nur dann abgestellt werden, wenn es überhaupt anwendbar ist. Hier gilt folgendes: Die VO für Versicherungsverträge über Nicht-Großrisiken, die in einem Mitgliedstaat belegene Risiken decken, lässt nur eine sehr eingeschränkte Rechtswahl zu.[5] Gemäß Art. 7 Abs. 3 Unterabs. 1 VO Rom I können die Parteien – soweit hier von Interesse – grds. nur das Recht der Risikobelegenheit (lit. a), das Recht des gewöhnlichen Aufenthalts des VN bei Vertragsschluss (lit. b) sowie bei Lebensversicherungsverträgen dessen Heimatrecht (lit. c) wählen. Zwar könnte die hier vorgesehene Wahl deutschen Rechts beim Abschluss einer Berufsunfähigkeitsversicherung oder einer mit einer Lebensversicherung verbundenen Berufsunfähigkeitszusatzversicherung bei einem VN mit deutscher Staatsangehörigkeit noch als Berufung des deutschen Heimatrechts (lit. c) verstanden werden.

Darüber hinaus führen aber die beiden anderen Wahlmöglichkeiten in der vorliegenden 7
Situation übereinstimmend nur zum **ausländischen Aufenthaltsrecht** des VN, das auch bereits kraft objektiver Anknüpfung zur Anwendung gelangt.[6] Beim Abschluss einer Berufsunfähigkeitsversicherung sowie einer Berufsunfähigkeitszusatzversicherung mit einem VN ausländischer Staatsangehörigkeit verstößt die in den Musterbedingungen vorgesehene Rechtswahl daher, gegen die Rechtswahlschranken der VO und ist insoweit unwirksam.

Ist demzufolge das Recht des ausländischen Mitgliedsstaats aufgrund objektiver An- 8
knüpfung einschlägig geworden, so ist die abgeschlossene Berufsunfähigkeitsversicherung **dem Versicherungsvertragsrecht des ausländischen Mitgliedsstaats** unterstellt.[7] Über diesen Umstand ist der VN bei Vertragsabschluss **aufzuklären**, denn für den durchschnittlichen VN ist von großer Bedeutung, welches Recht auf seinen Versicherungsvertrag anwendbar ist.

Hat der VN zum Zeitpunkt des Vertragsschlusses seinen gewöhnlichen Aufenthalt in 9
einem **Drittstaat**, so ist das versicherte Risiko nicht im Gebiet eines Mitgliedsstaats belegen, so dass das maßgebliche Versicherungsvertragsrecht unter Berücksichtigung der allgemeinen Anknüpfungsregeln der Art. 3, 4 und 6 der VO Rom I zu bestimmen ist. Objektiv ist jetzt gemäß Art. 4 Abs. 1 lit. b VO Rom I an den gewöhnlichen Aufenthalt des Dienstleisters, d.h. an den **Ort der Hauptverwaltung** (Art. 19 Abs. 1 Unterabs. 1 VO Rom I) des VR anzuknüpfen.[8]

Darüber hinaus steht den Parteien grundsätzlich eine Rechtswahl frei (Art. 3 VO Rom 10
I). Handelt es sich bei dem Vertragspartner des Dienstleisters allerdings – wie regelmäßig beim Abschluss von Berufsunfähigkeitsversicherungen – um einen Verbraucher (zum Begriff Art. 6 Abs. 1 VO Rom I), werden diese Regeln durch Art. 6 Abs. 1 und 2 VO Rom I für den Fall modifiziert, dass der Anbieter im Aufenthaltsstaat des Verbrauchers bestimmte geschäftliche Aktivitäten entfaltet.[9] Ohne Rechtswahl unterliegt der Vertrag dann dem Recht dieses Aufenthaltsstaates. Eine Rechtswahl bleibt zwar nach wie vor zulässig, kann dem Verbraucher jedoch nicht den Schutz nehmen, welchen er durch die zwingenden Verbraucherschutzvorschriften seines Aufenthaltsstaates genießt (Abs. 2).

---

5 Vgl. Langheid/Wandt/*Dörner* § 172 Rn. 246.
6 Vgl. Langheid/Wandt/*Dörner* § 172 Rn. 246.
7 Vgl. Langheid/Wandt/*Dörner* § 172 Rn. 248.
8 Vgl. Langheid/Wandt/*Dörner* § 172 Rn. 249.
9 Vgl. Langheid/Wandt/*Dörner* § 172 Rn. 249.

11 Dass § 20 nicht auf derartige, sich etwa aus fremdem Recht ergebende Einschränkungen der Rechtswahlfreiheit aufmerksam macht, erweckt bei dem durchschnittlichen VN den Eindruck, das Recht der Bundesrepublik Deutschland sei auch bei gewöhnlichem Aufenthalt des VN in einem Drittstaat anwendbar. Das soll nach Auffassung des BGH nicht grds. die Unwirksamkeit derartiger Rechtswahlklauseln zur Folge haben.[10] führt aber sehr wohl dann zur Intransparenz i.S.d. § 307 Abs. 1 Satz 2 BGB, wenn sie – wie hier aufgrund der mangelnden Information über die Grenzen einer Rechtswahl zugunsten des deutschen Rechts – dem Verbraucher ein unzutreffendes Bild von den ihm zustehenden Rechtsschutzmöglichkeiten vermitteln.[11]

12 Der Gesetzgeber geht im Übrigen davon aus, dass es dem Verbraucher grundsätzlich zuzumuten ist, sich bei einem Verbrauchervertrag auf die Wahl des Rechts eines anderen Staates als dem einzulassen, in dem er seinen gewöhnlichen Aufenthalt hat, weil das Nebeneinander von zwingendem Verbraucherschutzrecht dieses Staates und dem ansonsten gewählten Recht noch nicht zur Folge hat, dass die Rechtslage aufgrund der getroffenen Rechtswahl so wenig klar und verständlich ist, dass sich dadurch für den Verbraucher eine gemäß § 307 Abs. 1 Satz 2 BGB unangemessene Benachteiligung ergibt.[12]

13 Die in den Musterbedingungen mit § 20 enthaltene Rechtswahlklausel zugunsten des deutschen Rechts ist daher unwirksam, weil sie die in Art. 7 Abs. 3 UA 1 VO Rom I vorgesehene **Beschränkung der Parteiautonomie** nicht beachtet. Sie ist darüber hinaus intransparent im Sinne des § 307 Abs. 1 Satz 2 BGB. Daran ändert sich auch nichts, wenn der VN nach Vertragsschluss seinen gewöhnlichen Aufenthalt ins Inland verlegt. Es müsste dann vielmehr eine neue Rechtswahlvereinbarung getroffen werden.[13]

III. Verjährung

14 Die Verjährung von Ansprüchen aus der Berufsunfähigkeitsversicherung richtet sich nach allgemeinen Regeln, die für die Verjährung von Ansprüchen aus einem Versicherungsvertrag gelten.[14] Allerdings besteht in der Berufsunfähigkeitsversicherung die Besonderheit, dass das Stammrecht mit der Folge verjähren kann, dass auch die aus dem Stammrecht resultierenden Einzelansprüche mit dem Stammrecht verjähren.

15 Nach ganz herrschender Ansicht in Rechtsprechung und der Literatur unterliegt der auch als Stammrecht bezeichnete Gesamtanspruch des Versicherungsnehmers einer Berufsunfähigkeitsversicherung selbständiger Verjährung[15] Gleichwohl wurde gegen die herr-

---

10 Vgl. BGH 19.7.2012 BeckRS **2013** 3084.

11 Vgl. Langheid/Wandt/*Dörner* § 172 Rn. 249, auch *Roth* IPRax **2013** 515, 524.

12 Vgl. BGH 19.7.2012 BeckRS **2013** 03084.

13 Vgl. Langheid/Wandt/*Dörner* § 172 Rn. 250; Pohlmann/Looschelders/*Schäfer* Anh. EGVVG Rn. 36.

14 Vgl. allg. Bruck/Möller/*Johannsen*, § 15 Rn. 8ff.

15 BGH 3.4.2019 IV ZR 90/18 – juris unter Hinweis auf OLG Saarbrücken 14.2.2018, VersR **2018**, 1243, 1244 OLG Hamm 26.11.2014, VersR **2015**, 705, 706 zur Erwerbsunfähigkeitsversicherung; OLG Stuttgart 3.4.2014 VersR **2014**, 1115, 1116ff.; OLG Koblenz 17.12.2010, RuS **2011**, 523, 524 [juris Rn. 33];Prölss/Martin/*Armbrüster*, § 15 Rn. 3; Langheid/Wandt/*Dörner*, § 172 Rn. 240; Staudinger/Halm/Wendt/*Gramse*, Versicherungsrecht § 173 Rn.10; Ernst/Rogler/*Hoenicke*, HK-BUV § 8 Rn. 57; Looschelders/Pohlmann/*Klenk*, VVG § 172 Rn. 79; **Neuhaus,** E Rn. 212; Beckmann/Matusche-Beckmann/*Reichel*, Versicherungsrechtshandbuch § 21 Rn. 96; Langheid/Rixecker/*Rixecker*, § 15 Rn. 7, § 172 Rn. 71; Beckmann/Matusche-Beckmann/*Rixecker* § 46 Rn. 245.

schende Auffassung Kritik erhoben. So hat sich das Thüringer OLG[16] mit nachfolgender Begründung eine Verjährung des Stammrechts verneint:

Die Idee der Verjährung eines Stammrechts wurde vom BGB-Gesetzgeber zunächst erwogen. In § 160 des Ersten Entwurfs heißt es: „Hängen wiederkehrende Leistungen von einem Hauptrechte ab, so beginnt die Verjährung des Anspruchs im Ganzen mit dem Zeitpunkte, in welchem die Verjährung des Anspruchs auf die Leistung begonnen hat." In der Konsequenz sah § 184 des Ersten Entwurfs eine „Stammrechtsverjährung" vor: „Ist der Hauptanspruch verjährt, so ist auch der Anspruch auf die von demselben anhängenden Nebenleistungen verjährt, selbst wenn die für den letzteren Anspruch geltende besondere Verjährung noch nicht vollendet ist. Bei selbständigen wiederkehrenden Leistungen ist mit der Verjährung des Anspruchs im Ganzen auch der Anspruch auf die bis dahin verfallenden Leistungen verjährt." Diese Bestimmungen haben keinen Eingang in das BGB gefunden. Der Gesetzgeber hat sich bewusst gegen eine Stammrechtsverjährung und für eine Anspruchsverjährung entschieden (so zutreffend Staudinger/Peters/Jacoby, BGB, Bearbeitung 2014, § 194 Rdnr. 16). Die historische Auslegung spricht damit gegen die Verjährung eines Stammrechts.bb. Der Versicherungsvertrag ist zweiseitig verpflichtender schuldrechtlicher Vertrag mit dem Charakter eines Dauerschuldverhältnisses (Prölss/Martin, VVG, 30. Aufl. 2018, § 1 Rdnr. 27). Der Versicherer verpflichtet sich, nach Eintritt des vereinbarten Versicherungsfalls eine Leistung zu erbringen. Der Versicherungsnehmer hat die vereinbarte Prämie zu leisten (§ 1 VVG). Der Leistungsanspruch im Versicherungsfall folgt aus diesem Schuldverhältnis. Eine Aufspaltung in ein „Stammrecht" einerseits und Einzelleistungen andererseits sieht der Versicherungsvertrag wie jedes andere Dauerschuldverhältnis nicht vor. Eine solche Trennung ist dem Recht der vertraglichen Schuldverhältnisse fremd. Bei einem Mietverhältnis beispielsweise folgt die Pflicht zur Zahlung der Miete (unmittelbar) aus dem Schuldverhältnis, das einen (der Verjährung unterfallenden) Anspruch begründet, nicht aber aus einem „Stammrecht". Gleiches muss für den (schuldrechtlichen) Versicherungsvertrag gelten. Die Leistungspflicht folgt aus dem Schuldverhältnis selbst und nicht aus einem zu separierenden „Stammrecht" (a.A. OLG Stuttgart, VersR 2014, 1115, 1116f.). Der einzelne Anspruch auf Leistung (und nur der Anspruch) wird sodann von § 194 BGB der Verjährung unterworfen. Die Annahme eines „Stammrechts" kann allenfalls für das Sachenrecht erwogen werden. Prototypisch ist die Reallast. Die Reallast (§ 1105 Abs. 1 S. 1 BGB) als Ganzes, als Zusammenfassung aller Einzelleistungen, kann als „Stammrecht" bezeichnet werden, um diese von den Einzelleistungen gemäß § 1107 BGB abzugrenzen (Staudinger/Reimann, BGB, Neubearbeitung 2017, Einl. zu §§ 1105–1112 Rdnr. 43). Hier ist die Differenzierung – anders als im Schuldrecht – durch den Gesetzgeber vorgezeichnet.bb. Etwas anderes folgt auch nicht aus dem Urteil des BGH vom 20.01.1955 (BGH VersR 1955, 97). In dem der Entscheidung zugrunde liegendem Sachverhalt begehrte der Kläger die Zahlung einer Jahresrente aus einer Unfallversicherung. Der BGH entschied, dass nicht nur der Anspruch auf einzelne Jahresleistungen, sondern auch der „Gesamtanspruch, also das Stammrecht als solches, der Verjährung zugänglich" sei. Diese Ausführungen können heute keine Geltung mehr beanspruchen. Seit dem Erlass der Entscheidung hat sich die zugrunde liegende Rechtslage tiefgreifend geändert. Die Argumentation des BGH stellt zentral auf § 12 VVG ab, der mit der VVG-Novelle 2008 grundlegend modifiziert worden ist.§ 12 VVG a.F. gab dem Versicherer die Mög-

16 Thüringer OLG 29.3.2018 – 4 U 392/17 – juris.

lichkeit, unter Hinweis auf § 12 Abs. 3 VVG die Leistung abzulehnen. Der Versicherte musste dann innerhalb von sechs Monaten den Leistungsanspruch gerichtlich geltend machen. Anderenfalls ging er seines Anspruchs verlustig. Diese Regelung lag im Interesse des Versicherers, möglichst schnell Klarheit über seine Leistungspflicht zu erhalten. Die Sonderregelung des § 12 Abs. 3 VVG a.F. konnte dahingehend verstanden werden, dass sie dem Versicherer die Möglichkeit eröffnete, die einzelnen Leistungsansprüche des Versicherten durch einseitige Erklärung zu einem „Gesamtanspruch" zu verdichten bzw. zu bündeln. Dieses „Anspruchsbündel" wurde sodann einer einheitlichen Verjährung unterworfen.Die Regelung des § 12 Abs. 3 VVG a.F. ist mit der VVG-Novelle 2008 ersatzlos gestrichen worden. Der Gesetzgeber entschied, es gebe keinen Grund für eine derartige Sonderregelung im Interesse des Versicherers (Begründung des Gesetzesentwurfes der Bundesregierung, BT-Dr. 16/3945, S. 64). Die Verjährung solle sich zukünftig allein nach den §§ 195ff. BGB bestimmen (Begründung des Regierungsentwurfes, a.a.O.). Mit dem Wegfall des § 12 Abs. 3 VVG a.F. ist der normative Anknüpfungspunkt für die Idee eines „Gesamtanspruchs", die der BGH-Entscheidung aus dem Jahr 1955 zugrunde lag, entfallen. Der Gesetzgeber hat sich 2008 im Interesse der Versicherungsnehmer ausdrücklich für die Anspruchsverjährung nach dem BGB und gegen eine Anspruchsbündelung bzw. „Stammrechtsverjährung" entschieden.

16 Der BGH ist den Ausführungen des Thüringer OLG mit den nachfolgenden Argumenten im Revisionsverfahren entgegen getreten, hat das Urteil aufgehoben und das Verfahren zurückverwiesen:

(1) Beim Versicherungsfall in der Berufsunfähigkeitsversicherung handelt es sich um einen so genannten gedehnten Versicherungsfall, der nicht schrittweise eintritt, sondern durch die Fortdauer des bereits mit seinem Eintritt geschaffenen Zustandes bestimmt wird (Senatsurteil vom 9. Mai 2012 – IV ZR 19/11, VersR 2013, 1042 Rn. 37). Der Versicherer verpflichtet sich im Leistungsversprechen dazu, nicht lediglich eine einmalige Versicherungsleistung zu erbringen, sondern längstens bis zum Ablauf der vertraglich bestimmten Leistungszeit so lange fortlaufend zu leisten, wie der den Versicherungsfall auslösende Zustand andauert (Senatsurteile vom 16. Juni 2010 – IV ZR 226/07, BGHZ 186, 171 Rn. 21; vom 12. April 1989 – IVa ZR 21/88, BGHZ 107, 170, 173 [juris Rn. 6]). So liegt es auch hier. Nach § 1 Abs. 3 BB-BUZ entsteht der Anspruch auf Beitragsbefreiung mit Ablauf des Monats, in dem die Berufsunfähigkeit eingetreten ist. Er erlischt erst, wenn der Grad der Berufsunfähigkeit unter 50% sinkt, wenn die versicherte Person stirbt oder bei Ablauf der vertraglichen Leistungsdauer (§ 1 Abs. 4 BB-BUZ).Die danach bereits im Leistungsversprechen auf Dauer angelegte Rechtsposition des Versicherungsnehmers erfährt durch die prozeduralen Vorgaben der §§ 173 und 174 VVG eine weitere Verfestigung. Der Versicherer hat nach einem Leistungsantrag bei Fälligkeit in Textform zu erklären, ob er seine Leistungspflicht anerkennt (§ 173 Abs. 1 VVG). Die möglichst frühzeitige und für längere Zeit bindende Erklärung des Versicherers soll es dem Versicherungsnehmer ermöglichen, die wiederkehrenden Leistungen in seine Zukunftsplanung einzubeziehen (BT-Drucks. 16/3945 S. 106 li. Sp.). Zum Schutz des Versicherungsnehmers sieht § 174 Abs. 1 VVG vor, dass sich der Versicherer von einer Leistungszusage nur unter besonderen Voraussetzungen lösen kann (vgl. BT-Drucks. 16/3945 S. 106 re. Sp.). Zusätzliches Gewicht erhalten die genannten Vorgaben dadurch, dass Abweichungen zum Nachteil des Versicherungsnehmers ausgeschlossen sind, § 175 VVG.(2) Der so ausgestaltete Gesamtanspruch des Versicherungsnehmers einer Berufsunfähigkeitsversicherung unterliegt der Verjährung. Dies gilt unabhängig von dem Gegenstand der Versicherungsleistungen, seien es

Rentenzahlungen oder – wie hier – die Befreiung von der Verpflichtung zur Beitragszahlung. In beiden Fällen hat der Versicherungsnehmer im Sinne von § 194 Abs. 1 BGB das Recht, von dem Versicherer etwas zu verlangen (vgl. OLG Hamm VersR 2015, 705, 706 [juris Rn. 19] zur Erwerbsunfähigkeitsversicherung; OLG Stuttgart VersR 2014, 1115, 1116 [juris Rn. 46]; Neuhaus, VersR 2018, 711; Rixecker in Langheid/Rixecker, VVG 6. Aufl. § 172 Rn. 71). Der Gesamtanspruch (das Stammrecht) des Versicherungsnehmers ist Grundlage der Verpflichtung des Versicherers, wiederkehrende Einzelleistungen zu erbringen; in diesem Sinne folgen die Ansprüche auf Einzelleistungen aus dem Stammrecht, weshalb der Versicherer – entgegen der Ansicht der Revisionserwiderung – nach Eintritt der Verjährung des Stammrechts berechtigt ist, Einzelleistungen zu verweigern (vgl. Senatsurteile vom 2. November 2005 – IV ZR 15/05, r+s 2006, 205 unter II 1 c [juris Rn. 14]; vom 25. Januar 1978 – IV ZR 122/76, VersR 1978, 313 unter I 2 [juris Rn. 15]; OLG Hamm a.a.O).Dass dieses Stammrecht der Verjährung unterliegt, ist interessengerecht. Es würde den Versicherer unbillig belasten, sich Jahre nach einer Leistungsablehnung noch mit einem für abgeschlossen gehaltenen, angesichts des Zeitablaufs typischerweise nur noch unter Schwierigkeiten aufklärbaren Versicherungsfall auseinandersetzen zu müssen (vgl. Senatsurteil vom 19. Januar 1994 – IV ZR 117/93, VersR 1994, 337 unter 2 c [juris Rn. 15]; BGH, Urteil vom 20. Januar 1955 – II ZR 108/54, MDR 1955, 221, 223; Rixecker in Langheid/Rixecker, VVG 6. Aufl. § 15 Rn. 7). Ihn davor zu schützen, entspricht gerade dem Zweck des Verjährungsrechts. Die Verjährung beruht auf den Gedanken des Rechtsfriedens und des Schuldnerschutzes. Sie soll den Schuldner davor bewahren, noch längere Zeit mit von ihm nicht mehr erwarteten Ansprüchen überzogen zu werden (vgl. BGH, Urteil vom 22. Februar 2018 – VII ZR 253/16, NJW 2018, 2056 Rn. 25). Die Verjährung des Stammrechts aus der Berufsunfähigkeitsversicherung ist auch nicht unzumutbar für den Versicherungsnehmer. Diesem stehen Möglichkeiten zur Hemmung der Verjährung zur Verfügung (etwa die Klage auf künftige wiederkehrende Leistungen, § 204 Abs. 1 Nr. 1 BGB, § 258 ZPO, vgl. Senatsurteil vom 27. Mai 1987 – IVa ZR 56/86, VersR 1987, 808 unter 1 [juris Rn. 5ff.]). Die Verjährung des Stammrechts nimmt ihm nicht insgesamt seine Rechte aus der Berufsunfähigkeitsversicherung, sondern nur im Hinblick auf den zu spät verfolgten konkreten Versicherungsfall. Unabhängig von der Stammrechtsverjährung besteht der Versicherungsvertrag fort. Tritt ein weiterer Versicherungsfall ein, erwirbt der Versicherungsnehmer ein neues Stammrecht (OLG Hamm VersR 2015, 705, 706 [juris Rn. 19] zur Erwerbsunfähigkeitsversicherung; Neuhaus, VersR 2018, 711). Der Versicherungsnehmer wird auch nicht damit rechnen, nach einem Versicherungsfall und einer Leistungsablehnung des Versicherers viele Jahre untätig bleiben und trotzdem noch mit Erfolg wiederkehrende Leistungen geltend machen zu können. Er wird vielmehr davon ausgehen, dass er Ansprüche aus einem Versicherungsfall – wie alle anderen Ansprüche – innerhalb einer gewissen Frist geltend machen muss, wenn er sich nicht dem Risiko ihrer Verjährung aussetzen will.bb) Aus der Entstehungsgeschichte (1), der Streichung von § 12 Abs. 3 VVG a.F. (2) und der Einführung von § 18a BetrAVG (3) ergibt sich, anders als das Berufungsgericht und die Revisionserwiderung meinen, nichts anderes.(1) Aus der Streichung von im Entwurf des Bürgerlichen Gesetzbuches zunächst vorgesehenen Vorschriften zur Stammrechtsverjährung (vgl. Motive Band 1 S. 310f., 345; Mugdan, Materialien I. Band S. 782, 796) folgt nicht, dass Stammrechte nicht verjähren können. Vielmehr ist die Frage, ob ein verjährbarer Gesamtanspruch vorliegt, nach der Lage des Einzelfalles zu beantworten, wie bereits das Reichsgericht entschieden und eingehend begründet hat (RGZ 136, 427, 431f.). Nach dem oben unter aa) Gesagten ist dies bei dem Gesamtanspruch des Versicherungsnehmers einer Berufsunfähigkeitsversicherung zu bejahen.(2) Entgegen der Ansicht des Berufungsgerichts und der Revisionserwiderung können aus der Streichung von § 12 Abs. 3 VVG a.F. im Rahmen der Reform des Versicherungsvertragsrechts 2008 keine Rückschlüsse für die Frage der Stammrechtsverjährung gezogen werden. Die Vorschrift verhielt sich nicht zur Verjährung (vgl. Senatsurteil vom 1. Oktober 1986 – IVa ZR 108/85, BGHZ 98, 295, 298 [juris Rn. 21]). Vielmehr stellte sie den Versicherer von der Verpflichtung zur Leistung frei, wenn der Leistungsanspruch nicht innerhalb von sechs Monaten gerichtlich geltend gemacht wurde. Danach konnte der Versicherer schon vor Ablauf der Verjährungsfrist frei werden. Diese Privilegierung sollte mit der Streichung der Vorschrift durch das Gesetz zur Reform des Versicherungsvertragsrechts beendet werden (BT-Drucks. 16/3945 S. 64 li. Sp.; vgl. Senatsurteil vom 19. Dezember 2018 – IV ZR 255/17, VersR 2019, 283 Rn. 24 zur Veröffentlichung in BGHZ bestimmt; Neuhaus, VersR 2018, 711, 714).Der Gesamtanspruch des Versicherungsnehmers einer Berufsunfähigkeitsversicherung unterlag bis zur Reform des Versicherungsvertragsrechts 2008 nicht nur der selbständigen Verjährung (vgl. Senatsurteil vom 5. Oktober 1988 – IVa ZR 317/86, VersR 1988, 1233 unter 3 [juris Rn. 17]), sondern auch der Ausschlussfrist nach § 12 Abs. 3 VVG a.F. (Senatsurteile vom 2. November 2005 – IV ZR 15/05, r+s 2006, 205 unter II 1 c [juris Rn. 14]; vom 25. Januar 1978 – IV ZR 122/76, VersR 1978, 313 unter I 2 [juris Rn. 15]). Mit der Reform ist § 12 Abs. 3 VVG a.F. aufgehoben worden und damit die Möglichkeit des Versicherers entfallen, die Verjährungsfrist zu Lasten des Vertragspartners einseitig zu verkürzen (BT-Drucks. 16/3945 S. 64 li. Sp.). Das hat aber nichts an der selbständigen Verjährung des Gesamtanspruchs nach allgemeinem Verjährungsrecht geändert.Entsprechendes gilt, soweit die in § 12 Abs. 1 VVG a.F. geregelten Verjährungsfristen mangels schutzwürdigen Interesses der Vertragspartner an einer Abweichung von der Regelfrist des Bürgerlichen Gesetzbuches aufgehoben wurden und soweit die Hemmungsregelung in § 12 Abs. 2 VVG a.F. mit geringfügigen Änderungen in § 15 VVG übernommen wurde (BT-Drucks. 16/3945 S. 64 li. Sp.). Anhaltspunkte für die Auffassung des Berufungsgerichts, der Gesetzgeber habe sich mit der Reform des Versicherungsvertragsrechts 2008 gegen eine Stammrechtsverjährung entschieden und deren normativen Anknüpfungspunkt gestrichen, ergeben sich aus diesen Änderungen nicht.(3) Anders als die Revisionserwiderung meint, ist auch die Einführung von § 18a BetrAVG durch das Schuldrechtsmodernisierungsgesetz vom 26. November 2001 (BGBl. I 3138, 3187) kein Beleg dafür, dass nach den Vorstellungen des Gesetzgebers ohne Vorhandensein einer entsprechenden Vorschrift eine Verjährung des Stammrechts aus einer Berufsunfähigkeitsversicherung ausscheidet. Der Sonderregelung in § 18a BetrAVG, die die eigenständige Verjährung des Rentenstammrechts vorsieht, bedurfte es, um die insoweit geltende besondere Verjährungsfrist von 30 Jahren festzuschreiben (vgl. BT-Drucks. 14/7052 S. 213 li. Sp.; BAG DB 2014, 2534 Rn. 64f.; NZA 2009, 1279 Rn. 42). Die Stammrechtsverjährung in der Berufsunfähigkeitsversicherung unterliegt hingegen der Regelfrist des Bürgerlichen Gesetzbuches (vgl. BT-Drucks. 16/3945 S. 64 li. Sp.). Sie erfordert deshalb keine besondere gesetzliche Regelung. Rückschlüsse, die gegen die Stammrechtsverjährung in der Berufsunfähigkeitsversicherung sprächen, können aus der Einführung von § 18a BetrAVG mithin nicht gezogen werden. Im Gegenteil belegt die Begründung des Gesetzgebers, dass auch er grundsätzlich von einer möglichen Verjährung von Stammrechten ausgeht.[17]

[17] BGH, Urteil vom 03. April 2019 – IV ZR 90/18 –, Rn. 17–27, juris.

Die Argumente den BGH überzeugen. Es kommt folgendes hinzu: Der Hinweis auf den Klausel – Wortlaut überzeugt nicht, wenn man unter dem Stammrecht einen Gesamtanspruch versteht, also eine Rechtsposition, aus der weitere Ansprüche entstehen können. Als Stammrecht kann man im Übrigen auch jede Rechtsposition bezeichnen, der konkrete einzelne Ansprüche entspringen können, egal, ob sie gegenüber jedermann oder nur gegenüber bestimmten Personen wirken.[18] Es ist nicht erforderlich, dass der Vertrag ausdrücklich zwischen Gesamtanspruch und Teilleistungen differenziert. §§ 160 und 184 BGB sind im Übrigen von der Kommission zur zweiten Beratung des Entwurfs gestrichen worden, weil für die Vorschriften kein Bedürfnis vorhanden sei; die Unterstellung eines Gesamtanspruchs fließe nicht aus der Natur der Sache, beruhe vielmehr auf künstlicher Fiktion. Ferner wurde angenommen, praktische Nachteile würden aus dem Streichen der Vorschriften nicht erwachsen.[19] Es trifft schließlich entgegen der Auffassung des Thüringer OLG nicht zu, dass die Frage der Verweisbarkeit erst im Rahmen des Nachprüfungsverfahrens zu überprüfen ist, sie ist vielmehr bereits im Rahmen des Erstprüfungsverfahrens zu überprüfen. Die Vereinbarung einer abstrakten Verweisung stellt in den aktuellen Bedingungen den Ausnahmefall dar. **17**

§ 21
Wo ist der Gerichtsstand?

(1) Für Klagen aus dem Versicherungsvertrag **gegen uns** ist das Gericht zuständig, in dessen Bezirk unser Sitz oder die für den Vertrag zuständige Niederlassung liegt. Zuständig ist auch das Gericht, in dessen Bezirk Sie zur Zeit der Klageerhebung Ihren Wohnsitz haben. Wenn Sie keinen Wohnsitz haben, ist der Ort Ihres gewöhnlichen Aufenthaltes maßgeblich. Wenn Sie eine juristische Person sind, ist auch das Gericht zuständig, in dessen Bezirk Sie Ihren Sitz oder Ihre Niederlassung haben.

(2) Klagen aus dem Vertrag **gegen Sie** müssen wir bei dem Gericht erheben, das für Ihren Wohnsitz zuständig ist. Wenn Sie keinen Wohnsitz haben, ist der Ort Ihres gewöhnlichen Aufenthaltes maßgeblich. Wenn Sie eine juristische Person sind, ist das Gericht zuständig, in dessen Bezirk Sie Ihren Sitz oder Ihre Niederlassung haben.

(3) Verlegen Sie Ihren Wohnsitz oder den Ort Ihres gewöhnlichen Aufenthaltes in das Ausland, sind für Klagen aus dem Vertrag die Gerichte des Staates zuständig, in dem wir unseren Sitz haben.

Schrifttum

Armbrüster Prozessuale Probleme in der Haftpflichtversicherung, RuS **2010** 441; *Grote/Schneider* VVG 2008 – Das neue Versicherungsvertragsrecht, BB **2007** 2689; *Looschelders/Heinig* Der Gerichtsstand am Wohnsitz oder gewöhnlichen Aufenthaltsort des Versicherungsnehmers nach § 215 VVG, JR **2008** 265; *Mühlhausen* Haben juristische Personen einen Wohnsitz? Zum persönlichen Anwendungsbereich des § 215 VVG, RuS **2016** 161; *Nielsen* Brussels I and Denmark, IPrax **2007** 506.

---

[18] OLG Schleswig 17.4.2018, NJW **2018**, 2500 zum vertraglichen Anspruch auf Hilfe im Haushalt.

[19] RG 30.5.1932, RGZ 136,427,431.

Übersicht

A. Allgemeines

1 Gemäß § 21 Abs. 1 AVB BU ist für Klage aus dem Vertrag gegen den VR das Gericht zuständig, in dessen Bezirk der Sitz des VR oder die für den Vertrag zustehende Niederlassung liegt. Zuständig soll auch das Gericht sein, in dessen Bezirk der VN zur Zeit der Klageerhebung seinen Wohnsitz oder seinen Sitz hat, wenn es sich um eine juristische Person handelt. Damit orientiert sich die Gerichtsstandregelung im Wesentlichen an § 215 VVG.

B. Einzelheiten

I. Natürliche Personen

2 Die Klausel bereitet keine Probleme, wenn der VN seinen **gewöhnlichen Aufenthalt im Inland** hat. § 21 Abs. 1 2, 3 AVB BU nehmen Bezug auf die gesetzliche Regelung des § 215.

II. Juristische Personen

3 § 21 Abs. 1 Satz 4 AVB BU regelt die früher streitige Frage, ob § 215 VVG auch auf **juristische Personen** Anwendung findet, wenn diese einen Aktivprozess gegen den VR führen. Hierzu hatten Teile der Literatur die Rechtsauffassung vertreten, § 215 VVG sei nicht auf Aktivprozesse einer juristischen Person anzuwenden.[1]

4 Für eine Beschränkung des Anwendungsbereichs auf natürliche Personen scheint der Wortlaut der Norm zu sprechen, die auf den „Wohnsitz" des VN und dessen „gewöhnlichen Aufenthalt" abstellt. Das allgemeine Zivilprozessrecht verwendet diese Begriffe nur im Zusammenhang mit der Bestimmung des Gerichtsstands für natürliche Personen (§ 13 ZPO; ebenso aufgrund seiner systematischen Stellung: § 7 BGB). Für juristische Personen ist eine Anknüpfung an den Sitz üblich.[2] Ergänzend stellt die Literatur auch auf den Sinn und Zweck des § 215 Abs. 1 Satz 1 ab, um zu einer einschränkenden Auslegung des Wortlauts zu gelangen.[3] Einmal solle die Vorschrift laut ihrer Begründung prozessualen Verbraucherschutz gewährleisten. Solcher komme wegen der Legaldefinition des Verbraucherbegriffs in § 13 BGB nur bei natürlichen Personen in Betracht.[4] Zudem sei die Bindung einer juristischen Person an ihren Sitz nicht mit derjenigen einer natürlichen Person an ih-

[1] Vgl. zum Meinungsstreit Bruck/Möller/*Brandt* § 215 Rn. 9 mit weiteren Nachweisen.

[2] Vgl. insoweit Bruck/Möller/*Brandt* § 215 Rn. 9.

[3] Vgl. *Marlow/Spuhl* Rn. 1489; Beckmann/Matusche-Beckmann/*v. Rintelen* § 23 Rn. 7.

[4] Vgl. *Marlow/Spuhl* a.a.O.

ren Wohnsitz vergleichbar: Für juristische Personen sei es viel leichter als für natürliche Personen, ihr Recht an einem Ort durchzusetzen, der sitzfern ist. Auch sei es nicht immer sinnvoll, Verfahren bei gewerblichen Versicherungsverträgen am Sitzort des VN durchzuführen, etwa wenn der Gewerbebetrieb sich an einem anderen Ort als dem Sitzort befinde.[5]

Der BGH hat diese Frage mittlerweile im Sinne der VN beantwortet und § 215 VVG 5 auch auf die Ansprüche juristischer Personen angewendet.[6] Zur Begründung führt der BGH aus, maßgebend für die Auslegung des § 215 sei der zum Ausdruck kommende objektivierte Wille des Gesetzgebers, dessen Erfassung die nebeneinander zulässigen, sich ergänzenden Methoden der Auslegung aus dem Wortlaut der Norm, aus ihrem Zusammenhang, aus ihrem Zweck sowie aus den Gesetzgebungsmaterialien und der Entstehungsgeschichte dienten.[7] Nach dieser Maßgabe sei davon auszugehen, dass juristische Personen als VN im Rahmen des § 215 VVG nicht anders behandelt werden sollen als natürliche Personen oder Verbraucher.

Das ist überzeugend, denn der BGH weist zu Recht darauf hin, dass das VVG den VN 6 unabhängig von seiner Rechtsform und seiner Eigenschaft als Verbraucher schützt, sofern nichts Gegenteiliges ausdrücklich geregelt ist. Es kommt auch nicht auf eine „strukturelle Unterlegenheit" des VN an, für ein solches Differenzierungsmerkmal fehlt es im Gesetzeswortlaut an einem Anhaltspunkt.[8] Eine teleologische Reduktion des § 215 auf natürliche Personen oder Verbraucher-VN überzeugt auch im Ergebnis nicht.[9] Schon der Wortlaut der Norm stützt die Gegenauffassung nicht. Zwar ist es üblich, die Begriffe „Wohnsitz" und „gewöhnlicher Aufenthalt" im Zusammenhang mit natürlichen Personen zu verwenden. Im europäischen Zivilprozessrecht zeigt aber die Brüssel-I-VO beispielhaft, dass dies aber nicht zwingend der Fall sein muss. In Art. 9 Abs. 2 Brüssel-I-VO ist etwa vom „Wohnsitz des VR" die Rede – und der kann keine natürliche Person sein.[10] Innerhalb des VVG spricht § 36 Abs. 1 im Prämienrecht in Anlehnung an § 270 Abs. 1 BGB vom „Wohnsitz" des VN, ohne damit nur natürliche Personen zu meinen.[11] Des Weiteren ist zu beachten, dass § 215 Abs. 1 Satz 1 VVG einschränkungslos vom „VN" spricht, ohne diesen näher zu qualifizieren. Wenn der Gesetzgeber nur bestimmte Gruppen von VN berechtigen will, so drückt er dies für gewöhnlich aus, wie etwa in § 4 VVG-InfoV, der nur für Verbraucher-VN gilt. Indem er generell auf „VN" abgestellt hat, ist der Reformgesetzgeber auch bewusst vom Regelungsvorbild des § 29c ZPO abgewichen, der seinen personalen Anwendungsbereich ausdrücklich auf „Verbraucher" beschränkt.[12] Auch die Entstehungsgeschichte der Norm spricht gegen eine einschränkende Auslegung. Zum einen ist in Rechnung zu stellen, dass § 215 VVG den § 48 a.F. VVG ersetzt. Für diese Vorgängerregelung war anerkannt, dass sie juristische Personen erfasste. Dass der Reformgesetzgeber diese durch die Einführung des § 215 VVG schlechter stellen wollte, indem er sie auf die Gerichtsstände nach §§ 17, 21 ZPO beschränkt, lässt sich den Materialien nicht entnehmen.[13] Weiterhin ist zu berücksichtigen, dass der Reformgesetzgeber sich bei der Abfassung von § 215 VVG an § 29c ZPO orientierte. Dessen auf Verbraucher zugeschnittene Begrifflichkeit mag ohne sachgedankliches Mitbewusstsein von der Vorgängerregelung

[5] Vgl. Bruck/Möller/*Brandt* § 215 Rn. 9.
[6] Vgl. BGH vom 8.11.2017 BeckRS **2017** 134012.
[7] Vgl. BGH vom 12. 12. 2007 RuS **2008** 120 Rn. 14f. m.w.N.
[8] Vgl. *Mühlhausen* RuS **2016** 161, 162.
[9] So auch Buck/Möller/*Brandt* § 215 Rn. 10–12.
[10] Vgl. Bruck/Möller/*Brandt* § 215 Rn. 12.
[11] Vgl. Bruck/Möller/*Beckmann* § 36 Rn. 18; **a.A.** Marlow/Spuhl/*Spuhl* Rn. 1489.
[12] Vgl. Bruck/Möller/*Brandt* § 215 Rn. 12.
[13] Vgl. Langheid/Wandt/*Looschelders* § 215 Rn. 9; Beckmann/Matusche-Beckmann/*Reiff* § 5 Rn. 183; *Meixner/Steinbeck* § 1 Rn. 365.

übernommen worden sein.[14] Ein entscheidender Unterschied zwischen den beiden Normen besteht nämlich darin, dass es § 215 – anders als § 29c ZPO – an einem Verweis auf verbraucherschützende (im Falle des § 29c ZPO: § 312 BGB) und damit naturgemäß auf natürliche Personen beschränkte Vorschriften fehlt. Teleologisch lässt sich für eine Reduktion des § 215 Abs. 1 Satz 1 VVG auf natürliche Personen oder Verbraucher nicht anführen, der Reformgesetzgeber habe mit dieser Vorschrift den Verbraucherschutz fördern wollen. Zwar ist es richtig, dass die Neukodifikation des VVG von 2008 unter dem Leitstern von „Mehr Verbraucherschutz für Versicherte" stand. Im Versicherungsvertragsrecht ist der Verbraucherschutz aber generell zu einem VNchutz verallgemeinert, der nicht darauf achtet, ob der VN natürliche Person oder Verbraucher ist (vgl. etwa die vorvertraglichen Beratungs- und Informationspflichten des VR nach §§ 6, 7 VVG oder das Widerrufsrecht des VN nach §§ 8, 9).[15] Die Schutzgrenze verläuft vielmehr zwischen Großrisiken und Massenrisiken, vgl. § 210 VVG. Diese Grundsatzentscheidung hat die VVG-Reformkommission damit begründet, dass die Mehrzahl der Gewerbetreibenden, die sich nicht unter den Verbraucherbegriff subsumieren lassen, über kaum mehr Kenntnisse und Erfahrung im Umgang mit Versicherungsprodukten verfügt als private Verbraucher.[16] Der Verallgemeinerungsgrundsatz gilt auch für § 215 VVG, da es der Norm – anders als etwa § 4 VVG-InfoV – an einer einschränkenden Qualifikation des VN fehlt. Dafür spricht auch der Wortlaut der Regierungsbegründung zu § 215 VVG, die besagt, dass mit dieser Norm „auch der (...) Schutz des Verbrauchers gestärkt" werden soll. Dass es zu bedenklichen Schutzlücken kommt, wenn man nur natürliche Personen als berechtigt i.S.d. § 215 VVG ansieht, müssen auch Vertreter dieser Ansicht einräumen. Sie sehen sich zu Korrekturen aus Wertungsgesichtspunkten gezwungen, etwa indem sie § 215 Abs. 1 VVG analog anwenden, wenn der VN zwar eine juristische Person ist, jedoch eine natürliche Person begünstigt wird, wie bei Restschuldversicherungen oder Gruppenversicherungsverträgen. Darüber hinaus ist fraglich, warum nach der Ansicht, die den persönlichen Anwendungsbereich des § 215 auf natürliche Personen beschränken will, die Norm zwar nicht für Gesellschaften, wohl aber für Einzelkaufleute gelten soll, deren Schutzwürdigkeit vergleichbar erscheint. Insgesamt sprechen damit die besseren Argumente dafür, sämtliche VN als berechtigt i.S.d. § 215 Abs. 1 Satz 1 VVG anzusehen. Für juristische Personen und parteifähige Personengesellschaften ist anstelle des Wohnsitzes der Sitz i.S.d. § 17 ZPO maßgeblich. Dieses Ergebnis entspricht der Regelungslage im Europäischen Zivilverfahrensrecht.[17]

III. Internationale Zuständigkeit

7 Ob deutsche Gerichte für versicherungsrechtliche Streitigkeiten **international zuständig** sind, ist primär nach den Bestimmungen des Europäischen Gerichtsstands- und Vollstreckungsübereinkommens (EuGVVO) zu beurteilen. Die Anwendbarkeit der Verordnung setzt nach allgemeiner Auffassung voraus, dass der prozessuale Sachverhalt einen **Auslandsbezug** hat.[18]

[14] Vgl. So auch Looschelders/Pohlmann/*Wolf* § 215 Rn. 5; *Looschelders/Heinig* JR **2008** 265 266; wohl auch *Armbrüster* RuS **2010** 441 456.

[15] Vgl. E. Lorenz/*Brand* Karlsruher Forum **2011** 55, 59f.; Langheid/Wandt/*E. Lorenz* Einf. Rn. 28; Bruck/Möller/*H. Baumann* § 1 Rn. 61.

[16] Vgl. Abschlussbericht S. 23f.; ferner *Looschelders/Heinig* JR **2008** 265 267.

[17] Vgl. Bruck/Möller/*Brandt* § 215 Rn. 12.

[18] Vgl. Langheid/Wandt/*Dörner* § 172 Rn. 251.

Die EuGVVO ist bei grenzüberschreitenden Sachverhalten anwendbar, wenn der Beklagte seinen Wohnsitz in einem Mitgliedstaat hat (Art. 3 Abs. 1, 4 Abs. 1 EuGVVO). Bei Klagen gegen den VR genügt es gem. Art. 9 Abs. 2 EuGVVO, wenn dieser eine Zweigniederlassung, Agentur oder sonstige Niederlassung in einem Mitgliedstaat unterhält.[19] Dänemark ist zwar nach Art. 1 Abs. 3 EuGVVO kein Mitgliedstaat der EuGVVO; deren Bestimmungen gelten aber im Rechtsverkehr zwischen Dänemark und den Mitgliedstaaten kraft eines Abkommens, das zum 1.7.2007 in Kraft getreten ist.[20] Im Anwendungsbereich der EuGVVO kann § 215 verdrängt werden, insoweit die EuGVVO die örtliche Zuständigkeit selbst regelt. Das betrifft die Fälle des Art. 9 Abs. 1 lit. b) und 10 Satz 1, 11 Abs. 1 und 2 EuGVVO.[21] In den übrigen Fällen (Art. 9 Abs. 1 lit. a) und c) sowie 12 Abs. 1 EuGVVO) bleibt § 215 anwendbar. Art. 9 Abs. 1 lit. b) EuGVVO eröffnet einen Gerichtsstand für den Kläger an seinem jeweiligen Wohnsitz. Das gleiche gilt gem. Art. 11 Abs. 2 für den Geschädigten, was seine Direktklage gegen den VR anbelangt. Der VR hingegen kann den VN, versicherte Personen und Begünstigte nach Art. 12 Abs. 1 EuGVVO nur in dem Mitgliedstaat verklagen, in dem diese ihren Wohnsitz haben. Alle Beklagten können nach Art. 12 Abs. 2 EuGVVO Widerklage bei dem Gericht erheben, vor dem sie verklagt worden sind, auch wenn sie dort selbständig nicht hätten klagen können. Art. 13 EuGVVO setzt Gerichtsstandsvereinbarungen eine enge Grenze. Im Verhältnis zu Norwegen, Island und der Schweiz ist neben der EuGVVO auch das Luganer Abkommen vom 16.9.1988 (LuGÜ)[22] zu beachten. Dieses ist anwendbar, wenn der Beklagte in einem Vertragsstaat ansässig ist (Art. 3 Abs. 1, 4 Abs. 1 LugÜ). Die Vorschriften des Luganer Übereinkommens kommen allerdings nur dann zur Anwendung, wenn der Anwendungsbereich der vorrangigen EuGVVO nicht eröffnet ist (Art. 54b LuGÜ i.V.m. Art. 68 Abs. 2 EuGVVO). Sind weder die EuGVVO noch das Luganer Übereinkommen einschlägig, bestimmt § 215 VVG nach dem zivilprozessualen Grundsatz der Doppelfunktionalität auch die internationale Zuständigkeit der deutschen Gerichte.[23] **8**

Der verklagte VR muss **im Hoheitsgebiet eines EU-Mitgliedsstaates** zumindest eine **Niederlassung** haben.[24] Für den **Auslandsbezug** ist ein Bezug zu mehr als einem Mitgliedsstaat nicht erforderlich. Ein ausländischer Sitz des VR reicht bereits.[25] Ein VR mit Sitz in einem Mitgliedsstaat oder inländischem Sitz kann mithin vor deutschen Gerichten verklagt werden.[26] Gleiches gilt, wenn der VR über eine Niederlassung in einem Mitgliedsstaat verfügt. **9**

Für Klagen des VR **gegen** den VN, die versicherte Person oder Begünstigte begründet Art. 14 Abs. 1 EuGVVO eine internationale Zuständigkeit der Gerichte im Mitgliedsstaat des beklagten Sitzes. Die in den Musterbedingungen enthaltenen Gerichtsstandklauseln differenzieren regelmäßig nicht zwischen örtlicher und internationaler Zuständigkeit. Dies ist im Rahmen einer Überprüfung der Transparenz zu berücksichtigen.[27] **10**

---

19 Vgl. Bruck/Möller/*Brandt* § 215 Rn. 44.

20 Vgl. dazu *Nielsen* IPRax **2007** 506.

21 Vgl. Langheid/Wandt/*Looschelders* § 215 Rn. 65; Looschelders/Pohlmann/*Wolf* § 215 Rn. 1; Prölss/Martin/*Klimke* § 215 Rn. 35; *Grote/Schneider* BB **2007** 2689 2701.

22 Vgl. BGBl. **1994** II 2660; dazu Langheid/Wandt/*Looschelders* § 215 Rn. 68.

23 Vgl. Bruck/Möller/*Brandt* § 215 Rn. 45.

24 Vgl. Art. 11 Abs. 2 EuGVV.

25 Vgl. EuGH 14.11.2013 NJW **2014** 530, 531; Staudinger/Halm/Wendt/*Wendt* XI 1 Rn. 78.

26 Vgl. Art. 11 Abs. 1 EuGVVO.

27 Vgl. Bruck/Möller/*Brandt* § 215 Rn. 40; Langheid/Wandt/*Looschelders* § 215 Rn. 71ff.

IV. Prozessuales

11 Im Rahmen einer prozessualen Auseinandersetzung zwischen VN und VR sind, wenn Ansprüche aus einer Berufsunfähigkeitsversicherung geltend gemacht werden, einige Besonderheiten zu beachten:

1. Klage

12 a) **Leistungsklage.** Lehnt der VR die Erbringung der vereinbarten Leistungen ab, so hat der Kläger die Möglichkeit, diese im Wege einer Klage geltend zu machen. Begehrt der VN wie meistens die Zahlung der versicherten Rente sowie Befreiung von der Verpflichtung zur Beitragszahlung, so kann der Kläger seinen Anspruch auf Zahlung der versicherten Rente im Wege der **Leistungsklage** geltend machen.

13 b) **Feststellungsklage.** Für die Erhebung **einer Feststellungsklage** besteht insoweit kein Rechtsschutzbedürfnis. Das Feststellungsinteresse als Prozessvoraussetzung fehlt bei **Vorliegen einer besseren Rechtsschutzmöglichkeit**, insbesondere dann, wenn eine Klage auf Leistung möglich und zumutbar ist.[28] Der zum Teil vertretenen Rechtsauffassung, eine Feststellungsklage sei auch dann, wenn der VN die Auszahlung der versicherten Renten begehre, zulässig, wenn der Streit nur den Anspruchsgrund betreffe und zu erwarten sei, dass der VR bei Feststellung seiner Leistungspflicht im Urteil zur Leistung fähig und bereit sei, ist nicht zu folgen.[29] Die Höhe der versicherten Leistungen ergibt sich nämlich regelmäßig aus dem Versicherungsschein oder, sofern eine Dynamisierung der versicherten Leistungen vereinbart worden ist, aus dem zum Zeitpunkt des Eintritts des Versicherungsfalls gültigen Nachtrag. Unter diesen Umständen ist die Erhebung einer Leistungsklage möglich und auch zumutbar. Der **Streitwert** einer solchen Leistungsklage bemisst sich nach dem 3,5-fachen Jahresbetrag der versicherten Rente.[30]

14 Auch bezüglich des Antrags auf Zahlung der versicherten Renten kann allerdings **ausnahmsweise** ein Feststellungsantrag in Betracht kommen, wenn sich die versicherte Rente auch nach Eintritt des Versicherungsfalls erhöht und nicht „eingefroren“ wird. In diesem Fall ist dem Kläger die Höhe der zukünftigen Renten regelmäßig nicht bekannt und daher auch nicht bezifferbar.

15 Bezüglich des **Anspruchs auf Beitragsbefreiung** kommt in der Regel keine Leistungsklage in Betracht, es sei denn, der VN hätte in der Vergangenheit die Beiträge an den VR weitergezahlt. Richtige Klageart ist regelmäßig die Feststellungsklage, gerichtet auf die Feststellung, dass der VN von der Verpflichtung, Beiträge zu dem streitgegenständlichen Versicherungsvertrag zu zahlen, ab Eintritt der Berufsunfähigkeit für die Dauer des Fortbestehens der Berufsunfähigkeit, längstens bis zum Ablauf des Versicherungsvertrags, befreit ist.

16 Für die Berechnung des **Streitwerts** einer solchen Feststellungsklage gilt folgendes: im Hinblick auf das Vorliegen eines Feststellungsantrags ist von dem 3,5-fachen Jahresbetrag des zu zahlenden Beitrags bei ungeklärter oder streitiger Berufsunfähigkeit ein Abzug von 50 % vorzunehmen.[31] Das gilt auch dann, wenn neben einem Leistungsantrag der Feststel-

---

28 Vgl. BGH 6.5.1993 NJW **1993** 2993.

29 Vgl. hierzu BGH 6.6.1951 NJW **1951** 887, 888; OLG Köln 6.2.1970 VersR **1970** 759, 760; OLG Hamm 7.6.1972 VersR **1972** 967; *Benkel/Hirschberg* § 5 BUZ 2008 Rn. 36.

30 Vgl. *Neuhaus* R XIV Rn. 162; OLG Frankfurt 28.10.2011 BeckRS **2011** 26864; OLG Karlsruhe 7.7.2016 NJW-RR **2016** 1343; OLG München 7.4.2000 BeckRS **2000** 10980.

31 Vgl. BGH 1.12.2004 NJW-RR **2005** 259, 260.

lungsantrag gestellt wird. Ob der VN dabei schon Ansprüche auf Berufsunfähigkeitsleistungen geltend gemacht hat, spielt keine Rolle.[32]

17 Ein Feststellungsantrag kommt darüber hinaus dann in Betracht, wenn Gegenstand des Rechtsstreits nicht nur die Erbringung von Leistungen aus der Berufsunfähigkeitsversicherung ist, sondern auch Streit darüber besteht, ob der **Versicherungsvertrag fortbesteht**, weil der VR vertragsbeendende Erklärungen abgegeben hat.

18 Es empfiehlt sich in diesem Fall, einen **zusätzlichen Feststellungsantrag**, gerichtet auf die Feststellung des Fortbestehens des streitgegenständlichen Versicherungsvertrags zu stellen, da zwar im Rahmen der Überprüfung, ob dem VN die begehrten Leistungen zustehen, auch überprüft wird, ob der Versicherungsvertrag überhaupt noch fortbesteht. Dem VR bleibt aber selbst im Falle einer Verurteilung zur Leistung die Möglichkeit des bedingungsgemäßen **Nachprüfungsverfahrens.** Führt er dieses erfolgreich durch, so ist nicht ausdrücklich geklärt, ob das Versicherungsverhältnis noch fortbesteht und der VN auch für zukünftige Versicherungsfälle Versicherungsschutz aus dem streitgegenständlichen Versicherungsvertrag beanspruchen kann.

19 Umgekehrt besteht auch die Möglichkeit, dass dem VN zwar eine Verletzung der vorvertraglichen Anzeigepflicht seitens des VR mit Erfolg vorgeworfen wird, er aber gleichwohl aufgrund mangelnder Kausalität der verschwiegenen Umstände für den Eintritt des Versicherungsfalls seine Leistungen behält, vgl. § 21 Abs. 2 Satz 2 VVG.

20 **2. Selbständiges Beweisverfahren.** Macht der VN gegen den VR Ansprüche auf Leistungen aus der Berufsunfähigkeitsversicherung geltend, so ist in aller Regel zunächst das Berufsbild des VN und sodann die Berufsunfähigkeit im zuletzt ausgeübten Beruf zu klären. Da nach der Rechtsprechung des BGH dem Sachverständigen ein **unverrückbarer außermedizinischer Sachverhalt** vorzugeben ist, ist zunächst eine Beweisaufnahme über das Berufsbild durchzuführen, wenn dieses streitig ist und sodann abzuklären, ob der VN berufsunfähig ist. Hiervon ausgehend scheidet die Durchführung eines selbstständigen Beweisverfahrens gemäß § 485 ZPO als Alternative zum Klageverfahren aus.[33] Das Gutachten müsste nämlich auf Basis einer streitigen Tatsachengrundlage erstellt werden.

21 Zum Teil wird die Rechtsauffassung vertreten, das Bestreiten des vom Antragsteller vorgetragenen Berufsbildes durch den VR stehe der Durchführung des selbstständigen Beweisverfahrens nicht entgegen, wenn eine generelle Berufsunfähigkeit vorliege, der Versicherte von einem Rechtsstreit bei einem für ihn ungünstigen Beweisergebnis Abstand nehme.[34] Dem ist nicht zu folgen. Zwar ist die Durchführung des selbstständigen Beweisverfahrens nicht von der Schlüssigkeit eines etwaigen Klagebegehrens abhängig, es kommt aber nicht in Betracht, wenn die Anknüpfungstatsachen durch Zeugenvernehmung geklärt werden müssen, wie dies bei der Klärung des Berufsbildes regelmäßig erforderlich ist.[35] Entsprechendes gilt auch, wenn das Berufsbild nicht durch die Einvernahme von Zeugen, sondern durch Anhörung der Partei geklärt wird, weil auch die Anhörung hier Mittel der Herbeiführung einer richterlichen Überzeugung ist und dem Zeugenbeweis insoweit gleich steht. Unter diesen Umständen kann die im Rahmen eines selbstständigen Beweisverfahrens zu treffende Feststellung nicht der Vermeidung eines Rechtsstreits dienen, § 485 Abs. 2

---

[32] Vgl. **a. A.** BGH 13.12.2000 RuS **2001** 264.

[33] So auch OLG Köln 11.4.2008 VersR **2008** 1340; Darstellung der vertretenen Ansichten: *Neuhaus* R XIII Rn. 156 ff.; BeckOK-VVG/*Mangen* § 172 Rn. 96 unter Hinweis auf OLG Köln 11.4.2008 NJW-RR **2009** 431, 432; Prölss/Martin/*Lücke* § 172 Rn. 118.

[34] Vgl. OLG Celle 18.10.2010, Az.: 8 W 32/10.

[35] Vgl. OLG Köln 11.4.2008 VersR **2008** 1340; LG Marburg 1.10.2008 VersR **2009** 201.

Satz 2 ZPO. Fälle, bei denen der VN keinerlei berufliche Tätigkeit ausüben kann, werden nur selten vorliegen.

22 **3. Einstweiliger Rechtsschutz.** Einstweiliger Rechtsschutz kommt für den VN, der Leistungen aus einer Berufsunfähigkeitsversicherung in Anspruch nimmt, nur in Ausnahmefällen in Betracht.

23 Die Interessen des VR und des VN sind gerade im einstweiligen Rechtsschutz besonders gegenläufig. Für den VN hat die Berufsunfähigkeitsversicherung eine **existenzsichernde** Funktion. Diesen Zweck verfehlt die Berufsunfähigkeitsversicherung, wenn aufgrund der weigerlichen Haltung des VR das Existenzminimum nicht gesichert ist.[36]

24 Auf der anderen Seite besteht für den VR, der im Wege des einstweiligen Rechtsschutzes zur Leistung verpflichtet wird, die Gefahr, dass er seine erbrachten Leistungen nicht mit Erfolg zurückfordern kann, wenn er im Hauptsacheverfahren obsiegt. Aus diesem Grund fordert die Rechtsprechung das Vorliegen einer **existenziellen** Notlage. Eine Existenzgefährdung des VN muss glaubhaft gemacht werden.[37]

25 Die **Tilgung von Altschulden und Unterhaltsverpflichtungen** gegenüber Kindern reicht nicht automatisch für das Bejahen einer existenziellen Notlage aus.[38] Dem VN kann zugemutet werden, zunächst Drittleistungen in Anspruch zu nehmen.[39] Soweit dem entgegengehalten wird, allein die Zeitdauer bis zur Bewilligung von Sozialhilfe sei möglicherweise zu lang, überzeugt dies nicht, weil auch Drittleistungen im Wege des einstweiligen Rechtsschutzes begehrt werden können.

26 Es mag zwar sein, dass die Allgemeinheit für eine vom VR durch unangemessen lange Leistungsprüfung verschuldeten Notlage nicht aufkommen soll,[40] doch ist festzuhalten, dass der VR in jeden Fall die notwendigen Erhebungen im Sinne des § 14 VVG treffen können muss. Außerdem muss es dem VR erlaubt sein, begründete Einwände gegen seine Leistungspflicht zu erheben. Aus diesem Grund ist der Bezug von Drittleistungen vorrangig.

27 **4. Verfahren nach Vorliegen eines rechtskräftigen Urteils.** Ist in dem Aktivprozess des VN auf Gewährung von Berufsunfähigkeitsleistungen die Klage abgewiesen worden, so kann der VN neue Ansprüche nur mit der Begründung geltend machen, sein gesundheitlicher Zustand habe sich so verschlechtert, dass diese Verschlechterung eine Berufsunfähigkeit begründet.[41]

28 Der VN ist nach Vorliegen des klageabweisenden Urteils gehindert, zu einem späteren Zeitpunkt erneut Berufsunfähigkeitsleistungen geltend zu machen, solange sich an seinem Gesundheitszustand nichts geändert hat. Ob eine Verschlechterung in diesem Sinne vorliegt, ist dann im Rahmen eines neuen Prozesses im Rahmen einer Beweisaufnahme festzustellen. Hat sich der Gesundheitszustand nicht verschlechtert, steht dem erneuten Leistungsantrag die Rechtskraft des klageabweisenden Urteils entgegen.

29 Ist allerdings die Klage **mit anderer Begründung** abgewiesen worden, z.B. weil dem Kläger eine Obliegenheitsverletzung vorgeworfen wurde, so steht einer erneuten Klage mit der Begründung, die Obliegenheit sei nunmehr erfüllt worden, nichts entgegen.[42] In allen

---

[36] Vgl. auch LG Dortmund 28.9.2006 BeckRS **2006** 12797; *Neuhaus* R V Rn. 93.

[37] Vgl. OLG Saarbrücken 4.10.2006 VersR **2007** 935, 936; OLG Köln 16.5.2007 RuS **2007** 463, 464; LG Berlin 24.2.2005 RuS **2005** 338, 339.

[38] Vgl. OLG Jena 8.3.2012 BeckRS **2012** 6100.

[39] So auch LG Leipzig 19.12.2003 RuS **2005** 114, 115; Staudinger/Halm/Wendt/*Gramse* Anh. § 172 Rn. 11, m.w.N.; **a.A.** *Neuhaus* R VII Rn. 97.

[40] So *Neuhaus* a.a.O.

[41] Vgl. OLG Köln 11.1.2013 RuS **2014** 518.

[42] Vgl. *Neuhaus* R X Rn. 134.

übrigen Fällen ist genau zu überprüfen, wie weit die **Rechtskraft des klageabweisenden Urteils** geht. So ist denkbar, dass der VR sich im ersten Prozess bereits auf eine erfolgreiche vertragsbeendende Erklärung berufen hat. Ist er mit diesem Einwand durchgedrungen, so erwächst auch die diesbezügliche Feststellung des Gerichts in Rechtskraft. Der VN kann dann nicht mit der Begründung eine neue Klage erheben, das Landgericht habe sich fälschlicherweise zu Unrecht nicht mit den materiell-rechtlichen Voraussetzungen des Leistungsanspruchs, insbesondere mit der Frage beschäftigt, ob bedingungsgemäße Berufsunfähigkeit vorliegt.

Will sich der VR gegen die Folgen eines gegen ihn ergangenen rechtskräftigen Urteils wehren, weil sich der gesundheitliche Zustand des VN nach Schluss der mündlichen Verhandlung verbessert hat, so muss der VR zunächst einmal das **bedingungsgemäße Nachprüfungsverfahren** durchführen. Prozessual kann er, wenn der VN die Einstellungs-/Änderungsmittelung nicht akzeptiert, den vorhandenen Titel im Wege der **Vollstreckungsgegenklage gemäß § 767 ZPO** angreifen und beseitigen lassen.[43] Gemäß § 767 Abs. 2 ZPO sind Einwendungen allerdings nur insoweit zulässig, als die Gründe, auf denen sie beruhen, erst nach Beschluss der letzten mündlichen Verhandlung des Vorabprozesses entstanden sind. Dabei kommt es aber nach der Rechtsprechung grundsätzlich auf den Zeitpunkt der objektiven Entstehung der Einwendung wie etwa des Aufrechnungsgrundes, der Aufrechnungslage oder des Kündigungsgrundes an und nicht auf den Zeitpunkt, in dem die Partei Kenntnis vom Einwendungsgrund erlangt hat.[44] **30**

Wenn demzufolge der VR seine Leistungseinstellung auf einen Grund stützt, der ihm bereits im Rahmen des seitens des VN gegen ihn geführten Aktivprozesses bekannt geworden war, so stellt sich die Frage, ob der VR diese Einwendung gegen seine Leistungspflicht sofort erheben muss oder sich zu einem späteren Zeitpunkt auf eine Abänderungsmöglichkeit berufen darf. Nach der Rechtsprechung soll es dem VR freistehen, wann er im Einklang mit den Versicherungsbedingungen ein Nachprüfungsverfahren durchführt.[45] Dem ist zuzustimmen. Der im Rahmen des Nachprüfungsverfahrens geltend gemachte materiell-rechtliche Einwand ist nicht nur der Wegfall der Berufsunfähigkeit wegen Eintritts einer gesundheitlichen Verbesserung oder des Erwerbs neuer Fähigkeiten, sondern die sich hierauf stützende und dem VN zugegangenen Einstellungs-/Änderungsmitteilung. Allein durch den Umstand, dass sich der gesundheitliche Zustand des VN verbessert hat oder der VR aufgrund neu erworbener Fähigkeiten des VN eine Verweisungsmöglichkeit hat, gewährt dem VR noch keine Möglichkeit, seine Leistungen einzustellen, er muss vielmehr den VN im Rahmen des bedingungsgemäßen Nachprüfungsverfahrens mit Hilfe einer den Anforderungen der Rechtsprechung entsprechenden Änderungs-/Einstellungsmitteilung über die Gründe für die Einstellung der Leistungen informieren. Kommt es demzufolge auf die erfolgreiche Durchführung des Nachprüfungsverfahrens an und steht es dem VR frei, wann er dieses Nachprüfungsverfahren durchführt, so kann er mit diesem Einwand nicht **präkludiert** sein, wenn er das Nachprüfungsverfahren erst nach Abschluss des Vorprozesses durchführt. Ob der VR das Nachprüfungsverfahren tatsächlich ordnungsgemäß durchgeführt hat, ist dann im Rahmen der Vollstreckungsgegenklage zu überprüfen. **31**

Ist die Vollstreckungsgegenklage begründet, so folgt aus der Begründetheit der Vollstreckungsgegenklage zugleich ein Anspruch auf Herausgabe der vollstreckbaren Ausferti-

---

[43] Vgl. OLG München 28.3.1996 RuS **1998** 169; OLG Düsseldorf 10.6.2003 RuS **2003** 469.

[44] Vgl. BGH 1.6.1964 NJW **1964** 1797; BGH 9.10.2000 NJW **2001** 231.

[45] Vgl. OLG Düsseldorf 10.6.2003 NJOZ **2004** 3514, 3515.

gung des im Aktivprozesses ergangenen Urteils. Ein solcher Herausgabeanspruch kann mit einer Vollstreckungsgegenklage zulässigerweise verbunden werden.[46]

Allgemeine Bedingungen für die Berufsunfähigkeits-Zusatzversicherung

§ 1
Welche Leistungen erbringen wir?

Unsere Leistungen bei Berufsunfähigkeit

(1) Wird die versicherte Person (*das ist die Person, auf deren Berufsfähigkeit die Versicherung abgeschlossen ist*) während der Versicherungsdauer dieser Zusatzversicherung berufsunfähig (siehe § 2 Abs. 1 oder 2), erbringen wir folgende Leistungen:

a) Wir befreien Sie von der Beitragszahlungsplicht für die Hauptversicherung und die eingeschlossenen Zusatzversicherungen, längstens für die vereinbarte Leistungsdauer.

b) Wir zahlen die Berufsunfähigkeitsrente, wenn diese mitversichert ist, längstens für die vereinbarte Leistungsdauer.

Die Versicherungsdauer ist der Zeitraum, innerhalb dessen Versicherungsschutz besteht. Mit Leistungsdauer wird der Zeitraum bezeichnet, bis zu dessen Ablauf eine während der Versicherungsdauer anerkannte Leistung längstens erbracht wird.

Unsere Leistung bei Berufsunfähigkeit infolge Pflegebedürftigkeit

(2) Wird die versicherte Person während der Versicherungsdauer dieser Zusatzversicherung berufsunfähig infolge Pflegebedürftigkeit (siehe § 2 Abs. 4–8), ohne dass Berufsunfähigkeit im Sinne von § 2 Abs. 1 oder 2 vorliegt, erbringen wir folgende Versicherungsleistungen:

a) Wir befreien Sie von der Beitragszahlungspflicht für die Hauptversicherung und die eingeschlossenen Zusatzversicherungen, längstens für die vereinbarte Leistungsdauer;

b) wir zahlen eine Berufsunfähigkeitsrente, wenn diese mitversichert ist, längstens für die vereinbarte Leistungsdauer
   - in Höhe von ... % der vereinbarten Berufsunfähigkeitsrente bei Pflegestufe III,
   - in Höhe von ... % der vereinbarten Berufsunfähigkeitsrente bei Pflegestufe II,
   - in Höhe von ... % der vereinbarten Berufsunfähigkeitsrente bei Pflegestufe I.

Weitere Regelungen zu unseren Leistungen

(3) Der Anspruch auf Beitragsbefreiung und Rentenzahlung entsteht mit Ablauf des Monats, in dem die Berufsunfähigkeit eingetreten ist. Sie müssen uns die Berufsunfähigkeit in Textform (*z.B. Papierform oder E-Mail*) mitteilen. Wird uns die Berufsunfähigkeit später als ... nach ihrem Eintritt mitgeteilt, entsteht der Anspruch auf die Leistung erst mit Beginn des Monats der Mitteilung. Diese Einschränkung gilt nicht, wenn die verspätete Mitteilung nicht verschuldet worden ist. Der Anspruch auf eine Erhöhung der Berufsunfähigkeitsrente wegen einer höheren Pflegestufe entsteht frühestens mit Beginn des Monats, in dem uns die Erhöhung der Pflegestufe mitgeteilt wird.

---

[46] Vgl. OLG Düsseldorf 10.6.2003 NJOZ **2004** 3514, 3518; OLG Hamm 19.12.2003 NJOZ **2004** 490.

https://doi.org/10.1515/9783110308204-003

(4) Der Anspruch auf Beitragsbefreiung und Rentenzahlung endet, wenn
- Berufsunfähigkeit im Sinne dieser Bedingungen nicht mehr vorliegt,
- die versicherte Person stirbt oder
- die vereinbarte Leistungsdauer abläuft.

(5) Bis zur Entscheidung über die Leistungspflicht müssen Sie die Beiträge in voller Höhe weiter entrichten; wir werden diese jedoch bei Anerkennung der Leistungspflicht zurückzahlen.

(6) Der Versicherungsschutz besteht weltweit.

(7) Die Rente zahlen wir monatlich im Voraus.

(8) Es kann sich eine Leistung aus der Überschussbeteiligung ergeben (siehe § 8).

§ 1 AVB BUZ

§ 1 AVB BUZ entspricht im Wesentlichen § 1 AVB BU unter Berücksichtigung des Umstandes, dass die Berufsunfähigkeitszusatzversicherung eine Einheit mit der Hauptversicherung bildet. Dementsprechend sieht § 1 (1) a im Rahmen des Anspruchs auf Beitragsbefreiung nicht nur eine Befreiung von der Beitragszahlungspflicht für die Berufsunfähigkeitszusatzversicherung vor, sondern auch für die Hauptversicherung. Im Übrigen wird auf die Kommentierung zu § 1 AVB BU verwiesen.

§ 2
Was ist Berufsunfähigkeit im Sinne dieser Bedingungen?

Berufsunfähigkeit

(1) Berufsunfähigkeit liegt vor, wenn die versicherte Person (*das ist die Person, auf deren Berufsfähigkeit die Versicherung abgeschlossen ist*) infolge Krankheit, Körperverletzung oder mehr als altersentsprechenden Kräfteverfalls, die ärztlich nachzuweisen sind, voraussichtlich auf Dauer (alternativ mindestens ... % Monate/Jahre) ihren zuletzt ausgeübten Beruf, so wie er ohne gesundheitliche Beeinträchtigungen ausgestaltet war, nicht mehr zu mindestens ... % ausüben kann und auch keine andere Tätigkeit ausübt, die ihren bisherigen Lebensstellungen entspricht.

Der bisherigen Lebensstellung entspricht nur eine Tätigkeit, die in ihrer Vergütung und sozialen Wertschätzung nicht spürbar unter das Niveau der bislang ausgeübten Tätigkeit absinkt.

(2) Ist die versicherte Person ... Monate ununterbrochen infolge Krankheit, Körperverletzung oder mehr als altersentsprechenden Kräfteverfalls, die ärztlich nachzuweisen sind, zu mindestens ... % außerstande gewesen, ihren zuletzt ausgeübten Beruf, so wie er ohne gesundheitliche Beeinträchtigungen ausgestaltet war, auszuüben und hat sie in dieser Zeit auch keine andere Tätigkeit ausgeübt, die ihrer bisherigen Lebensstellung entspricht, gilt die Fortdauer dieses Zustandes als Berufsunfähigkeit.

1. Bemerkung:

Für den Fall, dass bei entsprechender Tarifierung eine abstrakte Verweisung erfolgt, lauten die Absätze 1 und 2 wie folgt:

(1) Berufsunfähigkeit liegt vor, wenn die versicherte Person (*das ist die Person, auf deren Berufsfähigkeit die Versicherung abgeschlossen ist*) infolge Krankheit, Körperverletzung oder mehr als altersentsprechenden Kräfteverfalls, die ärztlich nachzuweisen sind, voraussichtlich auf Dauer (alternativ: mindestens ... Monate/Jahre) ihren zuletzt

ausgeübten Beruf, so wie er ohne gesundheitliche Beeinträchtigungen ausgestaltet war, nicht mehr zu mindestens … % ausüben kann und außerstande ist, eine andere Tätigkeit auszuüben, zu der sie aufgrund ihrer Ausbildung und Fähigkeit in der Lage ist und die ihrer bisherigen Lebensstellung entspricht.

Der bisherigen Lebensstellung entspricht nur eine Tätigkeit, die in ihrer Vergütung und sozialen Wertschätzung nicht spürbar unter das Niveau der bislang ausgeübten Tätigkeit absinkt.

(2) Ist die versicherte Person … Monate ununterbrochen infolge Krankheit, Körperverletzung oder mehr als altersentsprechenden Kräfteverfalls, die ärztlich nachzuweisen sind, zu mindestens … % außerstande gewesen, ihren zuletzt ausgeübten Beruf, so wie er ohne gesundheitliche Beeinträchtigung ausgestaltet war, oder eine andere Tätigkeit auszuüben, zu der sie aufgrund ihrer Ausbildung und Fähigkeiten in der Lage ist und die ihrer bisherigen Lebensstellung entspricht, gilt die Fortdauer dieses Zustandes als Berufsunfähigkeit.

2. Bemerkung:

Wenn abweichend von Abs. 2 rückwirkend von einem früheren Zeitpunkt an geleistet werden soll, sind die Bedingungen entsprechend zu ändern bzw. zu ergänzen.

(3) Scheidet die versicherte Person aus dem Berufsleben aus und werden später Leistungen wegen Berufsunfähigkeit beantragt, kommt es bei der Anwendung der Absätze 1 und 2 darauf an, dass die versicherte Person außerstande ist, eine Tätigkeit auszuüben, zu der sie aufgrund ihrer Ausbildung und Fähigkeit in der Lage ist und die ihrer bisherigen Lebensstellung entspricht.

Berufsunfähigkeit infolge Pflegebedürftigkeit

(4) Berufsunfähigkeit infolge Pflegebedürftigkeit liegt vor, wenn die versicherte Person infolge Krankheit, Körperverletzung oder mehr als altersentsprechenden Kräfteverfalls, die ärztlich nachzuweisen sind, voraussichtlich auf Dauer für die in Absatz 6 genannten gewöhnlichen und regelmäßig wiederkehrenden Verrichtungen im Ablauf des täglichen Lebens täglich der Hilfe einer anderen Person bedarf.

(5) Ist die versicherte Person … Monate ununterbrochen pflegebedürftig mindestens im Rahmen der Pflegestufe I (siehe Absätze 6 bis 8) gewesen, gilt die Fortdauer dieses Zustandes als Berufsunfähigkeit infolge Pflegebedürftigkeit. Die Pflegebedürftigkeit ist ärztlich nachzuweisen.

(6) Bewertungsmaßstab für die Einstufung des Pflegefalls ist die Art und der Umfang der erforderlichen täglichen Hilfe durch eine andere Personen. Bei der Bewertung wird die nachstehende Punktetabelle zugrunde gelegt:

Die versicherte Person benötigt Hilfe beim

– Fortbewegen im Zimmer: 1 Punkt

Hilfebedarf liegt vor, wenn die versicherte Person – auch bei Inanspruchnahme einer Gehhilfe oder eines Rollstuhls – die Unterstützung einer anderen Person für die Fortbewegung benötigt.

– Aufstehen und Zubettgehen: 1 Punkt

Hilfebedarf liegt vor, wenn die versicherte Person nur mit Hilfe einer anderen Person das Bett verlassen oder in das Bett gelangen kann.

– An- und Auskleiden: 1 Punkt

Hilfebedarf liegt vor, wenn die versicherte Person – auch bei Benutzung krankengerechter Kleidung – sich nicht ohne Hilfe einer anderen Person an- oder auskleiden kann.

– Einnehmen von Mahlzeiten und Getränken: 1 Punkt

Hilfebedarf liegt vor, wenn die versicherte Person – auch bei Benutzung krankengerechter Essbestecke und Trinkgefäße – nicht ohne Hilfe einer anderen Person essen oder trinken kann.

– Waschen, Kämmen oder Rasieren: 1 Punkt

Hilfebedarf liegt vor, wenn die versicherte Person von einer anderen Person gewaschen, gekämmt oder rasiert werden muss, da sie selbst nicht mehr fähig ist, die dafür erforderlichen Körperbewegungen auszuführen.

– Verrichten der Notdurft: 1 Punkt

Hilfebedarf liegt vor, wenn die versicherte Person die Unterstützung einer anderen Person benötigt, weil sie

- sich nach dem Stuhlgang nicht allein säubern kann,
- ihre Notdurft nur unter Zuhilfenahme einer Bettschüssel verrichten kann oder
- weil der Darm bzw. die Blase nur mit fremder Hilfe entleert werden kann.

Besteht allein eine Inkontinenz des Darms bzw. der Blase, die durch die Verwendung von Windeln oder speziellen Einlagen ausgeglichen werden kann, liegt hinsichtlich der Verrichtung der Notdurft keine Pflegebedürftigkeit vor.

(7) Der Pflegefall wird nach der Anzahl der Punkte eingestuft. Wir leisten

- aus der Pflegestufe I: bei … Punkten
- aus der Pflegestufe II: bei … Punkten

Unabhängig von der Bewertung aufgrund der Punktetabelle liegt die Pflegestufe II vor, wenn die versicherte Person wegen einer seelischen Erkrankung oder geistigen Behinderung sich oder andere gefährdet und deshalb täglicher Beaufsichtigung bedarf;

- aus der Pflegestufe III: bei … Punkten

Unabhängig von der Bewertung aufgrund der Punktetabelle liegt die Pflegestufe III. vor, wenn die versicherte Person dauernd bettlägerig ist und nicht ohne Hilfe einer anderen Person aufstehen kann oder wenn die versicherte Person der Bewahrung bedarf.

Bewahrung liegt vor, wenn die versicherte Person wegen einer seelischen Erkrankung oder geistigen Behinderung sich oder andere in hohem Maße gefährdet und deshalb nicht ohne ständige Beaufsichtigung bei Tag und Nacht versorgt werden kann.

(8) Vorübergehende akute Erkrankungen führen zu keiner höheren Einstufung. Vorübergehende Besserungen bleiben ebenfalls unberücksichtigt. Eine Erkrankung oder Besserung gilt dann nicht als vorübergehend, wenn sie nach … Monaten noch anhält.

§ 2 AVB BUZ entspricht § 2 AVB BU. Auf die dortige Kommentierung wird verwiesen.

§ 3
In welchen Fällen ist der Versicherungsschutz ausgeschlossen?

Grundsätzlich besteht unsere Leistungspflicht unabhängig davon, auf welcher Ursache die Berufsunfähigkeit beruht. Es besteht kein Versicherungsschutz, wenn die Berufsunfähigkeit verursacht ist:

a) durch vorsätzliche Ausführung oder den Versuch einer Straftat durch die versicherte Person (*das ist die Person, auf deren Berufsfähigkeit die Versicherung abgeschlossen ist*);

b) durch innere Unruhen, sofern die versicherte Person auf Seiten der Unruhestifter teilgenommen hat;

c) durch folgende von der versicherten Person vorgenommene Handlungen
   - absichtliche Herbeiführung von Krankheit,
   - absichtliche Herbeiführung von mehr als altersentsprechenden Kräfteverfalls,
   - absichtliche Selbstverletzung oder
   - versuchte Selbsttötung.

   Wir werden jedoch leisten, wenn uns nachgewiesen wird, dass die versicherte Person diese Handlungen in einem die freie Willensbestimmung ausschließenden Zustand krankhafter Störung der Geistestätigkeit begangen hat.

d) durch eine widerrechtliche Handlung, mit der Sie als Versicherungsnehmer vorsätzlich die Berufsunfähigkeit der versicherten Person herbeigeführt haben;

e) durch Strahlen infolge Kernenergie, die das Leben oder die Gesundheit zahlreicher Menschen derart gefährden, dass zur Abwehr der Gefährdung eine Katastrophenschutzbehörde oder vergleichbare Behörde tätig wurde;

f) unmittelbar oder mittelbar durch Kriegsereignisse. Unsere Leistungen sind nicht ausgeschlossen, wenn die versicherte Person in unmittelbarem oder mittelbarem Zusammenhang mit kriegerischen Ereignissen berufsunfähig wird, denen sie während eines Aufenthalts außerhalb der Bundesrepublik Deutschland ausgesetzt und an denen sie nicht aktiv beteiligt war.

g) unmittelbar oder mittelbar durch den vorsätzlichen Einsatz von atomaren, biologischen oder chemischen Waffen oder den vorsätzlichen Einsatz oder die vorsätzliche Freisetzung von radioaktiven, biologischen oder chemischen Stoffen, sofern der Einsatz oder das Freisetzen darauf gerichtet sind, das Leben oder die Gesundheit einer Vielzahl von Personen zu gefährden. Unsere Leistungen sind nicht ausgeschlossen, wenn die versicherte Person in unmittelbarem oder mittelbarem Zusammenhang mit kriegerischen Ereignissen berufsunfähig wird, denen sie während eines Aufenthalts außerhalb der Bundesrepublik Deutschland ausgesetzt und an denen sie nicht aktiv beteiligt war.

§ 3 AVB BUZ entspricht § 5 AVB BU, weshalb auf die dortige Kommentierung verwiesen wird.

§ 4
Was ist zu beachten, wenn eine Leistung verlangt wird?

(1) Wird eine Leistung aus der Berufsunfähigkeits-Zusatzversicherung beansprucht, müssen uns auf Kosten des Anspruchserhebenden folgende Auskünfte, die zur Feststellung unserer Leistungspflicht erforderlich sind, gegeben und Nachweise vorgelegt werden:

   a) ein Zeugnis über den Tag der Geburt der versicherten Person (*das ist die Person, auf deren Berufsfähigkeit die Versicherung abgeschlossen ist*);

   b) eine Darstellung der Ursachen für den Eintritt der Berufsunfähigkeit;

   c) ausführliche Berichte der Ärzte, die die versicherte Person gegenwärtig behandeln, bzw. behandelt oder untersucht haben, über Ursache, Beginn, Art, Verlauf und voraussichtliche Dauer des Leidens der versicherten Person sowie über den Grad der Berufsunfähigkeit oder über die Pflegestufe;

   d) eine Beschreibung des zuletzt ausgeübten Berufs der versicherten Person, deren Stellung und Tätigkeit im Zeitpunkt des Eintritts der Berufsunfähigkeit sowie über danach eingetretene Veränderungen;

e) Angaben über Einkommen aus beruflicher Tätigkeit;

f) bei Berufsunfähigkeit infolge Pflegebedürftigkeit zusätzlich eine Bescheinigung der Person oder der Einrichtung, die mit der Pflege betraut ist, über Art und Umfang der Pflege;

g) eine Aufstellung
   - der Ärzte, Krankenhäuser, Krankenanstalten, Pflegeeinrichtungen oder Pflegepersonen, bei denen die versicherte Person in Behandlung war, ist oder – sofern bekannt – sein wird,
   - der Versicherungsgesellschaften, Sozialversicherungsträger oder sonstiger Versorgungsträger, bei denen die versicherte Person ebenfalls Leistungen wegen Berufsunfähigkeit geltend machen könnte,
   - über den derzeitigen Arbeitgeber und frühere Arbeitgeber der versicherten Person.

(2) Wir können außerdem auf unsere Kosten weitere ärztliche Untersuchungen durch von uns beauftragte Ärzte sowie notwendige Nachweise – auch über die wirtschaftlichen Verhältnisse und ihre Veränderungen – verlangen, insbesondere zusätzliche Auskünfte und Aufklärungen.

(3) Wird eine Erhöhung der Berufsunfähigkeitsrente wegen einer höheren Pflegestufe verlangt, gelten die Absätze 1 und 2 sinngemäß.

(4) Unsere Leistungen werden fällig, nachdem wir die Erhebungen abgeschlossen haben, die zur Feststellung des Versicherungsfalls und des Umfangs unserer Leistungspflicht notwendig sind. Wenn Sie eine der genannten Pflichten nicht erfüllen, kann dies zur Folge haben, dass wir nicht feststellen können, ob und in welchem Umfang wir leistungspflichtig sind. Eine Pflichtverletzung kann somit dazu führen, dass unsere Leistung nicht fällig wird.

(5) Bei Überweisung von Leistungen in Länder außerhalb des europäischen Wirtschaftsraumes trägt die empfangsberechtigte Person die damit verbundene Gefahr.

§ 4 AVB BUZ entspricht § 7 AVB BU, weshalb auf die dortige Kommentierung verwiesen wird.

§ 5
Wann geben wir eine Erklärung über unsere Leistungspflicht ab?

(1) Nach Prüfung der uns eingereichten sowie der von uns beigezogenen Unterlagen erklären wir in Textform (*z.B. Papierform oder E-Mail*), ob und in welchem Umfang wir eine Leistungspflicht anerkennen.

(2) Wir können unsere Leistungspflicht einmal zeitlich befristet anerkennen, wenn hierfür ein sachlicher Grund besteht, den wir Ihnen mitteilen werden. Bis zum Ablauf der Frist ist dieses Anerkenntnis für uns bindend.

§ 5 AVB BUZ entspricht § 8 AVB BU, weshalb auf die dortige Kommentierung verwiesen wird.

§ 6
Was gilt nach Anerkennung der Berufsunfähigkeit?

Nachprüfung

(1) Wenn wir unsere Leistungspflicht unbefristet anerkannt haben oder sie gerichtlich festgestellt worden ist, sind wir berechtigt, das Fortbestehen der Berufsunfähigkeit oder die Pflegestufe nachzuprüfen. Dabei können wir erneut prüfen, ob die versicherte Person (*das ist die Person, auf deren Berufsfähigkeit die Versicherung abgeschlossen ist*) eine andere Tätigkeit im Sinne von § 2 ausübt, wobei neu erworbene berufliche Fähigkeiten zu berücksichtigen sind.

(2) Zur Nachprüfung können wir jederzeit sachdienliche Auskünfte anfordern und einmal jährlich verlangen, dass sich die versicherte Person durch von uns beauftragte Ärzte umfassend untersuchen lässt. Hierfür anfallende Kosten sind von uns zu tragen. Die Be-stimmungen des § 4 Abs. 2 und 3 gelten entsprechend.

Mitteilungspflicht

(3) Sie müssen uns unverzüglich (*d.h. ohne schuldhaftes Zögern*) mitteilen, wenn sich die Berufsunfähigkeit oder die Pflegebedürftigkeit mindern oder wegfallen oder eine berufliche Tätigkeit wieder aufgenommen wird bzw. sich ändert.

Leistungsfreiheit

(4) Wir sind leistungsfrei, wenn wir feststellen, dass die in § 1 und § 2 genannten Voraussetzungen der Leistungspflicht entfallen sind und wir Ihnen diese Veränderung in Textform (*z.B. Papierform oder E-Mail*) darlegen. Unsere Leistungen können wir mit Ablauf des dritten Monats nach Zugang unserer Erklärung bei Ihnen einstellen. Ab diesem Zeitpunkt müssen Sie auch die Beiträge wieder zahlen. Ist keine Berufsunfähigkeitsrente mitversichert, muss die Beitragszahlung zu Beginn des darauffolgenden Beitragszahlungsabschnitts wieder aufgenommen werden.

(5) Liegt Berufsunfähigkeit infolge Pflegebedürftigkeit vor und hat sich die Art des Pflegefalls geändert oder sein Umfang gemindert, setzen wir unsere Leistungen herab oder stellen sie ein. Absatz 4 Satz 2 bis 4 gelten entsprechend, wenn wir unsere Leistungen einstellen.

§ 6 AVB BUZ entspricht § 9 AVB BU, weshalb auf die dortige Kommentierung verwiesen wird.

§ 7
Was gilt bei einer Verletzung der Mitwirkungspflichten im Rahmen der Nachprüfung?

Solange eine Mitwirkungspflicht nach § 6 von Ihnen, der versicherten Person (*das ist die Person, auf deren Berufsfähigkeit die Versicherung abgeschlossen ist*) oder dem Anspruchserhebenden vorsätzlich nicht erfüllt wird, leisten wir nicht. Bei grob fahrlässiger Verletzung einer Mitwirkungspflicht sind wir berechtigt, unsere Leistung in einem der Schwere des Verschuldens entsprechenden Verhältnis zu kürzen. Beides gilt nur, wenn wir durch gesonderte Mitteilung in Textform (*z.B. Papierform oder E-Mail*) auf diese Rechtsfolge hingewiesen haben.

Weisen Sie nach, dass die Mitwirkungspflicht nicht grob fahrlässig verletzt worden ist, bleibt unsere Leistungspflicht bestehen.

Die Ansprüche aus der Zusatzversicherung bleiben auch bestehen, soweit Sie uns nachweisen, dass die Verletzung ohne Einfluss auf die Feststellung oder den Umfang unserer Leistungspflicht ist. Das gilt nicht, wenn die Mitwirkungspflicht arglistig verletzt wird.

Wenn die Mitwirkungspflicht später erfüllt wird, sind wir ab Beginn des laufenden Monats nach Maßgabe dieser Bedingungen zur Leistung verpflichtet.

§ 7 AVB BUZ entspricht § 10 AVB BU, weshalb auf die dortige Kommentierung verwiesen wird.

§ 8
Wie erfolgt die Überschussbeteiligung für Ihre Zusatzversicherung?

(1) Wir beteiligen Sie an dem Überschuss und an den Bewertungsreserven (Überschussbeteiligung). Die Leistung aus der Überschussbeteiligung kann auch Null Euro betragen. In den nachfolgenden Absätzen erläutern wir Ihnen,
- wie wir den in einem Geschäftsjahr entstandenen Überschuss unseres Unternehmens ermitteln und wie wir diesen verwenden (Absatz 2),
- wie Ihre Zusatzversicherung an dem Überschuss beteiligt wird (Absätze 3 und 4),
- wie Bewertungsreserven entstehen und wie wir diese Ihrer Zusatzversicherung zuordnen (Absätze 5 und 6),
- warum wir die Höhe der Überschussbeteiligung Ihrer Zusatzversicherung nicht garantieren können (Absatz 7) und
- wie wir Sie über die Überschussbeteiligung informieren (Absätze 8 und 9).

Wie ermitteln wir den in einem Geschäftsjahr entstandenen Überschuss unseres Unternehmens und wie verwenden wir diesen?

(2) Den in einem Geschäftsjahr entstandenen Überschuss unseres Unternehmens (Rohüberschuss) ermitteln wir nach handels- und aufsichtsrechtlichen Vorschriften. Mit der Feststellung des Jahresabschlusses legen wir fest, welcher Teil des Rohüberschusses für die Überschussbeteiligung aller überschussberechtigten Verträge zur Verfügung steht. Dabei beachten wir die aufsichtsrechtlichen Vorgaben, derzeit insbesondere die Verordnung über die Mindestbeitragsrückerstattung in der Lebensversicherung (Mindestzuführungsverordnung).

Den danach zur Verfügung stehenden Teil des Rohüberschusses führen wir der Rückstellung für Beitragsrückerstattung zu, soweit wir ihn nicht als Direktgutschrift unmittelbar den überschussberechtigten Versicherungsverträgen gutgeschrieben haben. Sinn der Rückstellung für Beitragsrückerstattung ist es, Schwankungen des Überschusses über die Jahre auszugleichen. Die Rückstellung für Beitragsrückerstattung dürfen wir grundsätzlich nur für die Überschussbeteiligung der Versicherungsnehmer verwenden. Nur in gesetzlich festgelegten Ausnahmefällen können wir hiervon mit Zustimmung der Aufsichtsbehörde abweichen.

Ansprüche auf eine bestimmte Höhe der Beteiligung Ihrer Zusatzversicherung am Überschuss ergeben sich aus der Zuführung zur Rückstellung für Beitragsrückerstattung nicht.

Wir haben gleichartige Versicherungen (z.B. Risikolebensversicherungen, Berufsunfähigkeitsversicherungen) zu Bestandsgruppen zusammengefasst. Bestandsgruppen bilden wir, um die Unterschiede bei den versicherten Risiken zu berücksichtigen.

Wie wird Ihre Zusatzversicherung an dem Überschuss beteiligt?

(3) Bei der Verteilung des Überschusses auf die einzelnen Verträge wenden wir ein verursachungsorientiertes Verfahren an. Hierzu bilden wir innerhalb der Bestandsgruppen Gewinnverbände.

Ihre Zusatzversicherung ist dem in Ihrem Versicherungsschein genannten Gewinnverband zugeordnet. Wir verteilen den Überschuss in dem Maß, wie die Bestandsgruppen und Gewinnverbände zu seiner Entstehung beigetragen haben. Hat eine Bestandsgruppe oder ein Gewinnverband nicht zur Entstehung des Überschusses beigetragen, besteht insoweit kein Anspruch auf Überschussbeteiligung.

(4) Der Vorstand legt jedes Jahr auf Vorschlag des Verantwortlichen Aktuars fest, wie der Überschuss auf die Gewinnverbände verteilt wird und setzt die entsprechenden Überschussanteilsätze fest (Überschussdeklaration). Dabei achtet er darauf, dass die Verteilung verursachungsorientiert erfolgt.

Ihre Zusatzversicherung erhält auf der Grundlage der Überschussdeklaration Anteile an dem auf Ihren Gewinnverband entfallenden Teil des Überschusses. Die Mittel hierfür werden bei der Direktgutschrift zulasten des Ergebnisses des Geschäftsjahres finanziert, ansonsten der Rückstellung für Beitragsrückerstattung entnommen.

Wie entstehen Bewertungsreserven und wie ordnen wir diese Ihrer Zusatzversicherung zu?

(5) Bewertungsreserven entstehen, wenn der Marktwert der Kapitalanlagen über ihrem jeweiligen handelsrechtlichen Buchwert liegt.

Da vor Eintritt einer Berufsunfähigkeit keine oder allenfalls geringfügige Beträge zur Verfügung stehen, um Kapital zu bilden, entstehen auch keine oder nur geringfügige Bewertungsreserven. Dennoch entstehende Bewertungsreserven, die nach den maßgebenden rechtlichen Vorschriften für die Beteiligung der Verträge zu berücksichtigen sind, ordnen wir den Verträgen anteilig rechnerisch zu. Dabei wenden wir ein verursachungsorientiertes Verfahren an.

Die Höhe der Bewertungsreserven ermitteln wir jährlich neu, zusätzlich auch

- für den Zeitpunkt der Beendigung Ihrer Zusatzversicherung vor dem Eintritt einer Berufsunfähigkeit,
- für den Beginn einer Rentenzahlung wegen Berufsunfähigkeit sowie
- während einer Rentenzahlung wegen Berufsunfähigkeit jeweils für das Ende eines Versicherungsjahres.

(6) Bei **Beendigung Ihrer Zusatzversicherung** vor dem Eintritt einer Berufsunfähigkeit oder bei **Beginn einer Rentenzahlung** wegen Berufsunfähigkeit gilt Folgendes: Wir teilen Ihrer Zusatzversicherung dann den für diesen Zeitpunkt zugeordneten Anteil an den Bewertungsreserven gemäß der jeweils geltenden gesetzlichen Regelung zu. Auch **während des Rentenbezuges** werden wir Sie entsprechend an den Bewertungsreserven beteiligen.

Aufsichtsrechtliche Regelungen können dazu führen, dass die Beteiligung an den Bewertungsreserven ganz oder teilweise entfällt.

Warum können wir die Höhe der Überschussbeteiligung nicht garantieren?

(7) Die Höhe der Überschussbeteiligung hängt von vielen Einflüssen ab, die nicht vorhersehbar und von uns nur begrenzt beeinflussbar sind. Einflussfaktoren sind insbesondere die Entwicklung des Berufsunfähigkeitsrisikos, des Kapitalmarkts und der Kosten.

Die Höhe der künftigen Überschussbeteiligung kann also nicht garantiert werden. Sie kann auch Null Euro betragen.

Wie informieren wir über die Überschussbeteiligung?

(8) Die festgelegten Überschussanteilsätze veröffentlichen wir jährlich in unserem Geschäftsbericht. Diesen finden Sie auf unserer Internetseite unter …

(9) Über den Stand Ihrer Ansprüche unterrichten wir Sie jährlich. Dabei berücksichtigen wir die Überschussbeteiligung Ihrer Zusatzversicherung

§ 8 AVB BUZ erläutert nur die Besonderheiten der Überschussbeteiligung in der Berufsunfähigkeitszusatzversicherung und verweist im Übrigen auf die Regelung zur Überschussbeteiligung in der Hauptversicherung, in der Regel also in den Versicherungsbedingungen zur Lebensversicherung. § 8 AVB BUZ dient in erster Linie der Erläuterung, aus welchem Grund vor Eintritt der Berufsunfähigkeit keine oder nur geringfügige Bewertungsreserven und Überschüsse entstehen.

§ 9
Wie ist das Verhältnis zur Hauptversicherung?

(1) Die Berufsunfähigkeits-Zusatzversicherung bildet mit der Versicherung, zu der sie abgeschlossen wurde (Hauptversicherung), eine Einheit; sie kann ohne die Hauptversicherung nicht fortgesetzt werden. Spätestens wenn der Versicherungsschutz aus der Hauptversicherung endet, bei Rentenversicherungen spätestens mit dem vereinbarten Rentenzahlungsbeginn, endet die Zusatzversicherung.

(2) Wenn Sie für Ihre Berufsunfähigkeits-Zusatzversicherung laufende Beiträge, also keinen Einmalbeitrag zahlen, können Sie die Zusatzversicherung allein ganz oder teilweise in Textform (*z.B. Papierform oder E-Mail*) kündigen. In den letzten … Versicherungsjahren vor Ablauf der Hauptversicherung, bei Rentenversicherungen der letzten … Jahre vor dem vereinbarten Rentenbeginn, kann die Berufsunfähigkeits-Zusatzversicherung nur zusammen mit der Hauptversicherung gekündigt werden. Einen Rückkaufswert aus der Berufsunfähigkeits-Zusatzversicherung – soweit vorhanden – erhalten Sie nur, wenn Sie die Zusatzversicherung zusammen mi der Hauptversicherung kündigen.

(3) Eine Berufsunfähigkeits-Zusatzversicherung, für die keine Beiträge mehr zu zahlen sind (beitragsfreie Berufsunfähigkeits-Zusatzversicherung, Berufsunfähigkeits-Zusatzver-sicherung gegen Einmalbeitrag), können Sie nur zusammen mit der Hauptversicherung kündigen.

(4) Die Berufsunfähigkeits-Zusatzversicherung können Sie nur zusammen mit der Hauptversicherung in eine beitragsfreie Versicherung umwandeln, und nur dann, wenn die beitragsfreie Mindestrente von … erreicht wird. Das Verhältnis zwischen der Berufsunfähigkeitsrente und der Leistung aus der Hauptversicherung wird durch die Umwandlung in eine beitragsfreie Versicherung nicht verändert. Die beitragsfreie Berufsunfähigkeitsrente errechnen wir nach anerkannten Regeln der Versicherungsmathematik für den Schluss der laufenden Versicherungsperiode. Wird die Mindestrente nicht erreicht, verwenden wir das durch die Beitragsfreistellung zur Verfügung stehende Kapital nach Abzug gemäß Absatz 5 zur Erhöhung der beitragsfreien Leistung der Hauptversicherung.

(5) Der Rückkaufswert nach Absatz 2 und 3 bzw. der aus der Berufsunfähigkeits-Zusatzversicherung für die Bildung der beitragsfreien Berufsunfähigkeitsrente zur Verfügung stehende Betrag nach Absatz 4 mindert sich um rückständige Beiträge. Außerdem nehmen wir einen Abzug in Höhe von … vor. Der Abzug ist zulässig, wenn er angemessen ist. Dies ist im Zweifel von uns nachzuweisen. Wir halten den Abzug für angemessen, weil mit ihm die Veränderung der Risikolage des verbleibenden Versicherungsbestandes ausgeglichen wird. Zusätzlich wird damit ein Ausgleich für kollektiv gestelltes Risikokapital vorgenommen. Wenn Sie uns nachweisen, dass der aufgrund Ihrer Kündigung von uns vorgenommene Abzug wesentlich niedriger liegen muss, wird er entsprechend herabgesetzt. Wenn Sie uns nachweisen, dass der Abzug überhaupt nicht gerechtfertigt ist, entfällt er.

(6) Bei Herabsetzung der versicherten Leistung aus der Hauptversicherung gelten die Absätze 2 bis 5 entsprechend.

(7) Erbringen wir Leistungen aus der Berufsunfähigkeits-Zusatzversicherung, berechnen wir die Leistung aus der Hauptversicherung (Rückkaufswert, beitragsfreie Versicherungsleistung und Überschussbeteiligung der Hauptversicherung) so, als ob Sie den Beitrag unverändert weiter gezahlt hätten.

(8) Ansprüche aus der Berufsunfähigkeits-Zusatzversicherung, die auf bereits vor der Kündigung oder Beitragsfreistellung der Hauptversicherung eingetretener Berufsunfähigkeit beruhen, werden durch Kündigung oder Beitragsfreistellung der Hauptversicherung nicht berührt.

(9) Ansprüche aus der Berufsunfähigkeits-Zusatzversicherung können Sie nicht abtreten oder verpfänden.

(10) Soweit in diesen Bedingungen nichts anderes bestimmt ist, finden die Allgemeinen Bedingungen für die Hauptversicherung sinngemäß Anwendung.

A. Allgemeines

1 § 9 AVB BUZ trägt dem besonderen Umstand Rechnung, dass die Berufsunfähigkeitszusatzversicherung mit der Hauptversicherung eine Einheit bildet.

B. Einzelheiten

2 Sie kann daher gemäß § 9 Abs. 1 AVB BUZ nicht ohne die Hauptversicherung fortgesetzt werden, wohl aber kann sich der durch die Berufsunfähigkeits-Zusatzversicherung gewährte Versicherungsschutz auf einen Zeitraum vor Antragstellung erstrecken.[1]

3 Eine **Kündigung** der Berufsunfähigkeitszusatzversicherung ist gemäß § 9 Abs. 2 Satz 1 AVB BUZ möglich, wenn für die Berufsunfähigkeitszusatzversicherung laufende Beiträge gezahlt werden. § 9 Abs. 2 Satz 2 AVB BUZ sieht eine Einschränkung des Kündigungsrechts vor, die zulässig ist, weil der VR eine Teilkündigung grundsätzlich nicht hinnehmen muss. Will der VN nur die Zusatzversicherung ganz oder teilweise in Textform kündigen, so muss sich dies **eindeutig** aus seiner Kündigungserklärung ergeben. § 9 Abs. 2 Satz 3 AVB

[1] Vgl. hierzu die Kommentierung zu § 4 AVB BU.

BUZ hat **klarstellenden Charakter.** Der VN wird darauf hingewiesen, dass ein Rückkaufswert, sofern er überhaupt vorhanden ist, in der Berufsunfähigkeitszusatzversicherung nur generiert werden kann, wenn die Zusatzversicherung mit der Hauptversicherung gekündigt wird.

§ 9 AVB BUZ stellt klar, dass eine Berufsunfähigkeitszusatzversicherung, für die keine Beiträge mehr zu zahlen sind, weil es sich entweder um eine Berufsunfähigkeitszusatzversicherung mit Einmalbeitrag handelt oder die Berufsunfähigkeitszusatzversicherung beitragsfrei gestellt worden ist, nur **zusammen** mit der Hauptversicherung gekündigt werden kann. **4**

§ 9 AVB BUZ stellt klar, dass die Berufsunfähigkeitszusatzversicherung nur zusammen mit der Hauptversicherung in eine beitragsfreie Versicherung umgewandelt werden kann und auch dies nur dann möglich ist, wenn die beitragsfreie Mindestrente in vertraglich vereinbarter Höhe erreicht wird. Das Verhältnis zwischen Berufsunfähigkeitsrente und der Leistung aus er Hauptversicherung wird durch die Umwandlung in eine beitragsfreie Versicherung nicht verändert. Die beitragsfreie Berufsunfähigkeitsrente wird nach anerkannten Regeln der Versicherungsmathematik für den Schluss der laufenden Versicherungsperiode verwendet. Wird die Mindestrente nicht erreicht, wird das durch die Beitragsfreistellung zur Verfügung stehende Kapital nach Abzug gemäß § 9 Abs. 5 AVB BUZ zur Erhöhung der beitragsfreien Leistung der Hauptversicherung verwendet, worauf der VN hinzuweisen ist. **5**

§ 9 Abs. 5 AVB BUZ entspricht im Wesentlichen § 15 Abs. 5 AVB BU, so dass auf die dortige Kommentierung verwiesen wird. **6**

§ 9 Abs. 7 AVB BUZ hat klarstellenden Charakter. Da regelmäßig bei Eintritt des Versicherungsfalls auch eine Beitragsfreistellung zu gewähren ist, sind die Leistungen aus der Hauptversicherung so zu berechnen, als ob der VN den Beitrag unverändert weitergezahlt hätte. **7**

§ 9 Abs. 8 AVB BUZ hat klarstellenden Charakter. **8**

Gemäß § 9 Abs. 9 AVB BUZ können auch Ansprüche aus einer Berufsunfähigkeits-Zusatzversicherung weder abgetreten noch verpfändet werden, insoweit liegt eine Abweichung zu § 12 Abs. 3 und 4 AVB BU vor. Auf die dortige Kommentierung wird verweisen. **9**

Sachregister

https://doi.org/10.1515/9783110308204-004